中财经税收实务指南系列丛书

个人所得税操作实务指南
——深度解析年度汇算清缴

主　编：高太君　林浩钊　张新松
副主编：陈　颖　陈　坚　陈　荣　赵卫卫
　　　　傅宗仁　陈晟涵　郭　璇　高　涵

中国财经出版传媒集团
中国财政经济出版社

图书在版编目（CIP）数据

个人所得税操作实务指南：深度解析年度汇算清缴／高太君，林浩钊，张新松主编. ——北京：中国财政经济出版社，2020.4

（中财经税收实务指南系列丛书）

ISBN 978 – 7 – 5095 – 9650 – 0

Ⅰ.①个… Ⅱ.①高…②林…③张… Ⅲ.①个人所得税 – 税收管理 – 中国 – 指南 Ⅳ.①F812.424 – 62

中国版本图书馆 CIP 数据核字（2020）第 031219 号

责任编辑：付克华　　　　　　　　责任校对：李　丽
封面设计：锦麒麟文化

中国财政经济出版社 出版

URL：http：／／www.cfeph.cn
E – mail：cfeph＠cfeph.cn
（版权所有　翻印必究）

社址：北京市海淀区阜成路甲 28 号　邮政编码：100142
营销中心电话：010 – 88191537
北京鑫海金澳胶印有限公司印装　　各地新华书店经销
787×1092 毫米　16 开　31.25 印张　800 000 字
2020 年 4 月第 1 版　2020 年 4 月北京第 1 次印刷
定价：88.00 元
ISBN 978 – 7 – 5095 – 9650 – 0
（图书出现印装问题，本社负责调换）
本社质量投诉电话：010 – 88190744
打击盗版举报热线：010 – 88191661　　QQ：2242791300

《中财经税收实务指南系列丛书》编委会

主　　任：张冬梅
副主任：陈　颖　林浩钊　张新松　陈　坚　陈　荣
成　　员：李新凯　聂晓霖　石桂华　张志军　张　颖
　　　　　陈萍生　薛　峰　彭国强　王立志　高太君
　　　　　陈俊杰　徐　正　黄普济　蒙智鹏　肖少峰
　　　　　王海生　柳红倩　李忠秀　季　全　马立德
　　　　　王洪涛　梁宪峰　赵卫卫　吴　琼　杨银萍
　　　　　米可均　周未名　马雅月　孔　星　段　凯
　　　　　邓玉芳　李凤发　唐　枫　唐　莉　王艳华
　　　　　郭北春　陈晟涵　郭　璇　高　涵　叶东平

序 言

2019年1月1日起新《个人所得税法》施行，之后计算个人所得税应纳税所得额，在5000元基本减除费用扣除和"三险一金"等专项扣除外，还可享受子女教育、继续教育、大病医疗、住房贷款利息或住房租金，以及赡养老人等专项附加扣除。需要办理汇算清缴的纳税人，应当在取得所得的次年3月1日至6月30日内，办理汇算清缴。可以说，个人所得税与每个人都息息相关，涉及每个人的切身利益，但到底如何相关和有哪些涉税风险，很多人往往只是有一个大致的概念，而缺乏专业的知识。

我要交明白税，这是所有纳税人的朴素愿望。爱因斯坦有句名言："世界上最让我难以理解的就是所得税。"对于个人所得税业务来讲，去读专业书？一是枯燥，二是时间有限，拿不出太多精力去研究。于是，大家都渴望有一本书，既通俗易懂，又具有专业的水准，让自己能够在短时间内就对相关的知识有详细而深入的了解。

笔者是一名税务干部，税务师，现为某市（州）税务局法制科科长，兼任公职律师办公室主任，已在税政业务岗位上摸爬滚打30多年，曾在中国税务报等国家级刊物发表税收业务文章300多篇，一直醉心于个人所得税等税收业务钻研，也希望能够总结自己的些许工作经验，将所获得的实际案例与税政研究结合在一起结集成书。因此，张新松老师邀我做主编，与众多同仁合编一本有关个人所得税汇算清缴方面的书籍时，我欣然接受。一是我是纳税人，二是我是税务人，三是我们有强大的编委会团队。

本书本着"政策讲解要一针见血又不失严谨和系统；实例解读要通俗易懂又不失规范和简捷"的原则，开稿于2019年3月初，结稿于2020年2月末。在这期间，本书编委会围绕整体设计、篇章结构、内容编排和重点问题等，立足引用国家法律、法规和规范性文件原文，参考众多名家、大师著作，吸纳各类有益建议300多条，历经全国30多位专家、学者、业内精英和思维导图设计高手的补充、修改、校对，得到业内税务事务所的倾情审阅和案例分析整理，在此一并表示感谢。

本书分四个部分共十七个板块，用浅显易懂的实际案例来解读比较专业的政策规定。第一部分是"个人所得税政策规定综述"，共八个板块，采用问答方式分要素简述个人所得税政策规定；第二部分是"个人所得税申报"，共三个板块，原滋原味叙述国家税务总局颁布的相关规定；第三部分是"个人所得税汇算清缴"，共三个板块，详解个人所得税汇算清缴政策规定和实例操作解析；第四部分是"附录"，共三个板块，附列"个人所得税专项附加扣除 200 问""个人所得税专项附加扣除操作指引"和"个人所得税 2018 年以来文件汇编"等。

  本书由中国财政经济出版社出版，为中财经税收实务指南系列丛书之一。希望本书的出版能够为广大个人所得税纳税人、扣缴义务人和征税人开拓视野、扩展思路、依法找到降低涉税风险的举措提供思路和参考。但是由于时间仓促，加之本人学识有限，书中难免有错误和不足之处，恳请读者批评指正，如有意见和建议，请通过邮箱 349877264@qq.com 赐教！

高太君
2020 年 3 月

目 录

第一部分 个人所得税政策规定综述

1. 个人所得税一般规定 ⋯⋯⋯⋯⋯⋯⋯⋯⋯⋯⋯⋯⋯⋯⋯⋯⋯⋯⋯⋯⋯⋯ 3
   1.1 征收范围 ⋯⋯⋯⋯⋯⋯⋯⋯⋯⋯⋯⋯⋯⋯⋯⋯⋯⋯⋯⋯⋯⋯⋯⋯⋯ 4
      1.1.1 居民纳税人 ⋯⋯⋯⋯⋯⋯⋯⋯⋯⋯⋯⋯⋯⋯⋯⋯⋯⋯⋯⋯⋯ 4
      1.1.2 非居民纳税人 ⋯⋯⋯⋯⋯⋯⋯⋯⋯⋯⋯⋯⋯⋯⋯⋯⋯⋯⋯⋯ 7
   1.2 应纳税额 ⋯⋯⋯⋯⋯⋯⋯⋯⋯⋯⋯⋯⋯⋯⋯⋯⋯⋯⋯⋯⋯⋯⋯⋯⋯ 8
      1.2.1 应纳税额的计算 ⋯⋯⋯⋯⋯⋯⋯⋯⋯⋯⋯⋯⋯⋯⋯⋯⋯⋯⋯ 9
      1.2.2 外币所得 ⋯⋯⋯⋯⋯⋯⋯⋯⋯⋯⋯⋯⋯⋯⋯⋯⋯⋯⋯⋯⋯⋯ 14
      1.2.3 捐赠支出的扣除 ⋯⋯⋯⋯⋯⋯⋯⋯⋯⋯⋯⋯⋯⋯⋯⋯⋯⋯⋯ 15
      1.2.4 商业保险支出的扣除 ⋯⋯⋯⋯⋯⋯⋯⋯⋯⋯⋯⋯⋯⋯⋯⋯⋯ 20
   1.3 优惠政策 ⋯⋯⋯⋯⋯⋯⋯⋯⋯⋯⋯⋯⋯⋯⋯⋯⋯⋯⋯⋯⋯⋯⋯⋯⋯ 22
      1.3.1 免税项目 ⋯⋯⋯⋯⋯⋯⋯⋯⋯⋯⋯⋯⋯⋯⋯⋯⋯⋯⋯⋯⋯⋯ 23
      1.3.2 减税项目 ⋯⋯⋯⋯⋯⋯⋯⋯⋯⋯⋯⋯⋯⋯⋯⋯⋯⋯⋯⋯⋯⋯ 25
      1.3.3 如何享受免税 ⋯⋯⋯⋯⋯⋯⋯⋯⋯⋯⋯⋯⋯⋯⋯⋯⋯⋯⋯⋯ 26
   1.4 纳税管理 ⋯⋯⋯⋯⋯⋯⋯⋯⋯⋯⋯⋯⋯⋯⋯⋯⋯⋯⋯⋯⋯⋯⋯⋯⋯ 26
      1.4.1 代扣代缴 ⋯⋯⋯⋯⋯⋯⋯⋯⋯⋯⋯⋯⋯⋯⋯⋯⋯⋯⋯⋯⋯⋯ 29
      1.4.2 自行申报 ⋯⋯⋯⋯⋯⋯⋯⋯⋯⋯⋯⋯⋯⋯⋯⋯⋯⋯⋯⋯⋯⋯ 31
      1.4.3 外派人员管理 ⋯⋯⋯⋯⋯⋯⋯⋯⋯⋯⋯⋯⋯⋯⋯⋯⋯⋯⋯⋯ 34
      1.4.4 个人财产对外转移完税证明 ⋯⋯⋯⋯⋯⋯⋯⋯⋯⋯⋯⋯⋯⋯ 35
      1.4.5 股票期权计划 ⋯⋯⋯⋯⋯⋯⋯⋯⋯⋯⋯⋯⋯⋯⋯⋯⋯⋯⋯⋯ 36
      1.4.6 建立年金计划的单位 ⋯⋯⋯⋯⋯⋯⋯⋯⋯⋯⋯⋯⋯⋯⋯⋯⋯ 37
2. 工资、薪金所得 ⋯⋯⋯⋯⋯⋯⋯⋯⋯⋯⋯⋯⋯⋯⋯⋯⋯⋯⋯⋯⋯⋯⋯⋯ 38
   2.1 征税范围 ⋯⋯⋯⋯⋯⋯⋯⋯⋯⋯⋯⋯⋯⋯⋯⋯⋯⋯⋯⋯⋯⋯⋯⋯⋯ 38
      2.1.1 工资、薪金所得的基本内容 ⋯⋯⋯⋯⋯⋯⋯⋯⋯⋯⋯⋯⋯⋯ 38
      2.1.2 关于工资、薪金所得的其他问题 ⋯⋯⋯⋯⋯⋯⋯⋯⋯⋯⋯⋯ 39
   2.2 应纳税额 ⋯⋯⋯⋯⋯⋯⋯⋯⋯⋯⋯⋯⋯⋯⋯⋯⋯⋯⋯⋯⋯⋯⋯⋯⋯ 42
      2.2.1 应纳税额计算 ⋯⋯⋯⋯⋯⋯⋯⋯⋯⋯⋯⋯⋯⋯⋯⋯⋯⋯⋯⋯ 42
      2.2.2 雇主负担税款的计算 ⋯⋯⋯⋯⋯⋯⋯⋯⋯⋯⋯⋯⋯⋯⋯⋯⋯ 46
      2.2.3 全年一次性奖金 ⋯⋯⋯⋯⋯⋯⋯⋯⋯⋯⋯⋯⋯⋯⋯⋯⋯⋯⋯ 47
      2.2.4 减、免税 ⋯⋯⋯⋯⋯⋯⋯⋯⋯⋯⋯⋯⋯⋯⋯⋯⋯⋯⋯⋯⋯⋯ 49
   2.3 纳税管理 ⋯⋯⋯⋯⋯⋯⋯⋯⋯⋯⋯⋯⋯⋯⋯⋯⋯⋯⋯⋯⋯⋯⋯⋯⋯ 51

  2.3.1 纳税期限 ······ 51
  2.3.2 纳税申报 ······ 52
  2.3.3 有价证券补贴 ······ 53
 2.4 股票期权所得 ······ 54
  2.4.1 征税范围 ······ 54
  2.4.2 应纳税额 ······ 56
  2.4.3 税收优惠 ······ 59
  2.4.4 纳税管理 ······ 62
  2.4.5 给予技术人员的股权奖励 ······ 63
 2.5 解除劳动合同补偿金 ······ 64
  2.5.1 一次性经济补偿 ······ 64
  2.5.2 社保、公积金扣除 ······ 65
 2.6 退养、退休 ······ 65
  2.6.1 内部退养 ······ 65
  2.6.2 再就业 ······ 66
  2.6.3 减、免税 ······ 67
 2.7 专项附加扣除 ······ 68
  2.7.1 什么是专项附加扣除 ······ 68
  2.7.2 子女教育 ······ 69
  2.7.3 继续教育 ······ 71
  2.7.4 大病医疗 ······ 73
  2.7.5 住房贷款利息 ······ 75
  2.7.6 住房租金 ······ 76
  2.7.7 赡养老人 ······ 78
  2.7.8 征收管理 ······ 80

3. 其他综合所得 ······ 83
 3.1 稿酬所得 ······ 83
  3.1.1 征税范围 ······ 83
  3.1.2 应纳税额 ······ 84
 3.2 劳务报酬所得 ······ 85
  3.2.1 征税范围 ······ 85
  3.2.2 应纳税额 ······ 88
 3.3 特许权使用费所得 ······ 90
  3.3.1 征收范围 ······ 90
  3.3.2 应纳税额 ······ 91

4. 经营所得 ······ 92
 4.1 征税范围 ······ 93
  4.1.1 经营所得类型 ······ 93
  4.1.2 承包、承租 ······ 94

目 录

- 4.2 应纳税额 ·· 95
  - 4.2.1 应纳税额计算 ······································ 95
  - 4.2.2 费用扣除标准 ······································ 99
  - 4.2.3 应纳税额的核定 ··································· 102
- 4.3 纳税管理 ··· 108
  - 4.3.1 纳税申报 ··· 108
  - 4.3.2 建账管理 ··· 110
  - 4.3.3 个人收入档案管理 ································· 112
  - 4.3.4 代扣代缴明细账制度 ······························· 113
  - 4.3.5 双向申报制度 ····································· 114
  - 4.3.6 协税制度 ··· 115
  - 4.3.7 信息化建设 ······································· 115
  - 4.3.8 重点纳税人 ······································· 116
  - 4.3.9 全员全额管理 ····································· 118
- 4.4 个人独资企业和合伙企业 ······························· 120
  - 4.4.1 纳税人和纳税范围 ································· 120
  - 4.4.2 应纳税额 ··· 122
  - 4.4.3 纳税管理 ··· 126

5. 利息、股息、红利所得 ····································· 129
- 5.1 一般规定 ··· 129
  - 5.1.1 利息、股息、红利所得范围 ························· 129
  - 5.1.2 利息、股息、红利所得的征收方式 ··················· 130
- 5.2 储蓄存款、债券利息 ··································· 130
  - 5.2.1 储蓄存款利息 ····································· 130
  - 5.2.2 证券交易结算资金利息 ····························· 132
  - 5.2.3 债券利息 ··· 133
- 5.3 股息、红利所得 ······································· 134
  - 5.3.1 征税范围 ··· 134
  - 5.3.2 应纳税额 ··· 137

6. 财产租赁所得 ··· 143
- 6.1 征税范围 ··· 143
  - 6.1.1 一般规定 ··· 143
  - 6.1.2 纳税人的确定 ····································· 143
- 6.2 应纳税额 ··· 144
  - 6.2.1 税率 ··· 144
  - 6.2.2 收入额的确定 ····································· 144
  - 6.2.3 所得额的确定 ····································· 144
  - 6.2.4 扣除项目 ··· 145

7. 财产转让所得 146
7.1 一般规定 146
7.1.1 财产转让所得 146
7.1.2 非货币性资产投资 148
7.2 债权转让所得 151
7.3 股权转让所得 152
7.3.1 征税范围 152
7.3.2 应纳税所得额的计算 153
7.3.3 股权转让收入 154
7.3.4 原值的确定 154
7.3.5 征收管理 155
7.4 转让股票所得 157
7.4.1 上市公司股票 157
7.4.2 限售股 158
7.4.3 新三板挂牌公司股票 164

8. 偶然所得 165
8.1 征税范围 165
8.1.1 偶然所得缴纳个人所得税的范围 165
8.1.2 中奖所得 165
8.1.3 不竞争款项所得 166
8.1.4 销售折扣、折让方式或赠送商品是否计入偶然所得商品 166
8.1.5 积分反馈和抽奖 166
8.1.6 个人担保所得 167
8.1.7 赠送礼品 167
8.2 应纳税额 168
8.2.1 税率 168
8.2.2 应纳税所得额的计算 168
8.2.3 减免税 168

第二部分 个人所得税申报

9. 个人所得税申报表种类 173
9.1 《个人所得税基础信息表（A表）》填表说明 177
9.2 《个人所得税基础信息表（B表）》填表说明 180
9.3 《个人所得税扣缴申报表》填表说明 183
9.4 《个人所得税自行纳税申报表（A表）》填表说明 188
9.5 《个人所得税年度自行纳税申报表（A表）》填表说明 ... 192
9.6 《个人所得税经营所得纳税申报表（A表）》填表说明 ... 205
9.7 《个人所得税经营所得纳税申报表（B表）》填表说明 ... 209

目 录

   9.8 《个人所得税经营所得纳税申报表（C 表）》填表说明 ……………… 214
   9.9 《合伙制创业投资企业单一投资基金核算方式备案表》填表说明 …… 217
   9.10 《单一投资基金核算的合伙制创业投资企业个人所得税扣缴申报表》填表说明 ………………………………………………………………… 218
   9.11 《个人所得税专项附加扣除信息表》填表说明 ……………………… 222
   9.12 《个人所得税减免税事项报告表》填表说明 ………………………… 227
   9.13 《代扣代缴手续费申请表》填表说明 ………………………………… 229

10. 个人所得税申报操作规范 ……………………………………………………… 231
   10.1 个人所得税扣缴申报 ………………………………………………… 231
      10.1.1 居民个人取得综合所得个人所得税预扣预缴申报 ………… 231
      10.1.2 居民个人取得分类所得个人所得税预扣预缴申报 ………… 238
      10.1.3 非居民个人所得税代扣代缴申报 …………………………… 240
      10.1.4 限售股转让所得扣缴个人所得税申报 ……………………… 242
      10.1.5 单一投资基金核算的合伙制创业投资企业个人所得税扣缴申报 … 243
      10.1.6 扣缴储蓄存款利息所得个人所得税申报 …………………… 245
   10.2 个人所得税自行申报 ………………………………………………… 246
      10.2.1 居民综合所得个人所得税年度自行申报 …………………… 247
      10.2.2 居民分类所得个人所得税自行申报 ………………………… 248
      10.2.3 非居民个人所得税自行申报 ………………………………… 251
      10.2.4 经营所得个人所得税月（季）度申报 ……………………… 253
      10.2.5 经营所得个人所得税年度申报 ……………………………… 254
      10.2.6 多处经营所得个人所得税汇总年度申报 …………………… 256
      10.2.7 限售股转让所得个人所得税清算申报 ……………………… 257

11. 个人所得税纳税服务规范 ……………………………………………………… 260
   11.1 信息报告规范 ………………………………………………………… 260
      11.1.1 基础信息报告 ………………………………………………… 260
      11.1.2 特殊事项报告 ………………………………………………… 264
   11.2 申报纳税规范 ………………………………………………………… 278
      11.2.1 居民综合所得个人所得税年度自行申报 …………………… 278
      11.2.2 经营所得个人所得税月（季）度申报 ……………………… 281
      11.2.3 经营所得个人所得税年度申报 ……………………………… 283
      11.2.4 居民其他分类所得个人所得税自行申报 …………………… 286
      11.2.5 非居民个人所得税自行申报 ………………………………… 289
      11.2.6 限售股转让所得个人所得税清算申报 ……………………… 291
   11.3 证明办理规范 ………………………………………………………… 294
      11.3.1 开具个人所得税纳税记录 …………………………………… 294
   11.4 附录：个人所得税税收优惠事项清单 ……………………………… 296

第三部分　个人所得税汇算清缴

- 12. 汇算清缴的范围 · 305
  - 12.1 综合所得 · 306
  - 12.2 经营所得 · 306
  - 12.3 取得应税所得，扣缴义务人未扣缴税款的 · 307
  - 12.4 取得境外所得的 · 308
  - 12.5 因移居境外注销中国户籍的纳税申报 · 308
  - 12.6 非居民个人在中国境内从两处以上取得工资、薪金所得的 · 309
- 13. 居民个人取得综合所得汇算清缴 · 311
  - 13.1 政策综述 · 311
    - 13.1.1 居民个人的概念 · 311
    - 13.1.2 综合所得汇缴范围 · 311
    - 13.1.3 综合所得需办理汇算清缴情形 · 312
    - 13.1.4 办理综合所得汇算清缴的主体 · 314
    - 13.1.5 办理综合所得汇算清缴的时间 · 315
    - 13.1.6 办理综合所得汇算清缴的地点 · 315
    - 13.1.7 办理综合所得汇算清缴外币折算 · 316
    - 13.1.8 退税和补税机制 · 316
    - 13.1.9 申报操作 · 317
    - 13.1.10 责任与惩戒 · 318
    - 13.1.11 投诉与救济 · 319
  - 13.2 业务实操 · 319
    - 13.2.1 预扣预缴 · 321
    - 13.2.2 汇算清缴 · 325
    - 13.2.3 年度自行纳税申报表填写 · 326
- 14. 纳税人取得经营所得汇算清缴 · 330
  - 14.1 政策综述 · 330
    - 14.1.1 经营所得 · 330
    - 14.1.2 特殊规定 · 331
    - 14.1.3 应纳税额计算 · 332
  - 14.2 业务实操 · 334
    - 14.2.1 预扣预缴个人所得税 · 335
    - 14.2.2 允许扣除的工资和福利费 · 335
    - 14.2.3 该个体工商户2019年度应缴纳的个人所得税额 · 335
    - 14.2.4 年度自行纳税申报表填写 · 335

第四部分 附录

附录1 国家税务总局《个人所得税专项附加扣除200问》 …………………… 343
附录2 个人所得税专项附加扣除操作指引 …………………………………… 366
附录3 个人所得税2018年以来文件汇编 …………………………………… 388

第一部分
个人所得税政策规定综述

1. 个人所得税一般规定

个人所得税是指以个人（自然人）取得的各项应税所得为征税对象所征收的一种税。

作为征税对象的个人所得，有广义和狭义之分。狭义的个人所得，仅限于每年经常、反复发生的所得。广义的个人所得，是指个人在一定期间内，通过各种方式所获得的一切利益，而不论这种利益是偶然的，还是临时的，是货币、有价证券，还是实物。目前，包括我国在内的世界各国所实行的个人所得税，大多以广义解释的个人所得概念为基础。基于这种理解，可以根据不同的标准，将个人的各种所得分为毛所得和净所得、劳动所得和非劳动所得、经常所得和偶然所得、自由支配所得和非自由支配所得、积极所得和消极所得等。

改革开放前相当长的时期，我国对个人所得不征税。党的十一届三中全会以后，我国实行对外开放政策，随着对外经济交往的不断扩大，来华工作、取得收入的外籍人员增多。为了维护国家的税收权益，第五届全国人民代表大会根据国际惯例，于1980年9月通过了《中华人民共和国个人所得税法》，开征个人所得税，统一适用于中国公民和在我国取得收入的外籍人员。

根据1993年10月31日第八届全国人民代表大会常务委员会第四次会议《关于修改〈中华人民共和国个人所得税法〉的决定》第一次修正；

根据1999年8月30日第九届全国人民代表大会常务委员会第十一次会议《关于修改〈中华人民共和国个人所得税法〉的决定》第二次修正；

根据2005年10月27日第十届全国人民代表大会常务委员会第十八次会议《关于修改〈中华人民共和国个人所得税法〉的决定》第三次修正；

根据2007年6月29日第十届全国人民代表大会常务委员会第二十八次会议《关于修改〈中华人民共和国个人所得税法〉的决定》第四次修正；

根据2007年12月29日第十届全国人民代表大会常务委员会第三十一次会议《关于修改〈中华人民共和国个人所得税法〉的决定》第五次修正；

根据2011年6月30日第十一届全国人民代表大会常务委员会第二十一次会议《关于修改〈中华人民共和国个人所得税法〉的决定》第六次修正；

根据2018年8月31日中华人民共和国第十三届全国人民代表大会常务委员会第五次会议通过的《全国人民代表大会常务委员会关于修改〈中华人民共和国个人所得税法〉的决定》第七次修正。

1.1 征收范围

2019年1月1日起实施的《个人所得税法》（以下简称新《个人所得税法》）第一条，就将个人所得税的纳税人划分为居民纳税人和非居民纳税人。居民纳税人对其取得的中国境内、境外的全部所得承担纳税义务，非居民个人仅对中国境内取得的所得承担纳税义务。改变了2011年《个人所得税法》中通过居住是否满一年的纳税义务的判定标准。

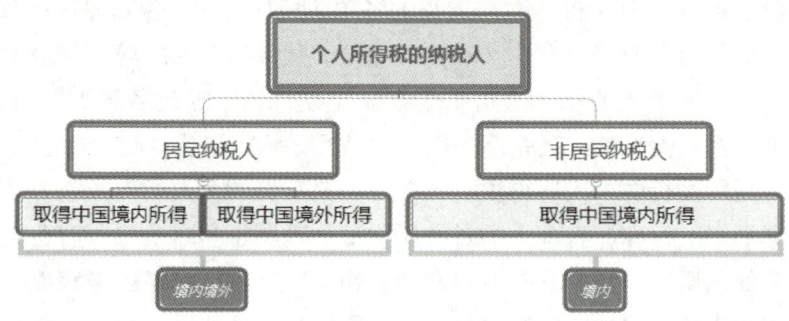

举例：中国公民张先生，3月份在上海为某工程提供设计劳务，取得设计费100000元；6月在美国讲课1个月，在当地取得讲课费20000元。请问张先生哪些收入需要缴纳个人所得税？

答：张先生对其取得的中国境内、境外的全部所得承担纳税义务，需缴纳个人所得税，因为张先生为居民个人。

1.1.1 居民纳税人

1.1.1.1 在中国境内有住所或者无住所，而一个纳税年度内在中国境内居住累计满183天的个人，为居民个人，缴纳个人所得税的所得的范围有哪些？

■ 在中国境内有住所或者无住所，而一个纳税年度内在中国境内居住累计满183天的个人，为居民个人。居民个人从中国境内和境外取得的所得，依照本法规定缴纳个人所得税。

《中华人民共和国个人所得税法》（以下简称《个人所得税法》）第一条，主席令第48号

■ 《个人所得税法》所称在中国境内有住所，是指因户籍、家庭、经济利益关系而在中国境内习惯性居住；所称从中国境内和境外取得的所得，分别是指来源于中国境内的所得和来源于中国境外的所得。

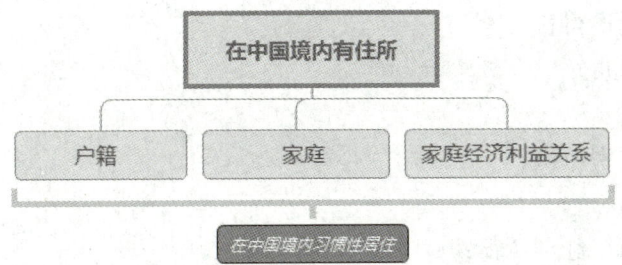

举例：张先生在某公司担任董事，在国内没有房产，不定期出国参加短期学习，他是否属于在中国境内有住所？

答：张先生因户籍、家庭、经济利益关系而在中国境内习惯性居住，属于在中国境内有住所的情形。

《中华人民共和国个人所得税法实施条例》（以下简称《个人所得税法实施条例》）第二条，国务院令第707号

■ 习惯性居住，是判定纳税义务人是居民或非居民的一个法律意义上的标准，不是指实际居住或在某一个特定时期内的居住地。如因学习、工作、探亲、旅游等而在中国境外居住的，在其原因消除之后，必须回到中国境内居住的个人，则中国即为该纳税人习惯性居住地。

举例：小王常年在英国学习，今年决定回国看望父母，暂时不再出国学习并开始参加工作，请问小王的习惯性居住地在哪里？

答：小王因学习在中国境外居住，这个原因消除后，回到了中国境内居住，则中国即为小王的习惯性居住地。

《国家税务总局关于印发〈征收个人所得税若干问题的规定〉的通知》一，国税发〔1994〕89号

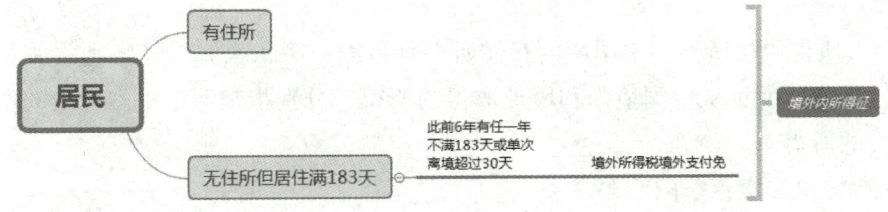

举例：汤姆于2019年10月25日被英国母公司派往中国工作10年，每年其均在6月回国探亲20天，12月返回英国母公司述职25天，2019年12月1日将返回英国工作。那么，1. 汤姆2019年度是否为居民纳税人？ 2. 2020年度是否为居民纳税人？

答：1. 否。2019年度，汤姆一个纳税年度内在中国境内居住68天（7+30+31=68），不满183天。

2. 是。2020年度，汤姆一个纳税年度内在中国境内居住321天（366-20-25=321），满183天。

1.1.1.2 个人取得哪些所得应当缴纳个人所得税？

■ 下列各项个人所得，应缴纳个人所得税：

（1）工资、薪金所得；

（2）劳务报酬所得；

（3）稿酬所得；

（4）特许权使用费所得；

（5）经营所得；

（6）利息、股息、红利所得；

（7）财产租赁所得；

（8）财产转让所得；

（9）偶然所得。

居民个人取得前款第一项至第四项所得（以下称"综合所得"），按纳税年度合并计算个人所得税；非居民个人取得前款第一项至第四项所得，按月或者按次分项计算个人所得税。纳税人取得前款第五项至第九项所得，依照本法规定分别计算个人所得税。

《个人所得税法》第二条

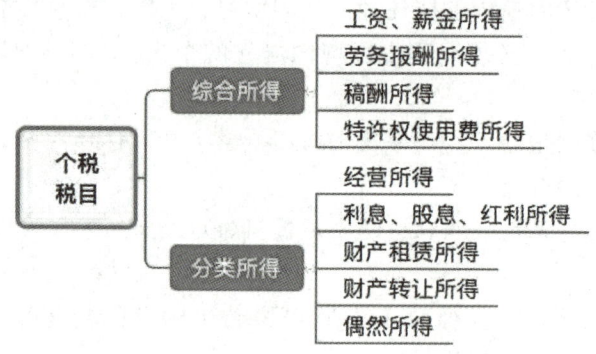

1.1.1.3　个人所得如何确定来源地？

■　个人所得税法所称在中国境内有住所，是指因户籍、家庭、经济利益关系而在中国境内习惯性居住；所称从中国境内和境外取得的所得，分别指来源于中国境内的所得和来源于中国境外的所得。

《个人所得税法实施条例》第二条

1.1.1.4　不论支付地点是否在中国境内，均为来源于中国境内的所得包括哪些？

■　下列所得，不论支付地点是否在中国境内，均为来源于中国境内的所得：

（1）因任职、受雇、履约等而在中国境内提供劳务取得的所得；

（2）将财产出租给承租人在中国境内使用而取得的所得；

（3）转让中国境内的建筑物、土地使用权等财产或者在中国境内转让其他财产取得的所得；

（4）许可各种特许权在中国境内使用而取得的所得；

（5）从中国境内的公司、企业以及其他经济组织或者个人取得的利息、股息、红利所得。

《个人所得税法实施条例》第三条

举例：周先生 2018 年移民成功，2019 年取得如下所得，哪些是来源于中国境内的所得需要在中国交税？

序号	所得项目	判断标准
1	在国外为中国一家公司设计图纸，取得 50 万收入？	劳务发生地在境外，不属于境内所得
2	在国外将其车辆出租给中国人使用，取得 10 万收入？	车辆使用地在境外，不属于境内所得
3	将其某特许使用权许可给中国一家企业在中国境内使用，取得 30 万元收入？	特许权使用地在境内，属于境内所得
4	转让其持有的中国境内一家企业的股权，取得转让收入 50 万元？	被投资企业所在地在中国境内，属于境内所得
5	取得中国境内公司支付的股息 30 万元？	支付股息的单位在中国境内，属于境内所得

1.1.2 非居民纳税人

1.1.2.1 在中国境内无住所又不居住或者无住所，而一个纳税年度内在中国境内居住累计不满 183 天的个人，为非居民个人，缴纳个人所得税的所得的范围有哪些？

■ 在中国境内无住所又不居住或者无住所，而一个纳税年度内在中国境内居住累计不满 183 天的个人，为非居民个人。非居民个人从中国境内取得的所得，依法缴纳个人所得税。

《个人所得税法》第一条

■ 无住所个人一个纳税年度内在中国境内累计居住天数，按照个人在中国境内累计停留的天数计算。在中国境内停留的当天满 24 小时的，计入中国境内居住天数，在中国境内停留的当天不足 24 小时的，不计入中国境内居住天数。

《财政部、国家税务总局关于在中国境内无住所的个人居住时间判定标准的公告》第二条，财政部、税务总局公告 2019 年第 34 号

1.1.2.2 在中国境内无住所的个人，在中国境内居住累计满 183 天的年度连续不满 6 年的，缴纳个人所得税的所得的范围有哪些？

■ 在中国境内无住所的个人，在中国境内居住累计满 183 天的年度连续不满 6 年的，经向主管税务机关备案，其来源于中国境外且由境外单位或者个人支付的所得，免予缴纳个人所得税；在中国境内居住累计满 183 天的任一年度中有一次离境超过 30 天的，其在中国境内居住累计满 183 天的年度的连续年限重新起算。

《个人所得税法实施条例》第四条

■ 无住所个人一个纳税年度在中国境内累计居住满 183 天的，如果此前 6 年在中国境内每年累计居住天数都满 183 天而且没有任何一年单次离境超过 30 天，该纳税年度来源于中国境内、境外所得应当缴纳个人所得税；如果此前 6 年的任一年在中国境内累计居住天数不满 183 天或者单次离境超过 30 天，该纳税年度来源于中国境外且由境外单位或者个人支付的所得，免予缴纳个人所得税。

前款所称此前6年，是指该纳税年度的前1年至前6年的连续6个年度，此前6年的起始年度自2019年（含）以后年度开始计算。

《财政部、国家税务总局关于在中国境内无住所的个人居住时间判定标准的公告》第一条，财政部、税务总局公告2019年第34号

1.1.2.3 在中国境内无住所的个人，在一个纳税年度内在中国境内居住累计不超过90天的，缴纳个人所得税的所得的范围有哪些？

■ 在中国境内无住所的个人，在一个纳税年度内在中国境内居住累计不超过90天的，其来源于中国境内的所得，由境外雇主支付并且不由该雇主在中国境内的机构、场所负担的部分，免予缴纳个人所得税。

《个人所得税法实施条例》第五条

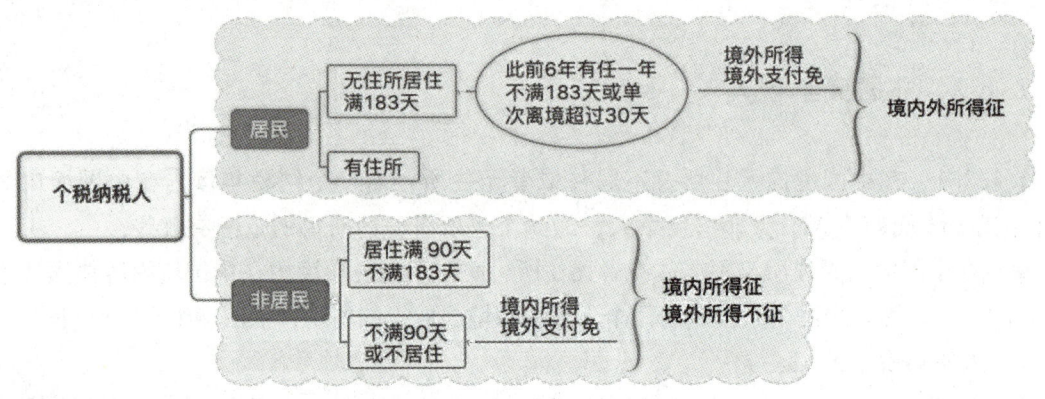

1.2 应纳税额

新《个人所得税法》对个人所得税纳税项目进行了优化调整，同时对居民个人取得综合所得实行按年综合征税，直接推动我国个人所得税从分类税制向综合和分类相结合税制的改革。

新《个人所得税法》设定的所得项目，相对于2011年《个人所得税法》设定的项目，做了3个方面的修改：

一是将"个体工商户的生产、经营所得"和"对企事业单位的承包经营、承租经营所得"合并，作为"经营所得"；

二是删除了2011年《个人所得税法》第二条中的第十一项"经国务院财政部门确定征税的其他所得"；

三是在第九项所得后，新增加一款，作为第二款也就是"居民个人取得的工资薪金所得、劳务报酬所得、稿酬所得、特许权使用费所得综合起来，称为'综合所得'，按纳税年度合并计算个人所得税；非居民个人取得工资薪金所得、劳务报酬所得、稿酬所得、特许权

使用费所得，按月或者按次分项计算个人所得税。纳税人取得前款第五项至第九项所得，依照本法规定分别计算个人所得税。"

1.2.1 应纳税额的计算

1.2.1.1 居民个人的综合所得，应纳税额如何计算？

■ 居民个人的综合所得，以每一纳税年度的收入额减除费用6万元以及专项扣除、专项附加扣除和依法确定的其他扣除后的余额，为应纳税所得额。

《个人所得税法》第六条第一款（一）

本条第一款第一项规定的专项扣除，包括居民个人按照国家规定的范围和标准缴纳的基本养老保险、基本医疗保险、失业保险等社会保险费和住房公积金等；专项附加扣除，包括子女教育、继续教育、大病医疗、住房贷款利息或者住房租金、赡养老人等支出，具体范围、标准和实施步骤由国务院确定，并报全国人民代表大会常务委员会备案。

《个人所得税法》第六条第三款

■ 《个人所得税法》第六条第一款第一项所称依法确定的其他扣除，包括个人缴付符合国家规定的企业年金、职业年金，个人购买符合国家规定的商业健康保险、税收递延型商业养老保险的支出，以及国务院规定的可以扣除的其他项目。

专项扣除、专项附加扣除和依法确定的其他扣除，以居民个人一个纳税年度的应纳税所得额为限额；一个纳税年度扣除不完的，不结转以后年度扣除。

《个人所得税法实施条例》第十三条

1.2.1.2 非居民个人的工资、薪金所得，应纳税额如何计算？

■ 非居民个人的工资、薪金所得，以每月收入额减除费用5千元后的余额为应纳税所得额；劳务报酬所得、稿酬所得、特许权使用费所得，以每次收入额为应纳税所得额。

《个人所得税法》第六条第一款（二）

■ 劳务报酬所得、稿酬所得、特许权使用费所得，属于一次性收入的，以取得该项收入为一次；属于同一项目连续性收入的，以一个月内取得的收入为一次。

《个人所得税法实施条例》第十四条（一）

1.2.1.3 经营所得，应纳税额如何计算？

■ 经营所得，以每一纳税年度的收入总额减除成本、费用以及损失后的余额，为应纳税所得额。

《个人所得税法》第六条第一款（三）

■ 《个人所得税法》第六条第一款第三项所称成本、费用，是指生产、经营活动中发生的各项直接支出和分配计入成本的间接费用以及销售费用、管理费用、财务费用；所称损失，是指生产、经营活动中发生的固定资产和存货的盘亏、毁损、报废损失，转让财产损失，坏账损失，自然灾害等不可抗力因素造成的损失以及其他损失。

取得经营所得的个人，没有综合所得的，计算其每一纳税年度的应纳税所得额时，应当减除费用6万元、专项扣除、专项附加扣除以及依法确定的其他扣除。专项附加扣除在办理汇算清缴时减除。

从事生产、经营活动，未提供完整、准确的纳税资料，不能正确计算应纳税所得额的，由主管税务机关核定应纳税所得额或者应纳税额。

《个人所得税法实施条例》第十五条

1.2.1.4 财产租赁所得，应纳税额如何计算？

■ 财产租赁所得，每次收入不超过4千元的，减除费用800元；4千元以上的，减除20%的费用，其余额为应纳税所得额。

《个人所得税法》第六条第一款（四）

■ 财产租赁所得，以一个月内取得的收入为一次。

《个人所得税法实施条例》第十四条（二）

1.2.1.5 财产转让所得，应纳税额如何计算？

■ 财产转让所得，以转让财产的收入额减除财产原值和合理费用后的余额，为应纳税所得额。

《个人所得税法》第六条第一款（五）

■ 个人所得税法第六条第一款第五项规定的财产原值，按照下列方法确定：

（一）有价证券，为买入价以及买入时按照规定交纳的有关费用；

（二）建筑物，为建造费或者购进价格以及其他有关费用；

（三）土地使用权，为取得土地使用权所支付的金额、开发土地的费用以及其他有关费用；

（四）机器设备、车船，为购进价格、运输费、安装费以及其他有关费用。

其他财产，参照前款规定的方法确定财产原值。

纳税人未提供完整、准确的财产原值凭证，不能按照本条第一款规定的方法确定财产原值的，由主管税务机关核定财产原值。

个人所得税法第六条第一款第五项所称合理费用，是指卖出财产时按照规定支付的有关税费。

《个人所得税法实施条例》第十六条

■ 财产转让所得，按照一次转让财产的收入额减除财产原值和合理费用后的余额计算纳税。

《个人所得税法实施条例》第十七条

1.2.1.6 利息、股息、红利所得和偶然所得，应纳税额如何计算？

■ 利息、股息、红利所得和偶然所得，以每次收入额为应纳税所得额。

《个人所得税法》第六条第一款（六）

■ 利息、股息、红利所得，以支付利息、股息、红利时取得的收入为一次。

偶然所得，以每次取得该项收入为一次。

《个人所得税法实施条例》第十四条（三）、（四）

1.2.1.7 劳务报酬所得、稿酬所得、特许权使用费所得，收入额如何计算？

■ 劳务报酬所得、稿酬所得、特许权使用费所得以收入减除20%的费用后的余额为收入额。稿酬所得的收入额减按70%计算。

《个人所得税法》第六条第二款

1.2.1.8 个人公益慈善性捐赠，扣除规定？

■ 个人将其所得对教育、扶贫、济困等公益慈善事业进行捐赠，捐赠额未超过纳税人申报的应纳税所得额30%的部分，可以从其应纳税所得额中扣除；国务院规定对公益慈善事业捐赠实行全额税前扣除的，从其规定。

《个人所得税法》第六条第三款

■ 个人所得税法第六条第三款所称个人将其所得对教育、扶贫、济困等公益慈善事业进行捐赠，是指个人将其所得通过中国境内的公益性社会组织、国家机关向教育、扶贫、济困等公益慈善事业的捐赠；所称应纳税所得额，是指计算扣除捐赠额之前的应纳税所得额。

《个人所得税法实施条例》第十九条

1.2.1.9 两个以上的个人共同取得同一项目收入，如何计算纳税？

■ 两个以上的个人共同取得同一项目收入的，应当对每个人取得的收入分别按照个人所得税法的规定计算纳税。

《个人所得税法实施条例》第十八条

1.2.1.10 个人取得非货币性所得，如何计算应纳税所得额？

■ 个人所得的形式，包括现金、实物、有价证券和其他形式的经济利益；所得为实物的，应当按照取得的凭证上所注明的价格计算应纳税所得额，无凭证的实物或者凭证上所注明的价格明显偏低的，参照市场价格核定应纳税所得额；所得为有价证券的，根据票面价格和市场价格核定应纳税所得额；所得为其他形式的经济利益的，参照市场价格核定应纳税所得额。

《个人所得税法实施条例》第八条

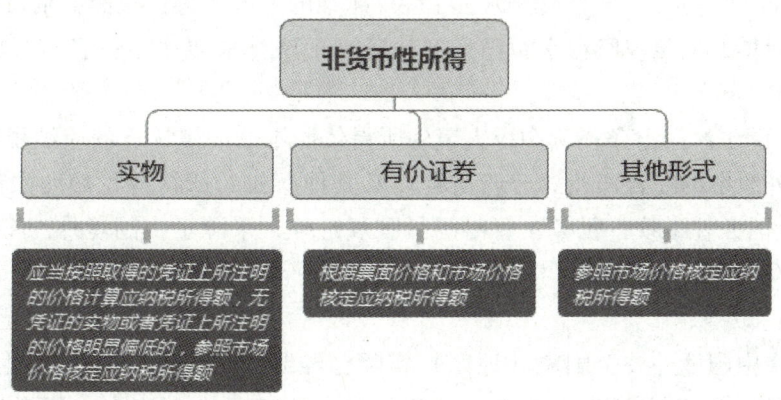

1.2.1.11 纳税人的境外所得，如何计算应纳税额？

■ 纳税人的境外所得，应按税法及其实施条例的规定确定应税项目，并分别计算其应纳税额。

《国家税务总局关于印发〈境外所得个人所得税征收管理暂行办法〉的通知》第五条，国税发〔1998〕126号

1.2.1.12 个人从中国境内和境外取得的所得，是否分别计算应纳税额？

■ 居民个人从中国境内和境外取得的综合所得、经营所得，应当分别合并计算应纳税额；从中国境内和境外取得的其他所得，应当分别单独计算应纳税额。

《个人所得税法实施条例》第二十条

1.2.1.13 两个或者两个以上的个人共同取得同一项目收入的，如何减除费用？

■ 两个以上的个人共同取得同一项目收入的，应当对每个人取得的收入分别按照个人所得税法的规定计算纳税。

《个人所得税法实施条例》第十八条

1.2.1.14 纳税人兼有来源于中国境内、境外所得的，如何减除费用？

■ 纳税人兼有来源于中国境内、境外所得的，应按税法规定分别减除费用并计算纳税。

《国家税务总局关于印发〈境外所得个人所得税征收管理暂行办法〉的通知》第十一条，国税发〔1998〕126号

1.2.1.15 纳税人的境外所得交付给派出单位的部分，是否准予扣除？

■ 纳税人的境外所得按照有关规定交付给派出单位的部分，凡能提供有效合同或有关凭证的，经主管税务机关审核后，允许从其境外所得中扣除。

《国家税务总局关于印发〈境外所得个人所得税征收管理暂行办法〉的通知》第六条，国税发〔1998〕126号

1.2.1.16 居民个人已在境外缴纳的个人所得税税额，是否准予抵免？

■ 居民个人从中国境外取得的所得，可以从其应纳税额中抵免已在境外缴纳的个人所得税税额，但抵免额不得超过该纳税人境外所得依照本法规定计算的应纳税额。

《个人所得税法》第七条

■ 《个人所得税法》第七条所称已在境外缴纳的个人所得税税额，是指居民个人来源于中国境外的所得，依照该所得来源国家（地区）的法律应当缴纳并且实际已经缴纳的所得税税额。

《个人所得税法》第七条所称纳税人境外所得依照本法规定计算的应纳税额，是居民个人抵免已在境外缴纳的综合所得、经营所得以及其他所得的所得税税额的限额（以下简称抵免限额）。除国务院财政、税务主管部门另有规定外，来源于中国境外一个国家（地区）的综合所得抵免限额、经营所得抵免限额以及其他所得抵免限额之和，为来源于该国家（地区）所得的抵免限额。

居民个人在中国境外一个国家（地区）实际已经缴纳的个人所得税税额，低于依照前款规定计算出的来源于该国家（地区）所得的抵免限额的，应当在中国缴纳差额部分的税款。

本年抵免限额 = 已缴纳个税税额 + 中国缴纳差额部分

超过来源于该国家（地区）所得的抵免限额的，其超过部分不得在本纳税年度的应纳税额中抵免，但是可以在以后纳税年度来源于该国家（地区）所得的抵免限额的余额中补扣。补扣期限最长不得超过 5 年。

已缴纳个税税额＝本年抵免限额＋超过部分

举例：2020 年，李先生在美国取得咨询收入 200000 元，借款利息所得 100000 元，已在美国缴纳税款 40000 元；在英国取得稿酬收入 100000 元，财产转让所得 100000 元，已在英国缴纳税款 20000 元。另外，李先生在国内取得工资薪金所得 200000 元，允许扣除的三险一金 40000 元，专项附加扣除 10000 元。

问题：李先生 2020 年从美国和英国取得收入中应纳税额各为多少？

答：（1）李先生综合所得应纳税额的计算

咨询收入属于劳务报酬所得，以实际收入减除 20% 的费用作为收入额，应该与境内工资薪金所得进行合并纳税。稿酬收入属于稿酬所得，以实际收入减除 20% 的费用作为收入额再减按 70% 计算，应该与境内工资薪金所得进行合并纳税。因此：

境内外综合所得应纳税所得额：200000 ×（1－20%）＋10 ×（1－20%）×70% ＋ 200000－60000－40000－10000＝306000 元；

境内境外综合所得应纳税额＝306000 ×25% －16920＝44580 元。

（2）李先生来自美国、英国综合所得应纳税额的计算

美国的综合所得收入额＝200000 ×（1－20%）＝160000 元

英国的综合所得收入额＝100000 ×（1－20%）×70%＝56000 元

美国综合所得抵免限额＝44580 ×160000/（160000＋56000＋200000）＝ 17146.15 元

英国综合所得抵免限额＝44580 ×56000/（160000＋56000＋200000）＝ 6001.15 元

（3）李先生来自美国、英国分类所得应纳税额的计算

美国利息所得应纳税额＝100000 ×20%＝20000 元

英国财产转让所得应纳税额＝100000 ×20%＝20000 元

（4）李先生分国抵免限额的计算

美国抵免限额：17146.15＋20000＝37146.15 元；

英国抵免限额：6001.15＋20000＝26001.15 元

（5）李先生实际应缴纳税额的计算：

美国可实际抵免税额＝最小值（40000＞37146.15）＝37146.15 元；

可结转以后五个年度抵免税额＝40000－37146.15＝2853.85 元。

英国可实际抵免税额＝最小值（20000＜26001.15）＝20000 元；

应补缴英国取得所得的个人税＝26001.15－20000＝6001.15 元

另外，李先生需注意，申请抵免已在境外缴纳的个人所得税税额，应当提供境外税务机关出具的税款所属年度的有关纳税凭证。

■ 居民个人申请抵免已在境外缴纳的个人所得税税额，应当提供境外税务机关出具的税款所属年度的有关纳税凭证。

《个人所得税法实施条例》第二十一、二十二条

1.2.2 外币所得

纳税人取得综合所得、经营所得或者其他项目所得的,既可能是人民币,也可能是人民币以外货币。

1.2.2.1 个人所得为外币的,如何折合人民币?

■ 各项所得的计算,以人民币为单位。所得为人民币以外的货币的,按照人民币汇率中间价折合成人民币缴纳税款。

《个人所得税法》第十六条

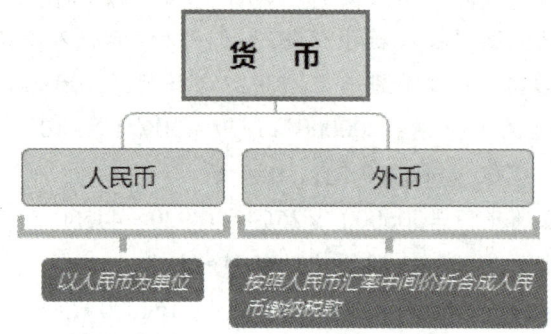

举例:李先生将其拥有的房产以100万美元转让,2019年5月1日收到房款。房产原值为100万元人民币,转让的合理税费为1万元,则李先生应交多少个人所得税?

假设:5月31日人民币汇率中间价为1美元对人民币6.8890元,2019年12月31日人民币汇率中间价为1美元对人民币6.8000元。

答:6月份申报时,李先生应交个人所得税:(100×6.8890-100-1)×20% = 117.58万元;

如果李先生2019年6月份没有申报,在2020年个人所得税汇算清缴时补缴,应交个人所得税:(100×6.8000-100-1)×20% = 115.8万元。

1.2.2.2 在年度终了后汇算清缴的,对预缴税款的外国货币所得,是否重新折算?

■ 依照税法规定,年度终了后办理汇算清缴的,对已经按月、按季或者按次预缴税款的人民币以外货币所得,不再重新折算;对应当补缴税款的所得部分,按照上一纳税年度最后1日人民币汇率中间价,折合成人民币计算应纳税所得额。

《个人所得税法实施条例》第三十二条

1.2.2.3 在年度终了后汇算清缴的,对应当补缴税款的所得部分,如何折合人民币?

■ 依照税法规定,对应当补缴税款的所得部分,按照上一纳税年度最后1日人民币汇率中间价,折合成人民币计算应纳税所得额。

《个人所得税法实施条例》第三十二条

1.2.3 捐赠支出的扣除

个人将其所得对教育、扶贫、济困等公益慈善事业在规定范围内的捐赠，可以在计算应纳税所得额时依法扣除。目前，符合规定的公益慈善事业捐赠有两种扣除方法：一是限额扣除；二是全额扣除。

新《个人所得税法》规定，个人将其所得对教育、扶贫、济困等公益慈善事业进行捐赠，捐赠额未超过纳税人申报的应纳税所得额30%的部分，可以从其应纳税所得额中扣除；国务院规定对公益慈善事业捐赠实行全额税前扣除的，从其规定。

新《个人所得税法实施条例》规定，个人所得税法第六条第三款所称个人将其所得对教育、扶贫、济困等公益慈善事业进行捐赠，是指个人将其所得通过中国境内的公益性社会组织、国家机关向教育、扶贫、济困等公益慈善事业的捐赠；所称应纳税所得额，是指计算扣除捐赠额之前的应纳税所得额。

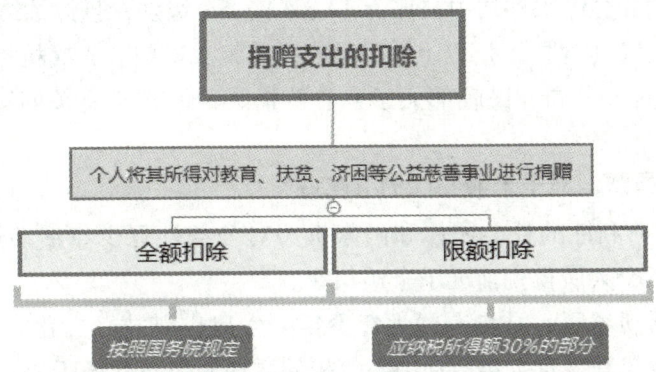

举例：李先生给贫困地区的希望小学直接捐款15万元，是否可以个人所得税前扣除？

答：由于李先生是直接向希望小学捐款，所以不得个人所得税前扣除。如果李先生是通过教育机构或国家机关进行的捐赠，可按标准个人所得税前扣除。

1.2.3.1 个人对教育事业和其他公益事业的捐赠，是否准予从应纳税所得中扣除？

■ 个人将其所得对教育事业和其他公益慈善事业捐赠的部分，按照国务院有关规定从应纳税所得中扣除。

《个人所得税法》第六条三款

■ 《个人所得税法》第六条第三款所称个人将其所得对教育、扶贫、济困等公益慈善事业进行捐赠，是指个人将其所得通过中国境内的公益性社会组织、国家机关向教育、扶贫、济困等公益慈善事业的捐赠；所称应纳税所得额，是指计算扣除捐赠额之前的应纳税所得额。

《个人所得税法实施条例》第十九条

■ 公益性社会组织均指依据国务院发布的《基金会管理条例》和《社会团体登记管理条例》的规定，经民政部门依法登记，符合以下条件的基金会、慈善组织等公益性社会团体：

（一）符合《中华人民共和国企业所得税法实施条例》第五十二条第（一）项到第（八）项规定的条件；

（二）申请前3年内未受到行政处罚；

（三）基金会在民政部门依法登记3年以上（含3年）的，应当在申请前连续2年年度检查合格，或最近1年年度检查合格且社会组织评估等级在3A以上（含3A），登记3年以下1年以上（含1年）的，应当在申请前1年年度检查合格或社会组织评估等级在3A以上（含3A），登记1年以下的基金会具备本款第（一）项、第（二）项规定的条件；

（四）公益性社会团体（不含基金会）在民政部门依法登记3年以上，净资产不低于登记的活动资金数额，申请前连续2年年度检查合格，或最近1年年度检查合格且社会组织评估等级在3A以上（含3A），申请前连续3年每年用于公益活动的支出不低于上年总收入的70%（含70%），同时须达到当年总支出的50%以上（含50%）。

前款所称年度检查合格是指民政部门对基金会、公益性社会团体（不含基金会）进行年度检查，作出年度检查合格的结论；社会组织评估等级在3A以上（含3A）是指社会组织在民政部门主导的社会组织评估中被评为3A、4A、5A级别，且评估结果在有效期内。

国家机关均指县级（含县级）以上人民政府及其组成部门和直属机构。

《财政部、国家税务总局、民政部关于公益性捐赠税前扣除有关问题的通知》四、五，财税〔2008〕160号

1.2.3.2 个人捐赠，准予全额扣除的有哪些？

■ 个人通过非营利性的社会团体和国家机关对公益性青少年活动场所（其中包括新建）的捐赠，在缴纳个人所得税前准予全额扣除。

公益性青少年活动场所，是指专门为青少年学生提供科技、文化、德育、爱国主义教育、体育活动的青少年宫、青少年活动中心等校外活动的公益性场所。

《财政部、国家税务总局关于对青少年活动场所电子游戏厅有关所得税和营业税政策问题的通知》一，财税〔2000〕21号

■ 个人通过非营利性的社会团体和政府部门向福利性、非营利性的老年服务机构的捐赠，在缴纳个人所得税前准予全额扣除。

老年服务机构，是指专门为老年人提供生活照料、文化、护理、健身等多方面服务的福利性、非营利性的机构，主要包括：老年社会福利院、敬老院（养老院）、老年服务中心、老年公寓（含老年护理院、康复中心、托老所）等。

《财政部、国家税务总局关于对老年服务机构有关税收政策问题的通知》二，财税〔2000〕97号

■ 个人向中华健康快车基金会和孙冶方经济科学基金会、中华慈善总会、中国法律援助基金会和中华见义勇为基金会的捐赠，准予在缴纳个人所得税前全额扣除。

《财政部、国家税务总局关于向中华健康快车基金会等5家单位的捐赠所得税税前扣除问题的通知》，财税〔2003〕204号

■ 纳税人通过中国境内非营利的社会团体、国家机关向教育事业的捐赠，准予在缴纳

个人所得税前全额扣除。

《财政部、国家税务总局关于教育税收政策的通知》一，财税〔2004〕39号

举例：李先生2019年通过国家机关捐赠给当地希望小学15万元，当年综合所得36万元，减除各项扣除（除公益慈善事业捐赠扣除）后应纳税所得额24万元，则当年可扣除的公益慈善事业捐赠为全额扣除。

1.2.3.3 允许个人在税前扣除的捐赠，其捐赠资金是否应是当期所得？

■ 允许个人在税前扣除的对教育事业和其他公益事业的捐赠，其捐赠资金应属于其纳税申报期当期的应纳税所得。

《国家税务总局关于个人捐赠后申请退还已缴纳个人所得税问题的批复》，国税函〔2004〕865号

■ 个人发生的公益捐赠支出金额，按照以下规定确定：

（一）捐赠货币性资产的，按照实际捐赠金额确定；

（二）捐赠股权、房产的，按照个人持有股权、房产的财产原值确定；

（三）捐赠除股权、房产以外的其他非货币性资产的，按照非货币性资产的市场价格确定。

《财政部、国家税务总局关于公益慈善事业捐赠个人所得税政策的公告》第二条，财政部、税务总局公告2019年第99号

1.2.3.4 允许个人在税前扣除的捐赠，当期扣除不完的捐赠余额，是否可以继续扣除？

■ 允许个人在税前扣除的对教育事业和其他公益事业的捐赠，当期扣除不完的捐赠余额，不得转到以后纳税申报期的应纳税所得中继续扣除，也不允许将当期捐赠在属于以前纳税申报期的应纳税所得中追溯扣除。

举例：李先生2019年通过国家机关捐赠给当地贫困山区10万元，当年综合所得36万元，减除各项扣除（除公益慈善事业捐赠扣除）后应纳税所得额24万元，则当年可扣除的公益慈善事业捐赠为7.2万元（24×30%），剩余2.8万元是否能在下一年度扣除？

答：不能，捐赠资金应属于其纳税申报期当期的应纳税所得，不能结转到下一申报期扣除。

《国家税务总局关于个人捐赠后申请退还已缴纳个人所得税问题的批复》，国税函〔2004〕865号

1.2.3.5 个人对宣传文化事业的捐赠，准予扣除的比例是多少？

■ 社会力量通过国家批准成立的非营利性的公益组织或国家机关对宣传文化事业的公益性捐赠，经税务机关审核后，纳税人缴纳个人所得税时，捐赠额未超过纳税人申报的应纳税所得额30%的部分，可以从其应纳税所得额中扣除。公益性捐赠的范围为：

（1）对国家重点交响乐团、芭蕾舞团、歌剧团、京剧团和其他民族艺术表演团体的捐赠。

（2）对公益性的图书馆、博物馆、科技馆、美术馆、革命历史纪念馆的捐赠。

（3）对重点文物保护单位的捐赠。

（4）对文化行政管理部门所属的非生产经营性的文化馆或群众艺术馆接受的社会公益性活动、项目和文化设施等方面的捐赠。

《国务院办公厅转发财政部、中宣部〈关于进一步支持文化事业发展若干经济政策〉的

通知》，国办发〔2006〕43号

1.2.3.6 个人向地震灾区的捐赠，如何扣除？

■ 个人通过扣缴单位统一向灾区的捐赠，由扣缴单位凭政府机关或非营利组织开具的汇总捐赠凭据、扣缴单位记载的个人捐赠明细表等，由扣缴单位在代扣代缴税款时，依法据实扣除。个人直接通过政府机关、非营利组织向灾区的捐赠，采取扣缴方式纳税的，捐赠人应及时向扣缴单位出示政府机关、非营利组织开具的捐赠凭据，由扣缴单位在代扣代缴税款时，依法据实扣除；个人自行申报纳税的，税务机关凭政府机关、非营利组织开具的接受捐赠凭据，依法据实扣除。

扣缴单位在向税务机关进行个人所得税全员全额扣缴申报时，应一并报送由政府机关或非营利组织开具的汇总接受捐赠凭据（复印件）、所在单位每个纳税人的捐赠总额和当期扣除的捐赠额。

《国家税务总局关于个人向地震灾区捐赠有关个人所得税征管问题的通知》，国税发〔2008〕55号

1.2.3.7 个人捐赠住房作为公共租赁住房，是否准予从其应纳税所得额中扣除？

■ 个人捐赠住房作为公共租赁住房，符合税收法律法规规定的，对其公益性捐赠支出未超过其申报的应纳税所得额30%的部分，准予从其应纳税所得额中扣除。

《财政部、国家税务总局关于促进公共租赁住房发展有关税收优惠政策的通知》，财税〔2014〕52号

2019年1月1日至2020年12月31日，个人捐赠住房作为公租房，符合税收法律法规规定的，对其公益性捐赠支出未超过其申报的应纳税所得额30%的部分，准予从其应纳税所得额中扣除。

《财政部、国家税务总局关于公共租赁住房税收优惠政策的公告》，财政部、税务总局公告2019年第61号

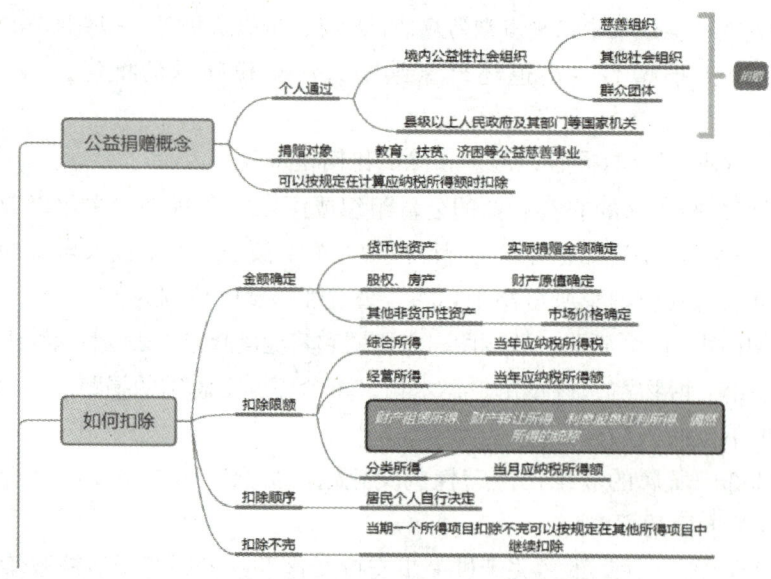

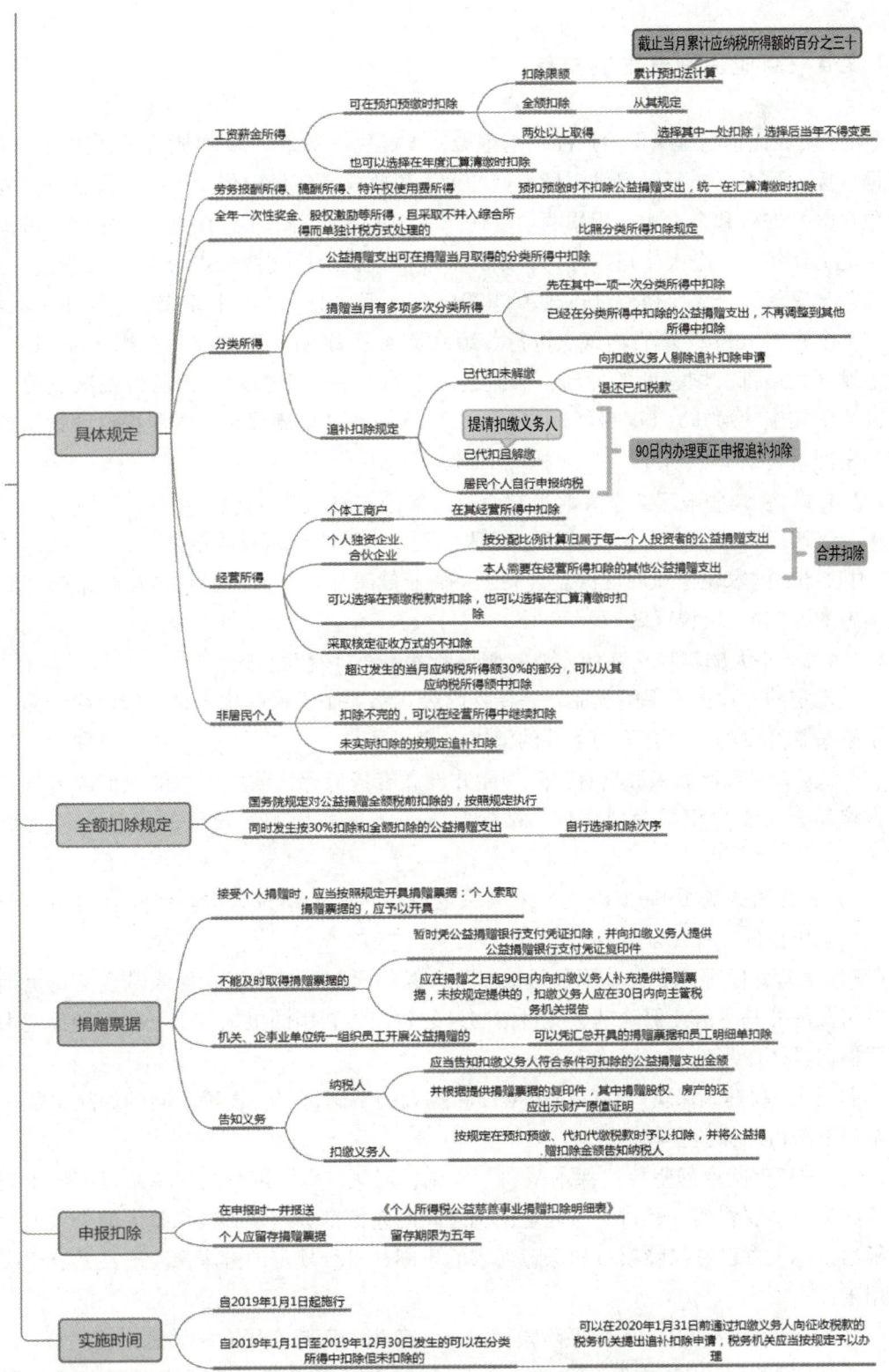

《财政部、国家税务总局关于公益慈善事业捐赠个人所得税政策的公告》思维导图

1.2.4 商业保险支出的扣除

《个人税收优惠型健康保险产品指引框架》(财税〔2017〕39号附件1)注明,保险公司根据目标人群不同,可以提供3种类型的个人税收优惠型健康保险产品,都采取万能险方式,包含医疗保险和个人账户积累两项责任。关于保险期间,医疗保险为1年期,可保证续保至法定退休年龄;个人账户累计为长期;商业健康保险的交费方式为年交和月交。

商业健康保险个人所得税试点改革自2016年1月1日起,在北京市、上海市、天津市、重庆市4个直辖市和27个省内试点进行。2017年4月28日,财政部、税务总局、原保监会联合下发《财政部、国家税务总局、保监会关于将商业健康保险个人所得税试点政策推广到全国范围实施的通知》(财税〔2017〕39号),将商业健康保险个人所得税政策实施范围推广到全国,自2017年7月1日起施行。

1.2.4.1 在哪些地区,个人购买商业健康保险支出允许税前扣除?

■ 自2017年7月1日起,将商业健康保险个人所得税试点政策推广到全国范围实施。

《财政部、国家税务总局、保监会关于将商业健康保险个人所得税试点政策推广到全国范围实施的通知》,财税〔2017〕39号

1.2.4.2 个人购买什么样的商业健康保险支出允许税前扣除?

符合规定的商业健康保险产品,是指保险公司参照个人税收优惠型健康保险产品指引框架及示范条款开发的、符合下列条件的健康保险产品:

(一)健康保险产品采取具有保障功能并设立有最低保证收益账户的万能险方式,包含医疗保险和个人账户积累两项责任。被保险人个人账户由其所投保的保险公司负责管理维护。

(二)被保险人为16周岁以上、未满法定退休年龄的纳税人群。保险公司不得因被保险人既往病史拒保,并保证续保。

(三)医疗保险保障责任范围包括被保险人医保所在地基本医疗保险基金支付范围内的自付费用及部分基本医疗保险基金支付范围外的费用,费用的报销范围、比例和额度由各保险公司根据具体产品特点自行确定。

(四)同一款健康保险产品,可依据被保险人的不同情况,设置不同的保险金额,具体保险金额下限由原保监会规定。

(五)健康保险产品坚持"保本微利"原则,对医疗保险部分的简单赔付率低于规定比例的,保险公司要将实际赔付率与规定比例之间的差额部分返还到被保险人的个人账户。

根据目标人群已有保障项目和保障需求的不同,符合规定的健康保险产品共有3类,分别适用于:

(1)对公费医疗或基本医疗保险报销后个人负担的医疗费用有报销意愿的人群;

(2)对公费医疗或基本医疗保险报销后个人负担的特定大额医疗费用有报销意愿的人群;

（3）未参加公费医疗或基本医疗保险，对个人负担的医疗费用有报销意愿的人群。

符合上述条件的个人税收优惠型健康保险产品，保险公司应按《保险法》规定程序上报原保监会审批。

《财政部、国家税务总局、保监会关于将商业健康保险个人所得税试点政策推广到全国范围实施的通知》三，财税〔2017〕39号

1.2.4.3 个人购买符合规定的商业健康保险产品的支出，税前扣除的标准如何规定？

■ 对个人购买符合规定的商业健康保险产品的支出，允许在当年（月）计算应纳税所得额时予以税前扣除，扣除限额为2400元/年（200元/月）。单位统一为员工购买符合规定的商业健康保险产品的支出，应分别计入员工个人工资薪金，视同个人购买，按上述限额予以扣除。

2400元/年（200元/月）的限额扣除为《个人所得税法》规定减除费用标准之外的扣除。

举例：张先生所在公司统一为员工购买了符合扣除条件的税收优惠健康保险，每人每年支出3000元，是否可以全额在个人所得税税前扣除？

答：不能。税收健康险扣除限额为2400元/年（200元/月），所以不能全额扣除。

《财政部、国家税务总局、保监会关于将商业健康保险个人所得税试点政策推广到全国范围实施的通知》一，财税〔2017〕39号

1.2.4.4 适用商业健康保险税收优惠政策的纳税人，具体范围如何规定？

■ 适用商业健康保险税收优惠政策的纳税人，是指取得工资薪金所得、连续性劳务报酬所得的个人，以及取得个体工商户生产经营所得、对企事业单位的承包承租经营所得的个体工商户业主、个人独资企业投资者、合伙企业合伙人和承包承租经营者。

《财政部、国家税务总局、保监会关于将商业健康保险个人所得税试点政策推广到全国范围实施的通知》二，财税〔2017〕39号

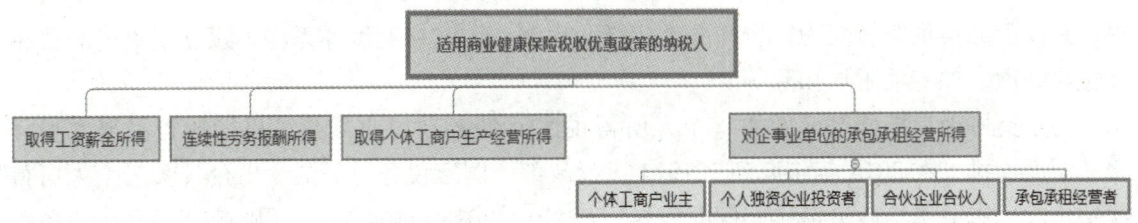

1.2.4.5 购买符合规定的商业健康保险产品，如何申报扣除？

■ （一）单位统一组织为员工购买或者单位和个人共同负担购买符合规定的商业健康保险产品，单位负担部分应当实名计入个人工资薪金明细清单，视同个人购买，并自购买产品次月起，在不超过200元/月的标准内按月扣除。1年内保费金额超过2400元的部分，不得税前扣除。以后年度续保时，按上述规定执行。个人自行退保时，应及时告知扣缴单位。个人相关退保信息保险公司应及时传递给税务机关。

（二）取得工资薪金所得或连续性劳务报酬所得的个人，自行购买符合规定的商业健康

保险产品的，应当及时向代扣代缴单位提供保单凭证。扣缴单位自个人提交保单凭证的次月起，在不超过200元/月的标准内按月扣除。1年内保费金额超过2400元的部分，不得税前扣除。以后年度续保时，按上述规定执行。个人自行退保时，应及时告知扣缴义务人。

（三）个体工商户业主、企事业单位承包承租经营者、个人独资和合伙企业投资者自行购买符合条件的商业健康保险产品的，在不超过2400元/年的标准内据实扣除。1年内保费金额超过2400元的部分，不得税前扣除。以后年度续保时，按上述规定执行。

《财政部、国家税务总局、保监会关于将商业健康保险个人所得税试点政策推广到全国范围实施的通知》四，财税〔2017〕39号

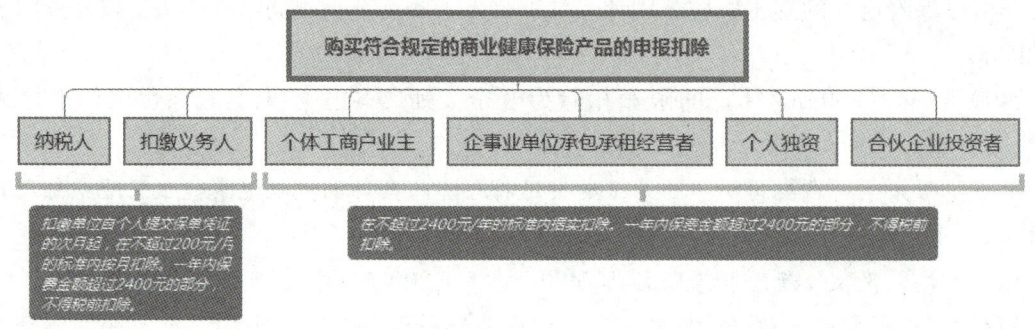

1.3 优惠政策

新《个人所得税法》中，对于税收优惠的调整较少，主要是对部分免税所得的名称进行了修改，如将"退休工资"修改为"基本养老金和退休费"，将"离休工资"修改为"离休费"等，总体优惠内容不变。2018年《个人所得税法》的修订，不仅带来了个人所得税制度由分类税制转变为综合和分类相结合税制，同时在制度体系中，设立了更多的普惠性优惠制度，如专项附加扣除等。

为了更好地衔接修改前后的《个人所得税法》的各项税收优惠，贯彻执行国家减税降费的制度安排，在2018年年底到2019年，财政部、国家税务总局陆续出台《关于个人所得税法修改后有关优惠政策衔接问题的通知》（财税〔2018〕164号）、《财政部、国家税务总局关于继续有效的个人所得税优惠政策目录的公告》（财政部、国家税务总局公告2018年177号）、《财政部、国家发展和改革委员会、国家税务总局、中国证券监督管理委员会关于创业投资企业个人合伙人所得税政策问题的通知》（财税〔2019〕8号）、《财政部、国家税务总局、退役军人部关于进一步扶持自主就业退役士兵创业就业有关税收政策的通知》（财税〔2019〕21号）、《财政部、国家税务总局、人力资源社会保障部、国务院扶贫办关于进一步支持和促进重点群体创业就业有关税收政策的通知》（财税〔2019〕22号）等一系列规范性文件，明确个人所得税优惠事项。

1.3.1 免税项目

1.3.1.1 个人取得哪些所得可免纳个人所得税？

■ 下列各项个人所得，免纳个人所得税：

（一）省级人民政府、国务院部委和中国人民解放军军以上单位，以及外国组织、国际组织颁发的科学、教育、技术、文化、卫生、体育、环境保护等方面的奖金；

（二）国债和国家发行的金融债券利息；

（三）按照国家统一规定发给的补贴、津贴；

（四）福利费、抚恤金、救济金；

（五）保险赔款；

（六）军人的转业费、复员费、退役金；

（七）按照国家统一规定发给干部、职工的安家费、退职费、基本养老金或者退休费、离休费、离休生活补助费；

（八）依照有关法律规定应予免税的各国驻华使馆、领事馆的外交代表、领事官员和其他人员的所得；

（九）中国政府参加的国际公约、签订的协议中规定免税的所得；

（十）国务院规定的其他免税所得。

前款第十项免税规定，由国务院报全国人民代表大会常务委员会备案。

《个人所得税法》第四条

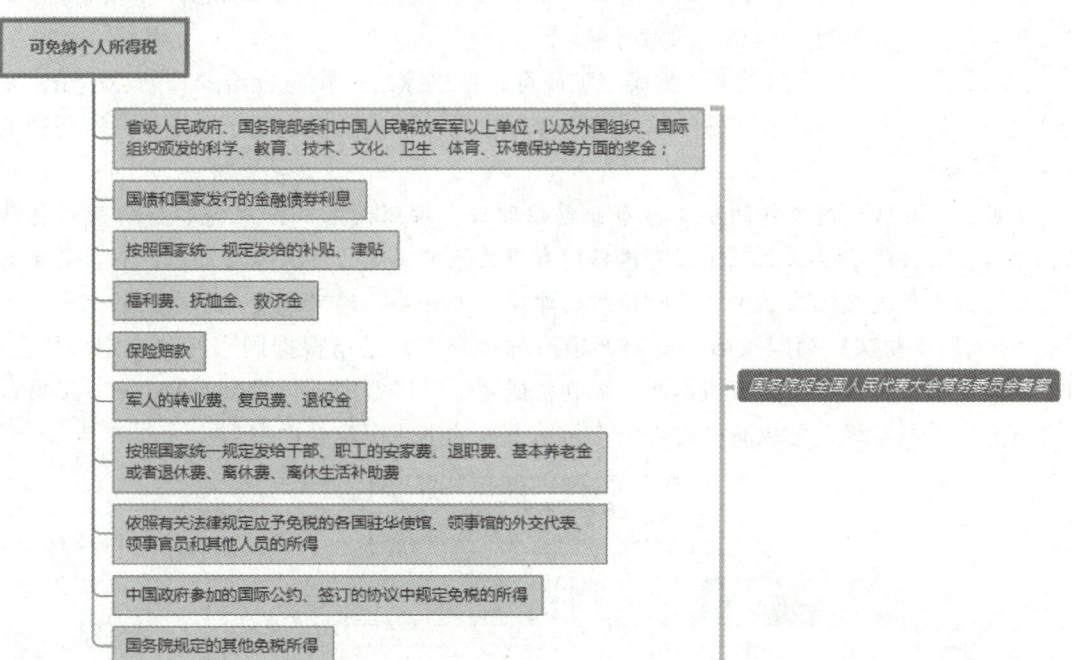

■ 《个人所得税法》第四条第一款第二项所称国债利息，是指个人持有中华人民共和国财政部发行的债券而取得的利息；所称国家发行的金融债券利息，是指个人持有经国务院批准发行的金融债券而取得的利息。

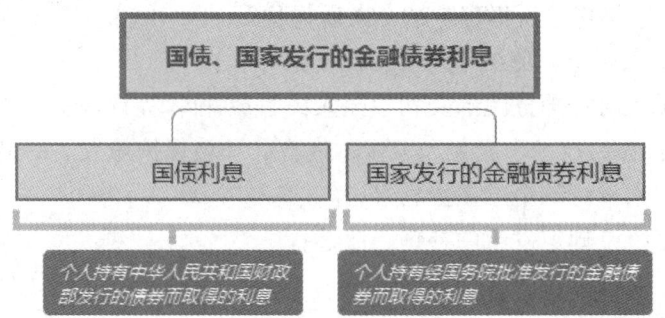

小贴士：例如"中国铁路建设债券"属于企业债券，不属于财政部发行的债券和经国务院批准发行的金融债券。因此，个人持有中国铁路建设债券而取得的利息不属于可以免纳个人所得税的"国债和国家发行的金融债券利息"。而三家政策性银行（国家开发银行、进出口银行和农业发展银行）发行的金融债券，是属于经国务院批准发行的金融债券，因此持有国家开发银行、进出口银行或农业发展银行发行的金融债券取得的利息可以免纳个人所得税。

只有持有期间所产生的利息免个人所得税；在二级市场转让须按照"财产转让所得"缴纳个人所得税。

举例：张先生购买了5万元五年期国债，三年后转让了3万元国债取得转让收入4万元，剩下的2万元持有到期，取得利息共计5千元，以上通过国债取得的所得是否免税？

答：张先生仅持有国债取得的利息收入5千元可享受免税的税收优惠，而国债转让收入需按照"财产转让所得"缴纳个人所得税。

《个人所得税法》第四条第一款第三项所称按照国家统一规定发给的补贴、津贴，是指按照国务院规定发给的政府特殊津贴、院士津贴，以及国务院规定免予缴纳个人所得税的其他补贴、津贴。

小贴士：对区域内工作的机关、事业单位职工、按照国家统一规定取得的西藏特殊津贴；生育妇女按照县级以上人民政府根据国家有关规定制定的生育保险办法，取得的生育津贴、生育医疗费或其他属于生育保险性质的津贴、补贴等，均可享受免纳个税的优惠政策。

《个人所得税法》第四条第一款第四项所称福利费，是指根据国家有关规定，从企业、事业单位、国家机关、社会组织提留的福利费或者工会经费中支付给个人的生活补助费；所称救济金，是指各级人民政府民政部门支付给个人的生活困难补助费。

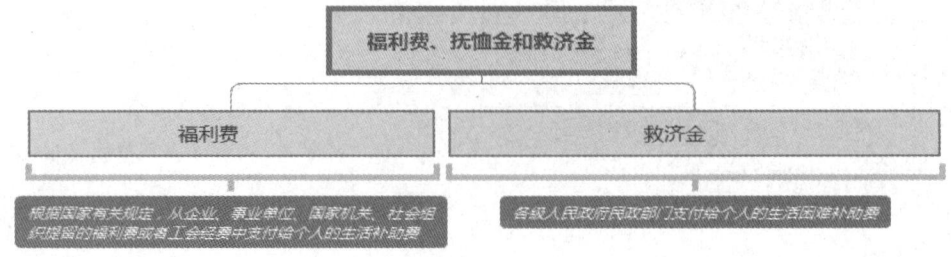

小贴士：企业发给员工的夏季高温津贴（职工防暑降温费）属于福利费，但不属于生活困难补助费，应并入员工的"工资、薪金所得"计算缴纳个人所得税。

《个人所得税法》第四条第一款第八项所称依照有关法律规定应予免税的各国驻华使馆、领事馆的外交代表、领事官员和其他人员的所得，是指依照《中华人民共和国外交特权与豁免条例》和《中华人民共和国领事特权与豁免条例》规定免税的所得。

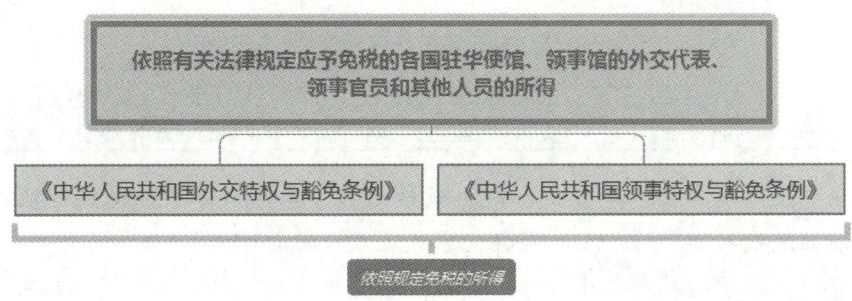

小贴士：使馆人员的私人服务员如果不是中国公民并且不是在中国永久居留的，其受雇所得的报酬免纳所得税。

《个人所得税法实施条例》第九、十、十一、十二条

1.3.2 减税项目

1.3.2.1 哪些情形可以减征个人所得税？

■ 有下列情形之一的，可以减征个人所得税，具体幅度和期限，由省、自治区、直辖市人民政府规定，并报同级人民代表大会常务委员会备案：

（一）残疾、孤老人员和烈属的所得；

（二）因自然灾害遭受重大损失的。

国务院可以规定其他减税情形，报全国人民代表大会常务委员会备案。

《个人所得税法》第五条

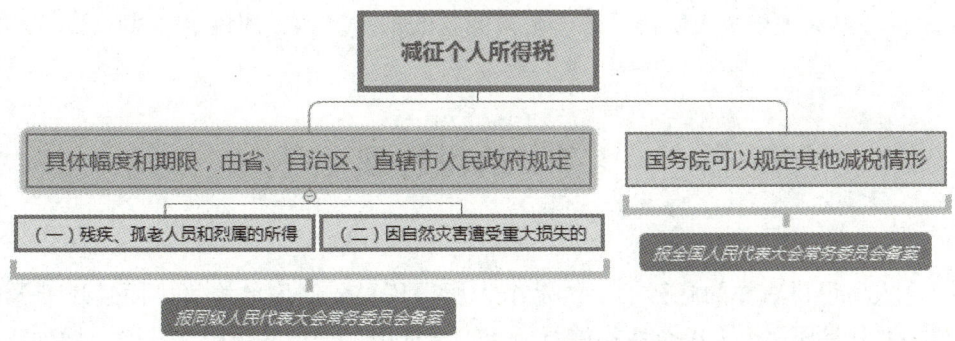

■ 经省级人民政府批准可减征个人所得税的残疾、孤老人员和烈属的所得仅限于劳动所得，具体所得项目为：工资、薪金所得；个体工商户的生产经营所得；对企事业单位的承

包经营、承租经营所得；劳务报酬所得；稿酬所得；特许权使用费所得。

《国家税务总局关于明确残疾人所得征免个人所得税范围的批复》，国税函〔1999〕329号

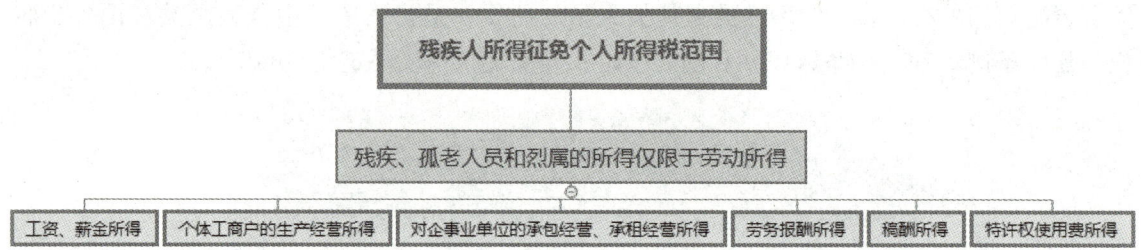

举例：杨先生是残疾人，并有政府发的残疾证明，其将一套房屋转让给他人取得的所得，是否可以按残疾人享受的个人所得税优惠政策减征税款？

答：不可以。由于是财产转让所得，不属于享受优惠的所得范围，所以不可享受个税优惠政策减征税款。

■ 纳税人有《个人所得税法》第五条规定情形之一的，必须经主管税务机关批准，方可减征个人所得税。

《国家税务总局关于个人所得税若干政策问题的批复》四，国税函〔2002〕629号

1.3.3 如何享受免税

1.3.3.1 个人所得税减免是否需要审批？

■ 税收法律、行政法规、部门规章和规范性文件中未明确规定纳税人享受减免税必须经税务机关审批的，且纳税人取得的所得完全符合减免税条件的，无须经主管税务机关审批，纳税人可自行享受减免税。税收法律、行政法规、部门规章和规范性文件中明确规定纳税人享受减免税必须经税务机关审批的，必须经主管税务机关按照有关规定审核或批准后，方可减免个人所得税。纳税人无法准确判断其取得的所得是否应该享受个人所得税减免的，必须经主管税务机关按照有关规定审核或批准后，方可减免个人所得税。

《国家税务总局关于个人所得税若干政策问题的批复》四，国税函〔2002〕629号

1.4 纳税管理

新《个人所得税法》的施行，不仅是个人所得税税收制度的修订，而且还涉及征管制度的联动。尤其是居民个人综合所得施行按年综合征税、增设专项附加扣除、增加反避税条款、实行全球征税制度，对个人所得税的征收管理提出了更高的要求。在税收征管制度上，新《个人所得税法》通过建立纳税人识别号制度、完善纳税申报制度、推进社会综合制度，

带动整个税收征管制度体系的变革。

- **纳税人识别号制度**

纳税人识别号制度，是税收基本征管制度之一。纳税人识别号是纳税人、扣缴义务人被赋予全国唯一的纳税识别代码，该代码是税务机关办理业务，以及进行数据信息内外部交换和共享的基础，在办理相应登记时确定。

在《国家税务总局关于发布纳税人识别号代码标准的通知》（税总发〔2013〕41号）中，就规定了在办理代扣代缴或代收代缴及自行缴纳时对自然人登记的纳税人在办理登记时，赋予纳税人识别号。

新《个人所得税法》适应未来个人所得税征收管理的需要，建立了纳税人识别号制度，对每一个个人所得税纳税人，都赋予一个全国唯一的纳税人识别号，作为个人所得税税收征管的基础、前提和重要手段。

新《个人所得税法》第九条规定，个人所得税以所得人为纳税人，以支付所得的单位或者个人为扣缴义务人，纳税人有中国公民身份号码的，以中国公民身份号码为纳税人识别号；纳税人没有中国公民身份号码的，由税务机关赋予其纳税人识别号。扣缴义务人扣缴税款时，纳税人应当向扣缴义务人提供纳税人识别码。

扣缴义务人扣缴税款时，纳税人应当向扣缴义务人提供纳税人识别号。扣缴义务人首次向纳税人支付所得时，应当按照纳税人提供的纳税人识别号等基础信息，填写《个人所得税基础信息表（A表）》，并于次月扣缴申报时向税务机关报送。《国家税务总局关于自然人纳税人识别号有关事项的公告》（国家税务总局公告2018年第59号）规定，每个中国个人所得税的纳税人，在首次办理涉税事项时，都应当向税务机关或者扣缴义务人出示有效身份证件，并报送相关基础信息。

有效身份证件，是指：

（1）纳税人为中国公民且持有有效《中华人民共和国居民身份证》的，为居民身份证。

（2）纳税人为华侨且没有居民身份证的，为有效的《中华人民共和国护照》和华侨身份证明。

（3）纳税人为港澳居民的，为有效的《港澳居民来往内地通行证》或《中华人民共和国港澳居民居住证》。

（4）纳税人为台湾居民的，为有效的《台湾居民来往内地通行证》或《中华人民共和国台湾居民居住证》。

（5）纳税人为持有有效《中华人民共和国外国人永久居留身份证》的外籍个人的，为永久居留证和外国护照；未持有永久居留证但持有有效《中华人民共和国外国人工作证》的，为工作证和外国护照；其他外籍个人，为有效的外国护照。

税务机关应当在赋予自然人纳税人识别号后，告知或者通过扣缴义务人告知纳税人其纳税人识别号，并为自然人纳税人查询本人纳税人识别号提供便利。

自然人纳税人识别号，是自然人纳税人办理各类涉税事项的唯一代码标识。自然人纳税人办理纳税申报、税款缴纳、申报退税、开具完税凭证、纳税查询等涉税事项时，应当向税务机关或扣缴义务人提供纳税人识别号。

在纳税人识别号制度下，纳税人通过扣缴义务人预扣预缴、代扣代缴或者通过自行申报缴纳的税款、申报的专项附加扣除信息等，所有的涉税信息都通过纳税人识别号在税务信息系统中准确、有效、统一归集。居民个人取得综合所得办理汇算清缴补退税款时，纳税人能够通过纳税人识别号，准确计算自己全年的收入情况，准确抵扣已预扣预缴的税款、享受专项附加扣除。

- 综合治税

新《个人所得税法》第十五条第一款规定，公安、人民银行、金融监督管理等相关部门应当协助税务机关确认纳税人的身份、金融账户信息。教育、卫生、医疗保障、民政、人力资源社会保障、住房城乡建设、公安、人民银行、金融监督管理等相关部门应当向税务机关提供子女教育、继续教育、大病医疗、住房贷款利息、住房租金、赡养老人等专项附加扣除信息。

《个人所得税专项附加扣除暂行办法》（国发〔2018〕41号）进一步规定了各部门和单位提供信息的内容、义务和责任。

有关部门和单位有责任和义务向税务部门提供或者协助核实以下与专项附加扣除有关的信息：

（1）公安部门有关户籍人口信息、户成员关系信息、出入境证件信息、相关出国人员信息、户籍人口死亡标识等信息；

（2）卫生健康部门有关出生医学证明信息、独生子女信息；

（3）民政部门、外交部门、法院有关婚姻状况信息；

（4）教育部门有关学生学籍信息（包括学历继续教育学生学籍、考籍信息）、在相关部门备案的境外教育机构资质信息；

（5）人力资源社会保障等部门有关技工院校学生学籍信息、技能人员职业资格继续教育信息、专业技术人员职业资格继续教育信息；

（6）住房城乡建设部门有关房屋（含公租房）租赁信息、住房公积金管理机构有关住房公积金贷款还款支出信息；

（7）自然资源部门有关不动产登记信息；

（8）人民银行、金融监督管理部门有关住房商业贷款还款支出信息；

（9）医疗保障部门有关在医疗保障信息系统记录的个人负担的医药费用信息；

（10）国务院税务主管部门确定需要提供的其他涉税信息。

上述数据信息的格式、标准、共享方式，由国务院税务主管部门及各省、自治区、直辖市和计划单列市税务局商有关部门确定。

有关部门和单位拥有专项附加扣除信息，但未按规定要求向税务部门提供的，拥有涉税信息的部门或者单位的负责人及相关人员承担相应责任。

税务机关核查专项附加扣除情况时，纳税人任职受雇单位所在地、经常居住地、户籍所在地的公安派出所、居民委员会或者村民委员会等有关单位和个人应当协助核查。

● 税收前置

新《个人所得税法》第十五条第二款规定，个人转让不动产的，税务机关应当根据不动产登记等相关信息核验应交的个人所得税，登记机构办理转移登记时，应当查验与不动产转让相关的个人所得税的完税凭证。个人转让股权办理变更登记时，市场主体登记机关应当查验与该股权交易相关的个人所得税的完税凭证。

对于个人转让不动产、转让股权税收前置，是各级税务机关行之有效的征收管理经验，能够较好地化解个人不动产、转让股权较大的税收风险。新《个人所得税法》明确了个人在转让不动产、转让股权的登记的过程中，需要提供与交易相关的个人所得税完税凭证，对于促进纳税公平，推动各部门协同有着重要的意义。

● 实施联合惩戒

新《个人所得税法》第十五条第三款规定，有关部门依法将纳税人、扣缴义务人遵守该法的情况纳入信用信息系统，并实施联合激励或者惩戒。完善自然人税收征管制度，建立自然人纳税信用体系，发挥税收信用在国家诚信体系中的作用，是建设诚信中国的重要内容。自2014年以来，国家对不同领域的诚信人员实施联合奖励，对失信人员实施多部门联合惩戒。2016年，18个部委联合印发《关于对纳税信用A级纳税人实施联合激励措施的合作备忘录》（发改财金〔2016〕1467号），对税务机关公告发布的纳税信用A级纳税人实施18类41项联合激励；2016年，35个部委联合印发《关于对重大税收违法案件当事人实施联合惩戒措施的合作备忘录（2016年版）》（发改财金〔2016〕2798号），在2014年上述部分单位联合签署的《关于对重大税收违法案件当事人实施联合惩戒措施的合作备忘录》（发改财金〔2014〕3062号）的基础上进行完善，对税务机关依法对外公布的重大税收违法案件信息中所列明的当事人实施28项联合惩戒。同时，税务机关作为重要的执行部门，参与其他领域内的各项联合奖惩事项。

1.4.1 代扣代缴

1.4.1.1 哪些单位和个人是个人所得税的扣缴义务人？

■ 个人所得税以所得人为纳税人，以支付所得的单位或者个人为扣缴义务人。

纳税人有中国公民身份号码的，以中国公民身份号码为纳税人识别号；纳税人没有中国公民身份号码的，由税务机关赋予其纳税人识别号。扣缴义务人扣缴税款时，纳税人应当向扣缴义务人提供纳税人识别号。

《个人所得税法》第九条

1.4.1.2 支付所得的单位和个人与取得所得的人之间有多重支付的现象，如何确定扣缴义务人？

■ 对支付所得的单位和个人与取得所得的人之间有多重支付的现象，认定标准规定为：凡税务机关认定对所得的支付对象和支付数额有决定权的单位和个人，即为扣缴义务人。

《国家税务总局关于个人所得税偷税案件查处中有关问题的补充通知》，国税函发〔1996〕602号

1.4.1.3 支付所得的单位和个人与取得所得的人之间有多重支付的现象，如何确定扣缴义务人？

对支付所得的单位和个人与取得所得的人之间有多重支付的现象，认定标准规定为：凡税务机关认定对所得的支付对象和支付数额有决定权的单位和个人，即为扣缴义务人。

《国家税务总局关于个人所得税偷税案件查处中有关问题的补充通知》国税函发〔1996〕602号

1.4.1.4 纳税人来源于中国境外的应税所得，如何确定代扣代缴义务人？

■ 纳税人任职或受雇于中国的公司、企业和其他经济组织或单位派驻境外的机构的，可由境外该任职、受雇机构集中申报纳税，并代扣代缴税款。

《国家税务总局关于境外所得征收个人所得税若干问题的通知》，国税发〔1994〕44号

■ 纳税人受雇于中国境内的公司、企业和其他经济组织以及政府部门并派往境外工作，其所得由境内派出单位支付或负担的，境内派出单位为个人所得税扣缴义务人，税款由境内派出单位负责代扣代缴。其所得由境外任职、受雇的中方机构支付、负担的，可委托其境内派出（投资）机构代征税款。

上述境外任职、受雇的中方机构是指中国境内的公司、企业和其他经济组织以及政府部门所属的境外分支机构、使（领）馆、子公司、代表处等。

《国家税务总局关于印发〈境外所得个人所得税征收管理暂行办法〉的通知》第八条，国税发〔1998〕126号

1.4.1.5 扣缴义务人应在何时扣缴税款？

■ 扣缴义务人向个人支付应税款项时，应当依照《个人所得税法》规定预扣或者代扣税款，按时缴库，并专项记载备查。

前款所称支付，包括现金支付、汇拨支付、转账支付和以有价证券、实物以及其他形式的支付。

《个人所得税法实施条例》第二十四条

1.4.1.6 扣缴义务人应扣未扣、应收而不收税款的，如何处理？

■ 扣缴义务人依法履行代扣、代收税款义务时，纳税人不得拒绝。纳税人拒绝的，扣缴义务人应当及时报告税务机关处理。

■ 扣缴义务人应扣未扣、应收而不收税款的，由税务机关向纳税人追缴税款，对扣缴义务人处应扣未扣、应收未收税款50%以上3倍以下的罚款。

《中华人民共和国税收征收管理法》第三十、六十九条

■ 扣缴义务人应扣未扣税款，均不得向纳税人或扣缴义务人加收滞纳金。

《国家税务总局关于行政机关应扣未扣个人所得税问题的批复》，国税函〔2004〕1199号

1.4.1.7　扣缴义务人是否办理全员全额扣缴申报?

■　扣缴义务人应当按照国家规定办理全员全额扣缴申报,并向纳税人提供其个人所得和已扣缴税款等信息。

《个人所得税法》第十条

■　《个人所得税法》第十条第二款所称全员全额扣缴申报,是指扣缴义务人在代扣税款的次月15日内,向主管税务机关报送其支付所得的所有个人的有关信息、支付所得数额、扣除事项和数额、扣缴税款的具体数额和总额以及其他相关涉税信息资料。

《个人所得税法实施条例》第二十六条

1.4.1.8　扣缴义务人是否有手续费?

■　对扣缴义务人按照所扣缴的税款,付给2%的手续费。

《个人所得税法》第十七条

■　税务机关按照《个人所得税法》第十七条的规定付给扣缴义务人手续费,应当填开退还书;扣缴义务人凭退还书,按照国库管理有关规定办理退库手续。

《个人所得税法实施条例》第三十三条

1.4.2　自行申报

1.4.2.1　哪些情形下,纳税义务人需要办理纳税申报?

■　有下列情形之一的,纳税人应当依法办理纳税申报:

(一) 取得综合所得需要办理汇算清缴;

(二) 取得应税所得没有扣缴义务人;

(三) 取得应税所得,扣缴义务人未扣缴税款;

(四) 取得境外所得;

(五) 因移居境外注销中国户籍;

(六) 非居民个人在中国境内从两处以上取得工资、薪金所得;

(七) 国务院规定的其他情形。

扣缴义务人应当按照国家规定办理全员全额扣缴申报,并向纳税人提供其个人所得和已扣缴税款等信息。

《个人所得税法》第十条

■　取得综合所得需要办理汇算清缴的情形包括:

(一) 从两处以上取得综合所得,且综合所得年收入额减除专项扣除的余额超过6万元;

(二) 取得劳务报酬所得、稿酬所得、特许权使用费所得中一项或者多项所得,且综合所得年收入额减除专项扣除的余额超过6万元;

(三) 纳税年度内预缴税额低于应纳税额;

(四) 纳税人申请退税。

纳税人申请退税,应当提供其在中国境内开设的银行账户,并在汇算清缴地就地办理税款退库。

汇算清缴的具体办法由国务院税务主管部门制定。

■ 《个人所得税法》第十条第二款所称全员全额扣缴申报，是指扣缴义务人在代扣税款的次月15日内，向主管税务机关报送其支付所得的所有个人的有关信息、支付所得数额、扣除事项和数额、扣缴税款的具体数额和总额以及其他相关涉税信息资料。

■ 纳税人办理纳税申报的地点以及其他有关事项的具体办法，由国务院税务主管部门制定。

《个人所得税法实施条例》第二十五、二十六、二十七条

1.4.2.2 个人所得没有扣缴义务人的，纳税义务人是否要办理纳税申报？

■ 个人所得没有扣缴义务人的，纳税义务人应当办理个人所得税纳税申报。

《个人所得税法》第十条（三）

■ 纳税人取得境外所得没有扣缴义务人、代征人的（包括扣缴义务人、代征人未按规定扣缴或征缴税款的），应自行申报纳税。

《国家税务总局关于印发〈境外所得个人所得税征收管理暂行办法〉的通知》第九条，国税发〔1998〕126号

1.4.2.3 个人从中国境外取得所得的，纳税义务人是否要办理纳税申报？

■ 纳税人的境外所得来源于两处以上的，应自行申报纳税。

《国家税务总局关于印发〈境外所得个人所得税征收管理暂行办法〉的通知》第九条，国税发〔1998〕126号

■ 从中国境外取得所得的纳税人，是指在中国境内有住所或者无住所，而在一个纳税年度中在中国境内居住183天的个人。

《国家税务总局关于印发〈个人所得税自行纳税申报办法（试行）〉的通知》第四条，国税发〔2006〕162号

1.4.2.4 纳税申报的方式有哪些？

■ 纳税人可以采取数据电文、邮寄等方式申报，也可以直接到主管税务机关申报，或者采取符合主管税务机关规定的其他方式申报。

■ 纳税人采取数据电文方式申报的，应当按照税务机关规定的期限和要求保存有关纸质资料。

■ 纳税人采取邮寄方式申报的，以邮政部门挂号信函收据作为申报凭据，以寄出的邮戳日期为实际申报日期。

■ 纳税人可以委托有税务代理资质的中介机构或者他人代为办理纳税申报。

《国家税务总局关于印发〈个人所得税自行纳税申报办法（试行）〉的通知》第二十一、二十二、二十三、二十四条，国税发〔2006〕162号

1.4.2.5 纳税人来源于中国境外的应税所得，纳税申报方式有哪些？

■ 纳税人来源于中国境外的应税所得，在规定的申报期限内不能到主管税务机关申报纳税的，应委托他人申报纳税或者邮寄申报纳税。

《国家税务总局关于境外所得征收个人所得税若干问题的通知》，国税发〔1994〕44号

- 主管税务机关是指派出单位所在地的税务机关。无派出单位的，是指纳税人离境前户籍所在地的税务机关；户籍所在地与经常居住地不一致的，是指经常居住地税务机关。

《国家税务总局关于印发〈境外所得个人所得税征收管理暂行办法〉的通知》第十八条，国税发〔1998〕126号

- 纳税人可以委托有税务代理资质的中介机构或者他人代为办理纳税申报。

《国家税务总局关于印发〈个人所得税自行纳税申报办法（试行）〉的通知》第二十四条，国税发〔2006〕162号

1.4.2.6 自行申报纳税人，纳税申报的期限有何规定？

- 纳税人取得应税所得没有扣缴义务人的，应当在取得所得的次月15日内向税务机关报送纳税申报表，并缴纳税款。

纳税人取得应税所得，扣缴义务人未扣缴税款的，纳税人应当在取得所得的次年6月30日前，缴纳税款；税务机关通知限期缴纳的，纳税人应当按照期限缴纳税款。

居民个人从中国境外取得所得的，应当在取得所得的次年3月1日至6月30日内申报纳税。

非居民个人在中国境内从两处以上取得工资、薪金所得的，应当在取得所得的次月15日内申报纳税。

纳税人因移居境外注销中国户籍的，应当在注销中国户籍前办理税款清算。

《个人所得税法》第十三条

- 纳税人来源于中国境外的应税所得，在境外以纳税年度计算缴纳个人所得税的，应在所得来源国的纳税年度终了、结清税款后的30日内，向中国税务机关申报缴纳个人所得税；在取得境外所得时结算税款的，或者在境外按来源国税法规定免予缴纳个人所得税的，应在次年1月1日起30日内向中国税务机关申报缴纳个人所得税。

《国家税务总局关于境外所得征收个人所得税若干问题的通知》，国税发〔1994〕44号

- 如所得来源国与中国的纳税年度不一致，年度终了后30日内申报纳税有困难的，可报经中国主管税务机关批准，在所得来源国的纳税年度终了、结清税款后30日内申报纳税。纳税人如在税法规定的纳税年度期间结束境外工作任务回国，应当在回国后的次月7日内，向主管税务机关申报缴纳个人所得税。

《国家税务总局关于印发〈境外所得个人所得税征收管理暂行办法〉的通知》第十一条，国税发〔1998〕126号

1.4.2.7 纳税人从中国境外取得所得自行申报，应报送哪些资料？

- 纳税人从中国境外取得所得的；取得应税所得，没有扣缴义务人的，应当按规定填写并向主管税务机关报送相应的纳税申报表，同时报送主管税务机关要求报送的其他有关资料。

《国家税务总局关于印发〈个人所得税自行纳税申报办法（试行）〉的通知》第九条，国税发〔2006〕162号

1.4.2.8 从中国境外取得所得的，纳税申报地点有何规定？

■ 从中国境外取得所得的，向中国境内户籍所在地主管税务机关申报。在中国境内有户籍，但户籍所在地与中国境内经常居住地不一致的，选择并固定向其中一地主管税务机关申报。在中国境内没有户籍的，向中国境内经常居住地主管税务机关申报。

■ 经常居住地，是指纳税人离开户籍所在地最后连续居住1年以上的地方。

《国家税务总局关于印发〈个人所得税自行纳税申报办法（试行）〉的通知》第十一、十四条，国税发〔2006〕162号

1.4.2.9 纳税申报地点是否可以变更？

■ 纳税人不得随意变更纳税申报地点，因特殊情况变更纳税申报地点的，须报原主管税务机关备案。

《国家税务总局关于印发〈个人所得税自行纳税申报办法（试行）〉的通知》第十二条，国税发〔2006〕162号

1.4.2.10 外籍纳税人在中国几地工作，如何确定纳税地点？

■ 在几地工作或提供劳务的临时来华人员，应以税法所规定的申报纳税的日期为准，在某一地达到申报纳税的日期，即在该地申报纳税。但准予其提出申请，经批准后，也可固定在一地申报纳税。凡由在华企业或办事机构发放工资、薪金的外籍纳税人，由在华企业或办事机构集中向当地税务机关申报纳税。

《国家税务总局关于印发〈征收个人所得税若干问题的规定〉的通知》，国税发〔1994〕89号

■ 外籍纳税人临时来华在我国几地工作或提供劳务的，统一按纳税人在税法规定的申报纳税日期时所在实际工作地为申报纳税地，即在某一地达到申报纳税日期的，即在该地申报纳税。

《国家税务总局关于取消及下放外商投资企业和外国企业以及外籍个人若干税务行政审批项目的后续管理问题的通知》，国税发〔2004〕80号

1.4.3 外派人员管理

1.4.3.1 公司、企业等外派人员，是否要报送外派人员情况？

■ 中国境内的公司、企业和其他经济组织以及政府部门，凡有外派人员的，应在每一公历年度终了后30日内向主管税务机关报送外派人员情况。内容主要包括：外派人员的姓名、身份证或护照号码、职务、派往国家和地区、境外工作单位名称和地址、合同期限、境内外收入状况、境内住所及缴纳税收情况等。

《国家税务总局关于印发〈境外所得个人所得税征收管理暂行办法〉的通知》第十条，国税发〔1998〕126号

1.4.4 个人财产对外转移完税证明

1.4.4.1 个人财产对外转移,是否需要开具完税证明?

■ 申请人拟转移的财产已取得完税凭证的,可直接向外汇管理部门提供完税凭证,不需向税务机关另外申请税收证明。

申请人拟转移的财产总价值在人民币15万元以下的,可不须向税务机关申请税收证明。

《国家税务总局、国家外汇管理局关于个人财产对外转移提交税收证明或者完税凭证有关问题的通知》,国税发〔2005〕13号

1.4.4.2 申请领取税收证明的税务机关有哪些?

■ 申请人按财产类别和来源地,向税务局申请开具税收证明。开具税收证明的税务机关为县级或者县级以上税务局。

《国家税务总局、国家外汇管理局关于个人财产对外转移提交税收证明或者完税凭证有关问题的通知》,国税发〔2005〕13号

1.4.4.3 完税证明开具的期限如何规定?

■ 申请人资料齐全的,税务机关应当在15日内开具税收证明;申请人提供资料不全的,可要求其补正,待补正后开具。

申请人有未完税事项的,允许补办申报纳税后开具税收证明。

税务机关有根据认为申请人有偷税、骗税等情形,需要立案稽查的,在稽查结案并完税后可开具税收证明。

《国家税务总局、国家外汇管理局关于个人财产对外转移提交税收证明或者完税凭证有关问题的通知》,国税发〔2005〕13号

1.4.4.4 申请人与纳税人姓名、名称不一致的,完税证明如何开具的对象?

■ 申请人与纳税人姓名、名称不一致的,税务机关只对纳税人出具证明,申请人应向外汇管理部门提供其与纳税人关系的证明。

《国家税务总局、国家外汇管理局关于个人财产对外转移提交税收证明或者完税凭证有关问题的通知》,国税发〔2005〕13号

1.4.4.5 申请人向税务机关申请税收证明时,应当提交哪些资料?

■ 申请人向税务机关申请税收证明时,应当提交的资料分别为:代扣代缴单位报送的含有申请人明细资料的《扣缴个人所得税报告表》复印件,《个体工商户所得税年度申报表》《个人承包承租经营所得税年度申报表》原件,有关合同、协议原件,取得有关所得的凭证,以及税务机关要求报送的其他有关资料。

申请人发生财产变现的,应当提供交易合同、发票等资料。

必要时税务机关应当对以上资料进行核实;对申请人没有缴税的应税行为,应当责成纳税人缴清税款并按照税收征管法的规定处理后开具税收证明。

《国家税务总局、国家外汇管理局关于个人财产对外转移提交税收证明或者完税凭证有

关问题的通知》，国税发〔2005〕13 号

1.4.5　股票期权计划

1.4.5.1　实施股票期权计划的境内企业，应当报送哪些资料？

■　实施股票期权计划的境内企业，应在股票期权计划实施之前，将企业的股票期权计划或实施方案、股票期权协议书、授权通知书等资料报送主管税务机关；应在员工行权之前，将股票期权行权通知书和行权调整通知书等资料报送主管税务机关。

《财政部、国家税务总局关于个人股票期权所得征收个人所得税问题的通知》，财税〔2005〕35 号

■　实施股票期权、股票增值权计划的境内上市公司，应按照财税〔2005〕35 号文件第五条第（三）项规定报送有关资料。

《国家税务总局关于股权激励有关个人所得税问题的通知》，国税函〔2009〕461 号

1.4.5.2　实施限制性股票计划的上市公司，需要报送哪些资料？

■　实施限制性股票计划的境内上市公司，应在中国证券登记结算公司（境外为证券登记托管机构）进行股票登记、并经上市公司公示后 15 日内，将本公司限制性股票计划或实施方案、协议书、授权通知书、股票登记日期及当日收盘价、禁售期限和股权激励人员名单等资料报送主管税务机关备案。境外上市公司的境内机构，应向其主管税务机关报送境外上市公司实施股权激励计划的中（外）文资料备案。

《国家税务总局关于股权激励有关个人所得税问题的通知》，国税函〔2009〕461 号

1.4.5.3　扣缴义务人和自行申报纳税的个人，需要报送哪些资料？

■　扣缴义务人和自行申报纳税的个人在申报纳税或代扣代缴税款时，应在税法规定的纳税申报期限内，将个人接受或转让的股票期权以及认购的股票情况（包括种类、数量、施权价格、行权价格、市场价格、转让价格等）报送主管税务机关。

《财政部、国家税务总局关于个人股票期权所得征收个人所得税问题的通知》五，财税〔2005〕35 号

■　扣缴义务人和自行申报纳税的个人在代扣代缴税款或申报纳税时，应在税法规定的纳税申报期限内，将个人接受或转让的股权以及认购的股票情况（包括种类、数量、施权价格、行权价格、市场价格、转让价格等）、股权激励人员名单、应纳税所得额、应纳税额等资料报送主管税务机关。

《国家税务总局关于股权激励有关个人所得税问题的通知》，国税函〔2009〕461 号

1.4.5.4　企业发生股权交易及转增股本等，是否需要报告主管税务机关？

■　企业发生股权交易及转增股本等事项后，应在次月 15 日内，将股东及其股权变化情况、股权交易前原账面记载的盈余积累数额、转增股本数额及扣缴税款情况报告主管税务机关。

《国家税务总局关于个人投资者收购企业股权后将原盈余积累转增股本个人所得税问题

的公告》三，国家税务总局公告 2013 年第 23 号

- 被投资企业应当在董事会或股东会结束后 5 个工作日内，向主管税务机关报送与股权变动事项相关的董事会或股东会决议、会议纪要等资料。被投资企业发生个人股东变动或者个人股东所持股权变动的，应当在次月 15 日内向主管税务机关报送含有股东变动信息的《个人所得税基础信息表（A 表）》及股东变更情况说明。主管税务机关应当及时向被投资企业核实其股权变动情况，并确认相关转让所得，及时督促扣缴义务人和纳税人履行法定义务。

《国家税务总局关于发布〈股权转让所得个人所得税管理办法（试行）〉的公告》第二十二条，国家税务总局公告 2014 年第 67 号

1.4.5.5　股权转让扣缴义务人，向税务机关报告的期限有何规定？

- 扣缴义务人应于股权转让相关协议签订后 5 个工作日内，将股权转让的有关情况报告主管税务机关。

《国家税务总局关于发布〈股权转让所得个人所得税管理办法（试行）〉的公告》第六条，国家税务总局公告 2014 年第 67 号

1.4.5.6　个人股权转让，被投资企业有什么义务？

- 被投资企业应当详细记录股东持有本企业股权的相关成本，如实向税务机关提供与股权转让有关的信息，协助税务机关依法执行公务。

《国家税务总局关于发布〈股权转让所得个人所得税管理办法（试行）〉的公告》第六条，国家税务总局公告 2014 年第 67 号

1.4.6　建立年金计划的单位

1.4.6.1　对建立年金计划的单位、年金托管人如何管理？

- 个人领取年金时，其应纳税款由受托人代表委托人委托托管人代扣代缴。年金账户管理人应及时向托管人提供个人年金缴费及对应的个人所得纳税明细。托管人根据受托人指令及账户管理人提供的资料，按照规定计算扣缴个人当期领取年金待遇的应纳税款，并向托管人所在地主管税务机关申报解缴。

建立年金计划的单位、年金托管人，应实行全员全额扣缴明细申报。受托人有责任协调相关管理人依法向税务机关办理扣缴申报、提供相关资料。

- 建立年金计划的单位应于建立年金计划的次月 15 日内，向其所在地主管税务机关报送年金方案、人力资源社会保障部门出具的方案备案函、计划确认函以及主管税务机关要求报送的其他相关资料。年金方案、受托人、托管人发生变化的，应于发生变化的次月 15 日内重新向其主管税务机关报送上述资料。

《财政部、人力资源社会保障部、国家税务总局关于企业年金职业年金个人所得税有关问题的通知》，财税〔2013〕103 号

2. 工资、薪金所得

2.1 征税范围

2.1.1 工资、薪金所得的基本内容

2.1.1.1 工资、薪金所得，缴纳个人所得税的范围有哪些？

■ 个人工资、薪金所得，应纳个人所得税。

《个人所得税法》第二条

■ 工资、薪金所得，是指个人因任职或者受雇取得的工资、薪金、奖金、年终加薪、劳动分红、津贴、补贴以及与任职或者受雇有关的其他所得。

《个人所得税法实施条例》第八条

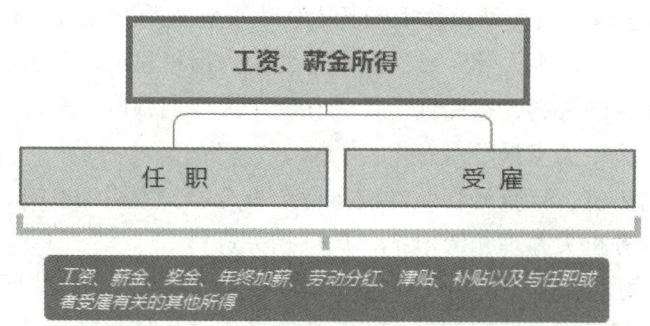

2.1.1.2 工资、薪金所得来源地如何确定？

■ 个人取得归属于中国境内（以下称境内）工作期间的工资薪金所得为来源于境内的工资薪金所得。境内工作期间按照个人在境内工作天数计算，包括其在境内的实际工作日以及境内工作期间在境内、境外享受的公休假、个人休假、接受培训的天数。在境内、境外单位同时担任职务或者仅在境外单位任职的个人，在境内停留的当天不足24小时的，按照半

天计算境内工作天数。

无住所个人在境内、境外单位同时担任职务或者仅在境外单位任职，且当期同时在境内、境外工作的，按照工资薪金所属境内、境外工作天数占当期公历天数的比例，计算确定来源于境内、境外工资薪金所得的收入额。境外工作天数按照当期公历天数减去当期境内工作天数计算。

《财政部、国家税务总局关于非居民个人和无住所居民个人有关个人所得税政策的公告》一，财政部、税务总局公告2019年第35号

2.1.2 关于工资、薪金所得的其他问题

2.1.2.1 承包、承租经营者取得的所得，在什么情况下按工资、薪金所得缴纳个人所得税？

■ 企业实行个人承包、承租经营后，如果工商登记仍为企业的，承包、承租人对企业经营成果不拥有所有权，仅是按合同（协议）规定取得一定所得的，其所得按工资、薪金所得项目征税。

《国家税务总局关于个人对企事业单位实行承包经营、承租经营取得所得征税问题的通知》一，国税发〔1994〕179号

2.1.2.2 单位为个人办理补充养老保险，是否缴纳个人所得税？

■ 单位为职工个人购买商业性补充养老保险等，在办理投保手续时，应作为个人所得税的"工资、薪金所得"项目，按税法规定缴纳个人所得税。单位为职工个人购买商业性补充养老保险后退保，个人未取得实际收入的，已缴纳的个人所得税应予以退回。

《财政部、国家税务总局关于个人所得税有关问题的批复》，财税〔2005〕94号

2.1.2.3 企业年金或职业年金的单位缴付部分，是否缴纳个人所得税？

■ 企业和事业单位（以下统称单位）根据国家有关政策规定的办法和标准，为在本单位任职或者受雇的全体职工缴付的企业年金或职业年金（以下统称年金）单位缴费部分，在计入个人账户时，个人暂不缴纳个人所得税。

■ 企业年金，是指根据《企业年金试行办法》（原劳动和社会保障部令第20号）的规定，企业及其职工在依法参加基本养老保险的基础上，自愿建立的补充养老保险制度。

职业年金是指根据《事业单位职业年金试行办法》的规定，事业单位及其工作人员在依法参加基本养老保险的基础上，建立的补充养老保险制度。

《财政部、国家税务总局、人力资源和社会保障部关于企业年金职业年金个人所得税有关问题的通知》，财税〔2013〕103号

2.1.2.4 年金基金投资运营收益计入个人账户，是否缴纳个人所得税？

■ 年金基金投资运营收益分配计入个人账户时，个人暂不缴纳个人所得税。

《财政部、人力资源社会保障部、国家税务总局关于企业年金职业年金个人所得税有关问题的通知》，财税〔2013〕103号

2.1.2.5　对纳税人取得的哪些补贴不征收个人所得税？

■　对纳税人取得的下列收入，不属于工资、薪金性质的收入，不征税。

（1）独生子女补贴；

（2）执行公务员工资制度未纳入基本工资总额的补贴、津贴差额；

（3）执行公务员工资制度未纳入基本工资总额的家属成员的副食品补贴；

（4）托儿补助费；

（5）差旅费津贴；

（6）误餐补助。

《国家税务总局关于印发〈征收个人所得税若干问题的规定〉的通知》，国税发〔1994〕89号

■　误餐补助，是指按财政部门规定，个人因公在城区、郊区工作，不能在工作单位或返回就餐，确实需要在外就餐的，根据实际误餐顿数，按规定的标准领取的误餐费。一些单位以误餐补助名义发给职工的补贴、津贴，应当并入当月工资、薪金所得计征个人所得税。

《财政部、国家税务总局关于误餐补助范围确定问题的通知》，财税字〔1995〕82号

2.1.2.6　从福利费、工会经费中支付的各种补贴、补助，是否缴纳个人所得税？

■　从超出国家规定的比例或基数计提的福利费、工会经费中支付给个人的各种补贴、补助，应当并入纳税人的工资、薪金收入计征个人所得税。

《国家税务总局关于生活补助费范围确定问题的通知》，国税发〔1998〕155号

2.1.2.7　单位职工人人有份的补贴、补助，是否缴纳个人所得税？

■　从福利费和工会经费中支付给单位职工人人有份的补贴、补助，应当并入纳税人的工资、薪金收入计征个人所得税。

《国家税务总局关于生活补助费范围确定问题的通知》，国税发〔1998〕155号

2.1.2.8　单位为个人支付不属于临时性生活困难补助性质的支出，是否缴纳个人所得税？

■　单位为个人购买汽车、住房、电子计算机等不属于临时性生活困难补助性质的支出，应当并入纳税人的工资、薪金收入计征个人所得税。

《国家税务总局关于生活补助费范围确定问题的通知》，国税发〔1998〕155号

2.1.2.9　企业以现金形式发给个人的补贴，是否缴纳个人所得税？

■　企业以现金形式发给个人的住房补贴、医疗补助费，应全额计入领取人的当期工资、薪金收入计征个人所得税。

《财政部、国家税务总局关于住房公积金、医疗保险金、养老保险金征收个人所得税问题的通知》三，财税字〔1997〕144号

2.1.2.10　企业和单位对企业免费旅游的奖励，是否征收个人所得税？

■　对商品营销活动中，企业和单位对营销业绩突出人员以培训班、研讨会、工作考察等名义组织旅游活动，通过免收差旅费、旅游费对个人实行的营销业绩奖励（包括实物、有价证券等），应根据所发生费用全额计入营销人员应税所得，依法征收个人所得税，并由

提供上述费用的企业和单位代扣代缴。其中，对企业雇员享受的此类奖励，应与当期的工资薪金合并，按照"工资、薪金所得"项目征收个人所得税。

《财政部、国家税务总局关于企业以免费旅游方式提供对营销人员个人奖励有关个人所得税政策的通知》，财税〔2004〕11号

2.1.2.11　关于个人取得公务交通补贴收入，是否缴纳个人所得税？

■　个人因公务用车改革而取得的公务用车补贴收入，扣除一定标准的公务费用后，按照"工资、薪金"所得项目计征个人所得税。按月发放的，并入当月"工资、薪金"所得计征个人所得税；不按月发放的，分解到所属月份并与该月份"工资、薪金"所得合并后计征个人所得税。

公务费用的扣除标准，由省级税务局根据纳税人公务交通费用的实际发生情况调查测算，报经省级人民政府批准后确定，并报国家税务总局备案。

《国家税务总局关于个人所得税有关政策问题的通知》，国税发〔1999〕58号

■　因公务用车制度改革而以现金、报销等形式向职工个人支付的收入，均应视为个人取得公务用车补贴收入，按照"工资、薪金所得"项目计征个人所得税。

《国家税务总局关于个人因公务用车制度改革取得补贴收入征收个人所得税问题的通知》一，国税函〔2006〕245号

2.1.2.12　关于个人取得通讯补贴收入，是否缴纳个人所得税？

■　个人因通讯制度改革而取得的通信补贴收入，扣除一定标准的公务费用后，按照"工资、薪金"所得项目计征个人所得税。按月发放的，并入当月"工资、薪金"所得计征个人所得税；不按月发放的，分解到所属月份并与该月份"工资、薪金"所得合并后计征个人所得税。

公务费用的扣除标准，由省级税务局根据纳税人通讯费用的实际发生情况调查测算，报经省级人民政府批准后确定，并报国家税务总局备案。

《国家税务总局关于个人所得税有关政策问题的通知》二，国税发〔1999〕58号

2.1.2.13　企业出资购买房屋及其他财产将所有权登记为企业其他人员的，是否计征个人所得税？

■　企业出资购买房屋及其他财产，将所有权登记为投资者个人、投资者家庭成员或企业其他人员的，不论所有权人是否将财产无偿或有偿交付企业使用，应依法计征个人所得税。

■　对企业其他人员取得的上述所得，按照"工资、薪金所得"项目计征个人所得税。

《财政部、国家税务总局关于企业为个人购买房屋或其他财产征收个人所得问题的批复》，财税〔2008〕83号

2.1.2.14　企业其他人员向企业借款用于购买房屋及其他财产，借款年度终了后未归还借款的，是否计征个人所得税？

■　企业其他人员向企业借款用于购买房屋及其他财产，将所有权登记为企业其他人员，且借款年度终了后未归还借款的，不论所有权人是否将财产无偿或有偿交付企业使用，应依法计征个人所得税。

■ 对企业其他人员取得的上述所得,按照"工资、薪金所得"项目计征个人所得税。

《财政部、国家税务总局关于企业为个人购买房屋或其他财产征收个人所得问题的批复》,财税〔2008〕83号

2.2 应纳税额

2.2.1 应纳税额计算

2.2.1.1 工资、薪金所得,个人所得税的税率是多少?

■ 综合所得,适用3%~45%的超额累进税率(税率表附后)。

《个人所得税法》第三条

个人所得税税率表(综合所得适用)

级数	全年应纳税所得额	税率(%)
1	不超过36000元的	3
2	超过36000元至144000元的部分	10
3	超过144000元至300000元的部分	20
4	超过300000元至420000元的部分	25
5	超过420000元至660000元的部分	30
6	超过660000元至960000元的部分	35
7	超过960000元的部分	45

注:1. 本表所称全年应纳税所得额是指依照本法第六条的规定,居民个人取得综合所得以每一纳税年度收入额减除费用6万元以及专项扣除、专项附加扣除和依法确定的其他扣除后的余额。

2. 非居民个人取得工资、薪金所得,劳务报酬所得,稿酬所得和特许权使用费所得,依照本表按月换算后计算应纳税额。

■ 个人所得税扣除数,适用以下税率:

按月换算后的综合所得税率表

级数	全月应纳税所得额	税率(%)	速算扣除数
1	不超过3000元的	3	0
2	超过3000元至12000元的部分	10	210
3	超过12000元至25000元的部分	20	1410
4	超过25000元至35000元的部分	25	2660
5	超过35000元至55000元的部分	30	4410
6	超过55000元至80000元的部分	35	7160
7	超过80000元的部分	45	15160

《财政部关于个人所得税法修改后有关优惠政策衔接问题的通知》，财税〔2018〕164号

2.2.1.2 工资、薪金所得，应纳税所得额如何计算？

■ （一）居民个人的综合所得，以每一纳税年度的收入额减除费用6万元以及专项扣除、专项附加扣除和依法确定的其他扣除后的余额，为应纳税所得额。

（二）非居民个人的工资、薪金所得，以每月收入额减除费用5千元后的余额为应纳税所得额；劳务报酬所得、稿酬所得、特许权使用费所得，以每次收入额为应纳税所得额。

《个人所得税法》第六条

■ 《个人所得税法》第六条第一款第一项所称依法确定的其他扣除，包括个人缴付符合国家规定的企业年金、职业年金，个人购买符合国家规定的商业健康保险、税收递延型商业养老保险的支出，以及国务院规定可以扣除的其他项目。

专项扣除、专项附加扣除和依法确定的其他扣除，以居民个人一个纳税年度的应纳税所得额为限额；一个纳税年度扣除不完的，不结转到以后年度扣除。

《个人所得税法实施条例》第十三条

2.2.1.3 关于在境内、境外分别取得工资、薪金所得，如何计算应纳税额？

■ 纳税义务人在境内、境外同时取得工资、薪金所得的，应根据条例第五条规定的原则，判断其境内、境外取得的所得是否来源于一国的所得。

■ 纳税义务人能够提供在境内、境外同时任职或者受雇及其工资、薪金标准的有效证明文件，可判定其所得是来源于境内和境外所得，应按税法和条例的规定分别减除费用并计算纳税；不能提供上述证明文件的，应视为来源于一国的所得，如其任职或者受雇单位在中国境内，应为来源于中国境内的所得，如其任职或受雇单位在中国境外，应为来源于中国境外的所得。

《国家税务总局关于印发〈征收个人所得税若干问题的规定〉的通知》十六，国税发〔1994〕89号

2.2.1.4 单位为个人缴付和个人缴费的保险费，是否准予在应纳税所得额中扣除？

■ 个人按照国家或省（自治区、直辖市）人民政府规定的缴费比例或办法实际缴付的基本养老保险费、基本医疗保险费和失业保险费，允许在个人应纳税所得额中扣除。

《财政部、国家税务总局关于基本养老保险费基本医疗保险费失业保险费住房公积金有关个人所得税政策的通知》一，财税〔2006〕10号

2.2.1.5 单位和个人超过比例和标准缴付的住房公积金，是否准予在应纳税所得额中扣除？

■ 单位和个人分别在不超过职工本人上1年度月平均工资12%的幅度内，其实际缴存的住房公积金，允许在个人应纳税所得额中扣除。单位和职工个人缴存住房公积金的月平均工资不得超过职工工作地所在设区城市上1年度职工月平均工资的3倍，具体标准按照各地有关规定执行。

单位和个人超过上述规定比例和标准缴付的住房公积金，应将超过部分并入个人当期的工资、薪金收入，计征个人所得税。

- 职工工资口径按照国家统计局规定列入工资总额统计的项目计算。

《财政部、国家税务总局关于基本养老保险费基本医疗保险费失业保险费住房公积金有关个人所得税政策的通知》，财税〔2006〕10号

2.2.1.6 企业年金或职业年金超过年金缴付标准部分，是否准予从应纳税所得额中扣除？

- 个人根据国家有关政策规定缴付的年金个人缴费部分，在不超过本人缴费工资计税基数的4%标准内的部分，暂从个人当期的应纳税所得额中扣除。

超过标准缴付的年金单位缴费和个人缴费部分，应并入个人当期的工资、薪金所得，依法计征个人所得税。税款由建立年金的单位代扣代缴，并向主管税务机关申报解缴。

企业年金个人缴费工资计税基数为本人上1年度月平均工资。月平均工资按国家统计局规定列入工资总额统计的项目计算。月平均工资超过职工工作地所在设区城市上1年度职工月平均工资300%以上的部分，不计入个人缴费工资计税基数。

职业年金个人缴费工资计税基数为职工岗位工资和薪级工资之和。职工岗位工资和薪级工资之和超过职工工作地所在设区城市上一年度职工月平均工资300%以上的部分，不计入个人缴费工资计税基数。

《财政部、人力资源社会保障部、国家税务总局关于企业年金职业年金个人所得税有关问题的通知》，财税〔2013〕103号

2.2.1.7 领取年金、职业年金的个人，如何计算个人所得税应纳税额？

- 单位和个人在2014年1月1日前开始缴付年金缴费，个人在2014年1月1日后领取年金的，允许其从领取的年金中减除在2014年1月1日前缴付的年金单位缴费和个人缴费且已经缴纳个人所得税的部分，就其余额按照上述规定征税。在个人分期领取年金的情况下，可按2014年1月1日前缴付的年金缴费金额占全部缴费金额的百分比减计当期的应纳税所得额，减计后的余额，按上述规定，计算缴纳个人所得税。

《财政部、人力资源社会保障部、国家税务总局关于企业年金职业年金个人所得税有关问题的通知》，财税〔2013〕103号

举例：李先生2019年月平均工资为25000元，所在城市上一年度职工月平均工资7000元，2019年年金个人缴费部分为1000元，个人缴费部分的个人所得税如何处理？

答：李先生上年度月平均工资25000元已超过该城市上一年度职工月平均工资300%，即21000元（7000×300%）可计入年金个人缴费工资计税基数。

21000×4%＝840元＜1000元，个人缴费部分840元可在当期工资薪金应纳税额中扣除。个人缴费部分超规定的160元（1000－840）不得个人所得税前扣除。

- 个人达到国家规定的退休年龄，领取的企业年金、职业年金，符合《财政部、人力资源社会保障部、国家税务总局关于企业年金职业年金个人所得税有关问题的通知》（财税〔2013〕103号）规定的，不并入综合所得，全额单独计算应纳税款。其中按月领取的，适用月度税率表计算纳税；按季领取的，平均分摊计入各月，按每月领取额适用月度税率表计算纳税；按年领取的，适用综合所得税率表计算纳税。

举例：杨先生 2018 年退休并按季领取年金，2019 年第一季度领取年金 15000 元，杨先生 2019 年第一季度取得年金应缴纳多少个税？

答：15000÷3＝5000，适用税率 10%，速算扣除数 210

应纳税额＝（15000÷3×10%－210）×3＝870 元

个人因出境定居而一次性领取的年金个人账户资金，或个人死亡后，其指定的受益人或法定继承人一次性领取的年金个人账户余额，适用综合所得税率表计算纳税。对个人除上述特殊原因外一次性领取年金个人账户资金或余额的，适用月度税率表计算纳税。

《财政部关于个人所得税法修改后有关优惠政策衔接问题的通知》，财税〔2018〕164 号

举例：张先生 2019 年 3 月退休，由于 2020 年 4 月要随子女移居国外，一次性领取的年金个人账户资金 250000 元，张先生一次性领取年金应如何缴纳个人所得税？

答：144000＜250000＜300000，适用税率 20%，速算扣除数 16920

应纳税额＝250000×20%－16920＝33080 元

张先生一次性领取年金应缴纳个人所得税 33080 元。

2.2.1.8 单位按低于购置或建造成本价格出售住房给职工，职工因此而少支出的差价部分，如何缴纳个人所得税？

■ 单位按低于购置或建造成本价格出售住房给职工，职工因此而少支出的差价部分，属于个人所得税应税所得，应按照"工资、薪金所得"项目缴纳个人所得税。

前款所称差价部分，是指职工实际支付的购房价款低于该房屋的购置或建造成本价格的差额。

《财政部、国家税务总局关于单位低价向职工售房有关个人所得税问题的通知》，财税〔2007〕13 号

举例：李先生在某房地产公司工作。公司商品房建造成本 6000 元/平方米，对外销售价 7000 元/平方米。为解决内部员工住房情况，规定内部员工可以优惠价购买商品房，员工价 5000 元/平方米，李先生于 2020 年 1 月以员工价购买了一套 100 平方米的商品房，应缴纳多少个税？

答：差价收入＝100×（6000－5000）＝100000 元

差价收入税额计算：

3000＜100000÷12＝8333.33＜12000，税率 10%，速算扣除数 210

李先生应纳税额＝100000×10%－210＝9790 元

小贴士：按财税〔2018〕164 号规定，不并入综合所得计算。

■ 单位按低于购置或建造成本价格出售住房给职工，职工因此而少支出的差价部分，符合《财政部、国家税务总局关于单位低价向职工售房有关个人所得税问题的通知》（财税〔2007〕13 号）第二条规定的，不并入当年综合所得，以差价收入除以 12 个月得到的数额，按照月度税率表确定适用税率和速算扣除数，单独计算纳税。计算公式为：

应纳税额＝职工实际支付的购房价款低于该房屋的购置或建造成本价格的差额×适用税率－速算扣除数

《财政部关于个人所得税法修改后有关优惠政策衔接问题的通知》,财税〔2018〕164号

2.2.2 雇主负担税款的计算

2.2.2.1 雇主为雇员全额负担税款,如何计算应纳税额?

■ 单位或个人为纳税义务人负担个人所得税税款的,应将纳税义务人取得的不含税收入额换算为应纳税所得额,计算征收个人所得税。为了规范此类情况下应纳税款的计算方法,现将计算公式明确如下:

(1) 应纳税所得额=(不含税收入额-费用扣除标准-速算扣除数)÷(1-税率)

(2) 应纳税额=应纳税所得额×适用税率-速算扣除数

公式(1)中的税率,是指不含税所得按不含税级距对应的税率;公式(2)中的税率,是指应纳税所得额按含税级距对应的税率。

《国家税务总局关于印发〈征收个人所得税若干问题的规定〉的通知》,国税发〔1994〕89号

2.2.2.2 雇主为其雇员定额负担税款的,如何计算应纳税所得额?

■ 雇主为其雇员定额负担税款的,应将雇员取得的工资薪金所得换算成应纳税所得额后,计算征收个人所得税。工资薪金收入换算成应纳税所得额的计算公式为:

应纳税所得额=雇员取得的工资+雇主代雇员负担的税款-费用扣除标准

《国家税务总局关于雇主为其雇员负担个人所得税税款计征问题的通知》,国税发〔1996〕199号

2.2.2.3 雇主为其雇员负担一定比例的工资应纳的税款或者负担一定比例的实际应纳税款的,如何计算应纳税所得额?

■ 雇主为其雇员负担一定比例的工资应纳的税款或者负担一定比例的实际应纳税款的,应以其未含雇主负担税款的收入额换算成应纳税所得额,并计算应纳税款。即:

应纳税所得额=(未含雇主负担的税款的收入额-费用扣除标准-速算扣除数×负担比例)÷(1-税率×负担比例)

应纳税额=应纳税所得额×适用税率-速算扣除数

《国家税务总局关于雇主为其雇员负担个人所得税税款计征问题的通知》,国税发〔1996〕199号

2.2.2.4 雇主为其雇员负担超过原居住国的税款的,如何计算应纳税额?

■ 有些外商投资企业和外国企业在华的机构场所,为其受派到中国境内工作的雇员负担超过原居住国的税款。

例如,雇员在华应纳税额中相当于按其在原居住国税法计算的应纳税额部分(原居住国税额),仍由雇员负担并由雇主在支付雇员工资时从工资中扣除,代为缴税;若按中国税法计算的税款超过雇员原居住国税额的,超过部分另外由其雇主负担。对此类情况,应按下列原则处理:

将雇员取得的不含税工资（即扣除了原居住国税额的工资），按国税发〔1994〕89号文件第十四条规定的公式，换算成应纳税所得额，计算征收个人所得税；如果计算出的应纳税所得额小于按该雇员的实际工资、薪金收入（即未扣除原居住国税额的工资）计算的应纳税所得额的，应按其雇员的实际工资薪金收入计算征收个人所得税。

《国家税务总局关于雇主为其雇员负担个人所得税税款计征问题的通知》，国税发〔1996〕199号

2.2.3 全年一次性奖金

2.2.3.1 全年一次性奖金的范围是什么？

■ 全年一次性奖金是指行政机关、企事业单位等扣缴义务人根据其全年经济效益和对雇员全年工作业绩的综合考核情况，向雇员发放的一次性奖金。

一次性奖金也包括年终加薪、实行年薪制和绩效工资办法的单位根据考核情况兑现的年薪和绩效工资。

《国家税务总局关于调整个人取得全年一次性奖金等计算征收个人所得税方法问题的通知》，国税发〔2005〕9号

2.2.3.2 纳税人取得全年一次性奖金，如何计算缴纳个人所得税？

■ 居民个人取得全年一次性奖金，符合《国家税务总局关于调整个人取得全年一次性奖金等计算征收个人所得税方法问题的通知》（国税发〔2005〕9号）规定的，在2021年12月31日前，不并入当年综合所得，以全年一次性奖金收入除以12个月得到的数额，按照本通知所附按月换算后的综合所得税率表（以下简称月度税率表），确定适用税率和速算扣除数，单独计算纳税。计算公式为：

应纳税额 = 全年一次性奖金收入 × 适用税率 − 速算扣除数

居民个人取得全年一次性奖金，也可以选择并入当年综合所得计算纳税。

自2022年1月1日起，居民个人取得全年一次性奖金，应并入当年综合所得计算缴纳个人所得税。

举例：张先生在2019年取得工资薪金8万元，劳务报酬2万元，每月发生三险一金600元，2019年12月取得全年一次性奖金2万元。无其他扣除项目，应如何计算张先生个人所得税？

答：在2021年12月31日前，纳税人取得全年一次性奖金可以选择是否并入综合所得计算。两种计算方法如下：

（1）方法一：不并入综合所得计算应纳税额

①综合所得应纳税额计算（适用综合税率表）：

(80000 + 20000) − 60000 − 600 × 12 = 32800 < 36000，适用税率3%，速算扣除数0

综合所得应纳税额 = 32800 × 3% = 984元

②全年一次性奖金税额计算（适用按月换算的综合税率表）：

20000÷12=1666.67<3000，适用税率3%，速算扣除数0

全年一次性奖金应纳税额=20000×3%−0=600元

张先生本年应纳个税：1584（984+600）元。

（2）方法二：并入综合所得计算应纳税额

36000<（80000+20000+20000）−60000−600×12=52800<144000适用税率10%，速算扣除数2520

［（80000+20000+20000）−60000−600×12］×10%−2520=2760元

张先生本年应纳个税：2760元。

《财政部关于个人所得税法修改后有关优惠政策衔接问题的通知》，财税〔2018〕164号

■ 在一个纳税年度内，对每一个纳税人，该计税办法只允许采用一次。

《国家税务总局关于调整个人取得全年一次性奖金等计算征收个人所得税方法问题的通知》三，国税发〔2005〕9号

■ 根据《中央企业负责人经营业绩考核暂行办法》等规定，国资委管理的中央企业名单中的下列人员，适用上述规定，其他人员不得比照执行：

（1）国有独资企业和未设董事会的国有独资公司的总经理（总裁）、副总经理（副总裁）、总会计师；

（2）设董事会的国有独资公司（国资委确定的董事会试点企业除外）的董事长、副董事长、董事、总经理（总裁）、副总经理（副总裁）、总会计师；

（3）国有控股公司国有股权代表出任的董事长、副董事长、董事、总经理（总裁），列入国资委党委管理的副总经理（副总裁）、总会计师；

（4）国有独资企业、国有独资公司和国有控股公司党委（党组）书记、副书记、常委（党组成员）、纪委书记（纪检组长）。

《国家税务总局关于中央企业负责人年度绩效薪金延期兑现收入和任期奖励征收个人所得税问题的通知》，国税发〔2007〕118号

2.2.3.3 雇员取得除全年一次性奖金以外的其他各种名目奖金，如何缴纳个人所得税？

■ 雇员取得除全年一次性奖金以外的其他各种名目奖金，如半年奖、季度奖、加班奖、先进奖、考勤奖等，一律与当月工资、薪金收入合并，按税法规定缴纳个人所得税。

《国家税务总局关于调整个人取得全年一次性奖金等计算征收个人所得税方法问题的通知》，国税发〔2005〕9号

2.2.3.4 纳税人取得不含税全年一次性奖金，如何计算缴纳个人所得税？

■ 纳税人取得不含税全年一次性奖金，不含税全年一次性奖金换算为含税奖金计征个人所得税的具体方法为：

（1）按照不含税的全年一次性奖金收入除以12的商数，查找相应适用税率A和速算扣除数A。

（2）含税的全年一次性奖金收入=（不含税的全年一次性奖金收入−速算扣除数A）÷（1−适用税率A）。

（3）按含税的全年一次性奖金收入除以12的商数，重新查找适用税率B和速算扣除数B。

（4）应纳税额＝含税的全年一次性奖金收入×适用税率B－速算扣除数B。

■ 如果纳税人取得不含税全年一次性奖金收入的当月工资薪金所得，低于税法规定的费用扣除额，应先将不含税全年一次性奖金减去当月工资薪金所得低于税法规定费用扣除额的差额部分后，再按照上述规定处理。

《国家税务总局关于纳税人取得不含税全年一次性奖金收入计征个人所得税问题的批复》，国税函〔2005〕715号

2.2.3.5 雇主为雇员负担个人所得税款，如何缴纳个人所得税？

■ 雇主为雇员负担全年一次性奖金部分个人所得税款，应将雇主负担的这部分税款并入雇员的全年一次性奖金，换算为应纳税所得额后，计征个人所得税。

■ 将不含税全年一次性奖金换算为应纳税所得额的计算方法为：

（1）雇主为雇员定额负担税款的计算公式：

应纳税所得额＝雇员取得的全年一次性奖金＋雇主替雇员定额负担的税款－当月工资薪金低于费用扣除标准的差额

（2）雇主为雇员按一定比例负担税款的计算公式：

①查找不含税全年一次性奖金的适用税率和速算扣除数未含雇主负担税款的全年一次性奖金收入÷12，根据其商数找出不含税级距对应的适用税率A和速算扣除数A。

②计算含税全年一次性奖金应纳税所得额＝（未含雇主负担税款的全年一次性奖金收入－当月工资薪金低于费用扣除标准的差额－不含税级距的速算扣除数A×雇主负担比例）÷（1－不含税级距的适用税率A×雇主负担比例）。

■ 对上述应纳税所得额，扣缴义务人应按照国税发〔2005〕9号文件规定的方法计算应扣缴税款。即将应纳税所得额除以12，根据其商数找出对应的适用税率B和速算扣除数B，据以计算税款。计算公式为：

应纳税额＝应纳税所得额×适用税率B－速算扣除数B 实际缴纳税额＝应纳税额－雇主为雇员负担的税额

《国家税务总局关于雇主为雇员承担全年一次性奖金部分税款有关个人所得税计算方法问题的公告》，国家税务总局公告2011年第28号

2.2.4 减、免税

2.2.4.1 个人取得按照国家统一规定发给的补贴、津贴所得，是否免纳个人所得税？

■ 个人取得按照国家统一规定发给的补贴、津贴所得，免纳个人所得税。

《个人所得税法》第四条

■ 按照国家统一规定发给的补贴、津贴，是指按照国务院规定发给的政府特殊津贴、院士津贴、资深院士津贴，以及国务院规定免纳个人所得税的其他补贴、津贴。

《个人所得税法实施条例》第十条

2.2.4.2 个人取得福利费,是否免纳个人所得税?

■ 个人取得福利费,免纳个人所得税。

《个人所得税法》第四条

■ 福利费,是指根据国家有关规定,从企业、事业单位、国家机关、社会组织提留的福利费或者工会经费中支付给个人的生活补助费。

《个人所得税法实施条例》第十一条

■ 生活补助费,是指由于某些特定事件或原因而给纳税人或其家庭的正常生活造成一定困难,其任职单位按国家规定从提留的福利费或者工会经费中向其支付的临时性生活困难补助。

《国家税务总局关于生活补助费范围确定问题的通知》一,国税发〔1998〕155号

2.2.4.3 个人取得的安家费,是否免纳个人所得税?

■ 个人取得按照国家统一规定发给干部、职工的安家费所得,免纳个人所得税。

《个人所得税法》第四条

2.2.4.4 个人实际领(支)取原提存的保险金和住房公积金时,是否缴纳个人所得税?

■ 个人实际领(支)取原提存的基本养老保险金、基本医疗保险金、失业保险金和住房公积金时,免征个人所得税。

《财政部、国家税务总局关于基本养老保险费基本医疗保险费失业保险费住房公积金有关个人所得税政策的通知》,财税〔2006〕10号

2.2.4.5 企事业单位按照缴费比例或办法实际缴付的基本养老保险费、基本医疗保险费和失业保险费,是否免征个人所得税?

■ 企事业单位按照国家或省(自治区、直辖市)人民政府规定的缴费比例或办法实际缴付的基本养老保险费、基本医疗保险费和失业保险费,免征个人所得税。

《财政部、国家税务总局关于基本养老保险费基本医疗保险费失业保险费住房公积金有关个人所得税政策的通知》,财税〔2006〕10号

2.2.4.6 生育妇女取得的属于生育保险性质的津贴、补贴,是否免征个人所得税?

■ 生育妇女按照县级以上人民政府根据国家有关规定制定的生育保险办法,取得的生育津贴、生育医疗费或其他属于生育保险性质的津贴、补贴,免征个人所得税。

《财政部、国家税务总局关于生育津贴和生育医疗费有关个人所得税政策的通知》,财税〔2008〕8号

2.2.4.7 个人取得的工伤保险待遇,是否免征个人所得税?

■ 对工伤职工及其近亲属按照《工伤保险条例》规定取得的工伤保险待遇,免征个人所得税。

工伤保险待遇,包括工伤职工按照《工伤保险条例》(国务院令第586号)规定取得的一次性伤残补助金、伤残津贴、一次性工伤医疗补助金、一次性伤残就业补助金、工伤医疗

待遇、住院伙食补助费、外地就医交通食宿费用、工伤康复费用、辅助器具费用、生活护理费等，以及职工因工死亡，其近亲属按照《工伤保险条例》（国务院令第586号）规定取得的丧葬补助金、供养亲属抚恤金和一次性工亡补助金等。

《财政部、国家税务总局关于工伤职工取得的工伤保险待遇有关个人所得税政策的通知》，财税〔2012〕40号

2.2.4.8 职工因支付的房改成本价格低于房屋建造成本价格或市场价格而取得的差价收益，是否免征个人所得税？

■ 根据住房制度改革政策的有关规定，国家机关、企事业单位及其他组织（单位）在住房制度改革期间，按照所在地县级以上人民政府规定的房改成本价格向职工出售公有住房，职工因支付的房改成本价格低于房屋建造成本价格或市场价格而取得的差价收益，免征个人所得税。

《财政部、国家税务总局关于单位低价向职工售房有关个人所得税问题的通知》，财税〔2007〕13号

2.2.4.9 取得的新型冠状病毒感染的肺炎疫情防控临时性工作补助和奖金，是否免征个人所得税？

自2020年1月1日起施行，截止日期视疫情情况另行公告。

对参加疫情防治工作的医务人员和防疫工作者按照政府规定标准取得的临时性工作补助和奖金，免征个人所得税。政府规定标准包括各级政府规定的补助和奖金标准。

对省级及省级以上人民政府规定的对参与疫情防控人员的临时性工作补助和奖金，比照执行。

单位发给个人用于预防新型冠状病毒感染的肺炎的药品、医疗用品和防护用品等实物（不包括现金），不计入工资、薪金收入、免征个人所得税。

《财政部、国家税务总局关于支持新型冠状病毒感染的肺炎疫情防控有关个人所得税政策的公告》，财政部、国家税务总局公告2020年第10号。

2.3 纳税管理

2.3.1 纳税期限

2.3.1.1 工资、薪金所得，纳税期限如何规定？

■ 居民个人取得综合所得，按年计算个人所得税；有扣缴义务人的，由扣缴义务人按月或者按次预扣预缴税款；需要办理汇算清缴的，应当在取得所得的次年3月1日至6月30日内办理汇算清缴。预扣预缴办法由国务院税务主管部门制定。

居民个人向扣缴义务人提供专项附加扣除信息的，扣缴义务人按月预扣预缴税款时，应

当按照规定予以扣除，不得拒绝。

非居民个人取得工资、薪金所得，劳务报酬所得，稿酬所得和特许权使用费所得，有扣缴义务人的，由扣缴义务人按月或者按次代扣代缴税款，不办理汇算清缴。

《个人所得税法》第十一条

■ 居民个人取得工资、薪金所得时，可以向扣缴义务人提供专项附加扣除有关信息，由扣缴义务人扣缴税款时减除专项附加扣除。纳税人同时从两处以上取得工资、薪金所得，并由扣缴义务人减除专项附加扣除的，对同一专项附加扣除项目，在一个纳税年度内只能选择从一处取得的所得中减除。

居民个人取得劳务报酬所得、稿酬所得、特许权使用费所得，应当在汇算清缴时向税务机关提供有关信息，减除专项附加扣除。

■ 纳税人可以委托扣缴义务人或者其他单位和个人办理汇算清缴。

■ 扣缴义务人应当按照纳税人提供的信息计算办理扣缴申报，不得擅自更改纳税人提供的信息。

纳税人发现扣缴义务人提供或者扣缴申报的个人信息、所得、扣缴税款等与实际情况不符的，有权要求扣缴义务人修改。扣缴义务人拒绝修改的，纳税人应当报告税务机关，税务机关应当及时处理。

纳税人、扣缴义务人应当按照规定保存与专项附加扣除相关的资料。税务机关可以对纳税人提供的专项附加扣除信息进行抽查，具体办法由国务院税务主管部门另行规定。税务机关发现纳税人提供虚假信息的，应当责令改正并通知扣缴义务人；情节严重的，有关部门应当依法予以处理，纳入信用信息系统并实施联合惩戒。

《个人所得税法实施条例》第二十八、二十九、三十条

2.3.1.2　免税之外的保险金，应在何时缴纳个人所得税？

■ 对企业为员工支付各项免税之外的保险金，应在企业向保险公司缴付时（即该保险落到被保险人的保险账户）并入员工当期的工资收入，按"工资、薪金所得"项目计征个人所得税，税款由企业负责代扣代缴。

《国家税务总局关于单位为员工支付有关保险缴纳个人所得税问题的批复》，国税函〔2005〕318号

■ 企事业单位和个人超过规定的比例和标准缴付的基本养老保险费、基本医疗保险费和失业保险费，应将超过部分并入个人当期的工资、薪金收入，计征个人所得税。

《财政部、国家税务总局关于基本养老保险费基本医疗保险费失业保险费住房公积金有关个人所得税政策的通知》，财税〔2006〕10号

2.3.2　纳税申报

2.3.2.1　个人在两处以上取得工资、薪金所得的，纳税义务人是否要办理纳税申报？

■ 纳税人从中国境内两处或者两处以上取得工资、薪金所得的；应当按规定填写并向

主管税务机关报送相应的纳税申报表，同时报送主管税务机关要求报送的其他有关资料。

《国家税务总局关于印发〈个人所得税自行纳税申报办法（试行）〉的通知》第九条，国税发〔2006〕162号

2.3.2.2 从两处或者两处以上取得工资、薪金所得的，纳税申报地点如何规定？

■ 从两处或者两处以上取得工资、薪金所得的，选择并固定向其中一处单位所在地主管税务机关申报。

《国家税务总局关于印发〈个人所得税自行纳税申报办法试行)〉的通知》第十一条，国税发〔2006〕162号

2.3.3 有价证券补贴

2.3.3.1 个人从雇主处取得的认购有价证券补贴，如何缴纳个人所得税？

■ （一）居民个人取得股票期权、股票增值权、限制性股票、股权奖励等股权激励（以下简称股权激励），符合《财政部、国家税务总局关于个人股票期权所得征收个人所得税问题的通知》（财税〔2005〕35号）、《财政部、国家税务总局关于股票增值权所得和限制性股票所得征收个人所得税有关问题的通知》（财税〔2009〕5号）、《财政部、国家税务总局关于将国家自主创新示范区有关税收试点政策推广到全国范围实施的通知》（财税〔2015〕116号）第四条、《财政部、国家税务总局关于完善股权激励和技术入股有关所得税政策的通知》（财税〔2016〕101号）第四条第（一）项规定的相关条件的，在2021年12月31日前，不并入当年综合所得，全额单独适用综合所得税率表，计算纳税。计算公式为：

应纳税额＝股权激励收入×适用税率－速算扣除数

（二）居民个人一个纳税年度内取得两次以上（含两次）股权激励的，应合并按本通知第二条第（一）项规定计算纳税。

（三）2022年1月1日之后的股权激励政策另行明确。

《财政部关于个人所得税法修改后有关优惠政策衔接问题的通知》，财税〔2018〕164号

■ 纳税人若选择分期缴纳个人所得税，其扣缴义务人应在实际认购股票等有价证券的次月15日内，向主管税务机关办理分期缴纳个人所得税备案手续，报送《个人取得股票期权或认购股票等取得折扣或补贴收入分期缴纳个人所得税备案表》。其他相关证明材料由扣缴义务人留存备查。

《国家税务总局关于3项个人所得税事项取消审批实施后续管理的公告》，国家税务总局公告2016年第5号

2.4 股票期权所得

2.4.1 征税范围

2.4.1.1 企业员工的股票期权所得，是否缴纳个人所得税？

■ 实施股票期权计划企业授予该企业员工的股票期权所得，应按《中华人民共和国个人所得税法》及其实施条例有关规定征收个人所得税。

企业员工股票期权（以下简称股票期权）是指上市公司按照规定的程序授予本公司及其控股企业员工的一项权利，该权利允许被授权员工在未来时间内以某一特定价格购买本公司一定数量的股票。

上述"某一特定价格"被称为"授予价"或"施权价"，即根据股票期权计划可以购买股票的价格，一般为股票期权授予日的市场价格或该价格的折扣价格，也可以是按照事先设定的计算方法约定的价格。

"授予日"，也称"授权日"，是指公司授予员工上述权利的日期。

"行权"，也称"执行"，是指员工根据股票期权计划选择购买股票的过程；员工行使上述权利的当日为"行权日"，也称"购买日"。

■ 企业员工，包括在中国境内有住所和无住所的个人。

企业，包括内资企业、外商投资企业和外国企业在中国境内设立的机构场所。

《财政部、国家税务总局关于个人股票期权所得征收个人所得税问题的通知》，财税〔2005〕35号

■ 员工接受雇主（含上市公司和非上市公司）授予的股票期权，凡该股票期权指定的股票为上市公司（含境内、外上市公司）股票的，均应适用关于股票期权的个人所得税政策。

《国家税务总局关于个人股票期权所得缴纳个人所得税有关问题的补充通知》，国税函〔2006〕902号

■ 股权激励个人所得税政策，适用于上市公司（含所属分支机构）和上市公司控股企业的员工，其中上市公司占控股企业股份比例最低为30%（间接控股限于上市公司对二级子公司的持股）。

《国家税务总局关于股权激励有关个人所得税问题的通知》，国税函〔2009〕461号

■ 企业由上市公司持股比例不低于30%的，其员工以股权激励方式持有上市公司股权的，可以按照《国家税务总局关于股权激励有关个人所得税问题的通知》（国税函〔2009〕461号）规定的计算方法，计算应扣缴的股权激励个人所得税，不再受上市公司控股企业层

级限制。

《国家税务总局关于个人所得税有关问题的公告》，国家税务总局公告 2011 年第 27 号

2.4.1.2 对于个人从上市公司取得的股票增值权所得和限制性股票所得，是否适用股票期权个人所得税政策？

■ 对于个人从上市公司（含境内、外上市公司，下同）取得的股票增值权所得和限制性股票所得，比照《财政部、国家税务总局关于个人股票期权所得征收个人所得税问题的通知》（财税〔2005〕35 号）、《国家税务总局关于个人股票期权所得缴纳个人所得税有关问题的补充通知》（国税函〔2006〕902 号）的有关规定，计算征收个人所得税。

■ 股票增值权，是指上市公司授予公司员工在未来一定时期和约定条件下，获得规定数量的股票价格上升所带来收益的权利。被授权人在约定条件下行权，上市公司按照行权日与授权日二级市场股票差价乘以授权股票数量，发放给被授权人现金。

■ 限制性股票，是指上市公司按照股权激励计划约定的条件，授予公司员工一定数量本公司的股票。

《财政部、国家税务总局关于股票增值权所得和限制性股票所得征收个人所得税有关问题的通知》，财税〔2009〕5 号

2.4.1.3 员工接受企业授予的股票期权时，是否征收个人所得税？

■ 员工接受实施股票期权计划企业授予的股票期权时，除另有规定外，一般不作为应税所得征税。

《财政部、国家税务总局关于个人股票期权所得征收个人所得税问题的通知》，财税〔2005〕35 号

■ 部分股票期权在授权时即约定可以转让且在境内或境外存在公开市场及挂牌价格（可公开交易的股票期权）。员工接受该可公开交易的股票期权时，应作为财税〔2005〕35 号文件第二条第（一）项所述的另有规定情形，按以下规定进行税务处理。

员工接受该可公开交易的股票期权时，应按以下规定进行税务处理：

（1）员工取得可公开交易的股票期权，属于员工已实际取得有确定价值的财产，应按授权日股票期权的市场价格，作为员工授权日所在月份的工资薪金所得，并按财税〔2005〕35 号文件第四条第（一）项规定计算缴纳个人所得税。如果员工以折价购入方式取得股票期权的，可以授权日股票期权的市场价格扣除折价购入股票期权时实际支付的价款后的余额，作为授权日所在月份的工资薪金所得。

（2）员工取得上述可公开交易的股票期权后，转让该股票期权所取得的所得，属于财产转让所得，按财税〔2005〕35 号文件第四条第（二）项规定进行税务处理。

（3）员工取得本条第（1）项所述可公开交易的股票期权后，实际行使该股票期权购买股票时，不再计算缴纳个人所得税。

《国家税务总局关于个人股票期权所得缴纳个人所得税有关问题的补充通知》，国税函〔2006〕902 号

■ 具有下列情形之一的股权激励所得，不适用本通知规定的优惠计税方法，直接计入

个人当期所得征收个人所得税：
(1) 除上述规定之外的集团公司、非上市公司员工取得的股权激励所得；
(2) 公司上市之前设立股权激励计划，待公司上市后取得的股权激励所得；
(3) 上市公司未向其主管税务机关报备有关资料的。
《国家税务总局关于股权激励有关个人所得税问题的通知》，国税函〔2009〕461号

2.4.2 应纳税额

2.4.2.1 认购股票所得，如何计算个人所得税应纳税额？

■ 员工行权时，其从企业取得股票的实际购买价（施权价）低于购买日公平市场价（指该股票当日的收盘价）的差额，应按"工资、薪金所得"适用的规定计算缴纳个人所得税。

员工行权日所在期间的工资薪金所得，应按下列公式计算工资薪金应纳税所得额：

股票期权形式的工资薪金应纳税所得额 =（行权股票的每股市场价 – 员工取得该股票期权支付的每股施权价）× 股票数量

《财政部、国家税务总局关于个人股票期权所得征收个人所得税问题的通知》，财税〔2005〕35号。

（一）居民个人取得股票期权、股票增值权、限制性股票、股权奖励等股权激励（以下简称股权激励），符合《财政部、国家税务总局关于个人股票期权所得征收个人所得税问题的通知》（财税〔2005〕35号）、《财政部、国家税务总局关于股票增值权所得和限制性股票所得征收个人所得税有关问题的通知》（财税〔2009〕5号）、《财政部、国家税务总局关于将国家自主创新示范区有关税收试点政策推广到全国范围实施的通知》（财税〔2015〕116号）第四条、《财政部、国家税务总局关于完善股权激励和技术入股有关所得税政策的通知》（财税〔2016〕101号）第四条第（一）项规定的相关条件的，在2021年12月31日前，不并入当年综合所得，全额单独适用综合所得税率表，计算纳税。计算公式为：

应纳税额 = 股权激励收入 × 适用税率 – 速算扣除数

（二）居民个人一个纳税年度内取得两次以上（含两次）股权激励的，应合并按本通知第二条第（一）项规定计算纳税。

（三）2022年1月1日之后的股权激励政策另行明确。

《财政部、国家税务总局关于个人所得税法修改后有关优惠政策衔接问题的通知》二，财税〔2018〕164号

■ "员工取得该股票期权支付的每股施权价"，一般是指员工行使股票期权购买股票实际支付的每股价格。如果员工以折价购入方式取得股票期权的，上述施权价可包括员工折价购入股票期权时实际支付的价格。

■ 凡取得股票期权的员工在行权日不实际买卖股票，而按行权日股票期权所指定股票

的市场价与施权价之间的差额,直接从授权企业取得价差收益的,该项价差收益应作为员工取得的股票期权形式的工资薪金所得,按上述规定缴纳个人所得税。

《国家税务总局关于个人股票期权所得缴纳个人所得税有关问题的补充通知》,国税函〔2006〕902号

■ 被激励对象为缴纳个人所得税款而出售股票,其出售价格与原计税价格不一致的,按原计税价格计算其应纳税所得额和税额。

《国家税务总局关于股权激励有关个人所得税问题的通知》,国税函〔2009〕461号

■ 个人从任职受雇企业以低于公平市场价格取得股票(权)的,凡不符合递延纳税条件,应在获得股票(权)时,对实际出资额低于公平市场价格的差额,按照"工资、薪金所得"项目,参照《财政部、国家税务总局关于个人股票期权所得征收个人所得税问题的通知》(财税〔2005〕35号)有关规定计算缴纳个人所得税。

《财政部、国家税务总局关于完善股权激励和技术入股有关所得税政策的通知》,财税〔2016〕101号

■ 公平市场价格按以下方法确定:

(1)上市公司股票的公平市场价格,按照取得股票当日的收盘价确定。取得股票当日为非交易日的,按照上一个交易日收盘价确定。

(2)非上市公司股票(权)的公平市场价格,依次按照净资产法、类比法和其他合理方法确定。净资产法按照取得股票(权)的上年末净资产确定。

《国家税务总局关于股权激励和技术入股所得税征管问题的公告》一,国家税务总局公告2016年第62号

2.4.2.2 员工在一个纳税年度中多次取得股票期权形式工资薪金所得的,如何计算个人所得税应纳税额?

■ (一)居民个人取得股票期权、股票增值权、限制性股票、股权奖励等股权激励(以下简称股权激励),符合《财政部、国家税务总局关于个人股票期权所得征收个人所得税问题的通知》(财税〔2005〕35号)、《财政部、国家税务总局关于股票增值权所得和限制性股票所得征收个人所得税有关问题的通知》(财税〔2009〕5号)、《财政部、国家税务总局关于将国家自主创新示范区有关税收试点政策推广到全国范围实施的通知》(财税〔2015〕116号)第四条、《财政部、国家税务总局关于完善股权激励和技术入股有关所得税政策的通知》(财税〔2016〕101号)第四条第(一)项规定的相关条件的,在2021年12月31日前,不并入当年综合所得,全额单独适用综合所得税率表,计算纳税。计算公式为:

应纳税额=股权激励收入×适用税率-速算扣除数

(二)居民个人一个纳税年度内取得两次以上(含两次)股权激励的,应合并按本通知第二条第(一)项规定计算纳税。

(三)2022年1月1日之后的股权激励政策另行明确。

《财政部、国家税务总局关于个人所得税法修改后有关优惠政策衔接问题的通知》,财

税〔2018〕164号

- 个人在纳税年度内多次取得股票增值权和限制性股票等所得，包括两次以上（含两次）取得同一种股权激励形式所得或者同时兼有不同股权激励形式所得的，上市公司应将其纳税年度内各次股权激励所得合并，按照多次取得股票期权应纳税额公式计算扣缴个人所得税。

《国家税务总局关于股权激励有关个人所得税问题的通知》，国税函〔2009〕461号

- 员工以在一个公历月份中取得的股票（权）形式工资薪金所得为一次。员工取得符合条件、实行递延纳税政策的股权激励，与不符合递延纳税条件的股权激励分别计算。

员工在一个纳税年度中多次取得不符合递延纳税条件的股票（权）形式工资薪金所得的，参照《国家税务总局关于个人股票期权所得缴纳个人所得税有关问题的补充通知》（国税函〔2006〕902号）第七条规定执行。

《国家税务总局关于股权激励和技术入股所得税征管问题的公告》，国家税务总局公告2016年第62号

2.4.2.3 员工在行权日之前将股票期权转让的，如何确定收入？

- 对因特殊情况，员工在行权日之前将股票期权转让的，以股票期权的转让净收入，作为工资薪金所得征收个人所得税。

《财政部、国家税务总局关于个人股票期权所得征收个人所得税问题的通知》，财税〔2005〕35号

- "股票期权的转让净收入"，一般是指股票期权转让收入。如果员工以折价购入方式取得股票期权的，可以股票期权转让收入扣除折价购入股票期权时实际支付的价款后的余额，作为股票期权的转让净收入。

《国家税务总局关于个人股票期权所得缴纳个人所得税有关问题的补充通知》二，国税函〔2006〕902号

2.4.2.4 股票增值权应纳税所得额如何确定？

- 股票增值权被授权人获取的收益，是由上市公司根据授权日与行权日股票差价乘以被授权股数，直接向被授权人支付的现金。上市公司应于向股票增值权被授权人兑现时依法扣缴其个人所得税。被授权人股票增值权应纳税所得额计算公式为：

股票增值权某次行权应纳税所得额 =（行权日股票价格 − 授权日股票价格）× 行权股票份数

《国家税务总局关于股权激励有关个人所得税问题的通知》，国税函〔2009〕461号

2.4.2.5 限制性股票应纳税所得额如何确定？

- 按照《个人所得税法》及其实施条例等有关规定，原则上应在限制性股票所有权归属于被激励对象时确认其限制性股票所得的应纳税所得额。即上市公司实施限制性股票计划时，应以被激励对象限制性股票在中国证券登记结算公司（境外为证券登记托管机构）进行股票登记日期的股票市价（指当日收盘价）和本批次解禁股票当日市价（指当日收盘价）的平均价格乘以本批次解禁股票份数，减去被激励对象本批次解禁股份数所对应的为获取限

制性股票实际支付资金数额,其差额为应纳税所得额。被激励对象限制性股票应纳税所得额计算公式为:

应纳税所得额=(股票登记日股票市价+本批次解禁股票当日市价)÷2×本批次解禁股票份数-被激励对象实际支付的资金总额×(本批次解禁股票份数÷被激励对象获取的限制性股票总份数)

《国家税务总局关于股权激励有关个人所得税问题的通知》,国税函〔2009〕461号

2.4.3 税收优惠

2.4.3.1 上市公司授予个人的股票期权、限制性股票和股权奖励,如何缴纳个人所得税?

■ 上市公司授予个人的股票期权、限制性股票和股权奖励,经向主管税务机关备案,个人可自股票期权行权、限制性股票解禁或取得股权奖励之日起,在不超过12个月的期限内缴纳个人所得税。

■ 上市公司是指其股票在上海证券交易所、深圳证券交易所上市交易的股份有限公司。

《财政部、国家税务总局关于完善股权激励和技术入股有关所得税政策的通知》,财税〔2016〕101号

■ 上市公司实施股权激励,个人选择在不超过12个月期限内缴税的,上市公司应自股票期权行权、限制性股票解禁、股权奖励获得之次月15日内,向主管税务机关报送《上市公司股权激励个人所得税延期纳税备案表》。上市公司初次办理股权激励备案时,还应一并向主管税务机关报送股权激励计划、董事会或股东大会决议。

《国家税务总局关于股权激励和技术入股所得税征管问题的公告》,国家税务总局公告2016年第62号

2.4.3.2 非上市公司授予本公司员工的股票期权、股权期权、限制性股票和股权奖励,实行递延纳税政策是否需要备案?

■ 非上市公司授予本公司员工的股票期权、股权期权、限制性股票和股权奖励,符合规定条件的,经向主管税务机关备案,可实行递延纳税政策,即员工在取得股权激励时可暂不纳税,递延至转让该股权时纳税;股权转让时,按照股权转让收入减除股权取得成本以及合理税费后的差额,适用"财产转让所得"项目,按照20%的税率计算缴纳个人所得税。股权转让时,股票(权)期权取得成本按行权价确定,限制性股票取得成本按实际出资额确定,股权奖励取得成本为零。股票(权)期权是指公司给予激励对象在一定期限内以事先约定的价格购买本公司股票(权)的权利;限制性股票是指公司按照预先确定的条件授予激励对象一定数量的本公司股权,激励对象只有工作年限或业绩目标符合股权激励计划规定条件的才可以处置该股权;股权奖励是指企业无偿授予激励对象一定份额的股权或一定数量的股份。

■ 全国中小企业股份转让系统挂牌公司按照上述规定执行。

《财政部、国家税务总局关于完善股权激励和技术入股有关所得税政策的通知》，财税〔2016〕101号

■ 非上市公司实施符合条件的股权激励，个人选择递延纳税的，非上市公司应于股票（权）期权行权、限制性股票解禁、股权奖励获得之次月15日内，向主管税务机关报送《非上市公司股权激励个人所得税递延纳税备案表》（附件1）、股权激励计划、董事会或股东大会决议、激励对象任职或从事技术工作情况说明等。实施股权奖励的企业同时报送本企业及其奖励股权标的企业上一纳税年度主营业务收入构成情况说明。

《国家税务总局关于股权激励和技术入股所得税征管问题的公告》，国家税务总局公告2016年第62号

2.4.3.3 享受递延纳税政策的非上市公司股权激励，需要满足哪些条件？

■ 享受递延纳税政策的非上市公司股权激励（包括股票期权、股权期权、限制性股票和股权奖励，下同）须同时满足以下条件：

（1）属于境内居民企业的股权激励计划。

（2）股权激励计划经公司董事会、股东（大）会审议通过。未设股东（大）会的国有单位，经上级主管部门审核批准。股权激励计划应列明激励目的、对象、标的、有效期、各类价格的确定方法、激励对象获取权益的条件、程序等。

（3）激励标的应为境内居民企业的本公司股权。股权奖励的标的可以是技术成果投资入股到其他境内居民企业所取得的股权。激励标的股票（权）包括通过增发、大股东直接让渡以及法律法规允许的其他合理方式授予激励对象的股票（权）。

（4）激励对象应为公司董事会或股东（大）会决定的技术骨干和高级管理人员，激励对象人数累计不得超过本公司最近6个月在职职工平均人数的30%。

（5）股票（权）期权自授予日起应持有满3年，且自行权日起持有满1年；限制性股票自授予日起应持有满3年，且解禁后持有满1年；股权奖励自获得奖励之日起应持有满3年。上述时间条件须在股权激励计划中列明。

（6）股票（权）期权自授予日至行权日的时间不得超过10年。

（7）实施股权奖励的公司及其奖励股权标的公司所属行业均不属于《股权奖励税收优惠政策限制性行业目录》范围。公司所属行业按公司上一纳税年度主营业务收入占比最高的行业确定。股权激励计划所列内容不同时满足规定的全部条件，或递延纳税期间公司情况发生变化，不再符合第（4）至（6）项条件的，不得享受递延纳税优惠，应按规定计算缴纳个人所得税。

《财政部、国家税务总局关于完善股权激励和技术入股有关所得税政策的通知》，财税〔2016〕101号

■ 非上市公司实施符合条件的股权激励，本公司最近6个月在职职工平均人数，按照股票（权）期权行权、限制性股票解禁、股权奖励获得之上月起前6个月"工资薪金所得"项目全员全额扣缴明细申报的平均人数确定。递延纳税期间，非上市公司情况发生变化，不

再同时符合《通知》第一条第（二）款第（四）至（六）项条件的，应于情况发生变化之次月 15 日内，按《通知》第四条第（一）款规定计算缴纳个人所得税。

《国家税务总局关于股权激励和技术入股所得税征管问题的公告》，国家税务总局公告 2016 年第 62 号

2.4.3.4 技术成果投资入股，如何缴纳所得税？

■ 个人以技术成果投资入股到境内居民企业，被投资企业支付的对价全部为股票（权）的，个人可选择继续按现行有关税收政策执行，也可选择适用递延纳税优惠政策。选择技术成果投资入股递延纳税政策的，经向主管税务机关备案，投资入股当期可暂不纳税，允许递延至转让股权时，按股权转让收入减去技术成果原值和合理税费后的差额计算缴纳所得税。技术成果是指专利技术（含国防专利）、计算机软件著作权、集成电路布图设计专有权、植物新品种权、生物医药新品种，以及科技部、财政部、国家税务总局确定的其他技术成果。技术成果投资入股，是指纳税人将技术成果所有权让渡给被投资企业、取得该企业股票（权）的行为。

《财政部、国家税务总局关于完善股权激励和技术入股有关所得税政策的通知》，财税〔2016〕101 号

■ 个人以技术成果投资入股境内公司并选择递延纳税的，被投资公司应于取得技术成果并支付股权之次月 15 日内，向主管税务机关报送《技术成果投资入股个人所得税递延纳税备案表》、技术成果相关证书或证明材料、技术成果投资入股协议、技术成果评估报告等资料。

《国家税务总局关于股权激励和技术入股所得税征管问题的公告》，国家税务总局公告 2016 年第 62 号

2.4.3.5 非上市公司在境内上市的，如何处置递延纳税的股权？

■ 个人因股权激励、技术成果投资入股取得股权后，非上市公司在境内上市的，处置递延纳税的股权时，按照现行限售股有关征税规定执行。

《财政部、国家税务总局关于完善股权激励和技术入股有关所得税政策的通知》，财税〔2016〕101 号

2.4.3.6 享受递延纳税优惠政策的个人转让股权，如何确定股权成本？

■ 个人转让股权时，视同享受递延纳税优惠政策的股权优先转让。递延纳税的股权成本按照加权平均法计算，不与其他方式取得的股权成本合并计算。

《财政部、国家税务总局关于完善股权激励和技术入股有关所得税政策的通知》，财税〔2016〕101 号

2.4.3.7 持有递延纳税的股权期间，应当当期缴纳税款的情形？

■ 持有递延纳税的股权期间，因该股权产生的转增股本收入，以及以该递延纳税的股权再进行非货币性资产投资的，应在当期缴纳税款。

《财政部、国家税务总局关于完善股权激励和技术入股有关所得税政策的通知》，财税〔2016〕101 号

2.4.4 纳税管理

2.4.4.1 股票增值权个人所得税纳税义务发生时间如何确定？

■ 股票增值权个人所得税纳税义务发生时间为上市公司向被授权人兑现股票增值权所得的日期。

《国家税务总局关于股权激励有关个人所得税问题的通知》，国税函〔2009〕461号

2.4.4.2 限制性股票个人所得税纳税义务发生时间如何确定？

■ 限制性股票个人所得税纳税义务发生时间为每一批次限制性股票解禁的日期。

《国家税务总局关于股权激励有关个人所得税问题的通知》，国税函〔2009〕461号

2.4.4.3 个人取得的股票增值权所得和限制性股票所得，是否要代扣代缴个人所得税？

■ 个人因任职、受雇从上市公司取得的股票增值权所得和限制性股票所得，由上市公司或其境内机构按照"工资、薪金所得"项目和股票期权所得个人所得税计税方法，依法扣缴其个人所得税。

《国家税务总局关于股权激励有关个人所得税问题的通知》，国税函〔2009〕461号

2.4.4.4 企业实施股权激励或个人以技术成果投资入股，扣缴义务人有哪些报告义务？

■ 企业实施股权激励或个人以技术成果投资入股，以实施股权激励或取得技术成果的企业为个人所得税扣缴义务人。递延纳税期间，扣缴义务人应在每个纳税年度终了后向主管税务机关报告递延纳税有关情况。

《财政部、国家税务总局关于完善股权激励和技术入股有关所得税政策的通知》，财税〔2016〕101号

■ 个人因非上市公司实施股权激励或以技术成果投资入股取得的股票（权），实行递延纳税期间，扣缴义务人应于每个纳税年度终了后30日内，向主管税务机关报送《个人所得税递延纳税情况年度报告表》。

《国家税务总局关于股权激励和技术入股所得税征管问题的公告》，国家税务总局公告2016年第62号

2.4.4.5 递延纳税股票（权）转让、如何办理纳税申报？

■ 递延纳税股票（权）转让、办理纳税申报时，扣缴义务人、个人应向主管税务机关一并报送能够证明股票（权）转让价格、递延纳税股票（权）原值、合理税费的有关资料，具体包括转让协议、评估报告和相关票据等。资料不全或无法充分证明有关情况，造成计税依据偏低，又无正当理由的，主管税务机关可依据税收征管法有关规定进行核定。

《国家税务总局关于股权激励和技术入股所得税征管问题的公告》，国家税务总局公告2016年第62号

2.4.5 给予技术人员的股权奖励

2.4.5.1 高新技术企业给予技术人员的股权奖励，是否可分期缴纳个人所得税？

■ 自 2016 年 1 月 1 日起，全国范围内的高新技术企业转化科技成果，给予本企业相关技术人员的股权奖励，个人一次缴纳税款有困难的，可根据实际情况自行制定分期缴税计划，在不超过 5 个公历年度内（含）分期缴纳，并将有关资料报主管税务机关备案。高新技术企业，是指实行查账征收、经省级高新技术企业认定管理机构认定的高新技术企业。相关技术人员，是指经公司董事会和股东大会决议批准获得股权奖励的以下两类人员：

（1）对企业科技成果研发和产业化做出突出贡献的技术人员，包括企业内关键职务科技成果的主要完成人、重大开发项目的负责人、对主导产品或者核心技术、工艺流程做出重大创新或者改进的主要技术人员。

（2）对企业发展做出突出贡献的经营管理人员，包括主持企业全面生产经营工作的高级管理人员，负责企业主要产品（服务）生产经营合计占主营业务收入（或者主营业务利润）50% 以上的中、高级经营管理人员。

企业面向全体员工实施的股权奖励，不得按本通知规定的税收政策执行。

股权奖励，是指企业无偿授予相关技术人员一定份额的股权或一定数量的股份。

技术人员转让奖励的股权（含奖励股权孳生的送、转股）并取得现金收入的，该现金收入应优先用于缴纳尚未缴清的税款。

技术人员在转让奖励的股权之前企业依法宣告破产，技术人员进行相关权益处置后没有取得收益或资产，或取得的收益和资产不足以缴纳其取得股权尚未缴纳的应纳税款的部分，税务机关可不予追征。

《财政部、国家税务总局关于将国家自主创新示范区有关税收试点政策推广到全国范围实施的通知》四，财税〔2015〕116 号

2.4.5.2 个人获得股权奖励，计算应纳税额时计税价格如何确定？

■ 个人获得股权奖励时，按照"工资薪金所得"项目，参照《财政部、国家税务总局关于个人股票期权所得征收个人所得税问题的通知》（财税〔2005〕35 号）有关规定计算确定应纳税额。股权奖励的计税价格参照获得股权时的公平市场价格确定。

《财政部、国家税务总局关于将国家自主创新示范区有关税收试点政策推广到全国范围实施的通知》，财税〔2015〕116 号

■ 企业在填写《扣缴个人所得税报告表》时，应将纳税人取得股权奖励情况单独填列，并在"备注"栏中注明"股权奖励"字样。

《国家税务总局关于股权奖励和转增股本个人所得税征管问题的公告》四，国家税务总局公告 2015 年第 80 号

2.4.5.3 获得股权奖励的企业技术人员，如何办理分期缴税备案手续？

■ 获得股权奖励的企业技术人员需要分期缴纳个人所得税的，应自行制定分期缴税计

划,由企业于发生股权奖励的次月 15 日内,向主管税务机关办理分期缴税备案手续。

办理股权奖励分期缴税,企业应向主管税务机关报送高新技术企业认定证书、股东大会或董事会决议、《个人所得税分期缴纳备案表(股权奖励)》、相关技术人员参与技术活动的说明材料、企业股权奖励计划、能够证明股权或股票价格的有关材料、企业转化科技成果的说明、最近一期企业财务报表等。

高新技术企业认定证书、股东大会或董事会决议的原件,主管税务机关进行形式审核后退还企业,复印件及其他有关资料税务机关留存。

纳税人分期缴税期间需要变更原分期缴税计划的,应重新制定分期缴税计划,由企业向主管税务机关重新报送《个人所得税分期缴纳备案表》。

■ 纳税人在分期缴税期间取得分红的,企业应及时代扣股权奖励尚未缴清的个人所得税,并于次月 15 日内向主管税务机关申报纳税。

《国家税务总局关于股权奖励和转增股本个人所得税征管问题的公告》三、四,国家税务总局公告 2015 年第 80 号

2.5　解除劳动合同补偿金

2.5.1　一次性经济补偿

2.5.1.1　个人因解除劳动合同而取得一次性经济补偿收入,是否缴纳个人所得税?

■ (一)个人与用人单位解除劳动关系取得一次性补偿收入(包括用人单位发放的经济补偿金、生活补助费和其他补助费),在当地上年职工平均工资 3 倍数额以内的部分,免征个人所得税;超过 3 倍数额的部分,不并入当年综合所得,单独适用综合所得税率表,计算纳税。

举例:张先生在 M 公司工作了 10 年,2020 年 2 月由于公司减员解除了劳动关系,张先生取得一次性补偿收入 200000 元。当地 2019 年职工年平均工资 50000 元,张先生该项收入应缴纳个税为多少?

答:免税额度:$50000 \times 3 = 150000$

张先生应纳税收入计算:$36000 < (200000 - 150000) = 50000 < 144000$,适用税率 10%,速算扣除数 2520

张先生应纳税额 $= 50000 \times 10\% - 2520 = 2480$ 元

(二)个人办理提前退休手续而取得的一次性补贴收入,应按照办理提前退休手续至法定离退休年龄之间实际年度数平均分摊,确定适用税率和速算扣除数,单独适用综合所得税率表,计算纳税。计算公式:

应纳税额＝{〔(一次性补贴收入÷办理提前退休手续至法定退休年龄的实际年度数)－费用扣除标准〕×适用税率－速算扣除数}×办理提前退休手续至法定退休年龄的实际年度数

举例：李先生因身体原因，于2020年3月在单位办理了提前退休手续，单位按"统一规定"一次性给予其补贴200000元，李先生至正常退休还有2年，李先生就一次性补贴应如何缴纳个税？

答：36000＜200000÷2＜144000，适用税率10%，速算扣除数2520

应纳税额＝〔(200000÷2－60000)×10%－2520〕×2＝2960元

(三) 个人办理内部退养手续而取得的一次性补贴收入，按照《国家税务总局关于个人所得税有关政策问题的通知》(国税发〔1999〕58号) 规定计算纳税。

《财政部、国家税务总局关于个人所得税法修改后有关优惠政策衔接问题的通知》五，财税〔2018〕164号

2.5.2 社保、公积金扣除

2.5.2.1 个人缴纳的住房公积金、保险基金在计税时是否予以扣除？

■ 个人领取一次性补偿收入时按照国家和地方政府规定的比例实际缴纳的住房公积金、医疗保险费、基本养老保险费、失业保险费，可以在计征其一次性补偿收入的个人所得税时予以扣除。

《财政部、国家税务总局关于个人与用人单位解除劳动关系取得的一次性补偿收入征免个人所得税问题的通知》二，财税〔2001〕157号

■ 应予扣除的实际缴纳的"四金"，是指个人在取得一次性经济补偿金时，按国家或地方政府法规比例实际缴纳的"四金"，在计税时应据实扣除。个人在取得一次性经济补偿金时未实际缴纳的"四金"以及以后实际缴纳的"四金"，不得在计算一次性经济补偿金应纳的个人所得税时扣除。

《国家税务总局关于个人解除劳动合同取得经济补偿金征收个人所得税扣除基本养老等保险基金问题的批复》，国税函〔2001〕665号

2.6 退养、退休

2.6.1 内部退养

2.6.1.1 实行内部退养的个人取得的一次性收入，如何计算应纳税额？

■ 个人在办理内部退养手续后从原任职单位取得的一次性收入，应按办理内部退养手

续后至法定离退休年龄之间的所属月份进行平均，并与领取当月的"工资、薪金"所得合并后减除当月费用扣除标准，以余额为基数确定适用税率，再将当月工资、薪金加上取得的一次性收入，减去费用扣除标准，按适用税率计征个人所得税。

《国家税务总局关于个人所得税有关政策问题的通知》一，国税发〔1999〕58号

举例：刘先生2019年7月办理了内部退养手续，距法定离休年龄还有10个月。刘先生从原单位取得了一次性收入70000元。刘先生月正常工资为6000元，三险一金500元，无其他扣除项目，计算刘先生2019年7月份的个人所得税？

答：确定刘先生7月份适用税率：

$70000 \div 10 + 6000 \times 7 - 5000 \times 7 - 500 \times 7 = 10500 < 36000$，适用税率3%，速算扣除数0

应纳税额 = （70000 + 6000×7 - 5000×7 - 500×7）× 3% = 2205元

已纳税额 = （6000×6 - 5000×6 - 500×6）× 3% = 90元

刘先生5月应补缴税额 = 2205 - 90 = 2115元

2.6.2 再就业

2.6.2.1 内部退养人员重新就业的，如何计算应纳税额？

■ 实行内部退养的个人在办理内部退养手续后至法定离退休年龄之间重新就业取得的"工资、薪金"所得，应与其从原任职单位取得的同一月份的"工资、薪金"所得合并，并依法自行向主管税务机关申报缴纳个人所得税。

《国家税务总局关于个人所得税有关政策问题的通知》一，国税发〔1999〕58号

2.6.2.2 退休人员再任职取得的收入，如何计算应纳税额？

■ 退休人员再任职取得的收入，在减除按个人所得税法规定的费用扣除标准后，按"工资、薪金所得"应税项目缴纳个人所得税。

《国家税务总局关于个人兼职和退休人员再任职取得收入如何计算征收个人所得税问题的批复》，国税函〔2005〕382号

■ "退休人员再任职"，应同时符合下列条件：

（1）受雇人员与用人单位签订一年以上（含一年）劳动合同（协议），存在长期或连续的雇用与被雇用关系；

（2）受雇人员因事假、病假、休假等原因不能正常出勤时，仍享受固定或基本工资收入；

（3）受雇人员与单位其他正式职工享受同等福利、社保、培训及其他待遇；

（4）受雇人员的职务晋升、职称评定等工作由用人单位负责组织。

《国家税务总局关于离退休人员再任职界定问题的批复》，国税函〔2006〕526号

■ 单位是否为离退休人员缴纳社会保险费，不再作为离退休人员再任职的界定条件。

《国家税务总局关于个人所得税有关问题的公告》二，国家税务总局公告〔2011〕第27号

2.6.3 减、免税

2.6.3.1 个人取得的退休、离休工资，是否免纳个人所得税？

■ 按照国家统一规定发给干部、职工的安家费、退职费、基本养老金或者退休费、离休费、离休生活补助费，免征个人所得税。

《个人所得税法》第四条

■ 实行内部退养的个人在其办理内部退养手续后至法定离退休年龄之间从原任职单位取得的工资、薪金，不属于离退休工资，应按"工资、薪金所得"项目计征个人所得税。

《国家税务总局关于个人所得税有关政策问题的通知》，国税发〔1999〕58号

■ 离退休人员除按规定领取离退休工资或养老金外，另从原任职单位取得的各类补贴、奖金、实物，不属于《中华人民共和国个人所得税法》第四条规定可以免税的退休工资、离休工资、离休生活补助费。根据《中华人民共和国个人所得税法》及其实施条例的有关规定，离退休人员从原任职单位取得的各类补贴、奖金、实物，应在减除费用扣除标准后，按"工资、薪金所得"应税项目缴纳个人所得税。

举例：盈盈的妈妈已退休1年，退休期间，从原任职单位取得了退休金，还有防寒补贴等各类补贴2000元，吸尘器一个，是否缴纳个税？

答：退休金可享受免税优惠，但各类补贴2000元和吸尘器均应缴纳个税。

《国家税务总局关于离退休人员取得单位发放离退休工资以外奖金补贴征收个人所得税的批复》，国税函〔2008〕723号

2.6.3.2 对延长离休退休年龄的高级专家取得工资、薪金所得，是否免征个人所得税？

■ 对达到离休、退休年龄，但确因工作需要，适当延长离休退休年龄的高级专家（指享受国家发放的政府特殊津贴的专家、学者），其在延长离休退休期间的工资、薪金所得，视同退休工资、离休工资免征个人所得税。

《财政部、国家税务总局关于个人所得税若干政策问题的通知》，财税字〔1994〕20号

■ 延长离休退休年龄的高级专家是指：
（1）享受国家发放的政府特殊津贴的专家、学者；
（2）中国科学院、中国工程院院士。

■ 对高级专家从其劳动人事关系所在单位取得的，单位按国家有关规定向职工统一发放的工资、薪金、奖金、津贴、补贴等收入，视同离休、退休工资，免征个人所得税。

《财政部、国家税务总局关于高级专家延长离休退休期间取得工资薪金所得有关个人所得税问题的通知》一、二，财税〔2008〕7号

2.6.3.3 提前退休人员取得的一次性补贴，是否免征个人所得税？

■ 机关、企事业单位对未达到法定退休年龄、正式办理提前退休手续的个人，按照统一标准向提前退休工作人员支付一次性补贴，不属于免税的离退休工资收入，应按照"工资、薪金所得"项目征收个人所得税。

《国家税务总局关于个人提前退休取得补贴收入个人所得税问题的公告》一，国家税务总局公告 2011 年第 6 号

- （一）个人与用人单位解除劳动关系取得一次性补偿收入（包括用人单位发放的经济补偿金、生活补助费和其他补助费），在当地上年职工平均工资 3 倍数额以内的部分，免征个人所得税；超过 3 倍数额的部分，不并入当年综合所得，单独适用综合所得税率表，计算纳税。

（二）个人办理提前退休手续而取得的一次性补贴收入，应按照办理提前退休手续至法定离退休年龄之间实际年度数平均分摊，确定适用税率和速算扣除数，单独适用综合所得税率表，计算纳税。计算公式：

应纳税额 = {[（一次性补贴收入÷办理提前退休手续至法定退休年龄的实际年度数）－费用扣除标准]×适用税率－速算扣除数}×办理提前退休手续至法定退休年龄的实际年度数

（三）个人办理内部退养手续而取得的一次性补贴收入，按照《国家税务总局关于个人所得税有关政策问题的通知》（国税发〔1999〕58 号）规定计算纳税。

举例：张先生的朋友提前办理退休取得一次性退休补贴 48 万元，提前办理退休手续的日期至法定退休日期有 5 年，是否可免税？

答：不能免税。张先生的朋友取得一次性退休补贴 48 万元应按照 5 年平均分摊计算个人所得税。应纳税额 =（480000 － 60000×5）×3% = 5400 元。

《财政部关于个人所得税法修改后有关优惠政策衔接问题的通知》五，财税〔2018〕164 号

2.7　专项附加扣除

2019 年 1 月 1 日正式施行的新《个人所得税法》中，首次增加了子女教育、继续教育、大病医疗、住房贷款利息、住房租金、赡养老人等专项附加扣除。2018 年 12 月 22 日，国务院印发《个人所得税专项附加扣除管理办法》明确 6 项专项附加扣除的执行口径和管理规定，自 2019 年 1 月 1 日起施行。

为切实将专项附加扣除政策精准落地，让纳税人能够清楚自己如何享受专项附加扣除，具体享受专项附加扣除的起始时间、标准和办理途径，国家税务总局同步印发了《个人所得税专项附加扣除操作办法（试行）》（国家税务总局公告 2018 年第 60 号印发），纳税人享受子女教育、继续教育、大病医疗、住房贷款利息或者住房租金、赡养老人等专项附加扣除的，依照该办法规定办理。

2.7.1　什么是专项附加扣除

2.7.1.1　个人所得税专项附加扣除，包括哪 6 项？

- 个人所得税专项附加扣除，是指个人所得税法规定的子女教育、继续教育、大病医

疗、住房贷款利息或者住房租金、赡养老人等6项专项附加扣除。

《个人所得税专项附加扣除暂行办法》二，国发〔2018〕41号

2.7.1.2 个人所得税专项附加在什么时间可以扣除？

■ 享受子女教育、继续教育、住房贷款利息或者住房租金、赡养老人专项附加扣除的纳税人，自符合条件开始，可以向支付工资、薪金所得的扣缴义务人提供上述专项附加扣除有关信息，由扣缴义务人在预扣预缴税款时，按其在本单位本年可享受的累计扣除额办理扣除；也可以在次年3月1日至6月30日内，向汇缴地主管税务机关办理汇算清缴申报时扣除。

纳税人同时从两处以上取得工资、薪金所得，并由扣缴义务人办理上述专项附加扣除的，对同一专项附加扣除项目，一个纳税年度内，纳税人只能选择从其中一处扣除。

享受大病医疗专项附加扣除的纳税人，由其在次年3月1日至6月30日内，自行向汇缴地主管税务机关办理汇算清缴申报时扣除。

《个人所得税专项附加扣除操作办法（试行）》四，国家税务总局公告2018年第60号

2.7.2 子女教育

2.7.2.1 子女教育支出所包括的具体范围有哪些？定额扣除标准是多少？

■ 纳税人的子女接受全日制学历教育的相关支出，按照每个子女每月1000元的标准定额扣除。

学历教育包括义务教育（小学、初中教育）、高中阶段教育（普通高中、中等职业、技工教育）、高等教育（大学专科、大学本科、硕士研究生、博士研究生教育）。

年满3岁至小学入学前处于学前教育阶段的子女，按本条第一款规定执行。

《个人所得税专项附加扣除暂行办法》五，国发〔2018〕41号

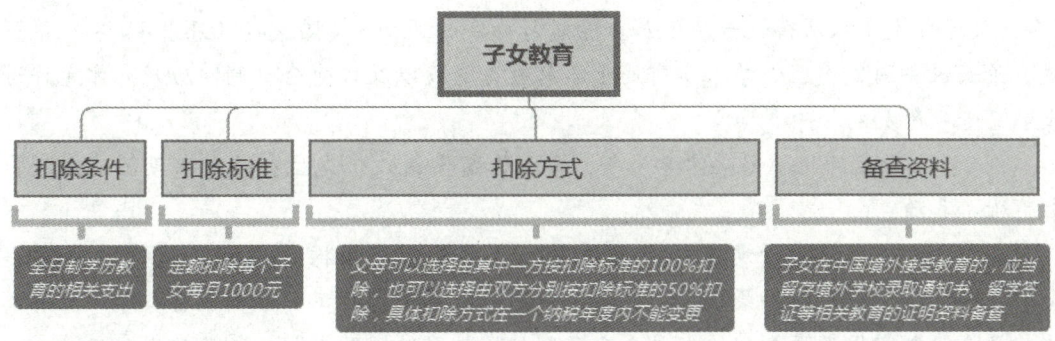

举例：李先生和王女士是夫妻，有两个孩子，在2019年，老大10岁，上小学，老二2岁，对于2019年取得的综合所得，李先生和王女士应如何进行子女教育专项附加扣除？

答：由于老二未到3岁，所以仅能扣除老大的子女教育附加专项扣除。扣除方式有两种方式：一种是李先生和王女士每月各扣500元/月，另一种是夫妻约定由一方每月扣除1000元/月。

2.7.2.2 子女教育支出，父母具体扣除比例是多少？

■ 父母可以选择由其中一方按扣除标准的 100% 扣除，也可以选择由双方分别按扣除标准的 50% 扣除，具体扣除方式在一个纳税年度内不能变更。

《个人所得税专项附加扣除暂行办法》六，国发〔2018〕41 号

举例：老禾 2019 年上半年已经扣除了 6 个月的子女教育专项附加扣除，想从 7 月开始由配偶盈盈进行子女教育专项附加扣除，是否可以？

答：不可以，根据《国务院关于印发个人所得税专项附加扣除暂行办法的通知》（国发〔2018〕41 号）第六条规定，父母可以选择由其中一方按扣除标准的 100% 扣除，也可以选择由双方分别按扣除标准的 50% 扣除，具体扣除方式在一个纳税年度内不能变更。所以 2019 年已经选择的扣除方式不得变更，到了 2020 年可以变更扣除方式。

2.7.2.3 纳税人子女在中国境外接受教育的，需要留存哪些证明资料备查？

■ 纳税人子女在中国境外接受教育的，纳税人应当留存境外学校录取通知书、留学签证等相关教育的证明资料备查。

《个人所得税专项附加扣除暂行办法》七，国发〔2018〕41 号

2.7.2.4 纳税人享受符合规定的子女教育扣除的计算时间如何规定的？

■ 子女教育。学前教育阶段，为子女年满 3 周岁当月至小学入学前一月。学历教育，为子女接受全日制学历教育入学的当月至全日制学历教育结束的当月。

学历教育的期间，包含因病或其他非主观原因休学但学籍继续保留的休学期间，以及施教机构按规定组织实施的寒暑假等假期。

《个人所得税专项附加扣除操作办法（试行）》三，国家税务总局公告 2018 年第 60 号

举例 1：李先生有一儿子，2019 年满 2 岁，李先生在 2019 年是否能就其进行子女教育专项附加扣除？

答：不能，子女未满 3 岁属于婴幼儿扶养阶段，该阶段主要是抚养而不是教育。根据《国务院关于印发个人所得税专项附加扣除暂行办法的通知》（国发〔2018〕41 号）第五条规定，子女仅年满 3 岁至小学入学前处于学前教育阶段以及接受全日制学历教育才允许进行子女教育专项附加的扣除。

举例 2：张先生的儿子因病休学半年，学校保留学籍，张先生在这半年期间能否进行子女教育附加扣除？

答：可以，根据《关于发布〈个人所得税专项附加扣除操作办法（试行）〉的公告》（国家税务总局公告 2018 年第 60 号），第三条第一款第一项规定，子女教育。学历教育，为子女接受全日制学历教育入学的当月至全日制学历教育结束的当月。第二款规定，第一项规定的学历教育的期间，包含因病或其他非主观原因休学但学籍继续保留的休学期间，以及施教机构按规定组织实施的寒暑假等假期。

举例 3：张先生的儿子 2019 年 3 月满 3 岁，但准备 4 岁再去幼儿园上学，那张先生应该从几月始进行子女教育专项附加扣除？

答：张先生可在 3 月进行子女教育专项附加扣除。根据《国务院关于印发个人所得税专

项附加扣除暂行办法的通知》（国发〔2018〕41号）第五条规定，子女处于学前教育阶段（年满3岁至小学入学前），按照每个子女每月1000元的标准定额扣除。指的是学前教育阶段，并未说明必须在幼儿园就读才允许扣除。因此只要处于学前教育阶段（年满3岁至小学入学前）就可进行子女教育专项附加扣除，与是否在上幼儿园无关。

2.7.2.5 纳税人享受符合规定的子女教育需报送信息及留存备查资料？

■ 纳税人享受子女教育专项附加扣除，应当填报配偶及子女的姓名、身份证件类型及号码、子女当前受教育阶段及起止时间、子女就读学校以及本人与配偶之间扣除分配比例等信息。

纳税人需要留存的备查资料包括：子女在境外接受教育的，应当留存境外学校录取通知书、留学签证等境外教育佐证资料。

《个人所得税专项附加扣除操作办法（试行）》十二，国家税务总局公告2018年第60号

2.7.3 继续教育

2.7.3.1 继续教育支出扣除标准是多少？

■ 纳税人在中国境内接受学历（学位）继续教育的支出，在学历（学位）教育期间按照每月400元定额扣除。同一学历（学位）继续教育的扣除期限不能超过48个月。纳税人接受技能人员职业资格继续教育、专业技术人员职业资格继续教育的支出，在取得相关证书的当年，按照3600元定额扣除。

《个人所得税专项附加扣除暂行办法》，国发〔2018〕41号

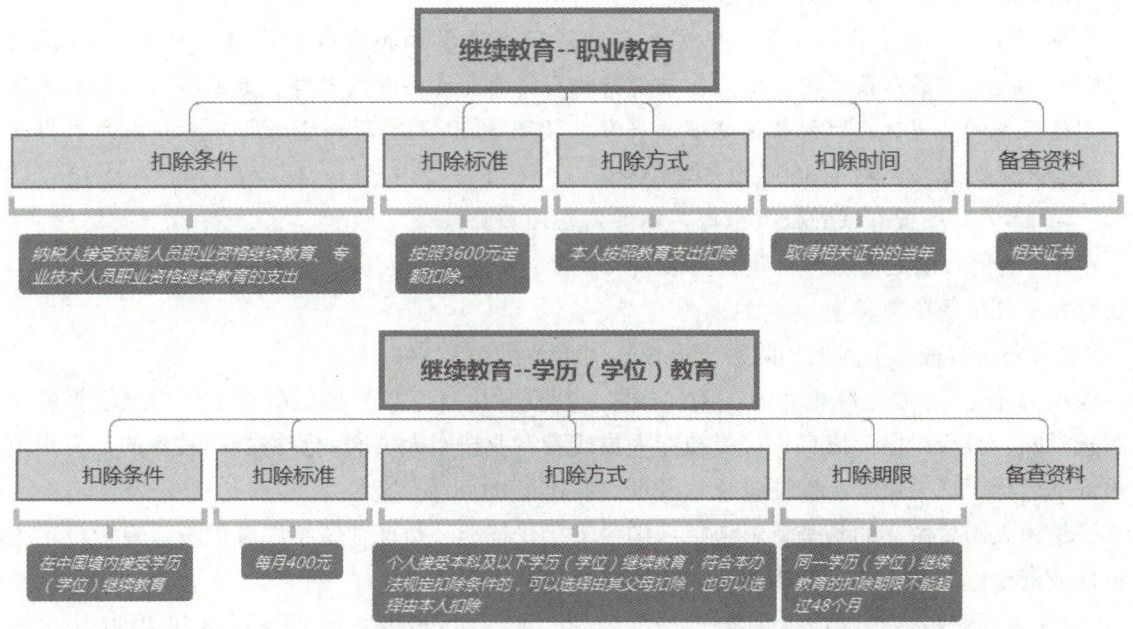

举例：2019 年，为李先生攻读在职研究生第二年，同年 8 月又取得税务师资格证书，那么李先生 2019 年取得的综合所得可扣除继续教育专项附加多少元？

答：按规定攻读在职研究生学历 2019 年每月可扣除 400 元，取得税务师资格证书本年度可扣除 3600 元。所以李先生 2019 年取得的综合所得可扣除继续教育专项附加 = 400 × 12 + 3600 = 8400 元。

小贴士：继续教育中的中国境内学历（学位）指的是非全日制的学历（学位）。

2.7.3.2 继续教育支出如何扣除？

■ 个人接受本科及以下学历（学位）继续教育，符合本办法规定扣除条件的，可以选择由其父母扣除，也可以选择由本人扣除。

《个人所得税专项附加扣除暂行办法》九，国发〔2018〕41 号

继续教育专项附加扣除时间：学历（学位）继续教育，为在中国境内接受学历（学位）继续教育入学的当月至学历（学位）继续教育结束的当月，同一学历（学位）继续教育的扣除期限最长不得超过 48 个月。技能人员职业资格继续教育、专业技术人员职业资格继续教育，为取得相关证书的当年。

《个人所得税专项附加扣除操作办法（试行）》三，国家税务总局公告 2018 年第 60 号

举例 1：李先生在职读研，但由于答辩不合格，未拿到毕业证书，是否能进行专项附加的扣除？

答：可以凭学籍信息扣除，最长扣除 48 个月。目前政策没有规定学历教育需凭证书才可以扣，所以重点在于纳税人有没有参加学历教育学习。

举例 2：李先生在 2019 年同时取得了税务师证书和注册会计师证书，在本年继续教育专项附加扣除时，是否按 7200 元扣除？

答：否。根据《国务院关于印发个人所得税专项附加扣除暂行办法的通知》（国发〔2018〕41 号）第八条规定，纳税人接受技能人员职业资格继续教育、专业技术人员职业资格继续教育的支出，在取得相关证书的当年，按照 3600 元定额扣除。即不管在本年取得多少符合规定的证书，均按 3600 元定额扣除。

2.7.3.3 纳税人接受继续教育，需要留存证书资料吗？

■ 纳税人接受技能人员职业资格继续教育、专业技术人员职业资格继续教育的，应当留存相关证书等资料备查。

《个人所得税专项附加扣除暂行办法》，国发〔2018〕41 号

■ 纳税人享受继续教育专项附加扣除，接受学历（学位）继续教育的，应当填报教育起止时间、教育阶段等信息；接受技能人员或者专业技术人员职业资格继续教育的，应当填报证书名称、证书编号、发证机关、发证（批准）时间等信息。

纳税人需要留存的备查资料包括：纳税人接受技能人员职业资格继续教育、专业技术人员职业资格继续教育的，应当留存职业资格相关证书等资料。

《个人所得税专项附加扣除操作办法（试行）》，国家税务总局公告 2018 年第 60 号

2.7.4 大病医疗

2.7.4.1 大病医疗支出扣除标准是多少?

■ 在一个纳税年度内,纳税人发生的与基本医保相关的医药费用支出,扣除医保报销后个人负担(指医保目录范围内的自付部分)累计超过 15000 元的部分,由纳税人在办理年度汇算清缴时,在 80000 元限额内据实扣除。

《个人所得税专项附加扣除暂行办法》十一,国发〔2018〕41 号

■ 个人自付:患者本次就医所发生的医疗费用中由个人负担的属于基本医疗保险目录范围内自付部分的金额;开展按病种、病组、床日等打包付费方式且由患者定额付费的费用。该项为个人所得税大病医疗专项附加扣除信息项。

《关于全面推行医疗收费电子票据管理改革的通知》,财综〔2019〕29 号

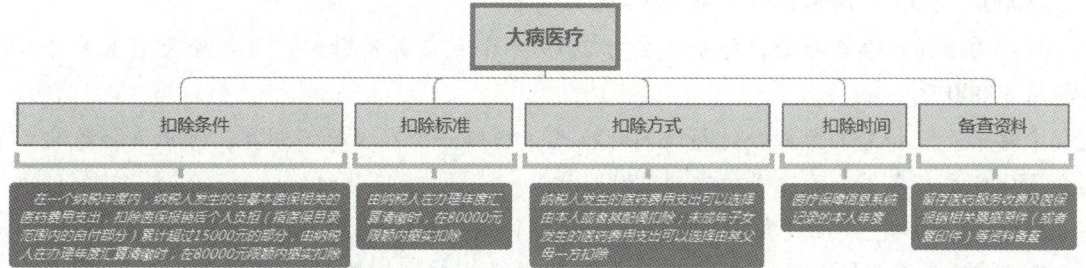

举例:李先生 2019 年因疾病住院治疗,医保负担外自负部分 20000 元,本年大病医疗专项附加扣除可扣除多少?

答:在次年办理本年个税汇算清缴时,可扣除大病专项附加扣除为:20000 - 15000 = 5000 元。

2.7.4.2 大病医疗支出如何扣除?

■ 纳税人发生的医药费用支出可以选择由本人或者其配偶扣除;未成年子女发生的医药费用支出可以选择由其父母一方扣除。

纳税人及其配偶、未成年子女发生的医药费用支出,按本办法第十一条规定分别计算扣除额。

《个人所得税专项附加扣除暂行办法》十二,国发〔2018〕41 号

大病医疗支出专项扣除时间:为医疗保障信息系统记录的医药费用实际支出的当年。

《个人所得税专项附加扣除操作办法(试行)》三,国家税务总局公告 2018 年第 60 号

举例 1:李先生 2018 年 2 月做了一个手术,并于 7 月办理了出院结算,本次费用达到大病医疗专项扣除的扣除范围,能否于 2019 年汇算清缴时进行扣除?

答:不能。根据《个人所得税专项附加扣除操作办法(试行)》第十五条规定,若 2018 年尚未办理出院结算手续的,可以在实际办理出院结算手续年度的次年 3 月 1 日至 6 月 30 日内办理汇算清缴时自行申报大病医疗专项附加扣除。若 2018 年已经结算的大病医疗支出,

不能享受政策。所以李先生2018年已经结算的大病医疗支出,不能于2019年汇算清缴时进行扣除。

举例2:李军的配偶王兰2019年5月做了一个手术,并于7月办理了出院结算,除医保外自行负担的金额为90000元,截至2019年12月,李军的孩子共支出除医保外自行负担的金额为40000元,2019年汇算清缴李军能否同时扣除王兰及孩子的大病医疗专项附加扣除?

答:可以,但最多只能扣80000元。根据《国务院关于印发个人所得税专项附加扣除暂行办法的通知》(国发〔2018〕41号)第十二条规定,纳税人发生的医药费用支出可以选择由本人或者其配偶扣除;未成年子女发生的医药费用支出可以选择由其父母一方扣除。纳税人及其配偶、未成年子女发生的医药费用支出,按本办法第十一条规定分别计算扣除额。

王兰发生的大病医疗支出:可扣除的金额为 90000 - 15000 = 75000 元。

孩子发生的大病医疗支出:可扣除的金额为 40000 - 15000 = 25000 元。

75000 + 25000 = 100000 元 > 80000 元

可以均选择让李军扣除,即李军在对2019年个税汇算清缴时,可扣除大病医疗专项附加扣除80000元。

小贴士:可扣除的金额合计超过80000元,均给一个人扣除不划算,可王兰扣除自己的部分75000元,李军扣除孩子的部分25000元。

2.7.4.3　纳税人接受大病医疗,需要留存什么资料吗?

■ 纳税人应当留存医药服务收费及医保报销相关票据原件(或者复印件)等资料备查。医疗保障部门应当向患者提供在医疗保障信息系统记录的本人年度医药费用信息查询服务。

《个人所得税专项附加扣除暂行办法》十三,国发〔2018〕41号

■ 纳税人享受大病医疗专项附加扣除,应当填报患者姓名、身份证件类型及号码、与纳税人关系、与基本医保相关的医药费用总金额、医保目录范围内个人负担的自付金额等信息。

纳税人需要留存备查资料包括:大病患者医药服务收费及医保报销相关票据原件或复印件,或者医疗保障部门出具的纳税年度医药费用清单等资料。

《个人所得税专项附加扣除操作办法(试行)》十七,国家税务总局公告2018年第60号

举例:李先生在一个纳税年度内共计发生医疗费用1万元,儿子在一个纳税年度内共计发生医疗费用4万元,是否可以将李先生的医药费与儿子的医药费累计减除1.5万元计算可扣除的大病医疗附加扣除?

答:不行,纳税人本人、配偶和未成年人子女发生的医药费用支出,需要单独按人归集计算,不能把多人发生的医药费用混合累计。

2.7.5 住房贷款利息

2.7.5.1 住房贷款利息支出扣除标准是多少?

■ 纳税人本人或者配偶单独或者共同使用商业银行或者住房公积金个人住房贷款为本人或者其配偶购买中国境内住房,发生的首套住房贷款利息支出,在实际发生贷款利息的年度,按照每月1000元的标准定额扣除,扣除期限最长不超过240个月。纳税人只能享受一次首套住房贷款的利息扣除。

本办法所称首套住房贷款是指购买住房享受首套住房贷款利率的住房贷款。

《个人所得税专项附加扣除暂行办法》十四,国发〔2018〕41号

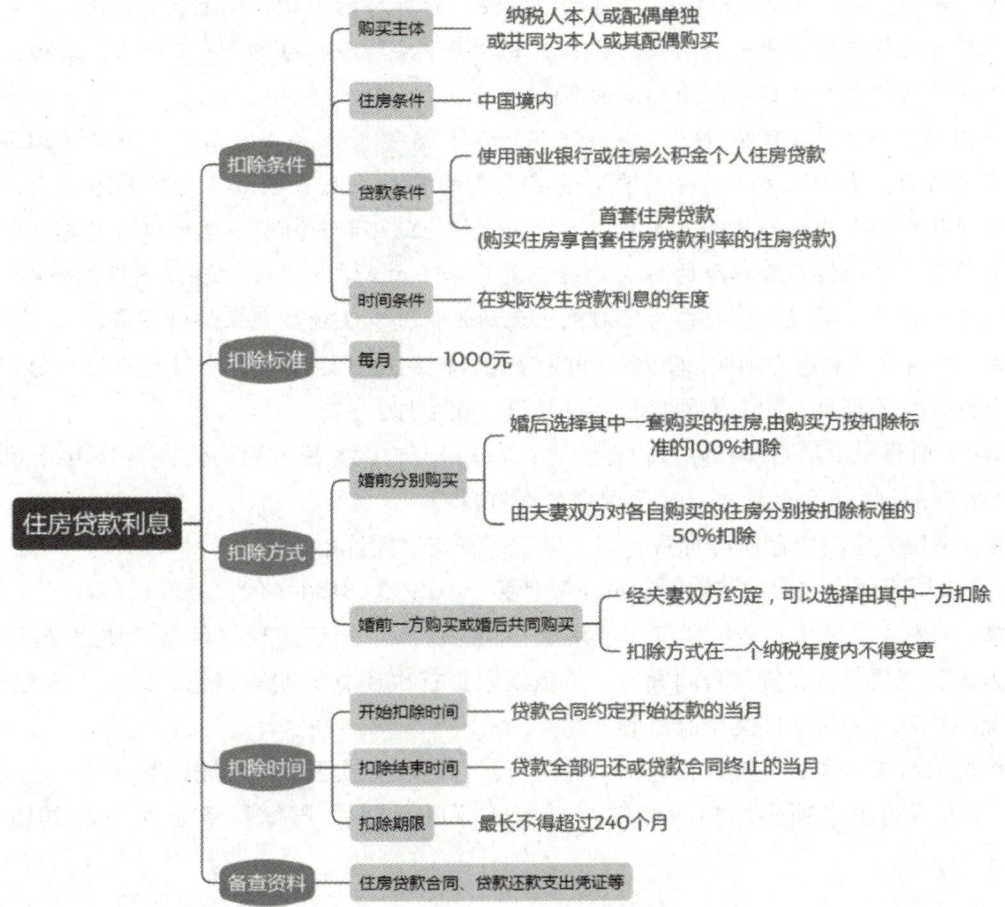

举例:李军和王兰是夫妻,2015年李军首次用公积金贷款购买了住房,2019年仍在偿还住房贷款,2019年应如何进行住房利息贷款利息专项附加扣除?

答:李军和王兰可约定由一方扣除,且一个纳税年度不能变更,按照每月1000元进行住房利息贷款专项附加扣除。

2.7.5.2 住房贷款利息如何扣除?

■ 经夫妻双方约定,可以选择由其中一方扣除,具体扣除方式在一个纳税年度内不能变更。

夫妻双方婚前分别购买住房发生的首套住房贷款,其贷款利息支出,婚后可以选择其中一套购买的住房,由购买方按扣除标准的100%扣除,也可以由夫妻双方对各自购买的住房分别按扣除标准的50%扣除,具体扣除方式在一个纳税年度内不能变更。

《个人所得税专项附加扣除暂行办法》十五,国发〔2018〕41号

举例:李先生的女儿2019年4月结婚,2018年已通过公积金贷款买了一套房,其男友在2017年也通过公积金贷款买了一套房,他们2019年应如何进行住房贷款利息的专项扣除?

答:李先生的女儿2019年1~3月可分别按扣除标准的100%进行专项扣除,但4月组成家庭后可选择选择其中一套购买的住房,由购买方按扣除标准的100%扣除,或由夫妻双方对各自购买的住房分别按扣除标准的50%扣除。

根据《国务院关于印发个人所得税专项附加扣除暂行办法的通知》(国发〔2018〕41号)第十五条,夫妻双方婚前分别购买住房发生的首套住房贷款,其贷款利息支出,婚后可以选择其中一套购买的住房,由购买方按扣除标准的100%扣除,也可以由夫妻双方对各自购买的住房分别按扣除标准的50%扣除,具体扣除方式在一个纳税年度内不能变更。

提示:该项政策规定主要是为了避免出现结婚税,以及刺激大家婚前买房。

■ 住房贷款利息专项附加扣除时间为贷款合同约定开始还款的当月至贷款全部归还或贷款合同终止的当月,扣除期限最长不得超过240个月。

《个人所得税专项附加扣除操作办法(试行)》三,国家税务总局公告2018年第60号

2.7.5.3 住房贷款利息,需要留存什么资料吗?

■ 纳税人应当留存住房贷款合同、贷款还款支出凭证备查。

《个人所得税专项附加扣除暂行办法》十六,国发〔2018〕41号

■ 纳税人享受住房贷款利息专项附加扣除,应当填报住房权属信息、住房坐落地址、贷款方式、贷款银行、贷款合同编号、贷款期限、首次还款日期等信息;纳税人有配偶的,填写配偶姓名、身份证件类型及号码。

纳税人需要留存的备查资料包括:住房贷款合同、贷款还款支出凭证等资料。

《个人所得税专项附加扣除操作办法(试行)》十四,国家税务总局公告2018年第60号

2.7.6 住房租金

2.7.6.1 住房租金支出扣除标准是多少?

■ 纳税人在主要工作城市没有自有住房而发生的住房租金支出,可以按照以下标准定额扣除:

（一）直辖市、省会（首府）城市、计划单列市以及国务院确定的其他城市，扣除标准为每月 1500 元；

（二）除第一项所列城市以外，市辖区户籍人口超过 100 万的城市，扣除标准为每月 1100 元；市辖区户籍人口不超过 100 万的城市，扣除标准为每月 800 元。

纳税人的配偶在纳税人的主要工作城市有自有住房的，视同纳税人在主要工作城市有自有住房。

市辖区户籍人口，以国家统计局公布的数据为准。

■ 本办法所称主要工作城市是指纳税人任职受雇的直辖市、计划单列市、副省级城市、地级市（地区、州、盟）全部行政区域范围；纳税人无任职受雇单位的，为受理其综合所得汇算清缴的税务机关所在城市。

夫妻双方主要工作城市相同的，只能由一方扣除住房租金支出。

《个人所得税专项附加扣除暂行办法》，国发〔2018〕41 号

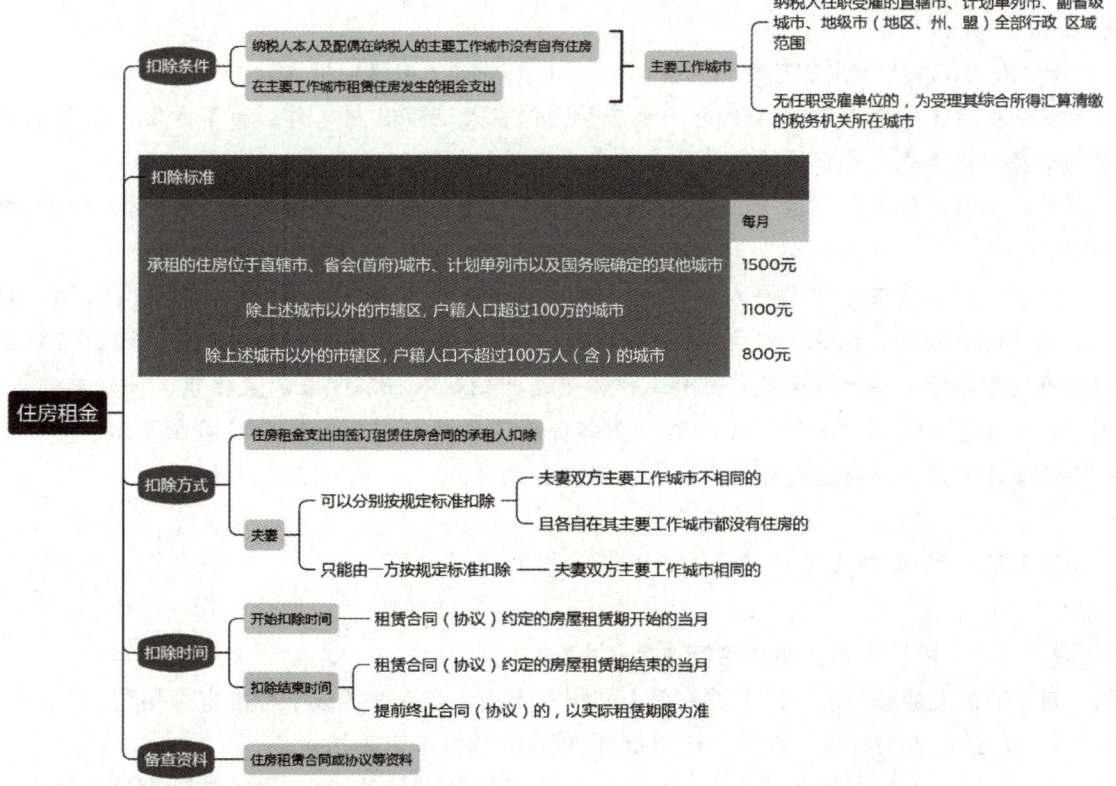

2.7.6.2 住房租金如何扣除？

■ 住房租金支出由签订租赁住房合同的承租人扣除。

《个人所得税专项附加扣除暂行办法》，国发〔2018〕41 号

■ 住房租金。为租赁合同（协议）约定的房屋租赁期开始的当月至租赁期结束的当月。提前终止合同（协议）的，以实际租赁期限为准。

《个人所得税专项附加扣除操作办法（试行）》三，国家税务总局公告2018年第60号

2.7.6.3　住房租金，需要留存什么资料吗？

■ 纳税人应当留存住房租赁合同、协议等有关资料备查。

《个人所得税专项附加扣除暂行办法》二十一，国发〔2018〕41号

纳税人享受住房租金专项附加扣除，应当填报主要工作城市、租赁住房坐落地址、出租人姓名及身份证件类型和号码或者出租方单位名称及纳税人识别号（社会统一信用代码）、租赁起止时间等信息；纳税人有配偶的，填写配偶姓名、身份证件类型及号码。

纳税人需要留存的备查资料包括：住房租赁合同或协议等资料。

《个人所得税专项附加扣除操作办法（试行）》十五，国家税务总局公告2018年第60号

2.7.6.4　在一个纳税年度内能同时分别享受住房贷款利息和住房租金专项附加扣除吗？

■ 纳税人及其配偶在一个纳税年度内不能同时分别享受住房贷款利息和住房租金专项附加扣除。

《个人所得税专项附加扣除暂行办法》二十，国发〔2018〕41号

举例：李先生在大连市A村有一套房子，但在大连市B村工作，为了方便，在B村租了一个房间，李先生是否能够进行住房租金专项附加扣除？

答：不能。A区和B区同在大连市，在同一地级市有房，不得进行住房租金专项附加扣除。

根据《国务院关于印发个人所得税专项附加扣除暂行办法的通知》（国发〔2018〕41号）第十七条规定，纳税人在主要工作城市没有自有住房而发生的住房租金支出，可以按照标准定额扣除。第十八条规定主要工作城市是指纳税人任职受雇的直辖市、计划单列市、副省级城市、地级市（地区、州、盟）全部行政区域范围。A村和B村同在沈阳市，在同一个地级市有房，不得进行住房租金专项附加扣除。

2.7.7　赡养老人

2.7.7.1　赡养老人支出扣除标准是多少？

■ 纳税人赡养一位及以上被赡养人的赡养支出，统一按照以下标准定额扣除：

（一）纳税人为独生子女的，按照每月2000元的标准定额扣除；

（二）纳税人为非独生子女的，由其与兄弟姐妹分摊每月2000元的扣除额度，每人分摊的额度不能超过每月1000元。可以由赡养人均摊或者约定分摊，也可以由被赡养人指定分摊。约定或者指定分摊的须签订书面分摊协议，指定分摊优先于约定分摊。具体分摊方式和额度在一个纳税年度内不能变更。

《个人所得税专项附加扣除暂行办法》二十二，国发〔2018〕41号

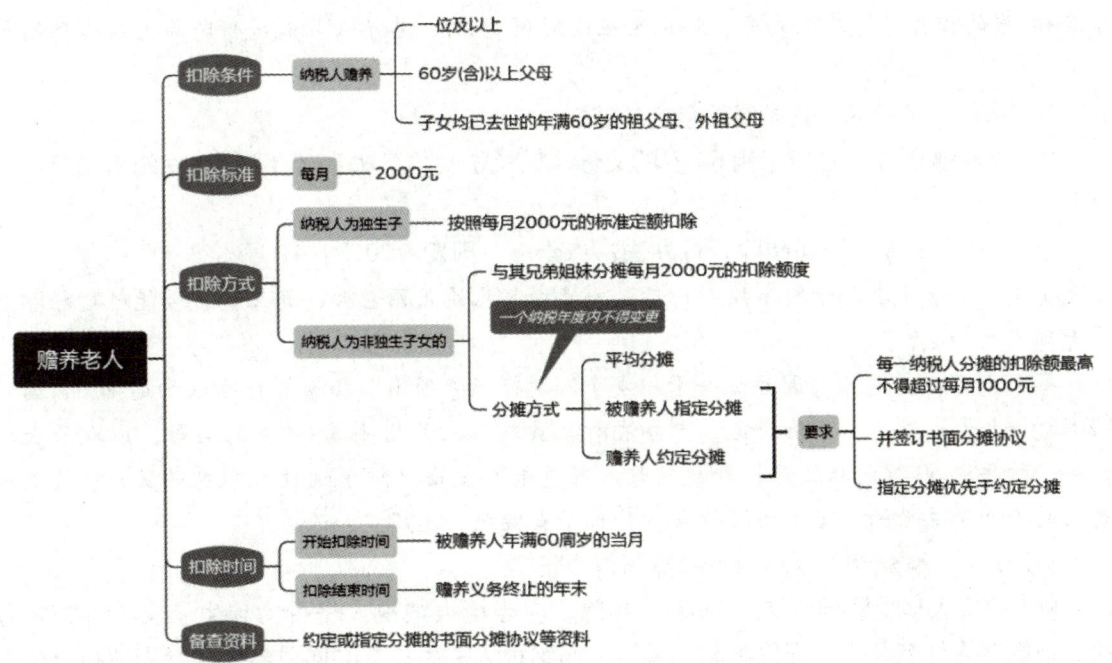

举例1：张先生68岁，有两个儿子，想指定由大儿子扣除70%（1400元/月），小儿子扣除30%（600元/月，7200元/年），是否可以？

答：不可以。《国务院关于印发个人所得税专项附加扣除暂行办法的通知》（国发〔2018〕41号）第二十二条第二款规定，纳税人为非独生子女的，由其与兄弟姐妹分摊每月2000元的扣除额度，每人分摊的额度不能超过每月1000元。所以如果指定扣除，张先生的儿子每人扣除标准不得超过1000元/月。

举例2：李先生是独生子女，爸妈都已达到60岁，李先生能否按赡养老人人数加倍扣除，即按4000元/月标准扣除？

答：不能。《国务院关于印发个人所得税专项附加扣除暂行办法的通知》（国发〔2018〕41号）第二十二条规定，纳税人赡养一位及以上被赡养人的赡养支出，统一按照以下标准定额扣：（一）纳税人为独生子女的，按照每月2000元的标准定额扣除；（二）纳税人为非独生子女的，由其与兄弟姐妹分摊每月2000元的扣除额度。赡养1位及以上被赡养人，均按2000元/月的标准扣除，纳税人赡养2位及以上老人的，不按老人人数加倍扣除，只能按2000元/月标准进行扣除。

2.7.7.2 赡养老人扣除期限？

■ 赡养老人专项附加扣除时间为被赡养人年满60周岁的当月至赡养义务终止的年末。

《个人所得税专项附加扣除操作办法（试行）》三，国家税务总局公告2018年第60号

举例：刘先生今年58岁，因做手术需在家修养2年，刘先生的子女能否进行赡养老人专项附加扣除？

答：不能。《国务院关于印发个人所得税专项附加扣除暂行办法的通知》（国发〔2018〕41号）第二十三条规定，本办法所称被赡养人是指年满60岁的父母，以及子女均已去世的

年满 60 岁的祖父母、外祖父母。刘先生在达到 60 岁时，其子女才能进行赡养老人专项附加扣除。

2.7.7.3　被赡养人具体范围包括哪些？

■　所称被赡养人是指年满 60 岁的父母，以及子女均已去世的年满 60 岁的祖父母、外祖父母。

《个人所得税专项附加扣除暂行办法》二十一，国发〔2018〕41 号

举例：王女士在儿子因事故去世后，一直由其儿媳照顾老人，其儿媳是否能进行赡养老人专项附加扣除？

答：不可以。根据《国务院关于印发个人所得税专项附加扣除暂行办法的通知》（国发〔2018〕41 号）第二十三条规定，本办法所称被赡养人是指年满 60 岁的父母，以及子女均已去世的年满 60 岁的祖父母、外祖父母。赡养老人支出只限于纳税人本身的父母；被赡养老人的子女都去世的，可以由孙子女、外孙子女按照上述规定扣除。

2.7.7.4　赡养老人专项附加扣除如何申报？

■　纳税人享受赡养老人专项附加扣除，应当填报纳税人是否为独生子女、月扣除金额、被赡养人姓名及身份证件类型和号码、与纳税人关系；有共同赡养人的，需填报分摊方式、共同赡养人姓名及身份证件类型和号码等信息。

纳税人需要留存的备查资料包括：约定或指定分摊的书面分摊协议等资料。

《个人所得税专项附加扣除操作办法（试行）》十六，国家税务总局公告 2018 年第 60 号

2.7.8　征收管理

2.7.8.1　个人所得税专项附加如何扣除？

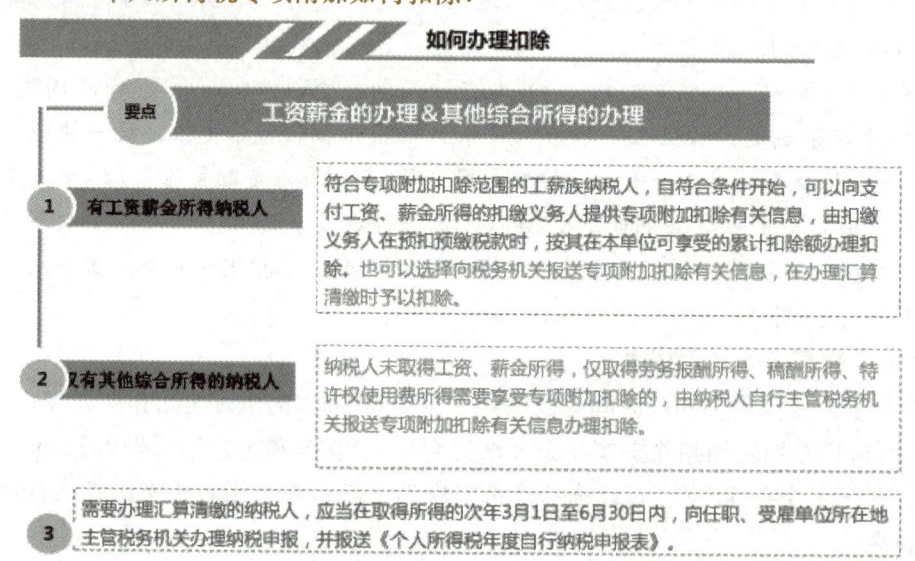

2.7.8.2 个人所得税专项附加如何预扣预缴？

工资薪金的办理

 资料报送 →  办理时间

扣缴义务人办理工资薪金所得预扣预缴税款时，应当根据纳税人报送的专项附加扣除有关信息为纳税人办理。

纳税人填报专项附加扣除有关信息内容完整的，扣缴义务人应当接收；内容不完整的，扣缴义务人应当及时告知纳税人补正或重新填报。

纳税人未补正或重新填报的，暂不享受相关专项附加扣除，待其补正或重新填报后，再予办理。

一般情况：
扣缴义务人办理工资薪金所得预扣预缴税款时，为纳税人办理专项附加扣除。

特殊情况：
新入职或者更换工作单位的纳税人，需要由扣缴义务人办理专项附加扣除的，应当在入职当月，向扣缴义务人报送专项附加扣除有关信息。

纳税人年度中间更换工作单位的，在原扣缴义务人已经享受过的专项附加扣除，不得重复享受。

工资薪金的办理

 补充扣除  → 信息更新  → 信息确认

一个纳税年度内，纳税人在预扣预缴税款环节未享受或未足额享受专项附加扣除的，可以在当年内向支付工资、薪金所得的扣缴义务人申请补充扣除。扣缴义务人应当及时接收并办理。

纳税人专项附加扣除相关信息发生变化的，由纳税人本人将相关变化信息及时向扣缴义务人报送。扣缴义务人应当及时接收并办理。

纳税人次年需要由扣缴义务人继续办理专项附加扣除的，应当于每年12月份对次年享受专项附加扣除的内容进行确认，并报送扣缴义务人。纳税人未及时确认的，次年1月起暂停扣除，待纳税人确认后再行办理专项附加扣除。

2.7.8.3 个人所得税专项附加信息如何报送？

专项附加扣除的办法---专扣信息报送方式

- 纳税人应当将本人确认的专项附加扣除相关信息提交扣缴义务人，扣缴义务人和纳税人应将专项附加扣除相关信息分别留存备查
- 扣缴义务人应将专项附加扣除相关信息录入扣缴端，并在次月办理扣缴申报时提交税务机关。

 远程办税端报送

 纸质表方式报送

- 纳税人通过远程端选择扣缴义务人办理的，经确认，远程端将把专项附加扣除相关信息推送至其选定的扣缴义务人

 电子模板方式报送

告知方式和渠道

- 纳税人通过电子模板方式报送专项附加扣除信息给扣缴义务人的，扣缴单位接收后打印一式两份，纳税人和扣缴义务人签字（签章）后分别留存备查
- 扣缴义务人将电子模板信息导入扣缴端软件并在次月办理扣缴申报时提交税务机关

- 扣缴义务人和税务机关应当告知纳税人办理专项附加扣除的方式和渠道，鼓励并引导纳税人采用远程办税端报送信息

2.7.8.4 谁对个人所得税专项附加信息真实性负责?

专项附加扣除的办法---权利和义务

1. 由纳税人对所提交的专项附加扣除信息的真实性、准确性、完整性负责
2. 纳税人向扣缴义务人提供专项附加扣除信息的,扣缴义务人应当按照规定予以扣除,不得拒绝。扣缴义务人应当为纳税人报送的专项附加扣除信息保密
3. 扣缴义务人应当及时按照纳税人提交的信息计算办理扣缴申报,不得擅自更改纳税人提供的相关信息
4. 扣缴义务人发现纳税人提供的信息与实际情况不符的,可以要求纳税人修改。纳税人拒绝修改的,扣缴义务人应当报告主管税务机关,税务机关应当及时处理
5. 除纳税人另有要求外,扣缴义务人应当于年度终了后两个月内,向纳税人提供已办理的专项附加扣除项目及金额等信息

纳税人、扣缴义务人应当按照国务院税务主管部门规定的期限,留存与纳税有关的资料备查

3. 其他综合所得

3.1 稿酬所得

3.1.1 征税范围

3.1.1.1 稿酬所得是否征收个人所得税?

■ 个人稿酬所得,应当缴纳个人所得税。

《个人所得税法》第二条

■ 稿酬所得,是指个人因其作品以图书、报刊等形式出版、发表而取得的所得。

《个人所得税法实施条例》第六条

3.1.1.2 作者去世后,对取得其遗作稿酬的个人,是否征收个人所得税?

■ 作者去世后,对取得其遗作稿酬的个人,按稿酬所得征收个人所得税。

《国家税务总局关于印发〈征收个人所得税若干问题的规定〉的通知》,国税发〔1994〕89号

3.1.1.3 创作的影视分镜头剧本,是否按"稿酬所得"征收个人所得税?

■ 创作的影视分镜头剧本,作为文学创作而在书报杂志上出版、发表取得的所得,应按"稿酬所得"应税项目计征个人所得税。

《国家税务总局关于影视演职人员个人所得税问题的批复》,国税函〔1997〕385号

3.1.1.4 报刊、杂志等单位专业人员在本单位的刊物上发表作品、出版图书取得所得,是否按"稿酬所得",征收个人所得税?

■ 任职、受雇于报刊、杂志等单位的记者、编辑等专业人员,因在本单位的报刊、杂志上发表作品取得的所得,属于因任职、受雇而取得的所得,应与其当月工资收入合并,按"工资、薪金所得"项目征收个人所得税。

除上述专业人员以外,其他人员在本单位的报刊、杂志上发表作品取得的所得,应按

"稿酬所得"项目征收个人所得税。

《国家税务总局关于个人所得税若干业务问题的批复》，国税函〔2002〕146号

3.1.1.5 出版社的专业作者取得的稿费收入，是否按"稿酬所得"项目计算缴纳个人所得税？

■ 出版社的专业作者撰写、编写或翻译的作品，由本社以图书形式出版而取得的稿费收入，应按"稿酬所得"项目计算缴纳个人所得税。

《国家税务总局关于个人所得税若干业务问题的批复》，国税函〔2002〕146号

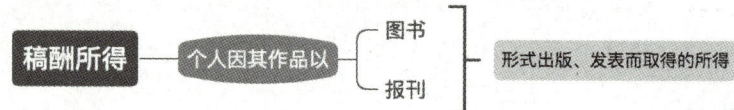

3.1.2 应纳税额

3.1.2.1 稿酬所得，个人所得税的适用税率是多少？

■ 综合所得，适用3%～45%的超额累进税率

《个人所得税法》第三条

3.1.2.2 稿酬所得收入额如何确定？

■ 稿酬所得，以收入减除20%的费用后的余额为收入额；稿酬所得的收入额减按70%计算。

《个人所得税法》第六条

■ 稿酬所得，属于一次性收入的，以取得该项收入为一次；属于同一项目连续性收入的，以一个月内取得的收入为一次。

《个人所得税法实施条例》第十四条

3.1.2.3 个人出版、发表同一作品后，加印该作品后再付稿酬，是否合并稿酬所得按一次计算缴纳个人所得税？

■ 个人每次以图书、报刊方式出版、发表同一作品（文字作品、书画作品、摄影作品以及其他作品），不论出版单位是预付还是分笔支付稿酬，或者加印该作品后再付稿酬，均应合并其稿酬所得按一次计征个人所得税。

《国家税务总局关于印发〈征收个人所得税若干问题的规定〉的通知》，国税发〔1994〕89号

3.1.2.4 在两处或两处以上出版、发表同一作品而取得稿酬所得，是否按分次所得计征个人所得税？

■ 在两处或两处以上出版、发表同一作品而取得稿酬所得，则可分别各处取得的所得按分次所得计征个人所得税。

《国家税务总局关于印发〈征收个人所得税若干问题的规定〉的通知》，国税发〔1994〕89号

3.1.2.5 再版同一作品而取得稿酬所得，是否按分次所得计征个人所得税？

■ 再版同一作品而取得稿酬所得，再版所得按分次所得计征个人所得税。

《国家税务总局关于印发〈征收个人所得税若干问题的规定〉的通知》，国税发〔1994〕89号

3.1.2.6 个人的同一作品在报刊上连载，是否合并所得为一次？

■ 个人的同一作品在报刊上连载，应合并其因连载而取得的所有稿酬所得为一次，按税法规定计征个人所得税。

《国家税务总局关于印发〈征收个人所得税若干问题的规定〉的通知》，国税发〔1994〕89号

3.1.2.7 个人的同一作品连载之后又出书，或先出书后连载取得稿酬所得，是否分次计征个人所得税？

■ 个人的同一作品在其连载之后又出书取得稿酬所得，或先出书后连载取得稿酬所得，应视同再版稿酬分次计征个人所得税。

《国家税务总局关于印发〈征收个人所得税若干问题的规定〉的通知》，国税发〔1994〕89号

3.1.2.8 残疾、孤老人员和烈属的稿酬所得，是否减征个人所得税？

■ 经省级人民政府批准可减征个人所得税的残疾、孤老人员和烈属的所得仅限于劳动所得，具体所得项目包括稿酬所得。

《国家税务总局关于明确残疾人所得征免个人所得税范围的批复》，国税函〔1999〕329号

3.1.2.9 稿酬所得如何预扣预缴？

■ 扣缴义务人向居民个人支付稿酬所得，按次或者按月预扣预缴个人所得税。具体预扣预缴方法如下：

稿酬所得以收入减除费用后的余额为收入额。收入额减按70%计算。

减除费用：稿酬所得每次收入不超过4千元的，减除费用按800元计算；每次收入4千元以上的，减除费用按收入的20%计算。

应纳税所得额：稿酬所得，以每次收入额为预扣预缴应纳税所得额。稿酬所得适用20%的比例预扣率。

《个人所得税扣缴申报管理办法（试行）》，国家税务总局公告2018年61号

3.2 劳务报酬所得

3.2.1 征税范围

3.2.1.1 劳务报酬所得，缴纳个人所得税的范围有哪些？

■ 个人劳务报酬所得，应当缴纳个人所得税。

《个人所得税法》第二条

■ 劳务报酬所得，是指个人从事劳务取得的所得，包括从事设计、装潢、安装、制图、化验、测试、医疗、法律、会计、咨询、讲学、翻译、审稿、书画、雕刻、影视、录音、录像、演出、表演、广告、展览、技术服务、介绍服务、经纪服务、代办服务以及其他劳务取得的所得。

《个人所得税法实施条例》第六条（二）

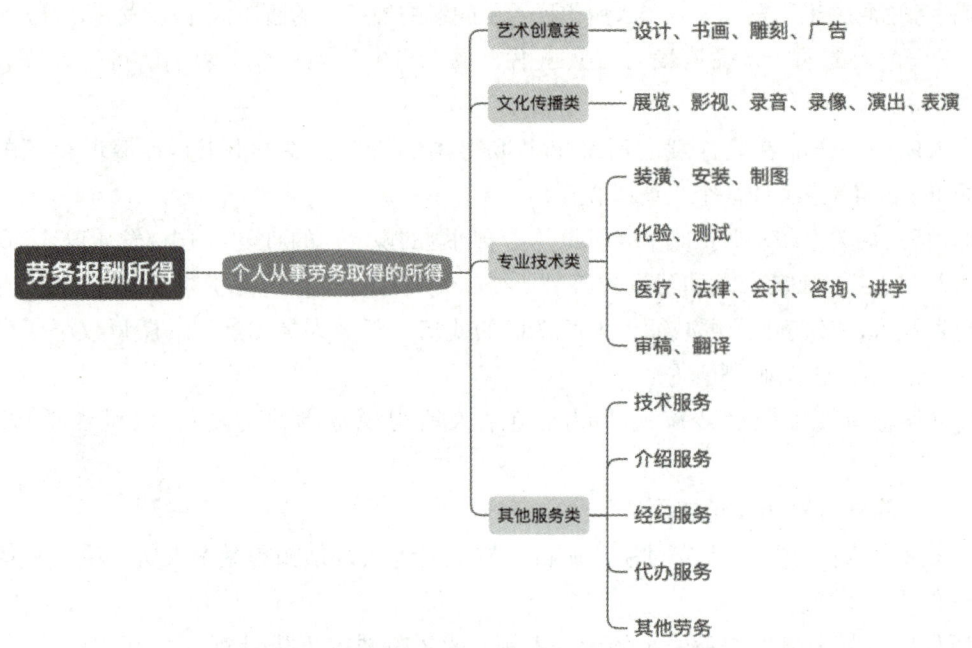

■ 工资、薪金所得是属于非独立个人劳务活动，即在机关、团体、学校、部队、企事业单位及其他组织中任职、受雇而得到的报酬；劳务报酬所得则是个人独立从事各种技艺、提供各项劳务取得的报酬。两者的主要区别在于，前者存在雇用与被雇用关系，后者则不存在这种关系。

《国家税务总局关于印发〈征收个人所得税若干问题的规定〉的通知》，国税发〔1994〕89号

3.2.1.2 个人取得董事费，是否按"劳务报酬所得"征收个人所得税？

■ 个人由于担任董事职务所取得的董事费收入，属于劳务报酬所得性质，按照劳务报酬所得项目征收个人所得税。

《国家税务总局关于印发〈征收个人所得税若干问题的规定〉的通知》，国税发〔1994〕89号

■ 董事费按劳务报酬所得项目征税方法，仅适用于个人担任公司董事、监事，且不在公司任职、受雇的情形。

个人在公司（包括关联公司）任职、受雇，同时兼任董事、监事的，应将董事费、监事费与个人工资收入合并，统一按工资、薪金所得项目缴纳个人所得税。

《国家税务总局关于明确个人所得税若干政策执行问题的通知》,国税发〔2009〕121号

3.2.1.3 个人取得的办班收入,是否按"劳务报酬所得"缴纳个人所得税?

■ 个人无须经政府有关部门批准并取得执照举办学习班、培训班的,其取得的办班收入属于"劳务报酬所得"应税项目,应按税法规定计征个人所得税。

其中,办班者每次收入按以下方法确定:一次收取学费的,以一期取得的收入为一次;分次收取学费的,以每月取得的收入为一次。

《国家税务总局关于个人举办各类学习班取得的收入征收个人所得税问题的批复》,国税函〔1996〕658号

3.2.1.4 对电影制片厂临时聘请非本厂导演、演职人员,其所取得的报酬,如何计征个人所得税?

■ 根据《中华人民共和国个人所得税法》的法规,凡与单位存在工资、人事方面关系的人员,其为本单位工作所取得的报酬,属于"工资、薪金所得"应税项目征税范围;而其因某一特定事项临时为外单位工作所取得报酬,不属于税法中所说的"受雇",应是"劳务报酬所得"应税项目征税范围。因此,对电影制片厂导演、演职人员参加本单位的影视拍摄所取得的报酬,应按"工资、薪金所得"应税项目计征个人所得税。对电影制片厂为了拍摄影视片而临时聘请非本厂导演、演职人员,其所取得的报酬,应按"劳务报酬所得"应税项目计征个人所得税。

《国家税务总局关于影视演职人员个人所得税问题的批复》,国税函〔1997〕385号

3.2.1.5 对企业雇员以外的其他人员享受的营销业绩奖励,如何征收个人所得税?

■ 对商品营销活动中,企业和单位对营销业绩突出人员以培训班、研讨会、工作考察等名义组织旅游活动,通过免收差旅费、旅游费对个人实行的营销业绩奖励(包括实物、有价证券等),应根据所发生费用全额计入营销人员应税所得。其中,对企业雇员以外的其他人员享受的此类奖励,应作为当期的劳务收入,按照"劳务报酬所得"项目征收个人所得税。

《财政部、国家税务总局关于企业以免费旅游方式提供对营销人员个人奖励有关个人所得税政策的通知》,财税〔2004〕11号

3.2.1.6 个人兼职取得的收入,是否按"劳务报酬所得"缴纳个人所得税?

■ 个人兼职取得的收入应按照"劳务报酬所得"应税项目缴纳个人所得税。

举例:王兰是大学教授,张晓明要报考王兰所在专业的研究生,聘请王兰进行课外辅导,每次600元。王兰的兼职是否需要缴税?

答:王兰的兼职因与其学校工作没有关系,应作为兼职收入按"劳务报酬所得"计算缴纳个人所得税,因其所得没有扣缴义务人故应到税务机关自行申报。

《国家税务总局关于个人兼职和退休人员再任职取得收入如何计算征收个人所得税问题的批复》,国税函〔2005〕382号

3.2.1.7 个人取得的差价收入及包销补偿款,如何计算缴纳个人所得税?

■ 个人因包销商品房取得的差价收入及因此而产生的包销补偿款,属于其个人履行商

品介绍服务或与商品介绍服务相关的劳务所得,应按照"劳务报酬所得"项目计算缴纳个人所得税。

《国家税务总局关于个人取得包销补偿款征收个人所得税问题的批复》,国税函〔2007〕243号

3.2.2 应纳税额

3.2.2.1 劳务报酬所得如何适用税率?

■ 综合所得,适用3%~45%的超额累进税率。

《个人所得税法》第三条

3.2.2.2 劳务报酬如何计算?

■ 扣缴义务人向居民个人支付劳务报酬所得,按次或者按月预扣预缴个人所得税。具体预扣预缴方法如下:

劳务报酬所得以收入减除费用后的余额为收入额。

减除费用:劳务报酬所得每次收入不超过4千元的,减除费用按800元计算;每次收入4千元以上的,减除费用按收入的20%计算。

应纳税所得额:劳务报酬所得,以每次收入额为预扣预缴应纳税所得额。劳务报酬所得适用20%~40%的超额累进预扣率。

劳务报酬所得应预扣预缴税额=预扣预缴应纳税所得额×预扣率-速算扣除数

《个人所得税扣缴申报管理办法(试行)》第八条,国家税务总局公告2018年61号

■ 劳务报酬所得,属于一次性收入的,以取得该项收入为一次;属于同一项目连续性收入的,以一个月内取得的收入为一次。

《个人所得税法实施条例》第十四条

■ "同一项目",是指劳务报酬所得列举具体劳务项目中的某一单项,个人兼有不同的劳务报酬所得,应当分别减除费用,计算缴纳个人所得税。

《国家税务总局关于印发〈征收个人所得税若干问题的规定〉的通知》九,国税发〔1994〕89号

■ "属于同一项目连续性收入的,以一个月内取得的收入为一次",统一规定以县(含县级市、区)为一地,其管辖内的一个月内的劳务服务为一次;当月跨县地域的,则应分别计算。

《国家税务总局关于个人所得税偷税案件查处中有关问题的补充通知》四,国税函发〔1996〕602号

3.2.2.3 对劳务报酬所得,是否可以运用速算扣除数法计算应纳税额?

■ 为简便计算应纳个人所得税额,可对适用加成征收税率的劳务报酬所得,运用速算扣除数法计算其应纳税额。应纳税额的计算公式为:应纳税额=应纳税所得额×适用税率-速算扣除数。

《国家税务总局关于印发〈征收个人所得税若干问题的规定〉的通知》，国税发〔1994〕89号

- 劳务报酬所得适用20%~40%的超额累进预扣率。

个人所得税预扣率表

（居民个人劳务报酬所得预扣预缴适用）

级数	预扣预缴应纳税所得额	预扣率（%）	速算扣除数
1	不超过20000元的	20	0
2	超过20000元至50000元的部分	30	2000
3	超过50000元的部分	40	7000

《国家税务总局关于全面实施新个人所得税法若干征管衔接问题的公告》一，国家税务总局公告2018年第56号

3.2.2.4 支付的中介费，在计算应纳税额时，是否准予扣除？

- 获取劳务报酬所得的纳税义务人从其收入中支付给中介人和相关人员的报酬，在定率扣除20%的费用后，一律不再扣除。

《国家税务总局关于个人所得税偷税案件查处中有关问题的补充通知》五，国税函发〔1996〕602号

3.2.2.5 预扣预缴环节，单位或个人为纳税义务人负担个人所得税税款的，如何计算征收个人所得税？

- 单位或个人为纳税义务人负担个人所得税税款的，应将纳税义务人取得的不含税收入额换算为应纳税所得额，计算征收个人所得税。计算公式如下：

（1）不含税收入额为3360元（即含税收入额4000元）以下的：

应纳税所得额 =（不含税收入额 − 800）÷（1 − 税率）

（2）不含税收入额为3360元（即含税收入额4000元）以上的：

应纳税所得额 = [（不含税收入额 − 速算扣除数）×（1 − 20%）] ÷ [1 − 税率 ×（1 − 20%）]

（3）应纳税额 = 应纳税所得额 × 适用税率 − 速算扣除数

公式（1）和公式（2）中的税率，是指不含税所得按不含税级距对应的税率；

公式（3）中的税率，是指应纳税所得额按含税级距对应的税率。

《国家税务总局关于明确单位或个人为纳税义务人的劳务报酬所得代付税款计算公式的通知》，国税发〔1996〕161号

- 不含税劳务报酬收入所对应的税率和速算扣除数如下表所示：

不含税劳务报酬收入额	税率（%）	速算扣除数
21000元以下的部分	20	0
超过21000元至49500元的部分	30	2000
超过49500元的部分	40	7000

■ 单位和个人在计算为纳税人代付劳务报酬所得应纳的税款时,应按上述两项规定的不含税收入额所对应的税率和速算扣除数,计算应纳税额。

《国家税务总局关于明确单位或个人为纳税义务人的劳务报酬所得代付税款计算公式对应税率表的通知》,国税发〔2000〕192号

3.2.2.6 非本企业雇员取得的收入缴纳的营业税,是否从劳务报酬所得中扣除?

■ 非本企业雇员为企业提供非有形商品推销、代理等服务活动取得的佣金、奖励和劳务费等名目的收入,无论该收入采用何种计取方法和支付方式,均应计入个人从事服务业应税劳务的营业额,扣除已缴纳的营业税税款后,应计入个人的劳务报酬所得,计算征收个人所得税。

《财政部、国家税务总局关于个人提供非有形商品推销、代理等服务活动取得收入征收营业税和个人所得税有关问题的通知》,财税字〔1997〕103号

3.3 特许权使用费所得

3.3.1 征收范围

3.3.1.1 特许权使用费所得,征收个人所得税的范围有哪些?

■ 个人特许权使用费所得,应当缴纳个人所得税。

《个人所得税法》第二条

■ 特许权使用费所得,是指个人提供专利权、商标权、著作权、非专利技术以及其他特许权的使用权取得的所得;提供著作权的使用权取得的所得,不包括稿酬所得。

《个人所得税法实施条例》第六条

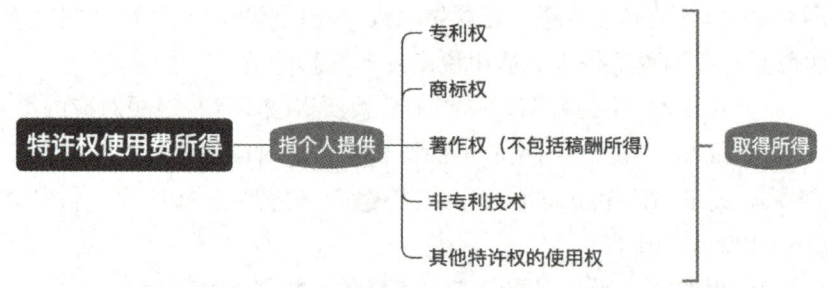

3.3.1.2 作者将文字作品公开拍卖(竞价)取得的所得,如何征收个人所得税?

■ 作者将自己的文字作品手稿原件或复印件公开拍卖(竞价)取得的所得,应按特许权使用费所得项目征收个人所得税。

《国家税务总局关于印发〈征收个人所得税若干问题的规定〉的通知》,国税发〔1994〕89号

3.3.1.3 剧本作者取得的剧本使用费,是否按特许权使用费所得计征个人所得税?

■ 对于剧本作者从电影、电视剧的制作单位取得的剧本使用费,不再区分剧本的使用方是否为其任职单位,统一按特许权使用费所得项目计征个人所得税。

《国家税务总局关于剧本使用费征收个人所得税问题的通知》,国税发〔2002〕52号

3.3.2 应纳税额

3.3.2.1 特许权使用费所得,个人所得税的适用税率是多少?

■ 综合所得,适用3%~45%的超额累进税率。

《个人所得税法》第三条

3.3.2.2 特许权使用费所得,应纳税所得额如何计算?

■ 扣缴义务人向居民个人支付特许权使用费所得,按次或者按月预扣预缴个人所得税。具体预扣预缴方法如下:

特许权使用费所得以收入减除费用后的余额为收入额。

减除费用:特许权使用费所得每次收入不超过4千元的,减除费用按800元计算;每次收入4千元以上的,减除费用按20%计算。

应纳税所得额:特许权使用费所得,以每次收入额为预扣预缴应纳税所得额。特许权使用费所得适用20%的比例预扣率。

特许权使用费所得应预扣预缴税额=预扣预缴应纳税所得额×20%

《国家税务总局关于全面实施新个人所得税法若干征管衔接问题的公告》一,国家税务总局公告2018年第56号

■ 特许权使用费所得,属于一次性收入的,以取得该项收入为一次;属于同一项目连续性收入的,以一个月内取得的收入为一次。

《个人所得税法实施条例》第十四条

■ 作者将自己的文字作品手稿原件或复印件拍卖取得的所得,应以其转让收入额减除800元(转让收入额4千元以下)或者20%(转让收入额4千元以上)后的余额为应纳税所得额,按照"特许权使用费"所得项目适用20%税率缴纳个人所得税。

对个人财产拍卖所得征收个人所得税时,以该项财产最终拍卖成交价格为其转让收入额。

《国家税务总局关于加强和规范个人取得拍卖收入征收个人所得税有关问题的通知》,国税发〔2007〕38号

4. 经营所得

新《个人所得税法》关于经营所得的规定，相对于2011年《个人所得税法》要注意4个方面的事项：

（1）注册经营主体从个体工商户扩大到境内注册的个人独资企业投资人，以及境内注册的合伙企业个人合伙人。

《企业所得税法》规定，个人独资企业和合伙企业不适用企业所得税法。同时在《个人所得税法》中也仅规定"个人所得税以所得人为纳税人"，所得人只能是个人，而不能是个人独资企业或者合伙企业。

因此，个人独资企业和合伙企业既不是企业所得税的纳税人，也不是个人所得税的纳税人。

对于个人独资企业，以其投资人为所得人，依法缴纳个人所得税。

对于合伙企业，《财政部、国家税务总局关于合伙企业合伙人所得税问题的通知》（财税〔2008〕159号）第二条规定，合伙企业以每一个合伙人为纳税义务人。合伙企业合伙人是自然人的，缴纳个人所得税；合伙人是法人和其他组织的，缴纳企业所得税。

对于依照外国（地区）法律成立的合伙企业，其实际管理机构不在中国境内，但在中国境内设立机构、场所的，或者在中国境内未设立机构、场所，但有来源于中国境内所得的，是中国企业所得税的非居民企业纳税人（国家税务总局公告2018年第11号）。同时规定，除税收协定另有规定的以外，只有当该依照外国（地区）法律注册的合伙企业是缔约对方居民的情况下，其在中国负有纳税义务的所得才能享受协定待遇。

（2）注意个人独资企业投资人、合伙企业个人合伙人所得类型的识别。

《国家税务总局关于〈关于个人独资企业和合伙企业投资者征收个人所得税的规定〉执行口径的通知》（国税函〔2001〕84号）规定，个人独资企业和合伙企业对外投资分回的利息或者股息、红利，不并入企业的收入，而应单独作为投资者个人取得的利息、股息、红利所得，按利息、股息、红利所得应税项目计算缴纳个人所得税。以合伙企业名义对外投资分回的利息或者股息、红利，应按《财政部、国家税务总局关于印发〈关于个人独资企业和合伙企业投资者征收个人所得税的规定〉的通知》（财税〔2000〕91号）所附规定的第五条规定，确定各个投资者的利息、股息、红利所得，分别按"利息、股息、红利所得"应税项目计算缴纳个人所得税。个人独资企业和合伙企业除"对外投资分回的利息或者股息、红利"外,取得的其他所得均属于个人独资企业、合伙企业的生产经营所得,按照先分后税的原则予以征税。

4.1 征税范围

4.1.1 经营所得类型

- 经营所得,应当缴纳个人所得税。

《个人所得税法》第二条

- 经营所得,是指:

(1) 个体工商户从事生产、经营活动取得的所得,个人独资企业投资人、合伙企业的个人合伙人来源于境内注册的个人独资企业、合伙企业生产、经营的所得;

(2) 个人依法从事办学、医疗、咨询以及其他有偿服务活动取得的所得;

(3) 个人对企业、事业单位承包经营、承租经营以及转包、转租取得的所得;

(4) 个人从事其他生产、经营活动取得的所得。

《个人所得税法实施条例》第六条

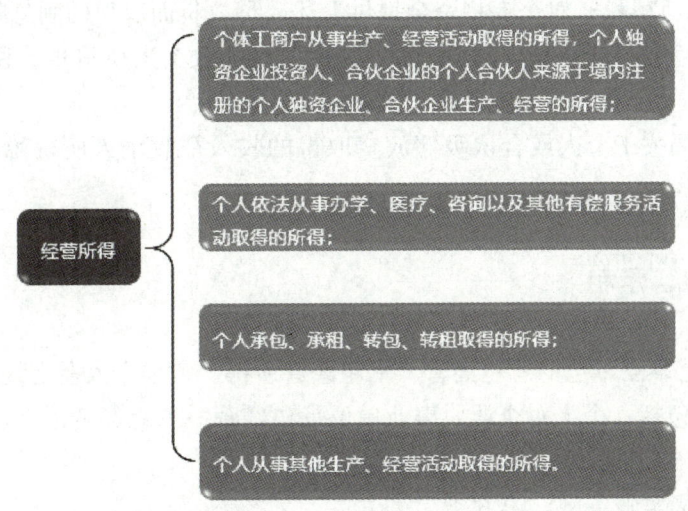

- 个体工商户包括:

(1) 依法取得个体工商户营业执照,从事生产经营的个体工商户;

(2) 经政府有关部门批准,从事办学、医疗、咨询等有偿服务活动的个人;

(3) 其他从事个体生产、经营的个人。

- 个体工商户以业主为个人所得税纳税义务人。

《个体工商户个人所得税计税办法》第三、四条，国家税务总局令第 35 号

4.1.1.1 个人代销彩票，是否缴纳个人所得税？

■ 个人因从事彩票代销业务而取得所得，应按照"个体工商户的生产、经营所得"项目计征个人所得税。

《国家税务总局关于个人所得税若干政策问题的批复》，国税函〔2002〕629 号

4.1.1.2 个体户或个人取得的农业特产所得，是否征收个人所得税？

■ 对个体户或个人取得的农业特产所得，不再征收个人所得税。

《财政部、国家税务总局关于农村税费改革试点地区个人取得农业特产所得征免个人所得税问题的通知》，财税〔2003〕157 号

4.1.1.3 个人投资者从其投资企业借款期限超过 1 年又未用于企业生产经营的，是否征收个人所得税？

■ 各级税务机关应强化对个体工商户、个人独资企业和合伙企业投资者以及独立从事劳务活动的个人的个人所得税征管。

加强个人投资者从其投资企业借款的管理，对期限超过 1 年又未用于企业生产经营的借款，严格按照有关规定征税。

《国家税务总局关于印发〈个人所得税管理办法〉的通知》第三十五条，国税发〔2005〕120 号

4.1.1.4 个人或合伙吸储放贷取得的收入，是否征收个人所得税？

■ 对个人或个人合伙取得的吸存放贷收入，应按照"个体工商户的生产、经营所得"应税项目征收个人所得税；对个人将资金提供上述人员放贷而取得的利息收入，应作为集资利息收入，按照"利息、股息、红利所得"应税项目征收个人所得税，税款由利息所得支付者代扣代缴。

《国家税务总局关于个人或合伙吸储放贷取得的收入征收个人所得税问题的批复》，国税函〔2000〕516 号

4.1.2 承包、承租

4.1.2.1 对企事业单位的承包经营、承租经营所得，缴纳个人所得税的范围有哪些？

■ 经营所得包括：个人对企业、事业单位承包经营、承租经营以及转包、转租取得的所得。

《个人所得税法实施条例》第六条

4.1.2.2 企业实行个人承包、承租经营后，如何缴纳个人所得税？

■ 企业实行个人承包、承租经营后，如工商登记改变为个体工商户的，应依照个体工商户的生产、经营所得项目计征个人所得税。

■ 企业实行个人承包、承租经营后，如果工商登记仍为企业的，承包、承租人按合同（协议）的规定只向发包、出租方交纳一定费用后，企业经营成果归其所有的，承包、承租

人取得的所得，按对企事业单位的承包经营、承租经营所得项目征税。

《国家税务总局关于个人对企事业单位实行承包经营、承租经营取得所得征税问题的通知》，国税发〔1994〕179号

4.1.2.3　在职职工从事承包、承租经营取得的所得，是否缴纳个人所得税?

■　商业企业在职职工对企业下属部门实行自筹资金、自主经营、独立核算、自负盈亏的承包、承租经营方式，对在职职工从事承包、承租经营取得的所得，应比照"对企事业单位的承包经营、承租经营所得"项目征收个人所得税。

《国家税务总局关于个人承包承租经营所得征收个人所得税问题的批复》，国税函〔2000〕395号

4.2　应纳税额

4.2.1　应纳税额计算

4.2.1.1　个体工商户、个人独资企业和合伙企业的投资者的应纳税额，如何计算?

■　个体工商户、个人独资企业和合伙企业的投资者（合伙人）的生产经营所得，应适用税法减除费用标准和税率表。先计算全年应纳税所得额，再计算全年应纳税额。

《国家税务总局关于贯彻执行修改后的个人所得税法有关问题的公告》，国家税务总局公告2011年第46号

4.2.1.2　个体工商户的生产经营所得，个人所得税适用的税率?

■　个体工商户的生产、经营所得，适用5%~35%的超额累进税率。

《个人所得税法》第三条

个人所得税税率表（经营所得适用）

级数	全年应纳税所得税	税率（%）
1	不超过30000元的	5
2	超过30000元至90000元的部分	10
3	超过90000元至300000元的部分	20
4	超过300000元至500000元的部分	30
5	超过500000元的部分	35

注：本表所称全年应纳税所得额是指依照本法第六条的规定，以每一纳税年度的收入总额减除成本、费用以及损失后的余额。

《个人所得税法》附件：个人所得税税率表

4.2.1.3 经营所得,如何计算应纳税所得额?

■ 以每一纳税年度的收入总额减除成本、费用以及损失后的余额,为应纳税所得额。

《个人所得税法》第六条

■ 成本、费用,是指生产、经营活动中发生的各项直接支出和分配计入成本的间接费用以及销售费用、管理费用、财务费用;所称损失,是指生产、经营活动中发生的固定资产和存货的盘亏、毁损、报废损失,转让财产损失,坏账损失,自然灾害等不可抗力因素造成的损失以及其他损失。

取得经营所得的个人,没有综合所得的,计算其每一纳税年度的应纳税所得额时,应当减除费用6万元、专项扣除、专项附加扣除以及依法确定的其他扣除。专项附加扣除在办理汇算清缴时减除。

从事生产、经营活动,未提供完整、准确的纳税资料,不能正确计算应纳税所得额的,由主管税务机关核定应纳税所得额或者应纳税额。

《个人所得税法实施条例》第十五条

4.2.1.4 经营所得,是否可采用速算扣除数法计算其应纳税额?

■ 对适用超额累进税率的个体工商户的生产、经营所得,运用速算扣除数法计算其应纳税额。应纳税额的计算公式为:应纳税额=应纳税所得额×适用税率-速算扣除数(适用超额累进税率的应税所得计算应纳税额的速算扣除数)。

《国家税务总局关于印发〈征收个人所得税若干问题的规定〉的通知》,国税发〔1994〕89号

4.2.1.5 个体工商户、个人独资企业和合伙企业的实际经营期不足1年的,如何计算应纳税额?

■ 个体工商户、个人独资企业和合伙企业因在纳税年度中间开业、合并、注销及其他原因,导致该纳税年度的实际经营期不足1年的,对个体工商户业主、个人独资企业投资者和合伙企业自然人合伙人的生产经营所得计算个人所得税时,以其实际经营期为1个纳税年度。计算公式如下:

应纳税所得额=该年度收入总额-成本、费用及损失-当年投资者本人的费用扣除额

应纳税额=应纳税所得额×税率-速算扣除数

《国家税务总局关于个体工商户、个人独资企业和合伙企业个人所得税问题的公告》,国家税务总局公告2014年第25号

■ 取得经营所得的个人,没有综合所得的,计算其每一纳税年度的应纳税所得额时,应当减除费用6万元、专项扣除、专项附加扣除以及依法确定的其他扣除。专项附加扣除在办理汇算清缴时减除。

《个人所得税法实施条例》第十五条

4.2.1.6 个体工商户应纳税所得额的计算原则是什么?

■ 个体工商户应纳税所得额的计算,以权责发生制为原则,属于当期的收入和费用,不论款项是否收付,均作为当期的收入和费用;不属于当期的收入和费用,即使款项已经在

当期收付，均不作为当期收入和费用。本办法和财政部、国家税务总局另有规定的除外。

《个体工商户个人所得税计税办法》第五条，国家税务总局令第35号

4.2.1.7 个体工商户的收入总额包括哪些？

■ 个体工商户从事生产经营以及与生产经营有关的活动（生产经营）取得的货币形式和非货币形式的各项收入，为收入总额。包括：销售货物收入、提供劳务收入、转让财产收入、利息收入、租金收入、接受捐赠收入、其他收入。

其他收入包括个体工商户资产溢余收入、逾期一年以上的未退包装物押金收入、确实无法偿付的应付款项、已作坏账损失处理后又收回的应收款项、债务重组收入、补贴收入、违约金收入、汇兑收益等。

《个体工商户个人所得税计税办法》第八条，国家税务总局令第35号

4.2.1.8 个体工商户的成本包括哪些？

■ 成本是指个体工商户在生产经营活动中发生的销售成本、销货成本、业务支出以及其他耗费。

■ 个体工商户使用或者销售存货，按照规定计算的存货成本，准予在计算应纳税所得额时扣除。

■ 个体工商户转让资产，该项资产的净值，准予在计算应纳税所得额时扣除。

《个体工商户个人所得税计税办法》第九、十八、十九条，国家税务总局令第35号

4.2.1.9 个体工商户的费用包括哪些？

■ 费用是指个体工商户在生产经营活动中发生的销售费用、管理费用和财务费用，已经计入成本的有关费用除外。

《个体工商户个人所得税计税办法》第十条，国家税务总局令第35号

4.2.1.10 个体工商户的税金包括哪些？

■ 税金是指个体工商户在生产经营活动中发生的除个人所得税和允许抵扣的增值税以外的各项税金及其附加。

《个体工商户个人所得税计税办法》第十一条，国家税务总局令第35号

4.2.1.11 个体工商户的损失包括哪些？

■ 损失是指个体工商户在生产经营活动中发生的固定资产和存货的盘亏、毁损、报废损失，转让财产损失，坏账损失，自然灾害等不可抗力因素造成的损失以及其他损失。

个体工商户发生的损失，减除责任人赔偿和保险赔款后的余额，参照财政部、国家税务总局有关企业资产损失税前扣除的规定扣除。

个体工商户已经作为损失处理的资产，在以后纳税年度又全部收回或者部分收回时，应当计入收回当期的收入。

《个体工商户个人所得税计税办法》第十二条，国家税务总局令第35号

4.2.1.12 个体工商户的其他支出包括哪些？

■ 其他支出是指除成本、费用、税金、损失外，个体工商户在生产经营活动中发生的与生产经营活动有关的、合理的支出。

《个体工商户个人所得税计税办法》第十三条，国家税务总局令第35号

4.2.1.13　个体工商户资本性支出，是否可以在发生当期扣除？

■ 个体工商户发生的支出应当区分收益性支出和资本性支出。收益性支出在发生当期直接扣除；资本性支出应当分期扣除或者计入有关资产成本，不得在发生当期直接扣除。

支出，是指与取得收入直接相关的支出。

《个体工商户个人所得税计税办法》第十四条，国家税务总局令第35号

4.2.1.14　个体工商户的成本、费用、税金、损失和其他支出，是否可以重复扣除？

■ 除税收法律法规另有规定外，个体工商户实际发生的成本、费用、税金、损失和其他支出，不得重复扣除。

《个体工商户个人所得税计税办法》第十四条，国家税务总局令第35号

4.2.1.15　个体工商户的哪些支出不得税前扣除？

■ 个体工商户下列支出不得扣除：

（1）个人所得税税款；

（2）税收滞纳金；

（3）罚金、罚款和被没收财物的损失；

（4）不符合扣除规定的捐赠支出；

（5）赞助支出；

（6）用于个人和家庭的支出；

（7）与取得生产经营收入无关的其他支出；

（8）国家税务总局规定不准扣除的支出。

■ 赞助支出，是指个体工商户发生的与生产经营活动无关的各种非广告性质支出。

《个体工商户个人所得税计税办法》第十五、三十七条，国家税务总局令第35号

4.2.1.16　个体工商户生产经营与个人、家庭生活混用难以分清的费用，税前扣除的标准是什么？

■ 个体工商户生产经营活动中，应当分别核算生产经营费用和个人、家庭费用。对于生产经营与个人、家庭生活混用难以分清的费用，其40%视为与生产经营有关费用，准予扣除。

《个体工商户个人所得税计税办法》第十六条，国家税务总局令第35号

4.2.1.17　个体工商户发生的亏损是否可以弥补？

■ 个体工商户纳税年度发生的亏损，准予向以后年度结转，用以后年度的生产经营所得弥补，但结转年限最长不得超过5年。

■ 亏损，是指个体工商户依照本办法规定计算的应纳税所得额小于零的数额。

《个体工商户个人所得税计税办法》第十七、二十条，国家税务总局令第35号

4.2.2 费用扣除标准

4.2.2.1 个体工商户业主的费用扣除标准是多少?

■ 取得经营所得的个人,没有综合所得的,计算其每一纳税年度的应纳税所得额时,应当减除费用 6 万元、专项扣除、专项附加扣除以及依法确定的其他扣除。专项附加扣除在办理汇算清缴时减除。

《个人所得税法实施条例》第十五条

4.2.2.2 个体工商户业主的工资薪金支出,是否可以税前扣除?

■ 个体工商户业主的工资薪金支出不得税前扣除。

《个体工商户个人所得税计税办法》第二十一条,国家税务总局令第 35 号

4.2.2.3 个体工商户从业人员的工资、薪金,是否可以税前扣除?

■ 个体工商户实际支付给从业人员的、合理的工资薪金支出,准予扣除。

《个体工商户个人所得税计税办法》第二十一条,国家税务总局令第 35 号

4.2.2.4 个体工商户为其业主和从业人员缴纳保险费和住房公积金,是否可以税前扣除?

■ 个体工商户按照国务院有关主管部门或者省级人民政府规定的范围和标准为其业主和从业人员缴纳的基本养老保险费、基本医疗保险费、失业保险费、生育保险费、工伤保险费和住房公积金,准予扣除。

《个体工商户个人所得税计税办法》第二十二条,国家税务总局令第 35 号

4.2.2.5 个体工商户为从业人员缴纳的补充保险费,准予税前扣除的标准是什么?

■ 个体工商户为从业人员缴纳的补充养老保险费、补充医疗保险费,分别在不超过从业人员工资总额 5% 标准内的部分据实扣除;超过部分,不得扣除。

《个体工商户个人所得税计税办法》第二十二条,国家税务总局令第 35 号

4.2.2.6 个体工商户业主本人缴纳的补充保险费,准予扣除的标准是什么?

■ 个体工商户业主本人缴纳的补充养老保险费、补充医疗保险费,以当地(地级市)上年度社会平均工资的 3 倍为计算基数,分别在不超过该计算基数 5% 标准内的部分据实扣除;超过部分,不得扣除。

《个体工商户个人所得税计税办法》第二十二条,国家税务总局令第 35 号

4.2.2.7 个体工商户业主本人或者为从业人员支付的商业保险费,是否准予税前扣除?

■ 除个体工商户依照国家有关规定为特殊工种从业人员支付的人身安全保险费和财政部、国家税务总局规定可以扣除的其他商业保险费外,个体工商户业主本人或者为从业人员支付的商业保险费,不得扣除。

《个体工商户个人所得税计税办法》第二十三条,国家税务总局令第 35 号

4.2.2.8 个体工商户拨缴的工会经费,税前扣除标准是什么?

■ 个体工商户向当地工会组织拨缴的工会经费支出在工资薪金总额的 2% 的标准内据实扣除。

工资薪金总额是指允许在当期税前扣除的工资薪金支出数额。

个体工商户业主本人向当地工会组织缴纳的工会经费支出，以当地（地级市）上年度社会平均工资的3倍为计算基数，在2%比例内据实扣除。

《个体工商户个人所得税计税办法》第二十七条，国家税务总局令第35号

4.2.2.9　个体工商户发生的职工福利费，税前扣除标准是什么？

■ 个体工商户实际发生的职工福利费支出在工资薪金总额的14%的标准内据实扣除。

个体工商户业主本人实际发生的职工福利费支出，以当地（地级市）上年度社会平均工资的3倍为计算基数，在14%比例内据实扣除。

《个体工商户个人所得税计税办法》第二十七条，国家税务总局令第35号

4.2.2.10　个体工商户发生的职工教育经费，税前扣除的标准是什么？

■ 个体工商户实际发生的职工教育经费支出在工资薪金总额的2.5%的标准内据实扣除。职工教育经费的实际发生数额超出规定比例当期不能扣除的数额，准予在以后纳税年度结转扣除。

个体工商户业主本人实际发生的职工教育经费支出，以当地（地级市）上年度社会平均工资的3倍为计算基数，在2.5%比例内据实扣除。

《个体工商户个人所得税计税办法》第二十七条，国家税务总局令第35号

4.2.2.11　个体工商户在生产、经营期间借款的利息支出，是否准予扣除？

■ 个体工商户在生产经营活动中发生的合理的不需要资本化的借款费用，准予扣除。个体工商户为购置、建造固定资产、无形资产和经过12个月以上的建造才能达到预定可销售状态的存货发生借款的，在有关资产购置、建造期间发生的合理的借款费用，应当作为资本性支出计入有关资产的成本，并依照本办法的规定扣除。

■ 个体工商户在生产经营活动中发生的下列利息支出，准予扣除：

（1）向金融企业借款的利息支出；

（2）向非金融企业和个人借款的利息支出，不超过按照金融企业同期同类贷款利率计算的数额的部分。

《个体工商户个人所得税计税办法》第二十四、二十五条，国家税务总局令第35号

4.2.2.12　个体工商户的汇兑损失，是否准予税前扣除？

■ 个体工商户在货币交易中，以及纳税年度终了时将人民币以外的货币性资产、负债按照期末即期人民币汇率中间价折算为人民币时产生的汇兑损失，除已经计入有关资产成本部分外，准予扣除。

《个体工商户个人所得税计税办法》第二十六条，国家税务总局令第35号

4.2.2.13　企业为个人支付的税款，是否可以税前扣除？

■ 个体工商户代其从业人员或者他人负担的税款，不得税前扣除。

《个体工商户个人所得税计税办法》第三十条，国家税务总局令第35号

4.2.2.14　个体工商户的广告费和业务宣传费用，税前扣除标准是什么？

■ 个体工商户每一纳税年度发生的与其生产经营活动直接相关的广告费和业务宣传费

不超过当年销售（营业）收入15%的部分，可以据实扣除；超过部分，准予在以后纳税年度结转扣除。

《个体工商户个人所得税计税办法》第二十九条，国家税务总局令第35号

4.2.2.15 个体工商户的业务招待费支出，税前扣除标准是什么？

■ 个体工商户发生的与生产经营活动有关的业务招待费，按照实际发生额的60%扣除，但最高不得超过当年销售（营业）收入的5‰。

业主自申请营业执照之日起至开始生产经营之日止所发生的业务招待费，按照实际发生额的60%计入个体工商户的开办费。

《个体工商户个人所得税计税办法》第二十八条，国家税务总局令第35号

4.2.2.16 个体工商户缴纳的摊位费、行政性收费、协会会费等，是否准予税前扣除？

■ 个体工商户按照规定缴纳的摊位费、行政性收费、协会会费等，按实际发生数额扣除。

《个体工商户个人所得税计税办法》第三十一条，国家税务总局令第35号

4.2.2.17 个体工商户租入固定资产支付的租赁费，是否可以扣除？

■ 个体工商户根据生产经营活动的需要租入固定资产支付的租赁费，按照以下方法扣除：

（1）以经营租赁方式租入固定资产发生的租赁费支出，按照租赁期限均匀扣除；

（2）以融资租赁方式租入固定资产发生的租赁费支出，按照规定构成融资租入固定资产价值的部分应当提取折旧费用，分期扣除。

《个体工商户个人所得税计税办法》第三十二条，国家税务总局令第35号

4.2.2.18 个体工商户参加财产保险的保险费，是否准予扣除？

■ 个体工商户参加财产保险，按照规定缴纳的保险费，准予扣除。

《个体工商户个人所得税计税办法》第三十三条，国家税务总局令第35号

4.2.2.19 个体工商户的劳动保护支出，是否准予扣除？

■ 个体工商户发生的合理的劳动保护支出，准予扣除。

《个体工商户个人所得税计税办法》第三十四条，国家税务总局令第35号

4.2.2.20 个体工商户的开办费用，是否可以扣除？

■ 个体工商户自申请营业执照之日起至开始生产经营之日止所发生符合规定的费用，除为取得固定资产、无形资产的支出，以及应计入资产价值的汇兑损益、利息支出外，作为开办费，个体工商户可以选择在开始生产经营的当年一次性扣除，也可自生产经营月份起在不短于3年期限内摊销扣除，但一经选定，不得改变。开始生产经营之日为个体工商户取得第一笔销售（营业）收入的日期。

《个体工商户个人所得税计税办法》第三十五条，国家税务总局令第35号

4.2.2.21 个体工商户的捐赠支出，是否准予扣除？

■ 个体工商户通过公益性社会团体或者县级以上人民政府及其部门，用于《中华人民共和国公益事业捐赠法》规定的公益事业的捐赠，捐赠额不超过其应纳税所得额30%的部

分可以据实扣除。财政部、国家税务总局规定可以全额在税前扣除的捐赠支出项目，按有关规定执行。

个体工商户直接对受益人的捐赠不得扣除。

公益性社会团体的认定，按照财政部、国家税务总局、民政部有关规定执行。

《个体工商户个人所得税计税办法》第三十六条，国家税务总局令第 35 号

4.2.2.22　个体工商户研发费用，是否可以在当期直接扣除？

■　个体工商户研究开发新产品、新技术、新工艺所发生的开发费用，以及研究开发新产品、新技术而购置单台价值在 10 万元以下的测试仪器和试验性装置的购置费准予直接扣除；单台价值在 10 万元以上（含 10 万元）的测试仪器和试验性装置，按固定资产管理，不得在当期直接扣除。

《个体工商户个人所得税计税办法》第三十八条，国家税务总局令第 35 号

4.2.2.23　对个体工商户资产，如何进行税务管理？

■　个体工商户资产的税务处理，参照企业所得税相关法律、法规和政策规定执行。

《个体工商户个人所得税计税办法》第三十九条，国家税务总局令第 35 号

4.2.3　应纳税额的核定

4.2.3.1　税务机关应采取核定征收方式征收个人所得税的情形有哪些？

■　有下列情形之一的，主管税务机关应采取核定征收方式征收个人所得税：

（1）企业依照国家有关规定应当设置但未设置账簿的；

（2）企业虽设置账簿，但账目混乱或者成本资料、收入凭证、费用凭证残缺不全，难以查账的；

（3）纳税人发生纳税义务，未按照规定的期限办理纳税申报，经税务机关责令限期申报，逾期仍不申报的。

《财政部、国家税务总局关于印发〈关于个人独资企业和合伙企业投资者征收个人所得税的规定〉通知》，财税〔2000〕91 号

4.2.3.2　个人所得税核定征收方式，包括哪些？

■　核定征收方式，包括定额征收、核定应税所得率征收以及其他合理的征收方式。

《财政部、国家税务总局关于印发〈关于个人独资企业和合伙企业投资者征收个人所得税的规定〉通知》，财税〔2000〕91 号

4.2.3.3　实行核定应税所得率征收方式的，应纳所得税额如何计算？

■　实行核定应税所得率征收方式的，应纳所得税额的计算公式如下：

应纳所得税额 = 应纳税所得额 × 适用税率

应纳税所得额 = 收入总额 × 应税所得率

或 = 成本费用支出额 ÷ (1 − 应税所得率) × 应税所得率

应税所得率应按下表规定的标准执行：

应税所得率表

行业	应税所得率（%）
工业、交通运输业、商业	5～20
建筑业、房地产开发业	7～20
饮食服务业	7～25
娱乐业	20～40
其他行业	10～30

企业经营多业的，无论其经营项目是否单独核算，均应根据其主营项目确定其适用的应税所得率。

《财政部、国家税务总局关于印发〈关于个人独资企业和合伙企业投资者征收个人所得税的规定〉通知》，财税〔2000〕91号

4.2.3.4 实行核定征税的投资者，是否可以享受优惠政策？

■ 实行核定征税的投资者，不能享受个人所得税的优惠政策。

《财政部、国家税务总局关于印发〈关于个人独资企业和合伙企业投资者征收个人所得税的规定〉通知》，财税〔2000〕91号

4.2.3.5 定期定额户的税控收款机记录数据高于核定定额的差额，是否补缴税款？

■ 定期定额户的定额与发票开具金额或税控收款机记录数据比对后，超过定额的经营额、所得额所应缴纳的税款，应当向税务机关办理相关纳税事宜。

《个体工商户税收定期定额征收管理办法》第十三条，国家税务总局令第16号

4.2.3.6 个体工商户税收定期定额管理，使用的文书有哪些？

■ 为贯彻落实《个体工商户税收定期定额管理办法》（国家税务总局令第16号），国家税务总局印发了针对个体工商户税收定期定额管理的税收执法文书和有关报表式样，自2007年1月1日起执行。具体包括：

（1）个体工商户定额信息采集表（作废）；

（2）定期定额个体工商户纳税分月汇总申报表；

（3）个体工商户定额核定汇总审批表；

（4）个体工商户定额核定审批表；

（5）核定定额通知书（代替国税发〔2005〕179号文中的《核定（调整）定额通知书》）；

（6）不予变更纳税定额通知书；

（7）未达起征点通知书。

《国家税务总局关于印发个体工商户税收定期定额征收管理文书的通知》，国税函〔2006〕1199号

■ 自2016年10月1日起，税务机关对营业税改征增值税试点的个体工商户实行定期定额征收方式的，在采集纳税人信息时应使用《个体工商户定额信息采集表（适用于营业税改征增值税试点纳税人）》。

国税函〔2006〕1199号附件1中的《个体工商户定额信息采集表（适用于营业税纳税人）》同时废止。

《国家税务总局关于修订个体工商户税收定期定额征收管理文书的公告》，国家税务总局公告2016年第56号

4.2.3.7 个体工商户税收定期定额征收，适用哪些纳税人？

■ 个体工商户税收定期定额征收管理办法，适用于经主管税务机关认定和县以上税务机关（含县级）批准的生产、经营规模小，达不到《个体工商户建账管理暂行办法》规定设置账簿标准的个体工商户（定期定额户）的税收征收管理。

■ 个体工商户税收定期定额征收，是指税务机关依照法律、行政法规及本办法的规定，对个体工商户在一定经营地点、一定经营时期、一定经营范围内的应纳税经营额（包括经营数量）或所得额（定额）进行核定，并以此为计税依据，确定其应纳税额的一种征收方式。

《个体工商户税收定期定额征收管理办法》第二、三条，国家税务总局令第16号

■ "经营数量"，是指从量计征的货物数量。

■ 对虽设置账簿，但账目混乱或成本资料、收入凭证、费用凭证残缺不全，难以查账的个体工商户，税务机关可以实行定期定额征收。

《国家税务总局关于个体工商户定期定额征收管理有关问题的通知》，国税发〔2006〕183号

4.2.3.8 个人独资企业是否适用定期定额征收管理？

■ 个人独资企业的税款征收管理比照《个体工商户税收定期定额征收管理办法》执行。

《个体工商户税收定期定额征收管理办法》第二十五条，国家税务总局令第16号

4.2.3.9 对定期定额户的核定方法有哪些？

■ 税务机关应当根据定期定额户的经营规模、经营区域、经营内容、行业特点、管理水平等因素核定定额，可以采用下列一种或两种以上的方法核定：

（1）按照耗用的原材料、燃料、动力等推算或者测算核定；

（2）按照成本加合理的费用和利润的方法核定；

（3）按照盘点库存情况推算或者测算核定；

（4）按照发票和相关凭据核定；

（5）按照银行经营账户资金往来情况测算核定；

（6）参照同类行业或类似行业中同规模、同区域纳税人的生产、经营情况核定；

（7）按照其他合理方法核定。

税务机关应当运用现代信息技术手段核定定额，增强核定工作的规范性和合理性。

《个体工商户税收定期定额征收管理办法》第六条，国家税务总局令第16号

4.2.3.10 税务机关核定定额程序有哪些？

■（1）自行申报。定期定额户要按照税务机关规定的申报期限、申报内容向主管税

务机关申报，填写有关申报文书。申报内容应包括经营行业、营业面积、雇用人数和每月经营额、所得额以及税务机关需要的其他申报项目。

经营额、所得额为预估数。

（2）核定定额。主管税务机关根据定期定额户自行申报情况，参考典型调查结果，采取本办法第七条规定的核定方法核定定额，并计算应纳税额。

（3）定额公示。主管税务机关应当将核定定额的初步结果进行公示，公示期限为5个工作日。公示地点、范围、形式应当按照便于定期定额户及社会各界了解、监督的原则，由主管税务机关确定。

（4）上级核准。主管税务机关根据公示意见结果修改定额，并将核定情况报经县以上税务机关审核批准后，填制《核定定额通知书》。

（5）下达定额。将《核定定额通知书》送达定期定额户执行。

（6）公布定额。主管税务机关将最终确定的定额和应纳税额情况在原公示范围内进行公布。

《个体工商户税收定期定额征收管理办法》第七条，国家税务总局令第16号

■ （1）定期定额户应当自行申报经营情况，对未按照规定期限自行申报的，税务机关可以不经过自行申报程序，核定其定额。

（2）税务机关核定定额可以到定期定额户生产、经营场所，对其自行申报的内容进行核实。

（3）运用个体工商户定额核定管理系统的，在采集有关数据时，应当由两名以上税务人员参加。

（4）税务机关不得委托其他单位核定定额。

■ 新开业的个体工商户，在未接到税务机关送达的《核定定额通知书》前，应当按月向税务机关办理纳税申报，并缴纳税款。

■ 对未达起征点的定期定额户，税务机关应当送达《未达起征点通知书》。

未达到起征点的定期定额户月实际经营额达到起征点，应当在纳税期限内办理纳税申报手续，并缴纳税款。

未达到起征点的定期定额户连续3个月达到起征点，应当向税务机关申报，提请重新核定定额。税务机关应当按照《办法》有关规定重新核定定额，并下达《核定定额通知书》。

《国家税务总局关于个体工商户定期定额征收管理有关问题的通知》，国税发〔2006〕183号

4.2.3.11 定期定额户对税务机关核定的定额有争议的，如何处理？

■ 定期定额户对税务机关核定的定额有争议的，可以在接到《核定定额通知书》之日起30日内向主管税务机关提出重新核定定额申请，并提供足以说明其生产、经营真实情况的证据，主管税务机关应当自接到申请之日起30日内书面答复。定期定额户也可以直接向上一级税务机关申请行政复议；对行政复议决定不服的，可以依法向人民法院提起行政诉讼。

定期定额户在未接到重新核定定额通知、行政复议决定书或人民法院判决书前，仍按原定额缴纳税款。

《个体工商户税收定期定额征收管理办法》第二十三条，国家税务总局令第 16 号

4.2.3.12 定期定额户当期发生的经营额、所得额超过定额一定幅度的，是否申报缴纳税款？

■ 定期定额户当期发生的经营额、所得额超过定额一定幅度的，应当在法律、行政法规规定的申报期限内向税务机关进行申报并缴清税款。具体幅度由省级税务机关确定。

《个体工商户税收定期定额征收管理办法》第十八条，国家税务总局令第 16 号

■ 定期定额户在定额执行期结束后，应当将该期每月实际发生经营额、所得额向税务机关申报（分月汇总申报），申报额超过定额的，税务机关按照申报额所应缴纳的税款减去已缴纳税款的差额补缴税款。

《国家税务总局关于个体工商户定期定额征收管理有关问题的通知》，国税发〔2006〕183 号

4.2.3.13 对定期定额户当期发生的经营额、所得额超过定额一定幅度而未向税务机关进行纳税申报，如何处理？

■ 经税务机关检查发现定期定额户在以前定额执行期发生的经营额、所得额超过定额，或者"当期"发生的经营额、所得额超过定额一定幅度而未向税务机关进行纳税申报及结清应纳税款的，税务机关应当追缴税款、加收滞纳金，并按照法律、行政法规规定予以处理。

《个体工商户税收定期定额征收管理办法》第二十条，国家税务总局令第 16 号

■ "当期"，是指定额执行期内所有纳税期。

■ 定期定额户在定额执行期届满分月汇总申报时，月申报额高于定额又低于省税务机关规定申报幅度的应纳税款，在规定的期限内申报纳税不加收滞纳金。

《国家税务总局关于个体工商户定期定额征收管理有关问题的通知》，国税发〔2006〕183 号

4.2.3.14 定期定额户的经营额、所得额连续纳税期超过或低于税务机关核定的定额，是否应当重新核定定额？

■ 定期定额户的经营额、所得额连续纳税期超过或低于定额一定幅度的，应当提请税务机关重新核定定额。具体幅度由省税务机关确定。

《国家税务总局关于个体工商户定期定额征收管理有关问题的通知》，国税发〔2006〕183 号

4.2.3.15 定期定额户在经营地点以外从事经营活动，是否办理纳税？

■ 定期定额户在税务机关核定定额的经营地点以外从事经营活动所应缴纳的税款，应当向税务机关办理相关纳税事宜。

《个体工商户税收定期定额征收管理办法》第十三条，国家税务总局令第 16 号

4.2.3.16 定期定额户申报额与定额不一致的，按什么数额缴纳税款？

■ 定期定额户在定额执行期结束后，应当以该期每月实际发生的经营额、所得额向税务机关申报，申报额超过定额的，按申报额缴纳税款；申报额低于定额的，按定额缴纳税款。

《个体工商户税收定期定额征收管理办法》第十八条，国家税务总局令第 16 号

4.2.3.17 定额执行期的具体期限，如何确定？

■ 定额执行期的具体期限由省级税务机关确定，但最长不得超过 1 年。

定额执行期是指税务机关核定后执行的第一个纳税期至最后一个纳税期。

《个体工商户税收定期定额征收管理办法》第六条，国家税务总局令第 16 号

4.2.3.18 税务机关停止定期定额户实行定期定额征收方式，是否通知定期定额户？

■ 税务机关停止定期定额户实行定期定额征收方式，应当书面通知定期定额户。

《个体工商户税收定期定额征收管理办法》第二十二条，国家税务总局令第 16 号

4.2.3.19 对企事业单位的承包经营、承租经营所得，个人所得税的税率是多少？

■ 对企事业单位的承包经营、承租经营所得，适用 5%～35% 的超额累进税率。

《个人所得税法》第三条

4.2.3.20 对企事业单位的承包经营、承租经营所得，如何运用速算扣除数法计算应纳税额？

■ 为简便计算应纳个人所得税额，可对适用超额累进税率的企事业单位的承包经营、承租经营所得，运用速算扣除数法计算其应纳税额。应纳税额的计算公式为：

应纳税额＝应纳税所得额×适用税率－速算扣除数（适用超额累进税率的应税所得计算应纳税额的速算扣除数）。

个人所得税税率表（经营所得适用）

级数	全年应纳税所得额	税率（%）	速算扣除数
1	不超过 30000 元的	5	0
2	超过 30000 元至 90000 元的部分	10	1500
3	超过 90000 元至 300000 元的部分	20	10500
4	超过 300000 元至 500000 元的部分	30	40500
5	超过 500000 元的部分	35	65500

注：本表所称全年应纳税所得额是指依照本法第六条的规定，以每一纳税年度的收入总额减除成本、费用以及损失后的余额。

《国家税务总局关于印发〈征收个人所得税若干问题的规定〉的通知》，国税发〔1994〕89 号

4.2.3.21 承包、承租期不足一年，如何计算应纳税额？

■ 实行承包、承租经营的纳税义务人，应以每一纳税年度取得的承包、承租经营所得计算纳税，在一个纳税年度内，承包、承租经营不足 12 个月的，以其实际承包、承租经营

的月份数为一个纳税年度计算纳税。计算公式为：

应纳税所得额＝该年度承包、承租经营收入额－（减除必要费用×该年度实际承包、承租经营月份数）

应纳税额＝应纳税所得额×适用税率－速算扣除数

《国家税务总局关于印发〈征收个人所得税若干问题的规定〉的通知》，国税发〔1994〕89号

■ 取得经营所得的个人，没有综合所得的，计算其每一纳税年度的应纳税所得额时，应当减除费用6万元、专项扣除、专项附加扣除以及依法确定的其他扣除。专项附加扣除在办理汇算清缴时减除。

《个人所得税法实施条例》第十五条

4.3 纳税管理

4.3.1 纳税申报

4.3.1.1 纳税人取得经营所得，应如何进行纳税申报？

■ 纳税人取得经营所得，按年计算个人所得税，由纳税人在月度或季度终了后15日内，向经营管理所在地主管税务机关办理预缴纳税申报，并报送《个人所得税经营所得纳税申报表（A表）》。在取得所得的次年3月31日前，向经营管理所在地主管税务机关办理汇算清缴，并报送《个人所得税经营所得纳税申报表（B表）》；从两处以上取得经营所得的，选择向其中一处经营管理所在地主管税务机关办理年度汇总申报，并报送《个人所得税经营所得纳税申报表（C表）》。

《国家税务总局关于个人所得税自行纳税申报有关问题的公告》第二条，国家税务总局公告2018年第62号

4.3.1.2 设置复式账的个体工商户，纳税申报的期限有何规定？

■ 设置复式账的个体工商户在办理纳税申报时，应当按照规定向当地主管税务机关报送财务会计报表和有关纳税资料。月度会计报表应当于月份终了后10日内报出，年度会计报表应当在年度终了后30日内报出。

《个体工商户建账管理暂行办法》第十一条，国家税务总局令第17号

4.3.1.3 定期定额户经营额、所得额超过定额的，进行纳税申报的期限有何规定？

定期定额户在定额执行期结束后，应当以该期每月实际发生的经营额、所得额向税务机关申报，申报额超过定额的，按申报额缴纳税款；申报额低于定额的，按定额缴纳税款。具体申报期限由省级税务机关确定。

《个体工商户税收定期定额征收管理办法》第十七条，国家税务总局令第 16 号

4.3.1.4　定期定额户实行简易申报，当期是否可以不办理纳税申报？

■　实行简易申报的定期定额户，应当在税务机关规定的期限内按照法律、行政法规规定缴清应纳税款，当期（指纳税期）可以不办理申报手续。

《个体工商户税收定期定额征收管理办法》第九条，国家税务总局令第 16 号

4.3.1.5　定期定额户纳税申报方式是否可以更改？

■　采用数据电文申报、邮寄申报、简易申报等方式的，经税务机关认可后方可执行。经确定的纳税申报方式在定额执行期内不予更改。

《个体工商户税收定期定额征收管理办法》第十条，国家税务总局令第 16 号

4.3.1.6　定期定额户当期税款不能按期入户的，如何处理？

■　凡委托银行或其他金融机构办理税款划缴的定期定额户，应当向税务机关书面报告开户银行及账号。其账户内存款应当足以按期缴纳当期税款。其存款余额低于当期应纳税款，致使当期税款不能按期入库的，税务机关按逾期缴纳税款处理；对实行简易申报的，按逾期办理纳税申报和逾期缴纳税款处理。

《个体工商户税收定期定额征收管理办法》第十一条，国家税务总局令第 16 号

4.3.1.7　定期定额户是否可以简并征期？

■　定期定额户经营地点偏远、缴纳税款数额较小，或者税务机关征收税款有困难的，税务机关可以按照法律、行政法规的规定简并征期。但简并征期最长不得超过一个定额执行期。简并征期的税款征收时间为最后一个纳税期。

《个体工商户税收定期定额征收管理办法》第十五条，国家税务总局令第 16 号

4.3.1.8　对实行简并征期的定期定额户，在规定的期限内申报是否加收滞纳金？

■　对实行简并征期的定期定额户，其按照定额所应缴纳的税款在规定的期限内申报纳税不加收滞纳金。

实行简并征期的定期定额户，在简并征期结束后应当办理分月汇总申报。

《国家税务总局关于个体工商户定期定额征收管理有关问题的通知》，国税发〔2006〕183 号

4.3.1.9　个体工商户的纳税地点如何确定？

■　个体工商户向实际经营所在地主管税务机关申报。

《国家税务总局关于印发〈个人所得税自行纳税申报办法（试行）〉的通知》第十一条，国税发〔2006〕162 号

■　个体工商户有两处或两处以上经营机构的，选择并固定向其中一处经营机构所在地主管税务机关申报缴纳个人所得税。

《个体工商户个人所得税计税办法》第四十条，国家税务总局令第 35 号

4.3.1.10　个人所得税申报表包括哪些？

■　个人所得税申报表及其填表说明予以发布，自 2013 年 8 月 1 日起执行。

个人所得税自行纳税申报表（B 表）

《国家税务总局关于发布个人所得税申报表的公告》，国家税务总局公告 2013 年第 21 号

- 个人所得税生产经营所得及减免税有关申报表，自 2015 年 7 月 1 日起执行。

个人所得税减免税事项报告表

《国家税务总局关于发布生产经营所得及减免税事项有关个人所得税申报表的公告》，国家税务总局公告 2015 年第 28 号

- 2019 年 1 月 1 日起施行修订后的个人所得税有关申报表。

个人所得税经营所得纳税申报表（A 表）（B 表）（C 表）

《国家税务总局关于修订个人所得税申报表的公告》，国家税务总局公告 2019 年第 7 号

- 自 2020 年 1 月 1 日起，国家税务总局公告 2019 年第 7 号中附件《个人所得税经营所得纳税申报表（A 表）》同时废止。

《国家税务总局关于修订部分个人所得税申报表的公告》，国家税务总局公告 2019 年第 46 号

4.3.2 建账管理

4.3.2.1 个体工商户设置复式账的条件？

- 符合下列情形之一的个体工商户，应当设置复式账：

（1）注册资金在 20 万元以上的。

（2）销售增值税应税劳务的纳税人或营业税纳税人月销售（营业）额在 4 万元以上；从事货物生产的增值税纳税人月销售额在 6 万元以上；从事货物批发或零售的增值税纳税人月销售额在 8 万元以上的。

（3）省级税务机关确定应设置复式账的其他情形。

- 纳税人月销售额或月营业额，是指个体工商户上一个纳税年度月平均销售额或营业额；新办的个体工商户为业户预估的当年度经营期月平均销售额或营业额。

- 设置复式账的个体工商户应按《个体工商户会计制度（试行）》的规定设置总分类账、明细分类账、日记账等，进行财务会计核算，如实记载财务收支情况。成本、费用列支和其他财务核算规定按照《个体工商户个人所得税计税办法（试行）》执行。

- 复式账簿中现金日记账，银行存款日记账和总分类账必须使用订本式，其他账簿可以根据业务的实际发生情况选用活页账簿。

《个体工商户建账管理暂行办法》第三、五、九、十条，国家税务总局令第 17 号

4.3.2.2 个体工商户设置简易账的条件？

- 符合下列情形之一的个体工商户，应当设置简易账，并积极创造条件设置复式账：

（1）注册资金在 10 万元以上 20 万元以下的。

（2）销售增值税应税劳务的纳税人或营业税纳税人月销售（营业）额在 1.5 万元至 4 万元；从事货物生产的增值税纳税人月销售额在 3 万元至 6 万元；从事货物批发或零售的增值税纳税人月销售额在 4 万元至 8 万元的。

（3）省级税务机关确定应当设置简易账的其他情形。

设置简易账的个体工商户应当设置经营收入账、经营费用账、商品（材料）购进账、库存商品（材料）盘点表和利润表，以收支方式记录、反映生产、经营情况并进行简易会计核算。

简易账簿均应采用订本式。

《个体工商户建账管理暂行办法》第四、九、十条，国家税务总局令第 17 号

4.3.2.3 不建账的个体工商户，是否需要审批？

■ 达不到上述建账标准的个体工商户，经县以上税务机关批准，可建立收支凭证粘贴簿、进货销货登记簿或者使用税控装置。

《个体工商户建账管理暂行办法》第六条，国家税务总局令第 17 号

4.3.2.4 建账的个体工商户，选择建账方式是否需要备案？

■ 达到建账标准的个体工商户，应当根据自身生产、经营情况和设置账簿条件，对照选择设置复式账或简易账，并报主管税务机关备案。账簿方式一经确定，在一个纳税年度内不得进行变更。

《个体工商户建账管理暂行办法》第七条，国家税务总局令第 17 号

4.3.2.5 个体工商户的税控收款机输出的完整的书面记录，是否视同经营收入账？

■ 按照税务机关规定的要求使用税控收款机的个体工商户，其税控收款机输出的完整的书面记录，可以视同经营收入账。

《个体工商户建账管理暂行办法》第十三条，国家税务总局令第 17 号

4.3.2.6 定期定额户应当建立哪些纳税资料？

■ 定期定额户应当建立收支凭证粘贴簿、进销货登记簿，完整保存有关纳税资料，并接受税务机关的检查。

《个体工商户税收定期定额征收管理办法》第八条，国家税务总局令第 16 号

4.3.2.7 个体工商户建账的时间有何规定？

■ 达到建账标准的个体工商户，应当自领取营业执照或者发生纳税义务之日起 15 日内，设置账簿并办理账务，不得伪造、变造或者擅自损毁账簿、记账凭证、完税凭证和其他有关资料。

《个体工商户建账管理暂行办法》第八条，国家税务总局令第 17 号

4.3.2.8 个体工商户可以聘请哪些人代理记账？

■ 个体工商户可以聘请经批准从事会计代理记账业务的专业机构或者具备资质的财会人员代为建账和办理账务。

《个体工商户建账管理暂行办法》第十二条，国家税务总局令第 17 号

4.3.2.9 税务机关对建账户的征收方式有哪些？

■ 税务机关对建账户采用查账征收方式征收税款。建账初期，也可以采用查账征收与定期定额征收相结合的方式征收税款。

《个体工商户建账管理暂行办法》第十四条，国家税务总局令第 17 号

4.3.3 个人收入档案管理

4.3.3.1 个人收入档案的内容有哪些？

■ 个人收入档案管理制度是指，税务机关按照要求对每个纳税人的个人基本信息、收入和纳税信息以及相关信息建立档案，并对其实施动态管理的一项制度。

■ 省以下（含省级）各级税务机关的管理部门应当按照规定逐步对每个纳税人建立收入和纳税档案，实施"一户式"的动态管理。

《国家税务总局关于印发〈个人所得税管理办法〉的通知》第三、四条，国税发〔2005〕120号

4.3.3.2 纳税人的基础信息档案内容有哪些？

■ 省以下（含省级）各级税务机关的管理部门应区别不同类型的纳税人，并按以下内容建立相应的基础信息档案：

（1）雇员纳税人（不含股东、投资者、外籍人员）的档案内容包括：姓名、身份证照类型、身份证照号码、学历、职业、职务、电子邮箱地址、有效联系电话、有效通信地址、邮政编码、户籍所在地、扣缴义务人编码、是否重点纳税人。

（2）非雇员纳税人（不含股东、投资者）的档案内容包括：姓名、身份证照类型、身份证照号码、电子邮箱地址、有效联系电话、有效通信地址（工作单位或家庭地址）、邮政编码、工作单位名称、扣缴义务人编码、是否重点纳税人。

（3）股东、投资者（不含个人独资、合伙企业投资者）的档案内容包括：姓名、国籍、身份证照类型、身份证照号码、有效通信地址、邮政编码、户籍所在地、有效联系电话、电子邮箱地址、公司股本（投资）总额、个人股本（投资）额、扣缴义务人编码、是否重点纳税人。

（4）个人独资、合伙企业投资者、个体工商户、对企事业单位的承包承租经营人的档案内容包括：姓名、身份证照类型、身份证照号码、个体工商户（或个人独资企业、合伙企业、承包承租企事业单位）名称、经济类型、行业、经营地址、邮政编码、有效联系电话、税务登记证号码、电子邮箱地址、所得税征收方式（核定、查账）、主管税务机关、是否重点纳税人。

（5）外籍人员（含雇员和非雇员）的档案内容包括：纳税人编码、姓名（中、英文）、性别、出生地（中、英文）、出生年月、境外地址（中、英文）、国籍或地区、身份证照类型、身份证照号码、居留许可号码（或台胞证号码、回乡证号码）、劳动就业证号码、职业、境内职务、境外职务、入境时间、任职期限、预计在华时间、预计离境时间、境内任职单位名称及税务登记证号码、境内任职单位地址、邮政编码、联系电话、其他任职单位（也应包括地址、电话、联系方式）名称及税务登记证号码、境内受聘或签约单位名称及税务登记证号码、地址、邮政编码、联系电话、境外派遣单位名称（中、英文）、境外派遣单位地址（中、英文）、支付地（包括境内支付还是境外支付）、是否重点纳税人。

《国家税务总局关于印发〈个人所得税管理办法〉的通知》第五条，国税发〔2005〕120号

4.3.3.3 纳税人档案内容的来源有哪些？

■ 纳税人档案的内容来源于：
（1）纳税人税务登记情况；
（2）《扣缴个人所得税报告表》和《支付个人收入明细表》；
（3）代扣代收税款凭证；
（4）个人所得税纳税申报表；
（5）社会公共部门提供的有关信息；
（6）税务机关的纳税检查情况和处罚记录；
（7）税务机关掌握的其他资料及纳税人提供的其他信息资料。

■ 税务机关应对档案内容适时进行更新和调整；并根据本地信息化水平和征管能力提高的实际，以及个人收入的变化等情况，不断扩大档案管理的范围，直至实现全员全额管理。

《国家税务总局关于印发〈个人所得税管理办法〉的通知》第六、七条，国税发〔2005〕120号

4.3.3.4 纳税人档案资料的作用是什么？

■ 税务机关应充分利用纳税人档案资料，加强个人所得税管理。定期对重点纳税人、重点行业和企业的个人档案资料进行比对分析和纳税评估，查找税源变动情况和原因，及时发现异常情况，采取措施堵塞征管漏洞。

《国家税务总局关于印发〈个人所得税管理办法〉的通知》第八条，国税发〔2005〕120号

4.3.4 代扣代缴明细账制度

4.3.4.1 代扣代缴明细账的具体内容有哪些？

■ 代扣代缴明细账制度是指，税务机关依据个人所得税法和有关规定，要求扣缴义务人按规定报送其支付收入的个人所有的基本信息、支付个人收入和扣缴税款明细信息以及其他相关涉税信息，并对每个扣缴义务人建立档案，为后续实施动态管理打下基础的一项制度。

《国家税务总局关于印发〈个人所得税管理办法〉的通知》第九条，国税发〔2005〕120号

4.3.4.2 《扣缴个人所得税报告表》和《支付个人收入明细表》填写的内容和要求是什么？

■ 扣缴义务人申报的纳税资料，税务机关应严格审查核实。对《扣缴个人所得税报告表》和《支付个人收入明细表》没有按每一个人逐栏逐项填写的，或者填写内容不全的，主管税务机关应要求扣缴义务人重新填报。已实行信息化管理的，可以将《支付个人收入

明细表》并入《扣缴个人所得税报告表》。

《扣缴个人所得税报告表》填写实际缴纳了个人所得税的纳税人的情况；《支付个人收入明细表》填写支付了应税收入，但未达到纳税标准的纳税人的情况。

《国家税务总局关于印发〈个人所得税管理办法〉的通知》第十一条，国税发〔2005〕120号

4.3.4.3 扣缴义务人档案的内容有哪些？

■ 税务机关应对每个扣缴义务人建立档案，其内容包括：扣缴义务人编码、扣缴义务人名称、税务（注册）登记证号码、电话号码、电子邮件地址、行业、经济类型、单位地址、邮政编码、法定代表人（单位负责人）和财务主管人员姓名及联系电话、税务登记机关、登记证照类型、发照日期、主管税务机关、应纳税所得额（按所得项目归类汇总）、免税收入、应纳税额（按所得项目归类汇总）、纳税人数、已纳税额、应补（退）税额、减免税额、滞纳金、罚款、完税凭证号等。

《国家税务总局关于印发〈个人所得税管理办法〉的通知》第十三条，国税发〔2005〕120号

4.3.4.4 扣缴义务人档案的来源有哪些？

■ 扣缴义务人档案的内容来源于：

（1）扣缴义务人扣缴税款登记情况；

（2）《扣缴个人所得税报告表》和《支付个人收入明细表》；

（3）代扣代收税款凭证；

（4）社会公共部门提供的有关信息；

（5）税务机关的纳税检查情况和处罚记录；

（6）税务机关掌握的其他资料。

《国家税务总局关于印发〈个人所得税管理办法〉的通知》第十四条，国税发〔2005〕120号

4.3.5 双向申报制度

4.3.5.1 纳税人与扣缴义务人双向申报的内容有哪些？

■ 纳税人与扣缴义务人向税务机关双向申报制度是指，纳税人与扣缴义务人按照法律、行政法规规定和税务机关依法律、行政法规所提出的要求，分别向主管税务机关办理纳税申报，税务机关对纳税人和扣缴义务人提供的收入、纳税信息进行交叉比对、核查的一项制度。

■ 对税法及其实施条例，以及相关法律、法规规定纳税人必须自行申报的，税务机关应要求其自行向主管税务机关进行纳税申报。

《国家税务总局关于印发〈个人所得税管理办法〉的通知》第十五、十六条，国税发〔2005〕120号

4.3.5.2 纳税人与扣缴义务人双向申报对税务机关的作用是什么？

■ 税务机关接受纳税人、扣缴义务人的纳税申报时，应对申报的时限、应税项目、适用税率、税款计算及相关资料的完整性和准确性进行初步审核，发现有误的，应及时要求纳税人、扣缴义务人修正申报。

■ 税务机关应对双向申报的内容进行交叉比对和评估分析，从中发现问题并及时依法处理。

《国家税务总局关于印发〈个人所得税管理办法〉的通知》第十七、十八条，国税发〔2005〕120号

4.3.6 协税制度

4.3.6.1 建立协税制度的目的是什么？

■ 与社会各部门配合的协税制度是指，税务机关应建立与个人收入和个人所得税征管有关的各部门的协调与配合的制度，及时掌握税源和与纳税有关的信息，共同制定和实施协税、护税措施，形成社会协税、护税网络。

《国家税务总局关于印发〈个人所得税管理办法〉的通知》第十九条，国税发〔2005〕120号

4.3.6.2 税务机关与各部门配合，需要了解哪些信息？

■ 税务机关应重点加强与以下部门的协调配合：公安、检察、法院、工商、银行、文化体育、财政、劳动、房管、交通、审计、外汇管理等部门。

■ 税务机关通过加强与有关部门的协调配合，着重掌握纳税人的相关收入信息。

（1）与公安部门联系，了解中国境内无住所个人出入境情况及在中国境内的居留暂住情况，实施阻止欠税人出境制度，掌握个人购车等情况；

（2）与工商部门联系，了解纳税人登记注册的变化情况和股份制企业股东及股本变化等情况；

（3）与文化体育部门联系，掌握各种演出、比赛获奖等信息，落实演出承办单位和体育单位的代扣代缴义务等情况；

（4）与房管部门联系，了解房屋买卖、出租等情况；

（5）与交通部门联系，了解出租车、货运车以及运营等情况；

（6）与劳动部门联系，了解中国境内无住所个人的劳动就业情况。

《国家税务总局关于印发〈个人所得税管理办法〉的通知》第二十、二十一条，国税发〔2005〕120号

4.3.7 信息化建设

4.3.7.1 个人所得税信息化建设的原则和作用是什么？

■ 各级税务机关应在金税工程三期的总体框架下，按照"一体化"要求和"统筹规

划、统一标准、突出重点、分布实施、整合资源、讲究实效、加强管理、保证安全"的原则，进一步加快个人所得税征管信息化建设，以此提高个人所得税征管质量和效率。

《国家税务总局关于印发〈个人所得税管理办法〉的通知》第二十四条，国税发〔2005〕120号

4.3.7.2 个人所得税代扣代缴（扣缴义务人端）系统的要求有哪些？

■ 代扣代缴（扣缴义务人端）系统的要求是：

（1）为扣缴义务人提供方便快捷的报税工具；

（2）可以从扣缴义务人现有的财务等软件中导入相关信息；

（3）自动计算税款，自动生成各种报表；

（4）支持多元化的申报方式；

（5）方便扣缴义务人统计、查询、打印；

（6）提供《代扣代收税款凭证》打印功能；

（7）便于税务机关接受扣缴义务人的明细扣缴申报，准确全面掌握有关基础数据资料。

《国家税务总局关于印发〈个人所得税管理办法〉的通知》第二十六条，国税发〔2005〕120号

4.3.7.3 个人所得税基础信息管理系统（税务端）的要求有哪些？

■ 基础信息管理系统（税务端）的要求是：

（1）建立个人收入纳税一户式档案，用于汇集扣缴义务人、纳税人的基础信息、收入及纳税信息资料；

（2）传递个人两处以上取得的收入及纳税信息给征管环节；

（3）从一户式档案中筛选高收入个人、高收入行业、重点纳税人、重点扣缴义务人，并实施重点管理；

（4）通过对纳税人收入、纳税相关信息进行汇总比对，判定纳税人申报情况的真实性；

（5）通过设定各类统计指标、口径和运用统计结果，为加强个人所得税管理和完善政策提供决策支持；

（6）建立与各部门的数据应用接口，为其他税费征收提供信息；

（7）按规定打印《中华人民共和国个人所得税完税证明》，为纳税人提供完税依据。

《国家税务总局关于印发〈个人所得税管理办法〉的通知》第二十七条，国税发〔2005〕120号

4.3.8 重点纳税人

4.3.8.1 个人所得税重点纳税人范围包括哪些？

■ 税务机关应将下列人员纳入重点纳税人范围：金融、保险、证券、电力、电信、石油、石化、烟草、民航、铁道、房地产、学校、医院、城市供水供气、出版社、公路管理、外商投资企业和外国企业、高新技术企业、中介机构、体育俱乐部等高收入行业人员；民营

经济投资者、影视明星、歌星、体育明星、模特等高收入个人；临时来华演出人员。

《国家税务总局关于印发〈个人所得税管理办法〉的通知》第二十九条，国税发〔2005〕120号

4.3.8.2 对重点纳税人实施重点管理的范围包括哪些？

■ 各级税务机关应从下列人员中，选择一定数量的个人作为重点纳税人，实施重点管理：

（1）收入较高者；

（2）知名度较高者；

（3）收入来源渠道较多者；

（4）收入项目较多者；

（5）无固定单位的自由职业者；

（6）对税收征管影响较大者。

《国家税务总局关于印发〈个人所得税管理办法〉的通知》第三十条，国税发〔2005〕120号

4.3.8.3 税务机关应如何对重点纳税人实行重点管理？

■ 税务机关应对重点纳税人按人建立专门档案，实行重点管理，随时跟踪其收入和纳税变化情况。

■ 各级税务机关应充分利用建档管理掌握的重点纳税人信息，定期对重点纳税人的收入、纳税情况进行比对、评估分析，从中发现异常问题，及时采取措施堵塞管理漏洞。

《国家税务总局关于印发〈个人所得税管理办法〉的通知》第三十二、三十三条，国税发〔2005〕120号

4.3.8.4 税务机关如何加强税源的源泉管理？

■ 税务机关应严格税务登记管理制度，认真开展漏征漏管户的清理工作，摸清底数。

■ 税务机关应按照有关要求建立和健全纳税人、扣缴义务人的档案，切实加强个人所得税税源管理。

■ 各级税务机关应充分利用与各部门配合的协作制度，从公安、工商、银行、文化、体育、房管、劳动、外汇管理等社会公共部门获取税源信息。

■ 各级税务机关应利用从有关部门获取的信息，加强税源管理、进行纳税评估。税务机关应定期分析税源变化情况，对变动较大等异常情况，应及时分析原因，采取相应管理措施。

■ 各级税务机关在加强查账征收工作的基础上，对符合征管法第三十五条规定情形的，采取定期定额征收和核定应税所得率征收，以及其他合理的办法核定征收个人所得税。对共管个体工商户的应纳税经营额由国家税务局负责核定。

■ 主管税务机关在确定对纳税人的核定征收方式后，要选择有代表性的典型户进行调查，在此基础上确定应纳税额。典型调查面不得低于核定征收纳税人的3%。

《国家税务总局关于印发〈个人所得税管理办法〉的通知》第三十八、三十九、四十一、四十二、四十三、四十四条，国税发〔2005〕120号

4.3.8.5 税务机关如何做好代扣代缴工作?

■ 税务机关应继续做好代扣代缴工作,提高扣缴质量和水平:

(1) 要继续贯彻落实已有的个人所得税代扣代缴工作制度和办法,并在实践中不断完善提高;

(2) 要对本地区所有行政、企事业单位、社会团体等扣缴义务人进行清理和摸底,在此基础上按照纳税档案管理的指标建立扣缴义务人台账或基本账户,对其实行跟踪管理;

(3) 配合全员全额管理,推行扣缴义务人支付个人收入明细申报制度;

(4) 对下列行业应实行重点税源管理:金融、保险、证券、电力、电信、石油、石化、烟草、民航、铁道、房地产、学校、医院、城市供水供气、出版社、公路管理、外商投资企业、高新技术企业、中介机构、体育俱乐部等高收入行业;连续3年(含3年)为零申报的代扣代缴单位(以下简称长期零申报单位);

(5) 对重点税源管理的行业、单位和长期零申报单位,应将其列为每年开展专项检查的重点对象,或对其纳税申报材料进行重点审核。

《国家税务总局关于印发〈个人所得税管理办法〉的通知》第四十条,国税发〔2005〕120号

4.3.9 全员全额管理

4.3.9.1 全员全额管理的基础是什么?

■ 全员全额管理是指,凡取得应税收入的个人,无论收入额是否达到个人所得税的纳税标准,均应就其取得的全部收入,通过代扣代缴和个人申报,全部纳入税务机关管理。

■ 各级税务机关要按照规定和要求,尽快建立个人收入档案管理制度、代扣代缴明细账制度、纳税人与扣缴义务人向税务机关双向申报制度、与社会各部门配合的协税制度,为实施全员全额管理打下基础。

《国家税务总局关于印发〈个人所得税管理办法〉的通知》第四十五、四十七条,国税发〔2005〕120号

4.3.9.2 税务机关如何利用全员管理的信息开展个人所得税纳税评估?

■ 税务机关应充分利用全员全额管理掌握的纳税人信息、扣缴义务人信息、税源监控信息、有关部门、媒体提供的信息、税收管理人员实地采集的信息等,依据国家有关法律和政策法规的规定,对自行申报纳税人纳税申报情况和扣缴义务人扣缴税情况的真实性、准确性进行分析、判断,开展个人所得税纳税评估,提高全员全额管理的质量。

■ 个人所得税纳税评估应按"人机结合"的方式进行,其基本原理和流程是:根据当地居民收入水平及其变动、行业收入水平及其变动等影响个人所得税的相关因素,建立纳税评估分析系统;根据税收收入增减额、增减率或行业平均指标模型确定出纳税评估的重点对象;对纳税评估对象进行具体评估分析,查找锁定引起该扣缴义务人或者纳税人个人所得税变化的具体因素;据此与评估对象进行约谈,要求其说明情况并纠正错误,或者交由稽查部

门实施稽查，并进行后续的重点管理。

《国家税务总局关于印发〈个人所得税管理办法〉的通知》第四十九、五十一条，国税发〔2005〕120号

4.3.9.3 税务机关应加强哪些纳税人的基础信息和税源管理工作？

■ 税务机关应加强个人独资和合伙企业投资者、个体工商户、独立劳务者等无扣缴义务人的独立纳税人的基础信息和税源管理工作。

《国家税务总局关于印发〈个人所得税管理办法〉的通知》第五十条，国税发〔2005〕120号

4.3.9.4 税务机关信息采集的范围有哪些？

■ 税务机关应按以下范围采集纳税评估的信息：

（1）当地职工年平均工资、月均工资水平；
（2）当地分行业职工年平均工资、月均工资水平；
（3）当地分行业资金利润率；
（4）企业财务报表相关数据；
（5）股份制企业分配股息、红利情况；
（6）其他有关数据。

《国家税务总局关于印发〈个人所得税管理办法〉的通知》第五十二条，国税发〔2005〕120号

4.3.9.5 税务机关信息采集的来源有哪些？

■ 税务机关应按以下来源采集纳税评估的信息：

（1）税务登记的有关信息；
（2）纳税申报的有关信息；
（3）会计报表有关信息；
（4）税控收款装置的有关信息；
（5）中介机构出具的审计报告、评估报告的信息；
（6）相关部门、媒体提供的信息；
（7）税收管理人员到纳税户了解采集的信息；
（8）其他途径采集的纳税人和扣缴义务人与个人所得税征管有关的信息。

《国家税务总局关于印发〈个人所得税管理办法〉的通知》第五十二条，国税发〔2005〕120号

4.3.9.6 税务机关如何确定纳税评估重点对象？

■ 税务机关应设置纳税评估分析指标、财务分析指标、业户不良记录评析指标，通过分析确定某一期间个人所得税的总体税源发生增减变化的主要行业、主要企业、主要群体，确定纳税评估重点对象。个人所得税纳税评估的程序、指标、方法等按照国家税务总局《纳税评估管理办法》（试行）及相关规定执行。

《国家税务总局关于印发〈个人所得税管理办法〉的通知》第五十三条，国税发

〔2005〕120号

4.3.9.7　个人所得税纳税评估如何进行？

■　个人所得税纳税评估主要从以下项目进行：

（1）工资、薪金所得，应重点分析工资总额增减率与该项目税款增减率对比情况，人均工资增减率与人均该项目税款增减率对比情况，税款增减率与企业利润增减率对比分析，同行业、同职务人员的收入和纳税情况对比分析。

（2）利息、股息、红利所得，应重点分析当年该项目税款与上年同期对比情况，该项目税款增减率与企业利润增减率对比情况，企业转增个人股本情况，企业税后利润分配情况。

（3）个体工商户的生产、经营所得（含个人独资企业和合伙企业），应重点分析当年与上年该项目税款对比情况，该项目税款增减率与企业利润增减率对比情况；税前扣除项目是否符合现行政策规定；是否连续多个月零申报；同地区、同行业个体工商户生产、经营所得的税负对比情况。

（4）对企事业单位的承包经营、承租经营所得，应重点分析当年与上年该项目税款对比情况，该项目税款增减率与企业利润增减率对比情况，其行业利润率、上缴税款占利润总额的比重等情况；是否连续多个月零申报；同地区、同行业对企事业单位的承包经营、承租经营所得的税负对比情况。

（5）劳务报酬所得，应重点分析纳税人取得的所得与过去对比情况，支付劳务费的合同、协议、项目情况，单位白条列支劳务报酬情况。

（6）其他各项所得，应结合个人所得税征管实际，选择有针对性的评估指标进行评估分析。

《国家税务总局关于印发〈个人所得税管理办法〉的通知》第五十四条，国税发〔2005〕120号

4.3.9.8　对企事业单位的承包经营、承租经营所得应纳的税款，如何申报纳税？

■　纳税人取得应税所得没有扣缴义务人的，应当在取得所得的次月15日内向税务机关报送纳税申报表，并缴纳税款。

纳税人取得应税所得，扣缴义务人未扣缴税款的，纳税人应当在取得所得的次年6月30日前，缴纳税款；税务机关通知限期缴纳的，纳税人应当按照期限缴纳税款。

《个人所得税法》第十三条

4.4　个人独资企业和合伙企业

4.4.1　纳税人和纳税范围

4.4.1.1　个人独资企业，谁是纳税义务人？

■　个人独资企业以投资者为纳税义务人。

《财政部、国家税务总局关于印发〈关于个人独资企业和合伙企业投资者征收个人所得税的规定〉的通知》，财税〔2000〕91号

4.4.1.2 合伙企业，谁为纳税义务人？

■ 合伙企业以每一个合伙人为纳税义务人。合伙企业合伙人是自然人的，缴纳个人所得税；合伙人是法人和其他组织的，缴纳企业所得税。

《财政部、国家税务总局关于合伙企业合伙人所得税问题的通知》，财税〔2008〕159号

4.4.1.3 对个人独资企业和合伙企业，是否征收个人所得税？

■ 自2000年1月1日起，对个人独资企业和合伙企业停止征收企业所得税，其投资者的生产经营所得，比照个体工商户的生产、经营所得征收个人所得税。

《国务院关于个人独资企业和合伙企业征收所得税问题的通知》，国发〔2000〕16号

■ 个人独资企业和合伙企业是指：

（1）依照《中华人民共和国个人独资企业法》和《中华人民共和国合伙企业法》登记成立的个人独资企业、合伙企业；

（2）依照《中华人民共和国私营企业暂行条例》登记成立的独资、合伙性质的私营企业；

（3）依照《中华人民共和国律师法》登记成立的合伙制律师事务所；

（4）经政府有关部门依照法律法规批准成立的负无限责任和无限连带责任的其他个人独资、个人合伙性质的机构或组织。

《财政部、国家税务总局关于印发〈关于个人独资企业和合伙企业投资者征收个人所得税的规定〉的通知》，财税〔2000〕91号

4.4.1.4 企业出资为投资者个人、投资者家庭成员购买房屋及其他财产的，是否计征个人所得税？

■ 企业出资购买房屋及其他财产，将所有权登记为投资者个人、投资者家庭成员的，对个人独资企业、合伙企业的个人投资者或其家庭成员取得的上述所得，视为企业对个人投资者的利润分配，按照"个体工商户的生产、经营所得"项目计征个人所得税。

《财政部、国家税务总局关于企业为个人购买房屋或其他财产征收个人所得问题的批复》，财税〔2008〕83号

4.4.1.5 个人向企业借款，借款年度终了后未归还借款的，是否计征个人所得税？

■ 企业投资者个人、投资者家庭成员或企业其他人员向企业借款用于购买房屋及其他财产，将所有权登记为投资者、投资者家庭成员，且借款年度终了后未归还借款的，视为企业对个人投资者的利润分配，按照"个体工商户的生产、经营所得"项目计征个人所得税。

《财政部、国家税务总局关于企业为个人购买房屋或其他财产征收个人所得问题的批复》二，财税〔2008〕83号

4.4.2 应纳税额

4.4.2.1 个人独资企业和合伙企业如何计算个人所得税应纳税额？

■ 个人独资企业和合伙企业（企业）每一纳税年度的收入总额减除成本、费用以及损失后的余额，作为投资者个人的生产经营所得，比照《个人所得税法》的"经营所得"应税项目，适用5%~35%的五级超额累进税率，计算征收个人所得税。

《财政部、国家税务总局关于印发〈关于个人独资企业和合伙企业投资者征收个人所得税的规定〉的通知》，财税〔2000〕91号

4.4.2.2 个人独资企业的投资者应纳税所得额如何确定？

■ 个人独资企业的投资者以全部生产经营所得为应纳税所得额。

生产经营所得，包括企业分配给投资者个人的所得和企业当年留存的所得（利润）。

举例：李先生于2019年成立了个人独资企业，2019年营业收入为200万元，营业成本为80万元，税金及附加20万元，发生管理费用60万元，财务费用10万元，营业外支出3万元。

（1）以上的管理费用中，有20万元经营费用与个人家庭生活混用难以分清，已经计入成本费用的工资20万元，其中包括李先生的工资5万元。缴纳的工会经费0.5万元，职工福利费2万元。

（2）李先生购买国债于2019年取得的利息收入2万元。

（3）营业外支出中包括环保部门处以的罚款3万元。

李先生个人按照规定缴纳的"三险一金"为700元/月，无其他扣除。李先生本年应缴纳的个人所得税为多少？

项目名称	项目金额（万元）	应纳税所得额调整（万元）	备注
营业收入	200.00	-	-
其中：国债利息收入	2.00	-2.00	免税
营业成本	80.00	-	-
其中：罚款	3.00	3.00	不得扣除
税金及附加	20.00	-	-
管理费用	60.00	-	-
其中：与个人家庭生活混用难以分清	20.00	20.00	不得扣除
支付甲的工资	5.00	5.00	不得扣除
公司员工工资	15.00	-	-
工会经费	0.50	0.20	限额扣除：0.5 - (20-5) ×2% = 0.2万元
福利费	2.00	-	限额扣除：(20-5) ×14% = 2.1万元 >2万元，无须调整
财务费用	10.00	-	-
营业外支出	3.00	-	-
其中：罚款	3.00	3.00	不得扣除
合计		29.2	-

答：利润总额 = 200 − 80 − 20 − 60 − 10 − 3 = 27 万元

李先生应纳税额为 (27 − 2 + 31.2) × 35% − 6.55 = 13.12 万元

《财政部、国家税务总局关于印发〈关于个人独资企业和合伙企业投资者征收个人所得税的规定〉的通知》，财税〔2000〕91 号

4.4.2.3 合伙企业的投资者应纳税所得额如何确定？

■ 合伙企业的投资者按照合伙企业的全部生产经营所得和合伙协议约定的分配比例确定应纳税所得额，合伙协议没有约定分配比例的，以全部生产经营所得和合伙人数量平均计算每个投资者的应纳税所得额。

《财政部、国家税务总局关于印发〈关于个人独资企业和合伙企业投资者征收个人所得税的规定〉的通知》，财税〔2000〕91 号

■ 合伙企业生产经营所得和其他所得采取"先分后税"的原则。生产经营所得和其他所得，包括合伙企业分配给所有合伙人的所得和企业当年留存的所得（利润）。

■ 合伙企业的合伙人按照下列原则确定应纳税所得额：

（1）合伙企业的合伙人以合伙企业的生产经营所得和其他所得，按照合伙协议约定的分配比例确定应纳税所得额；

（2）合伙协议未约定或者约定不明确的，以全部生产经营所得和其他所得，按照合伙人协商决定的分配比例确定应纳税所得额；

（3）协商不成的，以全部生产经营所得和其他所得，按照合伙人实缴出资比例确定应纳税所得额；

（4）无法确定出资比例的，以全部生产经营所得和其他所得，按照合伙人数量平均计算每个合伙人的应纳税所得额。合伙协议不得约定将全部利润分配给部分合伙人。

举例：张先生与公司 A 共同投资合伙企业 B，张先生与公司 A 的投资及利润分配比例均分别为 20%、80%，合伙企业经营状况如下：

2016 年纳税调整后应纳税所得额 300 万元，其中 100 万元所得进行了利润分配；2017 年纳税调整后应纳税所得额 −200 万元；2018 年纳税调整后应纳税所得额 100 万元，2019 年纳税调整后应纳税所得额 200 万元，2018 年及 2019 年应纳税所得额均未进行利润分配，张先生承担的"三险一金"为 1500 元/月，无其他扣除，应如何缴纳个人所得税？

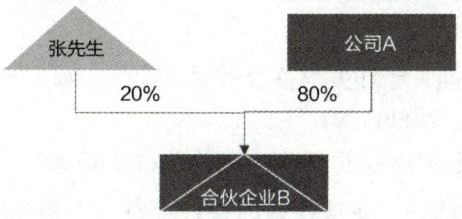

答：无论合伙企业 B 是否进行了利润分配，对于 B 的所得，张先生以及 A 公司均应缴纳所得税。

提示：根据《财政部、国家税务总局关于合伙企业合伙人所得税问题的通知》（财税〔2008〕第 159 号）第五条规定，合伙企业的合伙人是法人和其他组织的，合伙人在计算其

缴纳企业所得税时,不得用合伙企业的亏损抵减其盈利。即合伙企业 B 的亏损不能弥补 A 公司的盈利。

具体分配情况如下:

年度	纳税调整后收益(万元)	甲分配的所得(万元)	公司 A 分配的所得(万元)
2016	300	300×20%	300×80%
2017	−200	0	0
2018	100	0	0
2019	200	100×20%	100×80%

对于张先生应缴纳的个税税额:

2016 年应纳税额 =(300×20% −4.2)×35% −1.475 = 18.055 万元

2017 年应纳税额 = 0

2018 年所得弥补 2017 年亏损,因此,2018 年应纳税额为 0。

2019 年:弥补 2017 年亏损后所得 100 万元。

计算公式:应纳税额 =(分配的所得 − 允许扣除的其他费用 − 扣除)× 税率 − 速算扣除数

2019 年应纳税额 =(100×20% −6 −1.8)×20% −1.05 = 1.39 万元

《财政部、国家税务总局关于合伙企业合伙人所得税问题的通知》,财税〔2008〕159 号

4.4.2.4 凡实行查账征税办法的,投资者及其家庭发生的生活费用与企业生产经营费用混合在一起,并且难以划分的,是否准予税前扣除?

■ 凡实行查账征税办法的,投资者及其家庭发生的生活费用不允许在税前扣除。投资者及其家庭发生的生活费用与企业生产经营费用混合在一起,并且难以划分的,全部视为投资者个人及其家庭发生的生活费用,不允许在税前扣除。

《财政部、国家税务总局关于印发〈关于个人独资企业和合伙企业投资者征收个人所得税的规定〉的通知》,财税〔2000〕91 号

4.4.2.5 凡实行查账征税办法的,企业生产经营和投资者及其家庭生活共用的固定资产难以划分的,是否准予税前扣除?

■ 凡实行查账征税办法的,企业生产经营和投资者及其家庭生活共用的固定资产,难以划分的,由主管税务机关根据企业的生产经营类型、规模等具体情况,核定准予在税前扣除的折旧费用的数额或比例。

《财政部、国家税务总局关于印发〈关于个人独资企业和合伙企业投资者征收个人所得税的规定〉的通知》,财税〔2000〕91 号

4.4.2.6 凡实行查账征税办法的企业计提的各种准备金,是否准予税前扣除?

■ 凡实行查账征税办法的,企业计提的各种准备金不得扣除。

《财政部、国家税务总局关于印发〈关于个人独资企业和合伙企业投资者征收个人所得税的规定〉的通知》,财税〔2000〕91 号

4.4.2.7 投资者兴办两个或两个以上企业的,如何确定适用税率和计算应纳税额?

■ 投资者兴办两个或两个以上企业的(包括参与兴办),年度终了时,应汇总从所有

企业取得的应纳税所得额，据此确定适用税率并计算缴纳应纳税款。

《财政部、国家税务总局关于印发〈关于个人独资企业和合伙企业投资者征收个人所得税的规定〉的通知》，财税〔2000〕91号

■ 投资者兴办两个或两个以上企业，并且企业性质全部是独资的，年度终了后汇算清缴时，应纳税款的计算按以下方法进行：汇总其投资兴办的所有企业的经营所得作为应纳税所得额，以此确定适用税率，计算出全年经营所得的应纳税额，再根据每个企业的经营所得占所有企业经营所得的比例，分别计算出每个企业的应纳税额和应补缴税额。计算公式如下：

应纳税所得额 = Σ 各个企业的经营所得

应纳税额 = 应纳税所得额 × 税率 − 速算扣除数

本企业应纳税额 = 应纳税额 × 本企业的经营所得/Σ 各个企业的经营所得

本企业应补缴的税额 = 本企业应纳税额 − 本企业预缴的税额

《国家税务总局关于〈关于个人独资企业和合伙企业投资者征收个人所得税的规定〉执行口径的通知》，国税函〔2001〕84号

4.4.2.8 投资者兴办两个或两个以上企业的，准予扣除的个人费用，如何扣除？

■ 投资者兴办两个或两个以上企业的，准予扣除的个人费用，由投资者选择在其中一个企业的生产经营所得中扣除。

《财政部、国家税务总局关于印发〈关于个人独资企业和合伙企业投资者征收个人所得税的规定〉的通知》，财税〔2000〕91号

4.4.2.9 投资者兴办两个或两个以上企业的，企业的年度经营亏损是否可以跨企业弥补？

■ 投资者兴办两个或两个以上企业的，企业的年度经营亏损不能跨企业弥补。

《财政部、国家税务总局关于印发〈关于个人独资企业和合伙企业投资者征收个人所得税的规定〉的通知》，财税〔2000〕91号

4.4.2.10 个人独资企业和合伙企业由实行查账征税方式改为核定征税方式后，未弥补完的年度经营亏损是否允许继续弥补？

■ 实行查账征税方式的个人独资企业和合伙企业改为核定征税方式后，在查账征税方式下认定的年度经营亏损未弥补完的部分，不得再继续弥补。

《国家税务总局关于〈关于个人独资企业和合伙企业投资者征收个人所得税的规定〉执行口径的通知》，国税函〔2001〕84号

4.4.2.11 合伙人是法人和其他组织的，在计算其缴纳企业所得税时，是否可以用合伙企业的亏损抵减其盈利？

■ 合伙企业的合伙人是法人和其他组织的，合伙人在计算其缴纳企业所得税时，不得用合伙企业的亏损抵减其盈利。

《财政部、国家税务总局关于合伙企业合伙人所得税问题的通知》，财税〔2008〕159号

4.4.2.12 企业清算所得,是否缴纳个人所得税?

■ 企业进行清算时,投资者应当在注销工商登记之前,向主管税务机关结清有关税务事宜。企业的清算所得应当视为年度生产经营所得,由投资者依法缴纳个人所得税。

清算所得,是指企业清算时的全部资产或者财产的公允价值扣除各项清算费用、损失、负债、以前年度留存的利润后,超过实缴资本的部分。

《财政部、国家税务总局关于印发〈关于个人独资企业和合伙企业投资者征收个人所得税的规定〉的通知》,财税〔2000〕91 号

4.4.2.13 个人独资企业和合伙企业对外投资分回利息、股息、红利,是否并入企业收入,计算缴纳个人所得税?

■ 个人独资企业和合伙企业对外投资分回的利息或者股息、红利,不并入企业的收入,而应单独作为投资者个人取得的利息、股息、红利所得,按"利息、股息、红利所得"应税项目计算缴纳个人所得税。以合伙企业名义对外投资分回利息或者股息、红利的,应确定各个投资者的利息、股息、红利所得,分别按"利息、股息、红利所得"应税项目计算缴纳个人所得税。

《国家税务总局关于〈关于个人独资企业和合伙企业投资者征收个人所得税的规定〉执行口径的通知》,国税函〔2001〕84 号

4.4.2.14 个人独资企业按照固定资产评估价值计提的折旧,是否可以税前扣除?

■ 根据税法规定,个人独资企业在计算缴纳投资者个人所得税时,应遵循历史成本原则,按照购入固定资产的实际支出计提固定资产折旧费用,并准予在税前扣除。按照固定资产评估价值计提的折旧虽然可以作为企业成本核算的依据,但不允许在税前扣除。

《国家税务总局关于个人独资企业个人所得税税前固定资产折旧费扣除问题的批复》,国税函〔2002〕1090 号

4.4.3 纳税管理

4.4.3.1 投资者应纳的个人所得税税款,如何进行汇算清缴?

■ 投资者应纳的个人所得税税款,按年计算,分月或者分季预缴,由投资者在每月或者每季度终了后 7 日内预缴,年度终了后 3 个月内汇算清缴,多退少补。

■ 企业在年度中间合并、分立、终止时,投资者应当在停止生产经营之日起 60 日内,向主管税务机关办理当期个人所得税汇算清缴。

■ 企业在纳税年度的中间开业,或者由于合并、关闭等原因,使该纳税年度的实际经营期不足 12 个月的,应当以其实际经营期为一个纳税年度。

《财政部、国家税务总局关于印发〈关于个人独资企业和合伙企业投资者征收个人所得税的规定〉的通知》,财税〔2000〕91 号

4.4.3.2 投资者的纳税地点如何规定?

■ 投资者应向企业实际经营管理所在地主管税务机关申报缴纳个人所得税。投资者从

合伙企业取得的生产经营所得，由合伙企业向企业实际经营管理所在地主管税务机关申报缴纳投资者应纳的个人所得税，并将个人所得税申报表抄送投资者。

《财政部、国家税务总局关于印发〈关于个人独资企业和合伙企业投资者征收个人所得税的规定〉的通知》，财税〔2000〕91号

4.4.3.3 投资者兴办两个或两个以上企业且全部是个人独资性质的，纳税地点如何确定？

■ 投资者兴办两个或两个以上企业的且投资者兴办的企业全部是个人独资性质的，分别向各企业的实际经营管理所在地主管税务机关办理年度纳税申报，并依所有企业的经营所得总额确定适用税率，以本企业的经营所得为基础，计算应缴税款，办理汇算清缴；

《财政部、国家税务总局关于印发〈关于个人独资企业和合伙企业投资者征收个人所得税的规定〉的通知》，财税〔2000〕91号

■ 兴办的企业全部是个人独资性质的，分别向各企业的实际经营管理所在地主管税务机关申报。

《国家税务总局关于印发〈个人所得税自行纳税申报办法（试行）〉的通知》第十一条，国税发〔2006〕162号

4.4.3.4 投资者兴办两个或两个以上企业且投资者兴办的企业中含有合伙性质的，纳税地点如何确定？

■ 投资者兴办两个或两个以上企业，投资者兴办的企业中含有合伙性质的，投资者应向经常居住地主管税务机关申报纳税，办理汇算清缴，但经常居住地与其兴办企业的经营管理所在地不一致的，应选定其参与兴办的某一合伙企业的经营管理所在地为办理年度汇算清缴所在地，并在5年内不得变更。

《财政部、国家税务总局关于印发〈关于个人独资企业和合伙企业投资者征收个人所得税的规定〉的通知》，财税〔2000〕91号

■ 投资者变更个人所得税汇算清缴地点的条件：

（1）在上一次选择汇算清缴地点满5年；

（2）上一次选择汇算清缴地点未满5年，但汇算清缴地所办企业终止经营或者投资者终止投资；

（3）投资者在汇算清缴地点变更前5日内，已向原主管税务机关说明汇算清缴地点变更原因、新的汇算清缴地点等变更情况。

■ 原主管税务机关应核实纳税人变更汇算清缴地点的理由是否符合规定条件，新汇算清缴地点是否为其经常居住地，该地是否属于其所兴办企业的经营管理所在地。如纳税人在上述地点之外选择汇算清缴地点的，应要求纳税人进行调整。新的主管税务机关应核实投资者在汇算清缴地点变更前5日内，是否向原主管税务机关说明汇算清缴地点变更情况，新的汇算清缴地点是否为投资者经常居住地，该地是否属于其所兴办企业的经营管理所在地。不符合有关条件的，应要求纳税人进行调整。

《国家税务总局关于取消合伙企业投资者变更个人所得税汇算清缴地点审批后加强后续管理问题的通知》，国税发〔2004〕81号

4.4.3.5 投资者兴办两个或两个以上企业的，纳税申报的资料有哪些？

■ 投资者在预缴个人所得税时，应向主管税务机关报送《个人独资企业和合伙企业投资者个人所得税申报表》，并附送会计报表。年度终了后30日内，投资者应向主管税务机关报送《个人独资企业和合伙企业投资者个人所得税申报表》，并附送年度会计决算报表和预缴个人所得税纳税凭证。投资者兴办两个或两个以上企业的，向企业实际经营管理所在地主管税务机关办理年度纳税申报时，应附注从其他企业取得的年度应纳税所得额；其中含有合伙企业的，应报送汇总从所有企业取得的所得情况的《合伙企业投资者个人所得税汇总申报表》，同时附送所有企业的年度会计决算报表和当年度已缴个人所得税纳税凭证。

《财政部、国家税务总局关于印发〈关于个人独资企业和合伙企业投资者征收个人所得税的规定〉的通知》，财税〔2000〕91号

5. 利息、股息、红利所得

5.1 一般规定

5.1.1 利息、股息、红利所得范围

5.1.1.1 利息、股息、红利所得，征收个人所得税的范围有哪些？

■ 个人利息、股息、红利所得，应当缴纳个人所得税。

《个人所得税法》第二条

■ 利息、股息、红利所得，是指个人拥有债权、股权而取得的利息、股息、红利所得。

《个人所得税法实施条例》第六条

5.1.1.2 个体工商户与企业联营而分得的利润，是否按利息、股息、红利所得征收个人所得税？

■ 个体工商户与企业联营而分得的利润，按利息、股息、红利所得项目征收个人所得税。

《财政部、国家税务总局关于个人所得税若干政策问题的通知》(94)，财税字第20号

5.1.1.3 对个人从基层供销社、农村信用社取得的利息或股息、红利收入是否征收个人所得税？

■ 对个人从基层供销社、农村信用社取得的利息或股息、红利收入是否征收个人所得税，由各省、自治区、直辖市税务局报请政府确定，报财政部、国家税务总局备案。

《财政部、国家税务总局关于个人所得税若干政策问题的通知》(94)，财税字第20号

5.1.1.4 利息、股息、红利所得,个人所得税的适用税率是多少?

■ 利息、股息、红利所得,适用比例税率,税率为20%。

《个人所得税法》第三条

5.1.1.5 利息、股息、红利所得,应纳税额如何确定?

■ 利息、股息、红利所得,以每次收入额为应纳税所得额。

《个人所得税法》第六条

■ 利息、股息、红利所得的每次收入,是以支付利息、股息、红利时取得的收入为一次。

《个人所得税法实施条例》第十四条

5.1.2 利息、股息、红利所得的征收方式

5.1.2.1 利息、股息、红利所得,是否采用扣缴征收方式?

■ 利息、股息、红利所得实行源泉扣缴的征收方式,其扣缴义务人应是直接向纳税义务人支付利息、股息、红利的单位。

《国家税务总局关于印发〈征收个人所得税若干问题的规定〉的通知》十八,国税发〔1994〕89号

5.2 储蓄存款、债券利息

5.2.1 储蓄存款利息

5.2.1.1 从境内的储蓄机构取得存款利息,是否缴纳个人所得税?

■ 从中华人民共和国境内的储蓄机构取得人民币、外币储蓄存款利息所得的个人,应当缴纳个人所得税。

■ 储蓄机构,是指经国务院银行业监督管理机构批准的商业银行、城市信用合作社和农村信用合作社等吸收公众存款的金融机构。

《国务院关于修改〈对储蓄存款利息所得征收个人所得税的实施办法〉的决定》第二、十三条,国务院令第502号

5.2.1.2 对储蓄存款利息所得征收个人所得税的计税依据如何确定?

■ 对储蓄存款利息所得,按照每次取得的利息所得额计征个人所得税。

《国务院关于修改〈对储蓄存款利息所得征收个人所得税的实施办法〉的决定》第六条,国务院令第502号

5.2.1.3　对储蓄存款利息所得，个人所得税适用税率是多少？

■　对储蓄存款利息所得征收个人所得税，减按5%的比例税率执行。减征幅度的调整由国务院决定。

《国务院关于修改〈对储蓄存款利息所得征收个人所得税的实施办法〉的决定》第四条，国务院令第502号

5.2.1.4　储蓄存款利息所得，是否暂免征收个人所得税？

■　储蓄存款在2008年10月9日后（含10月9日）孳生的利息所得，暂免征收个人所得税。（减免税代码：05129999）

《财政部、国家税务总局关于储蓄存款利息所得有关个人所得税政策的通知》，财税〔2008〕132号

■　2008年10月9日起孳生的利息，实行暂免征收个人所得税的规定。不是从10月9日后取得的利息都免税，而是根据储蓄存款孳生利息的时间不同，分段计税，2008年10月9日之前孳生的利息所得仍须按照有关规定纳税。

《国家税务总局关于做好对储蓄存款利息所得暂免征收个人所得税工作的通知》一，国税函〔2008〕826号

5.2.1.5　存款利息所得，扣缴义务人应在何时代扣代缴税款？

■　扣缴义务人在向储户结付利息时，依法代扣代缴税款。结付利息，包括储户取款时结付利息、活期存款结息日结付利息和办理储蓄存款自动转存业务时结付利息等。

《国务院关于修改〈对储蓄存款利息所得征收个人所得税的实施办法〉的决定》第八条，国务院令第502号

5.2.1.6　教育储蓄存款利息所得，如何免征个人所得税？

■　对个人取得的教育储蓄存款利息所得，免征个人所得税。

教育储蓄是指个人按照国家有关规定在指定银行开户、存入规定数额资金、用于教育目的的专项储蓄。

《国务院关于修改〈对储蓄存款利息所得征收个人所得税的实施办法〉的决定》第五条，国务院令第502号

■　个人为其子女（或被监护人）接受非义务教育（指九年义务教育之外的全日制高中、大中专、大学本科、硕士和博士研究生）在储蓄机构开立教育储蓄专户，并享受利率优惠的存款，其所取得的利息免征个人所得税。

■　开立教育储蓄的对象（即储户）为在校小学4年级（含4年级）以上学生；享受免征利息税优惠政策的对象必须是正在接受非义务教育的在校学生，其在就读全日制高中（中专）、大专和大学本科、硕士和博士研究生时，每个学习阶段可分别享受一次2万元教育储蓄的免税优惠。

■　教育储蓄为1年、3年和6年期零存整取定期储蓄存款，每份本金合计不得超过2万元；每份本金合计超过2万元或一次性趸存本金的，一律不得享受教育储蓄免税的优惠政策，其取得的利息，应征收利息税。不按规定计付利息的教育储蓄，不得享受免税优惠，应

按支付的利息全额征收利息税。

- 教育储蓄到期前，储户必须持存折、户口簿（户籍证明）或身份证到所在学校开具正在接受非义务教育的学生身份证明（"证明"）。
- 教育储蓄到期时，储户必须持存折、身份证或户口簿（户籍证明）和"证明"支取本息。储蓄机构应认真审核储户所持存折、身份证或户口簿（户籍证明）和"证明"，对符合条件的，给予免税优惠，并在"证明"（第二、三联）上加盖"已享受教育储蓄优惠"印章；不能提供"证明"的，均应按有关规定扣缴利息税。
- 从事非义务教育的学校应主动向所在地国税机关领取"证明"，并严格按照规定填开"证明"，不得重复填开或虚开，对填开的"证明"必须建立备案存查制度。对违反规定向纳税人、扣缴义务人提供"证明"，导致未缴、少缴个人所得税款的学校，税务机关可以处未缴、少缴税款1倍以下的罚款。

《国家税务总局、中国人民银行、教育部关于印发〈教育储蓄存款利息所得免征个人所得税实施办法〉的通知》第二、三、五、六、七、十一条，国税发〔2005〕148号

5.2.1.7 专项储蓄存款的利息所得，是否免征个人所得税？

- 对个人取得的国务院财政部门确定的其他专项储蓄存款的利息所得，免征个人所得税。

对个人取得的储蓄性专项基金存款的利息所得，免征个人所得税。

《国务院关于修改〈对储蓄存款利息所得征收个人所得税的实施办法〉的决定》第五条，国务院令第502号

- 按照国家或省级地方政府规定的比例缴付的下列专项基金或资金存入银行个人账户所取得的利息收入免征个人所得税：（减免税代码：05129999）

（1）住房公积金；
（2）医疗保险金；
（3）基本养老保险金；
（4）失业保险基金。

《财政部、国家税务总局关于住房公积金、医疗保险金、基本养老保险金、失业保险基金个人账户存款利息所得免征个人所得税的通知》，财税字〔1999〕267号

5.2.2 证券交易结算资金利息

5.2.2.1 证券市场个人投资者取得的证券交易结算资金利息所得，是否暂免征收个人所得税？

- 自2008年10月9日起，对证券市场个人投资者取得的证券交易结算资金利息所得，暂免征收个人所得税。

《财政部、国家税务总局关于证券市场个人投资者证券交易结算资金利息所得有关个人所得税政策的通知》，财税〔2008〕140号

■ 对证券市场个人投资者取得的证券交易结算资金利息所得,不是从 10 月 9 日后实际取得的全部利息所得都免税,而是根据利息孳生时间的不同,分段计税,即个人投资者证券交易结算资金从 2008 年 10 月 9 日(含 9 日)之后孳生的利息,才暂免征收个人所得税。

《国家税务总局关于做好证券市场个人投资者证券交易结算资金利息所得免征个人所得税工作的通知》,国税函〔2008〕870 号

5.2.3 债券利息

5.2.3.1 国债利息是否免征个人所得税?

■ 个人国债利息所得,免纳个人所得税。

《个人所得税法》第四条

■ 国债利息,是指个人持有中华人民共和国财政部发行的债券而取得的利息所得。

《个人所得税法实施条例》第九条

5.2.3.2 金融债券利息是否免征个人所得税?

■ 个人国家发行的金融债券利息所得,免纳个人所得税。

《个人所得税法》第四条

■ 国家发行的金融债券利息,是指个人持有经国务院批准发行的金融债券而取得的利息所得。

《个人所得税法实施条例》第九条

5.2.3.3 对个人取得的地方政府债券利息收入,是否免征个人所得税?

■ 对个人取得的 2012 年及以后年度发行的地方政府债券利息收入,免征个人所得税。地方政府债券是指经国务院批准同意,以省、自治区、直辖市、计划单列市政府为发行和偿还主体的债券。

《财政部、国家税务总局关于地方政府债券利息免征所得税问题的通知》,财税〔2013〕5 号

5.2.3.4 铁路债券的利息收入,如何缴纳个人所得税?

■ 对个人投资者持有 2016~2018 年发行的铁路债券取得的利息收入,减按 50% 计入应纳税所得额计算征收个人所得税。税款由兑付机构在向个人投资者兑付利息时代扣代缴。

铁路债券是指以中国铁路总公司为发行和偿还主体的债券,包括中国铁路建设债券、中期票据、短期融资券等债务融资工具。

《财政部、国家税务总局关于铁路债券利息收入所得税政策问题的通知》,财税〔2016〕30 号

5.3 股息、红利所得

5.3.1 征税范围

5.3.1.1 企业用公积金派发红股，是否缴纳个人所得税？

■ 股份制企业用盈余公积金派发红股属于股息、红利性质的分配，对个人取得的红股数额，应作为个人所得征税。

《国家税务总局关于股份制企业转增股本和派发红股征免个人所得税的通知》二，国税发〔1997〕198号

5.3.1.2 个人独资企业分回的利息或者股息、红利，如何缴纳个人所得税？

■ 个人独资企业对外投资分回的利息或者股息、红利，不并入企业的收入，而应单独作为投资者个人取得的利息、股息、红利所得，按"利息、股息、红利所得"应税项目计算缴纳个人所得税。

《国家税务总局关于〈关于个人独资企业和合伙企业投资者征收个人所得税的规定〉执行口径的通知》，国税函〔2001〕84号

5.3.1.3 合伙企业分回的利息或者股息、红利，如何缴纳个人所得税？

■ 以合伙企业名义对外投资分回利息或者股息、红利的，应确定各个投资者的利息、股息、红利所得，分别按"利息、股息、红利所得"应税项目计算缴纳个人所得税。

《国家税务总局关于〈关于个人独资企业和合伙企业投资者征收个人所得税的规定〉执行口径的通知》二，国税函〔2001〕84号

5.3.1.4 个人投资者支付消费性支出及购买家庭财产，是否缴纳个人所得税？

■ 除个人独资企业、合伙企业以外的其他企业的个人投资者，以企业资金为本人、家庭成员及其相关人员支付与企业生产经营无关的消费性支出及购买汽车、住房等财产性支出，视为企业对个人投资者的红利分配，依照"利息、股息、红利所得"项目计征个人所得税。

《财政部、国家税务总局关于规范个人投资者个人所得税征收管理的通知》，财税〔2003〕158号

■ 企业出资购买房屋及其他财产，将所有权登记为投资者个人、投资者家庭成员的，不论所有权人是否将财产无偿或有偿交付企业使用，应依法计征个人所得税。

《财政部、国家税务总局关于企业为个人购买房屋或其他财产征收个人所得税问题的批复》，财税〔2008〕83号

5.3.1.5 个人投资者从其投资的企业借款长期不还,是否缴纳个人所得税?

■ 纳税年度内个人投资者从其投资的企业(个人独资企业、合伙企业除外)借款,在该纳税年度终了后既不归还,又未用于企业生产经营的,其未归还的借款可视为企业对个人投资者的红利分配,依照"利息、股息、红利所得"项目计征个人所得税。

《财政部、国家税务总局关于规范个人投资者个人所得税征收管理的通知》,财税〔2003〕158号

■ 企业投资者个人、投资者家庭成员向企业借款用于购买房屋及其他财产,将所有权登记为投资者、投资者家庭成员,且借款年度终了后未归还借款的。不论所有权人是否将财产无偿或有偿交付企业使用,应依法计征个人所得税。

《财政部、国家税务总局关于企业为个人购买房屋或其他财产征收个人所得税问题的批复》,财税〔2008〕83号

5.3.1.6 扣缴义务人对纳税人的所得分配到个人名下,是否缴纳个人所得税?

■ 扣缴义务人将属于纳税义务人应得的利息、股息、红利收入,通过扣缴义务人的往来会计科目分配到个人名下,收入所有人有权随时提取,在这种情况下,扣缴义务人将利息、股息、红利所得分配到个人名下时,即应认为所得的支付,应缴纳个人所得税。

《国家税务总局关于利息、股息、红利所得征税问题的通知》,国税函〔1997〕656号

5.3.1.7 资本公积金转增股本,股东是否缴纳个人所得税?

■ 股份制企业用资本公积金转增股本,对个人取得的转增股本数额,不征收个人所得税。

《国家税务总局关于股份制企业转增股本和派发红股征免个人所得税的通知》,国税发〔1997〕198号

■ "资本公积金"是指股份制企业股票溢价发行收入所形成的资本公积金。
而与此不相符合的其他资本公积金分配个人所得部分,应当依法征收个人所得税。

《国家税务总局关于原城市信用社在转制为城市合作银行过程中个人股增值所得应纳个人所得税的批复》,国税函发〔1998〕289号

■ 公司将法定公积金和任意公积金转增注册资本,对属于个人股东分得转增注册资本的部分,应按照"利息、股息、红利所得"项目征收个人所得税。

《国家税务总局关于盈余公积金转增注册资本征收个人所得税问题的批复》,国税函发〔1998〕333号

5.3.1.8 个人取得的资产评估增值数额,是否缴纳个人所得税?

■ 在城市信用社改制为城市合作银行过程中,个人以现金或股份及其他形式取得的资产评估增值数额,应当按"利息、股息、红利所得"项目计征个人所得税,税款由城市合作银行负责代扣代缴。

《国家税务总局关于原城市信用社在转制为城市合作银行过程中个人股增值所得应纳个人所得税的批复》一,国税函发〔1998〕289号

5.3.1.9 个人股东从被投资企业取得的以企业资产评估增值转增个人股本的部分，是否缴纳个人所得税？

■ 个人（自然人）股东从被投资企业取得的、以企业资产评估增值转增个人股本的部分，属于企业对个人股东股息、红利性质的分配，按照"利息、股息、红利所得"项目计征个人所得税。税款由企业在转增个人股本时代扣代缴。

《国家税务总局关于资产评估增值计征个人所得税问题的通知》，国税发〔2008〕115号

5.3.1.10 科技人员获得股权形式的奖励，如何征收个人所得税？

■ 科研机构、高等学校转化职务科技成果以股份或出资比例等股权形式给予科技人员个人奖励，暂不征收个人所得税。

科研机构是指按中央机构编制委员会和国家科学技术委员会《关于科研事业单位机构设置审批事项的通知》（中编办发〔1997〕14号）的规定设置审批的自然科学研究事业单位机构。

高等学校是指全日制普通高等学校（包括大学、专门学院和高等专科学校）。

■ 享受上述优惠政策的科技人员必须是科研机构和高等学校的在编正式职工。

■ 科研机构、高等学校转化职务科技成果以股份或出资比例等股权形式给予科技人员个人奖励，在获奖人按股份、出资比例获得分红时，对其所得按"利息、股息、红利所得"应税项目征收个人所得税。

《国家税务总局关于促进科技成果转化有关个人所得税问题的通知》，国税发〔1999〕125号

5.3.1.11 职工个人取得的不拥有所有权的企业量化资产，是否征收个人所得税？

■ 企业在改制过程中，对职工个人以股份形式取得的仅作为分红依据，不拥有所有权的企业量化资产，不征收个人所得税。

企业在改制过程中，对职工个人以股份形式取得的拥有所有权的企业量化资产，暂缓征收个人所得税。

对职工个人以股份形式取得的企业量化资产参与企业分配而获得的股息、红利，应按"利息、股息、红利"项目征收个人所得税。

《国家税务总局关于企业改组改制过程中个人取得的量化资产征收个人所得税问题的通知》，国税发〔2000〕60号

5.3.1.12 企业员工参与企业股票期权计划而取得的所得，如何征收个人所得税？

■ 员工接受实施股票期权计划企业授予的股票期权时，除另有规定外，一般不作为应税所得征税。

企业员工，包括在中国境内有住所和无住所的个人。

企业，包括内资企业、外商投资企业和外国企业在中国境内设立的机构场所。

员工因拥有股权而参与企业税后利润分配取得的所得，应按照"利息、股息、红利所得"计算缴纳个人所得税。

《财政部、国家税务总局关于个人股票期权所得征收个人所得税问题的通知》二，财税

〔2005〕35号

5.3.1.13　个人投资者收购企业股权后将企业原有盈余积累转增股本，是否缴纳个人所得税？

■　1名或多名个人投资者以股权收购方式取得被收购企业100%股权，股权收购前，被收购企业原账面金额中的"资本公积、盈余公积、未分配利润"等盈余积累未转增股本，而在股权交易时将其一并计入股权转让价格并履行了所得税纳税义务。股权收购后，企业将原账面金额中的盈余积累向个人投资者（新股东）转增股本。

新股东以不低于净资产价格收购股权的，企业原盈余积累已全部计入股权交易价格，新股东取得盈余积累转增股本的部分，不征收个人所得税。

新股东以低于净资产价格收购股权的，企业原盈余积累中，对于股权收购价格减去原股本的差额部分已经计入股权交易价格，新股东取得盈余积累转增股本的部分，不征收个人所得税；对于股权收购价格低于原所有者权益的差额部分未计入股权交易价格，新股东取得盈余积累转增股本的部分，应按照"利息、股息、红利所得"项目征收个人所得税。新股东以低于净资产价格收购企业股权后转增股本，应按照下列顺序进行，即先转增应税的盈余积累部分，然后再转增免税的盈余积累部分。

《国家税务总局关于个人投资者收购企业股权后将原盈余积累转增股本个人所得税问题的公告》，国家税务总局公告2013年第23号

5.3.2　应纳税额

5.3.2.1　股东个人取得以股票形式支付应得的股息、红利，如何确定收入额？

■　股份制企业以股票形式向股东个人支付应得的股息、红利（即派发红股），应以派发红股的股票票面金额为收入额，计征个人所得税。

《国家税务总局关于印发〈征收个人所得税若干问题的规定〉的通知》，国税发〔1994〕89号

5.3.2.2　员工参与企业股权期权计划取得股权，参与税后利润分配而取得的股息、红利所得，应纳税额如何计算？

■　员工参与企业股权期权计划取得股权，员工因拥有股权参与税后利润分配而取得的股息、红利所得，除依照规定可以免税或减税的外，应全额按规定税率计算纳税。

举例：王兰为某上市公司的员工，2019年工资薪金为8000元/月，无其他收入，每月发生三险一金700元，无其他扣除项目。公司实施股权激励计划授予其股票期权（该股票期权不可公开交易）承诺自2018年8月至2019年6月在公司履行工作义务11个月，则可以每股1元的面值购买该公司股票80000股，2018年8月王兰得到期权时不纳税；2019年6月王兰行权时，该股票市价每股3元，王兰2019年应缴纳个税如何计算？

答：(1) 2019年王兰综合所得个税计算：

$(8000 \times 12 - 60000 - 700 \times 12) = 27600 < 36000$，适用税率3%，速算扣除数0

综合所得应纳税额 = (8000×12 − 60000 − 700×12)×3% − 0 = 828 元

（2）王兰股票期权行权时应纳个税计算（提示：取得股权激励不并入综合所得，应单独计算）：

144000 < 80000×(3−1) = 160000 < 300000，适用税率20%，速算扣除数16920

股权激励收入应纳税额 = [80000×(3−1)]×20% − 16920 = 15080 元

综上所述，王兰2019年应缴纳个税为15908（828 + 15080）元。

《财政部、国家税务总局关于个人股票期权所得征收个人所得税问题的通知》四，财税〔2005〕35号

5.3.2.3 企业购买车辆并将车辆所有权办到股东个人名下，如何计算应纳税额？

■ 企业购买车辆并将车辆所有权办到股东个人名下，按照"利息、股息、红利所得"项目征收个人所得税。允许合理减除部分所得；减除的具体数额由主管税务机关根据车辆的实际使用情况合理确定。

《国家税务总局关于企业为股东个人购买汽车征收个人所得税的批复》，国税函〔2005〕364号

5.3.2.4 个人股东取得公司债权债务形式的股份分红，如何计征个人所得税？

■ 个人取得的股份分红所得包括债权、债务形式的应收账款、应付账款相抵后的所得。个人股东取得公司债权、债务形式的股份分红，应以其债权形式应收账款的账面价值减去债务形式应付账款的账面价值的余额，加上实际分红所得为应纳税所得，按照规定缴纳个人所得税。

《国家税务总局关于个人股东取得公司债权债务形式的股份分红计征个人所得税问题的批复》，国税函〔2008〕267号

5.3.2.5 个人取得上市公司股票的股息红利，应纳税所得额如何确定？

■ 上市公司派发股息红利，股权登记日在2013年1月1日之后的，个人从公开发行和转让市场取得的上市公司股票，持股期限在1个月以内（含1个月）的，其股息红利所得全额计入应纳税所得额；持股期限在1个月以上至1年（含1年）的，暂减按50%计入应纳税所得额；上述所得统一适用20%的税率计征个人所得税。

上市公司是指在上海证券交易所、深圳证券交易所挂牌交易的上市公司；持股期限是指个人从公开发行和转让市场取得上市公司股票之日至转让交割该股票之日前一日的持有时间。

个人投资者证券账户已持有的上市公司股票，其持股时间自取得之日起计算。

■ 年（月）是指自然年（月），即持股1年是指从上一年某月某日至本年同月同日的前1日连续持股，持股1个月是指从上月某日至本月同日的前一日连续持股。

《财政部、国家税务总局、证监会关于实施上市公司股息红利差别化个人所得税政策有关问题的通知》，财税〔2012〕85号

■ 个人从全国股份转让系统挂牌的退市公司取得的股息红利所得，按照上述规定计征个人所得税。

《财政部、国家税务总局、证监会关于实施全国中小企业股份转让系统挂牌公司股息红

利差别化个人所得税政策有关问题的通知》，财税〔2014〕48号

■ 自2015年9月8日起，个人从公开发行和转让市场取得的上市公司股票，持股期限超过1年的，股息红利所得暂免征收个人所得税。

■ 自2015年9月8日起，上市公司派发股息红利时，对个人持股1年以内（含1年）的，上市公司暂不扣缴个人所得税；待个人转让股票时，证券登记结算公司根据其持股期限计算应纳税额，由证券公司等股份托管机构从个人资金账户中扣收并划付证券登记结算公司，证券登记结算公司应于次月5个工作日内划付上市公司，上市公司在收到税款当月的法定申报期内向主管税务机关申报缴纳。

《财政部、国家税务总局、证监会关于上市公司股息红利差别化个人所得税政策有关问题的通知》一、二，财税〔2015〕101号

■ 个人转让股票时，按照先进先出的原则计算持股期限，即证券账户中先取得的股票视为先转让。

应纳税所得额以个人投资者证券账户为单位计算，持股数量以每日日终结算后个人投资者证券账户的持有记录为准，证券账户取得或转让的股份数为每日日终结算后的净增（减）股份数。

《财政部、国家税务总局、证监会关于实施上市公司股息红利差别化个人所得税政策有关问题的通知》三，财税〔2012〕85号

5.3.2.6 个人从公开发行和转让市场取得的上市公司股票包括哪些？

■ 个人从公开发行和转让市场取得的上市公司股票包括：

（1）通过证券交易所集中交易系统或大宗交易系统取得的股票；
（2）通过协议转让取得的股票；
（3）因司法扣划取得的股票；
（4）因依法继承或家庭财产分割取得的股票；
（5）通过收购取得的股票；
（6）权证行权取得的股票；
（7）使用可转换公司债券转换的股票；
（8）取得发行的股票、配股、股份股利及公积金转增股本；
（9）持有从代办股份转让系统转到主板市场（或中小板、创业板市场）的股票；
（10）上市公司合并，个人持有的被合并公司股票转换的合并后公司股票；
（11）上市公司分立，个人持有的被分立公司股票转换的分立后公司股票；
（12）其他从公开发行和转让市场取得的股票。

■ 转让股票包括下列情形：

（1）通过证券交易所集中交易系统或大宗交易系统转让股票；
（2）协议转让股票；
（3）持有的股票被司法扣划；
（4）因依法继承、捐赠或家庭财产分割让渡股票所有权；

（5）用股票接受要约收购；

（6）行使现金选择权将股票转让给提供现金选择权的第三方；

（7）用股票认购或申购交易型开放式指数基金（ETF）份额；

（8）其他具有转让实质的情形。

《财政部、国家税务总局、证监会关于实施上市公司股息红利差别化个人所得税政策有关问题的通知》六、七，财税〔2012〕85号

5.3.2.7 个人持有的上市公司限售股，解禁后取得的股息红利，如何计算应纳税所得额？

■ 对个人持有的上市公司限售股，解禁后取得的股息红利，持股期限在1个月以内（含1个月）的，其股息红利所得全额计入应纳税所得额；持股期限在1个月以上至1年（含1年）的，暂减按50%计入应纳税所得额；持股期限超过1年的，暂减按25%计入应纳税所得额，持股时间自解禁日起计算；解禁前取得的股息红利继续暂减按50%计入应纳税所得额，适用20%的税率计征个人所得税。

限售股，是指财税〔2009〕167号文件和财税〔2010〕70号文件规定的限售股。

《财政部、国家税务总局、证监会关于实施上市公司股息红利差别化个人所得税政策有关问题的通知》四，财税〔2012〕85号

5.3.2.8 个人持有全国股份转让系统挂牌公司的股票，如何计算应纳税所得额？

■ 个人持有全国中小企业股份转让系统挂牌公司的股票，持股期限在1个月以内（含1个月）的，其股息红利所得全额计入应纳税所得额；持股期限在1个月以上至1年（含1年）的，暂减按50%计入应纳税所得额；持股期限超过1年的，暂减按25%计入应纳税所得额。上述所得统一适用20%的税率计征个人所得税。（减免税代码：05129999）

挂牌公司是指股票在全国股份转让系统挂牌公开转让的非上市公众公司。

持股期限是指个人取得挂牌公司股票之日至转让交割该股票之日前1日的持有时间。

■ 年（月）是指自然年（月），即持股1年是指从上一年某月某日至本年同月同日的前1日连续持股，持股1个月是指从上月某日至本月同日的前1日连续持股。

■ 个人和证券投资基金从全国股份转让系统挂牌的原STAQ、NET系统挂牌公司（简称两网公司）取得的股息红利所得，按照上述规定计征个人所得税。

■ 自2014年7月1日起至2019年6月30日止。挂牌公司、两网公司、退市公司派发股息红利，股权登记日在2014年7月1日至2019年6月30日的，股息红利所得按照本通知的规定执行。本通知实施之日个人投资者证券账户已持有的挂牌公司、两网公司、退市公司股票，其持股时间自取得之日起计算。

《财政部、国家税务总局、证监会关于实施全国中小企业股份转让系统挂牌公司股息红利差别化个人所得税政策有关问题的通知》一、八、七、十，财税〔2014〕48号

5.3.2.9 个人持有全国股份转让系统挂牌公司的股票，包括哪些？

■ 个人持有全国股份转让系统挂牌公司的股票包括：

（1）在全国股份转让系统挂牌前取得的股票；

（2）通过全国股份转让系统转让取得的股票；

（3）因司法扣划取得的股票；

（4）因依法继承或家庭财产分割取得的股票；

（5）通过收购取得的股票；

（6）权证行权取得的股票；

（7）使用附认股权、可转换成股份条款的公司债券认购或者转换的股票；

（8）取得发行的股票、配股、股票股利及公积金转增股本；

（9）挂牌公司合并，个人持有的被合并公司股票转换的合并后公司股票；

（10）挂牌公司分立，个人持有的被分立公司股票转换的分立后公司股票；

（11）其他从全国股份转让系统取得的股票。

■ 转让股票包括下列情形：

（1）通过全国股份转让系统转让股票；

（2）持有的股票被司法扣划；

（3）因依法继承、捐赠或家庭财产分割让渡股票所有权；

（4）用股票接受要约收购；

（5）行使现金选择权将股票转让给提供现金选择权的第三方；

（6）用股票认购或申购交易型开放式指数基金（ETF）份额；

（7）其他具有转让实质的情形。

《财政部、国家税务总局、证监会关于实施全国中小企业股份转让系统挂牌公司股息红利差别化个人所得税政策有关问题的通知》五、六，财税〔2014〕48号

5.3.2.10 中小高新技术企业以未分配利润、盈余公积、资本公积向个人股东转增股本时，如何缴纳个人所得税？

■ （1）自2016年1月1日起，全国范围内的中小高新技术企业以未分配利润、盈余公积、资本公积向个人股东转增股本时，个人股东一次缴纳个人所得税确有困难的，可根据实际情况自行制定分期缴税计划，在不超过5个公历年度内（含）分期缴纳，并将有关资料报主管税务机关备案。

（2）个人股东获得转增的股本，应按照"利息、股息、红利所得"项目，适用20%税率征收个人所得税。

（3）股东转让股权并取得现金收入的，该现金收入应优先用于缴纳尚未缴清的税款。

（4）在股东转让该部分股权之前，企业依法宣告破产，股东进行相关权益处置后没有取得收益或收益小于初始投资额的，主管税务机关对其尚未缴纳的个人所得税可不予追征。

（5）中小高新技术企业，是指注册在中国境内实行查账征收的、经认定取得高新技术企业资格，且年销售额和资产总额均不超过2亿元、从业人数不超过500人的企业。

《财政部、国家税务总局关于将国家自主创新示范区有关税收试点政策推广到全国范围实施的通知》，财税〔2015〕116号

■ 自2016年1月1日起，非上市及未在全国中小企业股份转让系统挂牌的中小高新技术企业以未分配利润、盈余公积、资本公积向个人股东转增股本，并符合财税〔2015〕

116号文件有关规定的，纳税人可分期缴纳个人所得税；非上市及未在全国中小企业股份转让系统挂牌的其他企业转增股本，应及时代扣代缴个人所得税。

■ 企业转增股本涉及的股东需要分期缴纳个人所得税的，应自行制定分期缴税计划，由企业于发生转增股本的次月15日内，向主管税务机关办理分期缴税备案手续。

办理转增股本分期缴税，企业应向主管税务机关报送高新技术企业认定证书、股东大会或董事会决议、《个人所得税分期缴纳备案表（转增股本）》、上年度及转增股本当月企业财务报表、转增股本有关情况说明等。

高新技术企业认定证书、股东大会或董事会决议的原件，主管税务机关进行形式审核后退还企业，复印件及其他有关资料税务机关留存。

纳税人分期缴税期间需要变更原分期缴税计划的，应重新制定分期缴税计划，由企业向主管税务机关重新报送《个人所得税分期缴纳备案表》。

■ 企业在填写《扣缴个人所得税报告表》时，应将纳税人转增股本情况单独填列，并在"备注"栏中注明"转增股本"字样。纳税人在分期缴税期间转让股权的，企业应及时代扣转增股本尚未缴清的个人所得税，并于次月15日内向主管税务机关申报纳税。

《国家税务总局关于股权奖励和转增股本个人所得税征管问题的公告》二、三、四，国家税务总局公告2015年第80号

5.3.2.11 上市或挂牌的中小高新技术企业向个人股东转增股本，如何缴纳个人所得税？

■ 上市中小高新技术企业或在全国中小企业股份转让系统挂牌的中小高新技术企业向个人股东转增股本，股东应纳的个人所得税，继续按照现行有关股息红利差别化个人所得税政策执行，不适用分期纳税政策。

《财政部、国家税务总局关于将国家自主创新示范区有关税收试点政策推广到全国范围实施的通知》，财税〔2015〕116号

■ 自2016年1月1日起，上市公司或在全国中小企业股份转让系统挂牌的企业转增股本（不含以股票发行溢价形成的资本公积转增股本），按现行有关股息红利差别化政策执行。

《国家税务总局关于股权奖励和转增股本个人所得税征管问题的公告》二，国家税务总局公告2015年第80号

6. 财产租赁所得

6.1 征税范围

6.1.1 一般规定

6.1.1.1 财产租赁所得是否缴纳个人所得税?
- 个人取得财产租赁所得,应当缴纳个人所得税。

《个人所得税法》第二条
- 财产租赁所得,是指个人出租不动产、机器设备、车船以及其他财产取得的所得。

《个人所得税法实施条例》第六条

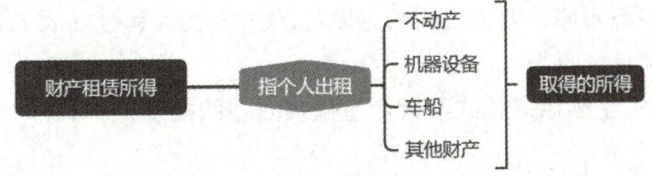

6.1.2 纳税人的确定

6.1.2.1 财产租赁所得如何确定纳税人?
- 确认财产租赁所得的纳税义务人,应以产权凭证为依据。无产权凭证的,由主管税务机关根据实际情况确定纳税义务人。

《国家税务总局关于印发〈征收个人所得税若干问题的规定〉的通知》,国税发〔1994〕89号

6.1.2.2 产权所有人死亡,在未办理产权继承手续期间,如何确定纳税人?
- 产权所有人死亡,在未办理产权继承手续期间,该财产出租而有租金收入的,以领

取租金的个人为纳税义务人。

《国家税务总局关于印发〈征收个人所得税若干问题的规定〉的通知》，国税发〔1994〕89号

6.2 应纳税额

6.2.1 税率

6.2.1.1 财产租赁所得个人所得税适用税率是多少？
■ 财产租赁所得，缴纳个人所得税适用比例税率，税率为20%。
《个人所得税法》第三条

6.2.2 收入额的确定

6.2.2.1 财产租赁所得如何确定收入额？
■ 财产租赁所得，以1个月内取得的收入为1次。
《个人所得税法实施条例》第十四条

6.2.2.2 酒店产权式经营业主取得收入，如何确定收入额？
■ 酒店产权式经营业主在约定的时间内提供房产使用权与酒店进行合作经营，如房产产权并未归属新的经济实体，业主按照约定取得的固定收入和分红收入均应视为租金收入，按照财产租赁所得项目征收个人所得税。
《国家税务总局关于酒店产权式经营业主税收问题的批复》，国税函〔2006〕478号

6.2.3 所得额的确定

6.2.3.1 个人与房地产开发企业签订有条件优惠价格协议购买商店，如何确定所得额？
■ 房地产开发企业与商店购买者个人签订协议规定，房地产开发企业按优惠价格出售其开发的商店给购买者个人，但购买者个人在一定期限内必须将购买的商店无偿提供给房地产开发企业对外出租使用。

购买者个人少支出的购房价款，应视同个人财产租赁所得，按照"财产租赁所得"项目征收个人所得税。每次财产租赁所得的收入额，按照少支出的购房价款和协议规定的租赁月份数平均计算确定。

《国家税务总局关于个人与房地产开发企业签订有条件优惠价格协议购买商店征收个人

所得税问题的批复》，国税函〔2008〕576号

6.2.3.2 财产租赁所得的应纳税所得额如何计算？

■ 财产租赁所得，每次收入不超过4千元的，减除费用800元；4千元以上的，减除20%的费用，其余额为应纳税所得额。

举例：李先生2019年1月将位于某市区的住房出租，按市场价格每月收取不含税租金7000元，2月份修理门窗发生修缮费1900元，李先生2019年4月份租金收入应缴纳多少个人所得税？

答：准予扣除项目金额：①按政策规定：收入未达10万元/月，免增值税及附加，房产税减半。房产税 = 7000 × 4% × 50% = 140元；②4月准予扣除的修缮费用 = 1900 - 800 - 800 = 300元。准予扣除的项目金额合计：140 + 300 = 440元

由于每次收入额（7000 - 440）元 > 4000元，财产租赁所得应纳税所得额 = （每次收入额 - 准予扣除项目金额）×（1 - 20%）

应纳税所得额 = （7000 - 440）×（1 - 20%） = 5248元

应纳税额 = 5248 × 20% = 1049.60元

李先生2019年4月租赁房屋所得应缴纳个人所得税1049.60元。

《个人所得税法》第六条

6.2.4 扣除项目

6.2.4.1 财产租赁所得缴纳个人所得税可以扣除的费用包括哪些？

■ （1）纳税义务人在出租财产过程中缴纳的税金和国家能源交通重点建设基金、国家预算调节基金、教育费附加，可持完税（缴款）凭证，从其财产租赁收入中扣除。

（2）纳税义务人出租财产取得财产租赁收入，在计算征税时，除可以依法减除规定费用和有关税、费外，还准予扣除能够提供有效、准确凭证，证明由纳税义务人负担的该出租财产实际开支的修缮费用。允许扣除的修缮费用，以每次800元为限，一次扣除不完的，准予在下一次继续扣除，直至扣完为止。

《国家税务总局关于印发〈征收个人所得税若干问题的规定〉的通知》六，国税发〔1994〕89号

6.2.4.2 财产租赁所得个人所得税前扣除税费，费用扣除次序是什么？

■ 有关财产租赁所得个人所得税前扣除税费的扣除次序为：

（1）财产租赁过程中缴纳的税费；

（2）向出租方支付的租金；

（3）由纳税人负担的租赁财产实际开支的修缮费用；

（4）税法规定的费用扣除标准。

《国家税务总局关于个人转租房屋取得收入征收个人所得税问题的通知》，国税函〔2009〕639号

7. 财产转让所得

7.1 一般规定

7.1.1 财产转让所得

7.1.1.1 个人取得财产转让所得，缴纳个人所得税的范围有哪些？

- 个人取得财产转让所得，应当缴纳个人所得税。

《个人所得税法》第二条

- 财产转让所得，是指个人转让有价证券、股权、合伙企业中的财产份额、不动产、机器设备、车船以及其他财产取得的所得。

《个人所得税法实施条例》第六条

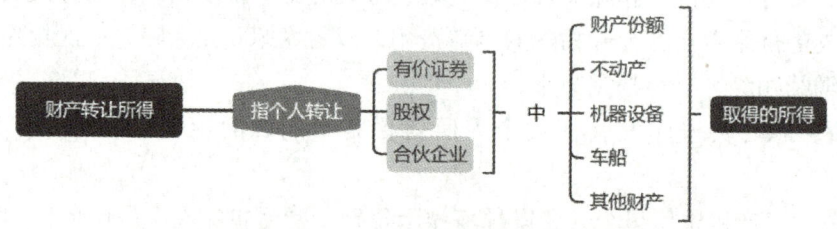

7.1.1.2 个人取得财产转让所得，个人所得税适用的税率是多少？

- 财产转让所得，适用比例税率，税率为20%。

《个人所得税法》第三条

7.1.1.3 个人取得财产转让所得，应纳税所得额如何计算？

- 财产转让所得，按照一次转让财产的收入额减除财产原值和合理费用后的余额计算纳税。
- 合理费用，是指卖出财产时按照规定支付的有关费用。

《个人所得税法实施条例》第十六、十七条

7.1.1.4 计算财产转让所得,财产原值如何确定?

- (1)有价证券,为买入价以及买入时按照规定交纳的有关费用;
- (2)建筑物,为建造费或者购进价格以及其他有关费用;
- (3)土地使用权,为取得土地使用权所支付的金额、开发土地的费用以及其他有关费用;
- (4)机器设备、车船,为购进价格、运输费、安装费以及其他有关费用;
- (5)其他财产,参照前款规定的方法确定财产原值。

纳税人未提供完整、准确的财产原值凭证,不能按照本条第一款规定的方法确定财产原值的,由主管税务机关核定财产原值。

《个人所得税法》第六条第一款第五项所称合理费用,是指卖出财产时按照规定支付的有关税费。

《个人所得税法实施条例》第十六条

7.1.1.5 个人拍卖财产,如何按"财产转让所得"缴纳个人所得税?

- 个人拍卖除文字作品原稿及复印件外的其他财产,应以其转让收入额减除财产原值和合理费用后的余额为应纳税所得额,按照"财产转让所得"项目适用20%税率缴纳个人所得税。

对个人财产拍卖所得征收个人所得税时,以该项财产最终拍卖成交价格为其转让收入额。

纳税人能够提供合法、完整、准确的财产原值凭证,但不能提供有关税费凭证的,不得按征收率计算纳税,应当就财产原值凭证上注明的金额据实扣除。

有关合理费用,是指拍卖财产时纳税人按照规定实际支付的拍卖费(佣金)、鉴定费、评估费、图录费、证书费等费用。

个人财产拍卖所得应纳的个人所得税税款,由拍卖单位负责代扣代缴,并按规定向拍卖单位所在地主管税务机关办理纳税申报。

《国家税务总局关于加强和规范个人取得拍卖收入征收个人所得税有关问题的通知》,国税发〔2007〕38号

7.1.1.6 个人拍卖财产,财产原值如何确定?

- 财产原值,是指售出方个人取得该拍卖品的价格(以合法有效凭证为准)。具体为:
- (1)通过商店、画廊等途径购买的,为购买该拍卖品时实际支付的价款;
- (2)通过拍卖行拍得的,为拍得该拍卖品实际支付的价款及交纳的相关税费;
- (3)通过祖传收藏的,为其收藏该拍卖品而发生的费用;
- (4)通过赠送取得的,为其受赠该拍卖品时发生的相关税费;
- (5)通过其他形式取得的,参照以上原则确定财产原值。

拍卖财产过程中缴纳的税金,是指在拍卖财产时纳税人实际缴纳的相关税金及附加。

- 纳税人如不能提供合法、完整、准确的财产原值凭证,不能正确计算财产原值的,

按转让收入额的 3% 征收率计算缴纳个人所得税；拍卖品为经文物部门认定是海外回流文物的，按转让收入额的 2% 征收率计算缴纳个人所得税。

■ 纳税人的财产原值凭证内容填写不规范，或者一份财产原值凭证包括多件拍卖品且无法确认每件拍卖品——对应的原值的，不得将其作为扣除财产原值的计算依据，应视为不能提供合法、完整、准确的财产原值凭证。

《国家税务总局关于加强和规范个人取得拍卖收入征收个人所得税有关问题的通知》三、四、五，国税发〔2007〕38 号

7.1.1.7 个人出售虚拟货币取得的收入，如何按"财产转让所得"项目计算缴纳个人所得税？

■ 个人通过网络收购玩家的虚拟货币，加价后向他人出售取得的收入，属于个人所得税应税所得，应按照"财产转让所得"项目计算缴纳个人所得税。

■ 个人销售虚拟货币的财产原值为其收购网络虚拟货币所支付的价款和相关税费。

■ 对于个人不能提供有关财产原值凭证的，由主管税务机关核定其财产原值。

《国家税务总局关于个人通过网络买卖虚拟货币取得收入征收个人所得税问题的批复》一、二、三，国税函〔2008〕818 号

7.1.2 非货币性资产投资

7.1.2.1 非货币性资产投资，谁是个人所得税纳税人？

■ 非货币性资产投资个人所得税以发生非货币性资产投资行为并取得被投资企业股权的个人为纳税人。

《国家税务总局关于个人非货币性资产投资有关个人所得税征管问题的公告》，国家税务总局公告 2015 年第 20 号

7.1.2.2 个人以评估增值的非货币性资产对外投资的，增值部分是否缴纳个人所得税？

■ 个人以评估增值的非货币性资产对外投资取得股权的，对个人取得相应股权价值高于该资产原值的部分，属于个人所得，按照"财产转让所得"项目计征个人所得税。由被投资企业在个人取得股权时代扣代缴。

《国家税务总局关于资产评估增值计征个人所得税问题的通知》，国税发〔2008〕115 号

7.1.2.3 个人以非货币性资产投资，是否缴纳个人所得税？

■ 个人以非货币性资产投资，属于个人转让非货币性资产和投资同时发生。

自 2015 年 4 月 1 日起，个人以非货币性资产投资，对个人转让非货币性资产的所得，应按照"财产转让所得"项目，依法计算缴纳个人所得税。

■ 非货币性资产，是指现金、银行存款等货币性资产以外的资产，包括股权、不动产、技术发明成果以及其他形式的非货币性资产。

非货币性资产投资，包括以非货币性资产出资设立新的企业，以及以非货币性资产出资参与企业增资扩股、定向增发股票、股权置换、重组改制等投资行为。

《财政部、国家税务总局关于个人非货币性资产投资有关个人所得税政策的通知》一、五，财税〔2015〕41号

7.1.2.4 个人以非货币性资产投资，如何计算应纳税所得额？

- 自2015年4月1日起，个人以非货币性资产投资，应按评估后的公允价值确认非货币性资产转让收入。非货币性资产转让收入减除该资产原值及合理税费后的余额为应纳税所得额。

《财政部、国家税务总局关于个人非货币性资产投资有关个人所得税政策的通知》二，财税〔2015〕41号

- 非货币性资产原值为纳税人取得该项资产时实际发生的支出。

纳税人无法提供完整、准确的非货币性资产原值凭证，不能正确计算非货币性资产原值的，主管税务机关可依法核定其非货币性资产原值。

- 合理税费是指纳税人在非货币性资产投资过程中发生的与资产转移相关的税金及合理费用。

- 纳税人以股权投资的，该股权原值确认等相关问题依照《股权转让所得个人所得税管理办法（试行）》（国家税务总局公告2014年第67号发布）有关规定执行。

《国家税务总局关于个人非货币性资产投资有关个人所得税征管问题的公告》五、六、七，国家税务总局公告2015年第20号

7.1.2.5 个人以非货币性资产投资，非货币性资产转让收入的实现时间如何确定？

- 自2015年4月1日起，个人以非货币性资产投资，应于非货币性资产转让、取得被投资企业股权时，确认非货币性资产转让收入的实现。

《财政部、国家税务总局关于个人非货币性资产投资有关个人所得税政策的通知》二，财税〔2015〕41号

7.1.2.6 个人以非货币性资产投资，纳税申报的期限有何规定？

- 自2015年4月1日起，个人以非货币性资产投资，应在确认非货币性资产转让收入的次月15日内向主管税务机关申报纳税。

《财政部、国家税务总局关于个人非货币性资产投资有关个人所得税政策的通知》三，财税〔2015〕41号

- 纳税人在分期缴税期间转让股权的，应于转让股权之日的次月15日内向主管税务机关申报纳税。

《国家税务总局关于个人非货币性资产投资有关个人所得税征管问题的公告》十一，国家税务总局公告2015年第20号

7.1.2.7 非货币性资产投资个人所得税，是否由纳税人自行申报？

- 非货币性资产投资个人所得税由纳税人向主管税务机关自行申报缴纳。

《国家税务总局关于个人非货币性资产投资有关个人所得税征管问题的公告》二，国家税务总局公告2015年第20号

7.1.2.8 纳税人是否可以分期缴纳税款？

■ 自2015年4月1日起，纳税人一次性缴税有困难的，可以合理确定分期缴纳计划并报主管税务机关备案后，自发生应税行为之日起不超过5个公历年度内（含）分期缴纳个人所得税。

■ 个人以非货币性资产投资交易过程中取得现金补价的，现金部分应优先用于缴税；现金不足以缴纳的部分，可分期缴纳。

个人在分期缴税期间转让其持有的上述全部或部分股权，并取得现金收入的，该现金收入应优先用于缴纳尚未缴清的税款。

《财政部、国家税务总局关于个人非货币性资产投资有关个人所得税政策的通知》三、四，财税〔2015〕41号

7.1.2.9 2015年4月1日之前发生的个人非货币性资产投资，如何进行税务处理？

■ 本通知规定的分期缴税政策自2015年4月1日起施行。对2015年4月1日之前发生的个人非货币性资产投资，尚未进行税收处理且自发生上述应税行为之日起期限未超过5年的，可在剩余的期限内分期缴纳其应纳税款。

《财政部、国家税务总局关于个人非货币性资产投资有关个人所得税政策的通知》六，财税〔2015〕41号

7.1.2.10 非货币性资产投资的纳税地点如何确定？

■ 纳税人以不动产投资的，以不动产所在地税务机关为主管税务机关；纳税人以其持有的企业股权对外投资的，以该企业所在地税务机关为主管税务机关；纳税人以其他非货币资产投资的，以被投资企业所在地税务机关为主管税务机关。

《国家税务总局关于个人非货币性资产投资有关个人所得税征管问题的公告》三，国家税务总局公告2015年第20号

7.1.2.11 纳税人非货币性资产投资需要分期缴纳个人所得税的，需要纳税申报的资料包括哪些？

■ 纳税人非货币性资产投资需要分期缴纳个人所得税的，应于取得被投资企业股权之日的次月15日内，自行制定缴税计划并向主管税务机关报送《非货币性资产投资分期缴纳个人所得税备案表》、纳税人身份证明、投资协议、非货币性资产评估价格证明材料、能够证明非货币性资产原值及合理税费的相关资料。

2015年4月1日之前发生的非货币性资产投资，期限未超过5年，尚未进行税收处理且需要分期缴纳个人所得税的，纳税人应于本公告下发之日起30日内向主管税务机关办理分期缴税备案手续。

■ 纳税人分期缴税期间提出变更原分期缴税计划的，应重新制定分期缴税计划并向主管税务机关重新报送《非货币性资产投资分期缴纳个人所得税备案表》。

■ 纳税人按分期缴税计划向主管税务机关办理纳税申报时，应提供已在主管税务机关备案的《非货币性资产投资分期缴纳个人所得税备案表》和本期之前各期已缴纳个人所得税的完税凭证。

《国家税务总局关于个人非货币性资产投资有关个人所得税征管问题的公告》八、九、十，国家税务总局公告 2015 年第 20 号

7.2 债权转让所得

7.2.1.1 转让债权财产原值和合理费用如何确定？

■ 转让债权，采用"加权平均法"确定其应予减除的财产原值和合理费用。即以纳税人购进的同一种类债券买入价和买进过程中缴纳的税费总和，除以纳税人购进的该种类债券数量之和，乘以纳税人卖出的该种类债券数量，再加上卖出的该种类债券过程中缴纳的税费。用公式表示为：

一次卖出某一种类债券允许扣除的买入价和费用 = 纳税人购进的该种类债券买入价和买进过程中交纳的税费总和/纳税人购进的该种类债券总数量×一次卖出的该种类债券的数量 + 卖出该种类债券过程中缴纳的税费。

举例：李先生 2018 年 4 月以 10000 元购入 500 份债券，购进过程中支付税费共计 200 元。12 月以每份 25 元的价格卖出其中的 200 份，支付除增值税外的税费共计 100 元，该项财产转让所得应缴纳多少个人所得税？

答：转让债券的原值 = 10000/500 × 200 = 4000 元

转让债券部分发生的合理费用 = 200/500 × 200 + 100 = 180 元

应纳税所得额 = 25 × 200 - 4000 - 180 = 820 元

转让债券所得应缴纳的个税 = 820 × 20% = 164 元

小贴士：新个税实施条例增加了财产转让所得的范围，明确了"合伙企业中的财产份额"转让按财产转让缴纳个税。

《国家税务总局关于印发〈征收个人所得税若干问题的规定〉的通知》七，国税发〔1994〕89 号

7.2.1.2 个人购置债权后主张债权而取得的所得，是否按"财产转让所得"缴纳个人所得税？

■ 个人通过招标、竞拍或其他方式购置债权以后，通过相关司法或行政程序主张债权而取得的所得，应按照"财产转让所得"项目缴纳个人所得税。

《国家税务总局关于个人因购买和处置债权取得所得征收个人所得税问题的批复》一，国税函〔2005〕655 号

7.2.1.3 个人通过招标、竞拍或其他方式取得"打包"债权，只处置部分债权的，应纳税所得额如何确定？

■（1）以每次处置部分债权的所得，作为一次财产转让所得征税。

（2）其应税收入按照个人取得的货币资产和非货币资产的评估价值或市场价值的合计

数确定。

（3）所处置债权成本费用（即财产原值），按下列公式计算：

当次处置债权成本费用＝个人购置"打包"债权实际支出×当次处置债权账面价值（或拍卖机构公布价值）÷"打包"债权账面价值（或拍卖机构公布价值）

（4）个人购买和处置债权过程中发生的拍卖招标手续费、诉讼费、审计评估费以及缴纳的税金等合理税费，在计算个人所得税时允许扣除。

《国家税务总局关于个人因购买和处置债权取得所得征收个人所得税问题的批复》二，国税函〔2005〕655号

7.3 股权转让所得

7.3.1 征税范围

7.3.1.1 个人转让股权，按"财产转让所得"缴纳个人所得税的情形有哪些?

■ 个人转让股权，按"财产转让所得"缴纳个人所得税。

■ 股权是指自然人股东（个人）投资于在中国境内成立的企业或组织（被投资企业，不包括个人独资企业和合伙企业）的股权或股份。

■ 股权转让是指个人将股权转让给其他个人或法人的行为，包括以下情形：

（1）出售股权；

（2）公司回购股权；

（3）发行人首次公开发行新股时，被投资企业股东将其持有的股份以公开发行方式一并向投资者发售；

（4）股权被司法或行政机关强制过户；

（5）以股权对外投资或进行其他非货币性交易；

（6）以股权抵偿债务；

（7）其他股权转移行为。

■ 个人在上海证券交易所、深圳证券交易所转让从上市公司公开发行和转让市场取得的上市公司股票，转让限售股，以及其他有特别规定的股权转让，不适用本办法。

《国家税务总局关于发布〈股权转让所得个人所得税管理办法（试行）〉的公告》第四、二、三、三十条，国家税务总局公告2014年第67号

7.3.1.2 纳税人收回转让的股权，是否征收个人所得税?

■ 股权转让合同履行完毕、股权已作变更登记，且所得已经实现的，转让人取得的股权转让收入应当依法缴纳个人所得税。转让行为结束后，当事人双方签订并执行解除原股权

转让合同、退回股权的协议,是另一次股权转让行为,对前次转让行为征收的个人所得税款不予退回。

《国家税务总局关于纳税人收回转让的股权征收个人所得税问题的批复》一,国税函〔2005〕130号

7.3.1.3 股权转让关系解除,是否缴纳个人所得税?

■ 股权转让合同未履行完毕,因执行仲裁委员会做出的解除股权转让合同及补充协议的裁决、停止执行原股权转让合同,并原价收回已转让股权的,由于其股权转让行为尚未完成、收入未完全实现,随着股权转让关系的解除,股权收益不复存在,纳税人不应缴纳个人所得税。

《国家税务总局关于纳税人收回转让的股权征收个人所得税问题的批复》,国税函〔2005〕130号

7.3.1.4 个人以股权参与上市公司定向增发,是否征收个人所得税?

■ 自然人以其所持该公司股权评估增值后,参与公司定向增发股票,属于股权转让行为,其取得所得,应按照"财产转让所得"项目缴纳个人所得税。

《国家税务总局关于个人以股权参与上市公司定向增发征收个人所得税问题的批复》,国税函〔2011〕89号

7.3.2 应纳税所得额的计算

7.3.2.1 以转让公司全部资产、承担债权债务方式将股权转让,如何计算个人所得税应纳税额?

■ 公司原全体股东,通过签订股权转让协议,以转让公司全部资产方式将股权转让给新股东,协议约定时间以前的债权债务由原股东负责,协议约定时间以后的债权债务由新股东负责。根据《中华人民共和国个人所得税法》及其实施条例的规定,原股东取得股权转让所得,应按"财产转让所得"项目征收个人所得税。

(1) 对于原股东取得转让收入后,根据持股比例先清收债权、归还债务后,再对每个股东进行分配的,应纳税所得额的计算公式为:

应纳税所得额 = (原股东股权转让总收入 - 原股东承担的债务总额 + 原股东所收回的债权总额 - 注册资本额 - 股权转让过程中的有关税费) × 原股东持股比例

其中,原股东承担的债务不包括应付未付股东的利润。

(2) 对于原股东取得转让收入后,根据持股比例对股权转让收入、债权债务进行分配的,应纳税所得额的计算公式为:

应纳税所得额 = 原股东分配取得股权转让收入 + 原股东清收公司债权收入 - 原股东承担公司债务支出 - 原股东向公司投资成本

《国家税务总局关于股权转让收入征收个人所得税问题的批复》,国税函〔2007〕244号

7.3.2.2 个人转让股权,如何计算应纳税所得额?

■ 个人转让股权,以股权转让收入减除股权原值和合理费用后的余额为应纳税所得

额，缴纳个人所得税。

合理费用是指股权转让时按照规定支付的有关税费。

《国家税务总局关于发布〈股权转让所得个人所得税管理办法（试行）〉的公告》第四条，国家税务总局公告2014年第67号

7.3.3 股权转让收入

7.3.3.1 转让方取得哪些所得，应并入股权转让收入？

■ 个人因各种原因终止投资、联营、经营合作等行为，从被投资企业或合作项目、被投资企业的其他投资者以及合作项目的经营合作人取得股权转让收入、违约金、补偿金、赔偿金及以其他名目收回的款项等，均属于个人所得税应税收入，应按照"财产转让所得"项目适用的规定计算缴纳个人所得税。

《国家税务总局关于个人终止投资经营收回款项征收个人所得税问题的公告》一，国家税务总局公告2011年第41号

■ 转让方取得与股权转让相关的各种款项，包括违约金、补偿金以及其他名目的款项、资产、权益等，均应当并入股权转让收入。

■ 纳税人按照合同约定，在满足约定条件后取得的后续收入，应当作为股权转让收入。

《国家税务总局关于发布〈股权转让所得个人所得税管理办法（试行）〉的公告》第八、九条，国家税务总局公告2014年第67号

7.3.3.2 股权转让收入，包括哪些形式的收益？

■ 股权转让收入是指转让方因股权转让而获得的现金、实物、有价证券和其他形式的经济利益。

转让的股权以人民币以外的货币结算的，按照结算当日人民币汇率中间价，折算成人民币计算应纳税所得额。

《国家税务总局关于发布〈股权转让所得个人所得税管理办法（试行）〉的公告》第七、二十三条，国家税务总局公告2014年第67号

7.3.4 原值的确定

7.3.4.1 个人转让股权的原值如何确定？

■ 以现金出资方式取得的股权，按照实际支付的价款与取得股权直接相关的合理税费之和确认股权原值；以非货币性资产出资方式取得的股权，按照税务机关认可或核定的投资入股时非货币性资产价格与取得股权直接相关的合理税费之和确认股权原值。

通过无偿让渡方式取得股权，具备以下情形的，按取得股权发生的合理税费与原持有人的股权原值之和确认股权原值：继承或将股权转让给其能提供具有法律效力身份关系证明的

配偶、父母、子女、祖父母、外祖父母、孙子女、外孙子女、兄弟姐妹以及对转让人承担直接抚养或者赡养义务的抚养人或者赡养人。

被投资企业以资本公积、盈余公积、未分配利润转增股本，个人股东已依法缴纳个人所得税的，以转增额和相关税费之和确认其新转增股本的股权原值。

以现金、非货币性资产出资方式、通过无偿让渡方式取得股权和被投资企业以资本公积、盈余公积、未分配利润转增股本以外的其他方式取得股权，由主管税务机关按照避免重复征收个人所得税的原则合理确认股权原值。

《国家税务总局关于发布〈股权转让所得个人所得税管理办法（试行）〉的公告》第十五条，国家税务总局公告 2014 年第 67 号

7.3.4.2 股权转让人已被核定股权转让收入，该股权受让人的股权原值如何确定？

■ 股权转让人已被主管税务机关核定股权转让收入并依法征收个人所得税的，该股权受让人的股权原值以取得股权时发生的合理税费与股权转让人被主管税务机关核定的股权转让收入之和确认。

《国家税务总局关于发布〈股权转让所得个人所得税管理办法（试行）〉的公告》第十六条，国家税务总局公告 2014 年第 67 号

7.3.4.3 个人多次取得同一被投资企业股权的，转让部分股权时，如何确定其股权原值？

■ 对个人多次取得同一被投资企业股权的，转让部分股权时，采用"加权平均法"确定其股权原值。

《国家税务总局关于发布〈股权转让所得个人所得税管理办法（试行）〉的公告》第十八条，国家税务总局公告 2014 年第 67 号

7.3.4.4 个人转让股权不能正确计算股权原值的，如何确定股权原值？

■ 个人转让股权未提供完整、准确的股权原值凭证，不能正确计算股权原值的，由主管税务机关核定其股权原值。

《国家税务总局关于发布〈股权转让所得个人所得税管理办法（试行）〉的公告》第十七条，国家税务总局公告 2014 年第 67 号

7.3.5 征收管理

7.3.5.1 主管税务机关可以核定股权转让收入的情形包括哪些？

■ 符合下列情形之一的，主管税务机关可以核定股权转让收入：
（1）申报的股权转让收入明显偏低且无正当理由的；
（2）未按照规定期限办理纳税申报，经税务机关责令限期申报，逾期仍不申报的；
（3）转让方无法提供或拒不提供股权转让收入的有关资料；
（4）其他应核定股权转让收入的情形。

■ 符合下列情形之一，视为股权转让收入明显偏低：

（1）申报的股权转让收入低于股权对应的净资产份额的。其中，被投资企业拥有土地使用权、房屋、房地产企业未销售房产、知识产权、探矿权、采矿权、股权等资产的，申报的股权转让收入低于股权对应的净资产公允价值份额的；

（2）申报的股权转让收入低于初始投资成本或低于取得该股权所支付的价款及相关税费的；

（3）申报的股权转让收入低于相同或类似条件下同一企业同一股东或其他股东股权转让收入的；

（4）申报的股权转让收入低于相同或类似条件下同类行业的企业股权转让收入的；

（5）不具合理性的无偿让渡股权或股份；

（6）主管税务机关认定的其他情形。

■ 符合下列条件之一的股权转让收入明显偏低，视为有正当理由：

（1）能出具有效文件，证明被投资企业因国家政策调整，生产经营受到重大影响，导致低价转让股权；

（2）继承或将股权转让给其能提供具有法律效力身份关系证明的配偶、父母、子女、祖父母、外祖父母、孙子女、外孙子女、兄弟姐妹以及对转让人承担直接抚养或者赡养义务的抚养人或者赡养人；

（3）相关法律、政府文件或企业章程规定，并有相关资料充分证明转让价格合理且真实的本企业员工持有的不能对外转让股权的内部转让；

（4）股权转让双方能够提供有效证据证明其合理性的其他合理情形。

《国家税务总局关于发布〈股权转让所得个人所得税管理办法（试行）〉的公告》第十一、十二、十三条，国家税务总局公告2014年第67号

7.3.5.2 税务机关核定股权转让收入有哪些方法？

■ 主管税务机关应依次按照下列方法核定股权转让收入：

（1）净资产核定法。股权转让收入按照每股净资产或股权对应的净资产份额核定。

被投资企业的土地使用权、房屋、房地产企业未销售房产、知识产权、探矿权、采矿权、股权等资产占企业总资产比例超过20%的，主管税务机关可参照纳税人提供的具有法定资质的中介机构出具的资产评估报告核定股权转让收入。6个月内再次发生股权转让且被投资企业净资产未发生重大变化的，主管税务机关可参照上一次股权转让时被投资企业的资产评估报告核定此次股权转让收入。

（2）类比法。其一，参照相同或类似条件下同一企业同一股东或其他股东股权转让收入核定；其二，参照相同或类似条件下同类行业企业股权转让收入核定。

（3）其他合理方法。主管税务机关采用以上方法核定股权转让收入存在困难的，可以采取其他合理方法核定。

《国家税务总局关于发布〈股权转让所得个人所得税管理办法（试行）〉的公告》第十四条，国家税务总局公告2014年第67号

7.3.5.3 个人股权转让所得，个人所得税是否代扣代缴?

■ 个人股权转让所得个人所得税，以股权转让方为纳税人，以受让方为扣缴义务人。

■ 具有下列情形之一的，扣缴义务人、纳税人应当依法在次月15日内向主管税务机关申报纳税：

（1）受让方已支付或部分支付股权转让价款的；

（2）股权转让协议已签订生效的；

（3）受让方已经实际履行股东职责或者享受股东权益的；

（4）国家有关部门判决、登记或公告生效的；

（5）本办法第三条第四至第七项行为已完成的；

（6）税务机关认定的其他有证据表明股权已发生转移的情形。

《国家税务总局关于发布〈股权转让所得个人所得税管理办法（试行）〉的公告》第五、二十条，国家税务总局公告2014年第67号

7.3.5.4 个人股权转让所得，缴纳个人所得税的地点如何确定?

■ 个人股权转让所得个人所得税以被投资企业所在地税务机关为主管税务机关。

《国家税务总局关于发布〈股权转让所得个人所得税管理办法（试行）〉的公告》第十九条，国家税务总局公告2014年第67号

7.3.5.5 纳税人、扣缴义务人办理股权转让纳税（扣缴）申报时，应报送哪些资料?

■ 纳税人、扣缴义务人向主管税务机关办理股权转让纳税（扣缴）申报时，还应当报送以下资料：

（1）股权转让合同（协议）；

（2）股权转让双方身份证明；

（3）按规定需要进行资产评估的，需提供具有法定资质的中介机构出具的净资产或土地房产等资产价值评估报告；

（4）计税依据明显偏低但有正当理由的证明材料；

（5）主管税务机关要求报送的其他材料。

《国家税务总局关于发布〈股权转让所得个人所得税管理办法（试行）〉的公告》第二十一条，国家税务总局公告2014年第67号

7.4 转让股票所得

7.4.1 上市公司股票

7.4.1.1 个人转让上市公司股票所得，是否征收个人所得税?

■ 从1997年1月1日起，对个人转让上市公司股票取得的所得继续暂免征收个人所

得税。

《财政部、国家税务总局关于个人转让股票所得继续暂免征收个人所得税的通知》，财税字〔1998〕61号

■ 对个人在上海证券交易所、深圳证券交易所转让从上市公司公开发行和转让市场取得的上市公司股票所得，继续免征个人所得税。

《财政部、国家税务总局、证监会关于个人转让上市公司限售股所得征收个人所得税有关问题的通知》八，财税〔2009〕167号

7.4.1.2 个人将行权后的股票再行转让而取得的所得，是否缴纳个人所得税？

■ 员工接受实施股票期权计划企业授予的股票期权，员工将行权后的股票再转让时获得的高于购买日公平市场价的差额，应按照"财产转让所得"适用的征免规定计算缴纳个人所得税。

■ 个人将行权后的境内上市公司股票再行转让而取得的所得，暂不征收个人所得税；个人转让境外上市公司的股票而取得的所得，应依法缴纳税款。

《财政部、国家税务总局关于个人股票期权所得征收个人所得税问题的通知》二、四，财税〔2005〕35号

7.4.2 限售股

7.4.2.1 限售股转让所得个人所得税，谁是扣缴义务人？

■ 限售股转让所得个人所得税，以限售股持有者为纳税义务人，以个人股东开户的证券机构为扣缴义务人。由证券机构所在地主管税务机关负责征收管理。

《财政部、国家税务总局、证监会关于个人转让上市公司限售股所得征收个人所得税有关问题的通知》四，财税〔2009〕167号

7.4.2.2 个人转让限售股取得的所得，是否按"财产转让所得"征收个人所得税？

■ 自2010年1月1日起，对个人转让限售股取得的所得，按照"财产转让所得"，适用20%的比例税率征收个人所得税。

■ 限售股，包括：

（1）上市公司股权分置改革完成后股票复牌日之前股东所持原非流通股股份，以及股票复牌日至解禁日期间由上述股份孳生的送、转股（股改限售股）；

（2）2006年股权分置改革新老划断后，首次公开发行股票并上市的公司形成的限售股，以及上市首日至解禁日期间由上述股份孳生的送、转股（新股限售股）；

（3）财政部、税务总局、法制办和证监会共同确定的其他限售股。

《财政部、国家税务总局、证监会关于个人转让上市公司限售股所得征收个人所得税有关问题的通知》一、二，财税〔2009〕167号

■ 本通知所称限售股，包括：

（1）财税〔2009〕167号文件规定的限售股；

（2）个人从机构或其他个人受让的未解禁限售股；

（3）个人因依法继承或家庭财产依法分割取得的限售股；

（4）个人持有的从代办股份转让系统转到主板市场（或中小板、创业板市场）的限售股；

（5）上市公司吸收合并中，个人持有的原被合并方公司限售股所转换的合并方公司股份；

（6）上市公司分立中，个人持有的被分立方公司限售股所转换的分立后公司股份；

（7）其他限售股。

《财政部、国家税务总局、证监会关于个人转让上市公司限售股所得征收个人所得税有关问题的补充通知》一，财税〔2010〕70号

7.4.2.3 限售股在解禁前被多次转让的，是否对转让方的每一次转让所得，征收个人所得税？

■ 个人转让限售股或发生具有转让限售股实质的其他交易，取得现金、实物、有价证券和其他形式的经济利益均应缴纳个人所得税。限售股在解禁前被多次转让的，转让方对每一次转让所得均应按规定缴纳个人所得税。对具有下列情形的，应按规定征收个人所得税：

（1）个人通过证券交易所集中交易系统或大宗交易系统转让限售股；

（2）个人用限售股认购或申购交易型开放式指数基金（ETF）份额；

（3）个人用限售股接受要约收购；

（4）个人行使现金选择权将限售股转让给提供现金选择权的第三方；

（5）个人协议转让限售股；

（6）个人持有的限售股被司法扣划；

（7）个人因依法继承或家庭财产分割让渡限售股所有权；

（8）个人用限售股偿还上市公司股权分置改革中由大股东代其向流通股股东支付的对价；

（9）其他具有转让实质的情形。

《财政部、国家税务总局、证监会关于个人转让上市公司限售股所得征收个人所得税有关问题的补充通知》二，财税〔2010〕70号

7.4.2.4 个人转让限售股，应纳税所得额如何计算？

■ 个人转让限售股，以每次限售股转让收入，减除股票原值和合理税费后的余额，为应纳税所得额。即：

应纳税所得额＝限售股转让收入－（限售股原值＋合理税费）应纳税额＝应纳税所得额×20% 限售股转让收入，是指转让限售股股票实际取得的收入。限售股原值，是指限售股买入时的买入价及按照规定缴纳的有关费用。合理税费，是指转让限售股过程中发生的印花税、佣金、过户费等与交易相关的税费。

如果纳税人未能提供完整、真实的限售股原值凭证的，不能准确计算限售股原值的，主管税务机关一律按限售股转让收入的15%核定限售股原值及合理税费。

《财政部、国家税务总局、证监会关于个人转让上市公司限售股所得征收个人所得税有

关问题的通知》三，财税〔2009〕167号

7.4.2.5 纳税人同时持有限售股及该股流通股的，股票转让所得如何确定转让秩序？

■ 纳税人同时持有限售股及该股流通股的，其股票转让所得，按照限售股优先原则，即转让股票视同为先转让限售股，按规定计算缴纳个人所得税。

《财政部、国家税务总局、证监会关于个人转让上市公司限售股所得征收个人所得税有关问题的通知》六，财税〔2009〕167号

7.4.2.6 个人转让证券机构技术和制度准备完成前形成的限售股，证券机构预扣预缴个人所得税的金额如何确定？

■ 证券机构技术和制度准备完成前形成的限售股，证券机构按照股改限售股股改复牌日收盘价，或新股限售股上市首日收盘价计算转让收入，按照计算出的转让收入的15%确定限售股原值和合理税费，以转让收入减去原值和合理税费后的余额，适用20%税率，计算预扣预缴个人所得税额。

《财政部、国家税务总局、证监会关于个人转让上市公司限售股所得征收个人所得税有关问题的通知》五，财税〔2009〕167号

■ 个人通过证券交易所集中交易系统或大宗交易系统转让限售股、个人用限售股认购或申购交易型开放式指数基金（ETF）份额、个人用限售股接受要约收购、个人行使现金选择权将限售股转让给提供现金选择权的第三方，由证券机构扣缴税款的，扣缴税款的计算按照上述规定执行。

《财政部、国家税务总局、证监会关于个人转让上市公司限售股所得征收个人所得税有关问题的补充通知》三，财税〔2009〕167号

7.4.2.7 个人转让证券机构技术和制度准备完成前形成的限售股，如何办理清算事宜？

■ 纳税人按照实际转让收入与实际成本计算出的应纳税额，与证券机构预扣预缴税额有差异的，纳税人应自证券机构代扣并解缴税款的次月1日起3个月内，持加盖证券机构印章的交易记录和相关完整、真实凭证，向主管税务机关提出清算申报并办理清算事宜。主管税务机关审核确认后，按照重新计算的应纳税额，办理退（补）税手续。纳税人在规定期限内未到主管税务机关办理清算事宜的，税务机关不再办理清算事宜，已预扣预缴的税款从纳税保证金账户全额缴入国库。

《财政部、国家税务总局、证监会关于个人转让上市公司限售股所得征收个人所得税有关问题的通知》五，财税〔2009〕167号

7.4.2.8 纳税人申报清算时，实际转让收入如何计算？

■ 纳税人申报清算时，实际转让收入按照下列原则计算：

个人通过证券交易所集中交易系统或大宗交易系统转让限售股的转让收入以转让当日该股份实际转让价格计算，证券公司在扣缴税款时，佣金支出统一按照证券主管部门规定的行业最高佣金费率计算。个人用限售股认购或申购交易型开放式指数基金（ETF）份额的转让收入，通过认购ETF份额方式转让限售股的，以股份过户日的前一交易日该股份收盘价计算，通过申购ETF份额方式转让限售股的，以申购日的前一交易日该股份收盘价计算。

个人用限售股接受要约收购的转让收入以要约收购的价格计算。

个人行使现金选择权将限售股转让给提供现金选择权的第三方转让收入以实际行权价格计算。

《财政部、国家税务总局、证监会关于个人转让上市公司限售股所得征收个人所得税有关问题的补充通知》三，财税〔2010〕70号

7.4.2.9 个人转让证券机构技术和制度准备完成后新上市公司的限售股，如何计算个人所得税应纳税额？

■ 证券机构技术和制度准备完成后新上市公司的限售股，按照证券机构事先植入结算系统的限售股成本原值和发生的合理税费，以实际转让收入减去原值和合理税费后的余额，适用20%税率，计算直接扣缴个人所得税额。

《财政部、国家税务总局、证监会关于个人转让上市公司限售股所得征收个人所得税有关问题的通知》五，财税〔2009〕167号

■ 证券登记结算公司收到新上市公司提供的相关资料后，应及时将有关成本原值数据植入证券结算系统。个人转让新上市公司限售股的，证券登记结算公司根据实际转让收入和植入证券结算系统的标的限售股成本原值，以实际转让收入减去成本原值和合理税费后的余额，适用20%税率，直接计算须扣缴的个人所得税额。

合理税费是指转让限售股过程中发生的印花税、佣金、过户费等与交易相关的税费。

个人协议转让限售股、须向主管税务机关申报纳税的，转让收入按照下列原则计算：

个人协议转让限售股的转让收入按照实际转让收入计算，转让价格明显偏低且无正当理由的，主管税务机关可以依据协议签订日的前一交易日该股收盘价或其他合理方式核定其转让收入。个人持有的限售股被司法扣划、须向主管税务机关申报纳税的，转让收入按照下列原则计算：

个人持有的限售股被司法扣划的转让收入以司法执行日的前一交易日该股收盘价计算。个人因依法继承或家庭财产分割让渡限售股所有权、须向主管税务机关申报纳税的，转让收入按照下列原则计算：个人因依法继承或家庭财产分割让渡限售股所有权的转让收入以转让方取得该股时支付的成本计算。

《财政部、国家税务总局、证监会关于个人转让上市公司限售股所得征收个人所得税有关问题的补充通知》三，财税〔2010〕70号

7.4.2.10 个人用限售股偿还上市公司股权分置改革中由大股东代其向流通股股东支付的对价的，转让收入如何计算？

■ 个人用限售股偿还上市公司股权分置改革中由大股东代其向流通股股东支付的对价、须向主管税务机关申报纳税的，转让收入按照下列原则计算：

个人用限售股偿还上市公司股权分置改革中由大股东代其向流通股股东支付的对价的转让收入以转让方取得该股时支付的成本计算。

《财政部、国家税务总局、证监会关于个人转让上市公司限售股所得征收个人所得税有关问题的补充通知》三，财税〔2010〕70号

7.4.2.11 个人转让因协议受让、司法扣划等情形取得未解禁限售股的，成本如何确定？

■ 个人转让因协议受让、司法扣划等情形取得未解禁限售股的，成本按照主管税务机关认可的协议受让价格、司法扣划价格核定，无法提供相关资料的，按照财税〔2009〕167号文件第五条第（一）项规定执行。

个人转让因依法继承或家庭财产依法分割取得的限售股的，缴纳个人所得税，成本按照该限售股前一持有人取得该股时实际成本及税费计算。

在证券机构技术和制度准备完成后形成的限售股，自股票上市首日至解禁日期间发生送、转、缩股的，证券登记结算公司应依据送、转、缩股比例对限售股成本原值进行调整；而对于其他权益分派的情形（如现金分红、配股等），不对限售股的成本原值进行调整。

因个人持有限售股中存在部分限售股成本原值不明确，导致无法准确计算全部限售股成本原值的，证券登记结算公司一律以实际转让收入的15%作为限售股成本原值和合理税费。

《财政部、国家税务总局、证监会关于个人转让上市公司限售股所得征收个人所得税有关问题的补充通知》三，财税〔2010〕70号

7.4.2.12 个人以非交易过户方式办理应纳税未解禁限售股过户登记的，受让方所取得限售股的成本原值如何确定？

■ 个人在证券登记结算公司以非交易过户方式办理应纳税未解禁限售股过户登记的，受让方所取得限售股的成本原值按照转让方完税凭证、《限售股转让所得个人所得税清算申报表》等材料确定的转让价格进行确定；如转让方证券账户为机构账户，在受让方再次转让该限售股时，以受让方实际转让收入的15%核定其转让限售股的成本原值和合理税费。

《财政部、国家税务总局关于证券机构技术和制度准备完成后个人转让上市公司限售股有关个人所得税问题的通知》五，财税〔2011〕108号

7.4.2.13 对于个人持有的新上市公司未解禁限售股被司法扣划至其他个人证券账户，受让方转让该限售股时，如何确定成本原值？

■ 对于个人持有的新上市公司未解禁限售股被司法扣划至其他个人证券账户，如国家权力机关要求强制执行但未能提供完税凭证等材料，证券登记结算公司在履行告知义务后予以协助执行，并在受让方转让该限售股时，以其实际转让收入的15%核定其转让限售股的成本原值和合理税费。

《财政部、国家税务总局关于证券机构技术和制度准备完成后个人转让上市公司限售股有关个人所得税问题的通知》七，财税〔2011〕108号

7.4.2.14 限售股转让所得个人所得税，有哪几种征管方法？

■ 限售股转让所得个人所得税，采取证券机构预扣预缴、纳税人自行申报清算和证券机构直接扣缴相结合的方式征收。

《财政部、国家税务总局、证监会关于个人转让上市公司限售股所得征收个人所得税有关问题的通知》五，财税〔2009〕167号

■ 个人通过证券交易所集中交易系统或大宗交易系统转让限售股；个人用限售股认购或申购交易型开放式指数基金（ETF）份额；个人用限售股接受要约收购；个人行使现金选

择权将限售股转让给提供现金选择权的第三方的，对其应纳个人所得税采取证券机构预扣预缴、纳税人自行申报清算和证券机构直接扣缴相结合的方式征收。

证券机构，包括证券登记结算公司、证券公司及其分支机构。其中，证券登记结算公司以证券账户为单位计算个人应纳税额，证券公司及其分支机构依据证券登记结算公司提供的数据负责对个人应缴纳的个人所得税以证券账户为单位进行预扣预缴。纳税人对证券登记结算公司计算的应纳税额有异议的，可持相关完整、真实凭证，向主管税务机关提出清算申报并办理清算事宜。主管税务机构审核确认后，按照重新计算的应纳税额，办理退（补）税手续。

个人协议转让限售股、个人持有的限售股被司法扣划、个人因依法继承或家庭财产分割让渡限售股所有权、个人用限售股偿还上市公司股权分置改革中由大股东代其向流通股股东支付的对价的，采取纳税人自行申报纳税的方式。纳税人转让限售股后，应在次月七日内到主管税务机关填报《限售股转让所得个人所得税清算申报表》，自行申报纳税。主管税务机关审核确认后应开具完税凭证，纳税人应持完税凭证、《限售股转让所得个人所得税清算申报表》复印件到证券登记结算公司办理限售股过户手续。纳税人未提供完税凭证和《限售股转让所得个人所得税清算申报表》复印件的，证券登记结算公司不予办理过户。纳税人自行申报的，应一次办结相关涉税事宜，不再执行财税〔2009〕167号文件中有关纳税人自行申报清算的规定。对个人持有的限售股被司法扣划，如国家权力机关要求强制执行的，证券登记结算公司在履行告知义务后予以协助执行，并报告相关主管税务机关。

《财政部、国家税务总局、证监会关于个人转让上市公司限售股所得征收个人所得税有关问题的补充通知》四，财税〔2010〕70号

7.4.2.15 个人持有在证券机构技术和制度准备完成后形成的拟上市公司限售股，应向证券登记结算公司提供哪些资料？

■ 个人持有在证券机构技术和制度准备完成后形成的拟上市公司限售股，在公司上市前，个人应委托拟上市公司向证券登记结算公司提供有关限售股成本原值详细资料，以及会计师事务所或税务师事务所对该资料出具的鉴证报告。逾期未提供的，证券登记结算公司以实际转让收入的15%核定限售股原值和合理税费。

《财政部、国家税务总局、证监会关于个人转让上市公司限售股所得征收个人所得税有关问题的补充通知》五，财税〔2010〕70号

■ 自2012年3月1日起，网上发行资金申购日在2012年3月1日（含）之后的首次公开发行上市公司（新上市公司）按照证券登记结算公司业务规定做好各项资料准备工作，在向证券登记结算公司申请办理股份初始登记时一并申报由个人限售股股东提供的有关限售股成本原值详细资料，以及会计师事务所或税务师事务所对该资料出具的鉴证报告。限售股成本原值，是指限售股买入时的买入价及按照规定缴纳的有关税费。

■ 新上市公司提供的成本原值资料和鉴证报告中应包括但不限于以下内容：证券持有人名称、有效身份证照号码、证券账户号码、新上市公司全称、持有新上市公司限售股数量、持有新上市公司限售股每股成本原值等。新上市公司每位持有限售股的个人股东应仅申报一个成本原值。个人取得的限售股有不同成本的，应对所持限售股以每次取得股份数量为

权重进行成本加权平均以计算出每股的成本原值,即:

分次取得限售股的加权平均成本=(第一次取得限售股的每股成本原值×第一次取得限售股的股份数量+…+第 n 次取得限售股的每股成本原值×第 n 次取得限售股的股份数量)÷累计取得限售股的股份数量新上市公司在申请办理股份初始登记时,确实无法提供有关成本原值资料和鉴证报告的,证券登记结算公司在完成股份初始登记后,将不再接受新上市公司申报有关成本原值资料和鉴证报告,并按规定以实际转让收入的 15% 核定限售股成本原值和合理税费。

《财政部、国家税务总局关于证券机构技术和制度准备完成后个人转让上市公司限售股有关个人所得税问题的通知》一、二、四,财税〔2011〕108 号

7.4.3 新三板挂牌公司股票

7.4.3.1 个人转让新三板挂牌公司股票所得,是否征收个人所得税?

■ 自 2018 年 11 月 1 日(含)起,对个人转让新三板挂牌公司非原始股取得的所得,暂免征收个人所得税。

非原始股是指个人在新三板挂牌公司挂牌后取得的股票,以及由上述股票孳生的送、转股。

2018 年 11 月 1 日之前,个人转让新三板挂牌公司非原始股,尚未进行税收处理的,可比照上述规定执行,已经进行相关税收处理的,不再进行税收调整。

■ 对个人转让新三板挂牌公司原始股取得的所得,按照"财产转让所得",适用 20% 的比例税率征收个人所得税。

原始股是指个人在新三板挂牌公司挂牌前取得的股票,以及在该公司挂牌前和挂牌后由上述股票孳生的送、转股。

《财政部、国家税务总局、证监会关于个人转让全国中小企业股份转让系统挂牌公司股票有关个人所得税政策的通知》一、二、四,财税〔2018〕137 号

7.4.3.2 个人转让新三板挂牌公司股票所得,如何征收个人所得税?

■ 2019 年 9 月 1 日之前,个人转让新三板挂牌公司原始股的个人所得税,征收管理办法按照现行股权转让所得有关规定执行,以股票受让方为扣缴义务人,由被投资企业所在地税务机关负责征收管理。

■ 自 2019 年 9 月 1 日(含)起,个人转让新三板挂牌公司原始股的个人所得税,以股票托管的证券机构为扣缴义务人,由股票托管的证券机构所在地主管税务机关负责征收管理。具体征收管理办法参照《财政部、国家税务总局、证监会关于个人转让上市公司限售股所得征收个人所得税有关问题的通知》(财税〔2009〕167 号)和《财政部、国家税务总局、证监会关于个人转让上市公司限售股所得征收个人所得税有关问题的补充通知》(财税〔2010〕70 号)有关规定执行。

《财政部、国家税务总局、证监会关于个人转让全国中小企业股份转让系统挂牌公司股票有关个人所得税政策的通知》三,财税〔2018〕137 号

8. 偶然所得

8.1 征税范围

8.1.1 偶然所得缴纳个人所得税的范围

- 个人偶然所得,应当缴纳个人所得税。

《个人所得税法》第二条

- 偶然所得,是指个人得奖、中奖、中彩以及其他偶然性质的所得。个人取得的所得,难以界定应纳税所得项目的,由国务院税务主管部门确定。

《个人所得税法实施条例》第六条

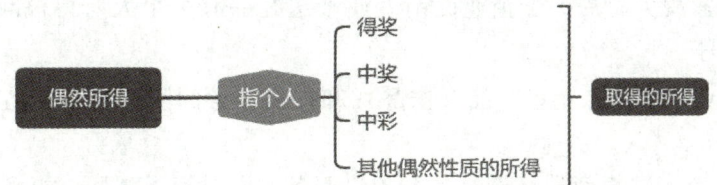

8.1.2 中奖所得

8.1.2.1 个人参加有奖储蓄取得的中奖所得,是否按"偶然所得"征收个人所得税?

- 个人参加有奖储蓄取得的各种形式的中奖所得,应按照个人所得税法中"偶然所得"应税项目的规定征收个人所得税。

支付该项所得的各级银行部门是税法规定的代扣代缴义务人,在其向个人支付有奖储蓄中奖所得时,应按照"偶然所得"应税项目扣缴个人所得税税款。

《国家税务总局关于有奖储蓄中奖收入征收个人所得税问题的批复》,国税函发〔1995〕

98 号

8.1.2.2 个人购买体育彩票的中奖收入，是否征收个人所得税？

■ 个人购买体育彩票的中奖收入属于偶然所得，应全额依 20% 的税率征收个人所得税。

《财政部、国家税务总局关于体育彩票发行收入税收问题的通知》，财税字〔1996〕77 号

8.1.3 不竞争款项所得

8.1.3.1 资产出售方企业自然人股东取得的不竞争款项所得，是否按"偶然所得"征收个人所得税？

■ 鉴于资产购买方企业向个人支付的不竞争款项，属于个人因偶然因素取得的一次性所得，资产出售方企业自然人股东取得的所得，应按"偶然所得"项目计算缴纳个人所得税，税款由资产购买方企业在向资产出售方企业自然人股东支付不竞争款项时代扣代缴。

《财政部、国家税务总局关于企业向个人支付不竞争款项征收个人所得税问题的批复》，财税〔2007〕102 号

8.1.4 销售折扣、折让方式或赠送商品是否计入偶然所得商品

8.1.4.1 企业通过价格折扣、折让方式向个人销售商品（产品）和提供服务，是否征收个人所得税？

■ 企业在销售商品（产品）和提供服务过程中，企业通过价格折扣、折让方式向个人销售商品（产品）和提供服务，不征收个人所得税。

《财政部、国家税务总局关于企业促销展业赠送礼品有关个人所得税问题的通知》一，财税〔2011〕50 号

8.1.4.2 企业在向个人销售商品（产品）和提供服务的同时给予赠品，是否征收个人所得税？

■ 企业在向个人销售商品（产品）和提供服务的同时给予赠品，如通信企业对个人购买手机赠话费、入网费，或者购话费赠手机等，不征收个人所得税。

《财政部、国家税务总局关于企业促销展业赠送礼品有关个人所得税问题的通知》一，财税〔2011〕50 号

8.1.5 积分反馈和抽奖

8.1.5.1 企业对累积消费达到一定额度的个人按消费积分反馈礼品，是否征收个人所得税？

■ 企业在销售商品（产品）和提供服务过程中，企业对累积消费达到一定额度的个人

按消费积分反馈礼品，不征收个人所得税。

《财政部、国家税务总局关于企业促销展业赠送礼品有关个人所得税问题的通知》，财税〔2011〕50号

8.1.5.2 企业对顾客给予额外抽奖机会，个人的获奖所得，是否按"偶然所得"缴纳个人所得税？

■ 企业对累积消费达到一定额度的顾客，给予额外抽奖机会，个人的获奖所得，按照"偶然所得"项目，全额适用20%的税率缴纳个人所得税，税款由赠送礼品的企业代扣代缴。

《财政部、国家税务总局关于企业促销展业赠送礼品有关个人所得税问题的通知》，财税〔2011〕50号

8.1.6 个人担保所得

8.1.6.1 个人提供担保取得收入，是否按"偶然所得"征收个人所得税？

■ 个人为单位或他人提供担保获得收入，按照"偶然所得"项目计算缴纳个人所得税。

《财政部、国家税务总局关于个人取得有关收入适用个人所得税应税所得项目的公告》一，财政部税务总局公告2019年第74号

8.1.7 赠送礼品

8.1.7.1 企业向个人赠送礼品，取得该项所得的个人是否按"偶然所得"缴纳个人所得税？

■ 企业在业务宣传、广告等活动中，随机向本单位以外的个人赠送礼品（包括网络红包，下同），以及企业在年会、座谈会、庆典以及其他活动中向本单位以外的个人赠送礼品，个人取得的礼品收入，按照"偶然所得"项目计算缴纳个人所得税，但企业赠送的具有价格折扣或折让性质的消费券、代金券、抵用券、优惠券等礼品除外。

前款所称礼品收入的应纳税所得额按照《财政部、国家税务总局关于企业促销展业赠送礼品有关个人所得税问题的通知》（财税〔2011〕50号）第三条规定计算。

《财政部、国家税务总局关于个人取得有关收入适用个人所得税应税所得项目的公告》一，财政部税务总局公告2019年第74号

《财政部、国家税务总局关于企业促销展业赠送礼品有关个人所得税问题的通知》三，财税〔2011〕50号

8.2 应纳税额

8.2.1 税率

8.2.1.1 个人偶然所得,个人所得税适用的税率是多少?
■ 个人偶然所得,适用比例税率,税率为20%。
《个人所得税法》第三条

8.2.2 应纳税所得额的计算

8.2.2.1 个人偶然所得,应纳税所得额如何计算?
■ 偶然所得,以每次收入额为应纳税所得额。
《个人所得税法》第六条
■ 偶然所得的每次收入,以每次取得该项收入为一次。
《个人所得税法实施条例》第十四条

8.2.2.2 企业赠送的礼品,如何确定应税所得?
■ 企业赠送的礼品是自产产品(服务)的,按该产品(服务)的市场销售价格确定个人的应税所得;是外购商品(服务)的,按该商品(服务)的实际购置价格确定个人的应税所得。
《财政部、国家税务总局关于企业促销展业赠送礼品有关个人所得税问题的通知》三,财税〔2011〕50号

8.2.3 减免税

8.2.3.1 个人奖金所得,免纳个人所得税的范围有哪些?
■ 省级人民政府、国务院部委和中国人民解放军军以上单位,以及外国组织、国际组织颁发的科学、教育、技术、文化、卫生、体育、环境保护等方面的奖金,免纳个人所得税。
《个人所得税法》第四条
■ 个人因在各行各业做出突出贡献而从省级以下人民政府及其所属部门取得的一次性奖励收入,不论其奖金来源于何处,均不属于免税范畴,应按"偶然所得"项目征收个人所得税。

《国家税务总局关于个人取得的奖金收入征收个人所得税问题的批复》，国税函〔1998〕293号

8.2.3.2 个人举报、协查各种违法、犯罪行为而获得的奖金，是否免征个人所得税？

■ 个人举报、协查各种违法、犯罪行为而获得的奖金，暂免征收个人所得税。

《财政部、国家税务总局关于个人所得税若干政策问题的通知》，财税字〔1994〕20号

8.2.3.3 个人购买社会福利有奖募捐奖券一次中奖收入不超过1万元的，是否免征个人所得税？

■ 对个人购买社会福利有奖募捐奖券一次中奖收入不超过1万元的暂免征收个人所得税，对一次中奖收入超过1万元的，应按税法规定全额征税。

《国家税务总局关于社会福利有奖募捐发行收入税收问题的通知》，国税发〔1994〕127号

8.2.3.4 个人获得的见义勇为奖金，是否免征个人所得税？

■ 对乡、镇（含乡、镇）以上人民政府或经县（含县）以上人民政府主管部门批准成立的有机构、有章程的见义勇为基金会或者类似组织，奖励见义勇为者的奖金或奖品，经主管税务机关核准，免予征收个人所得税。

《财政部、国家税务总局关于发给见义勇为者的奖金免征个人所得税问题的通知》，财税字〔1995〕25号

8.2.3.5 对个人购买体育彩票中奖收入不超过1万元的，是否免征个人所得税？

■ 对个人购买体育彩票中奖收入的所得税政策做如下调整：凡一次中奖收入不超过1万元的，暂免征收个人所得税；超过1万元的，应按税法规定全额征收个人所得税。

《财政部、国家税务总局关于个人取得体育彩票中奖所得征免个人所得税问题的通知》，财税字〔1998〕12号

8.2.3.6 个人取得单张有奖发票奖金所得不超过800元的，是否免征个人所得税？

■ 个人取得单张有奖发票奖金所得不超过800元（含800元）的，暂免征收个人所得税；个人取得单张有奖发票奖金所得超过800元的，应全额按照《个人所得税法》规定的"偶然所得"项目征收个人所得税。

■ 税务机关或其指定的有奖发票兑奖机构，是有奖发票奖金所得个人所得税的扣缴义务人。

《财政部、国家税务总局关于个人取得有奖发票奖金征免个人所得税问题的通知》一、二，财税〔2007〕34号

8.2.3.7 华侨赡养其家属的侨汇，是否免征个人所得税？

■ 华侨从海外汇入我国境内赡养其家属的侨汇，免征个人所得税。

《财政部关于华侨从海外汇入赡养家属的侨汇等免征个人所得税问题的通知》一，财税外字〔1980〕196号

8.2.3.8 继承国外遗产，是否免征个人所得税？

■ 继承国外遗产从海外调入的外汇，免征个人所得税。

《财政部关于华侨从海外汇入赡养家属的侨汇等免征个人所得税问题的通知》二，财税外字〔1980〕196 号

8.2.3.9 取回解冻在美资金汇入的外汇，是否免征个人所得税？

■ 取回解冻在美资金汇入的外汇，免征个人所得税。

《财政部关于华侨从海外汇入赡养家属的侨汇等免征个人所得税问题的通知》三，财税外字〔1980〕196 号

8.2.3.10 个人取得青苗补偿费收入，是否免征个人所得税？

■ 乡镇企业的职工和农民取得的青苗补偿费，属种植业的收益范围，同时，也属经济损失的补偿性收入，因此，对他们取得的青苗补偿费收入暂不征收个人所得税。

《国家税务总局关于个人取得青苗补偿费收入征免个人所得税的批复》，国税函发〔1995〕79 号

8.2.3.11 个人因住房被征用而取得赔偿费，是否缴纳个人所得税？

■ 按照城市发展规划，在旧城改造过程中，个人因住房被征用而取得赔偿费，属补偿性质的收入，无论是现金还是实物（房屋），均免予征收个人所得税。

《国家税务总局关于个人取得被征用房屋补偿费收入免征个人所得税的批复》，国税函〔1998〕428 号

8.2.3.12 被拆迁人取得的拆迁补偿款，是否征收个人所得税？

■ 对被拆迁人按照国家有关城镇房屋拆迁管理办法规定的标准取得的拆迁补偿款，免征个人所得税。

《财政部、国家税务总局关于城镇房屋拆迁有关税收政策的通知》一，财税〔2005〕45 号

■ 个人取得的拆迁补偿款按有关规定免征个人所得税。

《财政部、国家税务总局关于棚户区改造有关税收政策的通知》五，财税〔2013〕101 号

8.2.3.13 低收入住房保障家庭从地方政府领取的住房租赁补贴，是否免征个人所得税？

■ 2013 年 9 月 28 日至 2015 年 12 月 31 日，对符合地方政府规定条件的低收入住房保障家庭从地方政府领取的住房租赁补贴，免征个人所得税。

《财政部、国家税务总局关于促进公共租赁住房发展有关税收优惠政策的通知》，财税〔2014〕52 号

■ 2016 年 1 月 1 日至 2018 年 12 月 31 日，对符合地方政府规定条件的低收入住房保障家庭从地方政府领取的住房租赁补贴，免征个人所得税。

《财政部、国家税务总局关于公共租赁住房税收优惠政策的通知》，财税〔2015〕139 号

■ 2019 年 1 月 1 日至 2020 年 12 月 31 日，对符合地方政府规定条件的城镇住房保障家庭从地方政府领取的住房租赁补贴，免征个人所得税。

《财政部、国家税务总局关于公共租赁住房税收优惠政策的公告》，财政部、国家税务总局公告 2019 年第 61 号。

第二部分

个人所得税申报

9. 个人所得税申报表种类

新《个人所得税法》规定，个人所得税以所得人为纳税人。与其他税种不同，个人所得税的纳税人是千千万万的自然人。为了让每个纳税人办好税，依法享受各种税收优惠政策，个人所得税的税款征收采取纳税人自行申报与扣缴义务人代扣代缴两种基本形式，并配套新《个人所得税法》，制定了《国家税务总局关于个人所得税自行纳税申报有关问题的公告》（国家税务总局公告2018年第62号）和《个人所得税扣缴申报管理办法（试行）》（国家税务总局公告2018年61号），完善纳税申报和代扣代缴制度。

《国家税务总局关于修订个人所得税申报表的公告》（国家税务总局公告2019年第7号，以下简称公告2019年第7号）规定，根据《中华人民共和国个人所得税法》及其实施条例等相关税收法律法规规定，为保障综合与分类相结合的个人所得税制顺利实施，现将修订后的个人所得税有关申报表予以发布，自2019年1月1日起施行。

《国家税务总局关于修订部分个人所得税申报表的公告》（国家税务总局公告2019年第46号，以下简称公告2019年第46号），为保障个人所得税综合所得汇算清缴顺利实施修订发布，修订后的申报表自2020年1月1日起启用。

- 个人所得税申报表修订的总体情况

公告2019年第7号规定，本次个人所得税申报表的修订，结合新税制政策规定，进一步简并简化申报内容、规范数据口径、引导和鼓励网络申报，确保新税制全面顺利实施和个人所得税重点政策有效落地。主要情况如下：

（1）根据新税法及相关政策规定调整完善了原《个人所得税基础信息表（A表）》《个人所得税基础信息表（B表）》《个人所得税扣缴申报表》《个人所得税自行纳税申报表（A表）》《个人所得税生产经营所得纳税申报表（A表）》《个人所得税生产经营所得纳税申报表（B表）》《个人所得税生产经营所得纳税申报表（C表）》相关填报内容和说明。

（2）根据新税法综合所得汇算清缴的有关规定，制发《个人所得税年度自行纳税申报表》。

（3）根据创业投资企业股权转让所得有关政策规定，制发《合伙制创业投资企业单一投资基金核算方式备案表》和《单一投资基金核算的合伙制创业投资企业个人所得税扣缴申报表》。

公告2019年第46号规定：本次个人所得税申报表的修订，结合税法有关规定，进一步完善申报内容、规范数据口径、引导鼓励网络申报，旨在确保个人所得税综合所得年度汇算清缴（以下称"年度汇算"）顺利实施和个人所得税重点政策有效落地。主要情况如下：

（1）根据税法年度汇算有关规定，对没有取得境外所得的居民个人，为便于其更好地理解并办理年度汇算，根据不同情况，将原《个人所得税年度自行纳税申报表》细分为《个人所得税年度自行纳税申报表（A表）》《个人所得税年度自行纳税申报表（简易版）》《个人所得税年度自行纳税申报表（问答版）》，以便各类纳税人结合自身实际选用申报表，降低填报难度。

（2）根据税法及境外所得有关政策规定，制发《个人所得税年度自行纳税申报表（B表）》及《境外所得个人所得税抵免明细表》，以便取得境外所得的纳税人能够较为清晰地计算、记录和填报抵免限额，并办理纳税申报。

（3）根据税法及相关政策规定，调整完善了原《个人所得税经营所得纳税申报表（A表）》《个人所得税减免税事项报告表》相关填报内容和说明，以便纳税人填报享受捐赠扣除和税收优惠。

（4）根据税法以及"三代"手续费办理的有关要求，设计了《代扣代缴手续费申请表》，以便扣缴义务人能够较为便捷规范地申请个人所得税代扣代缴手续费。

- 个人所得税申报表修订后各申报表的使用

公告2019年第7号发布的修订后的表证单书如下：

（1）《个人所得税基础信息表（A表）》。该表适用于扣缴义务人办理全员全额扣缴申报时，填报支付所得的自然人纳税人的基础信息。

《个人所得税基础信息表（B表）》。该表适用于自然人直接向税务机关办理涉税事项时填报其个人基础信息。

（2）《个人所得税扣缴申报表》。该表适用于扣缴义务人向居民个人或非居民个人支付各类应税所得扣缴个人所得税申报。居民个人取得工资、薪金所得，保险营销员、证券经纪人取得佣金收入，按照累计预扣法计算税款，填报当月和累计情况相应项目。居民个人取得上述规定以外的所得或非居民个人取得应税所得时，填报当月（次）情况相应项目。

（3）《个人所得税自行纳税申报表（A表）》。该表适用于纳税人向税务机关按月或按次办理自行纳税申报，包括：居民个人取得综合所得以外的所得扣缴义务人未扣缴税款，非居民个人取得应税所得扣缴义务人未扣缴税款，非居民个人在中国境内从两处以上取得工资、薪金所得等。

（4）《个人所得税年度自行纳税申报表》。该表适用于居民个人取得境内综合所得汇算清缴申报。

（5）《个人所得税经营所得纳税申报表（A表）》。该表适用于个体工商户业主、个人独资企业投资者、合伙企业个人合伙人、承包承租经营者以及其他从事生产、经营活动的个人在中国境内取得经营所得，按查账征收办理预缴纳税申报，或者按核定征收办理纳税申报。

《个人所得税经营所得纳税申报表（B表）》。该表适用于查账征收的个体工商户业主、个人独资企业投资者、合伙企业个人合伙人、承包承租经营者个人以及其他从事生产、经营活动的个人在中国境内取得经营所得的汇算清缴申报。

《个人所得税经营所得纳税申报表（C表）》。该表适用于个体工商户业主、个人独资企业投资者、合伙企业个人合伙人、承包承租经营者个人以及其他从事生产、经营活动的个人在中国境内两处及以上取得经营所得，办理个人所得税的年度汇总纳税申报。

（6）《合伙制创业投资企业单一投资基金核算方式备案表》。该表适用于创业投资企业（含创投基金，下同）选择按单一投资基金核算，按规定向主管税务机关进行核算类型备案。

（7）《单一投资基金核算的合伙制创业投资企业个人所得税扣缴申报表》。该表适用于选择按单一投资基金核算的创业投资企业按规定办理年度股权转让所得扣缴申报。

公告2019年第46号发布的修订后的表证单书如下：

（1）《个人所得税年度自行纳税申报表（A表）》。该表适用于纳税年度内仅从中国境内取得工资、薪金所得，劳务报酬所得，稿酬所得，特许权使用费所得（以下称"综合所得"）的居民个人，按税法规定进行年度汇算。

《个人所得税年度自行纳税申报表（简易版）》。该表适用于纳税年度内仅从中国境内取得综合所得，且年综合所得收入额不超过6万元的居民个人，按税法规定进行年度汇算。

《个人所得税年度自行纳税申报表（问答版）》。该表通过提问的方式引导居民个人完成纳税申报，适用于纳税年度内仅从中国境内取得综合所得的居民个人，按税法规定进行年度汇算。

（2）《个人所得税年度自行纳税申报表（B表）》。该表适用于纳税年度内取得境外所得的居民个人，按税法规定进行个人所得税年度自行申报。同时，办理境外所得纳税申报时，需一并附报《境外所得个人所得税抵免明细表》，以便计算其取得境外所得的抵免限额。

（3）《个人所得税经营所得纳税申报表（A表）》。该表适用于查账征收和核定征收的个体工商户业主、个人独资企业投资人、合伙企业个人合伙人、承包承租经营者个人以及其他从事生产、经营活动的个人在中国境内取得经营所得，按税法规定办理个人所得税预缴纳税申报。

（4）《个人所得税减免税事项报告表》。该表适用于个人在纳税年度内发生减免税事项，扣缴义务人预扣预缴时或者个人自行纳税申报时填报享受税收优惠。

（5）《代扣代缴手续费申请表》。该表适用扣缴义务人申请个人所得税代扣代缴手续费。

个人所得税操作实务指南

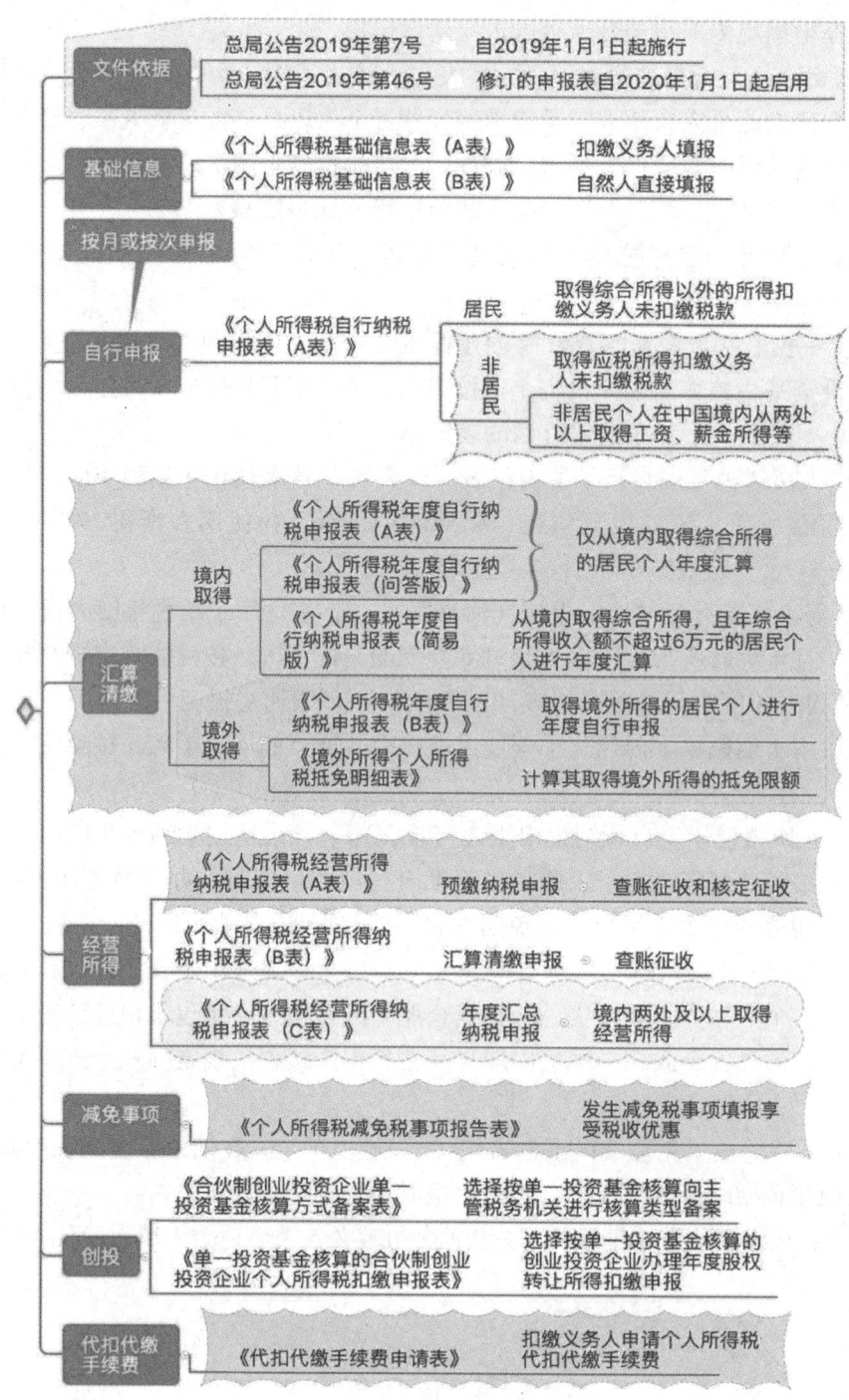

个人所得税申报表思维导图

9.1 《个人所得税基础信息表（A表）》填表说明

9.1.1 适用范围

本表由扣缴义务人填报。适用于扣缴义务人办理全员全额扣缴申报时，填报其支付所得的纳税人的基础信息。

9.1.2 报送期限

扣缴义务人首次向纳税人支付所得，或者纳税人相关基础信息发生变化的，应当填写本表，并于次月扣缴申报时向税务机关报送。

9.1.3 本表各栏填写

本表带"＊"项目分为必填和条件必填，其余项目为选填。

9.1.3.1 表头项目

- 扣缴义务人名称：填写扣缴义务人的法定名称全称。
- 扣缴义务人纳税人识别号（统一社会信用代码）：填写扣缴义务人的纳税人识别号或者统一社会信用代码。

9.1.3.2 表内各栏

- 第2~8列"纳税人基本信息"：填写纳税人姓名、证件等基本信息。

（1）第2列"纳税人识别号"：有中国公民身份号码的，填写中华人民共和国居民身份证上载明的"公民身份号码"；没有中国公民身份号码的，填写税务机关赋予的纳税人识别号。

（2）第3列"纳税人姓名"：填写纳税人姓名。外籍个人英文姓名按照"先姓（surname）后名（given name）"的顺序填写，确实无法区分姓和名的，按照证件上的姓名顺序填写。

（3）第4列"身份证件类型"：根据纳税人实际情况填写：

①有中国公民身份号码的，应当填写《中华人民共和国居民身份证》（简称"居民身份证"）。

②华侨应当填写《中华人民共和国护照》（简称"中国护照"）。

③港澳居民可选择填写《港澳居民来往内地通行证》（简称"港澳居民通行证"）或者《中华人民共和国港澳居民居住证》（简称"港澳居民居住证"）；台湾居民可选择填写《台湾居民来往大陆通行证》（简称"台湾居民通行证"）或者《中华人民共和国台湾居民居住证》（简称"台湾居民居住证"）。

④外籍人员可选择填写《中华人民共和国外国人永久居留身份证》（简称"外国人永久居留证"）、《中华人民共和国外国人工作许可证》（简称"外国人工作许可证"）或者"外国护照"。

⑤其他符合规定的情形填写"其他证件"。

身份证件类型选择"港澳居民居住证"的,应当同时填写"港澳居民通行证";身份证件类型选择"台湾居民居住证"的,应当同时填写"台湾居民通行证";身份证件类型选择"外国人永久居留证"或者"外国人工作许可证"的,应当同时填写"外国护照"。

(4)第5~6列"身份证件号码""出生日期":根据纳税人身份证件上的信息填写。

(5)第7列"国籍/地区":填写纳税人所属的国籍或者地区。

■ 第8~12列"任职受雇从业信息":填写纳税人与扣缴义务人之间的任职受雇从业信息。

(1)第8列"类型":根据实际情况填写"雇员""保险营销员""证券经纪人"或者"其他"。

(2)第9~12列"职务""学历""任职受雇从业日期""离职日期":其中,当第9列"类型"选择"雇员""保险营销员"或者"证券经纪人"时,填写纳税人与扣缴义务人建立或者解除相应劳动或者劳务关系的日期。

■ 第13~17列"联系方式":

(1)第13列"手机号码":填写纳税人境内有效手机号码。

(2)第14~16列"户籍所在地""经常居住地""联系地址":填写纳税人境内有效户籍所在地、经常居住地或者联系地址,按以下格式填写(具体到门牌号):　　省(区、市)　　市　区(县)　　街道(乡、镇)　　。

(3)第17列"电子邮箱":填写有效的电子邮箱。

■ 第18~19列"银行账户":填写个人境内有效银行账户信息,开户银行填写到银行总行。

■ 第20~21列"投资信息":纳税人为扣缴单位的股东、投资者的,填写本栏。

■ 第22~23列"其他信息":如纳税人有"残疾、孤老、烈属"情况的,填写本栏。

■ 第24~28列"华侨、港澳台、外籍个人信息":纳税人为华侨、港澳台居民、外籍个人的填写本栏。

(1)第24列"出生地":填写华侨、港澳台居民、外籍个人的出生地,具体到国家或者地区。

(2)第26~27列"首次入境时间""预计离境时间":填写华侨、港澳台居民、外籍个人首次入境和预计离境的时间,具体到年月日。预计离境时间发生变化的,应及时进行变更。

(3)第28列"涉税事由":填写华侨、港澳台居民、外籍个人在境内涉税的具体事由,包括"任职受雇""提供临时劳务""转让财产""从事投资和经营活动""其他"。如有多项事由的,应同时填写。

9.1.4 其他事项说明

以纸质方式报送本表的,应当一式两份,扣缴义务人、税务机关各留存一份。

个人所得税基础信息表（A表）
（适用于扣缴义务人填报）

扣缴义务人名称：

扣缴义务人纳税人识别号（统一社会信用代码）：□□□□□□□□□□□□□□□□□□

序号	纳税人识别号	纳税人基本信息					任职受雇从业信息				联系方式				银行账户		投资信息		其他信息		华侨、港澳台、外籍个人信息（带*必填）				备注
		*纳税人姓名	*身份证件类型	*身份证件号码	*出生日期	*国籍/地区	类型	职务	学历	任职受雇从业日期	离职日期	手机号码	户籍所在地	经常居住地	联系地址	电子邮箱	开户银行	银行账号	投资额（元）	投资比例	是否残疾/孤老/烈属	残疾/烈属证号	*出生地	*性别	*首次入境时间	*预计离境时间	*涉税事由	
		3	4	5	6	7	8	9	10	11	12	13	14	15	16	17	18	19	20	21	22	23	24	25	26	27	28	29
1	2																											

谨声明：本表是根据国家税收法律法规及相关规定填报的，是真实的、可靠的、完整的。

纳税人签字：

经办人签字：
经办人身份证件号码：
代理机构签章：
代理机构统一社会信用代码：

受理人：
受理税务机关（章）：   扣缴义务人（签章）：
受理日期：   年   月   日   年   月   日

国家税务总局监制

9.2 《个人所得税基础信息表（B表）》填表说明

9.2.1 适用范围

本表适用于自然人纳税人基础信息的填报。

9.2.2 报送期限

自然人纳税人初次向税务机关办理相关涉税事宜时填报本表；初次申报后，以后仅需在信息发生变化时填报。

9.2.3 本表各栏填写

本表带"*"的项目为必填或者条件必填，其余项目为选填。

9.2.3.1 表头项目

纳税人识别号：有中国公民身份号码的，填写中华人民共和国居民身份证上载明的"公民身份号码"；没有中国公民身份号码的，填写税务机关赋予的纳税人识别号。

9.2.3.2 表内各栏

■ 基本信息：

（1）纳税人姓名：填写纳税人姓名。外籍个人英文姓名按照"先姓（surname）后名（given name）"的顺序填写，确实无法区分姓和名的，按照证件上的姓名顺序填写。

（2）身份证件：填写纳税人有效的身份证件类型及号码。

"证件类型一"按以下原则填写：

①有中国公民身份号码的，应当填写《中华人民共和国居民身份证》（简称"居民身份证"）。

②华侨应当填写《中华人民共和国护照》（简称"中国护照"）。

③港澳居民可选择填写《港澳居民来往内地通行证》（简称"港澳居民通行证"）或者《中华人民共和国港澳居民居住证》（简称"港澳居民居住证"）；台湾居民可选择填写《台湾居民来往大陆通行证》（简称"台湾居民通行证"）或者《中华人民共和国台湾居民居住证》（简称"台湾居民居住证"）。

④外籍个人可选择填写《中华人民共和国外国人永久居留身份证》（简称"外国人永久居留证"）、《中华人民共和国外国人工作许可证》（简称"外国人工作许可证"）或者"外

国护照"。

⑤其他符合规定的情形填写"其他证件"。

"证件类型二"按以下原则填写：证件类型一选择"港澳居民居住证"的，证件类型二应当填写"港澳居民通行证"；证件类型一选择"台湾居民居住证"的，证件类型二应当填写"台湾居民通行证"；证件类型一选择"外国人永久居留证"或者"外国人工作许可证"的，证件类型二应当填写"外国护照"。证件类型一已选择"居民身份证""中国护照""港澳居民通行证""台湾居民通行证"或"外国护照"，证件类型二可不填。

（3）国籍/地区：填写纳税人所属的国籍或地区。

（4）出生日期：根据纳税人身份证件上的信息填写。

（5）户籍所在地、经常居住地、联系地址：填写境内地址信息，至少填写一项。有居民身份证的，"户籍所在地""经常居住地"必须填写其中之一。

（6）手机号码、电子邮箱：填写境内有效手机号码，港澳台、外籍个人可以选择境内有效手机号码或电子邮箱中的一项填写。

（7）开户银行、银行账号：填写有效的个人银行账户信息，开户银行填写到银行总行。

（8）特殊情形：纳税人为残疾、烈属、孤老的，填写本栏。残疾、烈属人员还需填写残疾/烈属证件号码。

■ 任职、受雇、从业信息：填写纳税人任职受雇从业的有关信息。其中，中国境内无住所个人有境外派遣单位的，应在本栏除填写境内任职受雇从业单位、境内受聘签约单位情况外，还应一并填写境外派遣单位相关信息。填写境外派遣单位时，其纳税人识别号（社会统一信用代码）可不填。

■ 投资者纳税人填写栏：由自然人股东、投资者填写。没有，则不填。

（1）名称：填写被投资单位名称全称。

（2）纳税人识别号（统一社会信用代码）：填写被投资单位纳税人识别号或者统一社会信用代码。

（3）投资额：填写自然人股东、投资者在被投资单位投资的投资额（股本）。

（4）投资比例：填写自然人股东、投资者的投资额占被投资单位投资（股本）的比例。

■ 华侨、港澳台、外籍个人信息：华侨、港澳台居民、外籍个人填写本栏。

（1）出生地：填写华侨、港澳台居民、外籍个人的出生地，具体到国家或者地区。

（2）首次入境时间、预计离境时间：填写华侨、港澳台居民、外籍个人首次入境和预计离境的时间，具体到年月日。预计离境时间发生变化的，应及时进行变更。

（3）涉税事由：填写华侨、港澳台居民、外籍个人在境内涉税的具体事由，在相应事由处划"√"。如有多项事由的，同时勾选。

9.2.4　其他事项说明

以纸质方式报送本表的，应当一式两份，纳税人、税务机关各留存一份。

个人所得税基础信息表（B 表）
（适用于自然人填报）

纳税人识别号：□□□□□□□□□□□□□□□□□□

基本信息（带 * 必填）				
基本信息	*纳税人姓名	中文名	英文名	
	*身份证件	证件类型一	证件号码	
		证件类型二	证件号码	
	*国籍/地区		*出生日期	年 月 日
联系方式	户籍所在地	省（区、市） 市 区（县） 街道（乡、镇）＿＿＿＿＿			
	经常居住地	省（区、市） 市 区（县） 街道（乡、镇）＿＿＿＿＿			
	联系地址	省（区、市） 市 区（县） 街道（乡、镇）＿＿＿＿＿			
	*手机号码		电子邮箱	
其他信息	开户银行		银行账号	
	学历	□研究生　□大学本科　□大学本科以下			
	特殊情形	□残疾 残疾证号＿＿＿＿　□烈属 烈属证号＿＿＿＿　□孤老			

任职、受雇、从业信息						
任职受雇从业单位一	名称		国家/地区				
	纳税人识别号（统一社会信用代码）		任职受雇从业日期	年 月	离职日期	年 月
	类型	□雇员 □保险营销员 □证券经纪人 □其他	职务	□高层　□其他		
任职受雇从业单位二	名称		国家/地区				
	纳税人识别号（统一社会信用代码）		任职受雇从业日期	年 月	离职日期	年 月
	类型	□雇员 □保险营销员 □证券经纪人 □其他	职务	□高层　□其他		

该栏仅由投资者纳税人填写				
被投资单位一	名称		国家/地区	
	纳税人识别号（统一社会信用代码）		投资额（元）	投资比例
被投资单位二	名称		国家/地区	
	纳税人识别号（统一社会信用代码）		投资额（元）	投资比例

该栏仅由华侨、港澳台、外籍个人填写（带 * 必填）			
*出生地		*首次入境时间	年 月 日
*性别		*预计离境时间	年 月 日
*涉税事由	□任职受雇　□提供临时劳务　□转让财产　□从事投资和经营活动　□其他		

续表

谨声明：本表是根据国家税收法律法规及相关规定填报的，是真实的、可靠的、完整的。	
	纳税人（签字）：　　　年　月　日
经办人签字： 经办人身份证件号码： 代理机构签章： 代理机构统一社会信用代码：	受理人： 受理税务机关（章）： 受理日期：　　　年　月　日

国家税务总局监制

9.3 《个人所得税扣缴申报表》填表说明

9.3.1 适用范围

本表适用于扣缴义务人向居民个人支付工资、薪金所得，劳务报酬所得，稿酬所得和特许权使用费所得的个人所得税全员全额预扣预缴申报；向非居民个人支付工资、薪金所得，劳务报酬所得，稿酬所得和特许权使用费所得的个人所得税全员全额扣缴申报；以及向纳税人（居民个人和非居民个人）支付利息、股息、红利所得，财产租赁所得，财产转让所得和偶然所得的个人所得税全员全额扣缴申报。

9.3.2 报送期限

扣缴义务人应当在每月或者每次预扣、代扣税款的次月15日内，将已扣税款缴入国库，并向税务机关报送本表。

9.3.3 本表各栏填写

9.3.3.1 表头项目

■ 税款所属期：填写扣缴义务人预扣、代扣税款当月的第1日至最后1日。如：2019年3月20日发放工资时代扣的税款，税款所属期填写"2019年3月1日至2019年3月31日"。

■ 扣缴义务人名称：填写扣缴义务人的法定名称全称。

■ 扣缴义务人纳税人识别号（统一社会信用代码）：填写扣缴义务人的纳税人识别号或者统一社会信用代码。

9.3.3.2 表内各栏

- 第 2 列"姓名":填写纳税人姓名。
- 第 3 列"身份证件类型":填写纳税人有效的身份证件名称。中国公民有中华人民共和国居民身份证的,填写居民身份证;没有居民身份证的,填写中华人民共和国护照、港澳居民来往内地通行证或者港澳居民居住证、台湾居民通行证或者台湾居民居住证、外国人永久居留身份证、外国人工作许可证或者护照等。
- 第 4 列"身份证件号码":填写纳税人有效身份证件上载明的证件号码。
- 第 5 列"纳税人识别号":有中国公民身份号码的,填写中华人民共和国居民身份证上载明的"公民身份号码";没有中国公民身份号码的,填写税务机关赋予的纳税人识别号。
- 第 6 列"是否为非居民个人":纳税人为居民个人的填"否"。为非居民个人的,根据合同、任职期限、预期工作时间等不同情况,填写"是,且不超过 90 天"或者"是,且超过 90 天不超过 183 天"。不填默认为"否"。

其中,纳税人为非居民个人的,填写"是,且不超过 90 天"的,当年在境内实际居住超过 90 天的次月 15 日内,填写"是,且超过 90 天不超过 183 天"。

- 第 7 列"所得项目":填写纳税人取得的个人所得税法第二条规定的应税所得项目名称。同一纳税人取得多项或者多次所得的,应分行填写。
- 第 8~21 列"本月(次)情况":填写扣缴义务人当月(次)支付给纳税人的所得,以及按规定各所得项目当月(次)可扣除的减除费用、专项扣除、其他扣除等。其中,工资、薪金所得预扣预缴个人所得税时扣除的专项附加扣除,按照纳税年度内纳税人在该任职受雇单位截至当月可享受的各专项附加扣除项目的扣除总额,填写至"累计情况"中第 25~29 列相应栏,本月情况中则无须填写。

(1)"收入额计算":包含"收入""费用""免税收入"。收入额 = 第 8 列 - 第 9 列 - 第 10 列。

①第 8 列"收入":填写当月(次)扣缴义务人支付给纳税人所得的总额。

②第 9 列"费用":取得劳务报酬所得、稿酬所得、特许权使用费所得时填写,取得其他各项所得时无须填写本列。居民个人取得上述所得,每次收入不超过 4000 元的,费用填写"800"元;每次收入 4000 元以上的,费用按收入的 20% 填写。非居民个人取得劳务报酬所得、稿酬所得、特许权使用费所得,费用按收入的 20% 填写。

③第 10 列"免税收入":填写纳税人各所得项目收入总额中,包含的税法规定的免税收入金额。其中,税法规定"稿酬所得的收入额减按 70% 计算",对稿酬所得的收入额减计的 30% 部分,填入本列。

(2)第 11 列"减除费用":按税法规定的减除费用标准填写。例如,2019 年纳税人取得工资、薪金所得按月申报时,填写 5000 元。纳税人取得财产租赁所得,每次收入不超过 4000 元的,填写 800 元;每次收入 4000 元以上的,按收入的 20% 填写。

(3)第 12~15 列"专项扣除":分别填写按规定允许扣除的基本养老保险费、基本医疗保险费、失业保险费、住房公积金（以下简称"三险一金"）的金额。

（4）第16~21列"其他扣除"：分别填写按规定允许扣除的项目金额。

■ 第22~30列"累计情况"：本栏适用于居民个人取得工资、薪金所得，保险营销员、证券经纪人取得佣金收入等按规定采取累计预扣法预扣预缴税款时填报。

（1）第22列"累计收入额"：填写本纳税年度截至当前月份，扣缴义务人支付给纳税人的工资、薪金所得，或者支付给保险营销员、证券经纪人的劳务报酬所得的累计收入额。

（2）第23列"累计减除费用"：按照5000元/月乘以纳税人当年在本单位的任职受雇或者从业的月份数计算。

（3）第24列"累计专项扣除"：填写本年度截至当前月份，按规定允许扣除的"三险一金"的累计金额。

（4）第25~29列"累计专项附加扣除"：分别填写截至当前月份，纳税人按规定可享受的子女教育、赡养老人、住房贷款利息或者住房租金、继续教育扣除的累计金额。大病医疗扣除由纳税人在年度汇算清缴时办理，此处无须填报。

（5）第30列"累计其他扣除"：填写本年度截至当前月份，按规定允许扣除的年金（包括企业年金、职业年金）、商业健康保险、税延养老保险及其他扣除项目的累计金额。

■ 第31列"减按计税比例"：填写按规定实行应纳税所得额减计税收优惠的减计比例。无减计规定的，可不填，系统默认为100%。例如，某项税收政策实行减按60%计入应纳税所得额，则本列填60%。

■ 第32列"准予扣除的捐赠额"：是指按照税法及相关法规、政策规定，可以在税前扣除的捐赠额。

■ 第33~39列"税款计算"：填写扣缴义务人当月扣缴个人所得税款的计算情况。

（1）第33列"应纳税所得额"：根据相关列次计算填报。

①居民个人取得工资、薪金所得，填写累计收入额减除累计减除费用、累计专项扣除、累计专项附加扣除、累计其他扣除后的余额。

②非居民个人取得工资、薪金所得，填写收入额减去减除费用后的余额。

③居民个人或者非居民个人取得劳务报酬所得、稿酬所得、特许权使用费所得，填写本月（次）收入额减除其他扣除后的余额。

保险营销员、证券经纪人取得的佣金收入，填写累计收入额减除累计减除费用、累计其他扣除后的余额。

④居民个人或者非居民个人取得利息、股息、红利所得和偶然所得，填写本月（次）收入额。

⑤居民个人或者非居民个人取得财产租赁所得，填写本月（次）收入额减去减除费用、其他扣除后的余额。

⑥居民个人或者非居民个人取得财产转让所得，填写本月（次）收入额减除财产原值、允许扣除的税费后的余额。

其中，适用"减按计税比例"的所得项目，其应纳税所得额按上述方法计算后乘以减按计税比例的金额填报。

按照税法及相关法规、政策规定，可以在税前扣除的捐赠额，可以按上述方法计算后从应纳税所得额中扣除。

（2）第34~35列"税率/预扣率""速算扣除数"：填写各所得项目按规定适用的税率（或预扣率）和速算扣除数。没有速算扣除数的，则不填。

（3）第36列"应纳税额"：根据相关列次计算填报。第36列 = 第33列 × 第34列 – 第35列。

（4）第37列"减免税额"：填写符合税法规定可减免的税额，并附报《个人所得税减免税事项报告表》。居民个人工资、薪金所得，以及保险营销员、证券经纪人取得佣金收入，填写本年度累计减免税额；居民个人取得工资、薪金以外的所得或非居民个人取得各项所得，填写本月（次）减免税额。

（5）第38列"已缴税额"：填写本年或本月（次）纳税人同一所得项目，已由扣缴义务人实际扣缴的税款金额。

（6）第39列"应补/退税额"：根据相关列次计算填报。第39列 = 第36列 – 第37列 – 第38列。

9.3.4　其他事项说明

以纸质方式报送本表的，应当一式两份，扣缴义务人、税务机关各留存一份。

个人所得税扣缴申报表

税款所属期: 年 月 日至 年 月 日

扣缴义务人名称:　　　　　　　　　　　　　　　　　　　　　金额单位: 人民币元（列至角分）

扣缴义务人纳税人识别号（统一社会信用代码）: □□□□□□□□□□□□□□□□□□

序号	姓名	身份证件类型	身份证件号码	纳税人识别号	是否为非居民个人	所得项目	收入额计算			本月（次）情况							其他扣除					累计情况									税款计算						备注
							收入	费用	免税收入	减除费用	专项扣除					商业健康保险费	税延养老保险费	财产原值	允许扣除的税费	其他	累计收入额	累计减除费用	累计专项扣除	累计专项附加扣除				累计其他扣除	减按计税比例	准予扣除的捐赠额	应纳税所得额	税率/预扣率	速算扣除数	应纳税额	减免税额	已缴税额	应补/退税额	
											基本养老保险费	基本医疗保险费	失业保险费	住房公积金	年金									子女教育	赡养老人	住房贷款利息	住房租金	继续教育											
	1	2	3	4	5	6	7	8	9	10	11	12	13	14	15	16	17	18	19	20	21	22	23	24	25	26	27	28	29	30	31	32	33	34	35	36	37	38	39	40
合计																																								
合计																																								

谨声明: 本表是根据国家税收法律法规及相关规定填报的, 是真实的、可靠的、完整的。

经办人签字:
经办人身份证件号码:　　　　　　　　　　　　　　　　　　　　　　　　　　　受理人:
代理机构签章:　　　　　　　　　　　　　　　　　　　　　　　　　　　　　　受理税务机关（章）:
代理机构统一社会信用代码:　　　　　　　　　　　　　　　　　　　　　　　　受理日期: 年 月 日

扣缴义务人（签章）:

年 月 日

国家税务总局监制

9.4 《个人所得税自行纳税申报表（A表）》填表说明

9.4.1 适用范围

本表适用于居民个人取得应税所得，扣缴义务人未扣缴税款，非居民个人取得应税所得扣缴义务人未扣缴税款，非居民个人在中国境内从两处以上取得工资、薪金所得等情形在办理自行纳税申报时，向税务机关报送。

9.4.2 报送期限

（1）居民个人取得应税所得扣缴义务人未扣缴税款，应当在取得所得的次年6月30日前办理纳税申报。税务机关通知限期缴纳的，纳税人应当按照期限缴纳税款。

（2）非居民个人取得应税所得，扣缴义务人未扣缴税款的，应当在取得所得的次年6月30日前办理纳税申报。非居民个人在次年6月30日前离境（临时离境除外）的，应当在离境前办理纳税申报。

（3）非居民个人在中国境内从两处以上取得工资、薪金所得的，应当在取得所得的次月15日内办理纳税申报。

（4）其他需要纳税人办理自行申报的情形，按规定的申报期限办理。

9.4.3 本表各栏填写

9.4.3.1 表头项目

■ 税款所属期：填写纳税人取得所得应纳个人所得税款的所属期间，填写具体的起止年月日。

■ 纳税人姓名：填写自然人纳税人姓名。

■ 纳税人识别号：有中国公民身份号码的，填写中华人民共和国居民身份证上载明的"公民身份号码"；没有中国公民身份号码的，填写税务机关赋予的纳税人识别号。

9.4.3.2 表内各栏

■ "自行申报情形"：纳税人根据自身情况在对应框内打"√"。选择"其他"的，应当填写具体自行申报情形。

■ "是否为非居民个人"：非居民个人选"是"，居民个人选"否"。不填默认为"否"。

- "非居民个人本年度境内居住天数":非居民个人根据合同、任职期限、预期工作时间等不同情况,填写"不超过90天"或者"超过90天不超过183天"。
- 第2列"所得项目":按照个人所得税法第二条规定的项目填写。纳税人取得多项所得或者多次取得所得的,分行填写。
- 第3~5列"收入额计算":包含"收入""费用""免税收入"。收入额=第3列-第4列-第5列。

(1) 第3列"收入":填写纳税人实际取得所得的收入总额。

(2) 第4列"费用":取得劳务报酬所得、稿酬所得、特许权使用费所得时填写,取得其他各项所得时无须填写本列。非居民个人取得劳务报酬所得、稿酬所得、特许权使用费所得,费用按收入的20%填写。

(3) 第5列"免税收入":填写符合税法规定的免税收入金额。其中,税法规定"稿酬所得的收入额减按70%计算",对减计的30%部分,填入本列。

- 第6列"减除费用":按税法规定的减除费用标准填写。
- 第7~10列"专项扣除":分别填写按规定允许扣除的基本养老保险费、基本医疗保险费、失业保险费、住房公积金的金额。
- 第11~13列"其他扣除":包含"财产原值""允许扣除的税费""其他",分别填写按照税法规定当月(次)允许扣除的金额。

(1) 第11列"财产原值":纳税人取得财产转让所得时填写本栏。

(2) 第12列"允许扣除的税费":填写按规定可以在税前扣除的税费。

①纳税人取得劳务报酬所得时,填写劳务发生过程中实际缴纳的可依法扣除的税费。

②纳税人取得特许权使用费所得时,填写提供特许权过程中发生的中介费和实际缴纳的可依法扣除的税费。

③纳税人取得财产租赁所得时,填写修缮费和出租财产过程中实际缴纳的可依法扣除的税费。

④纳税人取得财产转让所得时,填写转让财产过程中实际缴纳的可依法扣除的税费。

(3) 第13列"其他":填写按规定其他可以在税前扣除的项目。

- 第14列"减按计税比例":填写按规定实行应纳税所得额减计税收优惠的减计比例。无减计规定的,则不填,系统默认为100%。例如,某项税收政策实行减按60%计入应纳税所得额,则本列填60%。
- 第15列"准予扣除的捐赠额":是指按照税法及相关法规、政策规定,可以在税前扣除的捐赠额。
- 第16列"应纳税所得额":根据相关列次计算填报。
- 第17~18列"税率""速算扣除数":填写所得项目按规定适用的税率和速算扣除数。所得项目没有速算扣除数的,则不填。
- 第19列"应纳税额":根据相关列次计算填报。第19列=第16列×第17列-第18列。

- 第 20 列"减免税额":填写符合税法规定的可以减免的税额,并附报《个人所得税减免税事项报告表》。
- 第 21 列"已缴税额":填写纳税人当期已实际缴纳或者被扣缴的个人所得税税款。
- 第 22 列"应补/退税额":根据相关列次计算填报。第 22 列 = 第 19 列 – 第 20 列 – 第 21 列。

9.4.4　其他事项说明

以纸质方式报送本表的,应当一式两份,纳税人、税务机关各留存一份。

个人所得税自行纳税申报表（A表）

税款所属期： 年 月 日 至 年 月 日

纳税人姓名：

纳税人识别号：☐☐☐☐☐☐☐☐☐☐☐☐☐☐☐☐☐☐

自行申报情形：
☐居民个人取得应税所得，扣缴义务人未扣缴税款
☐非居民个人取得应税所得，扣缴义务人未扣缴税款
☐非居民个人在中国境内从两处以上取得工资、薪金所得
☐其他_____

是否为非居民个人： ☐是 ☐否

非居民个人本年度境内居住天数： ☐不超过90天 ☐超过90天不超过183天

金额单位：人民币元（列至角分）

序号	所得项目	收入额计算			专项扣除				其他扣除				准予扣除的捐赠额	应纳税所得额	税率	速算扣除数	税款计算			备注
		收入	费用	免税收入	减除费用	基本养老保险费	基本医疗保险费	失业保险费	住房公积金	财产原值	允许扣除的税费	其他	减按计税比例					应纳税额	减免税额	已缴税额	应补/退税额	
1	2	3	4	5	6	7	8	9	10	11	12	13	14	15	16	17	18	19	20	21	22	23

谨声明：本表是根据国家税收法律法规及相关规定填报的，是真实的、可靠的、完整的。

纳税人签字：

经办人签字：
经办人身份证件号码：
代理机构签章：
代理机构统一社会信用代码：

受理人：

受理税务机关（章）： 年 月 日

受理日期： 年 月 日

9.5 《个人所得税年度自行纳税申报表（A 表）》填表说明

9.5.1 《个人所得税年度自行纳税申报表（A 表）》填表说明（仅取得境内综合所得年度汇算适用）

9.5.1.1 适用范围

本表适用于居民个人纳税年度内仅从中国境内取得工资薪金所得、劳务报酬所得、稿酬所得、特许权使用费所得（以下称"综合所得"），按照税法规定进行个人所得税综合所得汇算清缴。居民个人纳税年度内取得境外所得的，不适用本表。

9.5.1.2 报送期限

居民个人取得综合所得需要办理汇算清缴的，应当在取得所得的次年 3 月 1 日至 6 月 30 日内，向主管税务机关办理个人所得税综合所得汇算清缴申报，并报送本表。

9.5.1.3 本表各栏填写

■ 表头项目

（1）税款所属期：填写居民个人取得综合所得当年的第 1 日至最后 1 日。如：2019 年 1 月 1 日至 2019 年 12 月 31 日。

（2）纳税人姓名：填写居民个人姓名。

（3）纳税人识别号：有中国公民身份号码的，填写中华人民共和国居民身份证上载明的"公民身份号码"；没有中国公民身份号码的，填写税务机关赋予的纳税人识别号。

■ 基本情况

（1）手机号码：填写居民个人中国境内的有效手机号码。

（2）电子邮箱：填写居民个人有效电子邮箱地址。

（3）联系地址：填写居民个人能够接收信件的有效地址。

（4）邮政编码：填写居民个人"联系地址"对应的邮政编码。

■ 纳税地点

居民个人根据任职受雇情况，在选项 1 和选项 2 之间选择其一，并填写相应信息。若居民个人逾期办理汇算清缴申报被指定主管税务机关的，无须填写本部分。

（1）任职受雇单位信息：勾选"任职受雇单位所在地"并填写相关信息。

①名称：填写任职受雇单位的法定名称全称。

②纳税人识别号：填写任职受雇单位的纳税人识别号或者统一社会信用代码。

（2）户籍所在地/经常居住地：勾选"户籍所在地"的，填写居民户口簿中登记的住址。勾选"经常居住地"的，填写居民个人申领居住证上登载的居住地址；没有申领居住证的，填写居民个人实际居住地；实际居住地不在中国境内的，填写支付或者实际负担综所得的境内单位或个人所在地。

■ 申报类型

未曾办理过年度汇算申报，勾选"首次申报"；已办理过年度汇算申报，但有误需要更正的，勾选"更正申报"。

■ 综合所得个人所得税计算

（1）第1行"收入合计"：填写居民个人取得的综合所得收入合计金额。

第1行 = 第2行 + 第3行 + 第4行 + 第5行。

（2）第2~5行"工资、薪金""劳务报酬""稿酬""特许权使用费"：填写居民个人取得的需要并入综合所得计税的"工资、薪金""劳务报酬""稿酬""特许权使用费"所得收入金额。

（3）第6行"费用合计"：根据相关行次计算填报。

第6行 = （第3行 + 第4行 + 第5行）× 20%。

（4）第7行"免税收入合计"：填写居民个人取得的符合税法规定的免税收入合计金额。

第7行 = 第8行 + 第9行。

（5）第8行"稿酬所得免税部分"：根据相关行次计算填报。

第8行 = 第4行 × （1 – 20%）× 30%。

（6）第9行"其他免税收入"：填写居民个人取得的除第8行以外的符合税法规定的免税收入合计，并按规定附报《个人所得税减免税事项报告表》。

（7）第10行"减除费用"：填写税法规定的减除费用。

（8）第11行"专项扣除合计"：根据相关行次计算填报。

第11行 = 第12行 + 第13行 + 第14行 + 第15行。

（9）第12~15行"基本养老保险费""基本医疗保险费""失业保险费""住房公积金"：填写居民个人按规定可以在税前扣除的基本养老保险费、基本医疗保险费、失业保险费、住房公积金金额。

（10）第16行"专项附加扣除合计"：根据相关行次计算填报，并按规定附报《个人所得税专项附加扣除信息表》。

第16行 = 第17行 + 第18行 + 第19行 + 第20行 + 第21行 + 第22行。

（11）第17~22行"子女教育""继续教育""大病医疗""住房贷款利息""住房租金""赡养老人"：填写居民个人按规定可以在税前扣除的子女教育、继续教育、大病医疗、住房贷款利息、住房租金、赡养老人等专项附加扣除的金额。

（12）第23行"其他扣除合计"：根据相关行次计算填报。

第23行 = 第24行 + 第25行 + 第26行 + 第27行 + 第28行。

（13）第24~28行"年金""商业健康保险""税延养老保险""允许扣除的税费""其他"：填写居民个人按规定可在税前扣除的年金、商业健康保险、税延养老保险、允许扣除的税费和其他扣除项目的金额。其中，填写商业健康保险的，应当按规定附报《商业健康保险税前扣除情况明细表》；填写税延养老保险的，应当按规定附报《个人税收递延型商业养老保险税前扣除情况明细表》。

（14）第29行"准予扣除的捐赠额"：填写居民个人按规定准予在税前扣除的公益慈善事业捐赠金额，并按规定附报《个人所得税公益慈善事业捐赠扣除明细表》。

（15）第30行"应纳税所得额"：根据相关行次计算填报。

第30行＝第1行－第6行－第7行－第10行－第11行－第16行－第23行－第29行。

（16）第31、32行"税率""速算扣除数"：填写按规定适用的税率和速算扣除数。

（17）第33行"应纳税额"：按照相关行次计算填报。

第33行＝第30行×第31行－第32行。

■ 全年一次性奖金个人所得税计算

无住所居民个人预缴时因预判为非居民个人而按取得数月奖金计算缴税的，汇缴时可以根据自身情况，将一笔数月奖金按照全年一次性奖金单独计算。

（1）第34行"全年一次性奖金收入"：填写无住所的居民个人纳税年度内预判为非居民个人时取得的一笔数月奖金收入金额。

（2）第35行"准予扣除的捐赠额"：填写无住所的居民个人按规定准予在税前扣除的公益慈善事业捐赠金额，并按规定附报《个人所得税公益慈善事业捐赠扣除明细表》。

（3）第36、37行"税率""速算扣除数"：填写按照全年一次性奖金政策规定适用的税率和速算扣除数。

（4）第38行"应纳税额"：按照相关行次计算填报。

第38行＝（第34行－第35行）×第36行－第37行。

■ 税额调整

（1）第39行"综合所得收入调整额"：填写居民个人按照税法规定可以办理的除第39行之前所填报内容之外的其他可以进行调整的综合所得收入的调整金额，并在"备注"栏说明调整的具体原因、计算方式等信息。

（2）第40行"应纳税额调整额"：填写居民个人按照税法规定调整综合所得收入后所应调整的应纳税额。

■ 应补/退个人所得税计算

（1）第41行"应纳税额合计"：根据相关行次计算填报。

第41行 ＝ 第33行＋第38行＋第40行。

（2）第42行"减免税额"：填写符合税法规定的可以减免的税额，并按规定附报《个人所得税减免税事项报告表》。

（3）第43行"已缴税额"：填写居民个人取得在本表中已填报的收入对应的已经缴纳或者被扣缴的个人所得税。

（4）第44行"应补/退税额"：根据相关行次计算填报。

第44行＝第41行－第42行－第43行。

■ 无住所个人附报信息

本部分由无住所居民个人填写。不是,则不填。

(1)纳税年度内在中国境内居住天数:填写纳税年度内,无住所居民个人在中国境内居住的天数。

(2)已在中国境内居住年数:填写无住所居民个人已在中国境内连续居住的年份数。其中,年份数自2019年(含)开始计算且不包含本纳税年度。

■ 退税申请

本部分由应补/退税额小于0且勾选"申请退税"的居民个人填写。

(1)"开户银行名称":填写居民个人在中国境内开立银行账户的银行名称。

(2)"开户银行省份":填写居民个人在中国境内开立的银行账户的开户银行所在省、自治区、直辖市或者计划单列市。

(3)"银行账号":填写居民个人在中国境内开立的银行账户的银行账号。

■ 备注

填写居民个人认为需要特别说明的或者按照有关规定需要说明的事项。

9.5.1.4 其他事项说明

以纸质方式报送本表的,建议通过计算机填写打印,一式两份,纳税人、税务机关各留存一份。

个人所得税年度自行纳税申报表(A表)

(仅取得境内综合所得年度汇算适用)

税款所属期: 　年　月　日至　年　月　日

纳税人姓名:

纳税人识别号:□□□□□□□□□□□□□□□-□□　　　金额单位:人民币元(列至角分)

基本情况						
手机号码		电子邮箱		邮政编码	□□□□□□	
联系地址	省(区、市)		市	区(县)	街道(乡、镇)	
纳税地点(单选)						
1.有任职受雇单位的,需选本项并填写"任职受雇单位信息":				□任职受雇单位所在地		
任职受雇单位信息	名称					
	纳税人识别号	□□□□□□□□□□□□□□□□□□				
2.没有任职受雇单位的,可以从本栏次选择一地:				□户籍所在地	□经常居住地	
户籍所在地/经常居住地	省(区、市)		市	区(县)	街道(乡、镇)	
申报类型(单选)						
□首次申报				□更正申报		
综合所得个人所得税计算						
项　目					行次	金额
一、收入合计(第1行=第2行+第3行+第4行+第5行)					1	

续表

项　　目	行次	金额
（一）工资、薪金	2	
（二）劳务报酬	3	
（三）稿酬	4	
（四）特许权使用费	5	
二、费用合计［第6行＝（第3行＋第4行＋第5行）×20%］	6	
三、免税收入合计（第7行＝第8行＋第9行）	7	
（一）稿酬所得免税部分［第8行＝第4行×（1－20%）×30%］	8	
（二）其他免税收入（附报《个人所得税减免税事项报告表》）	9	
四、减除费用	10	
五、专项扣除合计（第11行＝第12行＋第13行＋第14行＋第15行）	11	
（一）基本养老保险费	12	
（二）基本医疗保险费	13	
（三）失业保险费	14	
（四）住房公积金	15	
六、专项附加扣除合计（附报《个人所得税专项附加扣除信息表》）（第16行＝第17行＋第18行＋第19行＋第20行＋第21行＋第22行）	16	
（一）子女教育	17	
（二）继续教育	18	
（三）大病医疗	19	
（四）住房贷款利息	20	
（五）住房租金	21	
（六）赡养老人	22	
七、其他扣除合计（第23行＝第24行＋第25行＋第26行＋第27行＋第28行）	23	
（一）年金	24	
（二）商业健康保险（附报《商业健康保险税前扣除情况明细表》）	25	
（三）税延养老保险（附报《个人税收递延型商业养老保险税前扣除情况明细表》）	26	
（四）允许扣除的税费	27	
（五）其他	28	
八、准予扣除的捐赠额（附报《个人所得税公益慈善事业捐赠扣除明细表》）	29	
九、应纳税所得额（第30行＝第1行－第6行－第7行－第10行－第11行－第16行－第23行－第29行）	30	
十、税率（%）	31	
十一、速算扣除数	32	
十二、应纳税额（第33行＝第30行×第31行－第32行）	33	
全年一次性奖金个人所得税计算		
（无住所居民个人预判为非居民个人取得的数月奖金，选择按全年一次性奖金计税的填写本部分）		

续表

项目	行次	金额
一、全年一次性奖金收入	34	
二、准予扣除的捐赠额（附报《个人所得税公益慈善事业捐赠扣除明细表》）	35	
三、税率（%）	36	
四、速算扣除数	37	
五、应纳税额［第38行 =（第34行 - 第35行）× 第36行 - 第37行］	38	
税额调整		
一、综合所得收入调整额（需在"备注"栏说明调整具体原因、计算方式等）	39	
二、应纳税额调整额	40	
应补/退个人所得税计算		
一、应纳税额合计（第41行 = 第33行 + 第38行 + 第40行）	41	
二、减免税额（附报《个人所得税减免税事项报告表》）	42	
三、已缴税额	43	
四、应补/退税额（第44行 = 第41行 - 第42行 - 第43行）	44	

无住所个人附报信息			
纳税年度内在中国境内居住天数		已在中国境内居住年数	

退税申请
（应补/退税额小于0的填写本部分）
□ 申请退税（需填写"开户银行名称""开户银行省份""银行账号"）　□ 放弃退税

开户银行名称		开户银行省份	
银行账号			

备注

谨声明：本表是根据国家税收法律法规及相关规定填报的，本人对填报内容（附带资料）的真实性、可靠性、完整性负责。

纳税人签字：　　　　　年　月　日

经办人签字：	受理人：
经办人身份证件类型：	
经办人身份证件号码：	受理税务机关（章）：
代理机构签章：	
代理机构统一社会信用代码：	受理日期：　　年　月　日

国家税务总局监制

9.5.2 个人所得税年度自行纳税申报表（简易版）

（纳税年度：20_____）

一、填表须知

填写本表前，请仔细阅读以下内容：   1. 如果您年综合所得收入额不超过 6 万元且在纳税年度内未取得境外所得的，可以填写本表；   2. 您可以在纳税年度的次年 3 月 1 日至 5 月 31 日使用本表办理汇算清缴申报，并在该期限内申请退税；   3. 建议您下载并登录个人所得税 APP，或者直接登录税务机关官方网站在线办理汇算清缴申报，体验更加便捷的申报方式；   4. 如果您对于申报填写的内容有疑问，您可以参考相关办税指引，咨询您的扣缴单位、专业人士，或者拨打 12366 纳税服务热线。   5. 以纸质方式报送本表的，建议通过计算机填写打印，一式两份，纳税人、税务机关各留存一份。

二、个人基本情况

1. 姓名	
2. 公民身份号码/纳税人识别号	□□□□□□□□□□□□□□□□□□-□□（无校验码不填后两位）
说明：有中国公民身份号码的，填写中华人民共和国居民身份证上载明的"公民身份号码"；没有中国公民身份号码的，填写税务机关赋予的纳税人识别号。	
3. 手机号码	□□□□□□□□□□□
提示：中国境内有效手机号码，请准确填写，以方便与您联系。	
4. 电子邮箱	
5. 联系地址	_____省（区、市）_____市_____区（县）_____街道（乡、镇）
提示：能够接收信件的有效通信地址。	
6. 邮政编码	□□□□□□

三、纳税地点（单选）

1. 有任职受雇单位的，需选本项并填写"任职受雇单位信息"：		□ 任职受雇单位所在地
任职受雇单位信息	名称	
	纳税人识别号	□□□□□□□□□□□□□□□□□□
2. 没有任职受雇单位的，可以从本栏次选择一地：		□ 户籍所在地 □ 经常居住地
户籍所在地/经常居住地		_____省（区、市）_____市_____区（县）_____街道（乡、镇）_____

四、申报类型

请您选择本次申报类型，未曾办理过年度汇算申报，勾选"首次申报"；已办理过年度汇算申报，但有误需要更正的，勾选"更正申报"：   □首次申报　　　　　　　　　□更正申报

五、纳税情况

已缴税额	□□，□□□.□□（元）
纳税年度内取得综合所得时，扣缴义务人预扣预缴以及个人自行申报缴纳的个人所得税。	

六、退税申请

1. 是否申请退税？	□申请退税【选择此项的，填写个人账户信息】	□放弃退税
2. 个人账户信息	开户银行名称：_____	开户银行省份：_____
	银行账号：_____	
说明：开户银行名称填写居民个人在中国境内开立银行账户的银行名称。		

七、备注

如果您有需要特别说明或者税务机关要求说明的事项，请在本栏填写：

八、承诺及申报受理

谨声明：
1. 本人纳税年度内取得的综合所得收入额合计不超过6万元。
2. 本表是根据国家税收法律法规及相关规定填报的，本人对填报内容（附带资料）的真实性、可靠性、完整性负责。

纳税人签名：　　年　月　日

经办人签字：	受理人：
经办人身份证件类型：	
经办人身份证件号码：	受理税务机关（章）：
代理机构签章：	
代理机构统一社会信用代码：	受理日期：　　年　月　日

国家税务总局监制

9.5.3 个人所得税年度自行纳税申报表（问答版）

（纳税年度：20_____）

一、填表须知

填写本表前，请仔细阅读以下内容：
1. 如果您需要办理个人所得税综合所得汇算清缴，并且未在纳税年度内取得境外所得的，可以填写本表；
2. 您需要在纳税年度的次年3月1日至6月30日办理汇算清缴申报，并在该期限内补缴税款或者申请退税；
3. 建议您下载并登录个人所得税APP，或者直接登录税务机关官方网站在线办理汇算清缴申报，体验更加便捷的申报方式；
4. 如果您对于申报填写的内容有疑问，您可以参考相关办税指引，咨询您的扣缴单位、专业人士，或者拨打12366纳税服务热线。
5. 以纸质方式报送本表的，建议通过计算机填写打印，一式两份，纳税人、税务机关各留存一份。

二、基本情况

1. 姓　　名	
2. 公民身份号码/纳税人识别号	□□□□□□□□□□□□□□□□□-□□（无校验码不填后两位）
说明：有中国公民身份号码的，填写中华人民共和国居民身份证上载明的"公民身份号码"；没有中国公民身份号码的，填写税务机关赋予的纳税人识别号。	
3. 手机号码	□□□□□□□□□□□
提示：中国境内有效手机号码，请准确填写，以方便与您联系。	
4. 电子邮箱	
5. 联系地址	_____省（区、市）_____市_____区（县）_____街道（乡、镇）_____
提示：能够接收信件的有效通信地址。	
6. 邮政编码	□□□□□□

三、纳税地点

7. 您是否有任职受雇单位，并取得工资薪金？（单选）
□有任职受雇单位（需要回答问题8）　　　□没有任职受雇单位（需要回答问题9）
8. 如果您有任职受雇单位，您可以选择一处任职受雇单位所在地办理汇算清缴，请提供该任职受雇单位的具体情况：
任职受雇单位名称（全称）：_____
任职受雇单位纳税人识别号：□□□□□□□□□□□□□□□□□□
9. 如果您没有任职受雇单位，您可以选择在以下地点办理汇算清缴：（单选）
□户籍所在地　　　　　　　　　□经常居住地
具体地址：_____省（区、市）_____市_____区（县）_____街道（乡、镇）_____
说明：1. 户籍所在地是指居民户口簿中登记的地址。
2. 经常居住地是指居民个人申领居住证上登载的居住地址，若没有申领居住证，指居民个人当前实际居住的地址；若居民个人不在中国境内的，指支付或者实际负担综合所得的境内单位或个人所在地。

四、申报类型

10. 未曾办理过年度汇算申报，勾选"首次申报"；已办理过年度汇算申报，但有误需要更正的，勾选"更正申报"：
□首次申报　　　　　　□更正申报

五、收入－A（工资薪金）

11. 您在纳税年度内取得的工资薪金收入有多少？

（A1）工资薪金收入（包括并入综合所得计算的全年一次性奖金）：□□，□□□，□□□，□□□.□□（元）
□无此类收入

说明：
(1) 工资薪金是指，个人因任职或者受雇，取得的工资薪金收入。包括工资、薪金、奖金、年终加薪、劳动分红、津贴、补贴以及与任职或者受雇有关的其他收入。全年一次性奖金是指，行政机关、企事业单位等扣缴义务人根据其全年经济效益和对雇员全年工作业绩的综合考核情况，向雇员发放的一次性奖金。包括年终加薪、实行年薪制和绩效工资办法的单位根据考核情况兑现的年薪和绩效工资。
(2) 全年一次性奖金可以单独计税，也可以并入综合所得计税。具体方法请查阅财税〔2018〕164号文件规定。选择何种方式计税对您更为有利，可以咨询专业人士。
(3) 工资薪金收入不包括单独计税的全年一次性奖金。

六、收入－A（劳务报酬）

12. 您在纳税年度内取得的劳务报酬收入有多少？

（A2）劳务报酬收入：□□，□□□，□□□，□□□.□□（元）　　　　　□无此类收入

说明：劳务报酬收入是指，个人从事设计、装潢、安装、制图、化验、测试、医疗、法律、会计、咨询、讲学、翻译、审稿、书画、雕刻、影视、录音、录像、演出、表演、广告、展览、技术服务、介绍服务、经纪服务、代办服务以及其他劳务取得的收入。

七、收入－A（稿酬）

13. 您在纳税年度内取得的稿酬收入有多少？

（A3）稿酬收入：□□，□□□，□□□，□□□.□□（元）　　　　　　　□无此类收入

说明：稿酬收入是指，个人作品以图书、报刊等形式出版、发表而取得的收入。

八、收入－A（特许权使用费）

14. 您在纳税年度内取得的特许权使用费收入有多少？

（A4）特许权使用费收入：□□，□□□，□□□，□□□.□□（元）　　　□无此类收入

说明：特许权使用费收入是指，个人提供专利权、商标权、著作权、非专利技术以及其他特许权的使用权取得的收入。

九、免税收入－B

15. 您在纳税年度内取得的综合所得收入中，免税收入有多少？（需附报《个人所得税减免税事项报告表》）

（B1）免税收入：□□，□□□，□□□，□□□.□□（元）　　　　　　　□无此类收入

提示：免税收入是指按照税法规定免征个人所得税的收入。其中，税法规定"稿酬所得的收入额减按70%计算"，对稿酬所得的收入额减计30%的部分无须填入本项，将在后续计算中扣减该部分。

十、专项扣除 – C

16. 您在纳税年度内个人负担的,按规定可以在税前扣除的基本养老保险费、基本医疗保险费、失业保险费、住房公积金是多少?

（C1） 基本养老保险费： □□□，□□□.□□（元）　　　　　　　　□无此类扣除

（C2） 基本医疗保险费： □□□，□□□.□□（元）　　　　　　　　□无此类扣除

（C3） 失业保险费：　　　□□□，□□□.□□（元）　　　　　　　　□无此类扣除

（C4） 住房公积金：　　　□□□，□□□.□□（元）　　　　　　　　□无此类扣除

说明：个人实际负担的三险一金可以扣除。

十一、专项附加扣除 – D

17. 您在纳税年度内可以扣除的子女教育支出是多少?（需附报《个人所得税专项附加扣除信息表》）

（D1） 子女教育： □□□，□□□.□□（元）　　　　　　　　　　　　□无此类扣除

说明：

子女教育支出可扣除金额（D1）= 每一子女可扣除金额合计；

每一子女可扣除金额 = 纳税年度内符合条件的扣除月份数 × 1000 元 × 扣除比例。

纳税年度内符合条件的扣除月份数包括子女年满 3 周岁当月起至受教育前一月、实际受教育月份以及寒暑假休假月份等。

扣除比例：由夫妻双方协商确定，每一子女可以在本人或配偶处按照 100% 扣除，也可由双方分别按照 50% 扣除。

18. 您在纳税年度内可以扣除的继续教育支出是多少?（需附报《个人所得税专项附加扣除信息表》）

（D2） 继续教育： □□□，□□□.□□（元）　　　　　　　　　　　　□无此类扣除

说明：

继续教育支出可扣除金额（D2）= 学历（学位）继续教育可扣除金额 + 职业资格继续教育可扣除金额；

学历（学位）继续教育可扣除金额 = 纳税年度内符合条件的扣除月份数 × 400 元；

纳税年度内符合条件的扣除月份数包括受教育月份、寒暑假休假月份等，但同一学历（学位）教育扣除期限不能超过 48 个月。

纳税年度内，个人取得符合条件的技能人员、专业技术人员相关职业资格证书的，职业资格继续教育可扣除金额 = 3600 元。

19. 您在纳税年度内可以扣除的大病医疗支出是多少?（需附报《个人所得税专项附加扣除信息表》）

（D3） 大病医疗：□，□□□，□□□.□□（元）　　　　　　　　　　□无此类扣除

说明：

大病医疗支出可扣除金额（D3）= 选择由您扣除的每一家庭成员的大病医疗可扣除金额合计；

某一家庭成员的大病医疗可扣除金额（不超过 80000 元）= 纳税年度内医保目录范围内的自付部分 – 15000 元；

家庭成员包括个人本人、配偶、未成年子女。

20. 您在纳税年度内可以扣除的住房贷款利息支出是多少?（需附报《个人所得税专项附加扣除信息表》）

（D4） 住房贷款利息：□□，□□□.□□（元）　　　　　　　　　　　□无此类扣除

说明：

住房贷款利息支出可扣除金额（D4）= 符合条件的扣除月份数 × 扣除定额。

符合条件的扣除月份数为纳税年度内实际贷款月份数。

扣除定额：正常情况下，由夫妻双方协商确定，由其中 1 人扣除 1000 元/月；婚前各自购房，均符合扣除条件的，婚后可选择由其中 1 人扣除 1000 元/月，也可以选择各自扣除 500 元/月。

续表

21. 您在纳税年度内可以扣除的住房租金支出是多少？（需附报《个人所得税专项附加扣除信息表》） （D5）住房租金：□□,□□□.□□（元）　　　　　　　　　　　　　　□无此类扣除 说明： 住房租金支出可扣除金额（D5）＝纳税年度内租房月份的月扣除定额之和 月扣除定额：直辖市、省会（首府）城市、计划单列市以及国务院确定的其他城市，扣除标准为1500元/月；市辖区户籍人口超过100万的城市，扣除标准为1100元/月；市辖区户籍人口不超过100万的城市，扣除标准为800元/月。
22. 您在纳税年度内可以扣除的赡养老人支出是多少？（需附报《个人所得税专项附加扣除信息表》） （D6）赡养老人：□□,□□□.□□（元）　　　　　　　　　　　　　　□无此类扣除 说明： 赡养老人支出可扣除金额（D6）＝纳税年度内符合条件的月份数×月扣除定额 符合条件的月份数：纳税年度内满60岁的老人，自满60岁当月起至12月份计算；纳税年度前满60岁的老人，按照12个月计算。 月扣除定额：独生子女，月扣除定额2000元/月；非独生子女，月扣除定额由被赡养人指定分摊，也可由赡养人均摊或约定分摊，但每月不超过1000元/月。

十二、其他扣除 – E

23. 您在纳税年度内可以扣除的企业年金、职业年金是多少？ （E1）年金：□□□,□□□.□□（元）　　　　　　　　　　　　　　□无此类扣除
24. 您在纳税年度内可以扣除的商业健康保险是多少？（需附报《商业健康保险税前扣除情况明细表》） （E2）商业健康保险：□,□□□.□□（元）　　　　　　　　　　　　□无此类扣除
25. 您在纳税年度内可以扣除的税收递延型商业养老保险是多少？（需附报《个人税收递延型商业养老保险税前扣除情况明细表》） （E3）税延养老保险：□□,□□□.□□（元）　　　　　　　　　　　　□无此类扣除
26. 您在纳税年度内可以扣除的税费是多少？ （E4）允许扣除的税费：□□,□□□,□□□.□□（元）　　　　　　　□无此类扣除 说明：允许扣除的税费是指，个人取得劳务报酬、稿酬、特许权使用费收入时，发生的合理税费支出。
27. 您在纳税年度内发生的除上述扣除以外的其他扣除是多少？ （E5）其他扣除：□□,□□□,□□□,□□□.□□（元）　　　　　　□无此类扣除 提示：其他扣除（其他）包括保险营销员、证券经纪人佣金收入的展业成本。

十三、捐赠 – F

28. 您在纳税年度内可以扣除的捐赠支出是多少？（需附报《个人所得税公益慈善事业捐赠扣除明细表》） （F1）准予扣除的捐赠额：□□,□□□,□□□.□□（元）　　　　　　□无此类扣除

十四、全年一次性奖金 – G

29. 您在纳税年度内取得的一笔要转换为全年一次性奖金的数月奖金是多少？ （G1）全年一次性奖金：□□,□□□,□□□.□□（元）　　　　　　　□无此类情况 （G2）全年一次性奖金应纳个人所得税＝G1×适用税率－速算扣除数＝□□,□□□,□□□.□□（元） 说明：仅适用于无住所居民个人预缴时因预判为非居民个人而按取得数月奖金计算缴税，汇缴时可以根据自身情况，将一笔数月奖金按照全年一次性奖金单独计算。

十五、税额计算 – H（使用纸质申报的居民个人需要自行计算填写本项）

30. 综合所得应纳个人所得税计算

（H1）综合所得应纳个人所得税 = ［（A1 + A2×80% + A3×80%×70% + A4×80%）– B1 – 60000 –（C1 + C2 + C3 + C4）–（D1 + D2 + D3 + D4 + D5 + D6）–（E1 + E2 + E3 + E4 + E5）– F1］× 适用税率 – 速算扣除数 = □□，□□□，□□□.□□（元）

说明：适用税率和速算扣除数如下

级数	全年应纳税所得额	税率（%）	速算扣除数
1	不超过 36000 元的部分	3	0
2	超过 36000 元至 144000 元的部分	10	2520
3	超过 144000 元至 300000 元的部分	20	16920
4	超过 300000 元至 420000 元的部分	25	31920
5	超过 420000 元至 660000 元的部分	30	52920
6	超过 660000 元至 960000 元的部分	35	85920
7	超过 960000 元的部分	45	181920

十六、减免税额 – J

31. 您可以享受的减免税类型有哪些？

☐ 残疾 ☐ 孤老 ☐ 烈属 ☐ 其他（需附报《个人所得税减免税事项报告表》） ☐ 无此类情况

32. 您可以享受的减免税金额是多少？

（J1）减免税额：□□，□□□，□□□.□□（元） ☐ 无此类情况

十七、已缴税额 – K

33. 您在纳税年度内取得本表填报的各项收入时，已经缴纳的个人所得税是多少？

（K1）已纳税额：□□，□□□，□□□.□□（元） ☐ 无此类情况

十八、应补/退税额 – L（使用纸质申报的居民个人需要自行计算填写本项）

34. 您本次汇算清缴应补/退的个人所得税税额是：

（L1）应补/退税额 = G2 + H1 – J1 – K1 = □□，□□□，□□□.□□（元）

十九、无住所个人附报信息（有住所个人无须填写本项）

35. 您在纳税年度内，在中国境内的居住天数是多少？

纳税年度内在中国境内居住天数：_____ 天。

36. 您在中国境内的居住年数是多少？

中国境内居住年数：_____ 年。

说明：境内居住年数自 2019 年（含）以后年度开始计算。境内居住天数和年数的具体计算方法参见财政部、税务总局公告 2019 年第 34 号。

二十、退税申请（应补/退税额小于 0 的填写本项）

37. 您是否申请退税？

☐ 申请退税 ☐ 放弃退税

续表

38. 如果您申请退税，请提供您的有效银行账户。
开户银行名称：_____ 开户银行省份：_____
银行账号：_____
说明：开户银行名称填写居民个人在中国境内开立银行账户的银行名称。

二十一、备注

如果您有需要特别说明或者税务机关要求说明的事项，请在本栏填写：

二十二、申报受理

谨声明：本表是根据国家税收法律法规及相关规定填报的，本人对填报内容（附带资料）的真实性、可靠性、完整性负责。		
个人签名：_____		_____年___月___日
经办人签字：	受理人：	
经办人身份证件类型：		
经办人身份证件号码：	受理税务机关（章）：	
代理机构签章：		
代理机构统一社会信用代码：	受理日期：　　　年　　月　　日	

国家税务总局监制

9.6 《个人所得税经营所得纳税申报表（A表）》填表说明

9.6.1 适用范围

本表适用于查账征收和核定征收的个体工商户业主、个人独资企业投资人、合伙企业个人合伙人、承包承租经营者个人以及其他从事生产、经营活动的个人在中国境内取得经营所得，办理个人所得税预缴纳税申报时，向税务机关报送。

合伙企业有两个或者两个以上个人合伙人的，应分别填报本表。

9.6.2 报送期限

纳税人取得经营所得,应当在月度或者季度终了后 15 日内,向税务机关办理预缴纳税申报。

9.6.3 本表各栏填写

9.6.3.1 表头项目

- 税款所属期:填写纳税人取得经营所得应纳个人所得税款的所属期间,应填写具体的起止年月日。
- 纳税人姓名:填写自然人纳税人姓名。
- 纳税人识别号:有中国公民身份号码的,填写中华人民共和国居民身份证上载明的"公民身份号码";没有中国公民身份号码的,填写税务机关赋予的纳税人识别号。

9.6.3.2 被投资单位信息

- 名称:填写被投资单位法定名称的全称。
- 纳税人识别号(统一社会信用代码):填写被投资单位的纳税人识别号或者统一社会信用代码。

9.6.3.3 征收方式

根据税务机关核定的征收方式,在对应框内打"√"。采用税务机关认可的其他方式的,应在下划线填写具体征收方式。

9.6.3.4 个人所得税计算

- 第 1 行"收入总额":填写本年度开始经营月份起截至本期从事经营以及与经营有关的活动取得的货币形式和非货币形式的各项收入总额。包括:销售货物收入、提供劳务收入、转让财产收入、利息收入、租金收入、接受捐赠收入、其他收入。
- 第 2 行"成本费用":填写本年度开始经营月份起截至本期实际发生的成本、费用、税金、损失及其他支出的总额。
- 第 3 行"利润总额":填写本年度开始经营月份起截至本期的利润总额。
- 第 4 行"弥补以前年度亏损":填写可在税前弥补的以前年度尚未弥补的亏损额。
- 第 5 行"应税所得率":按核定应税所得率方式纳税的纳税人,填写税务机关确定的核定征收应税所得率。按其他方式纳税的纳税人不填本行。
- 第 6 行"合伙企业个人合伙人分配比例":纳税人为合伙企业个人合伙人的,填写本行;其他则不填。分配比例按照合伙协议约定的比例填写;合伙协议未约定或不明确的,按合伙人协商决定的比例填写;协商不成的,按合伙人实缴出资比例填写;无法确定出资比例的,按合伙人平均分配。
- 第 7~17 行"允许扣除的个人费用及其他扣除":

(1) 第 8 行"投资者减除费用"：填写根据本年实际经营月份数计算的可在税前扣除的投资者本人每月 5000 元减除费用的合计金额。

(2) 第 9~13 行"专项扣除"：填写按规定允许扣除的基本养老保险费、基本医疗保险费、失业保险费、住房公积金的金额。

(3) 第 14~17 行"依法确定的其他扣除"：填写商业健康保险、税延养老保险以及其他按规定允许扣除项目的金额。

- 第 18 行"准予扣除的捐赠额"：填写按照税法及相关法规、政策规定，可以在税前扣除的捐赠额，并按规定附报《个人所得税公益慈善事业捐赠扣除明细表》。
- 第 19 行"应纳税所得额"：根据相关行次计算填报。

(1) 查账征收（据实预缴）：第 19 行 =（第 3 行 - 第 4 行）× 第 6 行 - 第 7 行 - 第 18 行。

(2) 查账征收（按上年应纳税所得额预缴）：第 19 行 = 上年度的应纳税所得额 ÷ 12 × 月份数。

(3) 核定应税所得率征收（能准确核算收入总额的）：第 19 行 = 第 1 行 × 第 5 行 × 第 6 行。

(4) 核定应税所得率征收（能准确核算成本费用的）：第 19 行 = 第 2 行 ÷（1 - 第 5 行）× 第 5 行 × 第 6 行。

(5) 核定应纳税所得额征收：直接填写应纳税所得额；

(6) 税务机关认可的其他方式：直接填写应纳税所得额。

- 第 20~21 行"税率"和"速算扣除数"：填写按规定适用的税率和速算扣除数。
- 第 22 行"应纳税额"：根据相关行次计算填报。第 22 行 = 第 19 行 × 第 20 行 - 第 21 行。
- 第 23 行"减免税额"：填写符合税法规定可以减免的税额，并附报《个人所得税减免税事项报告表》。
- 第 24 行"已缴税额"：填写本年度在月（季）度申报中累计已预缴的经营所得个人所得税的金额。
- 第 25 行"应补/退税额"：根据相关行次计算填报。第 25 行 = 第 22 行 - 第 23 行 - 第 24 行。

9.6.3.5 备注

填写个人认为需要特别说明的或者税务机关要求说明的事项。

9.6.4 其他事项说明

以纸质方式报送本表的，建议通过计算机填写打印，一式两份，纳税人、税务机关各留存一份。

个人所得税经营所得纳税申报表（A表）

税款所属期：　　年　月　日至　　年　月　日

纳税人姓名：

纳税人识别号：□□□□□□□□□□□□□□□□□□　　金额单位：人民币元（列至角分）

被投资单位信息		
名称		
纳税人识别号（统一社会信用代码）	□□□□□□□□□□□□□□□□□□	
征收方式（单选）		
□查账征收（据实预缴）　　□查账征收（按上年应纳税所得额预缴）　　□核定应税所得率征收 □核定应纳税所得额征收　　□税务机关认可的其他方式＿＿＿＿＿＿		
个人所得税计算		
项　目	行次	金额/比例
一、收入总额	1	
二、成本费用	2	
三、利润总额（第3行＝第1行－第2行）	3	
四、弥补以前年度亏损	4	
五、应税所得率（%）	5	
六、合伙企业个人合伙人分配比例（%）	6	
七、允许扣除的个人费用及其他扣除（第7行＝第8行＋第9行＋第14行）	7	
（一）投资者减除费用	8	
（二）专项扣除（第9行＝第10行＋第11行＋第12行＋第13行）	9	
1. 基本养老保险费	10	
2. 基本医疗保险费	11	
3. 失业保险费	12	
4. 住房公积金	13	
（三）依法确定的其他扣除（第14行＝第15行＋第16行＋第17行）	14	
1.	15	
2.	16	
3.	17	
八、准予扣除的捐赠额（附报《个人所得税公益慈善事业捐赠扣除明细表》）	18	
九、应纳税所得额	19	
十、税率（%）	20	
十一、速算扣除数	21	
十二、应纳税额（第22行＝第19行×第20行－第21行）	22	
十三、减免税额（附报《个人所得税减免税事项报告表》）	23	
十四、已缴税额	24	
十五、应补/退税额（第25行＝第22行－第23行－第24行）	25	

续表

备注
谨声明：本表是根据国家税收法律法规及相关规定填报的，本人对填报内容（附带资料）的真实性、可靠性、完整性负责。 　　　　　　　　　　　　　　　　　　　纳税人签字：　　　　　　年　月　日

经办人签字： 经办人身份证件类型： 经办人身份证件号码： 代理机构签章： 代理机构统一社会信用代码：	受理人： 受理税务机关（章）： 受理日期：　　　　年　月　日

国家税务总局监制制

9.7 《个人所得税经营所得纳税申报表（B表）》填表说明

9.7.1 适用范围

本表适用于个体工商户业主、个人独资企业投资人、合伙企业个人合伙人、承包承租经营者个人以及其他从事生产、经营活动的个人在中国境内取得经营所得，且实行查账征收的，在办理个人所得税汇算清缴纳税申报时，向税务机关报送。

合伙企业有两个或者两个以上个人合伙人的，应分别填报本表。

9.7.2 报送期限

纳税人在取得经营所得的次年3月31日前，向税务机关办理汇算清缴。

9.7.3 本表各栏填写

9.7.3.1 表头项目

- 税款所属期：填写纳税人取得经营所得应纳个人所得税款的所属期间，应填写具体的起止年月日。
- 纳税人姓名：填写自然人纳税人姓名。
- 纳税人识别号：有中国公民身份号码的，填写中华人民共和国居民身份证上载明的"公民身份号码"；没有中国公民身份号码的，填写税务机关赋予的纳税人识别号。

9.7.3.2 被投资单位信息
- 名称：填写被投资单位法定名称的全称。
- 纳税人识别号（统一社会信用代码）：填写被投资单位的纳税人识别号或统一社会信用代码。

9.7.3.3 表内各行填写
- 第1行"收入总额"：填写本年度从事生产经营以及与生产经营有关的活动取得的货币形式和非货币形式的各项收入总金额。包括：销售货物收入、提供劳务收入、转让财产收入、利息收入、租金收入、接受捐赠收入、其他收入。
- 第2行"国债利息收入"：填写本年度已计入收入的因购买国债而取得的应予免税的利息金额。
- 第3~10行"成本费用"：填写本年度实际发生的成本、费用、税金、损失及其他支出的总额。

    （1）第4行"营业成本"：填写在生产经营活动中发生的销售成本、销货成本、业务支出以及其他耗费的金额。

    （2）第5行"营业费用"：填写在销售商品和材料、提供劳务的过程中发生的各种费用。

    （3）第6行"管理费用"：填写为组织和管理企业生产经营发生的管理费用。

    （4）第7行"财务费用"：填写为筹集生产经营所需资金等发生的筹资费用。

    （5）第8行"税金"：填写在生产经营活动中发生的除个人所得税和允许抵扣的增值税以外的各项税金及其附加。

    （6）第9行"损失"：填写生产经营活动中发生的固定资产和存货的盘亏、毁损、报废损失，转让财产损失，坏账损失，自然灾害等不可抗力因素造成的损失以及其他损失。

    （7）第10行"其他支出"：填写除成本、费用、税金、损失外，生产经营活动中发生的与之有关的、合理的支出。

- 第11行"利润总额"：根据相关行次计算填报。第11行 = 第1行 – 第2行 – 第3行。
- 第12行"纳税调整增加额"：根据相关行次计算填报。第12行 = 第13行 + 第27行。
- 第13行"超过规定标准的扣除项目金额"：填写扣除的成本、费用和损失中，超过税法规定的扣除标准应予调增的应纳税所得额。
- 第27行"不允许扣除的项目金额"：填写按规定不允许扣除但被投资单位已将其扣除的各项成本、费用和损失，应予调增应纳税所得额的部分。

■ 第37行"纳税调整减少额":填写在计算利润总额时已计入收入或未列入成本费用,但在计算应纳税所得额时应予扣除的项目金额。

■ 第38行"纳税调整后所得":根据相关行次计算填报。第38行 = 第11行 + 第12行 – 第37行。

■ 第39行"弥补以前年度亏损":填写本年度可在税前弥补的以前年度亏损额。

■ 第40行"合伙企业个人合伙人分配比例":纳税人为合伙企业个人合伙人的,填写本栏;其他则不填。分配比例按照合伙协议约定的比例填写;合伙协议未约定或不明确的,按合伙人协商决定的比例填写;协商不成的,按合伙人实缴出资比例填写;无法确定出资比例的,按合伙人平均分配。

■ 第41行"允许扣除的个人费用及其他扣除":填写按税法规定可以税前扣除的各项费用、支出,包括:

（1）第42行"投资者减除费用":填写按税法规定的减除费用金额。

（2）第43～47行"专项扣除":分别填写本年度按规定允许扣除的基本养老保险费、基本医疗保险费、失业保险费、住房公积金的合计金额。

（3）第48～54行"专项附加扣除":分别填写本年度纳税人按规定可享受的子女教育、继续教育、大病医疗、住房贷款利息、住房租金、赡养老人等专项附加扣除的合计金额。

（4）第55～59行"依法确定的其他扣除":分别填写按规定允许扣除的商业健康保险、税延养老保险,以及国务院规定其他可以扣除项目的合计金额。

■ 第60行"投资抵扣":填写按照税法规定可以税前抵扣的投资金额。

■ 第61行"准予扣除的个人捐赠支出":填写本年度按照税法及相关法规、政策规定,可以在税前扣除的个人捐赠合计额。

■ 第62行"应纳税所得额":根据相关行次计算填报。

（1）纳税人为非合伙企业个人合伙人的:第62行 = 第38行 – 第39行 – 第41行 – 第60行 – 第61行。

（2）纳税人为合伙企业个人合伙人的:第62行 = （第38行 – 第39行）× 第40行 – 第41行 – 第60行 – 第61行。

■ 第63～64行"税率""速算扣除数":填写按规定适用的税率和速算扣除数。

■ 第65行"应纳税额":根据相关行次计算填报。第65行 = 第62行 × 第63行 – 第64行。

■ 第66行"减免税额":填写符合税法规定可以减免的税额,并附报《个人所得税减免税事项报告表》。

■ 第67行"已缴税额":填写本年度累计已预缴的经营所得个人所得税金额。

■ 第68行"应补/退税额":根据相关行次计算填报。第68行 = 第65行 – 第66行 – 第67行。

9.7.4 其他事项说明

以纸质方式报送本表的,应当一式两份,纳税人、税务机关各留存一份。

个人所得税经营所得纳税申报表(B 表)

税款所属期: 　年 月 日至 　年 月 日

纳税人姓名:

纳税人识别号:□□□□□□□□□□□□□□□□□□　　金额单位:人民币元(列至角分)

被投资单位信息	名称		纳税人识别号(统一社会信用代码)		
项　目				行次	金额/比例
一、收入总额				1	
其中:国债利息收入				2	
二、成本费用(3=4+5+6+7+8+9+10)				3	
(一)营业成本				4	
(二)营业费用				5	
(三)管理费用				6	
(四)财务费用				7	
(五)税金				8	
(六)损失				9	
(七)其他支出				10	
三、利润总额(11=1-2-3)				11	
四、纳税调整增加额(12=13+27)				12	
(一)超过规定标准的扣除项目金额(13=14+15+16+17+18+19+20+21+22+23+24+25+26)				13	
1. 职工福利费				14	
2. 职工教育经费				15	
3. 工会经费				16	
4. 利息支出				17	
5. 业务招待费				18	
6. 广告费和业务宣传费				19	
7. 教育和公益事业捐赠				20	
8. 住房公积金				21	
9. 社会保险费				22	
10. 折旧费用				23	
11. 无形资产摊销				24	
12. 资产损失				25	
13. 其他				26	

续表

项　　目	行次	金额/比例
（二）不允许扣除的项目金额（27＝28＋29＋30＋31＋32＋33＋34＋35＋36）	27	
1. 个人所得税税款	28	
2. 税收滞纳金	29	
3. 罚金、罚款和被没收财物的损失	30	
4. 不符合扣除规定的捐赠支出	31	
5. 赞助支出	32	
6. 用于个人和家庭的支出	33	
7. 与取得生产经营收入无关的其他支出	34	
8. 投资者工资薪金支出	35	
9. 其他不允许扣除的支出	36	
五、纳税调整减少额	37	
六、纳税调整后所得（38＝11＋12－37）	38	
七、弥补以前年度亏损	39	
八、合伙企业个人合伙人分配比例（%）	40	
九、允许扣除的个人费用及其他扣除（41＝42＋43＋48＋55）	41	
（一）投资者减除费用	42	
（二）专项扣除（43＝44＋45＋46＋47）	43	
1. 基本养老保险费	44	
2. 基本医疗保险费	45	
3. 失业保险费	46	
4. 住房公积金	47	
（三）专项附加扣除（48＝49＋50＋51＋52＋53＋54）	48	
1. 子女教育	49	
2. 继续教育	50	
3. 大病医疗	51	
4. 住房贷款利息	52	
5. 住房租金	53	
6. 赡养老人	54	
（四）依法确定的其他扣除（55＝56＋57＋58＋59）	55	
1. 商业健康保险	56	
2. 税延养老保险	57	
3.	58	
4.	59	
十、投资抵扣	60	
十一、准予扣除的个人捐赠支出	61	
十二、应纳税所得额（62＝38－39－41－60－61）或［62＝（38－39）×40－41－60－61］	62	
十三、税率（%）	63	

续表

项　目	行次	金额/比例
十四、速算扣除数	64	
十五、应纳税额（65 = 62 × 63 − 64）	65	
十六、减免税额（附报《个人所得税减免税事项报告表》）	66	
十七、已缴税额	67	
十八、应补/退税额（68 = 65 − 66 − 67）	68	
谨声明：本表是根据国家税收法律法规及相关规定填报的，是真实的、可靠的、完整的。 　　　　　　　　　　　　　　　　　　　　　纳税人签字：　　　　　年　　月　　日		
经办人： 经办人身份证件号码： 代理机构签章： 代理机构统一社会信用代码：	受理人： 受理税务机关（章）： 受理日期：　　　　　年　　月　　日	

国家税务总局监制

9.8　《个人所得税经营所得纳税申报表（C 表）》填表说明

9.8.1　适用范围

本表适用于个体工商户业主、个人独资企业投资人、合伙企业个人合伙人、承包承租经营者个人以及其他从事生产、经营活动的个人在中国境内两处以上取得经营所得，办理合并计算个人所得税的年度汇总纳税申报时，向税务机关报送。

9.8.2　报送期限

纳税人从两处以上取得经营所得，应当于取得所得的次年 3 月 31 日前办理年度汇总纳税申报。

9.8.3　本表各栏填写

9.8.3.1　表头项目

■ 税款所属期：填写纳税人取得经营所得应纳个人所得税款的所属期间，应填写具体的起止年月日。

■ 纳税人姓名：填写自然人纳税人姓名。

- 纳税人识别号：有中国公民身份号码的，填写中华人民共和国居民身份证上载明的"公民身份号码"；没有中国公民身份号码的，填写税务机关赋予的纳税人识别号。

9.8.3.2 被投资单位信息

- 名称：填写被投资单位法定名称的全称。
- 纳税人识别号（统一社会信用代码）：填写被投资单位的纳税人识别号或者统一社会信用代码。
- 投资者应纳税所得额：填写投资者从其各投资单位取得的年度应纳税所得额。

9.8.3.3 表内各行填写

- 第1行"投资者应纳税所得额合计"：填写投资者从其各投资单位取得的年度应纳税所得额的合计金额。
- 第2~6行"应调整的个人费用及其他扣除"：填写按规定需调整增加或者减少应纳税所得额的项目金额。调整减少应纳税所得额的，用负数表示。

（1）第3行"投资者减除费用"：填写需调整增加或者减少应纳税所得额的投资者减除费用的金额。

（2）第4行"专项扣除"：填写需调整增加或者减少应纳税所得额的"三险一金"（基本养老保险费、基本医疗保险费、失业保险费、住房公积金）的合计金额。

（3）第5行"专项附加扣除"：填写需调整增加或者减少应纳税所得额的专项附加扣除（子女教育、继续教育、大病医疗、住房贷款利息、住房租金、赡养老人）的合计金额。

（4）第6行"依法确定的其他扣除"：填写需调整增加或者减少应纳税所得额的商业健康保险、税延养老保险以及国务院规定其他可以扣除项目的合计金额。

- 第7行"应调整的其他项目"：填写按规定应予调整的其他项目的合计金额。调整减少应纳税所得额的，用负数表示。
- 第8行"调整后应纳税所得额"：根据相关行次计算填报。第8行 = 第1行 + 第2行 + 第7行。
- 第9~10行"税率""速算扣除数"：填写按规定适用的税率和速算扣除数。
- 第11行"应纳税额"：根据相关行次计算填报。第11行 = 第8行 × 第9行 − 第10行。
- 第12行"减免税额"：填写符合税法规定可以减免的税额，并附报《个人所得税减免税事项报告表》。
- 第13行"已缴税额"：填写纳税人本年度累计已缴纳的经营所得个人所得税的金额。
- 第14行"应补/退税额"：按相关行次计算填报。第14行 = 第11行 − 第12行 − 第13行。

9.8.4 其他事项说明

以纸质方式报送本表的，应当一式两份，纳税人、税务机关各留存一份。

个人所得税经营所得纳税申报表（C表）

税款所属期：　　年　月　日至　　年　月　日

纳税人姓名：

纳税人识别号：□□□□□□□□□□□□□□□　　　　金额单位：人民币元（列至角分）

被投资单位信息		单位名称	纳税人识别号（统一社会信用代码）	投资者应纳税所得额
	汇总地			
	非汇总地	1		
		2		
		3		
		4		
		5		

项　目	行次	金额/比例
一、投资者应纳税所得额合计	1	
二、应调整的个人费用及其他扣除（2＝3＋4＋5＋6）	2	
（一）投资者减除费用	3	
（二）专项扣除	4	
（三）专项附加扣除	5	
（四）依法确定的其他扣除	6	
三、应调整的其他项目	7	
四、调整后应纳税所得额（8＝1＋2＋7）	8	
五、税率（％）	9	
六、速算扣除数	10	
七、应纳税额（11＝8×9－10）	11	
八、减免税额（附报《个人所得税减免税事项报告表》）	12	
九、已缴税额	13	
十、应补/退税额（14＝11－12－13）	14	

谨声明：本表是根据国家税收法律法规及相关规定填报的，是真实的、可靠的、完整的。

纳税人签字：　　　　　　　年　月　日

经办人：	受理人：
经办人身份证件号码：	
代理机构签章：	受理税务机关（章）：
代理机构统一社会信用代码：	受理日期：　　年　月　日

国家税务总局监制

9.9 《合伙制创业投资企业单一投资基金核算方式备案表》填表说明

9.9.1 适用范围

本表适用于合伙制创业投资企业（含创投基金，以下统称创投企业）选择按单一投资基金核算，按规定向主管税务机关进行核算类型备案。

9.9.2 报送期限

选择按单一投资基金核算的创投企业，应当在管理机构完成备案的30日内，向主管税务机关进行核算方式备案，报送本表。

创投企业选择一种核算方式满3年需要调整的，应当在满3年的次年1月31日前，重新向主管税务机关备案，报送本表。

9.9.3 本表各栏填写

（1）创投企业（基金）名称：填写创投企业的法定名称全称。

（2）纳税人识别号（统一社会信用代码）：填写创投企业的纳税人识别号或统一社会信用代码。

（3）创投企业（基金）备案管理机构：选择创投企业备案的机构名称，在"发展改革部门"或"证券监管部门"备案的，分别在对应框中打"√"。

（4）管理机构备案编号：填写创投企业在国家发展和改革委员会或中国证券投资基金业协会备案的编号。

（5）管理机构备案时间：填写创投企业在国家发展和改革委员会或中国证券投资基金业协会备案的时间。

9.9.4 其他事项说明

以纸质方式报送本表的，应当一式两份，扣缴义务人、税务机关各留存一份。

合伙制创业投资企业单一投资基金核算方式备案表

（　　　至　　　年度）

备案编号（主管税务机关填写）：

创投企业（基金）名称	
纳税人识别号（统一社会信用代码）	
创投企业（基金）备案管理机构	□发展改革部门　　□证券监管部门
管理机构备案编号	
管理机构备案时间	
谨声明：本表是根据国家税收法律法规及相关规定填报的，是真实的、可靠的、完整的。 　　　　　　　　　　　　　　创投企业（基金）印章：　　　　　年　月　日	
经办人签字： 经办人身份证件号码： 代理机构签章： 代理机构统一社会信用代码：	受理人： 受理税务机关（章）： 受理日期：　　年　月　日

国家税务总局监制

9.10 《单一投资基金核算的合伙制创业投资企业个人所得税扣缴申报表》填表说明

9.10.1 适用范围

本表适用于选择按单一投资基金核算的合伙制创业投资企业（含创投基金，以下统称创投企业）按规定办理年度股权转让所得扣缴申报时，向主管税务机关报送。

9.10.2 申报期限

创投企业取得所得的次年 3 月 31 日前报送。

9.10.3 本表各栏填写

9.10.3.1 表头项目

■ 税款所属期：填写创投企业申报股权转让所得的所属期间，应填写具体的起止年月日。

■ 扣缴义务人名称：填写扣缴义务人（即创投企业）的法定名称全称。

■ 扣缴义务人纳税人识别号（统一社会信用代码）：填写扣缴义务人（即创投企业）

的纳税人识别号或者统一社会信用代码。
- 税务机关备案编号：填写创投企业在主管税务机关进行核算方式备案的编号。

9.10.3.2 表内各栏

- 创投企业投资项目所得情况

（1）第2列"被投资企业名称"：填写被投资企业的法定名称。

（2）第3列"被投资企业纳税人识别号（统一社会信用代码）"：填写被投资企业的纳税人识别号或者统一社会信用代码。

（3）第4列"投资股权份数"：填写创投企业在发生股权转让前持有被投资企业的股权份数。

（4）第5列"转让股权份数"：填写创投企业纳税年度内转让被投资企业股权的份数，一年内发生多次转让的，应分行填写。

（5）第6列"转让后股权份数"：填写创投企业发生股权转让后持有被投资企业的股权份数。

（6）第7列"股权转让时间"：填写创投企业转让被投资企业股权的具体时间，一年内发生多次转让的，应分行填写。

（7）第8列"股权转让收入"：填写创投企业发生股权转让收入额，一年内发生多次转让的，应分行填写。

（8）第9列"股权原值"：填写创投企业转让股权的原值，一年内发生多次转让的，应分行填写。

（9）第10列"合理费用"：填写转让股权过程中发生的按规定可以扣除的合理税费。

（10）第11列"股权转让所得额"：按相关列次计算填报。第11列 = 第8列 − 第9列 − 第10列。

（11）"纳税年度内股权转让所得额合计"：填写纳税年度内股权转让所得的合计金额，即所得与损失相互抵减后的余额。如余额为负数的，填写0。

- 创投企业个人合伙人所得分配情况

（1）第13列"个人合伙人姓名"：填写个人合伙人姓名。

（2）第14列"身份证件类型"：填写纳税人有效的身份证件名称。中国公民有中华人民共和国居民身份证的，填写居民身份证；没有居民身份证的，填写中华人民共和国护照、港澳居民来往内地通行证或港澳居民居住证、台湾居民通行证或台湾居民居住证、外国人永久居留身份证、外国人工作许可证或护照等。

（3）第15列"身份证件号码"：填写纳税人有效身份证件上载明的证件号码。

（4）第16列"个人合伙人纳税人识别号"：有中国公民身份号码的，填写中华人民共和国居民身份证上载明的"公民身份号码"；没有中国公民身份号码的，填写税务机关赋予的纳税人识别号。

（5）第17列"分配比例（%）"：分配比例按照合伙协议约定的比例填写；合伙协议未约定或不明确的，按合伙人协商决定的比例填写；协商不成的，按合伙人实缴出资比例填写；无法确定出资比例的，按合伙人平均分配。

（6）第18列"创投企业股权转让所得额"：填写创投企业纳税年度内取得的股权转让所得总额，即本表"创投企业投资项目所得情况"中"纳税年度内股权转让所得额合计"的金额。

（7）第19列"分配所得额"：填写个人合伙人按比例分得的股权转让所得额。第19列 = 第18列 × 第17列。

（8）第20列"创投企业符合条件的投资额"：填写合伙创投企业对种子期、初创期科技型企业符合投资抵扣条件的投资额。

（9）第21列"个人出资比例"：填写个人合伙人对创投企业的出资比例。

（10）第22列"当年按个人投资额70%计算的实际抵扣额"：根据相关列次计算填报。第22列 = 第20列 × 第21列 × 70%。

（11）第23列"应纳税所得额"：填写个人合伙人纳税年度内取得股权转让所得的应纳税所得额。第23列 = 第19列 − 第22列。

（12）第24列"税率"：填写所得项目按规定适用的税率。

（13）第25列"应纳税额"：根据相关列次计算填报。第25列 = 第23列 × 第24列。

（14）第26列"减免税额"：填写符合税法规定的可以减免的税额，并附报《个人所得税减免税事项报告表》。

（15）第27列"已缴税额"：填写纳税人当期已实际缴纳或者被扣缴的个人所得税税款。

（16）第28列"应补/退税额"：根据相关列次计算填报。第28列 = 第25列 − 第26列 − 第27列。

9.10.4 其他事项说明

以纸质方式报送本表的，应当一式两份，扣缴义务人、税务机关各留存一份。

单一投资基金核算的合伙制创业投资企业个人所得税扣缴申报表

税款所属期: 年 月 日 至 年 月 日

扣缴义务人名称:
扣缴义务人纳税人识别号(统一社会信用代码): □□□□□□□□□□□□□□□□□□

金额单位: 人民币元(列至角分)

税务机关备案编号:

序号	被投资企业名称	被投资企业纳税人识别号(统一社会信用代码)	投资股权份数	转让股权份数	创投企业投资项目所得情况					股权转让所得额
					转让后股权份数	股权转让时间	股权转让收入	股权原值	合理费用	
1	2	3	4	5	6	7	8	9	10	11
合计										

纳税年度内股权转让所得额合计

创投企业个人合伙人所得额分配情况

序号	个人合伙人姓名	身份证件类型	身份证件号码	个人合伙人纳税人识别号	分配比例(%)	创投企业股权转让所得额	分配所得额	其中: 投资初创科技型企业情况			应纳税所得额	税率	应纳税额	减免税额	已缴税额	应补/退税额
								创投企业符合条件的投资额	个人出资比例	当年按个人投资额70%计算的实际抵扣额						
12	13	14	15	16	17	18	19	20	21	22	23	24	25	26	27	28
													—			

谨声明: 本表是根据国家税收法律法规及相关规定填报的, 是真实的、可靠的、完整的。

经办人签字:
经办人身份证件号码:
代理机构签章:
代理机构统一社会信用代码:

受理人:
受理税务机关:
受理日期: 年 月 日

创投企业(基金)印章:
年 月 日

国家税务总局监制

9.11 《个人所得税专项附加扣除信息表》填表说明

9.11.1 填表须知

本表根据《中华人民共和国个人所得税法》及其实施条例、《个人所得税专项附加扣除暂行办法》《个人所得税专项附加扣除操作办法（试行）》等法律法规有关规定制定。

（1）纳税人按享受的专项附加扣除情况填报对应栏次；纳税人不享受的项目，无须填报。纳税人未填报的项目，默认为不享受。

（2）较上次报送信息是否发生变化：纳税人填报本表时，对各专项附加扣除，首次报送的，在"首次报送"前的框内划"√"。继续报送本表且无变化的，在"无变化"前的框内划"√"；发生变化的，在"有变化"前的框内划"√"，并填写发生变化的扣除项目信息。

（3）身份证件号码应从左向右顶格填写，位数不满18位的，需在空白格处划"/"。

（4）如各类扣除项目的表格篇幅不够，可另附多张《个人所得税专项附加扣除信息表》。

9.11.2 适用范围

（1）本表适用于享受子女教育、继续教育、大病医疗、住房贷款利息或住房租金、赡养老人六项专项附加扣除的自然人纳税人填写。选择在工资、薪金所得预扣预缴个人所得税时享受的，纳税人填写后报送至扣缴义务人；选择在年度汇算清缴申报时享受专项附加扣除的，纳税人填写后报送至税务机关。

（2）纳税人首次填报专项附加扣除信息时，应将本人所涉及的专项附加扣除信息表内各信息项填写完整。纳税人相关信息发生变化的，应及时更新此表相关信息项，并报送至扣缴义务人或税务机关。

纳税人在以后纳税年度继续申报扣除的，应对扣除事项有无变化进行确认。

9.11.3 各栏填写说明

9.11.3.1 表头项目

填报日期：纳税人填写本表时的日期。

扣除年度：填写纳税人享受专项附加扣除的所属年度。

纳税人姓名：填写自然人纳税人姓名。

纳税人识别号：纳税人有中国居民身份证的，填写公民身份号码；没有公民身份号码的，填写税务机关赋予的纳税人识别号。

9.11.3.2　表内基础信息栏

纳税人信息：填写纳税人有效的手机号码、电子邮箱、联系地址。其中，手机号码为必填项。

纳税人配偶信息：纳税人有配偶的填写本栏，没有配偶的则不填。具体填写纳税人配偶的姓名、有效身份证件名称及号码。

9.11.3.3　表内各栏

■　子女教育

子女姓名、身份证件类型及号码：填写纳税人子女的姓名、有效身份证件名称及号码。

出生日期：填写纳税人子女的出生日期，具体到年月日。

当前受教育阶段：选择纳税人子女当前的受教育阶段。区分"学前教育阶段、义务教育、高中阶段教育、高等教育"4种情形，在对应框内打"√"。

当前受教育阶段起始时间：填写纳税人子女处于当前受教育阶段的起始时间，具体到年月。

当前受教育阶段结束时间：纳税人子女当前受教育阶段的结束时间或预计结束的时间，具体到年月。

子女教育终止时间：填写纳税人子女不再接受符合子女教育扣除条件的学历教育的时间，具体到年月。

就读国家（或地区）、就读学校：填写纳税人子女就读的国家或地区名称、学校名称。

本人扣除比例：选择可扣除额度的分摊比例，由本人全额扣除的，选择"100%"，分摊扣除的，选"50%"，在对应框内打"√"。

■　继续教育

当前继续教育起始时间：填写接受当前学历（学位）继续教育的起始时间，具体到年月。

当前继续教育结束时间：填写接受当前学历（学位）继续教育的结束时间，或预计结束的时间，具体到年月。

学历（学位）继续教育阶段：区分"专科、本科、硕士研究生、博士研究生、其他"5种情形，在对应框内打"√"。

职业资格继续教育类型：区分"技能人员、专业技术人员"两种类型，在对应框内打"√"。证书名称、证书编号、发证机关、发证（批准）日期：填写纳税人取得的继续教育职业资格证书上注明的证书名称、证书编号、发证机关及发证（批准）日期。

■　住房贷款利息

住房坐落地址：填写首套贷款房屋的详细地址，具体到楼门号。

产权证号/不动产登记号/商品房买卖合同号/预售合同号：填写首套贷款房屋的产权证、不动产登记证、商品房买卖合同或预售合同中的相应号码。如所购买住房已取得房屋产权证的，填写产权证号或不动产登记号；所购住房尚未取得房屋产权证的，填写商品房买卖合同号或预售合同号。

本人是否借款人：按实际情况选择"是"或"否"，并在对应框内打"√"。本人是借款人的情形，包括本人独立贷款、与配偶共同贷款的情形。如果选择"否"，则表头位置须填写配偶信息。

是否婚前各自首套贷款，且婚后分别扣除50%：按实际情况选择"是"或"否"，并在对应框内打"√"。该情形是指夫妻双方在婚前各有一套首套贷款住房，婚后选择按夫妻双方各50%份额扣除的情况。不填默认为"否"。

公积金贷款丨贷款合同编号：填写公积金贷款的贷款合同编号。

商业贷款丨贷款合同编号：填写与金融机构签订的住房商业贷款合同编号。

贷款期限（月）：填写住房贷款合同上注明的贷款期限，按月填写。

首次还款日期：填写住房贷款合同上注明的首次还款日期。

贷款银行：填写商业贷款的银行总行名称。

■ 住房租金

住房坐落地址：填写纳税人租赁房屋的详细地址，具体到楼门号。

出租方（个人）姓名、身份证件类型及号码：租赁房屋为个人的，填写本栏。具体填写住房租赁合同中的出租方姓名、有效身份证件名称及号码。

出租方（单位）名称、纳税人识别号（统一社会信用代码）：租赁房屋为单位所有的，填写单位法定名称全称及纳税人识别号（统一社会信用代码）。

主要工作城市：填写纳税人任职受雇的直辖市、计划单列市、副省级城市、地级市（地区、州、盟）。无任职受雇单位的，填写其办理汇算清缴地所在城市。

住房租赁合同编号（非必填）：填写签订的住房租赁合同编号。

租赁期起、租赁期止：填写纳税人住房租赁合同上注明的租赁起、止日期，具体到年月。提前终止合同（协议）的，以实际租赁期限为准。

■ 赡养老人

纳税人身份：区分"独生子女、非独生子女"两种情形，并在对应框内打"√"。

被赡养人姓名、身份证件类型及号码：填写被赡养人的姓名、有效证件名称及号码。

被赡养人出生日期：填写被赡养人的出生日期，具体到年月。

与纳税人关系：按被赡养人与纳税人的关系填报，区分"父亲、母亲、其他"3种情形，在对应框内打"√"。

共同赡养人：纳税人为非独生子女时填写本栏，独生子女无须填写。填写与纳税人实际承担共同赡养义务的人员信息，包括姓名、身份证件类型及号码。

分摊方式：纳税人为非独生子女时填写本栏，独生子女无须填写。区分"平均分摊、赡养人约定分摊、被赡养人指定分摊"3种情形，并在对应框内打"√"。

本年度月扣除金额：填写扣除年度内，按政策规定计算的纳税人每月可以享受的赡养老人专项附加扣除的金额。

- 大病医疗

患者姓名、身份证件类型及号码：填写享受大病医疗专项附加扣除的患者姓名、有效证件名称及号码。

医药费用总金额：填写社会医疗保险管理信息系统记录的与基本医保相关的医药费用总金额。

个人负担金额：填写社会医疗保险管理信息系统记录的基本医保目录范围内扣除医保报销后的个人自付部分。

与纳税人关系：按患者与纳税人的关系填报，区分"本人、配偶或未成年子女"3 种情形，在对应框内打"√"。

- 扣缴义务人信息

纳税人选择由任职受雇单位办理专项附加扣除的填写本栏。

扣缴义务人名称、纳税人识别号（统一社会信用代码）：纳税人由扣缴义务人在工资、薪金所得预扣预缴个人所得税时办理专项附加扣除的，填写扣缴义务人名称全称及纳税人识别号或统一社会信用代码。

9.11.3.4 签字（章）栏次

"声明"栏：须由纳税人签字。

"扣缴义务人签章"栏：扣缴单位向税务机关申报的，应由扣缴单位签章，办理申报的经办人签字，并填写接收专项附加扣除信息的日期。

"代理机构签章"栏：代理机构代为办理纳税申报的，应填写代理机构统一社会信用代码，加盖代理机构印章，代理申报的经办人签字，并填写经办人身份证件号码。

纳税人或扣缴义务人委托专业机构代为办理专项附加扣除的，须代理机构签章。

"受理机关"栏：由受理机关填写。

填报日期： 年 月 日			扣除年度：		
纳税人姓名：			纳税人识别号：□□□□□□□□□□□□□□□□□□		
纳税人信息	手机号码			电子邮箱	
	联系地址			配偶情况	□有配偶 □无配偶
纳税人配偶信息	姓名		身份证件类型	身份证件号码	□□□□□□□□□□□□□□□□□□

一、子女教育

较上次报送信息是否发生变化：□首次报送（请填写全部信息） □无变化（不需重新填写） □有变化（请填写发生变化项目的信息）

子女一	姓名		身份证件类型		身份证件号码	□□□□□□□□□□□□□□□□□□	
	出生日期		当前受教育阶段		□学前教育阶段 □义务教育 □高中阶段教育 □高等教育		
	当前受教育阶段起始时间	年 月	当前受教育阶段结束时间	年 月	子女教育终止时间 *不再受教育时填写	年 月	
	就读国家（或地区）		就读学校		本人扣除比例	□100%（全额扣除） □50%（平均扣除）	
子女二	姓名		身份证件类型		身份证件号码	□□□□□□□□□□□□□□□□□□	
	出生日期		当前受教育阶段		□学前教育阶段 □义务教育 □高中阶段教育 □高等教育		
	当前受教育阶段起始时间	年 月	当前受教育阶段结束时间	年 月	子女教育终止时间 *不再受教育时填写	年 月	
	就读国家（或地区）		就读学校		本人扣除比例	□100%（全额扣除） □50%（平均扣除）	

二、继续教育

较上次报送信息是否发生变化：□首次报送（请填写全部信息） □无变化（不需重新填写） □有变化（请填写发生变化项目的信息）

学历（学位）继续教育	当前继续教育起始时间	年 月	当前继续教育结束时间	年 月	学历（学位）继续教育阶段	□专科 □本科 □硕士研究生 □博士研究生 □其他
职业资格继续教育	职业资格继续教育类型		□技能人员 □专业技术人员		证书名称	
	证书编号		发证机关		发证（批准）日期	

三、住房贷款利息

较上次报送信息是否发生变化：□首次报送（请填写全部信息） □无变化（不需重新填写） □有变化（请填写发生变化项目的信息）

房屋信息	住房坐落地址		省（区、市） 市 县（区） 街道（乡、镇）		
	产权证号/不动产登记号/商品房买卖合同号/预售合同号				
房贷信息	本人是否借款人		□是 □否	是否婚前各自首套贷款，且婚后分别扣除50%	□是 □否
	公积金贷款/贷款合同编号				
	贷款期限（月）			首次还款日期	
	商业贷款/贷款合同编号			贷款银行	
	贷款期限（月）			首次还款日期	

四、住房租金

较上次报送信息是否发生变化：□首次报送（请填写全部信息） □无变化（不需重新填写） □有变化（请填写发生变化项目的信息）

房屋信息	住房坐落地址		省（区、市） 市 县（区） 街道（乡、镇）		
租赁情况	出租方（个人）姓名		身份证件类型	身份证件号码	□□□□□□□□□□□□□□□□□□
	出租方（单位）名称			纳税人识别号（统一社会信用代码）	
	主要工作城市（*填写市一级）			住房租赁合同编号（非必填）	
	租赁期起			租赁期止	

五、赡养老人

较上次报送信息是否发生变化：□首次报送（请填写全部信息） □无变化（不需重新填写） □有变化（请填写发生变化项目的信息）

	纳税人身份				□独生子女 □非独生子女	
被赡养人一	姓名		身份证件类型		身份证件号码	□□□□□□□□□□□□□□□□□□
	出生日期		与纳税人关系		□父亲 □母亲 □其他	
被赡养人二	姓名		身份证件类型		身份证件号码	□□□□□□□□□□□□□□□□□□
	出生日期		与纳税人关系		□父亲 □母亲 □其他	
共同赡养人信息	姓名		身份证件类型		身份证件号码	
	姓名		身份证件类型		身份证件号码	
	姓名		身份证件类型		身份证件号码	
分摊方式 *独生子女不需填写		□平均分摊 □赡养人约定分摊 □被赡养人指定分摊			本年度月扣除金额	

六、大病医疗（仅限综合所得年度汇算清缴申报时填写）

较上次报送信息是否发生变化：□首次报送（请填写全部信息） □无变化（不需重新填写） □有变化（请填写发生变化项目的信息）

患者一	姓名		身份证件类型		身份证件号码	□□□□□□□□□□□□□□□□□□	
	医药费用总金额		个人负担金额		与纳税人关系	□本人 □配偶 □未成年子女	
患者二	姓名		身份证件类型		身份证件号码		
	医药费用总金额		个人负担金额		与纳税人关系	□本人 □配偶 □未成年子女	

需要在任职受雇单位预扣预缴工资、薪金所得个人所得税时享受专项附加扣除的，填写本栏

重要提示：当您填写本栏，表示您已同意该任职受雇单位使用本表信息为您办理专项附加扣除

扣缴义务人名称		扣缴义务人纳税人识别号（统一社会信用代码）	□□□□□□□□□□□□□□□□□□

本人承诺：我已仔细阅读了填表说明，并根据《中华人民共和国个人所得税法》及其实施条例、《个人所得税专项附加扣除暂行办法》《个人所得税专项附加扣除操作办法（试行）》等相关法律法规规定填写本表。本人已就所填的扣除信息进行了核对，并对所填内容的真实性、准确性、完整性负责。

纳税人签字： 年 月 日

扣缴义务人签章：	代理机构签章：	受理人：
经办人签字：	代理机构统一社会信用代码：	受理税务机关（章）：
	经办人签字：	
接收日期： 年 月 日	经办人身份证件号码：	受理日期： 年 月 日

国家税务总局监制

9.12 《个人所得税减免税事项报告表》填表说明

9.12.1 适用范围

本表适用于个人纳税年度内发生减免税事项,需要在纳税申报时享受的,向税务机关报送。

9.12.2 报送期限

(1) 个人需要享受减免税事项的,应当及时向扣缴义务人提交本表做信息采集。
(2) 扣缴义务人扣缴申报时,个人需要享受减免税事项的,扣缴义务人应当一并报送本表。
(3) 个人需要享受减免税事项并采取自行纳税申报方式的,应按照税法规定的自行纳税申报时间,在自行纳税申报时一并报送本表。

9.12.3 本表各栏填写

9.12.3.1 表头项目
- 税款所属期:填写个人发生减免税事项的所属期间,应填写具体的起止年月日。
- 纳税人姓名:个人自行申报并报送本表或向扣缴义务人提交本表做信息采集的,由个人填写纳税人姓名。
- 纳税人识别号:个人自行申报并报送本表或向扣缴义务人提交本表做信息采集的,由个人填写纳税人识别号。纳税人识别号为个人有中国公民身份号码的,填写中华人民共和国居民身份证上载明的"公民身份号码";没有中国公民身份号码的,填写税务机关赋予的纳税人识别号。
- 扣缴义务人名称:扣缴义务人扣缴申报并报送本表的,由扣缴义务人填写扣缴义务人名称。
- 扣缴义务人纳税人识别号:扣缴义务人扣缴申报并报送本表的,由扣缴义务人填写扣缴义务人统一社会信用代码。

9.12.3.2 减免税情况
- "减免税事项":个人或扣缴义务人勾选享受的减免税事项。

个人享受税收协定待遇的,应勾选"税收协定"项目,并填写具体税收协定名称及条款。
个人享受列示项目以外的减免税事项的,应勾选"其他"项目,并填写减免税事项名称及减免性质代码。

- "减免人数":填写享受该行次减免税政策的人数。

- "免税收入"：填写享受该行次减免税政策的免税收入合计金额。
- "减免税额"：填写享受该行次减免税政策的减免税额合计金额。
- "备注"：填写个人或扣缴义务人需要特别说明的或者税务机关要求说明的事项。

9.12.3.3 减免税人员名单栏

- "姓名"：填写个人姓名。
- "纳税人识别号"：填写个人的纳税人识别号。
- "减免税事项（编号或减免性质代码）"：填写"减免税情况栏"列示的减免税事项对应的编号或税务机关要求填报的其他信息。
- "所得项目"：填写适用减免税事项的所得项目名称。例如，工资、薪金所得。
- "免税收入"：填写个人享受减免税政策的免税收入金额。
- "减免税额"：填写个人享受减免税政策的减免税额金额。
- "备注"：填写个人或扣缴义务人需要特别说明的或者税务机关要求说明的事项。

9.12.4 其他事项说明

以纸质方式报送本表的，建议通过计算机填写打印，一式两份，纳税人（扣缴义务人）、税务机关各留存一份。

个人所得税减免税事项报告表

税款所属期： 　年　月　日至　年　月　日

纳税人姓名：

纳税人识别号：□□□□□□□□□□□□□□□□□－□□

扣缴义务人名称：

扣缴义务人纳税人识别号：□□□□□□□□□□□□□□□□□　　　　金额单位：人民币元（列至角分）

减免税情况						
编号	勾选	减免税事项	减免人数	免税收入	减免税额	备注
1	□	残疾、孤老、烈属减征个人所得税				
2	□	个人转让5年以上唯一住房免征个人所得税		－		
3	□	随军家属从事个体经营免征个人所得税				
4	□	军转干部从事个体经营免征个人所得税				
5	□	退役士兵从事个体经营免征个人所得税				
6	□	建档立卡贫困人口从事个体经营扣减个人所得税				
7	□	登记失业半年以上人员，零就业家庭、享受城市低保登记失业人员，毕业年度内高校毕业生从事个体经营扣减个人所得税		－		
8	□	取消农业税从事"四业"所得暂免征收个人所得税				
9	□	符合条件的房屋赠与免征个人所得税				
10	□	科技人员取得职务科技成果转化现金奖励			－	
11	□	外籍个人出差补贴、探亲费、语言训练费、子女教育费等津补贴			－	

续表

编号	勾选	减免税事项		减免人数	免税收入	减免税额	备注
12	☐	税收协定	股息 税收协定名称及条款：		-		
13	☐		利息 税收协定名称及条款：		-		
14	☐		特许权使用费 税收协定名称及条款：		-		
15	☐		财产收益 税收协定名称及条款：		-		
16	☐		受雇所得 税收协定名称及条款：		-		
17	☐		其他 税收协定名称及条款：		-		
18		其他	减免税事项名称及减免性质代码：				
19	☐		减免税事项名称及减免性质代码：				
20			减免税事项名称及减免性质代码：				
合计							

减免税人员名单

序号	姓名	纳税人识别号	减免税事项（编号或减免性质代码）	所得项目	免税收入	减免税额	备注

谨声明：本表是根据国家税收法律法规及相关规定填报的，本人（单位）对填报内容（附带资料）的真实性、可靠性、完整性负责。

纳税人或扣缴单位负责人签字：　　　　　　年　月　日

经办人签字：	受理人：
经办人身份证件类型：	
经办人身份证件号码：	受理税务机关（章）：
代理机构签章：	
代理机构统一社会信用代码：	受理日期：　　　年　月　日

国家税务总局监制

9.13 《代扣代缴手续费申请表》填表说明

（1）本表适用于申请个人所得税扣缴手续费的办理。

（2）扣缴义务人退付账户与原缴税账户不一致的，须另行提交资料，并经税务机关确认。

（3）本表一式四联，扣缴义务人一联、税务机关三联。

（4）扣缴义务人名称：填写扣缴义务人法定名称的全称。

（5）统一社会信用代码（纳税人识别号）：填写扣缴义务人的统一社会信用代码或者纳税人识别号。

（6）联系人名称：填写联系人姓名。

（7）联系电话：填写联系人固定电话号码或手机号码。

（8）品目名称：填写扣缴个人所得税的各项应税所得名称。例如，工资、薪金所得。

（9）原完税情况：填写退个人所得税代扣代缴手续费相关信息。分品目名称、税款所属时期、税票号码、实缴金额等项目，填写申请办理的已入库信息，上述信息应与完税费（缴款）凭证或完税电子信息一致。

（10）申请手续费金额：填写申请年度计算的手续费金额。填写金额按照申请年度代扣代缴（含预扣预缴）个人所得税实际入库税额的2%计算。

代扣代缴手续费申请表　　　　金额单位：人民币元（列至角分）

扣缴义务人名称		统一社会信用代码（纳税人识别号）	
联系人姓名		联系电话	
原完税情况	品目名称	税款所属时期	税票号码	实缴金额
	合计（小写）			
申请手续费金额（小写）				
声明	此表是根据国家税收法律法规及相关规定填写的，本人（单位）对填报内容（附带资料）的真实性、可靠性、完整性负责。 　　　　　　　　　　　　　　　　　扣缴义务人签章：			
授权声明	如果您已委托代理人申请，请填写下列资料： 　　为代理个人所得税扣缴手续费申请相关事宜，现授权＿＿＿＿＿＿（地址）＿＿＿＿＿为代理申请人，任何与本申请有关的往来文件，都可寄于此人。 授权人签章：		税务机关填写	受理人： 受理税务机关（章）： 受理日期：

10. 个人所得税申报操作规范

10.1 个人所得税扣缴申报

个人所得税以所得人为纳税人，以支付所得的单位或者个人为扣缴义务人。扣缴义务人应依照税收法律、法规、规章及其他有关规定，向纳税人支付所得时，不论其是否属于本单位人员、支付的应税所得是否达到纳税标准，都应当办理全员全额扣缴申报，在代扣税款的次月15日内，报送其支付所得的所有个人的有关信息、支付所得数额、扣除事项和数额、扣缴税款的具体数额和总额以及其他相关涉税信息资料。

综合所得	经营所得	其他分类所得
代扣代缴和自行申报相结合	预扣预缴、汇算清缴	代扣代缴
按年计税	按年计税	按次计税
代扣代缴、自行申报	预扣预缴	代扣代缴
汇算清缴、多退少补	汇算清缴	

10.1.1 居民个人取得综合所得个人所得税预扣预缴申报

10.1.1.1 【事项类别】
发起方式：人工发起
适用层级：区县级

10.1.1.2 【业务概述】
居民个人取得综合所得，按年计算个人所得税；有扣缴义务人的，由扣缴义务人按月或者按次预扣预缴税款。扣缴义务人每月或者每次预扣、代扣的税款，应当在次月15日内缴入国库，并向税务机关报送扣缴个人所得税申报表。综合所得个人所得税预扣预缴申报的应税所得包括工资、薪金所得，劳务报酬所得，稿酬所得，特许权使用费所得。扣缴义务人应依照税收法律、法规、规章及其他有关规定，向居民个人支付综合所得时，不论其是否属于本单位人员、支付的应税所得是否达到纳税标准，应当办理全员全额扣缴申报，在代扣税款的次月15日内，报送其支付所得的所有个人的有关信息、支付所得数额、扣除事项和数额、扣缴税款的具体数额和总额以及其他相关涉税信息资料。所扣税款为外币的，应当按照缴款上一月最后一日中国人民银行公布的人民币汇率中间价折算成人民币，以人民币缴入国库。

扣缴义务人首次向纳税人支付所得时，应当按照纳税人提供的纳税人识别号等基础信息，填写《个人所得税基础信息表（A表）》，并于次月扣缴申报时向税务机关报送。扣缴义务人对纳税人向其报告的相关基础信息变化情况，应当于次月扣缴申报时向税务机关报送。

（1）扣缴义务人向居民个人支付支付工资、薪金所得。

扣缴义务人向居民个人支付工资、薪金所得时，应当按照累计预扣法计算预扣税款，并按月办理扣缴申报。累计预扣法，是指扣缴义务人在一个纳税年度内预扣预缴税款时，以纳税人在本单位截至当前月份工资、薪金所得累计收入减除累计免税收入、累计减除费用、累计专项扣除、累计专项附加扣除和累计依法确定的其他扣除后的余额为累计预扣预缴应纳税所得额，适用个人所得税预扣率表一，计算累计应预扣预缴税额，再减除累计减免税额和累计已预扣预缴税额，其余额为本期应预扣预缴税额。余额为负值时，暂不退税。纳税年度终了后余额仍为负值时，由纳税人通过办理综合所得年度汇算清缴，税款多退少补。

居民个人向扣缴义务人提供有关信息并依法要求办理专项附加扣除的，扣缴义务人应当按照规定在工资、薪金所得按月预扣预缴税款时予以扣除。

①居民个人取得全年一次性奖金，符合《国家税务总局关于调整个人取得全年一次性奖金等计算征收个人所得税方法问题的通知》（国税发〔2005〕9号）规定的，在2021年12月31日前，不并入当年综合所得，以全年一次性奖金收入除以12个月得到的数额，按照按月换算后的综合所得税率表，确定适用税率和速算扣除数，单独计算纳税。居民也可以选择并入当年综合所得计算纳税。自2022年1月1日起，居民个人取得全年一次性奖金，应并入当年综合所得计算缴纳个人所得税。

中央企业负责人取得年度绩效薪金延期兑现收入和任期奖励，符合《国家税务总局关于中央企业负责人年度绩效薪金延期兑现收入和任期奖励征收个人所得税问题的通知》（国税发〔2007〕118号）规定的，在2021年12月31日前，参照本通知第一条第（一）项执行；2022年1月1日之后的政策另行明确。

举列：老禾在2019年取得工资薪金8万元，劳务报酬2万元。每月发生三险一金600元，无其他扣除项，2020年1月取得2019年的全年一次性奖金2万元，应如何计算个税？

提示：取得全年一次性奖金可选择是否并入综合所得计算。

答：（1）方法一：不并入综合所得计算应纳税额

①综合所得应纳税额计算（适用综合税率表）：

$(80000+20000)-60000-600\times12=32800<36000$，适用税率3%，速算扣除数0

综合所得应纳税额 $=32800\times3\%=984$ 元

②全年一次性奖金税额计算（适用按月换算的综合税率表）：

20000÷12=1666.67＜3000，适用税率3%，速算扣除数0

全年一次性奖金应纳税额=20000×3%－0=600元

老禾本年应纳个税：1584（984+600）元。

（2）方法二：并入综合所得计算应纳税额

36000＜（80000+20000+20000）－60000－600×12=52800＜144000 适用税率10%，速算扣除数2520元

[（80000+20000+20000）－60000－600×12]×10%－2520=2760元

老禾本年应纳个税：2760元。

②个人与用人单位解除劳动关系取得一次性补偿收入（包括用人单位发放的经济补偿金、生活补助费和其他补助费），在当地上年职工平均工资3倍数额以内的部分，免征个人所得税；超过3倍数额的部分，不并入当年综合所得，单独适用综合所得税率表，计算纳税。个人办理提前退休手续而取得的一次性补贴收入，应按照办理提前退休手续至法定离退休年龄之间实际年度数平均分摊，确定适用税率和速算扣除数，单独适用综合所得税率表，计算纳税。个人办理内部退养手续而取得的一次性补贴收入，按照《国家税务总局关于个人所得税有关政策问题的通知》（国税发〔1999〕58号）规定计算纳税。

举例：老禾的朋友在A公司工作了8年，2019年由于公司减员解除了劳动关系，老禾的朋友取得一次性补偿收入20万元。当地2018年职工年平均工资50000元，老禾的朋友该项收入应缴纳个税为多少？

提示：不并入综合所得计算。

答：免税额度：50000×3=150000元

应纳税额计算：36000＜（200000－150000）=50000＜144000，适用税率10%，速算扣除数2520元

应纳税额=50000×10%－2520=2480元

③单位按低于购置或建造成本价格出售住房给职工，职工因此而少支出的差价部分，符合《财政部、国家税务总局关于单位低价向职工售房有关个人所得税问题的通知》（财税〔2007〕13号）第二条规定的，不并入当年综合所得，以差价收入除以12个月得到的数额，按照月度税率表确定适用税率和速算扣除数，单独计算纳税。

举例：老禾的朋友在某房地产公司工作，该房地产公司由于房产滞销，为了缓解资金紧张的局面，向公司内部员工以优惠价销售一批商品房，建造成本6000元/平方米，向员工销售价5000元/平方米，对外销售价7000元/平方米，老禾的朋友于2019年6月以员工价购买了一套100平方米的商品房，应缴纳多少个税？

提示：不并入综合所得计算。

答：差价收入=100×(6000－5000)=100000元

差价收入税额计算：

3000＜100000÷12=8333.33＜12000，税率10%，速算扣除数210

应纳税额 =100000×10% −210 =9790 元

④居民个人取得股票期权、股票增值权、限制性股票、股权奖励等股权激励（以下简称股权激励），符合《财政部、国家税务总局关于个人股票期权所得征收个人所得税问题的通知》（财税〔2005〕35 号）、《财政部、国家税务总局关于股票增值权所得和限制性股票所得征收个人所得税有关问题的通知》（财税〔2009〕5 号）、《财政部、国家税务总局关于将国家自主创新示范区有关税收试点政策推广到全国范围实施的通知》（财税〔2015〕116 号）第四条、《财政部、国家税务总局关于完善股权激励和技术入股有关所得税政策的通知》（财税〔2016〕101 号）第四条第（一）项规定的相关条件的，在 2021 年 12 月 31 日前，不并入当年综合所得，全额单独适用综合所得税率表，计算纳税。计算公式为：

应纳税额 = 股权激励收入 适用税率 − 速算扣除数

居民个人一个纳税年度内取得两次以上（含两次）股权激励的，应合并按本上述规定计算纳税。

2022 年 1 月 1 日之后的股权激励政策另行明确。

举例：老禾的朋友小李为某上市公司的员工，2019 年工资薪金为 8000 元/月，无其他收入，每月发生三险一金 700 元，无其他扣除项目。公司实施股权激励计划授予其股票期权（该股票期权不可公开交易），承诺小李自 2018 年 8 月至 2019 年 6 月在公司履行工作义务 11 个月，则可以每股 1 元的面值购买该公司股票 80000 股，2018 年 8 月小李得到期权时不纳税；2019 年 6 月小李行权时，该股票市价每股 3 元，小李 2019 年应缴纳个税如何计算？

提示：取得股权激励不并入综合所得，应单独计算。

答：（1）2019 年综合所得个税计算：

（8000×12 − 60000 − 700×12）= 27600 < 36000，适用税率 3%，速算扣除数 0

综合所得应纳税额 =（8000×12 − 60000 − 700×12）×3% − 0 = 828 元

（2）股票期权行权时应纳个税计算：

144000 < 80000×（3 − 1）= 160000 < 300000，适用税率 20%，速算扣除数 16920

股权激励收入应纳税额 =[80000×（3 − 1）]×20% − 16920 = 15080 元

小李 2019 年应缴纳个税为 15908（828 + 15080）元。

⑤个人达到国家规定的退休年龄，领取的企业年金、职业年金，符合《财政部、人力资源社会保障部、国家税务总局关于企业年金、职业年金个人所得税有关问题的通知》（财税〔2013〕103 号）规定的，不并入综合所得，全额单独计算应纳税款。其中按月领取的，适用月度税率表计算纳税；按季领取的，平均分摊计入各月，按每月领取额适用月度税率表计算纳税；按年领取的，适用综合所得税率表计算纳税。

举例：老禾的妈妈 2013 年退休并按季领取年金，2019 年每季度领取年金 9000 元，老禾的妈妈 2019 年取得年金应缴纳多少个税？

答：9000÷3 = 3000，适用税率 3%，速算扣除数 0

应纳税额 = 9000÷3×3%×3 = 270 元

个人因出境定居而一次性领取的年金个人账户资金，或个人死亡后，其指定的受益人或法定继承人一次性领取的年金个人账户余额，适用综合所得税率表计算纳税。对个人除上述特殊原因外一次性领取年金个人账户资金或余额的，适用月度税率表计算纳税。

举例：老禾的朋友2019年3月退休，由于要随子女移居国外，一次性领取的年金个人账户资金20万元，老禾的朋友一次性领取年金应缴纳多少个税？

答：144000＜200000＜300000，适用税率20%，速算扣除数16920

200000×20%－16920＝23080元

老禾的朋友一次性领取年金应缴纳个税23080元。

⑥2019年1月1日至2021年12月31日期间，外籍个人符合居民个人条件的，可以选择享受个人所得税专项附加扣除，也可以选择按照《财政部、国家税务总局关于个人所得税若干政策问题的通知》（财税〔1994〕20号）、《国家税务总局关于外籍个人取得有关补贴征免个人所得税执行问题的通知》（国税发〔1997〕54号）和《财政部、国家税务总局关于外籍个人取得港澳地区住房等补贴征免个人所得税的通知》（财税〔2004〕29号）的规定，享受住房补贴、语言训练费、子女教育费等津补贴免税优惠政策，但不得同时享受。外籍个人一经选择，在一个纳税年度内不得变更。自2022年1月1日起，外籍个人不再享受住房补贴、语言训练费、子女教育费津补贴免税优惠政策，应按规定享受专项附加扣除。

（2）扣缴义务人向居民个人支付劳务报酬所得、稿酬所得、特许权使用费所得。

扣缴义务人向居民个人支付劳务报酬所得、稿酬所得、特许权使用费所得时，应当按照以下方法按次或者按月预扣预缴税款：

劳务报酬所得、稿酬所得、特许权使用费所得以收入减除费用后的余额为收入额；其中，稿酬所得的收入额减按70%计算。劳务报酬所得、稿酬所得、特许权使用费所得每次收入不超过4千元的，减除费用按800元计算；每次收入4千元以上的，减除费用按收入的20%计算。劳务报酬所得、稿酬所得、特许权使用费所得，以每次收入额为预扣预缴应纳税所得额，计算应预扣预缴税额。劳务报酬所得适用"个人所得税预扣率表二"，稿酬所得、特许权使用费所得适用20%的比例预扣率。

保险营销员、证券经纪人取得的佣金收入，属于劳务报酬所得，以不含增值税的收入减除20%的费用后的余额为收入额，收入额减去展业成本以及附加税费后，并入当年综合所得，计算缴纳个人所得税。保险营销员、证券经纪人展业成本按照收入额的25%计算。扣缴义务人向保险营销员、证券经纪人支付佣金收入时，应按照《个人所得税扣缴申报管理办法（试行）》（国家税务总局公告2018年第61号）规定的累计预扣法计算预扣税款。

举例：老禾2019年税前佣金收入均为30000元/月，3月取得稿酬所得1万元，三险一金500元/月，无其他扣除，老禾应如何计算个税？

提示：工资薪金及佣金预缴时分别按累计扣缴法计算税额；汇算清缴时并入综合所得计算税额。

答：（1）①佣金收入预扣预缴：

每月佣金收入增值税＝30000÷（1＋3%）×3%＝873.7864元；城建税＝873.7864×7%＝61.1650元，教育费附加及地方教育费附加＝0

佣金收入额 = (30000 - 873.7864) × (1 - 20%) = 23300.9709 元

23300.9709 × (1 - 25%) - 61.1650 = 17414.5632 元

2019年	佣金收入（元）	应纳税额计算（预缴）	应纳税额（元）	已纳税额（元）	应补缴税额（元）
1月	17414.5632	(17414.5632 - 5000 - 500) × 3%	357.4369	—	357.44
2月	17414.5632	(17414.5632 × 2 - 5000 × 2 - 500 × 2) × 3%	714.8738	357.44	357.44
3月	17414.5632	(17414.5632 × 3 - 5000 × 3 - 500 × 3) × 3%	1072.3107	714.87	357.44
4月	17414.5632	(17414.5632 × 4 - 5000 × 4 - 500 × 4) × 10% - 2520	2245.8253	1072.31	1173.51
5月	17414.5632	(17414.5632 × 5 - 5000 × 5 - 500 × 5) × 10% - 2520	3437.2816	2245.83	1191.46
6月	17414.5632	(17414.5632 × 6 - 5000 × 6 - 500 × 6) × 10% - 2520	4628.7379	3437.28	1191.46
7月	17414.5632	(17414.5632 × 7 - 5000 × 7 - 500 × 7) × 10% - 2520	5820.1942	4628.74	1191.46
8月	17414.5632	(17414.5632 × 8 - 5000 × 8 - 500 × 8) × 10% - 2520	7011.6506	5820.19	1191.46
9月	17414.5632	(17414.5632 × 9 - 5000 × 9 - 500 × 9) × 10% - 2520	8203.1069	7011.65	1191.46
10月	17414.5632	(17414.5632 × 10 - 5000 × 10 - 500 × 10) × 10% - 2520	9394.5632	8203.11	1191.46
11月	17414.5632	(17414.5632 × 11 - 5000 × 11 - 500 × 11) × 10% - 2520	10586.0195	9394.56	1191.46
12月	17414.5632	(17414.5632 × 12 - 5000 × 12 - 500 × 12) × 10% - 2520	11777.4758	10586.02	1191.46
合计	208974.7584	—	65249.48	53472.00	11777.48

②稿酬所得预扣预缴：

10000 × (1 - 20%) × (1 - 30%) × 20% = 1120 元

2019 年应纳税额共计为 18534.5632 (17414.5632 + 1120) 元

（2）汇算清缴（佣金收入并入综合所得计算）

144000 < 208974.7584 + 10000 × (1 - 20%) × (1 - 30%) = 214574.7584 < 300000

[208974.7584 + 10000 × (1 - 20%) × (1 - 30%)] × 20% - 16920 = 25994.9517 元

25994.9517 - 18534.5632 = 7460.3885 元，汇算清缴可进行退税。

10.1.1.3 【资料明细】

居民综合所得个人所得税预扣预缴申报报送资料清单

序号	报送资料名称	必报	条件报送	归档	查验	代保管	核销
1	《个人所得税扣缴申报表》	√		√			
2	《个人所得税基础信息表（A表）》		√	√			
3	A06729《商业健康保险税前扣除情况明细表》		√	√			
4	A06844《个人税收递延型商业养老保险税前扣除情况明细表》		√	√			
5	A06652《个人所得税减免税事项报告表》		√	√			
6	公司股权激励人员名单		√	√			

上述条件报送资料的报送条件为：

（1）《个人所得税基础信息表（A表）》的报送条件为扣缴义务人为纳税人首次办理扣缴申报时或被扣缴义务人信息变更后，在扣缴个人所得税申报同时报送；

（2）《商业健康保险税前扣除情况明细表》的报送条件为个人自行购买、单位统一组织为员工购买或者单位和个人共同负担购买符合规定的商业健康保险产品的，扣缴义务人在申报时报送；

（3）《个人税收递延型商业养老保险税前扣除情况明细表》的报送条件为个人自行购买、单位统一组织为员工购买或者单位和个人共同负担购买符合规定的商业养老保险产品的，扣缴义务人在申报时报送；

（4）扣缴义务人纳税申报时存在减免个人所得税情形的，应一并报送《个人所得税减免税事项报告表》；

（5）公司股权激励人员名单的报送条件为企业存在股权激励和股票期权职工行权时。

10.1.1.4 【办理流程】

居民综合所得个人所得税预扣预缴申报流程如下图所示。

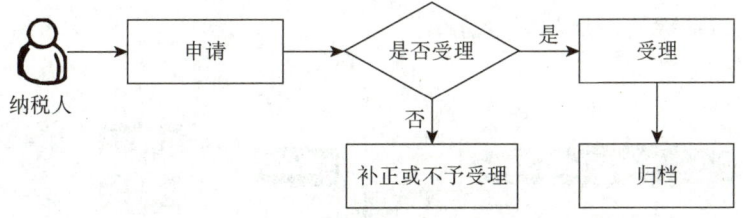

居民综合所得个人所得税预扣预缴申报流程

10.1.1.5 【办理规范】

（1）受理。

①扣缴义务人提交资料齐全、符合法定形式、相关税种纳税申报表内容填写符合规定的，受理扣缴义务人申报并录入申报信息。

②扣缴义务人提交资料不齐全的，制作《税务事项通知书》（补正内容通知），一次性

告知扣缴义务人须补齐补正资料的内容。

③扣缴义务人提交资料不符合条件,或扣缴义务人不属于本税务机关管辖范围的,制作《税务事项通知书》(不予受理通知),告知扣缴义务人不予受理的理由。

(2)归档。

归档资料为报送资料清单中标注为归档的各项资料。

(3)办结时限。

本事项即时办结。

10.1.1.6 【后续业务】

根据应补税额判断是否需要缴款开票;对于应补税额大于零的,办理"缴款开票"业务。

10.1.2 居民个人取得分类所得个人所得税预扣预缴申报

10.1.2.1 【事项类别】

发起方式:人工发起

适用层级:区县级

10.1.2.2 【业务概述】

扣缴义务人向居民个人支付利息、股息、红利所得,财产租赁所得,财产转让所得或者偶然所得时,应当按月或按次代扣代缴个人所得税,并次月15日内,向主管税务机关报送《个人所得税扣缴申报表》。取得的所得适用比例税率,税率为20%。

财产租赁所得,每次收入不超过4千元的,减除费用800元;4千元以上的,减除20%的费用,其余额为应纳税所得额。财产转让所得,以转让财产的收入额减除财产原值和合理费用后的余额,为应纳税所得额。利息、股息、红利所得和偶然所得,以每次收入额为应纳税所得额。

个人将其所得对教育、扶贫、济困等公益慈善事业进行捐赠,捐赠额未超过纳税人申报的应纳税所得额30%的部分,可以从其应纳税所得额中扣除;国务院规定对公益慈善事业捐赠实行全额税前扣除的,从其规定。

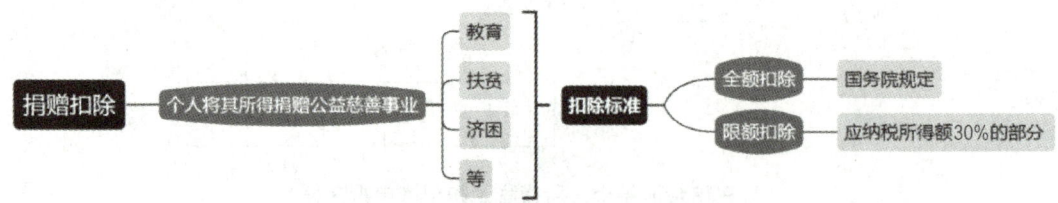

当应税所得个人既存在优惠减免,又存在非居民享受税收协定待遇减免时,扣缴义务人可以根据应税所得个人选择优惠度最高的享受减免进行申报。

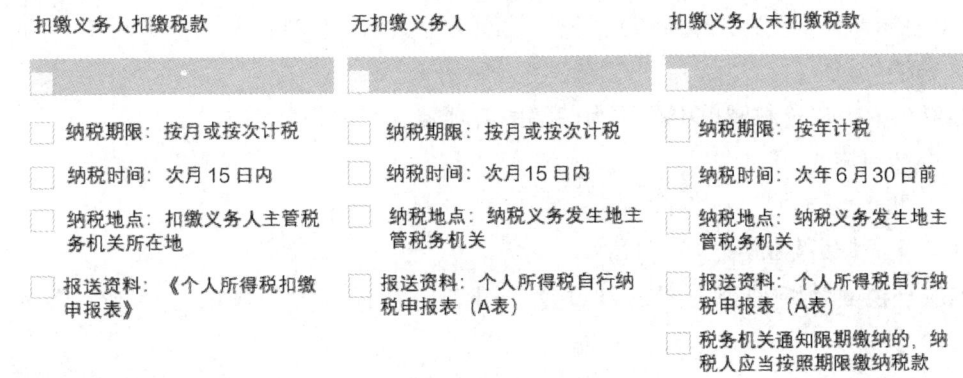

10.1.2.3 【资料明细】

居民分类所得个人所得税代扣代缴申报报送资料清单

序号	报送资料名称	必报	条件报送	归档	查验	代保管	核销
1	《个人所得税扣缴申报表》	√		√			
2	《个人所得税基础信息表（A表）》		√	√			
3	A06652《个人所得税减免税事项报告表》		√		√		

上述条件报送资料的报送条件为：

（1）《个人所得税基础信息表（A表）》的报送条件为扣缴义务人为纳税人首次办理扣缴申报时或被扣缴义务人信息变更后，扣缴个人所得税申报同时报送；

（2）纳税人纳税申报时存在减免个人所得税情形的，应报送《个人所得税减免税事项报告表》。

10.1.2.4 【办理流程】

居民分类所得个人所得税代扣代缴申报流程如下图所示。

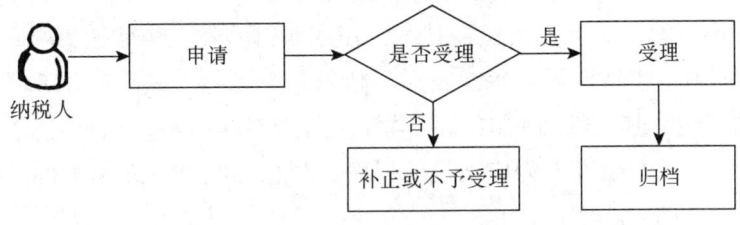

居民分类所得个人所得税代扣代缴申报流程

10.1.2.5 【办理规范】

（1）受理。

①扣缴义务人提交资料齐全、符合法定形式、相关税种纳税申报表内容填写符合规定的，受理扣缴义务人申报并录入申报信息。

②扣缴义务人提交资料不齐全的，制作《税务事项通知书》（补正内容通知），一次性告知扣缴义务人须补齐补正资料的内容。

③扣缴义务人提交资料不符合条件，或扣缴义务人不属于本税务机关管辖范围的，制作

《税务事项通知书》（不予受理通知），告知扣缴义务人不予受理的理由。

（2）归档。

归档资料为报送资料清单中标注为归档的各项资料。

（3）办结时限。

本事项即时办结。

10.1.2.6 【后续业务】

根据应补税额判断是否需要缴款开票；对于应补税额大于零的，办理"缴款开票"业务。

10.1.3 非居民个人所得税代扣代缴申报

10.1.3.1 【事项类别】

发起方式：人工发起

适用层级：区县级

10.1.3.2 【业务概述】

非居民个人所得税代扣代缴申报是指扣缴义务人向非居民个人支付应税所得时，扣缴义务人应当履行代扣代缴应税所得个人所得税的义务，并在次月15日内向主管税务机关报送《个人所得税扣缴申报表》和主管税务机关要求报送的其他有关资料。实行非居民个人所得税代扣代缴申报的应税所得包括：工资薪金所得，劳务报酬所得，稿酬所得，特许权使用费所得，财产租赁所得，财产转让所得，利息、股息、红利所得，偶然所得。

非居民个人的工资、薪金所得，以每月收入额减除费用5千元后的余额为应纳税所得额；劳务报酬所得、稿酬所得、特许权使用费所得，以每次收入额为应纳税所得额，适用"个人所得税税率表三"计算应纳税额。劳务报酬所得、稿酬所得、特许权使用费所得以收入减除20%的费用后的余额为收入额；其中，稿酬所得的收入额减按70%计算。

非居民个人的财产租赁所得，每次收入不超过4千元的，减除费用800元；4千元以上的，减除20%的费用，其余额为应纳税所得额；财产转让所得，以转让财产的收入额减除财产原值和合理费用后的余额，为应纳税所得额；利息、股息、红利所得，偶然所得，以每次收入额为应纳税所得额。

非居民个人在一个纳税年度内税款扣缴方法保持不变，达到居民个人条件时，应当告知扣缴义务人基础信息变化情况，年度终了后按照居民个人有关规定办理汇算清缴。

当应税所得个人既存在优惠减免，又存在非居民享受税收协定待遇减免时，扣缴义务人可以根据应税所得个人选择优惠度最高的享受减免进行申报表填报。

源泉扣缴和指定扣缴情况下，非居民纳税人认为自身符合享受协定待遇条件，需要享受协定待遇的，应当主动向扣缴义务人提出，并向扣缴义务人提供国家税务总局公告2015年第60号第七条规定的报告表和资料。扣缴义务人在代扣代缴申报时，应先在扣缴端完成"非居民享受税收协定待遇"报告，并将纳税人提供的资料留存备查。

10.1.3.3 【资料明细】

非居民个人所得税代扣代缴申报报送资料清单

序号	报送资料名称	必报	条件报送	归档	查验	代保管	核销
1	《个人所得税扣缴申报表》	√		√			
2	《个人所得税基础信息表（A 表）》		√	√			
3	A06652《个人所得税减免税事项报告表》		√	√			

上述条件报送资料的报送条件为：

（1）《个人所得税基础信息表（A 表）》的报送条件为扣缴义务人首次向纳税人支付所得时，应当按照纳税人提供的纳税人识别号等基础信息，填写《个人所得税基础信息表（A 表）》，并于次月扣缴申报时向税务机关报送。扣缴义务人对纳税人向其报告的相关基础信息变化情况，应当于次月扣缴申报时向税务机关报送；

（2）纳税人纳税申报时存在减免个人所得税情形的，应报送《个人所得税减免税事项报告表》。

10.1.3.4 【办理流程】

非居民个人所得税代扣代缴申报流程如下图所示。

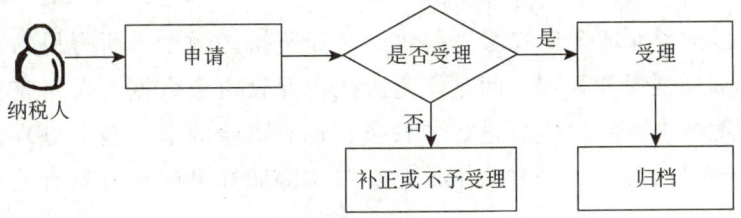

非居民个人所得税代扣代缴申报流程

10.1.3.5 【办理规范】

（1）受理。

①扣缴义务人提交资料齐全、符合法定形式、相关税种纳税申报表内容填写符合规定的，受理扣缴义务人申报并录入申报信息。

②扣缴义务人提交资料不齐全的，制作《税务事项通知书》（补正内容通知），一次性告知扣缴义务人须补齐补正资料的内容。

③扣缴义务人提交资料不符合条件，或扣缴义务人不属于本税务机关管辖范围的，制作《税务事项通知书》（不予受理通知），告知扣缴义务人不予受理的理由。

（2）归档。

归档资料为报送资料清单中标注为归档的各项资料。

（3）办结时限。

本事项即时办结。

10.1.3.6 【后续业务】

根据应补税额判断是否需要缴款开票；对于应补税额大于零的，办理"缴款开票"业务。

10.1.4　限售股转让所得扣缴个人所得税申报

10.1.4.1　【事项类别】
发起方式：人工发起
适用层级：区县级

10.1.4.2　【业务概述】
纳税人发生个人通过证券交易所集中交易系统或大宗交易系统转让限售股，个人用限售股认购或申购交易型开放式指数基金（ETF）份额，个人用限售股接受要约收购，个人行使现金选择权将限售股转让给提供现金选择权的第三方情形的，对其应纳个人所得税按照财税〔2009〕167号文件规定，采取证券机构预扣预缴、纳税人自行申报清算和证券机构直接扣缴相结合的方式征收。

纳税人转让股改限售股的，证券机构按照该股票股改复牌日收盘价计算转让收入，纳税人转让新股限售股的，证券机构按照该股票上市首日收盘价计算转让收入，并按照计算出的转让收入的15%确定限售股原值和合理税费，以转让收入减去原值和合理税费后的余额为应纳税所得额，计算并预扣个人所得税。

扣缴义务人以纳税保证金形式缴纳限售股转让所得扣缴个人所得税的，报告的"扣缴税额合计"不作为应征税款处理，而是作为应征代保管资金数据，在完成《限售股转让所得扣缴个人所得税报告表》申报后进行"税务代保管资金收取"业务办理，分纳税人开具《税务代保管资金专用收据》，同时给扣缴义务人（即证券机构）开具有关缴款凭证（凭证种类由各地自定）。

扣缴义务人以预缴税款方式缴纳限售股转让所得扣缴个人所得税的，如未汇总缴库的，在完成《限售股转让所得扣缴个人所得税报告表》申报后开始"征收开票"业务办理，向扣缴义务人（即证券机构）开具《中华人民共和国税收缴款书（银行经收专用）》或《中华人民共和国税收缴款书（税务收现专用）》；如扣缴义务人缴纳税款通过税库银划款方式的，完成《限售股转让所得扣缴个人所得税报告表》申报后开始"征收开票"业务办理，扣缴义务人（即证券机构）开具税收电子缴款书。

10.1.4.3　【资料明细】

限售股转让所得扣缴个人所得税申报报送资料清单

序号	报送资料名称	必报	条件报送	归档	查验	代保管	核销
1	A06239《限售股转让所得扣缴个人所得税报告表》	√		√			
2	A06479 中华人民共和国税收缴款书（代扣代收专用）第二联		√	√			
3	A07101 中华人民共和国税收缴款书（银行经收专用）第一联		√	√			

上述条件报送资料的报送条件为：

（1）《中华人民共和国税收缴款书（代扣代收专用）》第二联的报送条件为扣缴义务人在扣缴税款时已向被扣缴义务人开具税票的情形；

（2）《中华人民共和国税收缴款书（银行经收专用）》第一联的报送条件为扣缴义务人汇总缴库开具税票的情形。

10.1.4.4 【办理流程】

限售股转让所得扣缴个人所得税申报流程如下图所示。

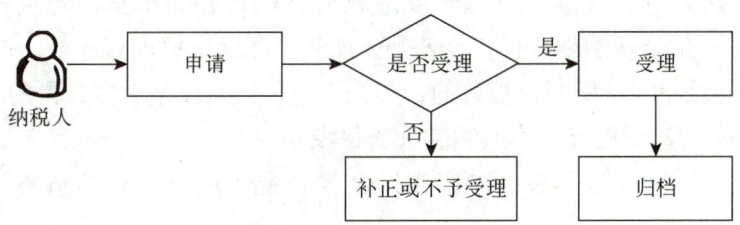

限售股转让所得扣缴个人所得税申报流程

10.1.4.5 【办理规范】

（1）受理。

①纳税人提交资料齐全、符合法定形式、相关税种纳税申报表内容填写符合规定的，受理纳税人申报并录入申报信息。

②纳税人提交资料不齐全的，制作《税务事项通知书》（补正内容通知），一次性告知纳税人须补齐补正资料的内容。

③纳税人提交资料不符合条件，或纳税人不属于本税务机关管辖范围的，制作《税务事项通知书》（不予受理通知），告知纳税人不予受理的理由。

（2）归档。

归档资料为报送资料清单中标注为归档的各项资料。

（3）办结时限。

本事项即时办结。

10.1.4.6 【后续业务】

（1）根据应补税额判断是否需要缴款开票；对于应补税额大于零的，办理"缴款开票"业务。

（2）纳税人既有应退税款又有欠缴税款的，可以办理"抵缴欠税"业务。

10.1.5 单一投资基金核算的合伙制创业投资企业个人所得税扣缴申报

10.1.5.1 【事项类别】

发起方式：人工发起

适用层级：区县级

10.1.5.2 【业务概述】

符合《创业投资企业管理暂行办法》（发展改革委等10部门令第39号）或者《私募投资基金监督管理暂行办法》（证监会令第105号）关于创业投资企业（基金）的有关规定，并按照上述规定完成备案且规范运作的合伙制创业投资企业（基金），可以选择按单一投资基金核算或者按创投企业年度所得整体核算两种方式之一，对其个人合伙人来源于创投企业的所得计算个人所得税应纳税额。对选择按单一投资基金核算的合伙制创业投资企业（含创投基金，以下统称创投企业），并已完成合伙制创业投资企业单一投资基金核算方式备案的，在次年3月31日前，按规定办理年度股权转让所得扣缴申报，向主管税务机关报送《单一投资基金核算的合伙制创业投资企业个人所得税扣缴申报表》。

创投企业选择按单一投资基金核算的，其个人合伙人从该基金应分得的股权转让所得和股息红利所得，按照20%税率计算缴纳个人所得税。

创投企业选择按单一投资基金核算或按创投企业年度所得整体核算后，3年内不能变更。

10.1.5.3 【资料明细】

单一投资基金核算的合伙制创业投资企业个人所得税扣缴申报报送资料清单

序号	报送资料名称	必报	条件报送	归档	查验	代保管	核销
1	《单一投资基金核算的合伙制创业投资企业个人所得税扣缴申报表》	√		√			

10.1.5.4 【办理流程】

单一投资基金核算的合伙制创业投资企业个人所得税扣缴申报流程如下图所示。

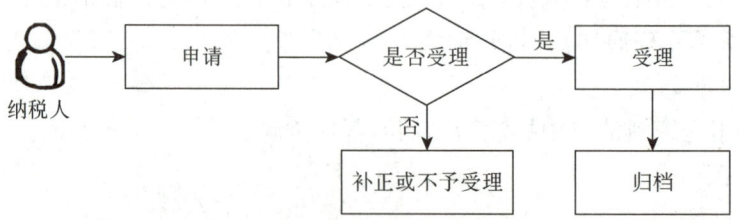

单一投资基金核算的合伙制创业投资企业个人所得税扣缴申报流程

10.1.5.5 【办理规范】

（1）受理。

①纳税人提交资料齐全、符合法定形式、相关税种纳税申报表内容填写符合规定的，受理纳税人申报并录入申报信息。

②纳税人提交资料不齐全的，制作《税务事项通知书》（补正内容通知），一次性告知纳税人须补齐补正资料的内容。

③纳税人提交资料不符合条件，或纳税人不属于本税务机关管辖范围的，制作《税务事项通知书》（不予受理通知），告知纳税人不予受理的理由。

（2）归档。

归档资料为报送资料清单中标注为归档的各项资料。

（3）办结时限。

本事项即时办结。

10.1.5.6 【后续业务】

根据应补税额判断是否需要缴款开票；对于应补税额大于零的，办理"缴款开票"业务。

10.1.6 扣缴储蓄存款利息所得个人所得税申报

10.1.6.1 【事项类别】

发起方式：人工发起

适用层级：区县级

10.1.6.2 【业务概述】

储蓄存款利息所得个人所得税以取得储蓄存款利息所得的个人为纳税义务人，以办理结付个人储蓄存款利息的储蓄机构为扣缴义务人。凡办理个人储蓄业务的储蓄机构，在向个人结付储蓄存款利息时，应依法代扣代缴其应缴纳的个人所得税税款。所称结付储蓄存款利息，是指向个人储户支付利息、结息日和办理存款自动转存业务时结息。扣缴义务人每月所扣的税款，应当在次月15日内缴入中央金库，并向主管税务机关报送《储蓄存款利息所得扣缴个人所得税报告表》和主管税务机关要求报送的其他有关资料；所扣税款为外币的，应当按照缴款上一月最后一日中国人民银行公布的人民币基准汇价折算成人民币，以人民币缴入国库。《储蓄存款利息所得扣缴个人所得税报告表》应采用"一率一表"的形式填报，即按法定税率（20%）和不同的协定税率5%、7.5%、10%、15%分别填报本表。

为配合国家宏观调控政策需要，经国务院批准，自2008年10月9日起，对储蓄存款利息所得暂免征收个人所得税。即储蓄存款在1999年10月31日前孳生的利息所得，不征收个人所得税；储蓄存款在1999年11月1日至2007年8月14日孳生的利息所得，按照20%的比例税率征收个人所得税；储蓄存款在2007年8月15日至2008年10月8日孳生的利息所得，按照5%的比例税率征收个人所得税；储蓄存款在2008年10月9日后（含10月9日）孳生的利息所得，暂免征收个人所得税。

10.1.6.3 【资料明细】

扣缴储蓄存款利息所得个人所得税申报报送资料清单

序号	报送资料名称	必报	条件报送	归档	查验	代保管	核销
1	A06257《储蓄存款利息所得扣缴个人所得税报告表》	√		√			
2	中华人民共和国税收缴款书（代扣代收专用）第二联		√	√			
3	中华人民共和国税收缴款书（银行经收专用）第一联	√		√			

上述条件报送资料的报送条件为：

（1）《中华人民共和国税收缴款书（代扣代收专用）》第二联的报送条件为扣缴义务人在扣缴税款时已向被扣缴义务人开具税票的情形；

（2）《中华人民共和国税收缴款书（银行经收专用）》第一联的报送条件为扣缴义务人汇总缴库开具税票的情形。

10.1.6.4 【办理流程】

扣缴储蓄存款利息所得个人所得税申报流程如下图所示。

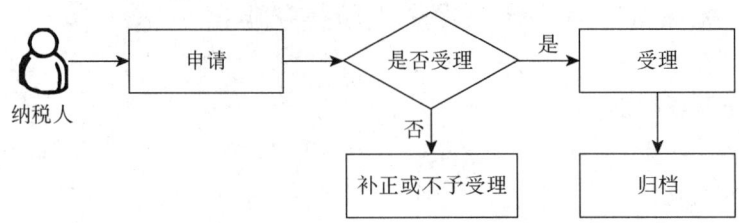

扣缴储蓄存款利息所得个人所得税申报流程

10.1.6.5 【办理规范】

（1）受理。

①对扣缴义务人提交资料齐全、符合法定形式、相关税种纳税申报表内容填写符合规定，受理扣缴义务人申报并录入申报信息。

②扣缴义务人提交资料不齐全或不符合法定形式的，制作《税务事项通知书》（补正通知），一次性告知扣缴义务人须补正的内容。

③依法不属于本机关职权或本业务受理范围的，制作《税务事项通知书》（不予受理通知），告知纳税人不予受理的原因。

（2）归档。

归档资料为报送资料清单中标注为归档的各项资料。

（3）办结时限。

本事项为即时办结。

10.1.6.6 【后续业务】

采集未开票的代扣代缴、代收代缴税款信息后办理"缴款开票"事项。

10.2 个人所得税自行申报

纳税人符合税法规定自行申报情形的，应当按照税收法律、法规、规章及其他有关规定，在规定的纳税期限内依法办理自行纳税申报。税法规定情形包括：取得综合所得需要办理汇算清缴；取得经营所得的纳税申报；取得应税所得，扣缴义务人未扣缴税款；取得境外所得；因移居境外注销中国户籍；非居民个人在中国境内从两处以上取得工资、薪金所得；国务院规定的其他情形。

10.2.1 居民综合所得个人所得税年度自行申报

10.2.1.1 【事项类别】
发起方式：人工发起

适用层级：区县级

10.2.1.2 【业务概述】
居民个人取得境内综合所得且符合下列情形之一的纳税人，应当依法办理汇算清缴：

（1）从两处以上取得综合所得，且综合所得年收入额减除专项扣除后的余额超过6万元；

（2）取得劳务报酬所得、稿酬所得、特许权使用费所得中一项或者多项所得，且综合所得年收入额减除专项扣除的余额超过6万元；

（3）纳税年度内预缴税额低于应纳税额；

（4）纳税人申请退税。

需要办理汇算清缴的纳税人，应当在取得所得的次年3月1日至6月30日内，向任职、受雇单位所在地主管税务机关办理纳税申报，并报送《个人所得税年度自行纳税申报表》。纳税人有两处以上任职、受雇单位的，选择向其中一处任职、受雇单位所在地主管税务机关办理纳税申报；纳税人没有任职、受雇单位的，向户籍所在地或经常居住地主管税务机关办理纳税申报。

纳税人办理综合所得汇算清缴，应当准备与收入、专项扣除、专项附加扣除、依法确定的其他扣除、捐赠、享受税收优惠等相关的资料，并按规定留存备查或报送。

居民个人取得综合所得，扣缴义务人未扣缴税款的纳税申报的，按照上述规定办理。

10.2.1.3 【资料明细】

居民综合所得个人所得税年度自行申报报送资料清单

序号	报送资料名称	必报	条件报送	归档	查验	代保管	核销
1	《个人所得税年度自行纳税申报表》	√		√			
2	A06652《个人所得税减免税事项报告表》		√	√			
3	A06729《商业健康保险税前扣除情况明细表》		√	√			
4	A06844《个人税收递延型商业养老保险税前扣除情况明细表》		√	√			

上述条件报送资料的报送条件为：

（1）纳税人纳税申报时存在减免个人所得税情形的，应报送《个人所得税减免税事项报告表》；

（2）《商业健康保险税前扣除情况明细表》的报送条件为个人自行购买、单位统一组织为员工购买或者单位和个人共同负担购买符合规定的商业健康保险产品扣缴义务人申报时报送；

（3）《个人税收递延型商业养老保险税前扣除情况明细表》的报送条件为个人自行购买、单位统一组织为员工购买或者单位和个人共同负担购买符合规定的商业养老保险产品扣缴义务人申报时报送。

10.2.1.4 【办理流程】

居民综合所得个人所得税年度自行申报流程如下图所示。

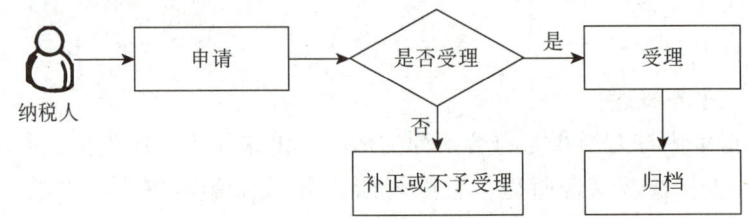

居民综合所得个人所得税年度自行申报流程

10.2.1.5 【办理规范】

（1）受理。

①纳税人提交资料齐全、符合法定形式、相关税种纳税申报表内容填写符合规定的，受理纳税人申报并录入申报信息。

②纳税人提交资料不齐全的，制作《税务事项通知书》（补正内容通知），一次性告知纳税人须补齐补正资料的内容。

③纳税人提交资料不符合条件，或纳税人不属于本税务机关管辖范围的，制作《税务事项通知书》（不予受理通知），告知纳税人不予受理的理由。

（2）归档。

归档资料为报送资料清单中标注为归档的各项资料。

（3）办结时限。

本事项即时办结。

10.2.1.6 【后续业务】

（1）根据应补税额判断是否需要缴款开票；对于应补税额大于零的，办理"缴款开票"业务。

（2）纳税人既有应退税款又有欠缴税款的，可以办理"抵缴欠税"业务。

10.2.2 居民分类所得个人所得税自行申报

10.2.2.1 【事项类别】

发起方式：人工发起

适用层级：区县级

10.2.2.2 【业务概述】

纳税人取得利息、股息、红利所得，财产租赁所得，财产转让所得，偶然所得但没有扣缴义务人的,或者有扣缴义务人但未扣缴税款的,以及国务院规定的其他情形,应依照税收法律、法规、规章及其他有关规定,在规定的纳税期限内就其个人所得向主管税务机关申报并缴纳税款。

纳税人取得上述所得扣缴义务人未扣缴税款的,应当在取得所得的次年6月30日前,按相关规定向主管税务机关办理纳税申报,并报送《个人所得税自行纳税申报表(A表)》。税务机关通知限期缴纳的,纳税人应当按照期限缴纳税款。

(1)财产租赁所得,每次收入不超过4千元的,减除费用800元;4千元以上的,减除20%的费用,其余额为应纳税所得额。财产转让所得,以转让财产的收入额减除财产原值和合理费用后的余额,为应纳税所得额。利息、股息、红利所得和偶然所得,以每次收入额为应纳税所得额。

(2)个人将其所得对教育、扶贫、济困等公益慈善事业进行捐赠,捐赠额未超过纳税人申报的应纳税所得额30%的部分,可以从其应纳税所得额中扣除;国务院规定对公益慈善事业捐赠实行全额税前扣除的,从其规定。

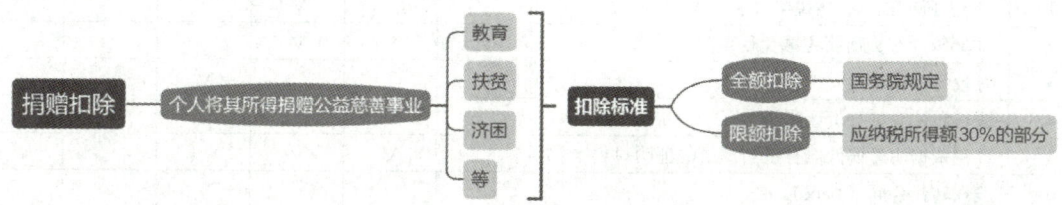

(3)当纳税人既存有优惠减免,又存在非居民享受税收协定待遇减免时,纳税人可以选择优惠度最高的享受减免进行申报。

(4)根据《股权转让所得个人所得税管理办法(试行)》,个人股权转让所得个人所得税以被投资企业所在地税务机关为主管税务机关。具有下列情形之一的,纳税人应当依法在次月15日内向主管税务机关申报纳税:

①受让方已支付或部分支付股权转让价款的;

②股权转让协议已签订生效的;

③受让方已经实际履行股东职责或者享受股东权益的;

④国家有关部门判决、登记或公告生效的;

⑤本办法第三条第四项至第七项行为已完成的(4、股权被司法或行政机关强制过户;5、以股权对外投资或进行其他非货币性交易;6、以股权抵偿债务;7、其他股权转移行为);对个人多次取得同一被投资企业股权的,转让部分股权时,采用"加权平均法"确定其股权原值;

⑥税务机关认定的其他有证据表明股权已发生转移的情形。

(5)营业税改征增值税后,个人转让房屋的个人所得税应税收入不含增值税,其取得房屋时所支付价款中包含的增值税计入财产原值,计算转让所得时可扣除的税费不包括本次转让缴纳的增值税。个人出租房屋的个人所得税应税收入不含增值税,计算房屋出租所得可扣除的税费不包括本次出租缴纳的增值税。个人转租房屋的,其向房屋出租方支付的租金及增值税额，在计算转租所得时予以扣除。免征增值税的，确定计税依据时，成交价格、租金收入、转让房地产取得的收入不扣减增值税额。税务机关核定的计税价格或收入不含增值税。

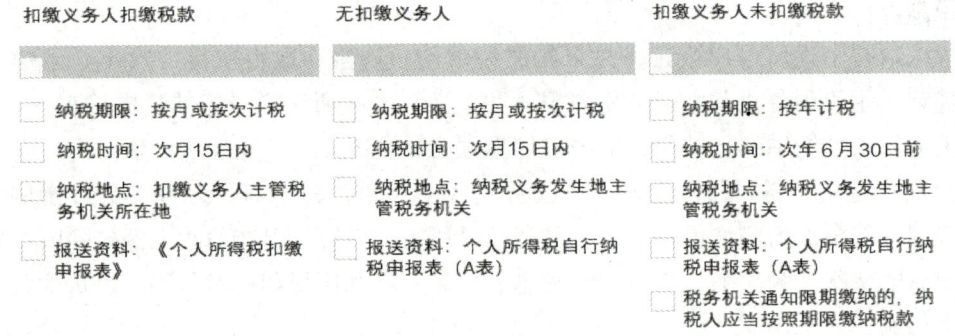

10.2.2.3 【资料明细】

居民分类所得个人所得税自行申报报送资料清单

序号	报送资料名称	必报	条件报送	归档	查验	代保管	核销
1	《个人所得税自行纳税申报表（A表）》	√		√			
2	A06652《个人所得税减免税事项报告表》		√	√			
3	有效身份证件	√			√		
4	股权转让双方身份证明		√				
5	计税依据明显偏低但有正当理由的证明材料		√	√			
6	股权转让合同（协议）		√		√		
7	具有法定资质的中介机构出具的净资产或土地房产等资产价值评估报告		√				
8	主管税务机关要求报送的其他材料		√				

上述条件报送资料的报送条件为：

（1）《个人所得税减免税事项报告表》的报送条件为纳税人纳税申报时存在减免个人所得税情形；

（2）纳税人办理股权转让纳税申报时，须报送股权转让双方身份证明、股权转让合同（协议），按规定需要进行资产评估的，须提供具有法定资质的中介机构出具的净资产或土地房产等资产价值评估报告、计税依据明显偏低但有正当理由的证明材料、主管税务机关要求报送的其他材料。

10.2.2.4 【办理流程】

居民分类所得个人所得税自行申报流程如下图所示。

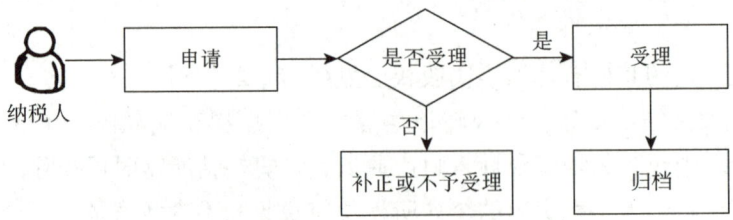

居民分类所得个人所得税自行申报流程

10.2.2.5 【办理规范】

(1) 受理。

①纳税人提交资料齐全、符合法定形式、相关税种纳税申报表内容填写符合规定的,受理纳税人申报并录入申报信息。

②纳税人提交资料不齐全的,制作《税务事项通知书》(补正内容通知),一次性告知纳税人须补齐补正资料的内容。

③纳税人提交资料不符合条件,或纳税人不属于本税务机关管辖范围的,制作《税务事项通知书》(不予受理通知),告知纳税人不予受理的理由。

(2) 归档。

归档资料为报送资料清单中标注为归档的各项资料。

(3) 办结时限。

本事项即时办结。

10.2.2.6 【后续业务】

(1) 根据应补税额判断是否需要缴款开票;对于应补税额大于零的,办理"缴款开票"业务;

(2) 纳税人既有应退税款又有欠缴税款的,可以办理"抵缴欠税"业务。

10.2.3 非居民个人所得税自行申报

10.2.3.1 【事项类别】

发起方式:人工发起

适用层级:区县级

10.2.3.2 【业务概述】

非居民个人所得税自行申报是指非居民纳税人按照税收法律法规和税收协定的有关规定,就其取得的境内个人所得向主管税务机关书面报送相关申报表的行为。非居民个人所得税自行申报的情形包括:(1)从中国境内取得应税所得没有扣缴义务人的;(2)从中国境内取得应税所得,扣缴义务人未扣缴税款的;(3)从中国境内两处或两处以上取得工资、薪金所得的;(4)国务院规定的其他情形。

非居民个人取得应税所得的,扣缴义务人未扣缴税款的,应当在取得所得的次年6月30日前,向扣缴义务人所在地主管税务机关办理纳税申报,并报送《个人所得税自行纳税申报表(A表)》。有两个以上扣缴义务人均未扣缴税款的,选择向其中一处扣缴义务人所在地主管税务机关办理纳税申报。非居民个人在次年6月30日前离境(临时离境除外)的,应当在离境前办理纳税申报。

非居民个人在中国境内从两处以上取得工资、薪金所得的,应当在取得所得的次月15日内,向其中一处任职、受雇单位所在地主管税务机关办理纳税申报,并报送《个人所得税自行纳税申报表(A表)》。

自行申报情况下，非居民个人应当自行判断能否享受协定待遇。如需享受税收协定待遇的，应将国家税务总局公告2015年第60号第七条规定的报告表和资料报送至主管税务机关。当纳税人存在享受减免税优惠事项的（包括享受税收协定待遇情形的），可填报《个人所得税减免税事项报告表》。

10.2.3.3 【资料明细】

非居民个人所得税自行申报报送资料清单

序号	报送资料名称	必报	条件报送	归档	查验	代保管	核销
1	《个人所得税自行纳税申报表（A表）》	√		√			
2	《个人所得税基础信息表（B表）》		√	√			
3	A06652《个人所得税减免税事项报告表》		√	√			

上述条件报送资料的报送条件为：

（1）纳税人首次申报或者个人基础信息发生变化的，应报送《个人所得税基础信息表（B表）》；

（2）《个人所得税减免税事项报告表》的报送条件为纳税人存在享受减免税优惠事项的（包括享受税收协定待遇情形的）。

10.2.3.4 【办理流程】

非居民个人所得税自行申报流程如下图所示。

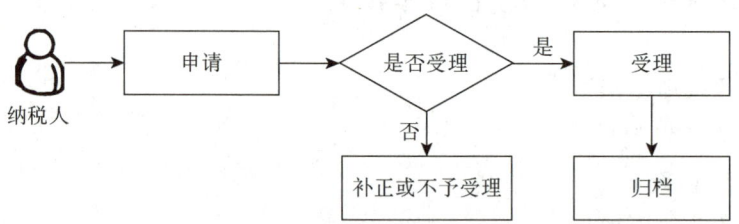

非居民个人所得税自行申报流程图

10.2.3.5 【办理规范】

（1）受理。

①纳税人提交资料齐全、符合法定形式、相关税种纳税申报表内容填写符合规定的，受理纳税人申报并录入申报信息。

②纳税人提交资料不齐全的，制作《税务事项通知书》（补正内容通知），一次性告知纳税人须补齐补正资料的内容。

③纳税人提交资料不符合条件，或纳税人不属于本税务机关管辖范围的，制作《税务事项通知书》（不予受理通知），告知纳税人不予受理的理由。

（2）归档。

归档资料为报送资料清单中标注为归档的各项资料。

（3）办结时限

本事项即时办结。

10.2.3.6 【后续业务】

(1) 根据应补税额判断是否需要缴款开票;对于应补税额大于零的,办理"缴款开票"业务。

(2) 纳税人既有应退税款又有欠缴税款的,可以办理"抵缴欠税"业务。

10.2.4 经营所得个人所得税月(季)度申报

10.2.4.1 【事项类别】
发起方式:人工发起
适用层级:区县级

10.2.4.2 【业务概述】

纳税人取得经营所得,以每一纳税年度的收入总额减除成本、费用以及损失后的余额,为应纳税所得额,按年计算个人所得税,由纳税人在月度或者季度终了后15日内向税务机关报送纳税申报表,并预缴税款。

查账征收和核定征收的个体工商户业主、个人独资企业投资人、合伙企业个人合伙人、承包承租经营者个人以及其他从事生产、经营活动的个人在中国境内取得经营所得,办理个人所得税预缴纳税申报时,向税务机关报送《个人所得税经营所得纳税申报表(A表)》。合伙企业有两个或者两个以上个人合伙人的,应分别填报《个人所得税经营所得纳税申报表(A表)》。取得经营所得的个人,没有综合所得的,计算其每一纳税年度的应纳税所得额时,应当减除费用6万元、专项扣除、专项附加扣除以及依法确定的其他扣除。专项附加扣除在办理汇算清缴时减除。

从事生产、经营活动,未提供完整、准确的纳税资料,不能正确计算应纳税所得额的,由主管税务机关核定应纳税所得额或者应纳税额。

10.2.4.3 【资料明细】

经营所得个人所得税月(季)度纳税申报报送资料清单

序号	报送资料名称	必报	条件报送	归档	查验	代保管	核销
1	《个人所得税经营所得纳税申报表(A表)》	√		√			
2	A06652《个人所得税减免税事项报告表》		√	√			
3	A06729《商业健康保险税前扣除情况明细表》		√	√			
4	A06844《个人税收递延型商业养老保险税前扣除情况明细表》		√	√			

上述条件报送资料的报送条件为:

(1) 纳税人纳税申报时存在减免个人所得税情形的,应报送《个人所得税减免税事项报告表》;

(2) 允许税前扣除商业健康保险的纳税人应报送《商业健康保险税前扣除情况明细表》;

（3）允许税前扣除税延型商业养老保险的纳税人应报送《个人税收递延型商业养老保险税前扣除情况明细表》。实行核定征收的，在申报四季度或12月份税款时填报扣除。

10.2.4.4 【办理流程】

经营所得个人所得税月（季）度纳税申报流程如下图所示。

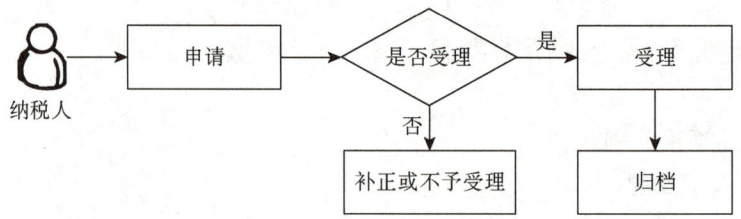

经营所得个人所得税月（季）度纳税申报流程

10.2.4.5 【办理规范】

（1）受理。

①纳税人提交资料齐全、符合法定形式、相关税种纳税申报表内容填写符合规定的，受理纳税人申报并录入申报信息。

②纳税人提交资料不齐全的，制作《税务事项通知书》（补正内容通知），一次性告知纳税人须补齐补正资料的内容。

③纳税人提交资料不符合条件，或纳税人不属于本税务机关管辖范围的，制作《税务事项通知书》（不予受理通知），告知纳税人不予受理的理由。

（2）归档。

归档资料为报送资料清单中标注为归档的各项资料。

（3）办结时限。

本事项即时办结。

10.2.4.6 【后续业务】

（1）根据应补税额判断是否需要缴款开票；对于应补税额大于零的，办理"缴款开票"业务。

（2）纳税人既有应退税款又有欠缴税款的，可以办理"抵缴欠税"业务。

10.2.5 经营所得个人所得税年度申报

10.2.5.1 【事项类别】

发起方式：人工发起

适用层级：区县级

10.2.5.2 【业务概述】

纳税人取得经营所得，以每一纳税年度的收入总额减除成本、费用以及损失后的余额，为应纳税所得额，按年计算个人所得税，由纳税人在月度或者季度终了后15日内向税务机关报送纳税申报表,并预缴税款,在取得所得的次年3月31日前办理汇算清缴。

个体工商户业主、个人独资企业投资人、合伙企业个人合伙人、承包承租经营者个人以及其他从事生产、经营活动的个人在中国境内取得经营所得,且实现查账征收的,在办理个人所得税汇算清缴纳税申报时,向税务机关报送《个人所得税经营所得纳税申报表(B表)》。合伙企业有两个或者两个以上个人合伙人的,应分别填报本表。

取得经营所得的个人,没有综合所得的,计算其每一纳税年度的应纳税所得额时,应当减除费用6万元、专项扣除、专项附加扣除以及依法确定的其他扣除。专项附加扣除在办理汇算清缴时减除。

经营所得个人所得税年度申报时,根据税法规定准予扣除的个人费用,由投资者选择在其中一个企业的生产经营所得中扣除。投资者兴办两个或两个以上企业的,企业的年度经营亏损不能跨企业弥补。

10.2.5.3 【资料明细】

经营所得个人所得税年度申报报送资料清单

序号	报送资料名称	必报	条件报送	归档	查验	代保管	核销
1	《个人所得税经营所得纳税申报表(B表)》	√		√			
2	A06652《个人所得税减免税事项报告表》		√	√			
3	A06729《商业健康保险税前扣除情况明细表》		√	√			
4	A06844《个人税收递延型商业养老保险税前扣除情况明细表》		√	√			

上述条件报送资料的报送条件为:

(1)纳税人纳税申报时存在减免个人所得税情形的,应报送《个人所得税减免税事项报告表》;

(2)允许税前扣除商业健康保险的纳税人应报送《商业健康保险税前扣除情况明细表》;

(3)允许税前扣除个人税收递延型商业养老保险的纳税人应报送《个人税收递延型商业养老保险税前扣除情况明细表》。

10.2.5.4 【办理流程】

经营所得个人所得税年度申报流程如下图所示。

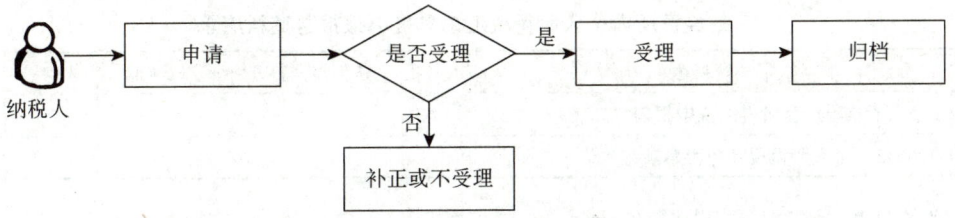

经营所得个人所得税年度申报流程

10.2.5.5 【办理规范】

（1）受理。

①纳税人提交资料齐全、符合法定形式、相关税种纳税申报表内容填写符合规定的，受理纳税人申报并录入申报信息。

②纳税人提交资料不齐全的，制作《税务事项通知书》（补正内容通知），一次性告知纳税人须补齐补正资料的内容。

③纳税人提交资料不符合条件，或纳税人不属于本税务机关管辖范围的，制作《税务事项通知书》（不予受理通知），告知纳税人不予受理的理由。

（2）归档。

归档资料为报送资料清单中标注为归档的各项资料。

（3）办结时限。

本事项即时办结。

10.2.5.6 【后续业务】

（1）根据应补税额判断是否需要缴款开票；对于应补税额大于零的，办理"缴款开票"业务。

（2）纳税人既有应退税款又有欠缴税款的，可以办理"抵缴欠税"业务。

10.2.6 多处经营所得个人所得税汇总年度申报

10.2.6.1 【事项类别】

发起方式：人工发起

适用层级：区县级

10.2.6.2 【业务概述】

多处经营所得个人所得税汇总年度申报是指个体工商户业主、个人独资企业投资人、合伙企业个人合伙人、承包承租经营者个人以及其他从事生产、经营活动的个人在中国境内两处以上取得经营所得的，应当在分别办理年度汇算清缴后，应当于取得所得的次年3月31日前，选择向其中一处经营管理所在地主管税务机关办理年度汇总纳税申报，并报送《个人所得税经营所得纳税申报表（C表）》。

10.2.6.3 【资料明细】

多处经营所得个人所得税汇总年度申报报送资料清单

序号	报送资料名称	必报	条件报送	归档	查验	代保管	核销
1	《个人所得税经营所得纳税申报表（C表）》	√		√			
2	A06652《个人所得税减免税事项报告表》		√	√			

上述条件报送资料的报送条件为：

纳税人纳税申报时存在减免个人所得税情形的，应报送《个人所得税减免税事项报告表》。

10.2.6.4 【办理流程】

多处经营所得个人所得税汇总年度申报流程如下图所示。

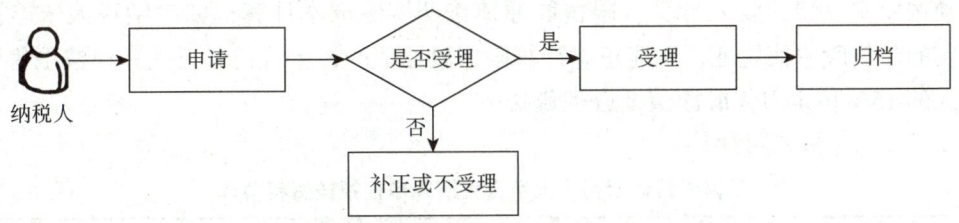

多处经营所得个人所得税汇总年度申报流程

10.2.6.5 【办理规范】

(1) 受理。

①纳税人提交资料齐全、符合法定形式、相关税种纳税申报表内容填写符合规定的,受理纳税人申报并录入申报信息。

②纳税人提交资料不齐全的,制作《税务事项通知书》(补正内容通知),一次性告知纳税人须补齐补正资料的内容。

③纳税人提交资料不符合条件,或纳税人不属于本税务机关管辖范围的,制作《税务事项通知书》(不予受理通知),告知纳税人不予受理的理由。

(2) 归档。

归档资料为报送资料清单中标注为归档的各项资料。

(3) 办结时限。

本事项即时办结。

10.2.6.6 【后续业务】

(1) 根据应补税额判断是否需要缴款开票;对于应补税额大于零的,办理"缴款开票"业务。

(2) 纳税人既有应退税款又有欠缴税款的,可以办理"抵缴欠税"业务。

10.2.7 限售股转让所得个人所得税清算申报

10.2.7.1 【事项类别】

发起方式:人工发起

适用层级:区县级

10.2.7.2 【业务概述】

限售股转让所得个人所得税,采取证券机构预扣预缴、纳税人自行申报清算和证券机构直接扣缴相结合的方式征收。纳税人按照实际转让收入与实际成本计算出的应纳税额,与证券机构预扣预缴税额有差异的,纳税人应自证券机构代扣并解缴税款的次月1日起3个月内,到证券机构所在地主管税务机关提出清算申请,办理清算申报事宜。

限售股持有者为限售股转让所得个人所得税的纳税义务人。

纳税人办理清算时,应按照收入与成本相匹配的原则计算应纳税所得额。即限售股转让收入必须按照实际转让收入计算,限售股原值按照实际成本计算;如果纳税人未能提供完整、真实的限售股原值凭证,不能正确计算限售股原值的,主管税务机关一律按限售股实际转让收入的15%核定限售股原值及合理税费。

10.2.7.3 【资料明细】

限售股转让所得个人所得税清算申报报送资料清单

序号	报送资料名称	必报	条件报送	归档	查验	代保管	核销
1	A06240《限售股转让所得个人所得税清算申报表》	√		√			
2	A06847《天使投资个人所得税投资抵扣情况表》		√	√			
3	纳税人有效身份证件	√			√		
4	代理人有效身份证件		√		√		
5	限售股交易明细记录(加盖开户证券机构印章)	√					
6	财产原值凭证	√					
7	纳税人委托代理申报的授权书		√	√			
8	投资初创科技型企业后税务机关受理的《天使投资个人所得税投资抵扣备案表》		√				

上述条件报送资料的报送条件为:

(1)《天使投资个人所得税投资抵扣情况表》的报送条件为天使投资个人投资的初创科技型企业上市且满足投资抵扣税收优惠条件,在办理限售股转让税款清算,抵扣尚未抵扣完毕的投资额时;

(2)《代理人身份证件》的报送条件为委托代理人进行申报的报送情况;

(3)《纳税人委托代理申报的授权书》的报送条件为委托代理人进行申报的情况;

(4)投资初创科技型企业后税务机关受理的《天使投资个人所得税投资抵扣备案表》的报送条件为天使投资个人投资的初创科技型企业上市且满足投资抵扣税收优惠条件,在办理限售股转让税款清算,抵扣尚未抵扣完毕的投资额时。

10.2.7.4 【办理流程】

限售股转让所得个人所得税清算申报流程如下图所示。

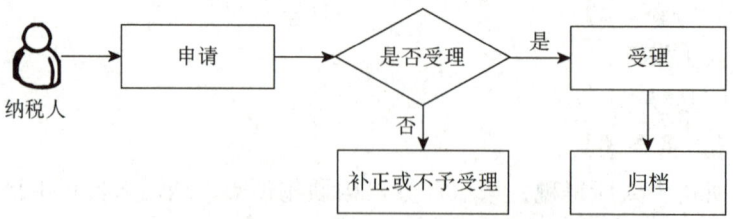

限售股转让所得个人所得税清算申报流程

10.2.7.5 【办理规范】

(1) 受理。

①纳税人提交资料齐全、符合法定形式、相关税种纳税申报表内容填写符合规定的,受理纳税人申报并录入申报信息。

②纳税人提交资料不齐全的,制作《税务事项通知书》(补正内容通知),一次性告知纳税人须补齐补正资料的内容。

③纳税人提交资料不符合条件,或纳税人不属于本税务机关管辖范围的,制作《税务事项通知书》(不予受理通知),告知纳税人不予受理的理由。

(2) 归档。

归档资料为报送资料清单中标注为归档的各项资料。

(3) 办结时限。

本事项即时办结。

10.2.7.6 【后续业务】

(1) 根据应补税额判断是否需要缴款开票;对于应补税额大于零的,办理"缴款开票"业务。

(2) 纳税人既有应退税款又有欠缴税款的,可以办理"抵缴欠税"业务。

11. 个人所得税纳税服务规范

11.1 信息报告规范

11.1.1 基础信息报告

11.1.1.1 自然人自主报告身份信息

【事项名称】

自然人自主报告身份信息

【业务描述】

以自然人名义纳税的中国公民、华侨、外籍人员和港、澳、台地区人员，可以由本人自主向税务机关报告身份信息。

【设定依据】

(1)《中华人民共和国税收征收管理法》第三十条；

(2)《中华人民共和国个人所得税法》第九条。

【办理材料】

序号	材料名称	数量	备注
1	《个人所得税基础信息表（B表）》	2份	
2	自然人身份证件原件	1份	查验后退回
有以下情形的，还应提供相应材料			
适用情形	材料名称	数量	备注
符合享受个人所得税专项附加扣除条件，且所属年度未报送扣除信息或扣除信息变化	《个人所得税专项附加扣除信息表》	1份	
任职、受雇的外籍人员	任职证书或者任职证明复印件	1份	
履约的外籍人员	从事劳务或服务的合同、协议复印件	1份	

【办理地点】

可通过办税服务厅（场所）办理，具体地点可以从省（自治区、直辖市和计划单列市）税务局网站"纳税服务"栏目查询。

【办理机构】

主管税务机关

【收费标准】

不收费

【办理时间】

即时办结

【联系电话】

主管税务机关对外公开的联系电话，可以从省（自治区、直辖市和计划单列市）税务局网站"纳税服务"栏目查询。

【办理流程】

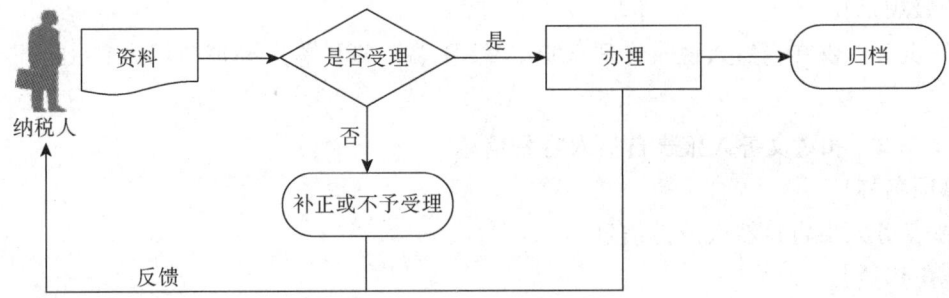

【纳税人注意事项】

（1）纳税人对报送材料的真实性和合法性承担责任。

（2）文书表单可在省（自治区、直辖市和计划单列市）税务局网站"下载中心"栏目查询下载或到办税服务厅领取。

（3）税务机关提供"最多跑一次"服务。纳税人在资料完整且符合法定受理条件的前提下，最多只需要到税务机关跑一次。

（4）纳税人使用符合电子签名法规定条件的电子签名，与手写签名或者盖章具有同等法律效力。

（5）纳税人提供的各项资料为复印件的，均须注明"与原件一致"并签名盖章。

（6）纳税人有中国公民身份号码的，首次报送信息并完成实名身份信息验证，以中国公民身份号码为纳税人识别号；没有中国公民身份号码的，首次报送信息并完成实名身份信息验证，由税务机关赋予纳税人识别号。

（7）自然人可凭报送身份信息时提供的身份证件，向税务机关提出申请查询、打印纳税人识别号。

（8）享受子女教育、继续教育、住房贷款利息或者住房租金、赡养老人、大病医疗专项附加扣除的纳税人，应向税务机关报送《个人所得税专项附加扣除信息表》。

（9）纳税人应及时进行身份信息报告或变更，未及时报告或变更将会影响个人所得税申报、中国居民纳税人身份确定和享受税收协定待遇等事项的办理。

【基本规范】

（1）受理。

办税服务厅接收资料信息，核对资料信息是否齐全、是否符合法定形式、填写内容是否完整，符合的即时受理；对资料不齐全、不符合法定形式或填写内容不完整的，一次性告知应补正资料或不予受理原因。

（2）办理。

按照纳税人报送材料录入数据。根据信息系统的提示信息，提醒纳税人更正纠错。

（3）反馈。

办理结束后，在文书表单上加盖印章，一份返还纳税人。

（4）归档。

将资料进行归档。不得将纳税人的办理材料用于与政务服务无关的用途。

【升级规范】

税务机关提供在自然人税收管理系统（WEB端、APP端）办理自然人自主报告身份信息服务。

11.1.1.2 扣缴义务人报告自然人身份信息

【事项名称】

扣缴义务人报告自然人身份信息

【业务描述】

扣缴义务人首次向自然人纳税人支付所得，应于次月扣缴申报时，向税务机关报告自然人纳税人提供的身份信息。

被投资单位发生个人股东变动或者个人股东所持股权变动的，应当在次月15日内向主管税务机关报送股东变动信息及股东变更情况说明。

【设定依据】

（1）《中华人民共和国税收征收管理法》第三十条；

（2）《中华人民共和国个人所得税法》第九条；

（3）《股权转让所得个人所得税管理办法（试行）》（国家税务总局公告2014年第67号发布）第二十二条；

（4）《个人所得税扣缴申报管理办法（试行）》（国家税务总局公告2018年第61号发布）第五条。

【办理材料】

（1）首次向自然人纳税人支付所得的扣缴义务人：

序号	材料名称	数量	备注
1	《个人所得税基础信息表（A表）》	2份	
有以下情形的，还应提供相应材料			
适用情形	材料名称	数量	备注
纳税人向扣缴义务人提供有关信息并依法要求办理专项附加扣除	《个人所得税专项附加扣除信息表》	1份	

（2）发生个人股东变动或者个人股东所持股权变动的被投资单位：

序号	材料名称	数量	备注
1	《个人所得税基础信息表（A表）》	2份	
2	股东变更情况说明	1份	
3	股东及其股权变化情况、股权交易前原账面记载的盈余积累数额、转增股本数额及扣缴税款情况报告	1份	

【办理地点】

可通过办税服务厅（场所）、自然人税收管理系统（扣缴客户端）办理，具体地点可以从省（自治区、直辖市和计划单列市）税务局网站"纳税服务"栏目查询。

【办理机构】

主管税务机关

【收费标准】

不收费

【办理时间】

即时办结

【联系电话】

主管税务机关对外公开的联系电话，可以从省（自治区、直辖市和计划单列市）税务局网站"纳税服务"栏目查询。

【办理流程】

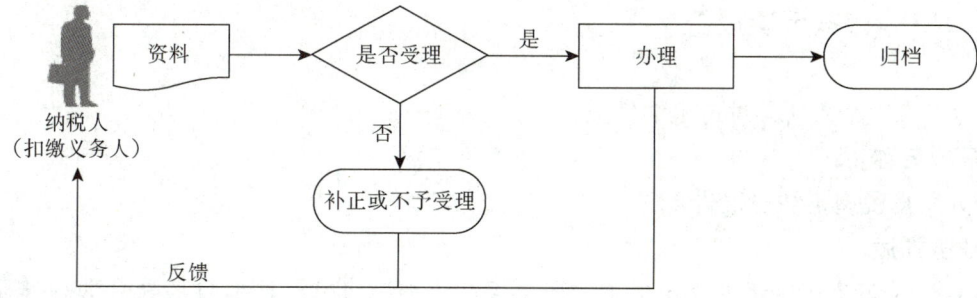

【纳税人、扣缴义务人注意事项】

（1）文书表单可以在省（自治区、直辖市和计划单列市）税务局网站"下载中心"栏目查询下载或到办税服务厅领取。

（2）扣缴义务人使用符合电子签名法规定条件的电子签名，与手写签名或者盖章具有同等法律效力。

（3）扣缴义务人提供的各项资料为复印件的，均须注明"与原件一致"并签名盖章。

（4）纳税人选择在扣缴义务人发放工资、薪金所得时享受专项附加扣除的，首次享受时，应当填写并向扣缴义务人报送《个人所得税专项附加扣除信息表》。

（5）纳税人基础身份信息、专项附加扣除信息等内容发生变化的，应及时报送给扣缴义务人，扣缴义务人应当于次月扣缴申报时向税务机关报告。

（6）由扣缴义务人报告信息的，扣缴义务人应当按照纳税人提供的信息计算税款、办理扣缴申报，不得擅自更改纳税人提供的信息。纳税人发现扣缴义务人提供或者扣缴申报的个人信息、支付所得、扣缴税款等信息与实际情况不符的，有权要求扣缴义务人修改。扣缴义务人拒绝修改的，纳税人应当报告税务机关。

（7）扣缴义务人发现纳税人提供的信息与实际情况不符的，可以要求自然人纳税人修改。自然人纳税人拒绝修改的，扣缴义务人应当报告税务机关。

【基本规范】

（1）受理。

办税服务厅或自然人税收管理系统接收资料信息，核对资料信息是否齐全、是否符合法定形式、填写内容是否完整，符合的即时受理；对资料不齐全、不符合法定形式或填写内容不完整的，一次性告知应补正资料或不予受理原因。

（2）办理。

按照扣缴义务人报送材料录入数据。根据信息系统的提示信息，提醒扣缴义务人更正纠错。

（3）反馈。

办理结束后，在文书表单上加盖印章，一份返还扣缴义务人；自然人税收管理系统办理的，将办理结果通过自然人税收管理系统反馈给扣缴义务人。

（4）归档。

将资料进行归档。不得将纳税人、扣缴义务人的办理材料用于与政务服务无关的用途。

11.1.2 特殊事项报告

11.1.2.1 个人所得税递延纳税报告

【事项名称】

个人所得税递延纳税报告

【业务描述】

（1）非上市公司授予本公司员工的股票期权、股权期权、限制性股票和股权奖励，符合规定条件的，经向主管税务机关备案，可实行递延纳税政策。员工在取得股权激励时可暂不纳税，递延至转让该股权时纳税。

（2）上市公司授予个人的股票期权、限制性股票和股权奖励，经向主管税务机关备案，个人可自股票期权行权、限制性股票解禁或取得股权奖励之日起，在不超过 12 个月的期限内缴纳个人所得税。

（3）个人以技术成果投资入股到境内居民企业，被投资企业支付的对价全部为股票（权）的，经向主管税务机关备案，投资入股当期可暂不纳税，允许递延至转让股权时，按股权转让收入减去技术成果原值和合理税费后的差额计算缴纳所得税。

（4）个人因非上市公司实施股权激励或以技术成果投资入股取得的股票（权），实行递延纳税期间，扣缴义务人应向主管税务机关报告。

（5）建立年金计划以及年金方案、受托人、托管人发生变化的企事业单位应向所在地主管税务机关报告企业年金、职业年金情况。

【设定依据】

《财政部、人力资源社会保障部、国家税务总局关于企业年金、职业年金个人所得税有关问题的通知》（财税〔2013〕103 号）第四条；

《国家税务总局关于股权激励和技术入股所得税征管问题的公告》（国家税务总局公告 2016 年第 62 号）第一条第五款。

【办理材料】

（1）实施符合条件的股权激励，个人选择递延纳税的非上市公司：

序号	材料名称	数量	备注
1	《非上市公司股权激励个人所得税递延纳税备案表》	2 份	
2	股权激励计划复印件	1 份	
3	董事会或股东大会决议等复印件	1 份	
4	激励对象任职或从事技术工作情况说明	1 份	
5	本企业及其奖励股权标的企业上一纳税年度主营业务收入构成情况说明	1 份	

（2）实施股权激励，个人选择在不超过 12 个月期限内缴税的上市公司：

序号	材料名称	数量	备注
1	《上市公司股权激励个人所得税延期纳税备案表》	2 份	
有以下情形的，还应提供相应材料			
适用情形	材料名称	数量	备注
上市公司初次办理股权激励备案	股权激励计划复印件	1 份	
	董事会或股东大会决议复印件	1 份	

（3）个人以技术成果投资入股境内公司并选择递延纳税的被投资公司：

序号	材料名称	数量	备注
1	《技术成果投资入股个人所得税递延纳税备案表》	2 份	
2	技术成果相关证书或证明材料原件及复印件	1 份	原件查验后退回
3	技术成果投资入股协议复印件	1 份	
4	技术成果评估报告	1 份	

（4）个人因非上市公司实施股权激励或以技术成果投资入股取得的股票（权），递延期间扣缴义务人：

序号	材料名称	数量	备注
1	《个人所得税递延纳税情况年度报告表》	2份	

（5）建立年金计划以及年金方案、受托人、托管人发生变化的企事业单位：

序号	材料名称	数量	备注
1	《企业年金、职业年金个人所得税递延纳税备案表》	2份	
2	年金方案复印件	1份	
3	人力资源社会保障部门出具的方案备案函、计划确认函复印件	1份	

【办理地点】

（1）可通过办税服务厅（场所）办理，具体地点可以从省（自治区、直辖市和计划单列市）税务局网站"纳税服务"栏目查询。

（2）企业年金、职业年金情况报告可在全国通办。

【办理机构】

主管税务机关

【收费标准】

不收费

【办理时间】

即时办结

【联系电话】

主管税务机关对外公开的联系电话，可以从省（自治区、直辖市和计划单列市）税务局网站"纳税服务"栏目查询。

【办理流程】

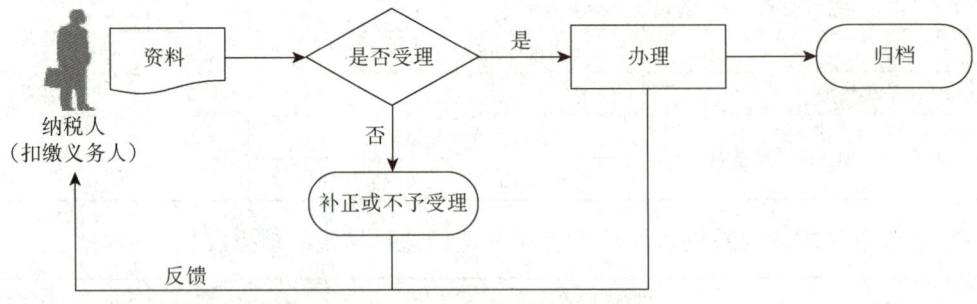

【纳税人、扣缴义务人注意事项】

（1）纳税人、扣缴义务人对报送材料的真实性和合法性承担责任。

（2）文书表单可以在省（自治区、直辖市和计划单列市）税务局网站"下载中心"栏目查询下载或到办税服务厅领取。

（3）税务机关提供"最多跑一次"服务。纳税人、扣缴义务人在资料完整且符合法定受理条件的前提下，最多只需要到税务机关跑一次。

（4）纳税人、扣缴义务人提交的各项资料为复印件的，均须注明"与原件一致"并签名盖章。

（5）股权激励计划所列内容不同时满足递延纳税全部条件，或递延纳税期间公司情况发生变化，不再符合递延纳税条件的，不得享受递延纳税优惠，应于情况发生变化之次月15日内，按规定计算缴纳个人所得税。

（6）纳税人取得符合条件、实行递延纳税政策的股权激励，与不符合递延纳税条件的股权激励应分别计算。

（7）非上市公司实施符合条件的股权激励，个人选择递延纳税的，非上市公司应于股票（权）期权行权、限制性股票解禁、股权奖励获得之次月15日内，向主管税务机关报告备案。

（8）上市公司实施股权激励，个人选择在不超过12个月期限内缴税的，上市公司应自股票期权行权、限制性股票解禁、股权奖励获得之次月15日内，向主管税务机关报告备案。

（9）个人以技术成果投资入股境内公司并选择递延纳税的，被投资公司应于取得技术成果并支付股权之次月15日内，向主管税务机关报告备案。

（10）个人因非上市公司实施股权激励或以技术成果投资入股取得的股票（权），实行递延纳税期间，扣缴义务人应于每个纳税年度终了后30日内，向主管税务机关报告备案。

（11）建立年金计划的企事业单位应在建立年金计划的次月15日内，向所在地主管税务机关报告企业年金、职业年金情况。年金方案、受托人、托管人发生变化的，应于发生变化的次月15日内重新报告。

（12）企业年金，是指根据《企业年金试行办法》的规定，企业及其职工在依法参加基本养老保险的基础上，自愿建立的补充养老保险制度。所称职业年金，是指根据《事业单位职业年金试行办法》的规定，事业单位及其工作人员在依法参加基本养老保险的基础上，建立的补充养老保险制度。

（13）个人享受企业年金、职业年金递延纳税政策的，达到国家规定的退休年龄领取企业年金、职业年金时，领取部分不并入综合所得，全额单独计算应纳税款。其中按月领取的，适用月度税率表计算纳税；按季领取的，平均分摊计入各月，按每月领取额适用月度税率表计算纳税；按年领取的，适用综合所得税率表计算纳税。

（14）年金托管人在第一次代扣代缴年金领取人的个人所得税时，应在《个人所得税基础信息表（A表）》"备注"中注明"年金领取"字样。

【基本规范】

（1）受理。

办税服务厅接收资料，核对资料是否齐全、是否符合法定形式、填写内容是否完整，符合的即时受理；对资料不齐全、不符合法定形式或填写内容不完整的，当场一次性告知应补正资料或不予受理原因。

（2）办理。

按照纳税人、扣缴义务人报送材料录入数据。根据信息系统的提示信息，提醒纳税人、扣缴义务人更正纠错。

（3）反馈。

办理结束后，在文书表单上加盖印章，一份返纳税人、扣缴义务人。

（4）归档。

将资料进行归档。不得将纳税人、扣缴义务人的办理材料用于与政务服务无关的用途。

【升级规范】

（1）税务机关提供在电子税务局办理个人所得税递延纳税报告服务。

（2）不再报送激励对象任职或从事技术工作情况说明、本企业及其奖励股权标的企业上一纳税年度主营业务收入构成情况说明等材料，改为留存备查。

（3）取消办理材料中复印件资料报送。

11.1.2.2 科技成果转化暂不征收个人所得税备案

【事项名称】

科技成果转化暂不征收个人所得税备案

【业务描述】

科研机构、高等学校转化职务科技成果以股份或出资比例等股权形式给予个人奖励，获奖人在取得股份、出资比例时，暂不缴纳个人所得税；取得按股份、出资比例分红或转让股权、出资比例所得时，应依法缴纳个人所得税。

将职务科技成果转化为股份、投资比例的科研机构、高等学校或者获奖人员，应在授（获）奖的次月15日内向主管税务机关备案。

【设定依据】

《国家税务总局关于3项个人所得税事项取消审批实施后续管理的公告》（国家税务总局公告2016年第5号）第一条。

【办理材料】

序号	材料名称	数量	备注
1	《科技成果转化暂不征收个人所得税备案表》	2份	

【办理地点】

可通过办税服务厅（场所）办理，具体地点可以从省（自治区、直辖市和计划单列市）税务局网站"纳税服务"栏目查询。

【办理机构】

主管税务机关

【收费标准】

不收费

【办理时间】

即时办结

【联系电话】

主管税务机关对外公开的联系电话,可以从省(自治区、直辖市和计划单列市)税务局网站"纳税服务"栏目查询。

【办理流程】

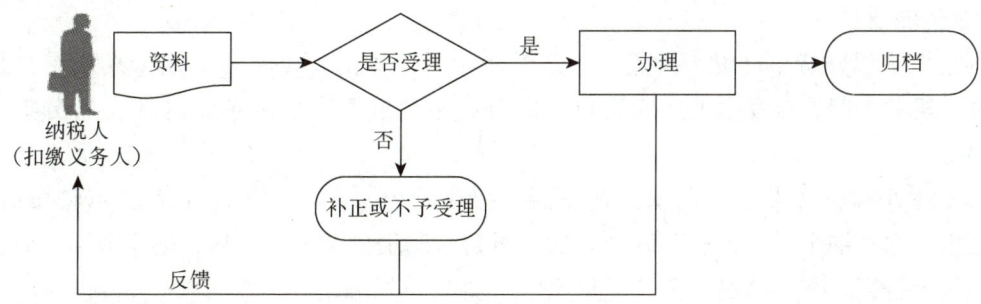

【纳税人、扣缴义务人注意事项】

(1) 纳税人、扣缴义务人对报送材料的真实性和合法性承担责任。

(2) 文书表单可在省(自治区、直辖市和计划单列市)税务局网站"下载中心"栏目查询下载或到办税服务厅领取。

(3) 科研机构是指按中央机构编制委员会和国家科学技术委员会《关于科研事业单位机构设置审批事项的通知》(中编办发〔1997〕14号)的规定设置审批的自然科学研究事业单位机构;高等学校是指全日制普通高等学校(包括大学、专门学院和高等专科学校)。

(4) 奖励单位需将技术成果价值评估报告、股权奖励文件及其他证明材料留存备查。

(5) 享受此项政策的科技人员必需是科研机构和高等学校的在编正式职工。

(6) 在获奖人按股份、出资比例获得分红时,对其所得按"利息、股息、红利所得"应税项目征收个人所得税。获奖人转让股权、出资比例,对其所得按"财产转让所得"应税项目征收个人所得税,财产原值为零。

【基本规范】

(1) 受理。

办税服务厅接收资料,核对资料是否齐全、是否符合法定形式、填写内容是否完整,符合的即时受理;对资料不齐全、不符合法定形式或填写内容不完整的,当场一次性告知应补正资料或不予受理原因。

(2) 办理。

按照纳税人、扣缴义务人报送材料录入数据。根据信息系统的提示信息,提醒纳税人、扣缴义务人更正纠错。

(3) 反馈。

办理结束后,在文书表单上加盖印章,一份返还纳税人、扣缴义务人。

(4) 归档。

将资料进行归档。不得将纳税人、扣缴义务人的办理材料用于与政务服务无关的用途。

【升级规范】
税务机关提供在电子税务局办理科技成果转化暂不征收个人所得税备案服务。

11.1.2.3 个人所得税分期缴纳报告

【事项名称】
个人所得税分期缴纳报告

【业务描述】
（1）个人以非货币性资产投资，一次性缴税有困难的，可合理确定分期缴纳计划并报主管税务机关备案，自发生上述应税行为之日起不超过 5 个公历年度内（含）分期缴纳个人所得税。

（2）中小高新技术企业以未分配利润、盈余公积、资本公积向个人股东转增股本时，个人股东一次缴纳个人所得税确有困难的，可自行制定分期缴税计划，由企业向主管税务机关办理报告备案，在不超过 5 个公历年度内（含）分期缴纳。

（3）高新技术企业转化科技成果，给予本企业相关技术人员的股权奖励，个人一次缴纳税款有困难的，可自行制定分期缴税计划，由企业向主管税务机关办理报告备案，在不超过 5 个公历年度内（含）分期缴纳。

【设定依据】
（1）《财政部、国家税务总局关于个人非货币性资产投资有关个人所得税政策的通知》（财税〔2015〕41 号）第三条；

（2）《财政部、国家税务总局关于将国家自主创新示范区有关税收试点政策推广到全国范围实施的通知》（财税〔2015〕116 号）第三条第一项、第四条第一项；

（3）《国家税务总局关于股权奖励和转增股本个人所得税征管问题的公告》（国家税务总局公告 2015 年第 80 号）第三条。

【办理材料】
（1）以非货币性资产投资选择分期纳税的纳税人：

序号	材料名称	数量	备注
1	《非货币性资产投资分期缴纳个人所得税备案表》	2 份	
2	投资协议原件及复印件	1 份	
3	纳税人身份证件	1 份	查验后退回
4	非货币性资产评估价格证明材料	1 份	
5	能够证明非货币性资产原值及合理税费的相关资料	1 份	
有以下情形的，还应提供相应材料			
适用情形	材料名称	数量	备注
未完成自然人信息采集	《个人所得税基础信息表（B 表）》	2 份	

（2）办理股权奖励分期纳税的企业：

序号	材料名称	数量	备注
1	《个人所得税分期缴纳备案表（股权奖励）》	2份	
2	高新技术企业认定证书原件及复印件	1份	原件查验后退回
3	股东大会或董事会决议复印件	1份	
4	相关技术人员参与技术活动的说明材料	1份	
5	企业股权奖励计划	1份	
6	能够证明股权或股票价格的有关材料	1份	
7	企业转化科技成果的说明	1份	
8	最近一期企业财务报表	1份	

（3）办理转增股本分期纳税的企业：

序号	材料名称	数量	备注
1	《个人所得税分期缴纳备案表（转增股本）》	2份	
2	高新技术企业认定证书原件及复印件	1份	原件查验后退回
3	股东大会或董事会决议复印件	1份	
4	上年度及转增股本当月企业财务报表	1份	
5	转增股本有关情况说明	1份	

【办理地点】

可通过办税服务厅（场所）办理，具体地点可以从省（自治区、直辖市和计划单列市）税务局网站"纳税服务"栏目查询。

【办理机构】

主管税务机关

【收费标准】

不收费

【办理时间】

即时办结

【联系电话】

主管税务机关对外公开的联系电话，可以从省（自治区、直辖市和计划单列市）税务局网站"纳税服务"栏目查询。

【办理流程】

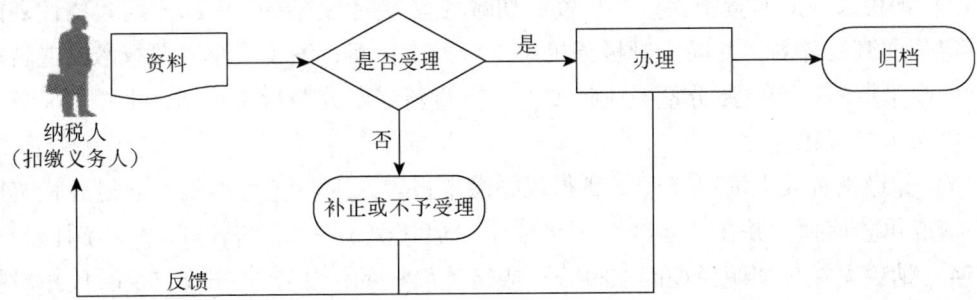

个人所得税操作实务指南

【纳税人、扣缴义务人注意事项】

（1）纳税人、扣缴义务人对报送材料的真实性和合法性承担责任。

（2）文书表单可在省（自治区、直辖市和计划单列市）税务局网站"下载中心"栏目查询下载或到办税服务厅领取。

（3）纳税人、扣缴义务人提交的各项资料为复印件的，均需注明"与原件一致"并签名盖章。

（4）个人以非货币性资产投资，一次性缴税有困难的，应于取得被投资企业股权之日的次月15日内合理确定分期缴纳计划并报主管税务机关备案。

（5）中小高新技术企业以未分配利润、盈余公积、资本公积向个人股东转增股本时，企业应于发生转增股本的次月15日内，向主管税务机关办理报告备案。

（6）高新技术企业转化科技成果，给予本企业相关技术人员的股权奖励，企业应于发生股权奖励的次月15日内，向主管税务机关办理报告备案。

（7）个人以非货币性资产投资交易过程中取得现金补价的，现金部分应优先用于缴税；现金不足以缴纳的部分，可分期缴纳。

（8）个人在分期缴税期间转让其持有的全部或部分股权，并取得现金收入的，该现金收入应优先用于缴纳尚未缴清的税款。

（9）非货币性资产投资，包括以非货币性资产出资设立新的企业，以及以非货币性资产出资参与企业增资扩股、定向增发股票、股权置换、重组改制等投资行为。

（10）纳税人以不动产投资的，以不动产所在地税务机关为主管税务机关；纳税人以其持有的企业股权对外投资的，以该企业所在地税务机关为主管税务机关；纳税人以其他非货币资产投资的，以被投资企业所在地税务机关为主管税务机关。

（11）可分期缴纳个人所得税的相关技术人员是指经公司董事会和股东大会决议批准获得股权奖励的以下两类人员：

①对企业科技成果研发和产业化做出突出贡献的技术人员，包括企业内关键职务科技成果的主要完成人、重大开发项目的负责人、对主导产品或者核心技术、工艺流程做出重大创新或者改进的主要技术人员。

②对企业发展做出突出贡献的经营管理人员，包括主持企业全面生产经营工作的高级管理人员，负责企业主要产品（服务）生产经营合计占主营业务收入（或者主营业务利润）50%以上的中、高级经营管理人员。

（12）纳税人享受非货币性资产投资分期缴税政策期间需要变更原分期缴税计划的，应重新制定分期缴税计划，并向主管税务机关重新报送备案；纳税人享受股权激励或转增股本分期缴税政策期间需变更原分期缴税计划的，应重新制定分期缴税计划，由扣缴义务人向主管税务机关重新报送备案。

（13）扣缴义务人在填写《个人所得税扣缴申报表》时，应将纳税人取得股权奖励或转增股本情况单独填列，并在"备注"栏中注明"股权奖励"或"转增股本"字样。

（14）纳税人在分期缴税期间取得分红或转让股权的，扣缴义务人应及时代扣股权奖励或转增股本尚未缴清的个人所得税,并于次月 15 日内向主管税务机关申报纳税。

【基本规范】

(1) 受理。

办税服务厅接收资料,核对资料是否齐全、是否符合法定形式、填写内容是否完整,符合的即时受理;对资料不齐全、不符合法定形式或填写内容不完整的,当场一次性告知应补正资料或不予受理原因。

(2) 办理。

按照纳税人、扣缴义务人报送材料录入数据。根据信息系统的提示信息,提醒纳税人、扣缴义务人更正纠错。

(3) 反馈。

办理结束后,在文书表单上加盖印章,一份返还纳税人、扣缴义务人。

(4) 归档。

将资料进行归档。不得将纳税人、扣缴义务人的办理材料用于与政务服务无关的用途。

【升级规范】

(1) 税务机关提供在电子税务局办理个人所得税分期缴纳报告服务。

(2) 取消证明材料、说明材料、企业计划、财务报表资料报送,改为留存备查。

11.1.2.4 个人所得税抵扣情况报告

【事项名称】

个人所得税抵扣情况报告

【业务描述】

天使投资个人转让未上市的初创科技型企业股权,享受投资抵扣税收优惠时,应于股权转让次月 15 日内向主管税务机关报告。

合伙创投企业的个人合伙人享受投资抵扣税收政策的,合伙创投企业应在投资初创科技型企业满 2 年后的每个年度终了后 3 个月内,向合伙创投企业主管税务机关报告。

【设定依据】

《国家税务总局关于创业投资企业和天使投资个人税收政策有关问题的公告》(国家税务总局公告 2018 年第 43 号)第二条第二款。

【办理材料】

(1) 天使投资个人情况报告:

序号	材料名称	数量	备注
1	《天使投资个人所得税投资抵扣情况表》	2 份	
2	初创科技型企业主管税务机关受理的《天使投资个人所得税投资抵扣备案表》	1 份	

(2) 合伙创投企业情况报告:

序号	材料名称	数量	备注
1	《合伙创投企业个人所得税投资抵扣情况表》	2 份	

【办理地点】

可通过办税服务厅（场所）办理，具体地点可以从省（自治区、直辖市和计划单列市）税务局网站"纳税服务"栏目查询。

【办理机构】

主管税务机关

【收费标准】

不收费

【办理时间】

即时办结

【联系电话】

主管税务机关对外公开的联系电话，可以从省（自治区、直辖市和计划单列市）税务局网站"纳税服务"栏目查询。

【办理流程】

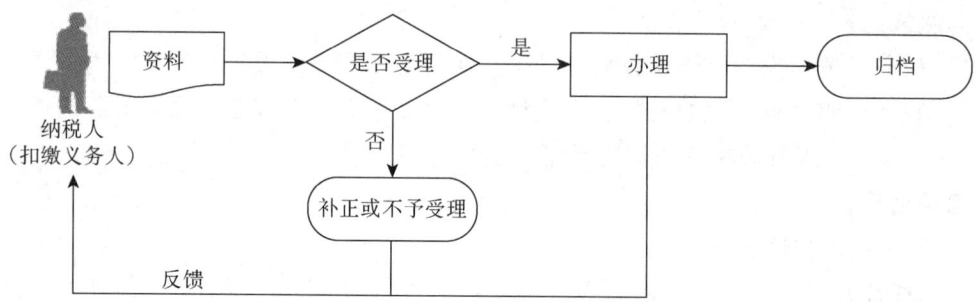

【纳税人、扣缴义务人注意事项】

（1）纳税人、扣缴义务人对报送材料的真实性和合法性承担责任。

（2）文书表单可在省（自治区、直辖市和计划单列市）税务局网站"下载中心"栏目查询下载或到办税服务厅领取。

（3）天使投资个人、合伙创投企业、初创科技型企业提供虚假情况、故意隐瞒已投资抵扣情况或采取其他手段骗取投资抵扣，不缴或者少缴应纳税款的，按税收征管法有关规定处理，并将其列入失信纳税人名单，按规定实施联合惩戒措施。

（4）享受投资抵扣税收政策的天使投资个人，应同时符合以下条件：不属于被投资初创科技型企业的发起人、雇员或其亲属（包括配偶、父母、子女、祖父母、外祖父母、孙子女、外孙子女、兄弟姐妹，下同），且与被投资初创科技型企业不存在劳务派遣等关系；投资后2年内，本人及其亲属持有被投资初创科技型企业股权比例合计应低于50%。

（5）享受投资抵扣税收政策的合伙创投企业，应同时符合以下条件：

①在中国境内（不含港、澳、台地区）注册成立、实行查账征收的合伙创投企业，且不属于被投资初创科技型企业的发起人。

②符合《创业投资企业管理暂行办法》（发展改革委等10部门令第39号）规定或者《私募投资基金监督管理暂行办法》（证监会令第105号）关于创业投资基金的特别规定，

按照上述规定完成备案且规范运作。

③投资后2年内,创业投资企业及其关联方持有被投资初创科技型企业的股权比例合计应低于50%。

(6)天使投资个人、公司制创业投资企业、合伙创投企业、合伙创投企业法人合伙人、被投资初创科技型企业应按规定办理优惠手续。

(7)天使投资个人转让初创科技型企业股权需同时抵扣前36个月内投资其他注销清算初创科技型企业尚未抵扣完毕的投资额的,申报时应一并提供注销清算企业主管税务机关受理登记并注明注销清算等情况的《天使投资个人所得税投资抵扣备案表》,及前期享受投资抵扣政策后税务机关受理的《天使投资个人所得税投资抵扣情况表》。

(8)天使投资个人投资初创科技型企业满足投资抵扣税收优惠条件后,初创科技型企业在上海证券交易所、深圳证券交易所上市的,天使投资个人在转让初创科技型企业股票时,有尚未抵扣完毕的投资额的,应向证券机构所在地主管税务机关办理限售股转让税款清算,抵扣尚未抵扣完毕的投资额。清算时,应提供投资初创科技型企业后税务机关受理的《天使投资个人所得税投资抵扣备案表》和《天使投资个人所得税投资抵扣情况表》。

(9)天使投资个人投资的初创科技型企业注销清算的,应及时持《天使投资个人所得税投资抵扣备案表》到主管税务机关办理情况登记。

(10)享受投资抵扣税收政策的投资,仅限于通过向被投资初创科技型企业直接支付现金方式取得的股权投资,不包括受让其他股东的存量股权。

(11)个人合伙人在个人所得税年度申报时,应将当年允许抵扣的投资额填至《个人所得税经营所得纳税申报表(B表)》"允许扣除的其他费用"栏,并同时标明"投资抵扣"字样。

【基本规范】

(1)受理。

办税服务厅接收资料,核对资料是否齐全、是否符合法定形式、填写内容是否完整,符合的即时受理;对资料不齐全、不符合法定形式或填写内容不完整的,当场一次性告知应补正资料或不予受理原因。

(2)办理。

按照纳税人、扣缴义务人报送材料录入数据。根据信息系统的提示信息,提醒纳税人、扣缴义务人更正纠错。

(3)反馈。

办理结束后,在文书表单上加盖印章,一份返还纳税人、扣缴义务人。

(4)归档。

将资料进行归档。不得将纳税人、扣缴义务人的办理材料用于与政务服务无关的用途。

【升级规范】

(1)税务机关提供在电子税务局办理个人所得税抵扣情况报告服务。

(2)根据纳税信用评价结果逐步取消个人所得税抵扣情况报告资料的报送。

11.1.2.5 合伙制创业投资企业单一投资基金核算方式报告

【事项名称】

合伙制创业投资企业单一投资基金核算方式报告

【业务描述】

符合《创业投资企业管理暂行办法》（发展改革委等10部门令第39号）或者《私募投资基金监督管理暂行办法》（证监会令第105号）有关规定完成备案且规范运作的合伙制创业投资企业（基金），可以选择按单一投资基金核算或者按创投企业年度所得整体核算两种方式之一，对其个人合伙人来源于创投企业的所得计算个人所得税应纳税额。上述合伙制创投企业选择按单一投资基金核算的，应当就其核算方式向主管税务机关报告备案。

【设定依据】

《财政部、国家税务总局、发展改革委、证监会关于创业投资企业个人合伙人所得税政策问题的通知》（财税〔2019〕8号）第六条。

【办理材料】

序号	材料名称	数量	备注
1	《合伙制创业投资企业单一投资基金核算方式备案表》	2份	

【办理地点】

可通过办税服务厅（场所）办理，具体地点可以从省（自治区、直辖市和计划单列市）税务局网站"纳税服务"栏目查询。

【办理机构】

主管税务机关

【收费标准】

不收费

【办理时间】

即时办结

【联系电话】

主管税务机关对外公开的联系电话，可以从省（自治区、直辖市和计划单列市）税务局网站"纳税服务"栏目查询。

【办理流程】

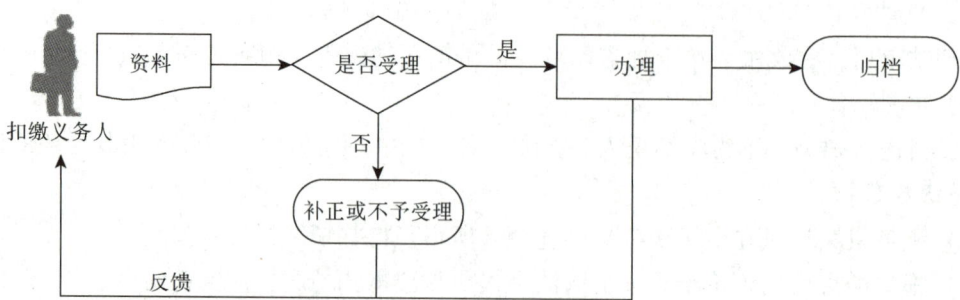

【扣缴义务人注意事项】
（1）扣缴义务人对报送材料的真实性和合法性承担责任。

（2）文书表单可在省（自治区、直辖市和计划单列市）税务局网站"下载中心"栏目查询下载或到办税服务厅领取。

（3）创投企业选择按单一投资基金核算的，应当在按照《创业投资企业管理暂行办法》（发展改革委等10部门令第39号）或者《私募投资基金监督管理暂行办法》（证监会令第105号）规定完成备案的30日内，向主管税务机关进行核算方式备案；未按规定备案的，视同选择按创投企业年度所得整体核算。

（4）单一投资基金核算，是指单一投资基金（包括不以基金名义设立的创投企业）在一个纳税年度内从不同创业投资项目取得的股权转让所得和股息红利所得按下述方法分别核算纳税：

①股权转让所得。单个投资项目的股权转让所得，按年度股权转让收入扣除对应股权原值和转让环节合理费用后的余额计算，股权原值和转让环节合理费用的确定方法，参照股权转让所得个人所得税有关政策规定执行；单一投资基金的股权转让所得，按一个纳税年度内不同投资项目的所得和损失相互抵减后的余额计算，余额大于或等于零的，即确认为该基金的年度股权转让所得；余额小于零的，该基金年度股权转让所得按零计算且不能跨年结转。

个人合伙人按照其应从基金年度股权转让所得中分得的份额计算其应纳税额，并由创投企业在次年3月31日前代扣代缴个人所得税。

②股息红利所得。单一投资基金的股息红利所得，以其来源于所投资项目分配的股息、红利收入以及其他固定收益类证券等收入的全额计算。

个人合伙人按照其应从基金股息红利所得中分得的份额计算其应纳税额，并由创投企业按次代扣代缴个人所得税。

③除前述可以扣除的成本、费用之外，单一投资基金发生的包括投资基金管理人的管理费和业绩报酬在内的其他支出，不得在核算时扣除。

（5）单一投资基金核算方法仅适用于计算创投企业个人合伙人的应纳税额。

（6）创投企业选择按单一投资基金核算的，其个人合伙人从该基金应分得的股权转让所得和股息红利所得，按照20%税率计算缴纳个人所得税。创投企业选择按年度所得整体核算的，其个人合伙人应从创投企业取得的所得，按照"经营所得"项目5%～35%的超额累进税率计算缴纳个人所得税。

（7）创投企业选择按单一投资基金核算或按创投企业年度所得整体核算后，3年内不能变更。创投企业选择一种核算方式满3年需要调整的，应当在满3年的次年1月31日前，重新向主管税务机关备案。

（8）选择按单一投资基金核算的合伙制创业投资企业按规定办理年度股权转让所得扣缴申报时，应在取得所得的次年3月31日前向主管税务机关报送《单一投资基金核算的合伙制创业投资企业个人所得税扣缴申报表》。

【基本规范】

(1) 受理。

办税服务厅接收资料，核对资料是否齐全、是否符合法定形式、填写内容是否完整，符合的即时受理；对资料不齐全、不符合法定形式或填写内容不完整的，当场一次性告知应补正资料或不予受理原因。

(2) 办理。

按照扣缴义务人报送材料录入数据。根据信息系统的提示信息，提醒扣缴义务人更正纠错。

(3) 反馈。

办理结束后，在文书表单上加盖印章，一份返还扣缴义务人。

(4) 归档。

将资料进行归档。不得将扣缴义务人的办理材料用于与政务服务无关的用途。

【升级规范】

税务机关提供在电子税务局办理合伙制创业投资企业单一投资基金核算方式报告服务。

11.2 申报纳税规范

11.2.1 居民综合所得个人所得税年度自行申报

【事项名称】

居民综合所得个人所得税年度自行申报

【业务描述】

居民个人取得工资、薪金所得、劳务报酬所得、稿酬所得、特许权使用费所得等综合所得且符合下列情形之一的纳税人，应当在取得所得的次年3月1日至6月30日内填报《个人所得税年度自行纳税申报表》及其他相关资料，办理汇算清缴或者随汇算清缴一并办理纳税申报：

(1) 从两处以上取得综合所得，且综合所得年收入额减除专项扣除后的余额超过6万元；

(2) 取得劳务报酬所得、稿酬所得、特许权使用费所得中一项或者多项所得，且综合所得年收入额减除专项扣除的余额超过6万元；

(3) 纳税年度内预缴税额低于应纳税额；

(4) 纳税人申请退税；

(5) 纳税人取得综合所得，扣缴义务人未扣缴税款的。

【设定依据】

(1)《中华人民共和国税收征收管理法》第二十五条第一款；

(2)《中华人民共和国个人所得税法》第二条；

(3)《中华人民共和国个人所得税法实施条例》第二十五条。

【办理材料】

序号	材料名称	数量	备注
1	《个人所得税年度自行纳税申报表》	2份	
有以下情形的，还应提供相应材料			
适用情形	材料名称	数量	备注
选择在汇算清缴申报时享受专项附加扣除的	《个人所得税专项附加扣除信息表》	1份	
有依法确定的其他扣除	《商业健康保险税前扣除情况明细表》《个人税收递延型商业养老保险税前扣除情况明细表》等相关扣除资料	1份	
有对公益慈善事业的捐赠	捐赠扣除凭证	1份	
纳税人存在减免个人所得税情形	《个人所得税减免税事项报告表》	1份	

【办理地点】

(1) 可通过办税服务厅（场所）办理，具体地点可从省（自治区、直辖市和计划单列市）税务局网站"纳税服务"栏目查询。

(2) 此事项可同城通办。

【办理机构】

主管税务机关

【收费标准】

不收费

【办理时间】

即时办结

【联系电话】

主管税务机关对外公开的联系电话，可以从省（自治区、直辖市和计划单列市）税务局网站"纳税服务"栏目查询。

【办理流程】

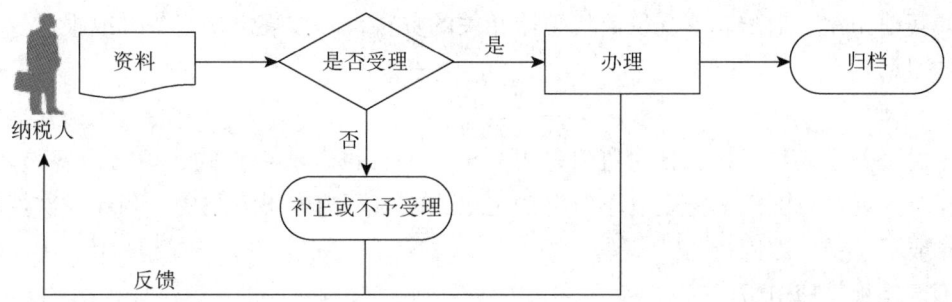

【纳税人注意事项】

（1）纳税人对报送材料的真实性和合法性承担责任。

（2）文书表单可在省（自治区、直辖市和计划单列市）税务局网站"下载中心"栏目查询下载或到办税服务厅领取。

（3）税务机关提供"最多跑一次"服务。纳税人在资料完整且符合法定受理条件的前提下，最多只需要到税务机关跑一次。

（4）纳税人未按照规定的期限办理纳税申报和报送纳税资料的，将影响纳税信用评价结果，并依照《中华人民共和国税收征收管理法》有关规定承担相应法律责任。

（5）享受子女教育、继续教育、住房贷款利息或者住房租金、赡养老人专项附加扣除的纳税人，自符合条件开始，可以向支付工资、薪金所得的扣缴义务人提供上述专项附加扣除有关信息办理扣除；也可以向汇缴地主管税务机关办理汇算清缴申报时扣除。纳税人未取得工资、薪金所得，仅取得劳务报酬所得、稿酬所得、特许权使用费所得需要享受专项附加扣除的，应当自行向汇缴地主管税务机关报送《个人所得税专项附加扣除信息表》，并在办理汇算清缴申报时扣除。享受大病医疗专项附加扣除的纳税人，由其自行向汇缴地主管税务机关办理汇算清缴申报时扣除。

（6）纳税人因移居境外注销中国户籍的，且在注销户籍年度取得综合所得的，应当在注销户籍前，办理当年综合所得的汇算清缴，并报送《个人所得税年度自行纳税申报表》。尚未办理上一年度综合所得汇算清缴的，应当在办理注销户籍纳税申报时一并办理。

（7）纳税人办理注销户籍纳税申报时，需要办理专项附加扣除、依法确定的其他扣除的，应当向税务机关报送《个人所得税专项附加扣除信息表》《商业健康保险税前扣除情况明细表》《个人税收递延型商业养老保险税前扣除情况明细表》等。

（8）纳税人有未缴或者少缴税款的，应当在注销户籍前，结清欠缴或未缴的税款。纳税人存在分期缴税且未缴纳完毕的，应当在注销户籍前，结清尚未缴纳的税款。

（9）需要办理汇算清缴的纳税人，向任职、受雇单位所在地主管税务机关办理纳税申报。纳税人有两处以上任职、受雇单位的，选择向其中一处任职、受雇单位所在地主管税务机关办理纳税申报；纳税人没有任职、受雇单位的，向户籍所在地或经常居住地主管税务机关办理纳税申报。

（10）纳税人办理综合所得汇算清缴，应当准备与收入、专项扣除、专项附加扣除、依法确定的其他扣除、捐赠、享受税收优惠等相关的资料，并按规定留存备查或报送。

【基本规范】

（1）受理。

①办税服务厅接收资料，核对资料是否齐全、是否符合法定形式、填写内容是否完整，符合的即时受理；对资料不齐全、不符合法定形式或填写内容不完整的，当场一次性告知应补正资料或不予受理原因。

②不得违规受理申报。

（2）办理。

①按照纳税人报送材料录入数据。根据信息系统的提示信息，提醒纳税人更正纠错。
②按规定开具税收票证。
（3）反馈。
办理结束后，在申报表上加盖印章，一份返还纳税人。
（4）归档。
将资料进行归档。不得将纳税人的办理材料用于与政务服务无关的用途。
【升级规范】
（1）利用数字证书申报成功的纳税人，取消纸质资料报送。
（2）推进税种要素申报，逐步扩大申报表免填数据项范围，实现部分申报表由系统自动生成，推送给扣缴义务人由其确认后报送。

11.2.2 经营所得个人所得税月（季）度申报

【事项名称】
经营所得个人所得税月（季）度申报
【业务描述】
纳税人取得经营所得，以每一纳税年度的收入总额减除成本、费用以及损失后的余额，为应纳税所得额，按年计算个人所得税，纳税人应当在月度或季度终了后15日内填报《个人所得税经营所得纳税申报表（A表）》及其他相关资料，向经营管理所在地主管税务机关办理预缴纳税申报，并预缴税款。
【设定依据】
（1）《中华人民共和国税收征收管理法》第二十五条第一款；
（2）《中华人民共和国个人所得税法》第二条；
（3）《中华人民共和国个人所得税法实施条例》第十五条。
【办理材料】

序号	材料名称	数量	备注
1	《个人所得税经营所得纳税申报表（A表）》	2份	
有以下情形的，还应提供相应材料			
适用情形	材料名称	数量	备注
纳税人存在减免个人所得税情形	《个人所得税减免税事项报告表》	1份	
有依法确定的其他扣除	《商业健康保险税前扣除情况明细表》《个人税收递延型商业养老保险税前扣除情况明细表》等相关扣除资料	1份	

【办理地点】
（1）可通过办税服务厅（场所）、自然人税收管理系统（WEB端、扣缴客户端）办理，具体地点和网址可以从省（自治区、直辖市和计划单列市）税务局网站"纳税服务"栏目查询。

（2）此事项可同城通办。

【办理机构】

主管税务机关

【收费标准】

不收费

【办理时间】

即时办结

【联系电话】

主管税务机关对外公开的联系电话，可以从省（自治区、直辖市和计划单列市）税务局网站"纳税服务"栏目查询。

【办理流程】

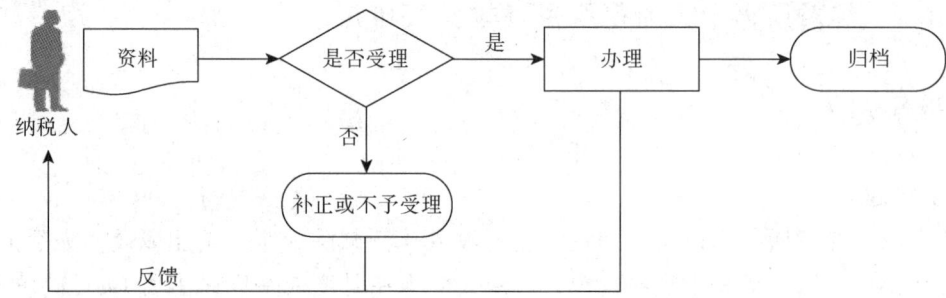

【纳税人注意事项】

（1）纳税人对报送材料的真实性和合法性承担责任。

（2）文书表单可在省（自治区、直辖市和计划单列市）税务局网站"下载中心"栏目查询下载或到办税服务厅领取。

（3）税务机关提供"最多跑一次"服务。纳税人在资料完整且符合法定受理条件的前提下，最多只需要到税务机关跑一次。

（4）纳税人使用符合电子签名法规定条件的电子签名，与手写签名或者盖章具有同等法律效力。

（5）纳税人未按照规定的期限办理纳税申报和报送纳税资料的，将影响纳税信用评价结果，并依照《中华人民共和国税收征收管理法》有关规定承担相应法律责任。

（6）个体工商户业主、个人独资企业投资者、合伙企业个人合伙人、承包承租经营者个人以及其他从事生产、经营活动的个人取得经营所得的，应当办理预缴纳税申报和汇算清缴。经营所得包括以下情形：

①个体工商户从事生产、经营活动取得的所得，个人独资企业投资人、合伙企业的个人合伙人来源于境内注册的个人独资企业、合伙企业生产、经营的所得；

②个人依法从事办学、医疗、咨询以及其他有偿服务活动取得的所得；

③个人对企业、事业单位承包经营、承租经营以及转包、转租取得的所得；

④个人从事其他生产、经营活动取得的所得。

(7) 从事生产、经营活动,未提供完整、准确的纳税资料,不能正确计算应纳税所得额的,由主管税务机关核定应纳税所得额或者应纳税额。

(8) 纳税人取得经营所得,按年计算个人所得税,由纳税人在月度或者季度终了后15日内向税务机关报送纳税申报表,并预缴税款。遇最后一日是法定休假日的,以休假日期满的次日为期限的最后一日;在期限内有连续3日以上法定休假日的,按休假日天数顺延。

(9) 预缴申报时,合伙企业有多个自然人合伙人的,应分别填报《个人所得税经营所得纳税申报表(A表)》。

(10) 纳税人因移居境外注销中国户籍,且在当年取得经营所得的,应当在申请注销中国户籍前,向户籍所在地主管税务机关办理汇算清缴,进行税款清算。

(11) 纳税人有未缴或者少缴税款的,应当在注销户籍前,结清欠缴或未缴的税款。纳税人存在分期缴税且未缴纳完毕的,应当在注销户籍前,结清尚未缴纳的税款。

(12) 依法享受纳税人税收优惠等相关的资料,按规定留存备查或报送。

(13) 纳税人在纳税期内没有应纳税款的,也应当按照规定办理申报纳税。

【基本规范】

(1) 受理。

①办税服务厅或自然人税收管理系统接收资料信息,核对资料信息是否齐全、是否符合法定形式、填写内容是否完整,符合的即时受理;对资料不齐全、不符合法定形式或填写内容不完整的,一次性告知应补正资料或不予受理原因。

②不得违规受理申报。

(2) 办理。

①按照纳税人报送材料录入数据。根据信息系统的提示信息,提醒纳税人更正纠错。

②按规定开具税收票证。

(3) 反馈。

办理结束后,在申报表上加盖印章,一份返还纳税人;自然人税收管理系统办理的,将办理结果通过自然人税收管理系统反馈给纳税人。

(4) 归档。

将资料进行归档。不得将纳税人的办理材料用于与政务服务无关的用途。

【升级规范】

(1) 利用数字证书申报成功的纳税人,取消纸质资料报送。

(2) 推进税(费)种要素申报,逐步扩大申报表免填数据项范围,实现部分申报表由系统自动生成,推送给纳税人由其确认后报送。

11.2.3 经营所得个人所得税年度申报

【事项名称】

经营所得个人所得税年度申报

【业务描述】

纳税人取得经营所得,以每一纳税年度的收入总额减除成本、费用以及损失后的余额,为应纳税所得额,按年计算个人所得税。纳税人应当在取得所得的次年 3 月 31 日前填报《个人所得税经营所得纳税申报表(B 表)》及其他相关资料,向经营管理所在地主管税务机关办理汇算清缴。

企业在年度中间合并、分立、终止时,个人独资企业投资者、合伙企业个人合伙人、承包承租经营应当在停止生产经营之日起 60 日内,向主管税务机关办理当期个人所得税汇算清缴。

【设定依据】

(1)《中华人民共和国税收征收管理法》第二十五条第一款;

(2)《中华人民共和国个人所得税法》第二条;

(3)《中华人民共和国个人所得税法实施条例》第十五条。

【办理材料】

序号	材料名称	数量	备注
1	《个人所得税经营所得纳税申报表(B 表)》	2 份	
有以下情形的,还应提供相应材料			
适用情形	材料名称	数量	备注
无综合所得,且需要享受专项附加扣除	《个人所得税专项附加扣除信息表》	1 份	
纳税人存在减免个人所得税情形	《个人所得税减免税事项报告表》	1 份	
有依法确定的其他扣除	《商业健康保险税前扣除情况明细表》《个人税收递延型商业养老保险税前扣除情况明细表》等相关扣除资料	1 份	

【办理地点】

(1)可以通过办税服务厅(场所)、自然人税收管理系统(WEB 端)办理,具体地点和网址可以从省(自治区、直辖市和计划单列市)税务局网站"纳税服务"栏目查询。

(2)此事项可同城通办。

【办理机构】

主管税务机关

【收费标准】

不收费

【办理时间】

即时办结

【联系电话】

主管税务机关对外公开的联系电话,可以从省(自治区、直辖市和计划单列市)税务局网站"纳税服务"栏目查询。

【办理流程】

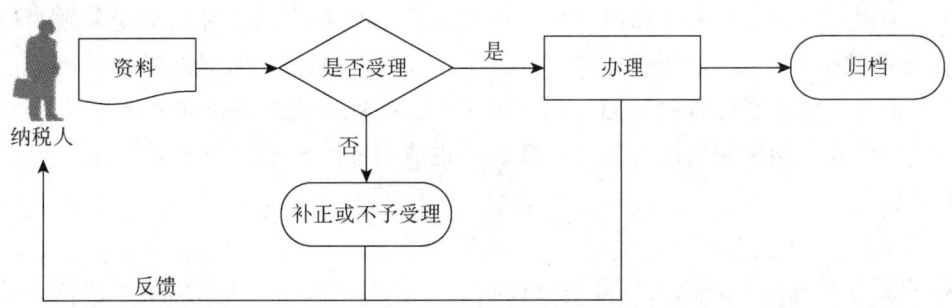

【纳税人注意事项】

（1）纳税人对报送材料的真实性和合法性承担责任。

（2）文书表单可在省（自治区、直辖市和计划单列市）税务局网站"下载中心"栏目查询下载或到办税服务厅领取。

（3）税务机关提供"最多跑一次"服务。纳税人在资料完整且符合法定受理条件的前提下，最多只需要到税务机关跑一次。

（4）纳税人使用符合电子签名法规定条件的电子签名，与手写签名或者盖章具有同等法律效力。

（5）纳税人未按照规定的期限办理纳税申报和报送纳税资料的，将影响纳税信用评价结果，并依照《中华人民共和国税收征收管理法》有关规定承担相应法律责任。

（6）个体工商户业主、个人独资企业投资者、合伙企业个人合伙人、承包承租经营者个人以及其他从事生产、经营活动的个人取得经营所得的，应当办理预缴纳税申报和汇算清缴。经营所得包括以下情形：

①个体工商户从事生产、经营活动取得的所得，个人独资企业投资人、合伙企业的个人合伙人来源于境内注册的个人独资企业、合伙企业生产、经营的所得；

②个人依法从事办学、医疗、咨询以及其他有偿服务活动取得的所得；

③个人对企业、事业单位承包经营、承租经营以及转包、转租取得的所得；

④个人从事其他生产、经营活动取得的所得。

（7）从事生产、经营活动，未提供完整、准确的纳税资料，不能正确计算应纳税所得额的，由主管税务机关核定应纳税所得额或者应纳税额。

（8）汇算清缴时，合伙企业有多个自然人合伙人的，应分别填报《个人所得税经营所得纳税申报表（B表）》。

（9）取得经营所得的个人，没有综合所得的，计算其每一纳税年度的应纳税所得额时，应当减除费用6万元、专项扣除、专项附加扣除以及依法确定的其他扣除。专项附加扣除在办理汇算清缴时减除。

（10）纳税人在注销户籍年度取得经营所得的，应当在注销户籍前，向户籍所在地主管税务机关办理当年经营所得的汇算清缴，并报送《个人所得税经营所得纳税申报表（B

表）》。从两处以上取得经营所得的，还应当一并报送《个人所得税经营所得纳税申报表（C表）》。尚未办理上一年度经营所得汇算清缴的，应当在办理注销户籍纳税申报时一并办理。

（11）纳税人有未缴或者少缴税款的，应当在注销户籍前，结清欠缴或未缴的税款。纳税人存在分期缴税且未缴纳完毕的，应当在注销户籍前，结清尚未缴纳的税款。

（12）纳税人依法享受税收优惠等相关的资料，按规定留存备查或报送。

（13）纳税人在纳税期内没有应纳税款的，也应当按照规定办理申报纳税。

【基本规范】

（1）受理。

①办税服务厅或自然人税收管理系统接收资料信息，核对资料信息是否齐全、是否符合法定形式、填写内容是否完整，符合的即时受理；对资料不齐全、不符合法定形式或填写内容不完整的，一次性告知应补正资料或不予受理原因。

②不得违规受理申报。

（2）办理。

①按照纳税人报送材料录入数据。根据信息系统的提示信息，提醒纳税人更正纠错。

②按规定开具税收票证。

（3）反馈。

办理结束后，在申报表上加盖印章，一份返还纳税人；自然人税收管理系统办理的，将办理结果通过自然人税收管理系统反馈给纳税人。

（4）归档。

将资料进行归档。不得将纳税人的办理材料用于与政务服务无关的用途。

【升级规范】

（1）利用数字证书申报成功的纳税人，取消纸质资料报送。

（2）推进税（费）种要素申报，逐步扩大申报表免填数据项范围，实现部分申报表由系统自动生成，推送给纳税人由其确认后报送。

11.2.4　居民其他分类所得个人所得税自行申报

【事项名称】

居民其他分类所得个人所得税自行申报

【业务描述】

居民个人取得利息、股息、红利所得，财产租赁所得，财产转让所得，偶然所得但没有扣缴义务人的，或者有扣缴义务人但未扣缴税款的，以及国务院规定的其他情形，应依照税收法律、法规、规章及其他有关规定，在取得所得的次年6月30日前就其个人所得向主管税务机关申报并缴纳税款。税务机关通知限期缴纳的，纳税人应当按照期限缴纳税款。

【设定依据】

（1）《中华人民共和国税收征收管理法》第二十五条第一款；

(2)《中华人民共和国个人所得税法》第二条。

【办理材料】

序号	材料名称	数量	备注
1	《个人所得税自行纳税申报表（A表）》	2份	
2	个人身份证件	1份	查验后退回
有以下情形的，还应提供相应材料			
适用情形	材料名称	数量	备注
纳税人存在减免个人所得税情形	《个人所得税减免税事项报告表》	1份	
办理股权转让纳税申报	股权转让双方身份证件	1份	查验后退回
	计税依据明显偏低但有正当理由的证明资料	1份	
	股权转让合同（协议）	1份	查验后退回
	具有法定资质的中介机构出具的净资产或土地房产等资产价值评估报告	1份	
	主管税务机关要求报送的其他材料	1份	

【办理地点】

(1) 可通过办税服务厅（场所）办理，具体地点可以从省（自治区、直辖市和计划单列市）税务局网站"纳税服务"栏目查询。

(2) 此事项可同城通办。

【办理机构】

主管税务机关

【收费标准】

不收费

【办理时间】

即时办结

【联系电话】

主管税务机关对外公开的联系电话，可以从省（自治区、直辖市和计划单列市）税务局网站"纳税服务"栏目查询。

【办理流程】

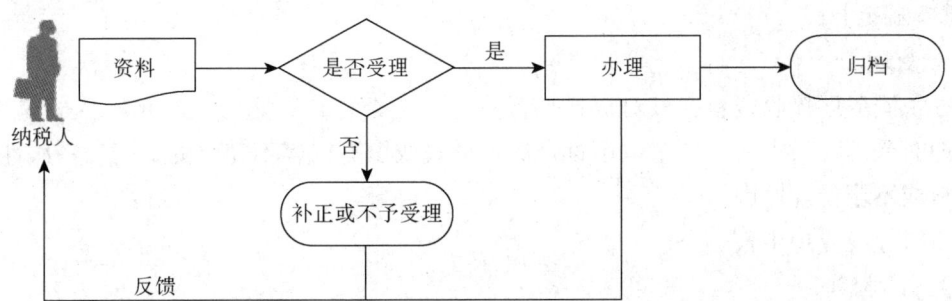

【纳税人注意事项】

（1）纳税人对报送材料的真实性和合法性承担责任。

（2）文书表单可以在省（自治区、直辖市和计划单列市）税务局网站"下载中心"栏目查询下载或到办税服务厅领取。

（3）税务机关提供"最多跑一次"服务。纳税人在资料完整且符合法定受理条件的前提下，最多只需要到税务机关跑一次。

（4）经过实名信息验证的办税人员，不再提供登记证件和身份证件复印件等资料。

（5）纳税人有未缴或者少缴税款的，应当在注销户籍前，结清欠缴或未缴的税款。纳税人存在分期缴税且未缴纳完毕的，应当在注销户籍前，结清尚未缴纳的税款。

（6）纳税人在注销户籍当年取得利息、股息、红利所得，财产租赁所得，财产转让所得和偶然所得的，应当在注销户籍前，申报当年上述所得的完税情况，并报送《个人所得税自行纳税申报表（A表）》。

（7）个人股权转让所得个人所得税以被投资企业所在地税务机关为主管税务机关。具有下列情形之一的，纳税人应当依法在次月15日内向主管税务机关申报纳税：

①受让方已支付或部分支付股权转让价款的；

②股权转让协议已签订生效的；

③受让方已经实际履行股东职责或者享受股东权益的；

④国家有关部门判决、登记或公告生效的；

⑤股权被司法或行政机关强制过、以股权对外投资或进行其他非货币性交易的、以股权抵偿债务或其他股权转移行为已完成的；

⑥税务机关认定的其他有证据表明股权已发生转移的情形。

（8）个人转让不动产的，税务机关应当根据不动产登记等相关信息核验应缴的个人所得税，登记机构办理转移登记时，应当查验与该不动产转让相关的个人所得税的完税凭证。个人转让股权办理变更登记的，市场主体登记机关应当查验与该股权交易相关的个人所得税的完税凭证。

（9）当纳税人既存有优惠减免，又存在非居民享受税收协定待遇减免时，纳税人可以选择优惠度最高的享受减免进行申报。

（10）符合税收优惠条件的纳税人，在减税、免税期间，应按规定办理纳税申报，填写申报表及其附表上的优惠栏目。

【基本规范】

（1）受理。

①办税服务厅接收资料，核对资料是否齐全、是否符合法定形式、填写内容是否完整，符合的即时受理；对资料不齐全、不符合法定形式或填写内容不完整的，当场一次性告知应补正资料或不予受理原因。

②不得违规受理申报。

（2）办理。

①按照纳税人报送材料录入数据。根据信息系统的提示信息,提醒纳税人更正纠错。
②按规定开具税收票证。
(3) 反馈。
办理结束后,在申报表上加盖印章,一份返还纳税人。
(4) 归档。
将资料进行归档。不得将纳税人的办理材料用于与政务服务无关的用途。
【升级规范】
(1) 利用数字证书申报成功的纳税人,取消纸质资料报送。
(2) 推进税种要素申报,逐步扩大申报表免填数据项范围,实现部分申报表由系统自动生成,推送给扣缴义务人由其确认后报送。

11.2.5 非居民个人所得税自行申报

【事项名称】
非居民个人所得税自行申报
【业务描述】
非居民纳税人按照税收法律法规和税收协定的有关规定,就其取得的境内个人所得向主管税务机关书面报送相关申报表。
【设定依据】
(1)《中华人民共和国税收征收管理法》第二十五条第一款;
(2)《中华人民共和国个人所得税法》第二条。
【办理材料】

序号	材料名称	数量	备注
1	《个人所得税自行纳税申报表(A表)》	2份	
有以下情形的,还应提供相应材料			
适用情形	材料名称	数量	备注
纳税人存在减免个人所得税情形	《个人所得税减免税事项报告表》	1份	

【办理地点】
(1) 可通过办税服务厅(场所)办理,具体地点可从省(自治区、直辖市和计划单列市)税务局网站"纳税服务"栏目查询。
(2) 此事项可同城通办。
【办理机构】
主管税务机关
【收费标准】
不收费

【办理时间】
即时办结
【联系电话】
主管税务机关对外公开的联系电话，可以从省（自治区、直辖市和计划单列市）税务局网站"纳税服务"栏目查询。
【办理流程】

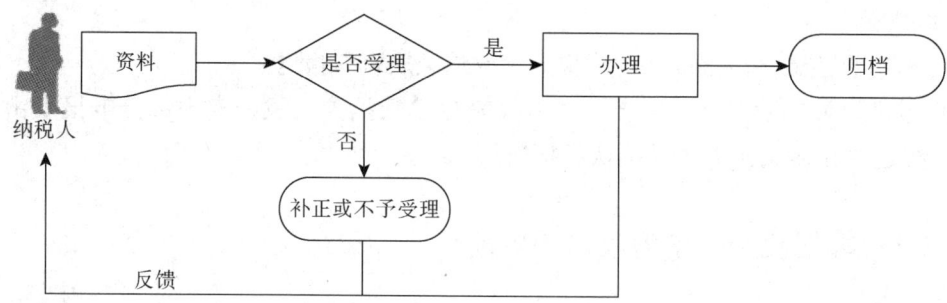

【纳税人注意事项】
（1）纳税人对报送材料的真实性和合法性承担责任。
（2）文书表单可在省（自治区、直辖市和计划单列市）税务局网站"下载中心"栏目查询下载或到办税服务厅领取。
（3）税务机关提供"最多跑一次"服务。纳税人在资料完整且符合法定受理条件的前提下，最多只需要到税务机关跑一次。
（4）非居民个人指在中国境内无住所又不居住，或者无住所而一个纳税年度内在中国境内居住累计不满183天的个人。无住所个人一个纳税年度内在中国境内累计居住天数，按照个人在中国境内累计停留的天数计算。在中国境内停留的当天满24小时的，计入中国境内居住天数，在中国境内停留的当天不足24小时的，不计入中国境内居住天数。
（5）非居民个人所得税自行申报的情形包括：
①从中国境内取得应税所得没有扣缴义务人的；
②从中国境内取得应税所得，扣缴义务人未扣缴税款的；
③从中国境内两处或两处以上取得工资、薪金所得的；
④国务院规定的其他情形。
（6）非居民个人取得工资、薪金所得，劳务报酬所得，稿酬所得，特许权使用费所得，扣缴义务人未扣缴税款的，应当在取得所得的次年6月30日前，向扣缴义务人所在地主管税务机关办理纳税申报。有两个以上扣缴义务人均未扣缴税款的，选择向其中一处扣缴义务人所在地主管税务机关办理纳税申报。
（7）非居民个人在中国境内从两处以上取得工资、薪金所得的，应当在取得所得的次月15日内，向其中一处任职、受雇单位所在地主管税务机关办理纳税申报。
（8）非居民个人取得利息、股息、红利所得，财产租赁所得，财产转让所得和偶然所得的，扣缴义务人未扣缴税款的，应当在取得所得的次年6月30日前，按相关规定向主管税务机关办理纳税申报。税务机关通知限期缴纳的,纳税人应当按照期限缴纳税款。

(9)非居民个人在次年6月30日前离境(临时离境除外)的,应当在离境前办理纳税申报。

(10)符合税收优惠条件的纳税人,在减税、免税期间,应按规定办理纳税申报,填写申报表及其附表上的优惠栏目。

【基本规范】

(1)受理。

①办税服务厅接收资料信息,核对资料信息是否齐全、是否符合法定形式、填写内容是否完整,符合的即时受理;对资料不齐全、不符合法定形式或填写内容不完整的,当场一次性告知应补正资料或不予受理原因。

②不得违规受理申报。

(2)办理。

①按照纳税人报送材料录入数据。根据信息系统的提示信息,提醒纳税人更正纠错。

②按规定开具税收票证。

(3)反馈。

办理结束后,在申报表上加盖印章,一份返还纳税人。

(4)归档。

将资料进行归档。不得将纳税人的办理材料用于与政务服务无关的用途。

【升级规范】

(1)利用数字证书申报成功的纳税人,取消纸质资料报送。

(2)推进税种要素申报,逐步扩大申报表免填数据项范围,实现部分申报表由系统自动生成,推送给扣缴义务人由其确认后报送。

11.2.6 限售股转让所得个人所得税清算申报

【事项名称】

限售股转让所得个人所得税清算申报

【业务描述】

限售股转让所得个人所得税,采取证券机构预扣预缴、纳税人自行申报清算和证券机构直接扣缴相结合的方式征收。纳税人按照实际转让收入与实际成本计算出的应纳税额,与证券机构预扣预缴税额有差异的,纳税人应自证券机构代扣并解缴税款的次月1日起3个月内,到证券机构所在地主管税务机关提出清算申请,办理清算申报事宜。

【设定依据】

(1)《中华人民共和国税收征收管理法》第二十五条第一款;

(2)《中华人民共和国个人所得税法》第二条;

(3)《财政部、国家税务总局、证监会关于个人转让上市公司限售股所得征收个人所得税有关问题的通知》(财税〔2009〕167号);

（4）《财政部、国家税务总局、证监会关于个人转让上市公司限售股所得征收个人所得税有关问题的补充通知》（财税〔2010〕70号）。

【办理材料】

序号	材料名称	数量	备注
1	《限售股转让所得个人所得税清算申报表》	2份	
2	个人身份证件	1份	查验后退回
3	限售股交易明细记录（加盖开户证券机构印章）	1份	
4	财产原值凭证	1份	
有以下情形的，还应提供相应材料			
适用情形	材料名称	数量	备注
天使投资个人投资的初创科技型企业上市且满足投资抵扣税收优惠条件，在办理限售股转让税款清算，抵扣尚未抵扣完毕的投资额	《天使投资个人所得税投资抵扣情况表》	2份	应于股权转让次月15日内或在限售股转让清算时，向主管税务机关报送
	《天使投资个人所得税投资抵扣备案表》	2份	次月15日内，向其主管税务机关报送
委托代理人进行申报的报送	代理人身份证件	1份	查验后退回
	纳税人委托代理申报的授权书	1份	

【办理地点】

（1）可通过办税服务厅（场所）办理，具体地点可以从省（自治区、直辖市和计划单列市）税务局网站"纳税服务"栏目查询。

（2）此事项可同城通办。

【办理机构】

主管税务机关

【收费标准】

不收费

【办理时间】

即时办结

【联系电话】

主管税务机关对外公开的联系电话，可以从省（自治区、直辖市和计划单列市）税务局网站"纳税服务"栏目查询。

【办理流程】

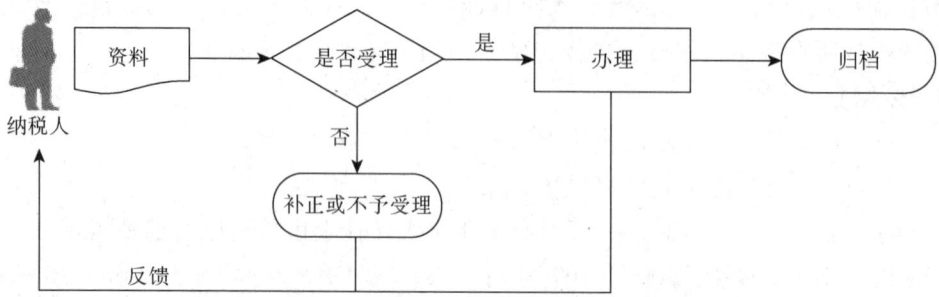

【纳税人注意事项】
（1）纳税人对报送材料的真实性和合法性承担责任。

（2）文书表单可以在省（自治区、直辖市和计划单列市）税务局网站"下载中心"栏目查询下载或到办税服务厅领取。

（3）税务机关提供"最多跑一次"服务。纳税人在资料完整且符合法定受理条件的前提下，最多只需要到税务机关跑一次。

（4）纳税人未按照规定的期限办理纳税申报和报送纳税资料的，将影响纳税信用评价结果，并依照《中华人民共和国税收征收管理法》有关规定承担相应法律责任。

（5）经过实名信息验证的办税人员，不再提供登记证件和身份证件复印件等资料。

（6）限售股包括：

①上市公司股权分置改革完成后股票复牌日之前股东所持原非流通股股份，以及股票复牌日至解禁日期间由上述股份孳生的送、转股（统称股改限售股）；

②2006年股权分置改革新老划断后，首次公开发行股票并上市的公司形成的限售股，以及上市首日至解禁日期间由上述股份孳生的送、转股（统称新股限售股）；

③个人从机构或其他个人受让的未解禁限售股；

④个人因依法继承或家庭财产依法分割取得的限售股；

⑤个人持有的从代办股份转让系统转到主板市场（或中小板、创业板市场）的限售股；

⑥上市公司吸收合并中，个人持有的原被合并方公司限售股所转换的合并方公司股份；

⑦上市公司分立中，个人持有的被分立方公司限售股所转换的分立后公司股份；

⑧其他限售股。

（7）个人转让限售股或发生具有转让限售股实质的其他交易，取得现金、实物、有价证券和其他形式的经济利益均应缴纳个人所得税。限售股在解禁前被多次转让的，转让方对每一次转让所得均应按规定缴纳个人所得税。对具有下列情形的，应按规定征收个人所得税：

①个人通过证券交易所集中交易系统或大宗交易系统转让限售股；

②个人用限售股认购或申购交易型开放式指数基金（ETF）份额；

③个人用限售股接受要约收购；

④个人行使现金选择权将限售股转让给提供现金选择权的第三方；

⑤个人协议转让限售股；

⑥个人持有的限售股被司法扣划；

⑦个人因依法继承或家庭财产分割让渡限售股所有权；

⑧个人用限售股偿还上市公司股权分置改革中由大股东代其向流通股股东支付的对价；

⑨其他具有转让实质的情形。

纳税人发生第①②③④项情形的，对其应纳个人所得税按照财税〔2009〕167号文件规定，采取证券机构预扣预缴、纳税人自行申报清算和证券机构直接扣缴相结合的方式征收。纳税人按照实际转让收入与实际成本计算出的应纳税额，与证券机构预扣预缴税额有差异的，纳税人应自证券机构代扣并解缴税款的次月1日起3个月内，到证券机构所在地主管税务机关提出清算申请，办理清算申报事宜。

纳税人发生第⑤⑥⑦⑧项情形的，采取纳税人自行申报纳税的方式。纳税人转让限售股后，应在次月15日内到主管税务机关填报《限售股转让所得个人所得税清算申报表》，自行申报纳税。

（8）个人转让股权办理变更登记的，市场主体登记机关应当查验与该股权交易相关的个人所得税的完税凭证。

（9）纳税人依法享受税收优惠等相关的资料，按规定留存备查或报送。

【基本规范】

（1）受理。

①办税服务厅接收资料信息，核对资料信息是否齐全、是否符合法定形式、填写内容是否完整，符合的即时受理；对资料不齐全、不符合法定形式或填写内容不完整的，当场一次性告知应补正资料或不予受理原因。

②不得违规受理申报。

（2）办理。

①按照纳税人报送材料录入数据。根据信息系统的提示信息，提醒纳税人更正纠错。

②按规定开具税收票证。

（3）反馈。

办理结束后，在申报表上加盖印章，一份返还纳税人。

（4）归档。

将资料进行归档。不得将纳税人的办理材料用于与政务服务无关的用途。

【升级规范】

（1）利用数字证书申报成功的纳税人，取消纸质资料报送。

（2）推进税种要素申报，逐步扩大申报表免填数据项范围，实现部分申报表由系统自动生成，推送给扣缴义务人由其确认后报送。

11.3 证明办理规范

11.3.1 开具个人所得税纳税记录

【事项名称】

开具个人所得税纳税记录

【业务描述】

纳税人2019年1月1日以后取得个人所得税应税所得并由扣缴义务人向税务机关办理

了全员全额扣缴申报，或根据税法规定自行向税务机关办理纳税申报的，不论是否实际缴纳税款，均可以申请开具个人所得税《纳税记录》。

【设定依据】

《国家税务总局关于将个人所得税〈税收完税证明〉（文书式）调整为〈纳税记录〉有关事项的公告》（国家税务总局公告2018年第55号）。

【办理材料】

序号	材料名称	数量	备注
1	身份证件原件		查验后退回
有以下情形的，还应提供相应材料			
适用情形	材料名称	数量	备注
委托他人代为开具	受托人身份证件原件		查验后退回
	委托人书面授权资料	1份	

【办理地点】

可通过办税服务厅（场所）、自然人税收管理系统（WEB端、APP端）、自助办税终端办理，具体地点和网址可从省（自治区、直辖市和计划单列市）税务局网站"纳税服务"栏目查询。

【办理机构】

主管税务机关

【收费标准】

不收费

【办理时间】

即时办结

【联系电话】

主管税务机关对外公开的联系电话，可以从省（自治区、直辖市和计划单列市）税务局网站"纳税服务"栏目查询。

【办理流程】

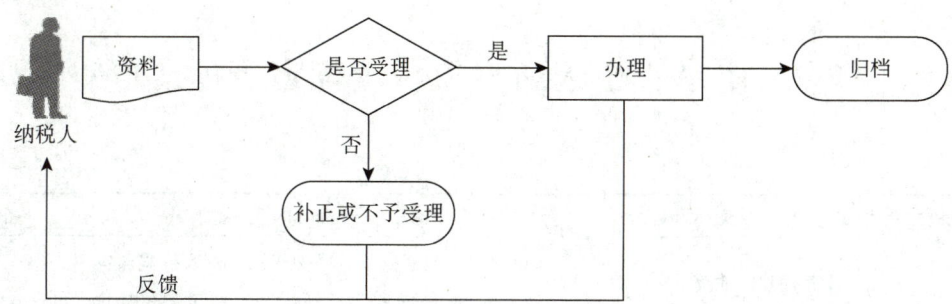

【纳税人注意事项】

（1）纳税人对报送材料的真实性和合法性承担责任。

（2）税务机关提供"最多跑一次"服务。纳税人在资料完整且符合法定受理条件的前提下，最多只需要到税务机关跑一次。

（3）纳税人使用符合电子签名法规定条件的电子签名，与手写签名或者盖章具有同等法律效力。

（4）个人所得税税款所属期为2019年1月1日（含）以后的，税务机关开具个人所得税《纳税记录》；税款所属期为2018年12月31日（含）以前的，税务机关开具个人所得税《税收完税证明》（文书式）。

（5）个人所得税《纳税记录》涉及纳税人敏感信息，请妥善保存。

（6）纳税人对个人所得税《纳税记录》存在异议的，可以向该项记录中列明的税务机关申请核实。

（7）税务机关提供两种个人所得税《纳税记录》验证服务。一是通过手机APP扫描个人所得税《纳税记录》中的二维码进行验证；二是通过自然人税收管理系统输入个人所得税《纳税记录》中的验证码进行验证。

（8）个人所得税《纳税记录》因不同打印设备造成的色差，不影响使用效力。

（9）个人所得税《纳税记录》不作纳税人记账、抵扣凭证。

【基本规范】

（1）受理。

办税服务厅接收资料，核对资料是否齐全、是否符合法定形式、填写内容是否完整，符合的即时受理；对资料不齐全、不符合法定形式或填写内容不完整的，当场一次性告知应补正资料或不予受理原因。

（2）办理。

按照纳税人报送材料录入数据。根据信息系统的提示信息，提醒纳税人更正纠错。

（3）反馈。

办理结束后，将个人所得税《纳税记录》反馈给纳税人。

（4）归档。

将资料进行归档。不得将纳税人的办理材料用于与政务服务无关的用途。

11.4　附录：个人所得税税收优惠事项清单

序号	减免性质代码	减免项目名称	政策名称	备注
1	05011601	其他地区地震受灾减免个人所得税	《财政部、国家税务总局关于认真落实抗震救灾及灾后重建税收政策问题的通知》（财税〔2008〕62号）	税收减免核准

续表

序号	减免性质代码	减免项目名称	政策名称	备注
2	05011605	其他自然灾害受灾减免个人所得税	《中华人民共和国个人所得税法》（中华人民共和国主席令第48号）	税收减免核准
3	05011709	个人转让5年以上唯一住房免征个人所得税	《财政部、国家税务总局关于个人所得税若干政策问题的通知》（财税字〔1994〕20号）	申报享受税收减免，无须报送资料
4	05011801	随军家属从事个体经营免征个人所得税	《财政部、国家税务总局关于随军家属就业有关税收政策的通知》（财税〔2000〕84号）	申报享受税收减免，无须报送资料
5	05011802	军转干部从事个体经营免征个人所得税	《财政部、国家税务总局关于自主择业的军队转业干部有关税收政策问题的通知》（财税〔2003〕26号）	申报享受税收减免，无须报送资料
6	05011805	退役士兵从事个体经营减征个人所得税	《财政部、国家税务总局、退役军人部关于进一步扶持自主就业退役士兵创业就业有关税收政策的通知》（财税〔2019〕21号）	申报享受税收减免，无须报送资料
7	05012710	残疾、孤老、烈属减征个人所得税	《中华人民共和国个人所得税法》（中华人民共和国主席令第48号）	税收减免备案
8	05013613	建档立卡贫困人口从事个体经营扣减个人所得税	《财政部、国家税务总局、人力资源社会保障部、国务院扶贫办关于进一步支持和促进重点群体创业就业有关税收政策的通知》（财税〔2019〕22号）	申报享受税收减免，无须报送资料
9	05013614	登记失业半年以上人员，零就业家庭、享受城市低保登记失业人员，毕业年度内高校毕业生从事个体经营扣减个人所得税	《财政部、国家税务总局、人力资源社会保障部、国务院扶贫办关于进一步支持和促进重点群体创业就业有关税收政策的通知》（财税〔2019〕22号）	申报享受税收减免，无须报送资料
10	05099901	取消农业税从事四业所得暂免征收个人所得税	《财政部、国家税务总局关于农村税费改革试点地区有关个人所得税问题的通知》（财税〔2004〕30号）	申报享受税收减免，无须报送资料
11	05102904	对外籍技术官员取得的由北京冬奥组委、测试赛赛事组委会支付的劳务报酬免征个人所得税	《财政部、国家税务总局、海关总署关于北京2022年冬奥会和冬残奥会税收政策的通知》（财税〔2017〕60号）	申报享受税收减免，无须报送资料
12	05129908	符合条件的房屋赠与免征个人所得税	《财政部、国家税务总局关于个人无偿受赠房屋有关个人所得税问题的通知》（财税〔2009〕78号）	申报享受税收减免，无须报送资料

续表

序号	减免性质代码	减免项目名称	政策名称	备注
13	05129999	内地个人投资者通过沪港通投资香港联交所上市股票取得的转让差价所得,免征收个人所得税	《财政部、国家税务总局、证监会关于沪港股票市场交易互联互通机制试点有关税收政策的通知》(财税〔2014〕81号)	申报享受税收减免,无须报送资料
14	05129999	三板市场股息红利差别化征税	《财政部、国家税务总局、证监会关于实施全国中小企业股份转让系统挂牌公司股息红利差别化个人所得税政策有关问题的通知》(财税〔2014〕48号)	申报享受税收减免,无须报送资料
15	05129999	个人取得的拆迁补偿款及因拆迁重新购置安置住房,可按有关规定享受个人所得税减免	《财政部、国家税务总局关于城市和国有工矿棚户区改造项目有关税收优惠政策的通知》(财税〔2010〕42号)	申报享受税收减免,无须报送资料
16	05129999	拆迁补偿款免税	《财政部、国家税务总局关于城镇房屋拆迁有关税收政策的通知》(财税〔2005〕45号)	申报享受税收减免,无须报送资料
17	05129999	储蓄存款利息免税	《财政部、国家税务总局关于储蓄存款利息所得有关个人所得税政策的通知》(财税〔2008〕132号)	申报享受税收减免,无须报送资料
18	05129999	低保家庭领取住房租赁补贴免税	《财政部、国家税务总局关于促进公共租赁住房发展有关税收优惠政策的通知》(财税〔2014〕52号)	申报享受税收减免,无须报送资料
19	05129999	地方政府债券利息免税	《财政部、国家税务总局关于地方政府债券利息免征所得税问题的通知》(财税〔2013〕5号)	申报享受税收减免,无须报送资料
20	05129999	见义勇为奖金免税	《财政部、国家税务总局关于发给见义勇为者的奖金免征个人所得税问题的通知》(财税字〔1995〕25号)	申报享受税收减免,无须报送资料
21	05129999	平潭台湾居民免税	《财政部、国家税务总局关于福建平潭综合实验区个人所得税优惠政策的通知》(财税〔2014〕24号)	申报享受税收减免,无须报送资料
22	05129999	高级专家延长离退休期间工薪免征个人所得税	《财政部、国家税务总局关于高级专家延长离休退休期间取得工资薪金所得有关个人所得税问题的通知》(财税〔2008〕7号)	申报享受税收减免,无须报送资料
23	05129999	取消农业税从事四业所得暂免征收个人所得税	《财政部、国家税务总局关于个人独资企业和合伙企业投资者取得种植业、养殖业、饲养业、捕捞业所得有关个人所得税问题的批复》(财税〔2010〕96号)	申报享受税收减免,无须报送资料

续表

序号	减免性质代码	减免项目名称	政策名称	备注
24	05129999	体彩中奖1万元以下免税	《财政部、国家税务总局关于个人取得体育彩票中奖所得征免个人所得税问题的通知》(财税字〔1998〕12号)	申报享受税收减免,无须报送资料
25	05129999	发票中奖暂免征收个人所得税	《财政部、国家税务总局关于个人取得有奖发票奖金征免个人所得税问题的通知》(财税〔2007〕34号)	申报享受税收减免,无须报送资料
26	05129999	外籍个人取得外商投资企业股息红利免征个人所得税	《财政部、国家税务总局关于个人所得税若干政策问题的通知》(财税字〔1994〕20号)	申报享受税收减免,无须报送资料
27	05129999	外籍个人出差补贴免税	《财政部、国家税务总局关于个人所得税若干政策问题的通知》(财税字〔1994〕20号)	申报享受税收减免,无须报送资料
28	05129999	符合条件的外籍专家工薪免征个人所得税	《财政部、国家税务总局关于个人所得税若干政策问题的通知》(财税字〔1994〕20号)	申报享受税收减免,无须报送资料
29	05129999	高级专家延长离退休期间工薪免征个人所得税	《财政部、国家税务总局关于个人所得税若干政策问题的通知》(财税字〔1994〕20号)	申报享受税收减免,无须报送资料
30	05129999	外籍个人探亲费、语言训练费、子女教育费免税	《财政部、国家税务总局关于个人所得税若干政策问题的通知》(财税字〔1994〕20号)	申报享受税收减免,无须报送资料
31	05129999	举报、协查违法犯罪奖金免税	《财政部、国家税务总局关于个人所得税若干政策问题的通知》(财税字〔1994〕20号)	申报享受税收减免,无须报送资料
32	05129999	转让上市公司股票免税	《财政部、国家税务总局关于个人转让股票所得继续暂免征收个人所得税的通知》(财税字〔1998〕61号)	申报享受税收减免,无须报送资料
33	05129999	工伤保险免税	《财政部、国家税务总局关于工伤职工取得的工伤保险待遇有关个人所得税政策的通知》(财税〔2012〕40号)	申报享受税收减免,无须报送资料
34	05129999	股权分置改革非流通股股东向流通股股东支付对价免税	《财政部、国家税务总局关于股权分置试点改革有关税收政策问题的通知》(财税〔2005〕103号)	申报享受税收减免,无须报送资料
35	05129999	横琴、香港、澳门居民免税	《财政部、国家税务总局关于广东横琴新区个人所得税优惠政策的通知》(财税〔2014〕23号)	申报享受税收减免,无须报送资料

续表

序号	减免性质代码	减免项目名称	政策名称	备注
36	05129999	奖学金免税	《财政部、国家税务总局关于教育税收政策的通知》（财税〔2004〕39号）	申报享受税收减免，无须报送资料
37	05129999	个人出租房屋减征个人所得税	《财政部、国家税务总局关于廉租住房、经济适用住房和住房租赁有关税收政策的通知》（财税〔2008〕24号）	申报享受税收减免，无须报送资料
38	05129999	个人出租房屋减征	《财政部、国家税务总局关于廉租住房、经济适用住房和住房租赁有关税收政策的通知》（财税〔2008〕24号）	申报享受税收减免，无须报送资料
39	05129999	拆迁补偿款免税	《财政部、国家税务总局关于棚户区改造有关税收政策的通知》（财税〔2013〕101号）	申报享受税收减免，无须报送资料
40	05129999	前海港澳台高端人才和紧缺人才免税	《财政部、国家税务总局关于深圳前海深港现代服务业合作区个人所得税优惠政策的通知》（财税〔2014〕25号）	申报享受税收减免，无须报送资料
41	05129999	生育津贴和生育医疗费免税	《财政部、国家税务总局关于生育津贴和生育医疗费有关个人所得税政策的通知》（财税〔2008〕8号）	申报享受税收减免，无须报送资料
42	05129999	个人出租房屋减征个人所得税	《财政部、国家税务总局关于调整住房租赁市场税收政策的通知》（财税〔2000〕125号）	申报享受税收减免，无须报送资料
43	05129999	证券资金利息免税	《财政部、国家税务总局关于证券市场个人投资者证券交易结算资金利息所得有关个人所得税政策的通知》（财税〔2008〕140号）	申报享受税收减免，无须报送资料
44	05129999	住房公积金、医疗保险金、基本养老保险金、失业保险基金个人账户存款利息所得免征个人所得税	《财政部、国家税务总局关于住房公积金、医疗保险金、基本养老保险金、失业保险基金个人账户存款利息所得免征个人所得税的通知》（财税字〔1999〕267号）	申报享受税收减免，无须报送资料
45	05129999	青奥会、亚青会、东亚会税收优惠	《财政部、海关总署、国家税务总局关于第二届夏季青年奥林匹克运动会等三项国际综合运动会税收政策的通知》（财税〔2013〕11号）	申报享受税收减免，无须报送资料
46	05129999	亚沙会税收优惠	《财政部、海关总署、国家税务总局关于第三届亚洲沙滩运动会税收政策的通知》（财税〔2011〕11号）	申报享受税收减免，无须报送资料

续表

序号	减免性质代码	减免项目名称	政策名称	备注
47	05129999	社会福利有奖募捐奖券中奖所得免税	《国家税务总局关于社会福利有奖募捐发行收入税收问题的通知》（国税发〔1994〕127号）	申报享受税收减免，无须报送资料
48	05129999	远洋运输船员伙食费	《国家税务总局关于远洋运输船员工资薪金所得个人所得税费用扣除问题的通知》（国税发〔1999〕202号）	申报享受税收减免，无须报送资料
49	05129999	安家费、退职费、退休工资、离休工资、离休生活补助费免税	《中华人民共和国个人所得税法》（中华人民共和国主席令第48号）	申报享受税收减免，无须报送资料
50	05129999	符合条件的外交人员免征个人所得税	《中华人民共和国个人所得税法》（中华人民共和国主席令第48号）	申报享受税收减免，无须报送资料
51	05129999	保险赔款免税	《中华人民共和国个人所得税法》（中华人民共和国主席令第48号）	申报享受税收减免，无须报送资料
52	05129999	符合条件的津补贴免征个人所得税	《中华人民共和国个人所得税法》（中华人民共和国主席令第48号）	申报享受税收减免，无须报送资料
53	05129999	省级、部委、军级奖金免征个人所得税	《中华人民共和国个人所得税法》（中华人民共和国主席令第48号）	申报享受税收减免，无须报送资料
54	05129999	合伙创投企业个人合伙人按投资额的一定比例抵扣从合伙创投企业分得的经营所得	《财政部、国家税务总局关于创业投资企业和天使投资个人有关税收政策的通知》（财税〔2018〕55号）	税收减免备案
55	05129999	天使投资个人按投资额的一定比例抵扣转让初创科技型企业股权取得的应纳税所得额	《财政部、国家税务总局关于创业投资企业和天使投资个人有关税收政策的通知》（财税〔2018〕55号）	税收减免备案
56	05129999	从职务科技成果转化收入中给予科技人员的现金奖励，可减按50%计入科技人员当月"工资、薪金所得"	《财政部、国家税务总局、科技部关于科技人员取得职务科技成果转化现金奖励有关个人所得税政策的通知》（财税〔2018〕58号）	申报享受税收减免，无须报送资料
57	05135401	税收协定减免股息所得个人所得税	我国对外签订的避免双重征税协定及内地对香港和澳门签订的避免双重征税安排	申报享受税收减免，无须报送资料

续表

序号	减免性质代码	减免项目名称	政策名称	备注
58	05135501	税收协定减免利息所得个人所得税	我国对外签订的避免双重征税协定及内地对香港和澳门签订的避免双重征税安排	申报享受税收减免,无须报送资料
59	05135601	税收协定减免特许权使用费所得个人所得税	我国对外签订的避免双重征税协定及内地对香港和澳门签订的避免双重征税安排	申报享受税收减免,无须报送资料
60	05135701	税收协定减免财产收益所得个人所得税	我国对外签订的避免双重征税协定及内地对香港和澳门签订的避免双重征税安排	申报享受税收减免,无须报送资料
61	05139901	税收协定和其他类协定等减免其他各类所得个人所得税	我国对外签订的避免双重征税协定及内地对香港和澳门签订的避免双重征税安排,含税收条款的其他类协定等	申报享受税收减免,无须报送资料

第三部分

个人所得税汇算清缴

12. 汇算清缴的范围

《个人所得税法》第十条规定，有下列情形之一的，纳税人应当依法办理纳税申报：（1）取得综合所得需要办理汇算清缴；（2）取得应税所得没有扣缴义务人；（3）取得应税所得，扣缴义务人未扣缴税款；（4）取得境外所得；（5）因移居境外注销中国户籍；（6）非居民个人在中国境内从两处以上取得工资、薪金所得；（7）国务院规定的其他情形。

扣缴义务人应当按照国家规定办理全员全额扣缴申报，并向纳税人提供其个人所得和已扣缴税款等信息。

《国家税务总局关于个人所得税自行纳税申报有关问题的公告》（国家税务总局公告2018年第62号）第二条规定，纳税人取得经营所得，在取得所得的次年3月31日前，向经营管理所在地主管税务机关办理汇算清缴，并报送《个人所得税经营所得纳税申报表（B表）》。

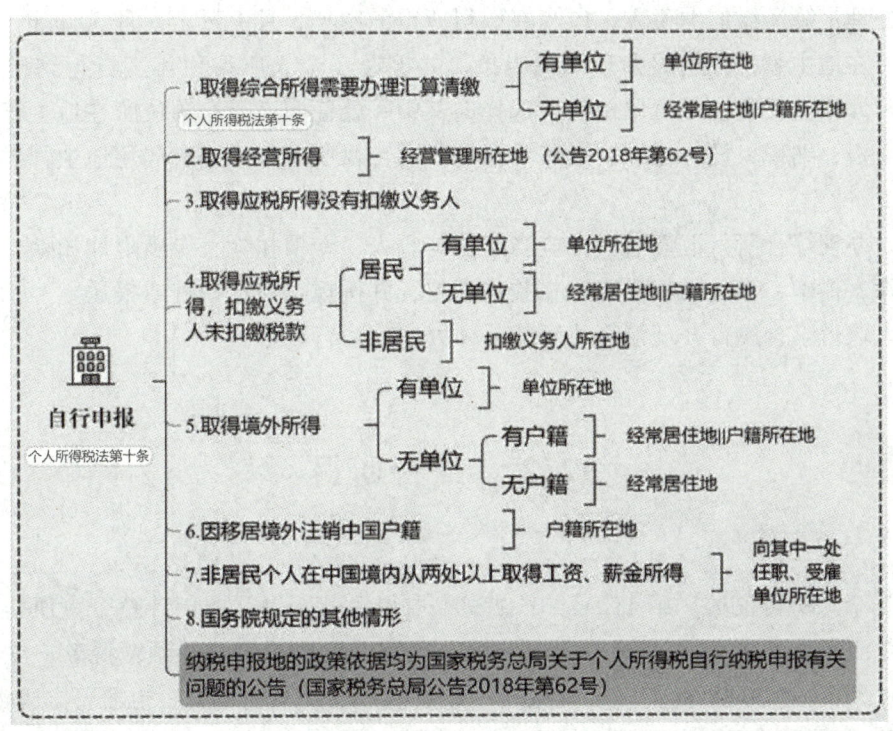

12.1　综合所得

根据《个人所得税法》第十一条第三款:"非居民个人取得工资、薪金所得,劳务报酬所得,稿酬所得和特许权使用费所得,有扣缴义务人的,由扣缴义务人按月或者按次代扣代缴税款,不办理汇算清缴"和第十条第一款第一项:"有下列情形之一的,纳税人应当依法办理纳税申报:(一)取得综合所得需要办理汇算清缴"的规定,汇算清缴的范围主要是居民个人取得综合所得,也就是工资、薪金所得、劳务报酬所得、稿酬所得、特许权使用费所得之一的,需要办理汇算清缴。

《国家税务总局关于个人所得税自行纳税申报有关问题的公告》(国家税务总局公告2018年第62号)第一条规定,取得综合所得且符合下列情形之一的纳税人,应当依法办理汇算清缴:

(1)从两处以上取得综合所得,且综合所得年收入额减除专项扣除后的余额超过6万元;

(2)取得劳务报酬所得、稿酬所得、特许权使用费所得中一项或者多项所得,且综合所得年收入额减除专项扣除的余额超过6万元;

(3)纳税年度内预缴税额低于应纳税额;

(4)纳税人申请退税。

需要办理汇算清缴的纳税人,应当在取得所得的次年3月1日至6月30日内,向任职、受雇单位所在地主管税务机关办理纳税申报,并报送《个人所得税年度自行纳税申报表》。纳税人有两处以上任职、受雇单位的,选择向其中一处任职、受雇单位所在地主管税务机关办理纳税申报;纳税人没有任职、受雇单位的,向户籍所在地或经常居住地主管税务机关办理纳税申报。

纳税人办理综合所得汇算清缴,应当准备与收入、专项扣除、专项附加扣除、依法确定的其他扣除、捐赠、享受税收优惠等相关的资料,并按规定留存备查或报送。

纳税人取得综合所得办理汇算清缴的具体办法,另行公告。

12.2　经营所得

根据《个人所得税法》第十二条:"纳税人取得经营所得,按年计算个人所得税,由纳税人在月度或者季度终了后15日内向税务机关报送纳税申报表,并预缴税款;在取得所得的次年3月31日前办理汇算清缴"的规定,纳税人取得经营所得的,也需要办理汇算清缴。

《国家税务总局关于个人所得税自行纳税申报有关问题的公告》(国家税务总局公告2018

年第62号）第二条规定，个体工商户业主、个人独资企业投资者、合伙企业个人合伙人、承包承租经营者个人以及其他从事生产、经营活动的个人取得经营所得，包括以下情形：

（1）个体工商户从事生产、经营活动取得的所得，个人独资企业投资人、合伙企业的个人合伙人来源于境内注册的个人独资企业、合伙企业生产、经营的所得；

（2）个人依法从事办学、医疗、咨询以及其他有偿服务活动取得的所得；

（3）个人对企业、事业单位承包经营、承租经营以及转包、转租取得的所得；

（4）个人从事其他生产、经营活动取得的所得。

纳税人取得经营所得，按年计算个人所得税，由纳税人在月度或季度终了后15日内，向经营管理所在地主管税务机关办理预缴纳税申报，并报送《个人所得税经营所得纳税申报表（A表）》。在取得所得的次年3月31日前，向经营管理所在地主管税务机关办理汇算清缴，并报送《个人所得税经营所得纳税申报表（B表）》；从两处以上取得经营所得的，选择向其中一处经营管理所在地主管税务机关办理年度汇总申报，并报送《个人所得税经营所得纳税申报表（C表）》。

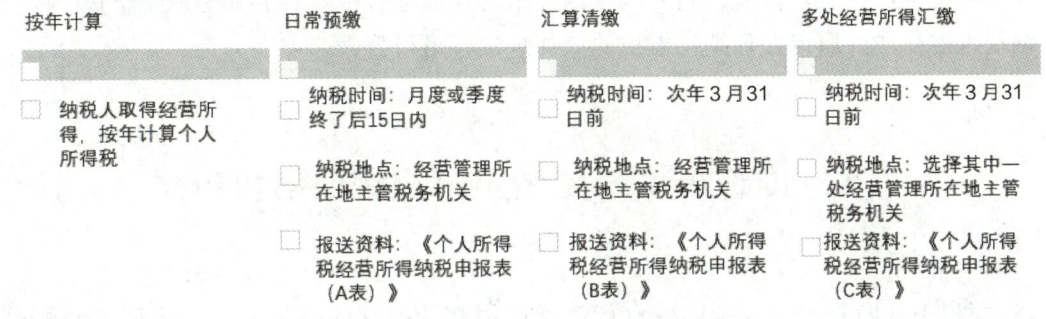

12.3　取得应税所得，扣缴义务人未扣缴税款的

《国家税务总局关于个人所得税自行纳税申报有关问题的公告》（国家税务总局公告2018年第62号）第三条规定，纳税人取得应税所得，扣缴义务人未扣缴税款的，应当区别以下情形办理纳税申报：

（1）居民个人取得综合所得的，按照本公告第一条办理。

（2）非居民个人取得工资、薪金所得，劳务报酬所得，稿酬所得，特许权使用费所得的，应当在取得所得的次年6月30日前，向扣缴义务人所在地主管税务机关办理纳税申报，并报送《个人所得税自行纳税申报表（A表）》。有两个以上扣缴义务人均未扣缴税款的，选择向其中一处扣缴义务人所在地主管税务机关办理纳税申报。

非居民个人在次年6月30日前离境（临时离境除外）的，应当在离境前办理纳税申报。

（3）纳税人取得利息、股息、红利所得，财产租赁所得，财产转让所得和偶然所得的，应当在取得所得的次年 6 月 30 日前，按相关规定向主管税务机关办理纳税申报，并报送《个人所得税自行纳税申报表（A 表）》。

税务机关通知限期缴纳的，纳税人应当按照期限缴纳税款。

12.4　取得境外所得的

《国家税务总局关于个人所得税自行纳税申报有关问题的公告》（国家税务总局公告 2018 年第 62 号）第四条规定，居民个人从中国境外取得所得的，应当在取得所得的次年 3 月 1 日至 6 月 30 日内，向中国境内任职、受雇单位所在地主管税务机关办理纳税申报；在中国境内没有任职、受雇单位的，向户籍所在地或中国境内经常居住地主管税务机关办理纳税申报；户籍所在地与中国境内经常居住地不一致的，选择其中一地主管税务机关办理纳税申报；在中国境内没有户籍的，向中国境内经常居住地主管税务机关办理纳税申报。

纳税人取得境外所得办理纳税申报的具体规定，另行公告。

12.5　因移居境外注销中国户籍的纳税申报

《国家税务总局关于个人所得税自行纳税申报有关问题的公告》（国家税务总局公告 2018 年第 62 号）第五条规定，纳税人因移居境外注销中国户籍的，应当在申请注销中国户籍前，向户籍所在地主管税务机关办理纳税申报，进行税款清算。

（1）纳税人在注销户籍年度取得综合所得的，应当在注销户籍前，办理当年综合所得的汇算清缴，并报送《个人所得税年度自行纳税申报表》。尚未办理上一年度综合所得汇算清缴的，应当在办理注销户籍纳税申报时一并办理。

（2）纳税人在注销户籍年度取得经营所得的，应当在注销户籍前，办理当年经营所得的汇算清缴，并报送《个人所得税经营所得纳税申报表（B 表）》。从两处以上取得经营所得的，还应当一并报送《个人所得税经营所得纳税申报表（C 表）》。尚未办理上一年度经营所得汇算清缴的，应当在办理注销户籍纳税申报时一并办理。

（3）纳税人在注销户籍当年取得利息、股息、红利所得，财产租赁所得，财产转让所得和偶然所得的，应当在注销户籍前，申报当年上述所得的完税情况，并报送《个人所得税自行纳税申报表（A 表）》。

（4）纳税人有未缴或者少缴税款的，应当在注销户籍前，结清欠缴或未缴的税款。纳税人存在分期缴税且未缴纳完毕的，应当在注销户籍前，结清尚未缴纳的税款。

（5）纳税人办理注销户籍纳税申报时，需要办理专项附加扣除、依法确定的其他扣除的，应当向税务机关报送《个人所得税专项附加扣除信息表》《商业健康保险税前扣除情况明细表》《个人税收递延型商业养老保险税前扣除情况明细表》等。

12.6 非居民个人在中国境内从两处以上取得工资、薪金所得的

《国家税务总局关于个人所得税自行纳税申报有关问题的公告》（国家税务总局公告2018年第62号）第六条规定，非居民个人在中国境内从两处以上取得工资、薪金所得的，应当在取得所得的次月15日内，向其中一处任职、受雇单位所在地主管税务机关办理纳税申报，并报送《个人所得税自行纳税申报表（A表）》。

扣缴义务人代扣代缴	无扣缴义务人	扣缴义务人未扣缴税款
纳税期限：按月或按次计税	纳税期限：按月或按次计税	纳税期限：按年计税
纳税时间：次月15日内	纳税时间：次月15日内	纳税时间：次年6月30日前
纳税地点：扣缴义务人主管税务机关所在地	纳税地点：纳税义务发生地主管税务机关	纳税地点：扣缴义务人所在地主管税务机关
报送资料：《个人所得税扣缴申报表》	报送资料：个人所得税自行纳税申报表（A表）	报送资料：个人所得税自行纳税申报表（A表）
		税务机关通知限期缴纳的，纳税人应当按照期限缴纳税款。

附件：汇算清缴范围思维导图

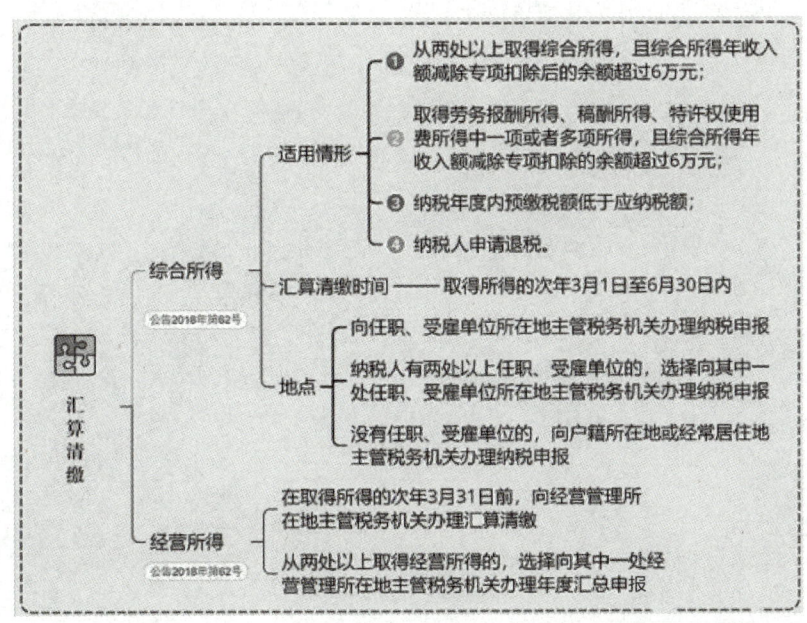

举例：老禾的姐姐居住在英国，2019 年 1 月 1 日请假回国看望父母，于 2019 年 5 月 1 日返回英国，在回国期间找到一份工作，2019 年 2 月取得工资、薪金 4 千元，3 月、4 月分别取得工资薪金 6 千元，3 月取得稿费 2 千元，4 月兼职培训机构取得劳务报酬 3 千元，老禾的姐姐在国内取得的所得如何计算个税？（如下图所示，单位：元）

国内取得	2月	3月	4月
工资、薪金	4000	6000	6000
稿酬		2000	
劳务报酬			3000

答：2 月应纳税额：由于工资薪金所得 4000 元＜5000 元，未达到起征点，无须缴纳个税。

3 月应纳税额：（1）工资薪金所得 6000 元：(6000－5000)×3％＝30 元，（2）稿酬所得 2000 元：2000×(1－20％)×70％×3％＝33.6 元，3 月应缴纳个税：30＋33.6＝63.6 元。

4 月应纳税额：（1）工资薪金所得 6000 元：(6000－5000)×3％＝30 元。（2）劳务报酬所得 3000 元：3000×(1－20％)×3％＝72 元，4 月应缴纳个税：30＋72＝102 元。

13. 居民个人取得综合所得汇算清缴

13.1 政策综述

居民个人取得综合所得汇算清缴,是指居民个人自行汇总一个纳税年度内取得的综合所得,依法计算本年度应纳税额,减除已预缴税额,确定该纳税年度应补税额或者应退税额,在法定期限内向税务机关办理纳税申报并结清税款的行为。

13.1.1 居民个人的概念

《个人所得税法》第一条规定,在中国境内有住所,或者无住所而一个纳税年度内在中国境内居住累计满183天的个人,为居民个人。居民个人从中国境内和境外取得的所得,依照本法规定缴纳个人所得税。

扣缴义务人代扣代缴	无扣缴义务人	扣缴义务人未扣缴税款
纳税期限:按月或按次计税	纳税期限:按月或按次计税	纳税期限:按年计税
纳税时间:次月15日内	纳税时间:次月15日内	纳税时间:次年6月30日前
纳税地点:扣缴义务人主管税务机关所在地	纳税地点:纳税义务发生地主管税务机关	纳税地点:扣缴义务人所在地主管税务机关
报送资料:《个人所得税扣缴申报表》	报送资料:个人所得税自行纳税申报表(A表)	报送资料:个人所得税自行纳税申报表(A表)
		税务机关通知限期缴纳的,纳税人应当按照期限缴纳税款。

13.1.2 综合所得汇缴范围

《个人所得税法》第二条规定,居民个人取得工资、薪金所得,劳务报酬所得,稿酬所得和特许权使用费所得,按纳税年度合并计算个人所得税。

综合所得:《综合所得个人所得税汇算清缴暂行办法》第二条第二款规定,本办法所称综合所得，是指工资薪金所得、劳务报酬所得、稿酬所得、特许权使用费所得，另有规定的除外。

汇缴范围：《综合所得个人所得税汇算清缴暂行办法》第二条第一款规定，居民个人取得综合所得的，应当按纳税年度合并计算个人所得税，并依法办理汇算清缴。

《国家税务总局关于发布〈个人所得税扣缴申报管理办法（试行）〉的公告》（税务总局公告 2018 年第 61 号）第九条规定，非居民个人在一个纳税年度内税款扣缴方法保持不变，达到居民个人条件时，应当告知扣缴义务人基础信息变化情况，年度终了后按照居民个人有关规定办理汇算清缴。

收入所属年度：《综合所得个人所得税汇算清缴暂行办法》第四条规定，居民个人按照实际取得综合所得的时间，确定所属纳税年度。纳税年度，自公历 1 月 1 日起至 12 月 31 日止。

13.1.3 综合所得需办理汇算清缴情形

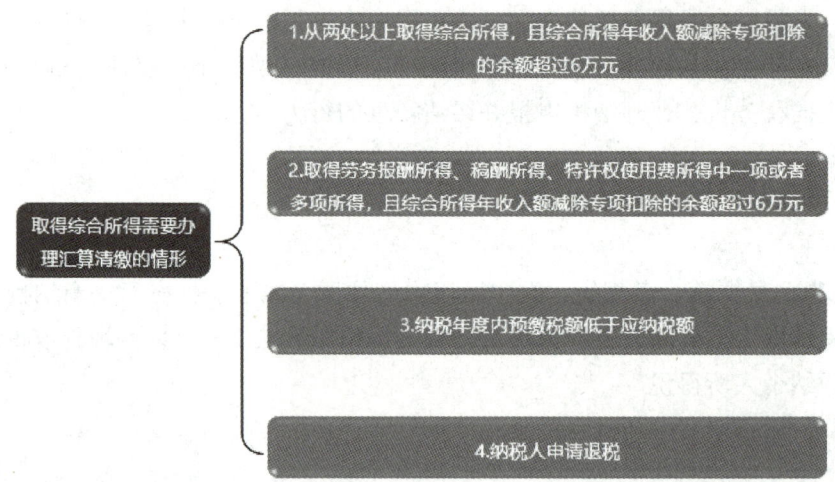

《个人所得税法》第十条（一）规定，取得综合所得需要办理汇算清缴有下列情形之一的，纳税人应当依法办理纳税申报：

（1）取得综合所得需要办理汇算清缴。

《个人所得税法实施条例》第二十五条规定，取得综合所得需要办理汇算清缴的情形包括：

（1）从两处以上取得综合所得，且综合所得年收入额减除专项扣除的余额超过 6 万元；

（2）取得劳务报酬所得、稿酬所得、特许权使用费所得中一项或者多项所得，且综合所得年收入额减除专项扣除的余额超过 6 万元；

（3）纳税年度内预缴税额低于应纳税额；

（4）纳税人申请退税。

纳税人申请退税，应当提供其在中国境内开设的银行账户，并在汇算清缴地就地办理税款退库。

《国家税务总局关于个人所得税自行纳税申报有关问题的公告》（税务总局公告 2018 年

第 62 号）第一条规定，取得综合所得需要办理汇算清缴的纳税申报。

取得综合所得且符合《个人所得税法实施条例》第二十五条规定情形之一的纳税人，应当依法办理汇算清缴。

纳税年度内预缴税额低于应纳税额，具体包括：

（1）因预扣预缴申报的收入额低于纳税人实际取得的收入额或者扣缴义务人未按规定扣缴税款的其他情形，导致预缴税额低于应纳税额的；

（2）从两处以上取得综合所得合并后，适用税率提高；或者累计扣除的减除费用、专项扣除、专项附加扣除、依法确定的其他扣除，不符合税法规定条件或者超过规定标准，导致预缴税额低于应纳税额的；

（3）预扣预缴时享受的综合所得税收优惠，不符合税法规定条件或者超过规定标准，导致预缴税额低于应纳税额的；

（4）其他预缴税额低于应纳税额的情形。

纳税人申请退税，具体包括：

（1）纳税年度内综合所得预扣预缴了个人所得税，但全年综合所得收入合计不足 6 万元的；

（2）预扣预缴时，未扣除或者未足额扣除专项扣除、专项附加扣除、依法确定的其他扣除，导致预缴税额高于应纳税额的；

（3）预扣预缴时，未享受或者未足额享受综合所得税收优惠，导致预缴税额高于应纳税额的；

（4）发生符合税前扣除条件的捐赠支出，需要在综合所得汇算清缴时扣除的；

（5）其他预缴税额高于应纳税额，申请退税的情形。

免于办理汇缴申报情形：《财政部、国家税务总局关于个人所得税综合所得汇算清缴涉及有关政策问题的公告》（财政部、国家税务总局公告 2019 年第 94 号）第一条规定，2019 年 1 月 1 日至 2020 年 12 月 31 日居民个人取得的综合所得，年度综合所得收入不超过 12 万元且需要汇算清缴补税的，或者年度汇算清缴补税金额不超过 400 元的，居民个人可免于办理个人所得税综合所得汇算清缴。居民个人取得综合所得时存在扣缴义务人未依法预扣预缴税款的情形除外。

附件：免于办理汇缴申报情形思维导图

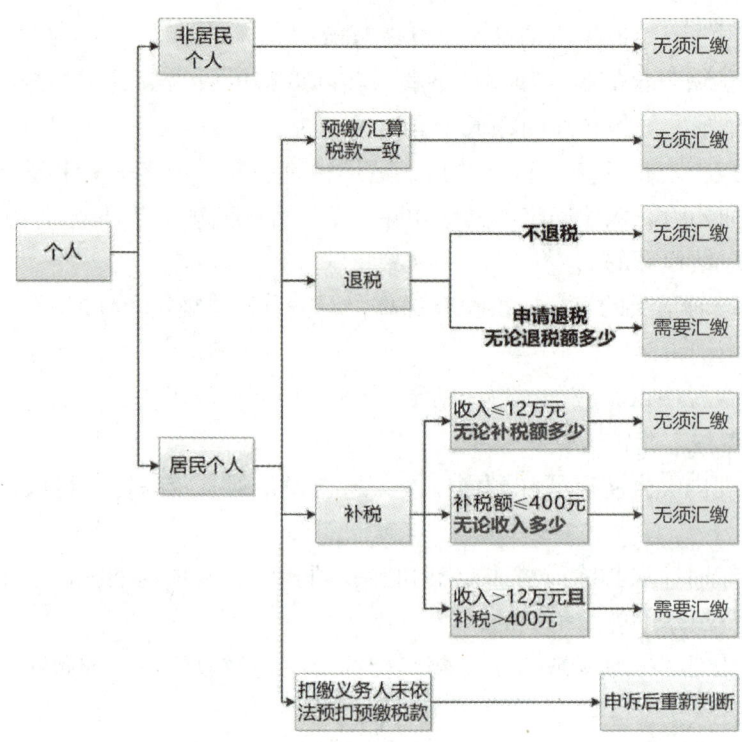

13.1.4　办理综合所得汇算清缴的主体

《个人所得税法实施条例》第二十九条规定，纳税人可以委托扣缴义务人或者其他单位和个人办理汇算清缴。

申报方式：居民个人可以自行通过网络、邮寄等方式办理汇算清缴，也可以到办税服务厅办理汇算清缴。税务机关采取积极措施，鼓励并引导居民个人采用网络方式办理汇算清缴。

扣缴义务人办理汇缴：扣缴义务人应当为纳税年度内仅从该处取得工资薪金或者连续性取得劳务报酬所得，且未取得其他综合所得的居民个人，办理汇算清缴。居民个人选择自行办理汇算清缴的除外。居民个人从两处或者两处以上取得综合所得，或者取得非连续性劳务报酬、稿酬、特许权使用费所得，且愿意委托与其有任职受雇关系的扣缴义务人办理汇算清缴的，扣缴义务人应当为其办理。

委托汇缴：居民个人可以委托涉税专业服务机构或者其他单位及个人（以下简称"受托人"），代为办理汇算清缴。

相关责任：扣缴义务人为居民个人办理汇算清缴，或者居民个人委托受托人办理汇算清缴的，居民个人应当如实提供本人纳税年度完整的综合所得收入、扣除、优惠等信息资料，并对其真实性、准确性、完整性负责。

13.1.5　办理综合所得汇算清缴的时间

《个人所得税法》第十一条规定，居民个人取得综合所得，按年计算个人所得税；有扣缴义务人的，由扣缴义务人按月或者按次预扣预缴税款；需要办理汇算清缴的，应当在取得所得的次年3月1日至6月31日内办理汇算清缴。预扣预缴办法由国务院税务主管部门制定。

居民个人向扣缴义务人提供专项附加扣除信息的，扣缴义务人按月预扣预缴税款时应当按照规定予以扣除，不得拒绝。

非居民个人取得工资、薪金所得，劳务报酬所得，稿酬所得和特许权使用费所得，有扣缴义务人的，由扣缴义务人按月或者按次代扣代缴税款，不办理汇算清缴。

《国家税务总局关于个人所得税自行纳税申报有关问题的公告》（税务总局公告2018年第62号）第一条规定，需要办理汇算清缴的纳税人，应当在取得所得的次年3月1日至6月30日内，向任职、受雇单位所在地主管税务机关办理纳税申报，并报送《个人所得税年度自行纳税申报表》。

居民个人应当在取得综合所得的次年3月1日至6月30日内办理汇算清缴。无住所居民个人在汇算清缴期限前离境的，可以在离境前办理汇算清缴。因移居境外注销中国户籍的居民个人，应当在注销户籍前办理汇算清缴。

13.1.6　办理综合所得汇算清缴的地点

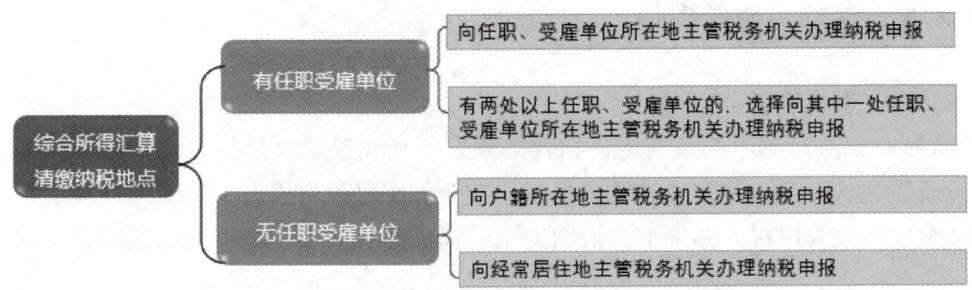

自行申报地点：居民个人办理汇算清缴的地点分别为：

（1）有任职受雇单位的，向任职受雇单位所在地主管税务机关申报；有两处及以上任职受雇单位的，选择其中一处单位所在地主管税务机关申报。

（2）没有任职受雇单位的，向户籍所在地或者经常居住地主管税务机关申报。居民个人已申领居住证的，以居住证登载的居住地住址为经常居住地；没有申领居住证的，为当前实际居住地。

（3）没有任职受雇单位，且汇算清缴时已不在中国境内居住的，向支付或者负担综合所得的境内单位或个人所在地主管税务机关申报。纳税人取得多处综合所得的，选择其中一处单位或个人所在地主管税务机关申报。

一个纳税年度的汇算清缴地一经确定，不得变更。

委托汇缴地点：扣缴义务人为居民个人办理汇算清缴的，可以向扣缴义务人主管税务机关办理。

其他单位或者个人为居民个人代为办理汇算清缴的，应当按照本办法第十一条规定的地点，向主管税务机关办理汇算清缴。

指定地点：居民个人未在规定期限内办理汇算清缴的，应当向税务机关确定的地点办理汇算清缴。

13.1.7　办理综合所得汇算清缴外币折算

《个人所得税法实施条例》第三十二条规定，所得为人民币以外货币的，按照办理纳税申报或者扣缴申报的上一月最后一日人民币汇率中间价，折合成人民币计算应纳税所得额。年度终了后办理汇算清缴的，对已经按月、按季或者按次预缴税款的人民币以外货币所得，不再重新折算；对应当补缴税款的所得部分，按照上一纳税年度最后一日人民币汇率中间价，折合成人民币计算应纳税所得额。

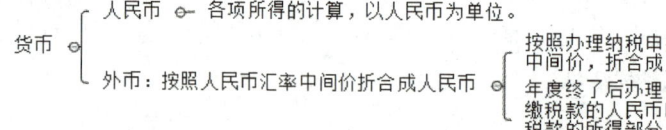

13.1.8　退税和补税机制

13.1.8.1　退税机制

《个人所得税法》第十四条规定，扣缴义务人每月或者每次预扣、代扣的税款，应当在次月十五日内缴入国库，并向税务机关报送扣缴个人所得税申报表。纳税人办理汇算清缴退税或者扣缴义务人为纳税人办理汇算清缴退税的，税务机关审核后，按照国库管理的有关规定办理退税。

《个人所得税法实施条例》第二十五条规定，纳税人申请退税，应当提供其在中国境内开设的银行账户，并在汇算清缴地就地办理税款退库。扣缴义务人未将扣缴的税款解缴入库的，不影响纳税人按照规定申请退税，税务机关应当凭纳税人提供的有关资料办理退税。

退税申请：纳税人办理汇算清缴退税或者扣缴义务人为纳税人办理汇算清缴退税的，税务机关按规定审核后，按照国库管理的有关规定，在汇算清缴地就地办理税款退库。居民个人申请汇算清缴退税的，应当提供本人在中国境内开设的符合条件的银行账户。

不予退税情形：居民个人申请退税时，未提供本人真实身份信息，或者未提供本人有效银行账户的，税务机关不予退税。税务机关发现居民个人提供的汇算清缴信息有错误且已告知其更正，但纳税人无正当理由拒不更正的，税务机关不予退税。

放弃退税：居民个人有权放弃汇算清缴退税。

13.1.8.2 补税机制

居民个人办理汇算清缴补税的，可以通过网上银行、银行端凭证支付、第三方支付、现金等方式缴纳。

13.1.9 申报操作

简易申报：居民个人一个纳税年度内取得的综合所得收入额不超过 6 万元，需要申请退税的，可以选择在次年 3 月 1 日至 5 月 31 日适用简易申报表办理汇算清缴申报。

提交资料：居民个人办理汇算清缴申报时，应当向税务机关报送纳税申报表及相关资料。扣缴义务人、受托人为居民个人办理汇算清缴的，应当向税务机关报送授权委托书以及双方有效证照等资料信息。扣缴义务人、受托人应当根据居民个人提供的资料信息如实办理汇算清缴申报，并妥善保管居民个人提供的资料信息。税务机关发现居民个人的申报信息及资料不完整、不准确，可以要求居民个人在规定期限内补充或修正。

资料留存备查：居民个人应当妥善保管与收入、专项扣除、专项附加扣除、依法确定的其他扣除、捐赠、享受税收优惠、已预缴税款等信息相关的资料，并自法定汇算清缴期结束后留存 5 年备查。

《国家税务总局关于个人所得税自行纳税申报有关问题的公告》（税务总局公告 2018 年第 62 号）第一条规定，纳税人办理综合所得汇算清缴，应当准备与收入、专项扣除、专项附加扣除、依法确定的其他扣除、捐赠、享受税收优惠等相关的资料，并按规定留存备查或报送。

文书送达：经居民个人同意，税务机关可以采用电子邮件、移动通信等能够确认其收悉的特定方式作为送达媒介电子送达执法文书，但税务行政处罚决定书、税务保全措施决定书、税务行政强制执行决定书除外。居民个人同意采取电子送达方式送达的，以税务信息系统显示发送成功日期为送达日期；但居民个人证明其收到日期与税务信息系统显示发送成功日期不一致的，以居民个人证明收到日期为准。

汇缴修正申报：居民个人自行或者委托办理汇算清缴申报后，发现有误需要更正的，可以更正申报《个人所得税法实施条例》第二十五条规定，汇算清缴的具体办法由国务院税务主管部门制定。

《财政部、国家税务总局关于个人所得税综合所得汇算清缴涉及有关政策问题的公告》（财政部、国家税务总局公告 2019 年第 94 号）第二条规定，残疾、孤老人员和烈属取得综合所得办理汇算清缴时，汇算清缴地与预扣预缴地规定不一致的，用预扣预缴地规定计算的减免税额与用汇算清缴地规定计算的减免税额相比较，按照孰高值确定减免税额。第三条规定居民个人填报专项附加扣除信息存在明显错误，经税务机关通知，居民个人拒不更正或者不说明情况的，税务机关可暂停纳税人享受专项附加扣除。居民个人按规定更正相关信息或者说明情况后,经税务机关确认,居民个人可继续享受专项附加扣除,以前月份未享受扣除的,可按规定追补扣除。

13.1.10　责任与惩戒

扣缴义务人责任:扣缴义务人应当按照规定向居民个人提供支付所得和已扣税款等信息,并在提供扣缴信息、确认收入性质、准备佐证资料、税收政策咨询等方面,为居民个人办理汇算清缴提供必要协助。

违法举报:个人和单位发现扣缴义务人、受托人和其他个人涉嫌逃避缴纳税款、骗取退税、虚假申报等税收违法行为线索的,可以按照《税收违法行为检举管理办法》,向税务机关举报。

未按规定申报责任:居民个人未按照规定办理汇算清缴申报或者报送纳税资料的,由税务机关责令限期改正,并根据税收征管法有关规定予以处理。

未按规定填报专项附加扣除:居民个人专项附加扣除信息填报错误又拒不修正,或者存在虚假申报嫌疑,但拒不更正又不说明情况的,税务机关有权暂停其享受专项附加扣除;居民个人依法修正、更正或者说明情况后,可继续办理并追溯享受扣除。

未按规定缴税责任:居民个人未按照规定期限缴纳税款的,由税务机关追缴其不缴或者少缴的税款、滞纳金,并根据税收征管法有关规定予以处理。

偷逃税款:居民个人采取欺骗、隐瞒手段虚假申报或者不申报,由税务机关依法追缴其不缴或者少缴的税款、滞纳金,并根据税收征管法有关规定予以处罚。

信用惩戒:《国家发展改革委办公厅、国家税务总局办公厅关于加强个人所得税纳税信用建设的通知》(发改办财金规〔2019〕860号)规定,对于违反《中华人民共和国税收征管法》《中华人民共和国个人所得税法》以及其他法律法规和规范性文件,违背诚实信用原则,存在偷税、骗税、骗抵、冒用他人身份信息、恶意举报、虚假申诉等失信行为的当事人,税务部门将其列入重点关注对象,依法依规采取行政性约束和惩戒措施;对于情节严重、达到重大税收违法失信案件标准的,税务部门将其列为严重失信当事人,依法对外公示,并与全国信用信息共享平台共享。

纳税人纳税申报情况将纳入个人纳税信用管理。个人存在未按规定办理纳税申报、不缴或者少缴税款、提供虚假资料申报享受税收优惠、不配合税务检查、虚假承诺等行为,记入信用记录,构成严重失信的,按照有关规定实施联合惩戒。扣缴义务人未按照规定为居民个人办理汇算清缴的,将纳入纳税信用管理。

受托人责任:受托人协助纳税人虚假申报、骗取退税或者实施其他与汇算清缴相关的税收违法行为的,按照税收征管法等有关法律法规规定处理,并纳入纳税信用管理。

保密义务:税务机关、税务人员、受托人应当依法为个人相关涉税信息保密。未按照规定为个人保密的,依法追究有关单位和人员法律责任。

13.1.11 投诉与救济

税务机关及税务人员违反法律法规规定,侵犯纳税人合法权益的,纳税人可以依法进行投诉、举报或者申请行政复议、提起行政诉讼。

13.2 业务实操

2019年12月31日,《国家税务总局关于办理2019年度个人所得税综合所得汇算清缴事项的公告》(国家税务总局公告2019年第44号)下发。国家税务总局网图解要点如下:

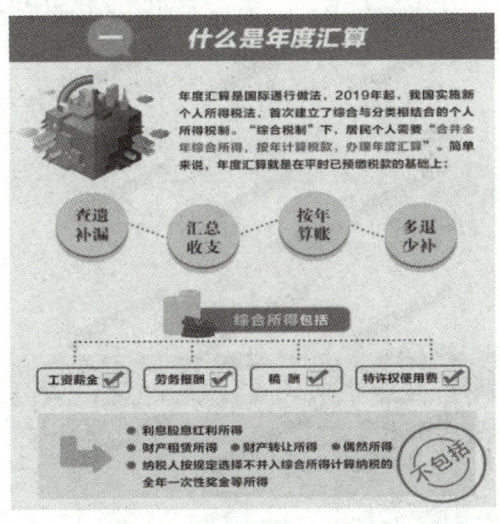
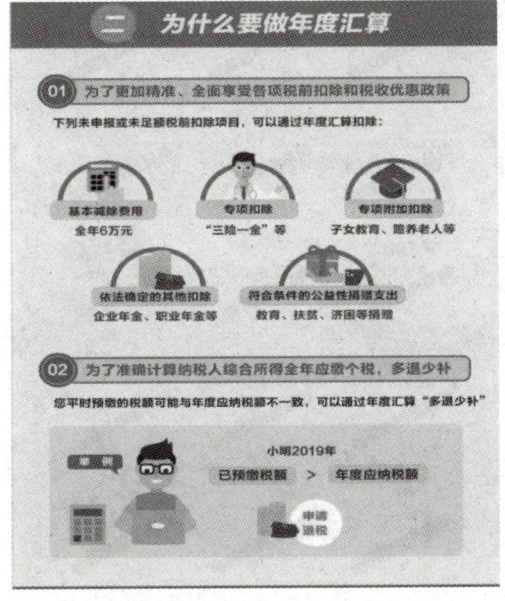

个人所得税操作实务指南

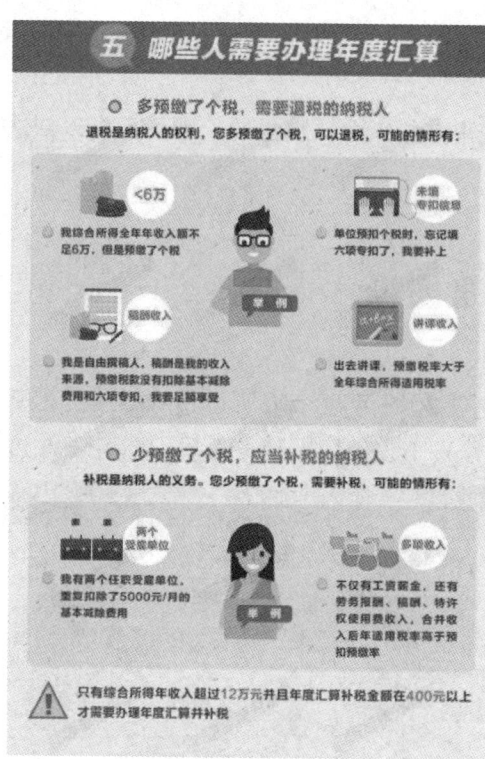

320

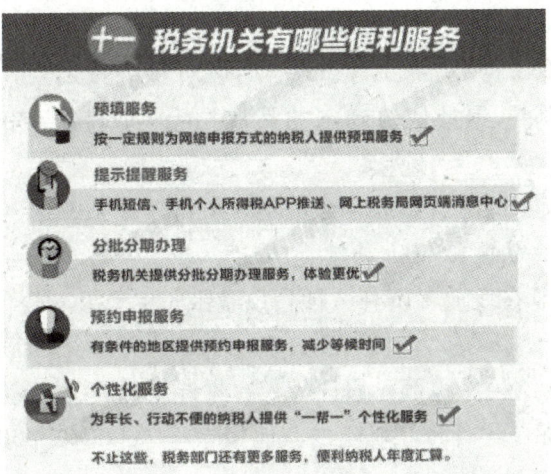

举例：张先生在甲公司任职，2019年在甲公司取得工资薪金收入16000元/月，无免税收入；缴纳三险一金合计2500元/月。从1月份开始，享受子女教育专项附加扣除1000元/月，享受赡养老人专项附加扣除2000元/月，无其他扣除。另外，张先生其他收入如下：2019年3月从乙公司取得劳务报酬收入3000元，取得稿酬收入2000元；6月从丙公司取得劳务报酬收入30000元，取得特许权使用费收入2000元。

问题：请计算张先生2019年个人所得税。（详细讲解参见以下章节内容）

13.2.1 预扣预缴

13.2.1.1 工资薪金所得预扣预缴计算

本期应预扣预缴税额=（累计预扣预缴应纳税所得额×预扣率−速算扣除数）−累计减免税额−累计已预扣预缴税额

累计预扣预缴应纳税所得额=累计收入−累计免税收入−累计减除费用−累计专项扣除−累计专项附加扣除−累计依法确定的其他扣除

其中：累计减除费用，按照5000元/月乘以纳税人当年截至本月在本单位的任职受雇月份数计算。

个人所得税预扣率表
（居民个人工资、薪金所得预扣预缴适用）

级数	累计预扣预缴应纳税所得额	预扣率（%）	速算扣除数
1	不超过36000元的部分	3	0
2	超过36000元至144000元的部分	10	2520
3	超过144000元至300000元的部分	20	16920
4	超过300000元至420000元的部分	25	31920
5	超过420000元至660000元的部分	30	52920
6	超过660000元至960000元的部分	35	85920
7	超过960000元的部分	45	181920

(1) 2019年1月：

1月累计预扣预缴应纳税所得额 = 累计收入 - 累计免税收入 - 累计减除费用 - 累计专项扣除 - 累计专项附加扣除 - 累计依法确定的其他扣除 = 16000 - 5000 - 2500 - 3000 = 5500元，对应税率为3%。

1月应预扣预缴税额 = （累计预扣预缴应纳税所得额×预扣率 - 速算扣除数）- 累计减免税额 - 累计已预扣预缴税额 = 5500×3% = 165元。

2019年1月，甲企业在发放工资环节预扣预缴张先生个人所得税165元。

(2) 2019年2月：

2月累计预扣预缴应纳税所得额 = 累计收入 - 累计免税收入 - 累计减除费用 - 累计专项扣除 - 累计专项附加扣除 - 累计依法确定的其他扣除 = 16000×2 - 5000×2 - 2500×2 - 3000×2 = 11000元，对应税率为3%。

2月应预扣预缴税额 = （累计预扣预缴应纳税所得额×预扣率 - 速算扣除数）- 累计减免税额 - 累计已预扣预缴税额 = 11000×3% - 165 = 165元。

2019年2月，甲企业在发放工资环节预扣预缴张先生个人所得税165元。

(3) 2019年3月：

3月累计预扣预缴应纳税所得额 = 累计收入 - 累计免税收入 - 累计减除费用 - 累计专项扣除 - 累计专项附加扣除 - 累计依法确定的其他扣除 = 16000×3 - 5000×3 - 2500×3 - 3000×3 = 16500元，对应税率为3%。

3月应预扣预缴税额 = （累计预扣预缴应纳税所得额×预扣率 - 速算扣除数）- 累计减免税额 - 累计已预扣预缴税额 = 16500×3% - 165 - 165 = 165元。

2019年3月，甲企业在发放工资环节预扣预缴张先生个人所得税165元。

按照上述方法以此类推，计算得出张先生各月个人所得税预扣预缴情况明细表。

2019年1~12月张先生工资薪金个人所得税预扣预缴计算表 单位：元

月份	工资薪金收入	费用扣除标准	专项扣除	专项附加扣除	应纳税所得额	税率	速算扣除数	累计应纳税额	当月应纳税额
1月	16000	5000	2500	3000	5500	3%	0	165	165
2月	16000	5000	2500	3000					
累计	32000	10000	5000	6000	11000	3%	0	330	165
3月	16000	5000	2500	3000					
累计	48000	15000	7500	9000	16500	3%	0	495	165
4月	16000	5000	2500	3000					
累计	64000	20000	10000	12000	22000	3%	0	660	165
5月	16000	5000	2500	3000					
累计	80000	25000	12500	15000	27500	3%	0	825	165
6月	16000	5000	2500	3000					
累计	96000	30000	15000	18000	33000	3%	0	990	165
7月	16000	5000	2500	3000					
累计	112000	35000	17500	21000	38500	10%	2520	1330	340

续表

月份	工资薪金收入	费用扣除标准	专项扣除	专项附加扣除	应纳税所得额	税率	速算扣除数	累计应纳税额	当月应纳税额
8月	16000	5000	2500	3000					
累计	128000	40000	20000	24000	44000	10%	2520	1880	550
9月	16000	5000	2500	3000					
累计	144000	45000	22500	27000	49500	10%	2520	2430	550
10月	16000	5000	2500	3000					
累计	160000	50000	25000	30000	55000	10%	2520	2980	550
11月	16000	5000	2500	3000					
累计	176000	55000	27500	33000	60500	10%	2520	3S30	550
12月	16000	5000	2500	3000					
累计	192000	60000	30000	36000	66000	10%	2520	4080	550

13.2.1.2 其他综合所得（劳务报酬、稿酬、特许权使用费所得）预扣预缴个人所得税计算

扣缴义务人向居民个人支付劳务报酬所得、稿酬所得和特许权使用费所得的，按以下方法按次或者按月预扣预缴个人所得税：

劳务报酬所得、稿酬所得、特许权使用费所得以每次收入减除费用后的余额为收入额；其中，稿酬所得的收入额减按70%计算。

预扣预缴税款时，劳务报酬所得、稿酬所得、特许权使用费所得每次收入不超过4千元的，减除费用按800元计算；每次收入4千元以上的，减除费用按收入的20%计算。

劳务报酬所得、稿酬所得、特许权使用费所得，以每次收入额为预扣预缴应纳税所得额，计算应预扣预缴税额。劳务报酬所得适用"个人所得税预扣率表二"，稿酬所得、特许权使用费所得适用20%的比例预扣率。

居民个人办理年度综合所得汇算清缴时，应当依法计算劳务报酬所得、稿酬所得、特许权使用费所得的收入额，并入年度综合所得计算应纳税款，税款多退少补。

（1）2019年3月，取得劳务报酬收入3000元，稿酬收入2000元。

劳务报酬所得预扣预缴应纳税所得额 = 每次收入 - 800元 = 3000 - 800 = 2200元

劳务报酬所得预扣预缴税额 = 预扣预缴应纳税所得额 × 预扣率 - 速算扣除数 = 2200 × 20% - 0 = 440元

稿酬所得预扣预缴应纳税所得额 =（每次收入 - 800元）× 70% =（2000 - 800）× 70% = 840元

稿酬所得预扣预缴税额 = 预扣预缴应纳税所得额 × 预扣率 = 840 × 20% = 168元。

张先生3月劳务报酬所得预扣预缴个人所得税440元；稿酬所得预扣预缴税额个人所得税168元。

（2）2019年6月，取得劳务报酬30000元，特许权使用费所得2000元。

劳务报酬所得预扣预缴应纳税所得额 = 每次收入 × (1 - 20%) = 30000 × (1 - 20%) = 24000元

劳务报酬所得预扣预缴税额＝预扣预缴应纳税所得额×预扣率－速算扣除数＝24000×30%－2000＝5200元

特许权使用费所得预扣预缴应纳税所得额＝（每次收入－800元）＝（2000－800）＝1200元

特许权使用费所得预扣预缴税额＝预扣预缴应纳税所得额×预扣率＝1200×20%＝240元

张先生6月劳务报酬所得预扣预缴个人所得税5200元；特许权使用费所得预扣预缴税额个人所得税240元。

13.2.1.3 扣缴申报

序号	姓名	身份证件类型	身份证件号码	纳税人识别号	是否为非居民个人	所得项目	本月（次）情况															累计情况										税款计算								备注
							收入额计算			减除费用	专项扣除				其他扣除							累计收入额	累计减除费用	累计专项扣除	累计专项附加扣除					累计其他扣除	准予扣除的捐赠额	减按计税比例	应纳税所得额	税率/预扣率	速算扣除数	应纳税额	减免税额	已缴税额	应补/退税额	
							收入	费用	免税收入		基本养老保险费	基本医疗保险费	失业保险费	住房公积金	年金	商业健康保险	税延养老保险	财产原值	允许扣除的税费	其他				子女教育	赡养老人	住房贷款利息	住房租金	继续教育											
1	2	3	4	5	6	7	8	9	10	11	12	13	14	15	16	17	18	19	20	21	22	23	24	25	26	27	28	29	30	31	32	33	34	35	36	37	38	39	40
合计																																							

（1）"收入额计算"：包含"收入""费用""免税收入"。收入额＝第8列－第9列－第10列。

①第8列"收入"：填写当月（次）扣缴义务人支付给纳税人所得的总额。

②第9列"费用"：取得劳务报酬所得、稿酬所得、特许权使用费所得时填写，取得其他各项所得时无须填写本列。居民个人取得上述所得，每次收入不超过4000元的，费用填写"800"元；每次收入4000元以上的，费用按收入的20%填写。非居民个人取得劳务报酬所得、稿酬所得、特许权使用费所得，费用按收入的20%填写。

③第10列"免税收入"：填写纳税人各所得项目收入总额中，包含的税法规定的免税收入金额。其中，税法规定"稿酬所得的收入额减按70%计算"，对稿酬所得的收入额减计的30%部分，填入本列。

（2）第11列"减除费用"：按税法规定的减除费用标准填写。例如，2019年纳税人取得工资、薪金所得按月申报时，填写5000元。纳税人取得财产租赁所得，每次收入不超过4000元的，填写800元；每次收入4000元以上的，按收入的20%填写。

（3）第12～15列"专项扣除"：分别填写按规定允许扣除的基本养老保险费、基本医疗保险费、失业保险费、住房公积金（以下简称"三险一金"）的金额。

（4）第16～21列"其他扣除"：分别填写按规定允许扣除的项目金额。

扣缴义务人名称：乙公司　　　　　　　　　　　　税款所属期：2019年3月　单位：元

所得项目	收入额计算			税款计算			
	收入	费用	免税收入	应纳税所得额	预扣率	速算扣除数	应纳税额
劳务报酬	3000	800		2200	20%		440
稿酬	2000	800	360	840	20%		168
合计	5000	1600	360	3040			608

扣缴义务人名称：丙公司　　　　　　　　　　　　税款所属期：2019年6月　单位：元

所得项目	收入额计算			税款计算			
	收入	费用	免税收入	应纳税所得额	预扣率	速算扣除数	应纳税额
劳务报酬	30000	6000		24000	30%	2000	5200
特许权使用费	2000	800		1200	20%		240
合计	32000	6800	0	2520			5440

13.2.2　汇算清缴

（1）居民个人取得工资、薪金所得；劳务报酬所得；稿酬所得；特许权使用费所得称综合所得。综合所得按纳税年度合并计算个人所得税。

（2）居民个人的综合所得，以每一纳税年度的收入额减除6万元以及专项扣除、专项附加扣除和依法确定的其他扣除后的余额，为应纳税所得额。劳务报酬所得、稿酬所得、特许权使用费所得以收入减除20%的费用后的余额为收入额。稿酬所得的收入额减按70%计算。

（3）专项扣除、专项附加扣除和依法确定的其他扣除，以居民个人一个纳税年度的应纳税所得额为限额；一个纳税年度扣除不完的，不结转以后年度扣除。

个人所得税税率表
（综合所得适用）

级数	全年应纳税所得额	税率（%）	速算扣除数
1	不超过36000元的	3	0
2	超过36000元至144000元的部分	10	2520
3	超过144000元至300000元的部分	20	16920
4	超过300000元至420000元的部分	25	31920
5	超过420000元至660000元的部分	30	52920
6	超过660000元至960000元的部分	35	85920
7	超过960000元的部分	45	181920

注1：本表所称全年应纳税所得额是指依照本法第六条的规定，居民个人取得综合所得以每一纳税年度收入额减除费用6万元以及专项扣除、专项附加扣除和依法确定的其他扣除后的余额。

注2：非居民个人取得工资、薪金所得，劳务报酬所得，稿酬所得和特许权使用费所得，依照本表按月换算后计算应纳税额。

张先生年收入额 = 工资、薪金所得收入 + 劳务报酬所得收入 + 稿酬所得收入 + 特许权使用费所得收入 = 16000 × 12 + (3000 + 30000) × (1 - 20%) + 2000 × (1 - 20%) × 70% + 2000 × (1 - 20%) = 221120 元。

综合所得应纳税所得额 = 年收入额 - 60000 元 - 专项扣除 - 专项附加扣除 - 依法确定的其他扣除 = 221120 - 60000 - (2500 × 12) - (3000 × 12) = 95120 元。

应纳税额 = 应纳税所得额 × 税率 - 速算扣除数 = 95120 × 10% - 2520 = 6992 元。

预扣预缴税额 = 工资、薪金所得预扣预缴税额 + 劳务报酬所得预扣预缴税额 + 稿酬所得预扣预缴税额 + 特许权使用费所得预扣预缴税额 = 4080 + (440 + 5200) + 168 + 240 = 10128 元。

年度汇算应补退税额 = 应纳税额 - 预扣预缴税额 = -3136 元，即汇算清缴应退税额 3136 元。

13.2.3　年度自行纳税申报表填写

（1）第 2 行"工资、薪金所得"：填写本年度应当并入综合所得计税的工资、薪金收入总额 = 16000 × 12 = 192000 元；

（2）第 3 行"劳务报酬所得" = 3000 + 30000 = 33000 元；

（3）第 4 行"稿酬所得" = 2000 元；

（4）第 5 行"特许权使用费所得" = 2000 元；

（5）第 6 行"费用合计"：纳税人取得劳务报酬所得、稿酬所得、特许权使用费所得时，填写减除 20% 费用的合计金额 = (33000 + 2000 + 2000) × 20% = 7400 元；

（6）第 7 行"免税收入合计"：填写本年度符合税法规定的免税收入合计金额。其中，税法规定"稿酬所得的收入额减按 70% 计算"，对减计的 30% 部分，填入本行 = 1600 × 30% = 480 元；

（7）第 10 行"减除费用"：按税法规定的减除费用标准填写 = 60000 元；

（8）第 11 行"专项扣除合计"：填写按规定本年度可在税前扣除的基本养老保险费、基本医疗保险费、失业保险费、住房公积金的合计金额 = 2500 × 12 = 30000 元；

（9）第 16 行"专项附加扣除合计"：填写按规定本年度可在税前扣除的子女教育、继续教育、大病医疗、住房贷款利息或住房租金、赡养老人等专项附加扣除费用的合计金额 = (1000 + 2000) × 12 = 36000 元。

个人所得税年度自行纳税申报表（A 表）
（仅取得境内综合所得年度汇算适用）

税款所属期：2019 年 1 月 1 日至 2019 年 12 月 31 日

纳税人姓名：张先生

纳税人识别号：□□□□□□□□□□□□□□□□□-□□　　　　金额单位：人民币元（列至角分）

基本情况					
手机号码		电子邮箱		邮政编码	□□□□□□
联系地址	省（区、市）　　　市　　　区（县）　　　街道（乡、镇）				
纳税地点（单选）					
1. 有任职受雇单位的，需选本项并填写"任职受雇单位信息"：			□任职受雇单位所在地		
任职受雇单位信息	名称				
	纳税人识别号	□□□□□□□□□□□□□□□□□			
2. 没有任职受雇单位的，可以从本栏次选择一地：			□户籍所在地	□经常居住地	
户籍所在地/经常居住地	省（区、市）　　市　　区（县）　　街道（乡、镇）				
申报类型（单选）					
□首次申报			□更正申报		
综合所得个人所得税计算					

项　　目	行次	金额（元）
一、收入合计（第 1 行 = 第 2 行 + 第 3 行 + 第 4 行 + 第 5 行）	1	229000
（一）工资、薪金	2	192000
（二）劳务报酬	3	33000
（三）稿酬	4	2000
（四）特许权使用费	5	2000
二、费用合计［第 6 行 =（第 3 行 + 第 4 行 + 第 5 行）×20%］	6	7400
三、免税收入合计（第 7 行 = 第 8 行 + 第 9 行）	7	480
（一）稿酬所得免税部分［第 8 行 = 第 4 行 ×（1−20%）×30%］	8	480
（二）其他免税收入（附报《个人所得税减免税事项报告表》）	9	
四、减除费用	10	60000
五、专项扣除合计（第 11 行 = 第 12 行 + 第 13 行 + 第 14 行 + 第 15 行）	11	30000
（一）基本养老保险费	12	
（二）基本医疗保险费	13	
（三）失业保险费	14	
（四）住房公积金	15	
六、专项附加扣除合计（附报《个人所得税专项附加扣除信息表》）（第 16 行 = 第 17 行 + 第 18 行 + 第 19 行 + 第 20 行 + 第 21 行 + 第 22 行）	16	36000
（一）子女教育	17	12000
（二）继续教育	18	
（三）大病医疗	19	

续表

项　　目	行次	金额（元）
（四）住房贷款利息	20	
（五）住房租金	21	
（六）赡养老人	22	24000
七、其他扣除合计（第23行=第24行+第25行+第26行+第27行+第28行）	23	
（一）年金	24	
（二）商业健康保险（附报《商业健康保险税前扣除情况明细表》）	25	
（三）税延养老保险（附报《个人税收递延型商业养老保险税前扣除情况明细表》）	26	
（四）允许扣除的税费	27	
（五）其他	28	
八、准予扣除的捐赠额（附报《个人所得税公益慈善事业捐赠扣除明细表》）	29	
九、应纳税所得额（第30行=第1行-第6行-第7行-第10行-第11行-第16行-第23行-第29行）	30	95120
十、税率（%）	31	10
十一、速算扣除数	32	2520
十二、应纳税额（第33行=第30行×第31行-第32行）	33	6992
全年一次性奖金个人所得税计算		
（无住所居民个人预判为非居民个人取得的数月奖金，选择按全年一次性奖金计税的填写本部分）		
一、全年一次性奖金收入	34	
二、准予扣除的捐赠额（附报《个人所得税公益慈善事业捐赠扣除明细表》）	35	
三、税率（%）	36	
四、速算扣除数	37	
五、应纳税额〔第38行=（第34行-第35行）×第36行-第37行〕	38	
税额调整		
一、综合所得收入调整额（需在"备注"栏说明调整具体原因、计算方式等）	39	
二、应纳税额调整额	40	
应补/退个人所得税计算		
一、应纳税额合计（第41行=第33行+第38行+第40行）	41	6992
二、减免税额（附报《个人所得税减免税事项报告表》）	42	
三、已缴税额	43	10128
四、应补/退税额（第44行=第41行-第42行-第43行）	44	-3136
无住所个人附报信息		
纳税年度内在中国境内居住天数		已在中国境内居住年数	
退税申请		
（应补/退税额小于0的填写本部分）		
□ 申请退税（需填写"开户银行名称""开户银行省份""银行账号"）　　□ 放弃退税		
开户银行名称		开户银行省份	
银行账号			

续表

备注
谨声明：本表是根据国家税收法律法规及相关规定填报的，本人对填报内容（附带资料）的真实性、可靠性、完整性负责。 　　　　　　　　　　　　　　　　　　　纳税人签字：　　　　　　　年　　月　　日

经办人签字：	受理人：
经办人身份证件类型：	
经办人身份证件号码：	受理税务机关（章）：
代理机构签章：	
代理机构统一社会信用代码：	受理日期：　　　　年　　月　　日

国家税务总局监制

14. 纳税人取得经营所得汇算清缴

14.1 政策综述

14.1.1 经营所得

《中华人民共和国个人所得税法实施条例》第五条第六款规定，经营所得是指：

(1) 个体工商户从事生产、经营活动取得的所得，个人独资企业投资人、合伙企业的个人合伙人来源于境内注册的个人独资企业、合伙企业生产、经营的所得；

(2) 个人依法从事办学、医疗、咨询以及其他有偿服务活动取得的所得；

(3) 个人对企业、事业单位承包经营、承租经营以及转包、转租取得的所得；

(4) 个人从事其他生产、经营活动取得的所得。

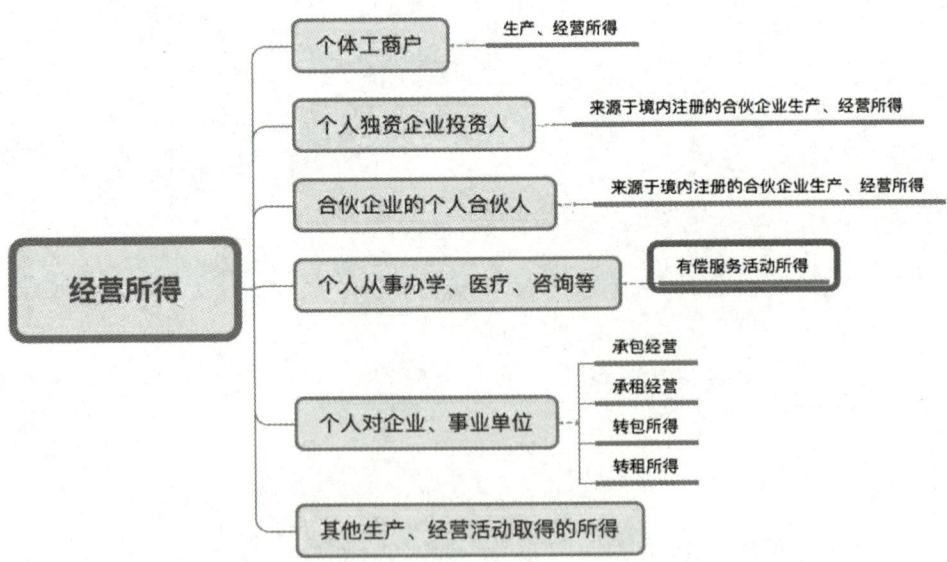

《个体工商户个人所得税计税办法》（国家税务总局令第 35 号）第三条规定，本办法所称个体工商户包括：

(1) 依法取得个体工商户营业执照,从事生产经营的个体工商户;
(2) 经政府有关部门批准,从事办学、医疗、咨询等有偿服务活动的个人;
(3) 其他从事个体生产、经营的个人。

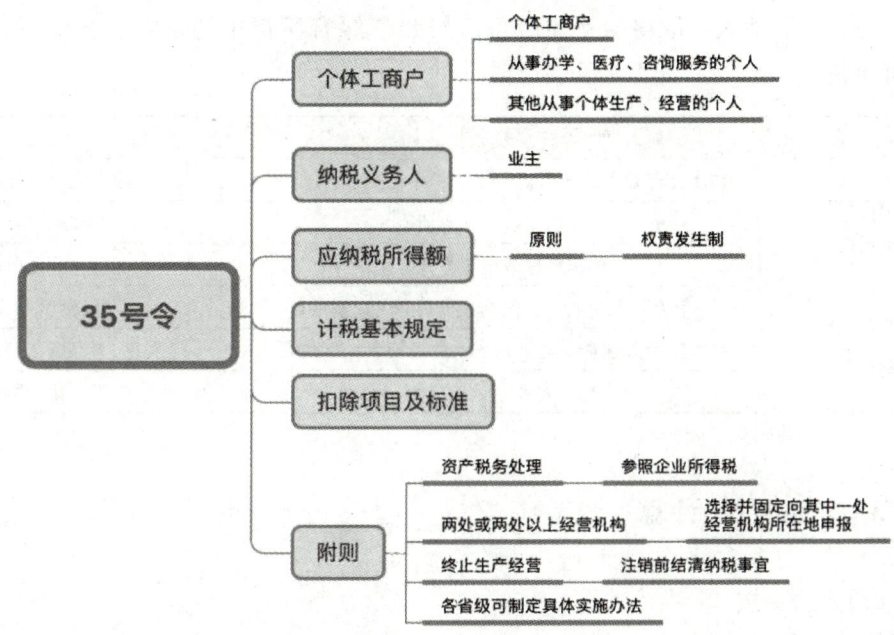

14.1.2 特殊规定

(1) 个体工商户取得与生产经营"无关"的其他所得,按有关规定计征个人所得税。
(2) 出租车运营。
①经营单位对出租车驾驶员采取"单车承包或承租方式运营",驾驶员收入按"工资、薪金所得"缴纳个税。
②"出租车属于个人所有",但挂靠出租车经营单位缴纳管理费的,或出租车经营单位将出租车"所有权转移给驾驶员"的,驾驶员收入按"经营所得"缴纳个税。
(3) 企业为个人购置房屋及其他财产的个人所得税税务处理。
①适用情形:
其一,企业"出资"购买房屋及其他财产,将所有权登记为投资者个人、投资者家庭成员或企业其他人员;
其二,企业投资者个人、投资者家庭成员或企业其他成员向企业"借款"用于购买房屋及其他财产,将所有权登记为投资者、投资者家庭成员或企业其他人员,且借款年度终了后"未归还"借款的。
②所属税目:
其一,对个人独资企业、合伙企业的个人投资者或其家庭成员取得的上述所得,视为企业对个人投资者的利润分配,按照"经营所得"项目计征个人所得税;

其二，对除个人独资企业、合伙企业以外其他企业的个人投资者或其家庭成员取得的上述所得，视为企业对个人投资者的红利分配，按照"利息、股息、红利所得"项目计征个人所得税；

其三，对企业其他人员取得的上述所得，按照"综合所得中的工资、薪金所得"项目计征个人所得税。

所得项目		所属税目
与生产经营无关的所得		按有关规定计征
出租车司机	出租车属于个人所有	经营所得
	单车承包或承租方式运营	工资、薪金所得
企业为个人购买资产	个人独资企业、合伙企业投资者+家庭成员	经营所得
	"非"个人独资企业、合伙企业投资者+家庭成员	利息、股息、红利所得
	企业其他成员	工资、薪金所得

14.1.3 应纳税额计算

（1）计税方法：按"年"计征。

（2）税率：五级超额累进税率。

（3）应纳税所得额：以每一纳税年度的收入总额，减除成本、费用以及损失后的余额，为应纳税所得额。

公式：全年应纳税所得额＝收入总额－（成本＋费用＋损失＋准予扣除的税金）全年收入总额－成本、费用以及损失

（4）应纳税额＝全年应纳税所得额×适用税率－速算扣除数。

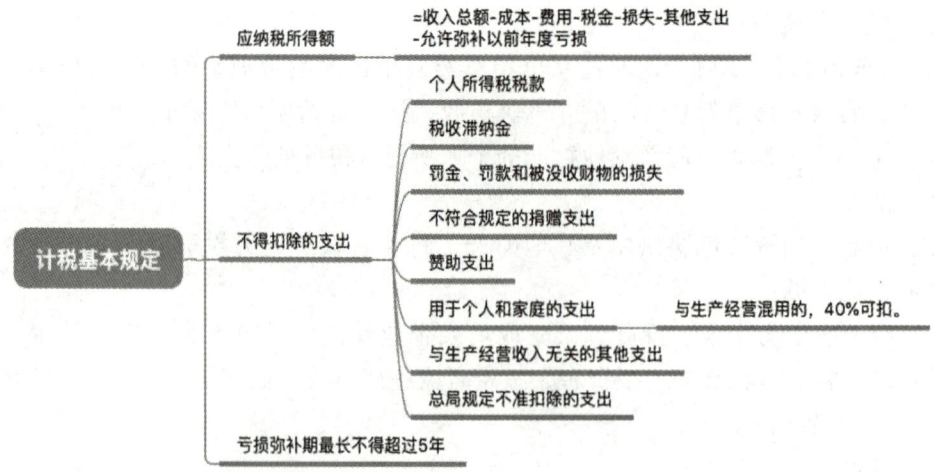

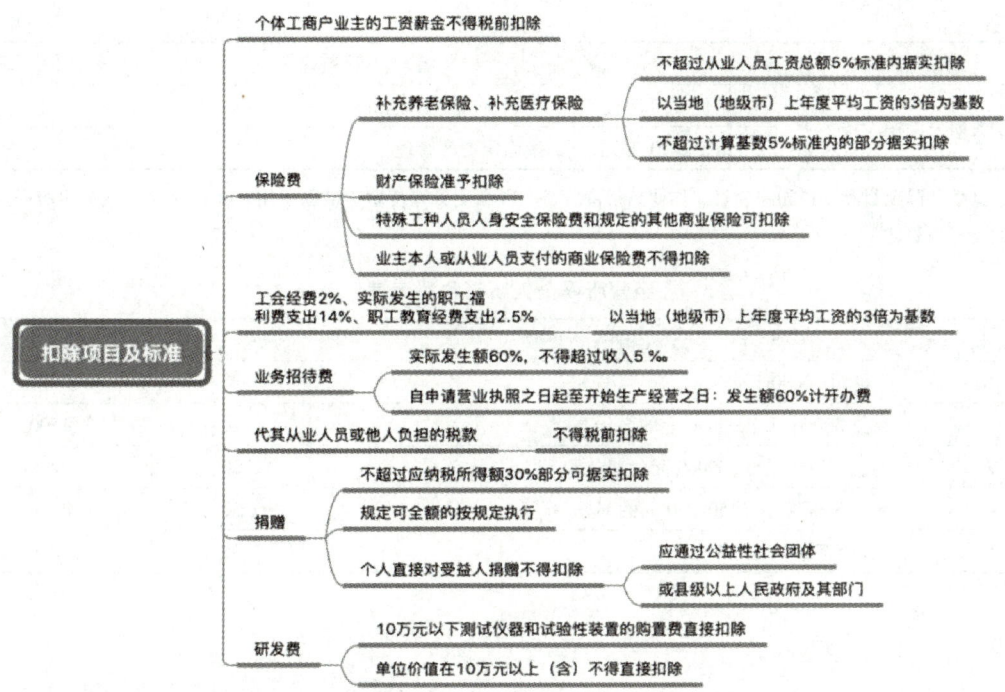

【说明】"经营所得"的计税依据与企业所得税的应纳税所得额计算类似,以下内容仅列示"经营所得"的特殊规定。

扣除项目		税前扣除规定
生产经营费用和个人、家庭费用	划分清晰	据实扣除
	混用,难以分清的费用	"40%"视为与生产经营有关的费用,准予扣除
工资	职工	据实扣除
	业主本人	(1)不得扣除:实发工资 (2)可以扣除:6万元+专项扣除+专项附加扣除+其他扣除 【注意1】扣除前提是该业主无综合所得 【注意2】专项附加扣除在办理汇算清缴时减除
三项经费	职工	以"实发工资薪金总额"为计算依据
	业主本人	以"当地上年度社会平均工资3倍"为计算依据
	职工教育经费	扣除比例为2.5%
补充养老、补充医疗保险	职工	分别不超过实发工资薪金总额的5%的部分准予扣除
	业主本人	分别不超过"当地上年度社会平均工资3倍"的5%的部分准予扣除
捐赠	公益性捐赠	不超过"应纳税所得额30%"的部分可以扣除
		符合法定条件的准予"全额扣除"
	非公益性捐赠	不得扣除

续表

扣除项目		税前扣除规定
购置研发专用设备	单价<10 万元	准予一次性全额扣除
	单价≥10 万元	按固定资产管理

注：其他扣除项目和不得扣除项目，如业务招待费、广告和业务宣传费、借款费用、社会保险等与企业所得税完全一致，此处不再赘述。

经营所得个人所得税税率表

级数	全年应纳税所得额	税率（%）	速算扣除数
1	不超过 30000 元的	5	0
2	超过 30000 元至 90000 元的部分	10	1500
3	超过 90000 元至 300000 元的部分	20	10500
4	超过 300000 元至 500000 元的部分	30	40500
5	超过 500000 元的部分	35	65500

14.2 业务实操

举例：某市从事生产、经营的个体工商户 A，税务机关对其进行查账征收管理。2019 年 A 自行申报取得产品销售收入 640 万元，购买国家发行的金融债券利息收入 2.5 万元；购买原材料支付价款 50 万元，材料全部验收入库；购进研究开发新产品、新技术的测试仪器一台，支付买价和安装费共计 4.5 万元（其中支付给个人的安装劳务费 0.5 万元，按照安装协议，支付给个人的安装劳务费应缴纳的个人所得税由该个体工商户 A 代为负担），仪器已投入使用；本年应结转的产品销售成本 450 万元；发生管理费用 150 万元（其中含业务招待费 8 万元，缴纳的印花税 0.4 万元、房产税 0.6 万元）；发生营业支出 30 万元（其中含通过国家机关向某高等学校捐款 6 万元，被市场监督管理机关罚款 1 万元）；应缴纳的增值税 20 万元、城市维护建设税 0.14 万元、教育费附加 0.06 万元、地方教育附加 0.04 万元；该个体户 A 共有员工 7 人（其中含业主 1 人），全年计入各项成本、费用中的实发工资总额 48 万元（业主每月工资为 8000 元），计提福利费 0.84 万元，当年并未发生福利费支出。业主可扣除子女教育支出每月 1000 元，可扣除赡养老人支出每月 2000 元。

问题：根据所给资料，依据个人所得税的有关规定回答下列相关问题（以元为单位，四舍五入保留整数）：

（1）计算个体户 A 支付给个人的安装劳务费预扣预缴个人所得税。

（2）计算允许扣除的工资和福利费。

（3）2019 年度该个体工商户应缴纳的个人所得税额。

（4）填报个人所得税年度自行纳税申报表。

注：详细讲解参见以下章节内容。

14.2.1 预扣预缴个人所得税

劳务报酬所得预扣预缴应纳税所得额 = (5000 - 0) × (1 - 20%) ÷ [1 - 20% × (1 - 20%)] ≈ 4762 元。

劳务报酬所得预扣预缴税额 = 预扣预缴应纳税所得额 × 预扣率 - 速算扣除数 = 4762 × 20% - 0 = 952 元。

14.2.2 允许扣除的工资和福利费

业主的实发工资是不得在税前扣除的；个体工商户的三项经费支出可以据实扣除，由于并未实际发生，计提的福利费不能扣除；从业人员的工资在允许据实扣除。

业主实发工资 = 8000 × 12 = 96000 元

允许扣除的工资 = 480000 - 96000 = 384000 元

14.2.3 该个体工商户 2019 年度应缴纳的个人所得税额

（1）购买国家发行的金融债券利息收入 25000 元，免税。全年收入总额 = 6425000 元。
（2）购置研发专用设备 45000 元，小于 100000 元，准予一次性全额扣除。
（3）成本 4500000 元。
（4）招待费：6425000 × 0.5% = 32125 元，80000 × 60% = 48000 元，允许税前列支招待费 32125 元。
（5）通过国家机关向某高等学校捐款 60000 元，准予在税前全额扣除。
（6）被市场监督管理机关罚款 10000 元，不允许扣除。
（7）允许扣除的个人费用及其他扣除 = 60000 + (1000 + 2000) × 12 = 96000 元。

全年应纳税所得额 = 收入总额 - (成本 + 费用 + 损失 + 准予扣除的税金) = 6400000 - 45000 - 4500000 - 1500000 + 80000 - 32125 - 300000 + 10000 - 1400 - 600 - 400 + 96000 - 96000 = 110475 元。

应纳税额 = 全年应纳税所得额 × 适用税率 - 速算扣除数 = 110475 × 20% - 10500 = 11595 元。

14.2.4 年度自行纳税申报表填写

（1）第 1 行"收入总额"：填写本年度从事生产经营以及与生产经营有关的活动取得的货币形式和非货币形式的各项收入总金额 = 6425000 元。包括：销售货物收入、提供劳务收入、转让财产收入、利息收入、租金收入、接受捐赠收入、其他收入。

（2）第2行"国债利息收入"：填写本年度已计入收入的因购买国债而取得的应予免税的利息金额=25000元。

（3）第3~10行"成本费用"：填写本年度实际发生的成本、费用、税金、损失及其他支出的总额=6347525元。

①第4行"营业成本"：填写在生产经营活动中发生的销售成本、销货成本、业务支出以及其他耗费的金额=4500000元。

②第5行"营业费用"：填写在销售商品和材料、提供劳务的过程中发生的各种费用。

③第6行"管理费用"：填写为组织和管理企业生产经营发生的管理费用=1545125元。注意：含购置研发专用设备45000元。

④第7行"财务费用"：填写为筹集生产经营所需资金等发生的筹资费用。

⑤第8行"税金"：填写在生产经营活动中发生的除个人所得税和允许抵扣的增值税以外的各项税金及其附加=2400元。

⑥第9行"损失"：填写生产经营活动中发生的固定资产和存货的盘亏、毁损、报废损失，转让财产损失，坏账损失，自然灾害等不可抗力因素造成的损失以及其他损失。

⑦第10行"其他支出"：填写除成本、费用、税金、损失外，生产经营活动中发生的与之有关的、合理的支出=240000元（不含捐赠60000元）。

（4）第11行"利润总额"：根据相关行次计算填报。第11行=第1行-第2行-第3行=112475元。

（5）第12行"纳税调整增加额"：根据相关行次计算填报。第12行=第13行+第27行=153875元。

（6）第13行"超过规定标准的扣除项目金额"：填写扣除的成本、费用和损失中，超过税法规定的扣除标准应予调增的应纳税所得额=47875元。

（7）第27行"不允许扣除的项目金额"：填写按规定不允许扣除但被投资单位已将其扣除的各项成本、费用和损失，应予调增应纳税所得额的部分=106000元。

（8）第37行"纳税调整减少额"：填写在计算利润总额时已计入收入或未列入成本费用，但在计算应纳税所得额时应予扣除的项目金额。

（9）第38行"纳税调整后所得"：根据相关行次计算填报。第38行=第11行+第12行-第37行=266475元。

（10）第39行"弥补以前年度亏损"：填写本年度可在税前弥补的以前年度亏损额。

（11）第40行"合伙企业个人合伙人分配比例"：纳税人为合伙企业个人合伙人的，填写本栏；其他则不填。分配比例按照合伙协议约定的比例填写；合伙协议未约定或不明确的，按合伙人协商决定的比例填写；协商不成的，按合伙人实缴出资比例填写；无法确定出资比例的，按合伙人平均分配。

（12）第41行"允许扣除的个人费用及其他扣除"：填写按税法规定可以税前扣除的各项费用、支出=96000元，包括：

①第42行"投资者减除费用":填写按税法规定的减除费用金额=60000元。

②第43~47行"专项扣除":分别填写本年度按规定允许扣除的基本养老保险费、基本医疗保险费、失业保险费、住房公积金的合计金额。

③第48~54行"专项附加扣除":分别填写本年度纳税人按规定可享受的子女教育、继续教育、大病医疗、住房贷款利息、住房租金、赡养老人等专项附加扣除的合计金额=36000元。

④第55~59行"依法确定的其他扣除":分别填写按规定允许扣除的商业健康保险、税延养老保险,以及国务院规定其他可以扣除项目的合计金额。

(13)第60行"投资抵扣":填写按照税法规定可以税前抵扣的投资金额。

(14)第61行"准予扣除的个人捐赠支出":填写本年度按照税法及相关法规、政策规定,可以在税前扣除的个人捐赠合计额=60000元。

(15)第62行"应纳税所得额":根据相关行次计算填报=110475元。

①纳税人为非合伙企业个人合伙人的:第62行=第38行-第39行-第41行-第60行-第61行。

②纳税人为合伙企业个人合伙人的:第62行=(第38行-第39行)×第40行-第41行-第60行-第61行。

(16)第63~64行"税率""速算扣除数":填写按规定适用的税率和速算扣除数。

(17)第65行"应纳税额":根据相关行次计算填报。第65行=第62行×第63行-第64行=18795元。

(18)第66行"减免税额":填写符合税法规定可以减免的税额,并附报《个人所得税减免税事项报告表》。

(19)第67行"已缴税额":填写本年度累计已预缴的经营所得个人所得税金额。

(20)第68行"应补/退税额":根据相关行次计算填报。第68行=第65行-第66行-第67行=11595元。

个人所得税经营所得纳税申报表(B表)

税款所属期:2019年1月1日至2019年12月31日

纳税人姓名:个体工商户A

纳税人识别号:□□□□□□□□□□□□□□□□□□ 金额单位:人民币元(列至角分)

被投资单位信息	名称	个体工商户A	纳税人识别号(统一社会信用代码)		
项目				行次	金额/比例
一、收入总额				1	6425000
其中:国债利息收入				2	25000
二、成本费用(3=4+5+6+7+8+9+10)				3	6347525
(一)营业成本				4	4500000

337

续表

项目	行次	金额/比例
（二）营业费用	5	
（三）管理费用	6	1545125
（四）财务费用	7	
（五）税金	8	2400
（六）损失	9	
（七）其他支出	10	240000
三、利润总额（11＝1－2－3）	11	112475
四、纳税调整增加额（12＝13＋27）	12	153875
（一）超过规定标准的扣除项目金额（13＝14＋15＋16＋17＋18＋19＋20＋21＋22＋23＋24＋25＋26）	13	47875
1. 职工福利费	14	
2. 职工教育经费	15	
3. 工会经费	16	
4. 利息支出	17	
5. 业务招待费	18	47875
6. 广告费和业务宣传费	19	
7. 教育和公益事业捐赠	20	
8. 住房公积金	21	
9. 社会保险费	22	
10. 折旧费用	23	
11. 无形资产摊销	24	
12. 资产损失	25	
13. 其他	26	
（二）不允许扣除的项目金额（27＝28＋29＋30＋31＋32＋33＋34＋35＋36）	27	106000
1. 个人所得税税款	28	
2. 税收滞纳金	29	
3. 罚金、罚款和被没收财物的损失	30	10000
4. 不符合扣除规定的捐赠支出	31	
5. 赞助支出	32	
6. 用于个人和家庭的支出	33	
7. 与取得生产经营收入无关的其他支出	34	
8. 投资者工资薪金支出	35	96000
9. 其他不允许扣除的支出	36	
五、纳税调整减少额	37	
六、纳税调整后所得（38＝11＋12－37）	38	266475
七、弥补以前年度亏损	39	

续表

项目	行次	金额/比例
八、合伙企业个人合伙人分配比例（%）	40	
九、允许扣除的个人费用及其他扣除（41＝42＋43＋48＋55）	41	96000
（一）投资者减除费用	42	60000
（二）专项扣除（43＝44＋45＋46＋47）	43	
1. 基本养老保险费	44	
2. 基本医疗保险费	45	
3. 失业保险费	46	
4. 住房公积金	47	
（三）专项附加扣除（48＝49＋50＋51＋52＋53＋54）	48	
1. 子女教育	49	12000
2. 继续教育	50	
3. 大病医疗	51	
4. 住房贷款利息	52	
5. 住房租金	53	
6. 赡养老人	54	24000
（四）依法确定的其他扣除（55＝56＋57＋58＋59）	55	
1. 商业健康保险	56	
2. 税延养老保险	57	
3.	58	
4.	59	
十、投资抵扣	60	
十一、准予扣除的个人捐赠支出	61	60000
十二、应纳税所得额（62＝38－39－41－60－61）或［62＝（38－39）×40－41－60－61］	62	110475
十三、税率（%）	63	20
十四、速算扣除数	64	10500
十五、应纳税额（65＝62×63－64）	65	11575
十六、减免税额（附报《个人所得税减免税事项报告表》）	66	
十七、已缴税额	67	
十八、应补/退税额（68＝65－66－67）	68	11595
谨声明：本表是根据国家税收法律法规及相关规定填报的，是真实的、可靠的、完整的。 纳税人签字：　　　　年　月　日		

经办人：	受理人：
经办人身份证件号码：	
代理机构签章：	受理税务机关（章）：
代理机构统一社会信用代码：	受理日期：　　　年　月　日

国家税务总局监制

第四部分

附　录

附录1　国家税务总局《个人所得税专项附加扣除200问》

一、子女教育

1. 子女教育的扣除主体是谁？

答：子女教育的扣除主体是子女的法定监护人，包括生父母、继父母、养父母，父母之外的其他人担任未成年人的法定监护人的，比照执行。

2. 监护人不是父母可以扣除吗？

答：可以，前提是确实担任未成年人的监护人。

3. 子女的范围包括哪些？

答：子女包括婚生子女、非婚生子女、养子女、继子女。也包括未成年但受到本人监护的非子女。

4. 子女教育的扣除标准是多少？

答：按照每个子女每年12000元（每月1000元）的标准定额扣除。

5. 子女教育的扣除在父母之间如何分配？

答：父母可以选择由其中一方按扣除标准的100%扣除，即一人每月1000元扣除，也可以选择由双方分别按扣除标准的50%扣除，即一人每月500元扣除。只有这两种分配方式，纳税人可以根据情况自行选择。

6. 子女教育的扣除分配选定之后可以变更吗？

答：子女教育的扣除分配，可以选择由父母一方扣除或者双方平摊扣除，选定扣除方式后在一个纳税年度内不能变更。

7. 在民办学校接受教育可以享受子女教育扣除吗？

答：可以。无论子女在公办学校或民办学校接受教育，纳税人都可以享受扣除。

8. 在境外学校接受教育可以享受扣除吗？

答：可以。无论子女在境内学校或境外学校接受教育，纳税人都可以享受扣除。

9. 子女教育专项附加扣除的扣除方式是怎样的？

答：子女教育专项附加扣除采取定额扣除方式，符合条件的纳税人可以按照每名子女每月1000元的标准扣除。

10. 纳税人享受子女教育专项附加扣除，需要保存哪些资料？

答：纳税人子女在境内接受教育的，享受子女教育专项扣除不需留存任何资料。纳税人子女在境外接受教育的，应当留存境外学校录取通知书、留学签证等相关教育的证明资料备查。

11. 有多子女的父母，可以对不同的子女选择不同的扣除方式吗？

答：可以。有多子女的父母，可以对不同的子女选择不同的扣除方式，即对子女甲可以选择由一方按照每月1000元的标准扣除,对子女乙可以选择由双方分别按照每月500元的标准扣除。

12. 对于存在离异重组等情况的家庭子女而言,该如何享受政策?

答:具体扣除方法由父母双方协商决定,一个孩子扣除总额不能超过1000元/月,扣除人不能超过2个。

13. 我不是孩子亲生父母,但是承担了他的抚养和教育义务,这种情况下我可以享受子女教育扣除吗?

答:一般情况下,父母负有抚养和教育未成年子女的义务,可依法享受子女教育扣除;对情况特殊、未由父母抚养和教育的未成年子女,相应的义务会转移到其法定监护人身上。因此,假如您是孩子的法定监护人,对其负有抚养和教育的义务,您就可以依法申报享受子女教育扣除。

14. 前两年在中国读书,后两年在国外读书,现在填写信息选择中国还是境外?证书由境外发放,没有学籍号,怎样填写信息,是否可以扣除?

答:目前,子女教育允许扣除境内外教育支出,继续教育专项附加扣除仅限于境内教育,不包括境外教育。如符合子女教育扣除的相关条件,子女前两年在国内读书,父母作为纳税人请按照规定填写子女接受教育的相关信息;后两年在境外接受教育,无学籍的,可以按照接受境外教育相关规定填报信息,没有学籍号可以不填写,但纳税人应当按规定留存相关证书、子女接受境内外合作办学的招生简章、出入境记录等。

15. 残障儿童接受的特殊教育,父母是否可以扣除子女教育?

答:特殊教育属于九年一贯制义务教育,同时拥有学籍,因此可以按照子女教育扣除。

16. 本科毕业之后,准备考研究生的期间,父母是否可以扣除子女教育?

答:不可以,该生已经本科毕业,未实际参与全日制学历教育,尚未取得研究生学籍,不符合《暂行办法》相关规定。研究生考试通过入学后,可以享受高等教育阶段子女教育。

17. 子女6月高中毕业,9月上大学,7~8月能不能享受子女教育扣除?

答:可以扣除。对于连续性的学历(学位)教育,升学衔接期间属于子女教育期间,可以申报扣除子女教育专项附加扣除。

18. 大学期间参军,学校保留学籍,是否可以按子女教育扣除?

答:服兵役是公民的义务,大学期间参军是积极响应国家的号召,休学保留学籍期间,属于高等教育阶段,可以申报扣除子女教育专项附加扣除。

19. 参加"跨校联合培养"需要到国外读书几年,是否可以按照子女教育扣除?

答:一般情况下,参加跨校联合培养的学生,原学校保留学生学籍,父母可以享受子女教育附加扣除。

二、继续教育

20. 继续教育专项附加扣除的扣除范围是怎么规定的?

答:纳税人在中国境内接受学历(学位)继续教育的支出,在学历(学位)教育期间按照每月400元定额扣除。同一学历继续教育的扣除期限不能超过48个月。纳税人接受技能人员职业资格继续教育、专业技术人员职业资格继续教育支出,在取得相关证书的当年,按照3600元定额扣除。

21. 继续教育专项附加扣除的扣除标准是怎么规定的?

答:继续教育专项附加扣除的扣除标准是:

(1)纳税人在中国境内接受学历(学位)继续教育的支出,在学历(学位)教育期间按照每月 400 元定额扣除。

（2）纳税人接受技能人员职业资格继续教育、专业技术人员职业资格继续教育支出，在取得相关证书的当年，按照 3600 元定额扣除。

22. 继续教育专项附加扣除该如何申报？

答：对技能人员职业资格和专业技术人员职业资格继续教育，采取凭证书信息定额扣除方式。纳税人在取得证书后向扣缴义务人提供姓名、纳税识别号、证书编号等信息，由扣缴义务人在预扣预缴环节扣除。也可以在年终向税务机关提供资料，通过汇算清缴享受扣除。

对学历继续教育，采取凭学籍、考籍信息定额扣除方式。纳税人向扣缴义务人提供姓名、纳税识别号、学籍、考籍等信息，由扣缴义务人在预扣预缴环节扣除，也可以在年终向税务机关提供资料，通过汇算清缴享受扣除。

23. 学历（学位）继续教育支出，可在多长期限内扣除？

答：在中国境内接受学历（学位）继续教育入学的当月至学历（学位）继续教育结束的当月，但同一学历（学位）继续教育的扣除期限最长不得超过 48 个月。

24. 纳税人因病、因故等原因休学且学籍继续保留的休学期间，以及施教机构按规定组织实施的寒暑假是否连续计算？

答：学历（学位）继续教育的扣除期限最长不得超过 48 个月。48 个月包括纳税人因病、因故等原因休学且学籍继续保留的休学期间，以及施教机构按规定组织实施的寒暑假期连续计算。

25. 纳税人享受继续教育专项附加扣除需保存哪些资料？

答：纳税接受学历继续教育，不需保存相关资料。纳税人接受技能人员职业资格继续教育、专业技术人员职业资格继续教育的，应当留存相关证书等资料备查。

26. 没有证书的兴趣培训费用可扣除吗？

答：目前，继续教育专项附加扣除的范围限定学历继续教育、技能人员职业资格继续教育和专业技术人员职业资格继续教育的支出，上述培训之外的培训不在扣除范围内。

27. 纳税人终止继续教育是否需要报告？

答：纳税人终止学历继续教育的，应当将相关变化信息告知扣缴义务人或税务机关。

28. 如果纳税人在接受学历继续教育的同时取得技能人员职业资格证书或者专业技术人员职业资格证书的，如何享受继续教育扣除？

答：根据《个人所得税专项附加扣除暂行办法》，纳税人接受学历继续教育，可以按照每月 400 元的标准扣除，全年共计 4800 元；在同年又取得技能人员职业资格证书或者专业技术人员职业资格证书的，且符合扣除条件的，可按照 3600 元的标准定额扣除。但是，只能同时享受一个学历（学位）继续教育和一个职业资格继续教育。因此，对同时符合此类情形的纳税人，该年度可叠加享受两个扣除，当年其继续教育共计可扣除 8400 元（4800＋3600）。

29. 继续教育专项附加扣除的扣除主体是谁？

答：继续教育的扣除主体以纳税人本人为主。大学本科及以下的学历继续教育可以由接受教育的本人扣除，暂可以由其父母按照子女教育扣除，但对于同一教育事项，不得重复扣除。

30. 如果在国外进行的学历继续教育，或者是拿到了国外颁发的技能证书，能否享受每月 400 元或每年 3600 元的扣除？

答：根据《暂行办法》规定，纳税人在中国境内接受的学历（学位）继续教育支出，以及接受技能人员职业资格继续教育、专业技术人员职业资格继续教育支出可以扣除。由于您在国外接受的学历继续教育和国外颁发的技能证书，不符合"中国境内"的规定，不能享受专项附加扣除政策。

31. 我现在处于本硕博连读的博士阶段，父母已经申报享受了子女教育。我博士读书时取得律师资格证书，可以申报扣除继续教育吗？

答：如您有综合所得（比如稿酬或劳务报酬等），一个纳税年度内，在取得证书的当年，可以享受职业资格继续教育扣除（3600元/年）。

32. 我参加了学历（学位）教育，最后没有取得学历（学位）证书，是否可以享受继续教育扣除？

答：参加学历（学位）继续教育，按照实际受教育时间，享受每月400元的扣除。不考察最终是否取得证书，最多扣除48个月。

33. 参加自学考试，纳税人应当如何享受扣除？

答：按照《高等教育自学考试暂行条例》的有关规定，高等教育自学考试应考者取得一门课程的单科合格证书后，省考委即应为其建立考籍管理档案。具有考籍管理档案的考生，可以按照《暂行办法》的规定，享受继续教育专项附加扣除。

34. 纳税人参加夜大、函授、现代远程教育、广播电视大学等学习，是否可以按照继续教育扣除？

答：纳税人参加夜大、函授、现代远程教育、广播电视大学等教育，所读学校为其建立学籍档案的，可以享受学历（学位）继续教育扣除。

35. 同时接受多个学历继续教育或者取得多个专业技术人员职业资格证书，是否均需要填写？

答：对同时接受多个学历继续教育，或者同时取得多个职业资格证书的，只需填报其中一个即可。但如果同时存在学历继续教育、职业资格继续教育两类继续教育情形，则每一类都要填写。

三、大病医疗

36. 大病医疗专项附加扣除的扣除方式是怎样的？

答：在一个纳税年度内，纳税人发生的与基本医保相关的医药费用支出，扣除医保报销后个人负担（指医保目录范围内的自付部分）累计超过15000元的部分，由纳税人在办理年度汇算清缴时，在80000元限额内据实扣除。

37. 大病医疗专项附加扣除何时扣除？

答：在次年3月1日至6月30日汇算清缴时扣除。

38. 纳税人配偶、子女的大病医疗支出是否可以在纳税人税前扣除？

答：纳税人发生的医药费用支出可以选择由本人或其配偶一方扣除；未成年子女发生的医药费用支出可以选择由其父母一方扣除。

纳税人及其配偶、未成年子女发生的医药费用支出，可按规定分别计算扣除额。

39. 纳税人父母的大病医疗支出，是否可以在纳税人税前扣除？

答：目前未将纳税人父母纳入大病医疗扣除范围。

40. 享受大病医疗专项附加扣除时，纳税人需要注意什么？

答：纳税人日常看病时，应当留存医药服务收费及医保报销相关票据原件（或者复印件）等资料备查，同时，可以通过医疗保障部门的医疗保障管理信息系统查询本人上一年度医药费用情况。纳税人在年度汇算清缴时填报相关信息申请退税。

41. 夫妻同时有大病医疗支出，想全部都在男方扣除，扣除限额是16万元吗？

答：夫妻两人同时有符合条件的大病医疗支出，可以选择都在男方扣除，扣除限额分别计算，每人最高扣除限额为 8 万元，合计最高扣除限额为 16 万元。

42. 大病医疗支出中，纳税人年末住院，第二年年初出院，这种跨年度的医疗费用，如何计算扣除额？是分两个年度分别扣除吗？

答：纳税人年末住院，第二年年初出院，一般是在出院时才进行医疗费用的结算。纳税人申报享受大病医疗扣除，以医疗费用结算单上的结算时间为准，因此该医疗支出属于是第二年的医疗费用，到 2019 年结束时，如果达到大病医疗扣除的"起付线"，可以在 2020 年汇算清缴时享受扣除。

43. 在私立医院就诊是否可以享受大病医疗扣除？

答：对于纳入医疗保障结算系统的私立医院，只要纳税人看病的支出在医保系统可以体现和归集，则纳税人发生的与基本医保相关的支出，可以按照规定享受大病医疗扣除。

44. 如何理解大病医疗专项附加扣除的"起付线"和扣除限额的关系？

答：根据《暂行办法》规定，纳税人发生的与基本医保相关的医药费用支出，扣除医保报销后个人负担（指医保目录范围内的自付部分）累计超过 1.5 万元的部分，在 8 万元限额内据实扣除。上述所称的 1.5 万元是"起付线"，8 万元是限额。

四、住房贷款利息

45. 住房贷款利息专项附加扣除的扣除范围是什么？

答：纳税人本人或其配偶单独或共同使用商业银行或住房公积金个人住房贷款为本人或其配偶购买中国境内住房，发生的首套住房贷款利息支出。

46. 住房贷款利息专项附加扣除的标准是怎么规定的？

答：在实际发生贷款利息的年度，按照每月 1000 元标准定额扣除，扣除期限最长不超过 240 个月。纳税人只能享受一次首套住房贷款的利息扣除。

47. 住房贷款利息专项附加扣除的扣除主体是谁？

答：经夫妻双方约定，可以选择由其中一方扣除，具体扣除方式在一个纳税年度内不能变更。

48. 住房贷款利息专项附加扣除的扣除方式是怎样的？

答：住房贷款利息专项附加扣除采取定额扣除方式。

49. 住房贷款利息专项附加扣除享受的时间范围？

答：纳税人的住房贷款利息扣除期限最长不能超过 240 个月，240 个月后不能享受附加扣除。对于 2019 年之后还处在还款期，只要符合条件，就可以扣除。

50. 夫妻双方婚前都有住房贷款，婚后怎么享受住房贷款利息专项附加扣除？

答：夫妻双方婚前分别购买住房发生的首套住房贷款，其贷款利息支出，婚后可以选择其中一套购买的住房，由购买方按扣除标准的 100% 扣除，也可以由夫妻双方对各自购买的住房分别按扣除标准的 50%，具体扣除方式在一个年度内不得变更。

51. 住房贷款利息和住房租金扣除可以同时享受吗？

答：不可以。纳税人及其配偶在一个纳税年度内不能同时分别享受住房贷款利息和住房租金专项附加扣除。

52. 首套房的贷款还清后，贷款购买第二套房屋时，银行仍旧按照首套房贷款利率发放贷款，首套房没有享受过扣除，第二套房屋是否可以享受住房贷款利息扣除？

答：根据《暂行办法》相关规定，如纳税人此前未享受过住房贷款利息扣除，那么其按照首套住房贷款利率贷款购买的第二套住房，可以享受住房贷款利息扣除。

53. 我有一套住房，是公积金和商贷的组合贷款，公积金中心按首套贷款利率发放，商业银行贷款按普通商业银行贷款利率发放，是否可以享受住房贷款利率扣除？

答：一套采用组合贷款方式购买的住房，如公积金中心或者商业银行其中之一，是按照首套房屋贷款利率发放的贷款，则可以享受住房贷款利息扣除。

54. 父母和子女共同购房，房屋产权证明、贷款合同均登记为父母和子女，住房贷款利息专项附加扣除如何享受？

答：父母和子女共同购买一套房子，不能既由父母扣除，又由子女扣除，应该由主贷款人扣除。如主贷款人为子女的，由子女享受贷款利息专项附加扣除；主贷款人为父母中一方的，由父母任一方享受贷款利息扣除。

55. 父母为子女买房，房屋产权证明登记为子女，贷款合同的贷款人为父母，住房贷款利息支出的扣除如何享受？

答：从实际看，房屋产权证明登记主体与贷款合同主体完全没有交叉的情况很少发生。如确有此类情况，按照《暂行办法》规定，只有纳税人本人或者配偶使用住房贷款为本人或者其配偶购买中国境内住房，发生的首套住房贷款利息支出可以扣除。本例中，父母所购房屋是为子女购买的，不符合上述规定，父母和子女均不可以享受住房贷款利息扣除。

56. 丈夫婚前购买的首套住房，婚后由丈夫还贷，首套住房利息是否只能由丈夫扣除？妻子是否可以扣除？

答：按照《暂行办法》规定，经夫妻双方约定，可以选择由夫妻中一方扣除，具体扣除方式在一个纳税年度内不能变更。

57. 如何理解纳税人只能享受一次住房贷款利息扣除？

答：只要纳税人申报扣除过一套住房贷款利息，在个人所得税专项附加扣除的信息系统里存有扣除住房贷款利息的记录，无论扣除时间长短、也无论该住房的产权归属情况，纳税人就不得再就其他房屋享受住房贷款利息扣除。

58. 享受住房贷款利息专项附加扣除，房屋证书号码是房屋所有权证/不动产权证上哪一个号码？

答：为房屋所有权证或不动产权证上载明的号码。如，京（2018）朝阳不动产权第0000000号，或者苏房地（宁）字（2017）第000000号。如果还没取得房屋所有权证或者不动产权证，但有房屋买卖合同、房屋预售合同的，填写合同上的编号。

59. 个人填报住房贷款相关信息时，"是否婚前各自首套贷款，且婚后分别扣除50％"是什么意思？我该如何填写该栏？

答：如夫妻双方婚前各自有一套符合条件的住房贷款利息的，填写本栏。无此情形的，无须填写。

如夫妻婚后选择其中一套住房，由购买者按扣除标准100％扣除的，则购买者需填写本栏并选择"否"。另一方应当在同一月份变更相关信息、停止申报扣除。

如夫妻婚后选择对各自购买的住房分别按扣除标准的50％扣除的，则夫妻双方均需填写本栏并选择"是"。

60. 我刚办的房贷期限是30年，我现在扣完子女教育和赡养老人就不用缴税了，我可以选择过两年再开始办理房贷扣除吗？

答：住房贷款利息支出扣除实际可扣除时间为，贷款合同约定开始还款的当月至贷款全部归还或贷款合同终止的当月,扣除期限最长不得超过 240 个月。因此,在不超过 240 个月以内,您可以根据个人情况办理符合条件的住房贷款利息扣除。

五、住房租金

61. 住房租金专项附加扣除的扣除范围是怎么规定的?
答:纳税人及配偶在主要工作城市没有自有住房而发生的住房租金支出,可以按照规定进行扣除。

62. 住房租金专项附加扣除中的主要工作城市是如何定义的?
答:主要工作城市是指纳税人任职受雇的直辖市、计划单列市、副省级城市、地级市(地区、州、盟)全部行政区域范围。无任职受雇单位的,为综合所得汇算清缴地的税务机关所在城市。

63. 住房租金专项附加扣除的扣除标准是怎么规定的?
答:住房租金专项附加扣除按照以下标准定额扣除:
(一)直辖市、省会(首府)城市、计划单列市以及国务院确定的其他城市,扣除标准为每月 1500 元;
(二)除上述所列城市以外,市辖区户籍人口超过 100 万的城市,扣除标准为每月 1100 元;市辖区人口不超过 100 万(含)的城市,扣除标准为每月 800 元。纳税人的配偶在纳税人的主要工作城市有自有住房的,视同纳税人在主要工作城市有自有住房。市辖区户籍人口,以国家统计局公布的数据为准。

64. 住房租金专项附加扣除的扣除主体是谁?
答:住房租金支出由签订租赁住房合同的承租人扣除。夫妻双方主要工作城市相同的,只能由一方(即承租人)扣除住房租金支出。夫妻双方主要工作城市不相同的,且各自在其主要工作城市都没有住房的,可以分别扣除住房租金支出。夫妻双方不得同时分别享受住房贷款利息扣除和住房租金扣除。

65. 纳税人享受住房租金专项附加扣除应该留存哪些资料?
答:纳税人应当留存住房租赁合同、协议等有关资料备查。

66. 夫妻双方无住房,两人主要工作城市不同,各自租房,如何扣除?
答:夫妻双方主要工作城市不同,且都无住房,可以分别扣除。

67. 住房贷款利息和住房租金扣除可以同时享受吗?
答:不可以。住房贷款利息和住房租金只能二选一。如果对于住房贷款利息进行了抵扣,就不能再对住房租金进行抵扣。反之亦然。

68. 纳税人首次享受住房租金扣除的时间是什么时候?
答:纳税人首次享受住房租赁扣除的起始时间为租赁合同约定起租的当月,截止日期是租约结束或者在主要工作城市已有住房。

69. 合租住房可以分别扣除住房租金支出吗?
答:住房租金支出由签订租赁合同的承租人扣除。因此,合租租房的个人(非夫妻关系),若都与出租方签署了规范租房合同,可根据租金定额标准各自扣除。

70. 员工宿舍可以扣除租金支出吗?
答:如果个人不付租金,不得扣除。如果本人支付租金,可以扣除。

71. 某些行业员工流动性比较大,一年换几个城市租赁住房,或者当年度一直外派并在当地

租房子，如何申报住房租金专项附加扣除？

答：对于为外派员工解决住宿问题的，不应扣除住房租金。对于外派员工自行解决租房问题的，对于一年内多次变换工作地点的，个人应及时向扣缴义务人或者税务机关更新专项附加扣除相关信息，允许一年内按照更换工作地点的情况分别进行扣除。

72. 个人的工作城市与实际租赁房屋地不一致，是否符合条件扣除住房租赁支出？

答：纳税人在主要工作城市没有自有住房而实际租房发生的住房租金支出，可以按照实际工作地城市的标准定额扣除住房租金。

73. 我是铁路职工，主要工作地在上海和杭州，上海公司提供住宿，杭州自己租房且无自有住房，杭州的房租是否可以专项附加扣除？

答：根据《暂行办法》规定，纳税人及其配偶在纳税人主要工作城市没有自有住房的，纳税人发生的住房租金支出可以扣除。如果您和您配偶均在杭州没有自有住房，而杭州又是您主要工作城市的，杭州的房租可以扣除。

74. 公租房是公司与保障房公司签的协议，但员工是需要付房租的，这种情况下员工是否可以享受专项附加扣除，这种需要保留什么资料留存备查呢？

答：纳税人在主要工作城市没有自有住房而发生的住房租金支出，可以按照标准定额扣除。员工租用公司与保障房公司签订的保障房，并支付租金的，可以申报扣除住房租金专项附加扣除。纳税人应当留存与公司签订的公租房合同或协议等相关资料备查。

75. 纳税人公司所在地为保定，被派往分公司北京工作，纳税人及其配偶在北京都没有住房，由于工作原因在北京租房，纳税人是否可以享受住房租金扣除项目，按照哪个城市的标准扣除？

答：符合条件的纳税人在主要工作地租房的支出可以享受住房租金扣除。主要工作地指的是纳税人的任职受雇所在地，如果任职受雇所在地与实际工作地不符的，以实际工作地为主要工作城市。按照纳税人陈述的情形，纳税人当前的实际工作地（主要工作地）是北京市，应当按照北京市的标准享受住房租金扣除。

76. 主要工作地在北京，在燕郊租房居住，应当按北京还是燕郊的标准享受住房租金扣除？

答：如北京是纳税人当前的主要工作地，应当按北京的标准享受住房租金扣除。

77. 我年度中间换租造成中间有重叠租赁月份的情况，如何填写相关信息？

答：纳税人年度中间月份更换租赁住房、存在租赁期有交叉情形的，纳税人在填写租赁日期时应当避免日期有交叉。

如果此前已经填报过住房租赁信息的，只能填写新增租赁信息，且必须晚于上次已填报的住房租赁期止所属月份。确需修改已填报信息的，需联系扣缴义务人在扣缴客户端修改。

六、赡养老人

78. 赡养老人专项附加扣除的扣除范围是怎么规定的？

答：纳税人赡养年满60岁父母以及子女均已去世的年满60岁祖父母、外祖父母的赡养支出，可以税前扣除。

79. 赡养老人专项附加扣除的扣除标准是怎么规定的？

答：纳税人为独生子女的，按照每月2000元的标准定额扣除。纳税人为非独生子女的，应当与其兄弟姐妹分摊每月2000元的扣除额度，分摊的扣除额最高不得超过每月1000元。

80. 赡养老人专项附加扣除的分摊方式有哪几种？

答：赡养老人专项附加扣除的分摊方式包括由赡养人均摊或约定分摊，也可以由被赡养人指定分摊。采取指定分摊或者约定分摊方式的，每一纳税人分摊的扣除额最高不得超过每月 1000 元，并签订书面分摊协议。指定分摊与约定分摊不一致的，以指定分摊为准。

81. 赡养老人专项附加扣除的扣除方式是怎样的？

答：赡养老人专项附加扣除采取定额标准扣除方式。

82. 赡养老人专项附加扣除的扣除主体是谁？

答：赡养老人专项附加扣除的扣除主体包括：一是负有赡养义务的所有子女。《婚姻法》规定：婚生子女、非婚生子女、养子女、继子女有赡养扶助父母的义务。二是祖父母、外祖父母的子女均已经去世，负有赡养义务的孙子女、外孙子女。

83. 纳税人父母年龄均超过 60 周岁，在进行赡养老人扣除时，是否可以按照两倍标准扣除？

答：不能。扣除标准是按照每个纳税人有两位赡养老人测算的。只要父母其中一位达到 60 岁就可以享受扣除，不按照老人人数计算。

84. 由于纳税人的叔叔伯伯无子女，纳税人实际承担对叔叔伯伯的赡养义务，是否可以扣除赡养老人支出？

答：不可以。被赡养人是指年满 60 岁的父母，以及子女均已去世的年满 60 岁的祖父母、外祖父母。

85. 赡养老人的分摊扣除，是否需要向税务机关报送协议？

答：纳税人之间赡养老人支出采用分摊扣除的，如果是均摊，兄弟姐妹之间不需要再签订书面协议，也无须向税务机关报送。如果采取约定分摊或者老人指定分摊的方式，需要签订书面协议，书面协议不需要向税务机关或者扣缴义务人报送，自行留存备查。

86. 赡养岳父岳母或公婆的费用是否可以享受个人所得税附加扣除？

答：不可以。被赡养人是指年满 60 岁的父母，以及子女均已去世的年满 60 岁的祖父母、外祖父母。

87. 父母均要满 60 岁，还是只要一位满 60 岁即可？

答：父母中有一位年满 60 周岁的，纳税人可以按照规定标准扣除。

88. 独生子女家庭，父母离异后再婚的，如何享受赡养老人专项附加扣除？

答：对于独生子女家庭，父母离异后重新组建家庭，在新组建的两个家庭中，只要父母中一方没有纳税人以外的其他子女进行赡养，则纳税人可以按照独生子女标准享受每月 2000 元赡养老人专项附加扣除。除上述情形外，不能按照独生子女享受扣除。在填写专项附加扣除信息表时，纳税人需注明与被赡养人的关系。

89. 双胞胎是否可以按照独生子女享受赡养老人扣除？

答：双胞胎不可以按照独生子女享受赡养老人扣除。双胞胎兄弟姐妹需要共同赡养父母，双胞胎中任何一方都不是父母的唯一赡养人，因此每个子女不能独自 2000 元的扣除额度。

90. 生父母有两个子女，将其中一个过继给养父母，养父母家没有其他子女，被过继的子女属于独生子女吗？留在原家庭的孩子，属于独生子女吗？

答：被过继的子女，在新家庭中属于独生子女。留在原家庭的孩子，如没有兄弟姐妹与其一起承担赡养生父母的义务，也可以按照独生子女标准享受扣除。

91. 非独生子女的兄弟姐妹都已去世，是否可以按独生子女赡养老人扣除 2000 元/月？

答：一个纳税年度内，如纳税人的其他兄弟姐妹均已去世，其可在第二年按照独生子女赡养老人标准 2000 元/月扣除。如纳税人的兄弟姐妹在 2019 年 1 月 1 日以前均已去世，则选择按"独生子女"身份享受赡养老人扣除标准；如纳税人已按"非独生子女"身份填报，可修改已申报信息，1月按非独生子女身份扣除少享受的部分，可以在下月领工资时补扣除。

92. 子女均已去世的年满60岁的祖父母、外祖父母，孙子女、外孙子女能否按照独生子女扣除，如何判断？

答：只要祖父母、外祖父母中的任何一方，没有纳税人以外的其他孙子女、外孙子女共同赡养，则纳税人可以按照独生子女扣除。如果还有其他的孙子女、外孙子女与纳税人共同赡养祖父母、外祖父母，则纳税人不能按照独生子女扣除。

93. 两个子女中的一个无赡养父母的能力，是否可以由余下那名子女享受2000元扣除标准？

答：不可以。按照《暂行办法》规定，纳税人为非独生子女的，在兄弟姐妹之间分摊2000元/月的扣除额度，每人分摊的额度不能超过每月1000元，不能由其中一人单独享受全部扣除。

94. 非独生子女，父母指定或兄弟协商，是否可以最高某一个子女可以扣2000元？

答：根据《个人所得税专项附加扣除暂行办法》规定，纳税人为非独生子女的，由其与兄弟姐妹分摊每月2000元的扣除额度，每人分摊的额度不能超过每月1000元。因此，非独生子女是不能通过父母指定或兄弟协商享受2000元扣除标准的。

95. 赡养老人扣除应当填报和报送什么资料？

答：享受赡养老人扣除，只需填报相关信息即可，无须报送资料。填报的信息包括：是否为独生子女、月扣除金额、被赡养人姓名及身份证件类型和号码、与纳税人关系；此外，有共同赡养人的，还要填报分摊方式、共同赡养人姓名及身份证件类型和号码等信息。

七、通用类

96. 我们一家人都在农村务农，是不是不能享受专项附加扣除？我能够享受哪些方面的税收优惠？

答：根据修改后的税法规定，纳税人取得工资薪金、劳务报酬、稿酬、特许权使用费等综合所得，可以减除专项附加扣除。如果纳税人从事个体经营，同时没有这些综合所得的，也可以享受专项附加扣除。现在很多人进城打工，也有工资收入，可以享受专项附加扣除。

纳税人在农村务农，没有综合所得，如果从事种植业、养殖业、饲养业和捕捞业取得的所得，国家是予以免征个人所得税的。

97. 符合扣除条件的纳税人，什么时候可以办理专项附加扣除？

答：除大病医疗外，其他5项专项附加扣除，只要纳税人在纳税年度内符合其中的一项或多项扣除条件时，就可以向工资薪金的扣缴单位填报相关信息，享受专项附加扣除。大病医疗，或者纳税人年度内未享受或未足额享受的，可在次年3月1日至6月30日办理综合所得汇算清缴时向税务机关填报相关专项附加扣除信息、享受扣除优惠。

98. 2019年1月1日起就可以享受专项附加扣除信息，可是还有一些填报事项不明确或其他原因，来不及报送专项附加扣除信息怎么办？

答：对部分专项附加扣除事项不确定，或是其他原因，未能在2019年1月份，或符合专项附加扣除条件的当月报送专项附加扣除信息的，可以在相关事项确定后，再填报相关扣除信息；对之前符合条件应当享受而未享受的，可以在该纳税年度剩余月份补充享受。也可以在次年3月1日至6月30日内，通过向税务机关办理综合所得汇算清缴申报时办理扣除。

99. 纳税人填报专项附加扣除信息有哪些注意事项？

答：一是要根据专项附加扣除办法规定的条件，判断自己是否有符合相关条件的专项附加扣除项目；

二是根据自己的实际情况,在电子税务局网页、手机 APP、电子模板、纸质报表 4 种方式中,选择一种专项附加扣除信息的提交方式;

三是根据自己符合条件的专项附加扣除项目,如实填报相应的专项附加扣除信息;

四是姓名、身份证号、手机号码等信息务必填写准确,以保障您的合法权益,避免漏掉重要的税收提醒服务;选填项尽可能填写完整,以便更好地为您提供税收服务;

五是通过电子模板、纸质报表等方式填报专项附加扣除信息的,应留存好本人和扣缴义务人或者税务机关签字盖章纸质信息表备查;

六是纳税人应于每年 12 月份对次年享受专项附加扣除的内容进行确认。如未及时确认的,次年 1 月起暂停扣除,待确认后再享受。

100. 通过手机 APP 填报的专项附加扣除信息,是否也需要打印出来交给单位盖章保存?

答:不需要。纳税人通过远程办税端(手机 APP、网页)填报专项附加扣除信息并选择扣缴单位办理扣除的,无须将相关信息打印出来交单位盖章保存。

八、信息系统操作类

101. 自然人税收管理系统扣缴客户端在哪可以下载安装?

答:自然人税收管理系统扣缴客户端适用于扣缴义务人代扣代缴个人所得税。扣缴义务人可通过所在省税务局的官方网站下载自然人税收管理系统扣缴客户端。

双击安装包程序,点击【立即安装】,即可安装扣缴客户端到本地电脑。

102. 扣缴客户端如何进行注册?

答:系统安装完成后,需要进行注册。注册的过程大致为通过纳税人识别号从税务系统获取相应的企业信息,保存到本地扣缴客户端的过程,具体为:

点击安装完成界面上的【立即体验】(或点击桌面"自然人税收管理系统扣缴客户端"快捷方式),即进入注册流程。注册共有 5 步:第一步:录入单位信息;第二步:获取办税信息;第三步:备案办税人员信息;第四步:设置登录密码;第五步:设置数据自动备份。

103. 在扣缴客户端导入专项附加扣除信息提示导入成功 15 个,但是扣除界面只有 13 条信息。

答:扣缴客户端在任何一个专项附加扣除界面都可以导入全部人员的各项专项附加扣除信息。导入完成后,在该专项附加扣除页面只会显示本项专项附加扣除的人员信息,无此项扣除的人员不在此显示,可在其他专项附加扣除页面查看相应的专项附加扣除信息。

104. 扣缴客户端采集完专项附加扣除信息后,再导入工资薪金数据,没有自动生成专项附加扣除金额。

答:正常工资薪金表中专项附加扣除金额可以自行手工填写,也可以选择需要预填的人员范围,然后点击【预填专项附加扣除】按钮,系统会自动按照已采集的专项附加扣除信息计算出可扣除金额。

105. 单位发 2019 年 1 月的工资,怎么在软件里面按新税制计算出应缴纳多少税款?

答:步骤一:打开扣缴客户端,录入并报送员工信息(对已经录入的,可忽略);

步骤二:可通过标准模版表采集员工专项附加扣除信息,导入扣缴客户端;也可以由员工自己通过"个人所得税" APP 或自然人办税服务平台网页报送专项附加扣除信息(每项的申报方式要选定为"通过扣缴义务人申报"并选定给指定的单位),3 天后单位再点击【下载更新】按钮下载员工的专项附加扣除信息;

步骤三：导入当月收入正常工资薪金表，并点击【预填专项附加扣除】按钮，扣缴客户端会根据已有的专项附加扣除信息自动进行预填；

步骤四：点击【税款计算】步骤，系统会自动计算当月应纳税额，最后导出计算结果即可。

106. 单位员工如果在 2019 年 1 月份没有采集专项附加扣除项目，3 月份才开始采集，会存在多缴税的情况吗？

答：综合所得采用累计预扣法计税：

本期应预扣预缴税额 =（累计预扣预缴应纳税所得额 × 税率 - 速算扣除数）- 已预扣预缴税额

累计预扣预缴应纳税所得额 = 累计收入 - 累计免税收入 - 累计基本减除费用 - 累计专项扣除 - 累计专项附加扣除 - 累计依法确定的其他扣除

这种情况对于员工个人来说，在专项附加扣除采集前可能会多预缴税款，但在采集后每次申报时会累计扣除前几个月的总和，如果税款为负值的，暂不退税，一直往后留抵，在次年 3～6 月进行个人年度汇算清缴申报时多退少补。

107. 扣缴客户端软件，导入员工提交上来的专项附加扣除电子表格时，无法选择到具体的电子表格？

答：扣缴客户端中专项附加扣除信息批量导入，只能通过文件夹批量导入，系统会把该文件夹里面所有的专项附加扣除电子表格全部导入。

108. 若纳税人选择由扣缴义务人方式扣除个人的专项附加扣除信息，是否需要每月都向扣缴义务人提交专项附加扣除电子表格？

答：对于个人专项附加扣除信息未发生变化的，每个扣除年度只需要向扣缴义务人提供一次专项附加扣除信息即可，无须按月提供。

109. 2019 年新个人所得税法全面实施后，原来正在使用的扣缴客户端怎么升级？需要卸载吗？

答：对原来正在使用扣缴客户端的，直接打开运行后就可以自动升级。若升级失败，建议先备份数据，然后安装新版扣缴客户端软件。安装好后，在"2018 年"版本模式下恢复原备份数据，再切换到"2019 年"版本模式下，这时系统会把当前正常状态的人员信息全部迁移到新界面里面，无须重新导入人员信息。

110. 扣缴客户端软件升级后，怎么查询所属 2018 年及以前的申报数据？如果涉及补报所属 2018 年及以前年度税款的，该怎么操作？

答：扣缴客户端升级后有两种版本模式："2018 年"和"2019 年"。"2018 年"的版本模式可用于查询历史数据，以及进行税款所属期 2018 年及以前的申报（含更正申报）；"2019 年"的版本模式适用于税款所属期 2019 年以后的申报（含更正申报）。

111. 扣缴义务人应该通过哪个功能菜单来采集专项附加扣除信息？

答：在扣缴客户端中，进入到"2019 年"版本模式，通过【专项附加扣除信息采集】菜单，选择单个"添加"或者"导入"方式采集。如果当前版本模式是"2018 年"，则通过系统右上角的【版本切换】按钮，切换到新版模式下操作。

112. 扣缴客户端批量导入专项附加扣除信息后，提示部分导入成功。未导入的信息该如何处理呢？

答：在导入失败情况下，扣缴客户端会在导入文件夹里面生成一张导入失败的错误信息表。请查看具体错误原因，修改完善好对应内容后重新导入即可。

113. 专项附加扣除信息表导入时提示"个人信息在系统中不存在，无法导入"。怎么办？

答：请先在扣缴客户端中导入或录入相关人员信息，并进行人员信息报送。

114. 扣缴客户端中，身份验证状态有哪些？有什么含义？

答：【待验证】：表示人员信息初次添加或修改时的默认状态；

【验证中】：表示尚未获取到公安机关的居民身份登记信息，系统会自动获取到验证结果，无须再进行另外的操作。

【验证通过】：表示采集的人员信息与公安系统的信息是一致的；

【验证失败】：表示该自然人身份信息与公安机关的居民身份登记信息不一致，可以核实后将信息修改正确，如果确认无问题的，可暂时忽略该验证结果，正常进行申报；

【暂不验证】：表示该自然人身份证件类型为非居民身份证（如来华工作许可证、外国护照等），目前尚无法进行验证，可以忽略该结果，正常进行后续操作。

115. 扣缴客户端中，对已有申报记录的人员信息如何删除？

答：已经在扣缴客户端中申报过的人员，为了保证数据的完整性，不能删除，可以在"人员信息采集"中将"人员状态"修改为"非正常"。若希望在人员信息采集页面中不再显示该人员，点击【人员信息采集】→【更多操作】→【隐藏非正常人员】即可。

116. 扣缴客户端中，如何隐藏非正常状态人员？

答：点击【人员信息采集】→【更多操作】→【隐藏非正常人员】，即可隐藏全部非正常人员。

117. 扣缴客户端中，如何显示隐藏的非正常人员？

答：点击【人员信息采集】→【更多操作】→【显示非正常人员】，即可显示全部非正常人员。

118. 扣缴客户端中，对人员状态被修改为非正常的人员，是否需要报送人员信息？

答：人员信息发生修改，都需要点击【报送】按钮将相关信息报送给税务机关。

非正常表示员工从该单位离职，离职后员工在"个人所得税"APP的任职受雇单位中，将不显示该企业信息。

119. 员工没能及时将专项附加扣除信息提交给扣缴义务人，可不可以下个月补报？

答：扣缴义务人根据员工提交的专项附加扣除信息，按月计算应预扣预缴的税款，向税务机关办理全员全额纳税申报。如果员工未能及时报送，也可在以后月份补报，由扣缴义务人在当年剩余月份发放工资时补扣，不影响员工享受专项附加扣除。如员工 A 在 2019 年 3 月份向单位首次报送其正在上幼儿园的 4 岁女儿相关信息，则 3 月份该员工可在本单位发工资时累计可扣除子女教育支出为 3000 元（1000 元/月×3 个月）。到 4 月份该员工可在本单位发工资时累计可扣除子女教育支出为 4000 元（1000 元/月×4 个月）。

120. 如果员工一年内都没将专项附加扣除信息提交给扣缴义务人怎么办？

答：在一个纳税年度内，员工如果没有及时将专项附加扣除信息报送给扣缴义务人，以致在扣缴义务人预扣预缴工资、薪金所得税时未享受扣除的，员工可以在次年 3 月 1 日至 6 月 30 日内，向汇缴地主管税务机关进行汇算清缴申报时办理扣除。

121. 对选择由扣缴义务人申报专项附加扣除的纳税人，若专项附加扣除信息发生变化，应如何处理？

答：若纳税人的专项附加扣除信息发生变化，纳税人可通过"个人所得税"APP、"自然人办税服务平台"网页自行更新，通知扣缴义务人在扣缴客户端中点击【下载更新】，下载最新的专项附加扣除信息；或填写《个人所得税专项附加扣除信息表》提交给扣缴义务人。扣缴义务人在扣缴客户端中点击【修改】，更新填报信息。

122. 一个月同时租住两处住房或者年度中间换租造成中间有重叠租赁月份的情况，该如何处理？

答：一个月同时租住两处住房的，只能填写一处；年度中间月份更换租赁住房的，不能填写两处租赁日期有交叉的住房租金信息。若有重叠租赁月份的，则将上次已填报的住房租金的有效期止提前终止，或者新增住房租金信息租赁期起必须晚于上次已填报的住房租赁期止所属月份。

123. 扣缴客户端中，人员的联系方式如何批量修改？

答：步骤一：请点击扣缴客户端上方【代扣代缴】，进入"代缴代缴"模块；

步骤二：请点击软件左侧【人员信息采集】→【导出】→【全部人员】；

步骤三：请在导出的 EXCEL 人员信息表中对"联系电话"列进行补充或修改；

步骤四：修改保存成功后，再次打开扣缴客户端，点击软件左侧【人员信息采集】→【导入】→【导入文件】→点击【选择】，选择对应的人员信息 EXCEL 表格→【打开】，导入成功即可。

124. 扣缴客户端登录界面的登录密码忘记了，该如何处理？

答：点击扣缴客户端登录界面的【忘记密码】，填写人员身份信息后再选择一种可用验证方式，验证通过后，然后在"重置密码"页面完成新密码的设置即可。

125. 扣缴客户端中，如何操作人员信息的批量修改非正常？

答：步骤一：打开扣缴客户端中"人员信息采集"，选中所有人员，点击【更多操作】→【批量修改】，【待修改属性】选择【人员状态】，人员状态选择【非正常】，点击【修改】即可；

步骤二：在扣缴客户端标准人员信息模板中输入本月在职员工的信息，点击【人员信息采集】→【导入】→【导入文件】，将做好的模板重新导入即可。

126. 扣缴客户端中，人员信息采集为什么新增【报送】功能？

答：因为扣缴客户端的人员信息采集中员工信息要和公安部进行比对，可增加员工真实性校验，并且也为税改后的汇算清缴申报做准备，只有员工是真实的才能进行汇算清缴。所以采集好人员信息需要点击【报送】。

注：如果该人员状态为"非正常"（即离退人员），则无须进行报送。

127. 扣缴客户端中，点击【申报表报送】提示：以下【x】位人员未完成报送登记，请及时完成报送并获取反馈：姓名：【xx】证照号码：【xxx】，该如何处理？

答：提示的人员没有在扣缴客户端中进行人员信息的报送登记，自 2018 年 8 月 1 日起，人员信息必须先完成报送登记，才可进行申报表报送。

点击左侧【人员信息采集】，将提示中的人员勾选上点击【报送】，再点击【获取反馈】获取身份验证结果，身份验证通过后就可以正常申报。

128. 如何在扣缴客户端中下载人员信息导入模板？

答：请点击扣缴客户端中【人员信息采集】→【导入】→【模板下载】，选择需要保存的路径，点击保存即可。

129. 扣缴客户端中，人员信息如何导出？

答：在"人员信息采集"模块，点击【展开查询条件】，输入查询条件后，勾选需要导出的人员信息，点击【导出】即可。

130. 扣缴客户端中，人员信息如何打印出来？

答：在"人员信息采集"模块，点击【展开查询条件】，输入查询条件后，勾选需要导出的人员信息，点击【导出】保存后，即可选择人员信息进行打印。

131. 扣缴客户端中，人员信息显示的顺序与导入电子表格文件中不一致，该如何处理？

答：情况一：在"人员信息采集"中采集了工号信息，点击【工号】列中出现的三角图标，即可按工号进行排序；

情况二：在"人员信息采集"中没有采集工号信息，可以点击【姓名】列或其他列进行排序，也可以采集工号信息后再进行排序。

132. 纳税人在公安系统中改姓名了，扣缴客户端如何修改？

答：点击【获取反馈】获取的身份验证状态如果显示"待验证""验证中"或"验证不通过"的情况，可直接在人员信息采集模块中进行修改；如果显示"验证通过"的情况，则纳税人需持有效身份证件前往税务大厅进行自然人关键信息变更，更正后通知扣缴义务人在扣缴客户端进行特殊情形处理，下载更新信息。

133. 扣缴客户端中，证件号码录入错误如何修改？

答：对于未申报过的人员，在"人员信息采集"中修改更正证件号码信息，点击【保存】即可。

对于已申报过的人员，在"人员信息采集"中将"人员状态"修改为"非正常"，点击【保存】。随后重新录入正确的人员信息后，再申报当月数据。申报成功后需携带有效身份证件至办税服务厅办理自然人多证同用并档管理。

134. 扣缴客户端中，非正常人员如何修改为正常？

答：在"人员信息采集"模块，勾选非正常状态的人员信息，双击打开页面后将右上方的"非正常"状态改选为"正常"状态，点击【保存】即可。如需批量进行修改，勾选非正常状态的人员信息，点击【更多操作】→【批量修改】，"待修改属性"中选择"人员状态"，将人员状态信息修改为正常，点击【保存】即可。

135. 扣缴客户端中，在人员信息采集界面点击【获取反馈】按钮后，需要多长时间才能获取反馈成功？

答：身份验证具有延时性，但不会影响下一步申报操作。只要报送状态为"报送成功"，均可正常申报。

136. 扣缴客户端中，在人员信息采集界面添加并录入完境内或境外人员信息后，点击【保存】按钮时，为什么系统没有反应？

答：采集人员信息时，带星（*）号的项目是必填项，请注意检查必填项是否已正确录入。保存后，注意检查界面上是否存在标注成红框的项目，若存在则将标注红框的项目填写正确后再点击【保存】。

137. 扣缴客户端中，人员信息采集时错将姓名录成了繁体字，报送状态显示"报送成功"且身份证验证状态显示"验证成功"，但身份证上是简体字，这种情况应如何修改？

答：无须修改，后台可实现简繁体自动转换。

138. 重装扣缴客户端后，人员信息采集信息为空，应如何处理？

答：情况1：若扣缴客户端重装前备份了数据，可进行数据恢复操作。

情况2：若系统重装前没有备份过数据，可通过人员信息采集界面的【添加】按钮或【导入】功能采集人员信息。

139. 扣缴客户端中，人员信息采集时提示"15位身份证不允许保存，请升级为18位身份证"。该如何处理？

答：扣缴客户端要求新增人员的身份证信息必须使用18位身份证号，纳税人身份证号为15位的需升18位后方可正常申报。

140. 扣缴客户端中，在人员信息导入时提示：已有申报记录，由境内人员证件类型、证件号码、姓名确定唯一的纳税人识别号。该如何处理？

答：出现该提示有两种情况：（1）扣缴客户端和正导入的文件中都有所提示的证件号码，但是这个证件号码在扣缴客户端和正导入的文件中对应的姓名不一样。在人员信息中检查一下，如果姓名不正确，可以直接在扣缴客户端中修改；（2）正导入的文件中有重复的证件号码，去掉重复人员后再次导入即可。

141. 如何修改扣缴客户端的申报密码？

答：点击扣缴客户端软件左侧菜单【系统设置】→【申报管理】→【申报安全设置】→输入"原申报密码"→再输入"新申报密码"和"确认新申报密码"，即可完成申报密码的修改。

142. 扣缴客户端如何更新办税信息？

答：点击扣缴客户端软件左侧【系统设置】→【申报管理】→【办税信息更新】→【下载】按钮，提示信息获取成功即可。

143. 扣缴客户端中，导入模板时提示：如下系统必导项尚未关联您选择文件的表格列。请问如何处理？

答：出现该提示是因为导入的模板里没有所提示的这一列。请先下载标准模板，然后将刚才导入的表格中的信息复制到标准模板对应列中，再重新导入即可。提醒注意：下载模板时建议重命名，避免覆盖原来的文件。

144. 扣缴客户端中，发送申报表时提示：姓名中间不允许有空格，请修改。请问如何处理？

答：出现该提示是由于人员姓名中存在空格导致。

请点击软件左侧【人员信息采集】，找到提示中的报错人员并双击，再修改姓名并报送，然后点击申报表报送即可。

145. 扣缴客户端中，税延养老保险附表中的年度保费该如何填写？

答：税延养老保险附表中的年度保费是取得个体工商户的生产经营所得、对企事业单位的承包承租经营所得的个人及特定行业取得工资薪金的个人填写，据实填写《个人税收递延型商业养老保险扣除凭证》载明的年度保费金额即可。

146. 扣缴客户端中，税延养老保险附表中的月度保费如何填写？

答：税延养老保险附表中的月度保费是取得工资薪金所得、连续性劳务报酬所得（特定行业除外）的个人填写，填写《个人税收递延型商业养老保险扣除凭证》载明的月度保费金额，一次性缴费的保单填写月平均保费金额。

147. 纳税人通过电子模版方式报送给扣缴义务人的《个人所得税专项附加扣除信息表》，扣缴义务人是否需要打印下来让纳税人签字？

答：需要打印签字。根据《国家税务总局关于发布〈个人所得税专项附加扣除操作办法（试行）〉的公告》（国家税务总局公告2018年第60号）第四章第二十条第二点的相关规定，纳税人通过填写电子或者纸质《扣除信息表》直接报送扣缴义务人的，扣缴义务人将相关信息导入或者录入扣缴端软件，并在次月办理扣缴申报时提交给主管税务机关。《扣除信息表》应当一式两份，纳税人和扣缴义务人签字（章）后分别留存备查。

148. 扣缴客户端中，专项附加扣除信息导入模版是什么格式的 Excel 表？单位采集的电子表格格式不一致，该如何处理？

答：扣缴客户端中，专项附加扣除信息采集表的文件格式支持 xls 和 xlsx 两种，建议使用 xls 格式以获取更高的导入效率。

若员工提交的专项附加扣除信息采集表不是以上两种格式，请用办公软件打开该表另存为以上两种格式，再进行导入即可。

149. 扣缴客户端"人员信息采集"的"境外人员"中，录入证照号码时系统提示"港澳居民来往内地通行证的号码只能是 9 位数字和字母混合"，但该人员的通行证号码为 10 位数，无法保存。

答：港澳居民来往内地通行证号码格式如下：第 1 位为字母（香港居民为 H，澳门居民为 M），第 2~9 位为数字（为持证人的终身号），第 10~11 位为换证次数。如 H0139133901，录入证照号码时只需录入 H01391339 即可，换证次数无须录入。

150. 扣缴单位使用的扣缴客户端登录后显示"2018 年"和"2019 年"两个蓝色按钮，有何不同？

答：为支持新个人所得税法的实施，扣缴客户端进行了较大升级（对原来正在使用扣缴客户端的，直接打开运行后会自动升级）。扣缴客户端升级后有"2018 年"和"2019 年"两种版本模式："2018 年"的版本模式可用于查询 2018 年及之前的数据，以及进行税款所属期 2018 年及以前的申报（含更正申报）；"2019 年"的版本模式适用于税款所属期 2019 年以后的申报（含更正申报）。可通过系统右上角的"版本切换"按钮，切换到另一版本模式下操作。新个人所得税法中的专项附加扣除报送等功能在"2019 年"版本模式中。

151. 自然人申请个人所得税 WEB 端（APP 端）的注册码，如何发放？

答：（1）操作人员点击菜单列表的【发放注册码】，检查证明资料是否准确齐全，如无问题点击【下一步】；

（2）在新弹出的界面选择好身份证类型，依次输入身份证件号码、姓名和国籍后，点击【下一步】，系统弹出"注册码打印单"界面，点击【打印】即可。

152. 自然人申请注册码成功后，不慎遗失或忘记，怎么办？

答：未注册成功的自然人可以重复申请注册码，同一纳税人再次申请注册码时，原注册码失效。

153. 个人所得税 WEB 端（APP 端）的登录密码如何重置？

答：（1）操作员点击【个人业务办理】，选择办理事项"重置密码"，可以通过"身份证阅读器"获取身份信息，或者输入"纳税人识别号"（或根据身份证件类型和证件号码），点击回车键，显示"自然人信息"；

（2）检查自然人提交的资料是否准确完整，如准确完整则点击【下一步】，系统提示"重置成功"，点击【确认】；

（3）系统跳转至纳税人重置密码确认单打印界面，点击【打印】。

154. 自然人信息采集主界面的户籍所在地、经常居住地以及境内无住所信息附表的联系地址三者的填写关系？

答：三者之间的填写规则：如采集选择的是居民身份证或中国护照，则户籍所在地必填，经常居住地选填；如采集选择的是非居民身份证或中国护照，户籍所在地非必录，经常居住地和联系地址必录其一。

155. 自然人选择为残孤烈时，为什么残疾人号是必填项，烈属证号是选填项？

答：考虑到烈属证历史遗留问题，如证件遗失走补发流程比较麻烦，故目前暂未要求必填。

156. 自然人变更登记模块中的姓名、身份证件类型、身份证件号码是灰色的，修改不了，如何操作？

答：姓名、身份证件类型、身份证件号码是唯一性信息，唯一性信息修改需要在"自然人关键信息变更"中进行变更操作，并且目前关键信息只支持姓名的变更；其他关键信息错误需修改时，用正确的自然人信息重新建档，建档后对新旧档案并档处理，并选择新档案为主档案。

157. 需要在投资方分配比例维护菜单维护分配比例的企业类型有哪些？

答：私营合伙企业、内资合伙、港澳台合伙、外资合伙、民办非企业单位（合伙）。

158. 自然人登记的时候把名字登记错了，怎么修改？

答：在"自然人关键信息变更"中进行变更即可。

159. 个税投资方分配比例维护主要维护哪些信息？

答：个税投资方信息维护功能仅可对分配比例数据项进行修改，纳税人若需新增、删除投资方信息或对投资方信息中的其他数据项进行修改，需在金三核心系统的"变更税务登记"功能中进行变更。

160. 电子资料采集可以采集哪些资料？

答：目前版本可以采集残疾证件、烈属证件两类证件。

161. 根据《关于科技人员取得职务科技成果转化现金奖励有关个人所得税政策的通知》（财税〔2018〕58号），非营利性科研机构和高校向科技人员发放职务科技成果转化现金奖励时可以享受税收优惠，符合政策要求的纳税人享受优惠前是否要先进行备案？

答：根据《国家税务总局关于科技人员取得职务科技成果转化现金奖励有关个人所得税征管问题的公告》（国家税务总局公告2018年第30号），非营利性科研机构和高校向科技人员发放职务科技成果转化现金奖励，应于发放之日的次月15日内，向主管税务机关报送《科技人员取得职务科技成果转化现金奖励个人所得税备案表》。

162. 根据《关于科技人员取得职务科技成果转化现金奖励有关个人所得税政策的通知》（财税〔2018〕58号），从职务科技成果转化收入中给予科技人员的现金奖励，可减按50%计入科技人员当月"工资、薪金所得"，依法缴纳个人所得税。针对该种场景如何进行个人所得税的申报？

答：符合政策要求的非营利性研究开发机构和高等学校，从职务科技成果转化收入中给予纳税人的现金奖励作为工资、薪金所得，在申报当月工资、薪金所得时，将现金奖励并入当期工资、薪金中，并将现金奖励的50%作为免税所得，填入免税所得数据项中，并在减免附表中填列相应的减免事项。

163.【税收优惠日常管理】功能进行管理启动后，后续如何查询受理审批结果？

答：税务人员进行【税收优惠日常管理】功能启动后，可通过【税收优惠日常管理清册】功能查询受理审批结果信息，或出于管理需要查询税收优惠日常管理业务的相关统计信息。

164. 办税人员打印文书出现分页现象，如何处理？

答：（1）请清空IE缓存，重新打印；

（2）下载打印组件，运行，卸载；卸载完，重新安装，清除缓存，重新打印；

（3）若上述方法无效，则将电脑C:\jdlssoft\iitms目录下的文件夹print备份；拷贝能够正常打印的电脑的对应目录下的print文件夹，替换，清除缓存，重新打印。

165. 个人所得税定率核定的通知书后期可以在哪进行打印？

答：在个人税收管理系统——大厅发放。

166. 如何把查账征收变更为核定征收？

答：在个人税收管理系统——征收——个人所得税核定申请模块进行操作即可。

167. 中国税收居民身份证明适用的业务场景？

答：根据《国家税务总局关于开具〈中国税收居民身份证明〉有关事项的公告》（国家税务总局公告2016年第40号）政策规定，个人为享受中国政府对外签署的税收协定待遇，可向其主管所得税的税务机关申请开具《中国税收居民身份证明》。

168. 个人税收管理系统中【非居民纳税人享受税收协定待遇情况报告表（退抵税专用）】菜单点击时提示"登记序号为空；流程实例 ID 为空"。该如何处理？

答：《非居民纳税人享受税收协定待遇情况报告表（退抵税专用）》功能适用于录入退抵税费信息中针对享受非居民待遇退抵税的功能跳转，若需要直接采集非居民税收协定信息可通过《非居民纳税人享受税收协定待遇情况报告表》功能进行采集。

169. 一般征收开票（ITS）缴款方式中为何没有税库联网缴税？

答：在一般征收开票（ITS）模块中，点击【获取最新三方协议信息】，下载成功后在缴款方式中就可以看到了。

170. 扣缴个人所得税报告表（2018）选择 2019 年 1 月所属期，为何申报时系统报错？

答：2019 年以后的预扣预缴申报需要通过"综合所得个人所得税预扣预缴申报表（ITS）"模块进行操作申报。

171. 个人独资企业在注销环节需要申报 2019 年 1 季度经营所得个税，在使用"经营所得个人所得税月（季）度申报（ITS）"时，系统无法选择所属期为 2019 年 1 月至 2019 年 3 月，无法正常受理申报。

答：将所属期改成 2019 年 1 月至 2019 年 1 月申报。

172. 自然人 APP 端自动出现任职受雇单位，而自己又完全不知情，存在信息冒用嫌疑，该怎么办？

答：只要该公司给您做过雇员个人信息报送，且未填报离职日期的，该公司就会出现在您"个人所得税"APP 的任职受雇信息中。解决办法如下：

（1）如果是您曾经任职的单位，您可在"个人所得税"APP 个人中心的任职受雇信息中点开该公司，然后在右上角点击"申诉"，选择"曾经任职"方式。税务机关会将信息反馈给该公司，由该公司在扣缴客户端软件中把人员信息修改成离职状态即可。

（2）如果是您从未任职的单位冒用的，您可在"个人所得税"APP 个人中心的任职受雇信息中点开该公司，然后在右上角点击"申诉"，选择"从未任职"方式，把情况反馈给该公司的主管税务机关，由税务机关展开调查。

您点击申诉后，"个人所得税"APP 相关任职信息将不再显示。后续处理结果会通过"个人所得税"APP 主页的消息提醒反馈给您，敬请留意。

173. 纳税人在 APP/WEB 端采集好专项附加扣除信息并指定扣缴义务人后，扣缴义务人那边下载不了纳税人的专项附加扣除信息。

答：远程端（APP/WEB 端）采集完毕后，扣缴客户端需要过 3 天才能下载到该纳税人的专项附加扣除信息。

174. "个人所得税"APP 为什么要实名注册？

答：实名注册的目的是：
（1）为了验证绑定的账户是否属于本人；
（2）对纳税人信息的真实性进行验证审核；
（3）保障纳税人的合法权益和涉税数据安全；
（4）建立完善可靠的互联网信用基础。

175. 居民个人有哪些渠道可以填报专项附加扣除信息？

答：4 个渠道：
（1）自行在"个人所得税"APP 填报；

（2）自行在自然人办税服务平台网页报送；

（3）自行到办税服务厅报送给税务机关；

（4）提交给扣缴单位在自然人税收管理系统扣缴客户端软件或到办税服务厅报送。

176. "个人所得税"APP 和"自然人办税服务平台"注册用户最后一步提示"登录名被占用"，请问怎么处理？

答：登录名具有唯一性，可按照规则自定义，如果所填写的登录名被别人占用了，请修改重新自定义其他登录名，直至提交保存成功即可。

177. "个人所得税"APP 从哪里下载？

答：对于安卓手机系统，可以登录所在省税务局"自然人办税服务平台"网页，首页"个人所得税 APP 扫码登录"二维码下方有一个【手机端下载】，点击后，通过手机扫码下载"个人所得税"APP 安装即可。也可以通过各大手机应用商城，搜索"个人所得税"下载 APP 应用。

对于苹果手机系统，请在苹果应用商场 App Store 搜索"个人所得税"下载 APP 应用。

178. "个人所得税"APP 的注册方式有哪些？

答：目前"个人所得税"APP 有两种注册方式：

（1）人脸识别注册（仅适用于居民身份证注册）

通过人脸识别手段对用户进行实人验证，该方式是通过对实时采集的人脸与公安留存的照片进行比对验证，验证通过后即可完成实名注册。

（2）注册码认证注册（适用于所有证件类型注册）

纳税人先行持有效身份证件及其他证明材料到就近的办税服务厅进行实名认证登记后申请发放注册码，然后采用此注册码在"个人所得税"APP 中注册账号，以后凭此账号即可远程登录"个人所得税"APP 进行办税。

179. 什么是注册码？怎么获取？

答：注册码是指自然人为了开通自然人办税服务平台用户账号进行办税的一种认证方式。先行在办税服务厅进行实名认证后获得注册码，然后使用此注册码在自然人办税服务平台或"个人所得税"APP 中开通账号，以后凭此账号即可远程登录自然人办税服务平台或"个人所得税"APP 进行办税。

自然人可以携带本人有效身份证原件去就近的办税服务大厅申请获取注册码。注册码为 6 位数字和字母。注册码有效期为 7 天，申请后请及时注册使用。若不慎遗失，可再次申请。

180. "个人所得税"APP 登录账号有哪些？

答：有 3 种，分别为：登录名、手机号码、证件号码（外国护照除外）。

181. "个人所得税"APP 如何通过人脸识别认证注册？

答：具体操作如下：

（1）打开"个人所得税"APP；

（2）点击【注册】，选择人脸识别认证注册，如实填写身份相关信息，包括：姓名、证照号码，点击"开始人脸识别"按钮后进行拍摄，与后台公安接口比对成功后会跳转到登录设置界面；

（3）设置自己的登录名、密码、手机号（需短信校验）完成注册。

注意事项：

（1）登录名长度是 8~16 位字符，只能包括大小写字母、数字、中文（中文占 2 个字符）与下划线；

（2）登录名不支持纯数字；

（3）密码应为8~15位，至少包含字母（大小写）、数字与符号中的两种，不能含空格。

182. "个人所得税"APP如何通过注册码注册？

答：具体操作如下：

（1）自然人须先到就近的办税服务厅申请获取注册码；

（2）打开"个人所得税"APP，点击【注册】，选择注册码认证注册方式，如实填写身份信息，包括：姓名、证照类型、证照号码等，填写的个人信息与公安系统数据进行比对，不可虚假录入；

（3）设置自己的登录名、密码、手机号（短信校验）完成注册，系统对登录名和密码有规则校验，设置完成后即可通过登录名、手机号或身份证号码登录系统，并进行相关业务操作。

注意事项：

（1）登录名长度是8~16位字符，只能包括大小写字母、数字、中文（中文占2个字符）与下划线；

（2）登录名不支持纯数字；

（3）密码应为8~15位，至少包含字母（大小写）、数字与符号中的两种，不能含空格。

183. 假如更换了手机号码，如何修改手机号？

答：打开"个人所得税"APP，登录后可通过【个人中心】—【安全中心】—【修改手机号码】修改自然人已绑定的手机号码。有两种验证方式，一是通过原绑定的手机号码收取验证码后重新录入新手机号码，二是通过本人银行卡及银行预留手机经过验证后重新录入新手机号码。

184. 如何修改"个人所得税"APP的登录密码？

答：打开"个人所得税"APP，登录后通过【个人中心】—【安全中心】—【修改密码】，在该界面分别录入原密码和新密码保存成功即可。

185. 忘记"个人所得税"APP登录密码怎么办？

答：忘记密码时，可在"个人所得税"APP登录界面点击【找回密码】重新设置密码。首先需要填写身份信息，再选择一种可用验证方式，验证通过后，然后在重置密码页面完成新密码的设置。

186. "个人所得税"APP登录密码输错多次后账号被冻结了怎么办？

答：密码输错3次，会让其输入图片验证码，密码输错超过5次会锁定该自然人账号，24小时后会自动解锁；您也可以通过首页【忘记密码】功能解锁账号。

187. 个人信息需要填写哪些信息项？需要全部填写完整吗？

答：（1）用户基础信息：系统自动带出，使用居民身份证外的其他证照号码注册，需要填写出生年月、性别。

（2）户籍所在地/现居住地址：需选择省市地区，乡/镇/街道为选填项，手动填写详细地址（如街道、小区、楼栋、单元室等）。

（3）学历和民族：选填项，建议完善。

（4）其他：电子邮箱和境外任职受雇国家默认无，可根据实际情况选填。

（5）税收优惠信息：分为残疾、烈属、孤老3种情形，根据实际情况勾选并上传证件的电子资料。

188. 经常居住地经常变更要怎么办？

答：建议实时在系统更新经常居住地地址。

189. 残疾证号忘记了不能保存怎么办？

答：残疾证号为必填项。登陆中国残疾人联合会官网：http：//www.cdpf.org.cn/2dzcx/输入姓名、身份证号码，即可查询残疾证编号。

190. 残疾、烈属证填写有什么规定？

答：残疾证号为必填项，并上传证件的电子图片资料，最多不能超过 5 张。

烈属证号可填可不填，并上传证件的电子图片资料，最多不能超过 5 张。

191. 银行卡可以添加几张？可以添加其他人员的银行卡吗？

答：目前不限制张数。填写的银行卡必须是本人有效身份证件开户，需要输入银行预留手机号进行验证，添加后的银行卡可以进行解绑和设为默认卡的操作。

192. "个人所得税" APP 的帮助中心在哪里查看？

答：点击【个人中心】—【帮助】，即可查看 APP 相关模块内容。

193. "个人所得税" APP 和自然人办税服务平台网页的数据会同步吗？

答：两个系统的数据是一致的。

194. "个人所得税" APP 卸载后，数据还在吗？

答："个人所得税" APP 采集的数据都存储在税务机关的服务器上，属于云存储，卸载手机 APP 后，手机上的数据会清除，但税务机关服务器上的数据依然都会保留。同一手机再次安装或换了其他手机另行安装 "个人所得税" APP，登录依然可以看到登录身份人员原来填报的数据。

195. 如何查看 "个人所得税" APP 版本，如何升级？

答：点击 "个人所得税" APP【个人中心】—【关于】查看版本号，APP 是自动升级的。

196. 自然人办税服务平台网页如何切换账号？

答：登录自然人办税服务平台网页后，点击右上角头像，选择【退出登录】即可切换其他账号进行登录操作。

197. 法人和财务负责人在 "个人所得税" APP 或自然人办税服务平台网页是否可以解除授权？

答：法人和财务负责人是从各省金税三期系统同步过来的，如果当前自然人的身份是某个公司的法人或者财务负责人，若从原公司离职了，那需要去金三税务登记变更功能里面去变更法人或者财务负责人。这样，离职的法人或者财务负责人在任职受雇信息中才会看不到这家公司。

198. 如果在 "个人所得税" APP 的任职受雇信息中发现自己当前任职的单位并不在列表中，该如何处理？

答："个人所得税" APP 和自然人办税服务平台网页版中 "个人中心" 里自动带出的任职受雇信息是根据全国各地各扣缴单位报送的自然人基础信息 A 表形成，只要扣缴单位当前的税务登记状态不为注销或者非正常，而且扣缴单位报送信息中将您标记为在职雇员，就会将该单位显示出来。

如果显示不出来，有可能是您的任职受雇单位没有将您的任职受雇信息报送给主管税务机关或所报送的信息有误，也有可能是您的任职受雇单位在税务机关的登记状态为注销或非正常，或者没有将您的个人信息选择为雇员，或者填写了离职日期。请联系您当前的任职受雇单位财务人员通过扣缴客户端处理。

199. 手机打开 "个人所得税" APP 后提示 "未连接到网络或未获取网络权限，请检查"，但手机网络正常，能打开网页，该如何解决？

答：可以尝试如下方式解决：

（1）请检查您手机设置中是否对 "个人所得税" APP 进行了网络限制。常规操作路径如下：

先关闭"个人所得税"APP，对苹果 IOS 系统手机，点击"设置→蜂窝移动网络→个人所得税→勾选 WLAN 与蜂窝移动网"；对安卓系统手机，常规操作路径如下：先关闭"个人所得税"APP，击"设置→无线和网络→流量管理→应用联网→个人应用中的个人所得税→勾选移动网络和 WIFI"。然后，重新打开"个人所得税"APP。

（2）如果确认网络设置没有问题，可能是网络不稳定所致，请切换到 WIFI 网络环境或稍等片刻再次尝试。

（3）可以在"个人所得税"APP 的个人中心中，将"工作地或常住地"临时切换到其他省市，等业务办理完成后再切回到实际工作地或常住地。

200. 是否个人通过"个人所得税"APP 填报专项附加扣除信息就不用再报给扣缴单位？

答：目前，居民个人可以通过以下 4 个渠道填报专项附加扣除信息：

（1）自行在"个人所得税"APP 填报；

（2）自行在自然人办税服务平台网页填报；

（3）自行到税务局办税服务厅填报；

（4）提交给扣缴单位在扣缴客户端软件填报。

通过前三个任一渠道成功填报的专项附加扣除信息，若填报时指定由某扣缴单位申报的，该扣缴单位可在您提交的第三天后通过扣缴客户端的"下载更新"功能下载到您所填报的信息。您无须再向扣缴单位另行填报。

附录2 个人所得税专项附加扣除操作指引

一、专项附加扣除政策的总体情况

(一) 专项附加扣除政策的主要内容

个人所得税,一般是对个人取得的收入,减除符合规定的扣除额后的余额进行税款计算。也就是说,扣除项目越多、金额越大,个人所负担的所得税就越少。这次个人所得税改革,最大的亮点,就是对个人全年取得的工资薪金、劳务报酬、稿酬以及特许权使用费等四项收入,在征收个人所得税时,除了扣除之前规定的"三险一金"外,又增加了六项可以扣除的项目,即:子女教育、继续教育、大病医疗、住房贷款利息、住房租金、赡养老人。也就是说,这六个方面支出,如果符合相关法律法规规定的条件,今后征收个人所得税时,就可以从工资薪金、劳务报酬、稿酬以及特许权使用费收入中按规定标准扣除,这样对大多数人来讲,需缴纳的个人所得税又少了一部分。这就是这次个人所得税改革推出的六项专项附加扣除政策。

可以看出,这六个项目,均集中在最基本的民生领域,几乎家家涉及,但根据每个家庭的实际负担情况又有所差异。这是对党的十九大"坚持在发展中保障和改善民生""在幼有所育、学有所教、劳有所得、病有所医、老有所养、住有所居、弱有所扶上不断取得新进展"精神的贯彻落实,同时又综合兼顾普惠性和特殊性,既照顾了大部分家庭,让大多数人享受到了改革红利,又体现了负担重的多扣、负担轻的少扣的差异化原则,更符合税收公平的理念和精神。

(二) 专项附加扣除政策办理途径

1. 两种主要途径

(1) 由单位按月发工资预扣税款时办理。除大病医疗以外,对其他五项扣除,您可以选择在单位发放工资薪金时,按月享受专项附加扣除政策。首次享受时,需要填写《个人所得税专项附加扣除信息表》并报送给任职受雇单位,单位在每个月发放工资时,像"三险一金"一样,为您办理专项附加扣除。

(2) 自行在年度综合所得汇算清缴申报时办理。一般来讲,有以下情形之一的,您可以选择在次年3月1日至6月30日内,自行向汇缴地主管税务机关办理汇算清缴申报时进行专项附加扣除,税款多退少补;个人所得税专项附加扣除信息随纳税申报表一并报送:

①不愿意通过单位办理扣除,未将相关专项附加扣除信息报送给任职受雇单位的;
②没有工资、薪金所得,但有劳务报酬所得、稿酬所得、特许权使用费所得的;
③有大病医疗支出项目的;
④纳税年度内未享受或未足额享受专项附加扣除等情形。

如果同时有两个以上发工资的单位,那么对同一个专项附加扣除项目,在一个纳税年度内,您只能选择从其中的一个单位办理扣除。

这里的汇缴地主管税务机关是指:有任职受雇单位的,为任职受雇单位所在地主管税务机关;有两个以上任职受雇单位的,选择其中一处为主管税务机关;没有任职受雇单位的,为户籍所在地或者经常居住地主管税务机关。

2. 有关信息资料

不论由单位办理扣除，还是自行申报办理扣除，您都需要如实填报个人所得税专项附加扣除信息。

如果在单位办理专项附加扣除，扣除信息发生了变化，您需要及时将变化信息进行更新并提交单位，由单位按照新信息办理扣除。并且，每年12月份，您也需要对次年享受专项附加扣除的内容向单位进行确认；如未及时确认，单位将于次年1月起暂停办理扣除，待您确认后再继续办理。

需要特别提醒您注意的是，专项附加扣除相关佐证资料，您需要在次年的汇算清缴期（即次年3月1日至6月30日）结束后五年内留存备查；按照规定，您还要为提供或确认的专项附加扣除信息的真实性、准确性、完整性负责。

3. 有关补扣措施

一个纳税年度内，如果您没有及时将扣除信息报送任职受雇单位，以致在单位预扣预缴工资、薪金所得个人所得税没有享受或没有足额享受扣除的，您可以在当年剩余月份内向单位办理补充扣除，也可以在次年3月1日至6月30日内，向汇缴地主管税务机关办理汇算清缴申报时进行扣除。

4. 对单位的要求

根据《中华人民共和国个人所得税法》第十一条规定，纳税人向扣缴义务人提供专项附加扣除信息的，扣缴义务人应当按照规定予以扣除，不得拒绝。

任职受雇单位作为个人所得税扣缴义务人，要根据员工提交的专项附加扣除信息，依规定按月为员工办理专项附加扣除并计算预缴的个人所得税。同时，在办理个人所得税扣缴申报时，要将员工填写的专项附加扣除信息，报送税务机关。

如果单位发现员工提供的专项附加扣除信息与实际情况不符，可以要求员工修改；员工拒绝修改的，应当报告税务机关，税务机关会及时处理。

二、专项附加扣除政策的条件和标准

（一）子女教育

1. 政策享受的条件

如您的子女符合下列情形之一，您和配偶即可以享受子女教育专项附加扣除：

（1）子女年满3周岁以上至小学前，此时，不论是否在幼儿园学习；

（2）子女正在接受小学、初中，高中阶段教育（普通高中、中等职业教育、技工教育）；

（3）子女正在接受高等教育（大学专科、大学本科、硕士研究生、博士研究生教育）。

上述受教育地点，包括在中国境内和在境外接受教育。

2. 扣除的标准和方式

每个子女，每月可扣除1000元。如果有多个符合扣除条件的子女，每个子女均可享受扣除。比如，有2个子女，则每月可以扣除2000元，依此类推。具体由谁来扣除，父母双方可选择确定，假如一个家庭中，子女教育每月有1000元的扣除额（即只有1个子女），既可以由父母一方全额扣除，也可以父母分别扣除500元。只是扣除方式确定后，一个纳税年度内不能变更。

3. 政策享受的起止时间

如果是学前教育，可以享受子女教育专项附加扣除政策的起止时间为：子女年满3周岁的当月至小学入学前一月；如果是全日制学历教育，则起止时间为子女接受义务教育、高中教育、高等教育的入学当月至教育结束的当月。

提醒大家的是，享受子女教育专项附加扣除政策起止时间的计算，包含因病或其他非主观原因休学但学籍继续保留的期间，以及施教机构按规定组织实施的寒暑假等假期。

4. 需留存备查的资料

如果您的子女在境内接受教育，不需要特别留存资料；如果您的子女在境外接受教育，则需要留存境外学校录取通知书、留学签证等相关资料，并积极配合税务机关的查验。

（二）继续教育

1. 政策享受的条件

您在中国境内接受的继续教育，符合下列情形之一的，就可以享受继续教育专项附加扣除政策：

（1）您正在接受学历（学位）继续教育；

（2）您在纳税年度内取得了技能人员或专业技术人员的职业资格证书。技能人员和专业技术人员职业资格证书的具体范围，以人力资源社会保障部公布的国家职业资格目录为准。在此范围外的继续教育支出，不在扣除范围内。

2. 扣除的标准和方式

如果您接受的是学历（学位）继续教育，则每月可以扣除 400 元；如果您接受的是职业资格继续教育，则在取得相关证书的当年，按年扣除 3600 元。

由于接受继续教育的纳税人一般都已经就业，因此，继续教育专项附加扣除一般由本人扣除。但有一个例外，如果您已经就业，并且正在接受本科以下学历继续教育，可以选择由您的父母按照子女教育扣除，也可以由您本人扣除。

3. 政策享受的起止时间

如果您接受的是学历（学位）继续教育，可享受扣除的起止时间为：学历（学位）继续教育入学的当月至学历（学位）继续教育结束的当月；但同一学历（学位）继续教育的扣除期限最长不能超过 48 个月。

如果您接受的是职业资格继续教育，则以职业资格继续教育相关证书上载明的发证（或批准）日期的所属年度，为可扣除年度。需要提醒的是，专项附加扣除政策从 2019 年 1 月 1 日开始实施，您需要填报的是在此之后取得的职业资格继续教育证书。

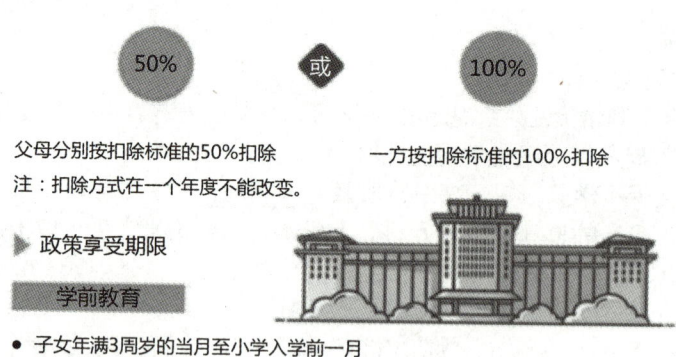

▶ 扣除标准和方式/每个子女，每月可扣除1000元。

50%　或　100%

父母分别按扣除标准的50%扣除　　一方按扣除标准的100%扣除

注：扣除方式在一个年度不能改变。

▶ 政策享受期限

学前教育

- 子女年满3周岁的当月至小学入学前一月

全日制学历教育

- 义务教育、高中教育、高等教育的入学当月至教育结束的当月。

注：享受期限包括因病或其他非主观原因休学但学籍继续保留的期间，以及施教机构按规定组织实施的寒暑假等假期。

4. 需留存备查的资料

如果您接受技能人员、专业技术人员职业资格继续教育，需要留存职业资格证书等相关资料，积极配合税务机关查验。

（三）住房贷款利息

1. 政策享受的条件

您或者您的配偶，单独或者共同使用商业银行或住房公积金个人住房贷款，为自己或配偶购买中国境内住房，发生的首套住房贷款利息支出允许扣除。这里的首套住房贷款，是指购买住房享受首套或首次贷款利率的住房贷款。如果您难以确定自己的住房贷款是否符合扣除条件，可以通过查阅贷款合同（协议），或者向办理贷款的银行、住房公积金中心咨询等方式确认。

▶ 政策享受条件

- 本人或其配偶通过商业银行贷款、公积金贷款购买中国境内住房，适用首套住房贷款利率的，在还款期间可按照规定金额标准，由本人或其配偶中的一方扣除。
- 本人发生的住房贷款是否属于首套住房贷款，可以向贷款银行查询确定。
- 本人及其配偶只能享受一次首套住房贷款利息扣除，且本人及其配偶已经申请享受此项扣除的，不能同时享受住房租金扣除。

2. 扣除的标准和方式

住房贷款利息支出，在实际发生贷款利息支出期间，按照每月 1000 元的标准扣除，扣除期限最长不超过 240 个月。具体由谁来扣除，夫妻双方可以约定，可以选择由其中一方扣除。但扣除方式确定后，一个纳税年度内就不能再变更了。

3. 政策享受的起止时间

住房贷款利息支出，享受扣除政策的起止时间为：贷款合同约定开始还款的当月至贷款全部归还或贷款合同终止的当月，但扣除期限最长不得超过 240 个月。

4. 需留存备查的资料

享受住房贷款利息专项附加扣除政策，您需要保存好住房贷款合同、贷款还款支出凭证等资料，积极配合税务机关查验。

（四）住房租金

1. 政策享受的条件

如果您在主要工作城市租了住房，同时符合以下条件，就可以享受住房租金专项附加扣除政策。

（1）您以及您的配偶在主要工作的城市没有自有住房；

（2）您以及您的配偶在同一纳税年度内，均没有享受

住房贷款利息专项附加扣除政策。也就是说，住房贷款利息与住房租金两项扣除政策只能

享受其中一项，不能同时享受。

2. 扣除的标准和方式

【扣除标准】

按您租房的城市不同，分三档扣除标准：

（1）如果是直辖市、省会（首府）城市、计划单列市以及国务院确定的其他城市，每月扣除1500元；

（2）除（1）外的、市辖区户籍人口超过100万人的城市，则每月扣除1100元；

（3）除（1）外的、市辖区户籍人口不超过100万人（含）的城市，则每月扣除800元。

这里市辖区的户籍人口，以国家统计局公布的数据为准（附件2）。

【扣除方式】

住房租金支出，具体由谁来扣除，需要有所区分。如果您和您的配偶主要工作城市相同的，只能由一方申请扣除，并且是签订租赁住房合同的承租人来扣除；如果您和您的配偶主要工作城市不相同的，且双方均在两地没有购买住房的，则可以按照规定的标准分别进行扣除。

3. 政策享受的起止时间

享受住房租金专项附加扣除政策的起止时间为，租赁合同（协议）约定的房屋租赁期开始的当月至租赁期结束的当月；提前终止合同（协议）的，扣除停止时间为实际租赁行为终止的当月。

4. 需留存备查的资料

您申请享受住房租金专项附加扣除政策，需要妥善保管好住房租赁合同或协议等资料，积极配合税务机关查验。

（五）赡养老人

1. 政策享受的条件

如果您赡养的老人年满60周岁（含），即可享受赡养老人专项附加扣除。这里的老人，包括生父母、继父母、养父母，以及子女均已去世的祖父母、外祖父母。

2. 扣除的标准和方式

如果您是独生子女，则每月扣除2000元。如果您不是独生子女，则需与兄弟姐妹分摊每月2000元的扣除额度，但每人每月最多扣除不能超过1000元；具体分摊时，可兄弟姐妹平均分摊，也可以约定分摊或由老人指定分摊。其中，约定或指定分摊的，需要您和兄弟姐妹签分摊协议留存备查。具体分摊方式和额度确定后，一个纳税年度内不能变更。

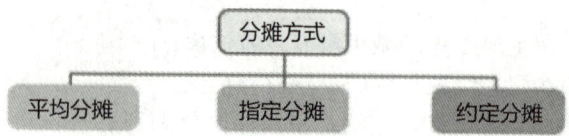

3. 政策享受的起止时间

享受赡养老人专项附加扣除政策的起止时间为，被赡养人年满 60 周岁的当月至赡养义务终止的年末。

4. 需留存备查的资料

如果您是非独生子女，并且采取了约定分摊或者指定分摊的扣除方式，则需要注意留存好相关书面协议等资料，积极配合税务机关查验。

（六）大病医疗

1. 政策享受的条件

在一个纳税年度内，纳税人本人，或者其配偶，或者其未成年子女，发生的与基本医保相关的医药费用支出，扣除医保报销后个人负担（指医保目录范围内的自付部分）累计有超过 15000 元的情况。

2. 扣除的标准和方式

大病医疗的扣除，只能在年度汇算清缴申报时进行扣除。就个人负担超过 15000 元的部分，限额据实扣除，最多可以扣除 80000 元。具体扣除时，纳税人或配偶发生的大病医疗支出，既可以由纳税人本人扣除，也可以由配偶扣除。对未年子女发生的大病医疗支出，可以由父母双方选择在其中一方扣除。

3. 政策享受的时间

大病医疗专项附加扣除政策按年享受，具体时间为，医疗保障信息系统记录的医药费用实际支出的当年。纳税人需要在一个纳税年度终了后，在次年汇算清缴时办理扣除。

4. 需留存备查的资料

纳税人申请享受大病医疗专项附加扣除政策，需要留存好大病患者医药服务收费及医保报销相关票据原件或复印件，或者医疗保障部门出具的纳税年度医药费用清单等资料，积极配合税务机关查验。

三、专项附加扣除政策的操作和方法

您享受专项附加扣除政策，最关键的是要准确完整地填报《个人所得税专项附加扣除信息表》（以下简称信息表格，附后），这是扣缴单位或税务机关为大家计算可以扣除金额的基础和前提，所以，只要按照税务机关制发的制式表格，把相关必须的信息填完整、填准确，提交给单位或税务机关，享受专项附加扣除政策一般就没有问题了。以在单位办理享受专项附加扣除政策为例，具体操作可分为以下四步：

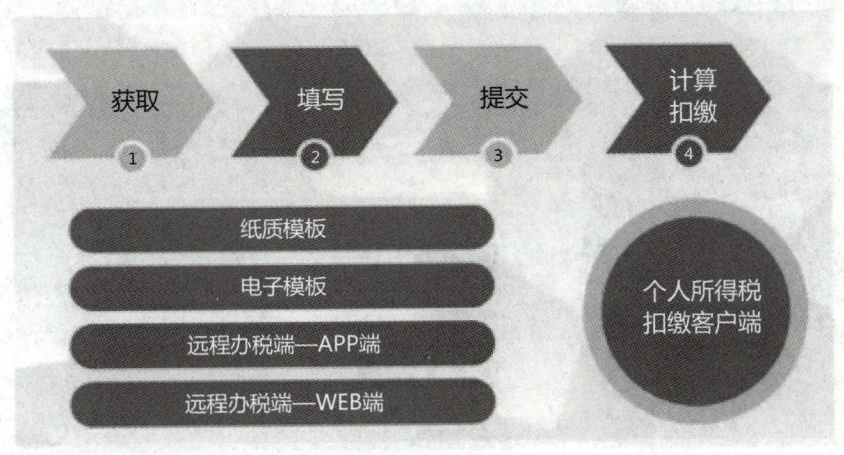

第一步，获取《个人所得税专项附加扣除信息表》。

税务机关尽量为大家提供了多元便捷的办税渠道，信息表格的获取，有以下三种形式或方法。

1. 纸质表格

获取纸质表格的途径也有三种：第一，您可以就近到任何一个办税服务厅领取已经印制好的信息表格。第二，可以到单位负责为您办理专项附加扣除的部门去领取。第三，可以登录税务总局或各省、市税务机关官网，下载表格电子版并自行打印出来。

2. 电子模板

信息表格电子模板的获取，您可以向单位领取；您也可以登录税务总局或各省、市税务机关门户网站自行下载。

单位可通过全国统一免费的扣缴端软件，导出专项附加扣除信息电子模板供大家填写。

【扣缴端下载地址：专项附加扣除信息采集－选择任一专项附加扣除项目－导入－模板下载】电子模板的使用，相对直观简单，既容易获取，也容易填报，对纳税人或扣缴单位来讲，工作量相对较少。因此，在其他办税终端正式发布前，办理专项附加扣除时可使用电子模板报送扣除信息。

3. 远程办税端

税务机关将于 2019 年 1 月 1 日正式发布远程办税端。远程办税端，主要包括国家税务总局发布的手机 APP "个人所得税" 和各省电子局网站网页端。大家只需要下载或登录这些远程办税端软件，通过实名注册，获取登录用户名和密码，进入软件操作界面，就可以看到专项附加扣除信息的填报界面了。

【样例】

第二步，填写《个人所得税专项附加扣除信息表》。
1. 纸质表格的样式

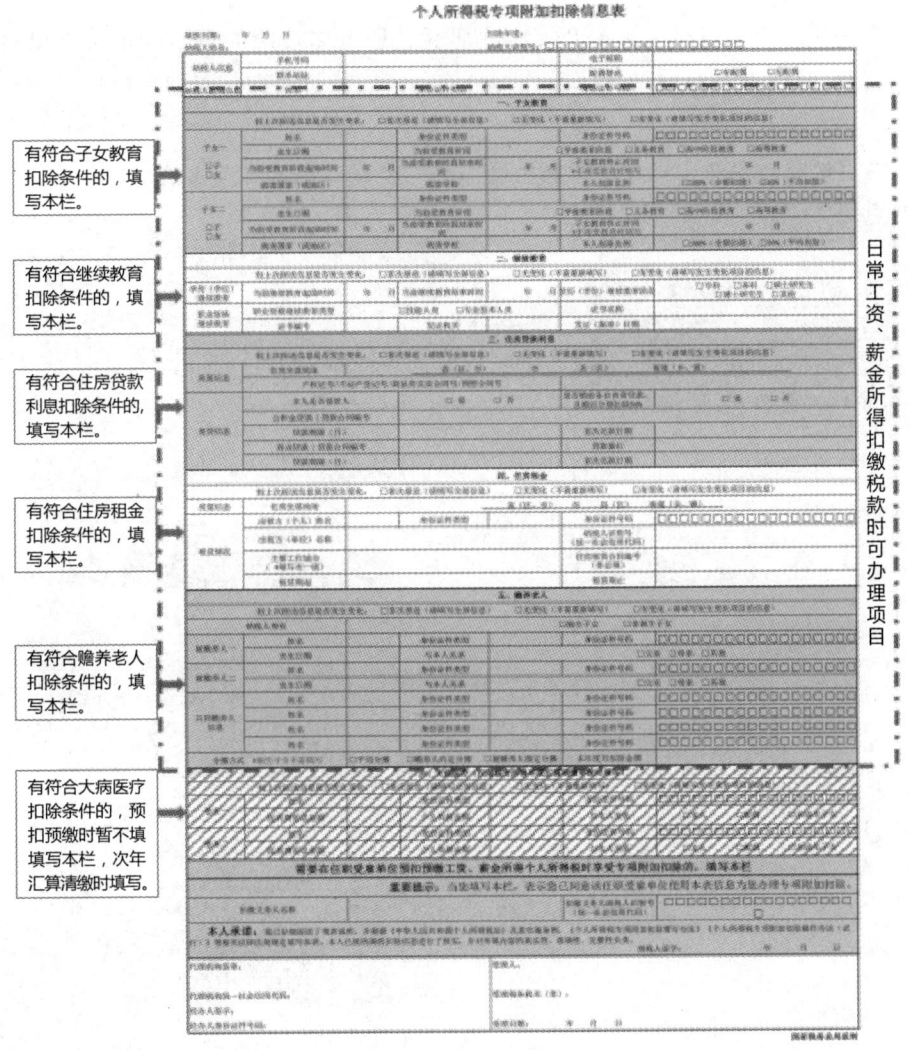

2. 电子模板的样式（以子女教育为例）

3. 远程办税端的样式

手机 APP"个人所得税":

当您完成"个人所得税"APP 实名注册后,您可以按照如下步骤填报专项附加扣除信息。

【样例】

A. 首页选择"我要申报专项附加扣除"

B. 填写或确认基本信息

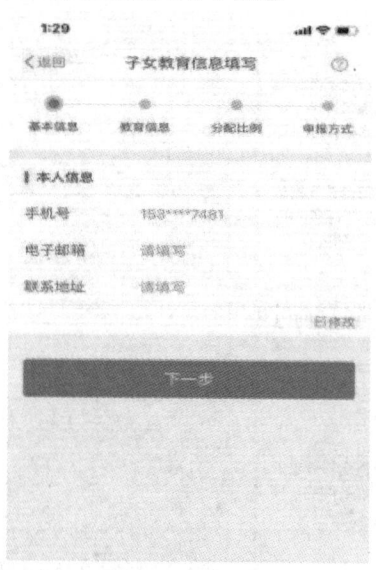

C. 填写专项扣除信息

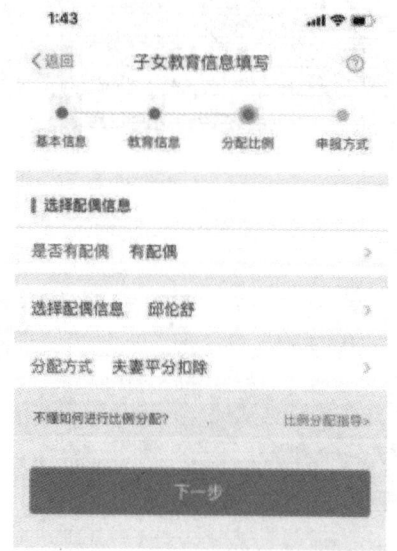

D. 填写其他信息

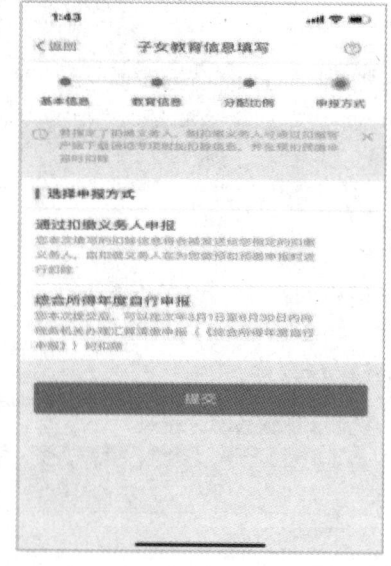

网页 WEB 端:

当您登录当地电子税务局网站,完成"个人所得税"完成注册并实名登录网页 WEB 端后,您可以按照如下步骤填报专项附加扣除信息。

A. 选择"专项附加扣除"——立即申请

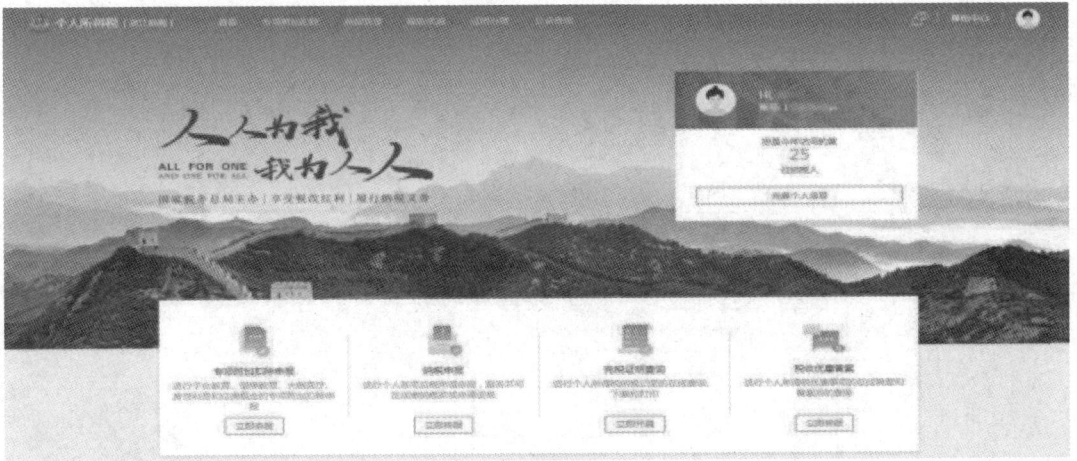

B. 选择"子女教育专项附加扣除"——立即申请

C. 录入基本信息

D. 录入教育信息

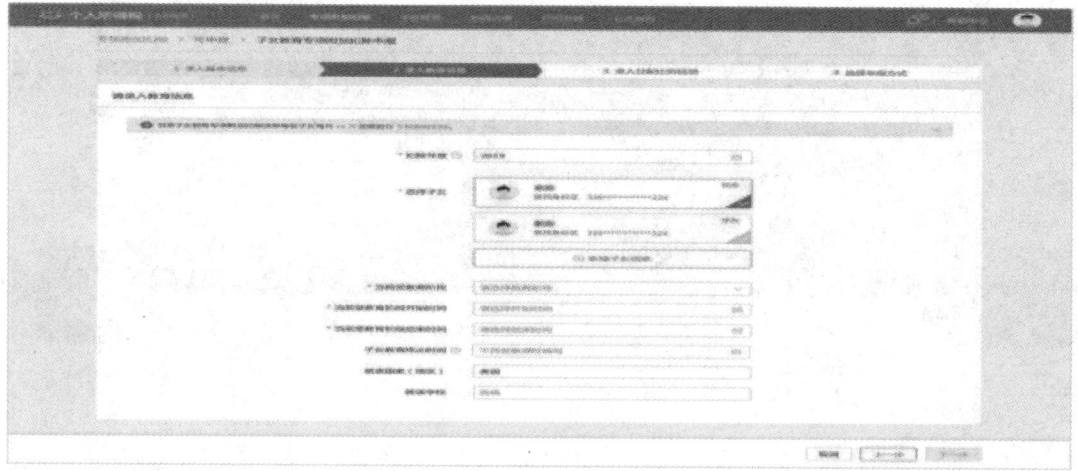

E. 录入分配方式

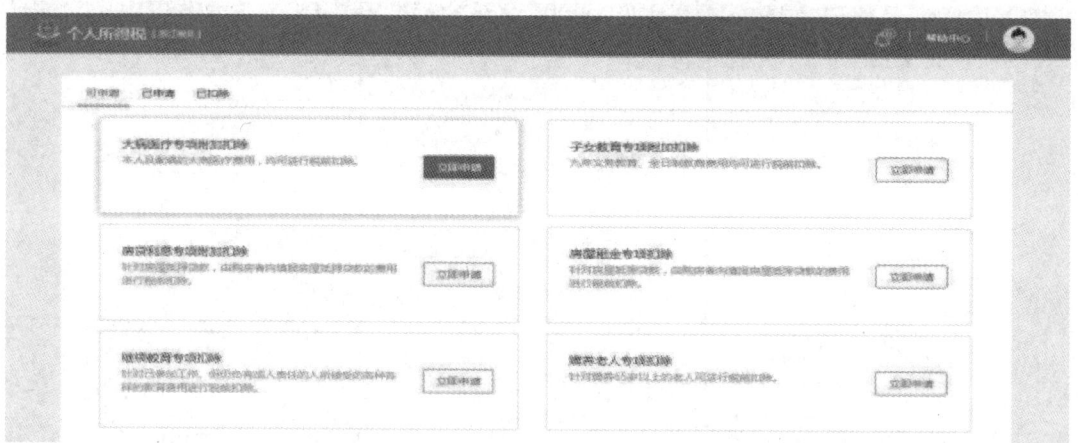

F. 选择扣除方式，您可以选择通过扣缴义务人扣除，或者选择综合所得年度自行申报。

4. 主要信息的填报口径

不论是纸质表格还是电子模板，或者是远程办税端呈现出的填报界面，只是展现形式略有区别，需填报的实际要素并没有不同。

以纸质表格为例，各主要数据项的填报口径如下：

（1）表头项目

填报日期：纳税人填写本表时的日期。

扣除年度：填写纳税人享受专项附加扣除的所属年度。

纳税人姓名：填写自然人纳税人姓名。

纳税人识别号：纳税人有中国居民身份证的，填写公民身份号码；没有公民身份号码的，填写税务机关赋予的纳税人识别号。

（2）表内基础信息栏

纳税人信息：填写纳税人有效的手机号码、电子邮箱、联系地址。其中，手机号码为必填项。

纳税人配偶信息：纳税人有配偶的填写本栏，没有配偶的则不填。具体填写纳税人配偶的姓名、有效身份证件名称及号码。

（3）表内各栏

①子女教育

子女姓名、身份证件类型及号码：填写纳税人子女的姓名、有效身份证件名称及号码。

出生日期：填写纳税人子女的出生日期，具体到年月日。

当前受教育阶段：选择纳税人子女当前的受教育阶段。区分"学前教育阶段、义务教育、高中阶段教育、高等教育"四种情形，在对应框内打"√"。

当前受教育阶段起始时间：填写纳税人子女处于当前受教育阶段的起始时间，具体到年月。

当前受教育阶段结束时间：纳税人子女当前受教育阶段的结束时间或预计结束的时间，具体到年月。

子女教育终止时间：填写纳税人子女不再接受符合子女教育扣除条件的学历教育的时间，具体到年月。

就读国家（或地区）、就读学校：填写纳税人子女就读的国家或地区名称、学校名称。

本人扣除比例：选择可扣除额度由子女的父母分摊扣除的比例，由本人全额扣除的，选择"100%"，由父母平均扣除的，选"50%"，在对应框内打"√"。

②继续教育

当前继续教育起始时间：填写接受当前学历（学位）继续教育的起始时间，具体到年月。

当前继续教育结束时间：填写接受当前学历（学位）继续教育的结束时间，或预计结束的时间，具体到年月。

学历（学位）继续教育阶段：区分"专科、本科、硕士研究生、博士研究生、其他"四种情形，在对应框内打"√"。

职业资格继续教育类型：区分"技能人员、专业技术人员"两种类型，在对应框内打"√"。证书名称、证书编号、发证机关、发证（批准）日期：填写纳税人取得的继续教育职业资格证书上注明的证书名称、证书编号、发证机关及发证（批准）日期。

③住房贷款利息

住房坐落地址：填写首套贷款房屋的详细地址，具体到楼门号。

产权证号/不动产登记号/商品房买卖合同号/预售合同号：填写首套贷款房屋的产权证、不动产登记证、商品房买卖合同或预售合同中的相应号码。如所购买住房已取得房屋产权证的,填写产权证号或不动产登记号;所购住房尚未取得房屋产权证的,填写商品房买卖合同号或预售合同号。

本人是否借款人:按实际情况选择"是"或"否",并在对应框内打"√"。本人是借款人的情形,包括本人独立贷款、与配偶共同贷款的情形。如果选择"否",则表头位置须填写配偶信息。

是否婚前各自首套贷款,且婚后分别扣除50%:按实际情况选择"是"或"否",并在对应框内打"√"。该情形是指夫妻双方在婚前各有一套首套贷款住房,婚后选择按夫妻双方各50%份额扣除的情况。不填默认为"否"。

公积金贷款 | 贷款合同编号:填写公积金贷款的贷款合同编号。

商业贷款 | 贷款合同编号:填写与金融机构签订的住房商业贷款合同编号。

贷款期限(月):填写住房贷款合同上注明的贷款期限,按月填写。

首次还款日期:填写住房贷款合同上注明的首次还款日期。

贷款银行:填写商业贷款的银行总行名称。

④住房租金

住房坐落地址:填写纳税人租赁房屋的详细地址,具体到楼门号。

出租方(个人)姓名、身份证件类型及号码:租赁房屋为个人的,填写本栏。具体填写住房租赁合同中的出租方姓名、有效身份证件名称及号码。

出租方(单位)名称、纳税人识别号(统一社会信用代码):租赁房屋为单位所有的,填写单位法定名称全称及纳税人识别号(统一社会信用代码)。

主要工作城市:填写纳税人任职受雇的直辖市、计划单列市、副省级城市、地级市(地区、州、盟)。无任职受雇单位的,填写其办理汇算清缴地所在城市。

住房租赁合同编号(非必填):填写签订的住房租赁合同编号。

租赁期起、租赁期止:填写纳税人住房租赁合同上注明的租赁起、止日期,具体到年月。提前终止合同(协议)的,以实际租赁期限为准。

⑤赡养老人

纳税人身份:区分"独生子女、非独生子女"两种情形,并在对应框内打"√"。

被赡养人姓名、身份证件类型及号码:填写被赡养人的姓名、有效证件名称及号码。

被赡养人出生日期:填写被赡养人的出生日期,具体到年月。

与纳税人关系:按被赡养人与纳税人的关系填报,区分"父亲、母亲、其他"三种情形,在对应框内打"√"。

共同赡养人:纳税人为非独生子女时填写本栏,独生子女无须填写。填写与纳税人实际承担共同赡养义务的人员信息,包括姓名、身份证件类型及号码。

分摊方式:纳税人为非独生子女时填写本栏,独生子女无须填写。区分"平均分摊、赡养人约定分摊、被赡养人指定分摊"三种形,并在对应框内打"√"。

本年度月扣除金额:填写扣除年度内,按政策规定计算的纳税人每月可以享受的赡养老人专项附加扣除的金额。

⑥大病医疗

患者姓名、身份证件类型及号码:填写享受大病医疗专项附加扣除的患者姓名、有效证件名称及号码。

医药费用总金额:填写社会医疗保险管理信息系统记录的与基本医保相关的医药费用总金额。

个人负担金额:填写社会医疗保险管理信息系统记录的基本医保目录范围内扣除医保报销

后的个人自付部分。

与纳税人关系：按患者与纳税人的关系填报，区分"本人、配偶或未成年子女"三种情形，在对应框内打"√"。

⑦扣缴义务人信息

纳税人选择由任职受雇单位办理专项附加扣除的填写本栏。

扣缴义务人名称、纳税人识别号（统一社会信用代码）：纳税人由扣缴义务人在工资、薪金所得预扣预缴个人所得税时办理专项附加扣除的，填写扣缴义务人名称全称及纳税人识别号或统一社会信用代码。

第三步，提交《个人所得税专项附加扣除信息表》。

1. 纸质表格

填写好的纸质表格可以提交给单位，单位应当将员工报送信息如实录入扣缴端软件，在次月办理扣缴申报时通过扣缴端软件提交给税务机关，同时将纸质表留存备查。

【以子女教育为示例】

（1）扣缴单位可以在"专项附加扣除信息采集"模块，选择需要录入的专项扣除项目。

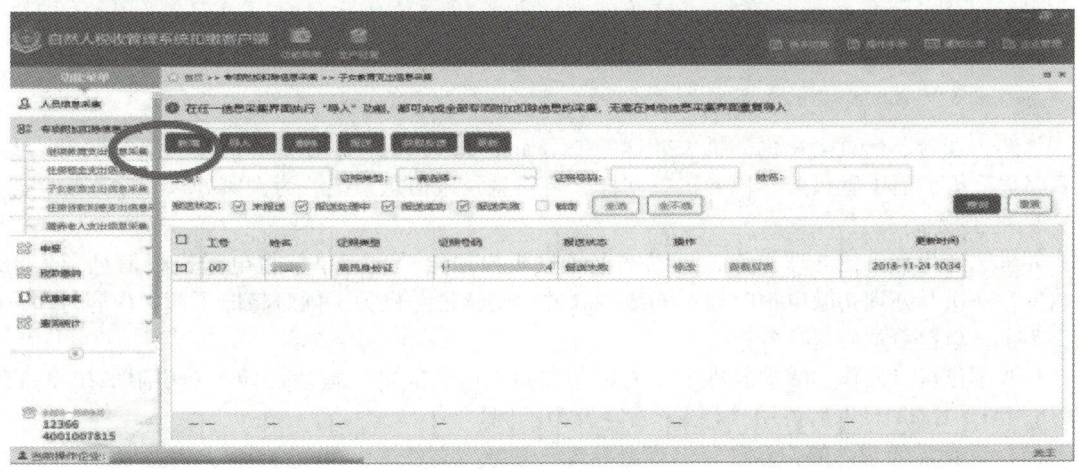

（2）根据员工报送的纸质报表填写相关扣除信息。

（3）采集完相关信息，扣缴单位点击报送，将相关信息报送给主管税务机关，然后点击获取反馈，查看专项附加扣除报送情况。

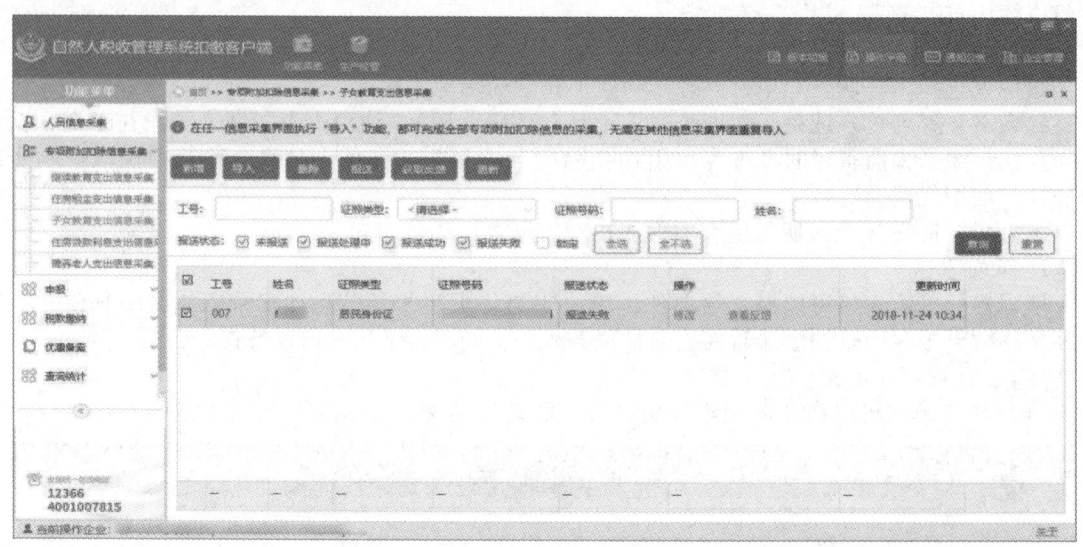

当然，您若选择直接在税务机关办理专项附加扣除的，也可以在汇算清缴期申报期内，将纸质表格提交汇缴地主管机关，税务机关同样会将信息录入信息系统，为大家办理专项附加扣除。

2. 电子模板

如果您选择在单位办理扣除，可以把电子模板报送给单位，单位将电子模板信息导入扣缴端软件，在次月办理扣缴申报时通过扣缴端软件提交给税务机关。同时将电子模板内容打印，经员工签字、单位盖章后留存备查。

扣缴单位可以操作扣缴端软件中"专项附加扣除信息采集"模块，导入专项附加扣除信息。（2018年12月22日以后可用）【以子女教育为示例】

（1）选择需要录入的扣除项目，点击导入——导入文件

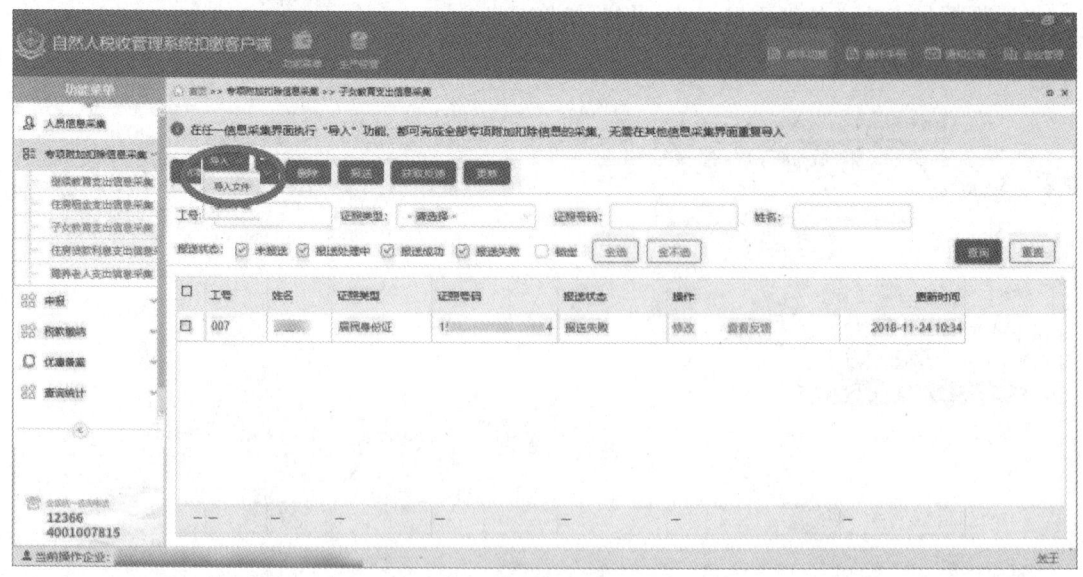

（2）选择员工报送的专项附加扣除信息模板

第四部分 附 录

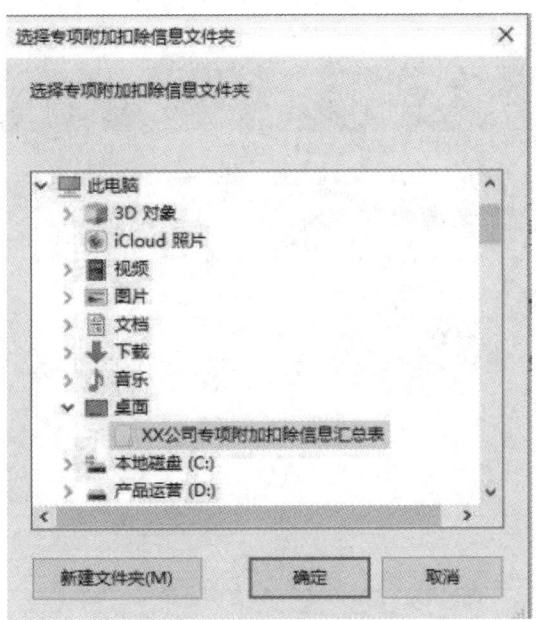

（3）扣缴单位采集完相关信息，点击报送，将相关信息报送给主管税务机关，然后点击获取反馈，查看专项附加扣除报送情况。

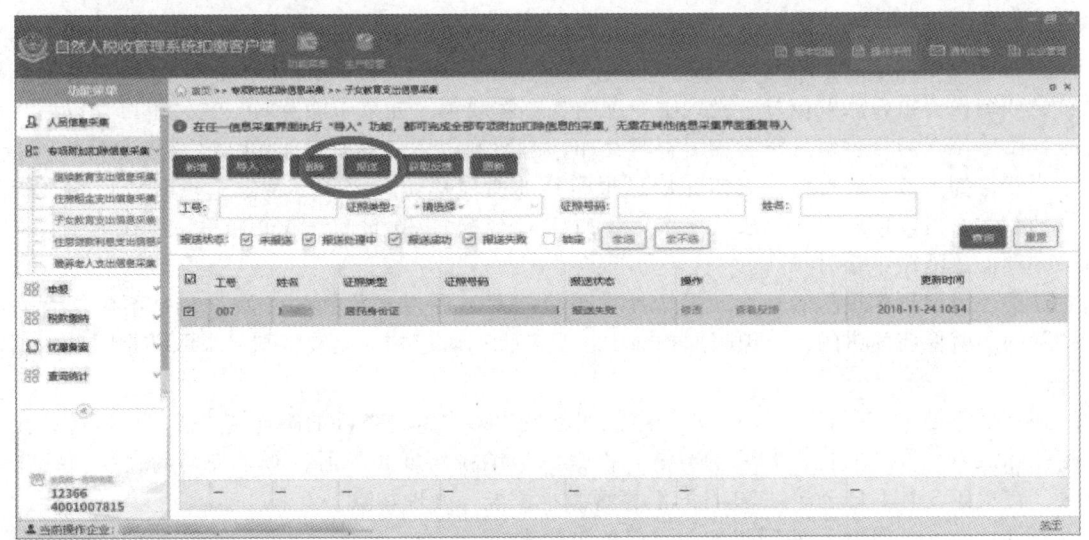

同样，大家若选择直接在税务机关办理专项附加扣除的，也可以在汇算清缴期申报期内，将纸质表格提交给汇缴地主管机关，税务机关同样会将信息录入信息系统，为大家办理专项附加扣除。

3. 远程办税端（手机 APP 或各省电子税务局，2019 年 1 月 1 日正式发布）

大家通过远程办税端提交填写好的专项附加扣除信息，分两种情况：第一种，通过远程办税端直接向税务机关提交信息，但仍希望在扣缴单位办理专项附加扣除的。这时，税务机关将根据纳税人的选择，把专项附加扣除相关信息全量推送至单位；单位在使用扣缴端软件时，在"专项附加扣除信息采集"模块，选择需要同步的专项附加扣除项目，点击"更新"，即可以获取员工已经报送的专项附加扣除信息。

381

【示例】

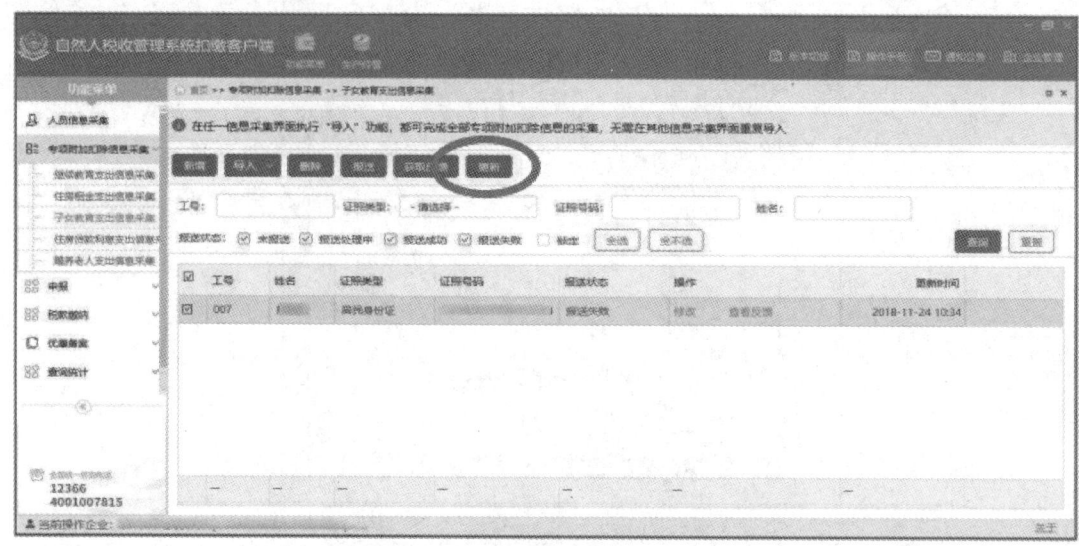

第二种，通过远程办税端直接向税务机关提交信息，或直接选择在税务机关办理专项附加扣除的，税务机关会在汇算清缴期内，根据您已提交的专项附加扣除信息及纳税申报信息，为您办理专项附加扣除。

第四步，计算扣缴税款并向税务机关办理全员全额明细申报

扣缴单位根据您提交的专项附加扣除信息，按月计算应预扣预缴的税款，向税务机关办理全员全额纳税申报，您就按月享受到了专项附加扣除政策。如果未能及时报送，也可在以后月份补报，由单位在当年剩余月份发放工资时补扣，不影响您享受专项附加扣除政策。

当然，如果您不愿意将相关扣除信息报送任职受雇单位，或者日常发工资时未足额享受专项附加扣除，可以按照上述方法，在次年3月1日至6月30日向任职受雇单位所在地主管税务机关办理汇算清缴申报时扣除。

这里还需要再次提醒的是，如果选择在单位按月享受专项附加扣除政策，是不包括大病医疗扣除的。就像前面讲的，六项附加扣除中，只有大病医疗扣除比较特殊，采取的是限额内据实扣除。

在一个年度未结束时，我们并不知道能实际发生多少符合条件的医药费用支出，因此，大病医疗扣除没有采取"月份"扣除的方法，而是一个纳税年度终了后，有了确切的大病医疗支出金额，在次年3月1日至6月30日的汇算清缴中，统一办理扣除。

附件：1. 个人所得税专项附加扣除信息采集表
　　　2. 按市辖区户籍人口城市名单

第四部分 附录

附件1

个人所得税专项附加扣除信息采集表

填报日期： 年 月 日　　　　　　扣除年度：
纳税人姓名：　　　　　　　　　　　纳税人识别号：☐☐☐☐☐☐☐☐☐☐☐☐☐☐☐☐☐☐

纳税人信息	手机号码		电子邮箱	
	联系地址		配偶情况	☐有配偶　☐无配偶
纳税人配偶信息	姓名		身份证件类型		身份证件号码	☐☐☐☐☐☐☐☐☐☐☐☐☐☐☐☐☐☐

一、子女教育

较上次报送信息是否发生变化：☐首次报送（请填写全部信息）　☐无变化（不需重新填写）　☐有变化（请写发生变化项目的信息）

子女一	姓名		身份证件类型		身份证件号码	☐☐☐☐☐☐☐☐☐☐☐☐☐☐☐☐☐☐
	出生日期		当前受教育阶段		☐学前教育阶段　☐义务教育　☐高中阶段教育　☐高等教育	
	当前受教育阶段起始时间	年 月	当前受教育阶段结束时间	年 月	子女教育终止时间 *不再受教育时填写	年 月
	就读国家（或地区）		就读学校		本人扣除比例	☐100%（全额扣除）　☐50%（平均扣除）
子女二	姓名		身份证件类型		身份证件号码	☐☐☐☐☐☐☐☐☐☐☐☐☐☐☐☐☐☐
	出生日期		当前受教育阶段		☐学前教育阶段　☐义务教育　☐高中阶段教育　☐高等教育	
	当前受教育阶段起始时间	年 月	当前受教育阶段结束时间	年 月	子女教育终止时间 *不再受教育时填写	年 月
	就读国家（或地区）		就读学校		本人扣除比例	☐100%（全额扣除）　☐50%（平均扣除）

二、继续教育

较上次报送信息是否发生变化：☐首次报送（请填写全部信息）　☐无变化（不需重新填写）　☐有变化（请写发生变化项目的信息）

学历（学位）继续教育	当前继续教育起始时间	年 月	当前继续教育结束时间	年 月	学历（学位）继续教育阶段	☐专科　☐本科　☐硕士研究生　☐博士研究生　☐其他
职业资格继续教育	职业资格继续教育类型	☐技能人员　☐专业技术人员			证书名称	
	证书编号		发证机关		发证（批准）日期	

三、住房贷款利息

较上次报送信息是否发生变化：☐首次报送（请填写全部信息）　☐无变化（不需重新填写）　☐有变化（请写发生变化项目的信息）

房屋信息	住房坐落地址	省（区、市）　　市　　县（区）　　街道（乡、镇）		
	产权证号/不动产登记号/商品房买卖合同号/预售合同号			
	本人是否借款人	☐是　☐否	是否婚前各自首套贷款，且婚后分别扣除50%	☐是　☐否
房贷信息	公积金贷款/贷款合同编号		首次还款日期	
	贷款期限（月）			
	商业贷款/贷款合同编号		贷款银行	
	贷款期限（月）		首次还款日期	

四、住房租金

较上次报送信息是否发生变化：☐首次报送（请填写全部信息）　☐无变化（不需重新填写）　☐有变化（请写发生变化项目的信息）

房屋信息	住房坐落地址	省（区、市）　　市　　县（区）　　街道（乡、镇）		
租赁情况	出租方（个人）姓名		身份证件类型		身份证件号码	☐☐☐☐☐☐☐☐☐☐☐☐☐☐☐☐☐☐
	出租方（单位）名称		纳税人识别号（统一社会信用代码）			
	主要工作城市（*填写市一级）		住房租赁合同编号（非必填）			
	租赁期起		租赁期止			

五、赡养老人

较上次报送信息是否发生变化：☐首次报送（请填写全部信息）　☐无变化（不需重新填写）　☐有变化（请写发生变化项目的信息）

	纳税人身份	☐独生子女　☐非独生子女		
被赡养人一	姓名		身份证件类型		身份证件号码	☐☐☐☐☐☐☐☐☐☐☐☐☐☐☐☐☐☐
	出生日期		与纳税人关系	☐父亲　☐母亲　☐其他		
被赡养人二	姓名		身份证件类型		身份证件号码	☐☐☐☐☐☐☐☐☐☐☐☐☐☐☐☐☐☐
	出生日期		与纳税人关系	☐父亲　☐母亲　☐其他		
共同赡养人信息	姓名		身份证件类型		身份证件号码	☐☐☐☐☐☐☐☐☐☐☐☐☐☐☐☐☐☐
	姓名		身份证件类型		身份证件号码	☐☐☐☐☐☐☐☐☐☐☐☐☐☐☐☐☐☐
	姓名		身份证件类型		身份证件号码	☐☐☐☐☐☐☐☐☐☐☐☐☐☐☐☐☐☐
分摊方式 *独生子女不需填写	☐平均分摊　☐赡养人约定分摊　☐被赡养人指定分摊		本年度月扣除金额	

六、大病医疗（仅限综合所得年度汇算清缴申报时填写）

较上次报送信息是否发生变化：☐首次报送（请填写全部信息）　☐无变化（不需重新填写）　☐有变化（请写发生变化项目的信息）

患者一	姓名		身份证件类型		身份证件号码	☐☐☐☐☐☐☐☐☐☐☐☐☐☐☐☐☐☐
	医药费用总金额		个人负担金额		与纳税人关系	☐本人　☐配偶　☐未成年子女
患者二	姓名		身份证件类型		身份证件号码	☐☐☐☐☐☐☐☐☐☐☐☐☐☐☐☐☐☐
	医药费用总金额		个人负担金额		与纳税人关系	☐本人　☐配偶　☐未成年子女

需要在任职受雇单位预扣预缴工资、薪金所得个人所得税时享受专项附加扣除的，填写本栏

重要提示： 当您填写本栏，表示您已同意该任职受雇单位使用本表信息为您办理专项附加扣除

扣缴义务人名称		扣缴义务人纳税人识别号（统一社会信用代码）	☐☐☐☐☐☐☐☐☐☐☐☐☐☐☐☐☐☐

本人承诺： 我已仔细阅读了填表说明，并根据《中华人民共和国个人所得税法》及其实施条例、《个人所得税专项附加扣除暂行办法》《个人所得税专项附加扣除操作办法（试行）》等相关法律法规规定填写本表。本人已就所填的扣除信息进行了核对，并对所填内容的真实性、准确性、完整性负责。

纳税人签字：　　　　　　年 月 日

扣缴义务人签章：	代理机构签章：	受理人：
经办人签字：	代理机构统一社会信用代码： 经办人签字：	受理税务机关（章）：
接收日期： 年 月 日	经办人身份证件号码：	受理日期： 年 月 日

国家税务总局监制

《个人所得税专项附加扣除信息表》填表说明

一、填表须知

本表根据《中华人民共和国个人所得税法》及其实施条例、《个人所得税专项附加扣除暂行办法》《个人所得税专项附加扣除操作办法（试行）》等法律法规有关规定制定。

（一）纳税人按享受的专项附加扣除情况填报对应栏次；纳税人不享受的项目，无须填报。纳税人未填报的项目，默认为不享受。

（二）较上次报送信息是否发生变化：纳税人填报本表时，对各专项附加扣除，首次报送的，在"首次报送"前的框内划"√"。继续报送本表且无变化的，在"无变化"前的框内划"√"；发生变化的，在"有变化"前的框内划"√"，并填写发生变化的扣除项目信息。

（三）身份证件号码应从左向右顶格填写，位数不满18位的，需在空白格处划"/"。

（四）如各类扣除项目的表格篇幅不够，可另附多张《个人所得税专项附加扣除信息表》。

二、适用范围

（一）本表适用于享受子女教育、继续教育、大病医疗、住房贷款利息或住房租金、赡养老人六项专项附加扣除的自然人纳税人填写。选择在工资、薪金所得预扣预缴个人所得税时享受的，纳税人填写后报送至扣缴义务人；选择在年度汇算清缴申报时享受专项附加扣除的，纳税人填写后报送至税务机关。

（二）纳税人首次填报专项附加扣除信息时，应将本人所涉及的专项附加扣除信息表内各信息项填写完整。纳税人相关信息发生变化的，应及时更新此表相关信息项，并报送至扣缴义务人或税务机关。

纳税人在以后纳税年度继续申报扣除的，应对扣除事项有无变化进行确认。

三、各栏填写说明

（一）表头项目

填报日期：纳税人填写本表时的日期。

扣除年度：填写纳税人享受专项附加扣除的所属年度。

纳税人姓名：填写自然人纳税人姓名。

纳税人识别号：纳税人有中国居民身份证的，填写公民身份号码；没有公民身份号码的，填写税务机关赋予的纳税人识别号。

（二）表内基础信息栏

纳税人信息：填写纳税人有效的手机号码、电子邮箱、联系地址。其中，手机号码为必填项。

纳税人配偶信息：纳税人有配偶的填写本栏，没有配偶的则不填。具体填写纳税人配偶的姓名、有效身份证件名称及号码。

（三）表内各栏

1. 子女教育

子女姓名、身份证件类型及号码：填写纳税人子女的姓名、有效身份证件名称及号码。

出生日期：填写纳税人子女的出生日期，具体到年月日。

当前受教育阶段：选择纳税人子女当前的受教育阶段。区分"学前教育阶段、义务教育、高中阶段教育、高等教育"四种情形，在对应框内打"√"。

当前受教育阶段起始时间：填写纳税人子女处于当前受教育阶段的起始时间，具体到年月。

当前受教育阶段结束时间：纳税人子女当前受教育阶段的结束时间或预计结束的时间，具体到年月。

子女教育终止时间：填写纳税人子女不再接受符合子女教育扣除条件的学历教育的时间，具体到年月。

就读国家（或地区）、就读学校：填写纳税人子女就读的国家或地区名称、学校名称。

本人扣除比例：选择可扣除额度的分摊比例，由本人全额扣除的，选择"100%"，分摊扣除的，选择"50%"，在对应框内打"√"。

2. 继续教育

当前继续教育起始时间：填写接受当前学历（学位）继续教育的起始时间，具体到年月。

当前继续教育结束时间：填写接受当前学历（学位）继续教育的结束时间，或预计结束的时间，具体到年月。

学历（学位）继续教育阶段：区分"专科、本科、硕士研究生、博士研究生、其他"四种情形，在对应框内打"√"。

职业资格继续教育类型：区分"技能人员、专业技术人员"两种类型，在对应框内打"√"。证书名称、证书编号、发证机关、发证（批准）日期：填写纳税人取得的继续教育职业资格证书上注明的证书名称、证书编号、发证机关及发证（批准）日期。

3. 住房贷款利息

住房坐落地址：填写首套贷款房屋的详细地址，具体到楼门号。

产权证号/不动产登记号/商品房买卖合同号/预售合同号：填写首套贷款房屋的产权证、不动产登记证、商品房买卖合同或预售合同中的相应号码。如所购买住房已取得房屋产权证的，填写产权证号或不动产登记号；所购住房尚未取得房屋产权证的，填写商品房买卖合同号或预售合同号。

本人是否借款人：按实际情况选择"是"或"否"，并在对应框内打"√"。本人是借款人的情形，包括本人独立贷款、与配偶共同贷款的情形。如果选择"否"，则表头位置须填写配偶信息。

是否婚前各自首套贷款，且婚后分别扣除50%：按实际情况选择"是"或"否"，并在对应框内打"√"。该情形是指夫妻双方在婚前各有一套首套贷款住房，婚后选择按夫妻双方各50%份额扣除的情况。不填默认为"否"。

公积金贷款丨贷款合同编号：填写公积金贷款的贷款合同编号。

商业贷款丨贷款合同编号：填写与金融机构签订的住房商业贷款合同编号。

贷款期限（月）：填写住房贷款合同上注明的贷款期限，按月填写。

首次还款日期：填写住房贷款合同上注明的首次还款日期。

贷款银行：填写商业贷款的银行总行名称。

4. 住房租金

住房坐落地址：填写纳税人租赁房屋的详细地址，具体到楼门号。

出租方（个人）姓名、身份证件类型及号码：租赁房屋为个人的，填写本栏。具体填写住房租赁合同中的出租方姓名、有效身份证件名称及号码。

出租方（单位）名称、纳税人识别号（统一社会信用代码）：租赁房屋为单位所有的，填写单位法定名称全称及纳税人识别号（统一社会信用代码）。

主要工作城市：填写纳税人任职受雇的直辖市、计划单列市、副省级城市、地级市（地区、州、盟）。无任职受雇单位的，填写其办理汇算清缴地所在城市。

住房租赁合同编号（非必填）：填写签订的住房租赁合同编号。

租赁期起、租赁期止：填写纳税人住房租赁合同上注明的租赁起、止日期，具体到年月。提前终止合同（协议）的，以实际租赁期限为准。

5. 赡养老人

纳税人身份：区分"独生子女、非独生子女"两种情形，并在对应框内打"√"。

被赡养人姓名、身份证件类型及号码：填写被赡养人的姓名、有效证件名称及号码。

被赡养人出生日期：填写被赡养人的出生日期，具体到年月。

与纳税人关系：按被赡养人与纳税人的关系填报，区分"父亲、母亲、其他"三种情形，在对应框内打"√"。

共同赡养人：纳税人为非独生子女时填写本栏，独生子女无须填写。填写与纳税人实际承担共同赡养义务的人员信息，包括姓名、身份证件类型及号码。

分摊方式：纳税人为非独生子女时填写本栏，独生子女无须填写。区分"平均分摊、赡养人约定分摊、被赡养人指定分摊"三种情形，并在对应框内打"√"。

本年度月扣除金额：填写扣除年度内，按政策规定计算的纳税人每月可以享受的赡养老人专项附加扣除的金额。

6. 大病医疗

患者姓名、身份证件类型及号码：填写享受大病医疗专项附加扣除的患者姓名、有效证件名称及号码。

医药费用总金额：填写社会医疗保险管理信息系统记录的与基本医保相关的医药费用总金额。

个人负担金额：填写社会医疗保险管理信息系统记录的基本医保目录范围内扣除医保报销后的个人自付部分。

与纳税人关系：按患者与纳税人的关系填报，区分"本人、配偶或未成年子女"三种情形，在对应框内打"√"。

7. 扣缴义务人信息

纳税人选择由任职受雇单位办理专项附加扣除的填写本栏。

扣缴义务人名称、纳税人识别号（统一社会信用代码）：纳税人由扣缴义务人在工资、薪金所得预扣预缴个人所得税时办理专项附加扣除的，填写扣缴义务人名称全称及纳税人识别号或统一社会信用代码。

（四）签字（章）栏次

"声明"栏：需由纳税人签字。

"扣缴义务人签章"栏：扣缴单位向税务机关申报的，应由扣缴单位签章，办理申报的经办人签字，并填写接收专项附加扣除信息的日期。

"代理机构签章"栏：代理机构代为办理纳税申报的，应填写代理机构统一社会信用代码，加盖代理机构印章，代理申报的经办人签字，并填写经办人身份证件号码。

纳税人或扣缴义务人委托专业机构代为办理专项附加扣除的，需代理机构签章。

"受理机关"栏：由受理机关填写。

附件2 按市辖区户籍人口城市名单

直辖市、省会（首府）计划单列市		100万人以上城市				100万人以下城市		
1 北京市	37 唐山市	73 鄂州市	1 邢台市	37 松原市	73 焦作市	109 德阳市	145 金昌市
2 天津市	38 秦皇岛市	74 六安市	2 承德市	38 白城市	74 濮阳市	110 广元市	146 白银市
3 石家庄市	39 邯郸市	75 荆门市	3 沧州市	39 延边朝鲜族自治州	75 许昌市	111 雅安市	147 张掖市
4 太原市	40 保定市	76 南阳市	4 廊坊市	40 鸡西市	76 三门峡市	112 阿坝藏族羌族自治州	148 平凉市
5 呼和浩特市	41 张家口市	77 泉州市	5 衡水市	41 鹤岗市	77 周口市	113 甘孜藏族自治州	149 酒泉市
6 沈阳市	42 大同市	78 龙岩市	6 阳泉市	42 双鸭山市	78 驻马店市	114 凉山彝族自治州	150 庆阳市
7 大连市	43 赣州市	79 益阳市	7 长治市	43 伊春市	79 黄石市	115 铜仁市	151 定西市
8 长春市	44 包头市	80 永州市	8 晋城市	44 佳木斯市	80 荆州市	116 黔西南布依族苗族自治州	152 陇南市
9 哈尔滨市	45 赤峰市	81 抚州市	9 朔州市	45 七台河市	81 孝感市	117 黔东南苗族侗族自治州	153 临夏回族自治州
10 上海市	46 鞍山市	82 汕头市	10 晋中市	46 牡丹江市	82 黄冈市	118 黔南布依族苗族自治州	154 甘南藏族自治州
11 南京市	47 抚顺市	83 佛山市	11 运城市	47 黑河市	83 咸宁市	119 玉溪市	155 海东市
12 杭州市	48 盘锦市	84 江门市	12 忻州市	48 绥化市	84 随州市	120 保山市	156 海北藏族自治州
13 宁波市	49 吉林市	85 湛江市	13 临汾市	49 大兴安岭地区	85 恩施土家族苗族自治州	121 昭通市	157 黄南藏族自治州
14 合肥市	50 齐齐哈尔市	86 茂名市	14 吕梁市	50 嘉兴市	86 郴州市	122 丽江市	158 海南藏族自治州
15 福州市	51 大庆市	87 肇庆市	15 淮南市	51 金华市	87 湘潭市	123 普洱市	159 果洛藏族自治州
16 厦门市	52 无锡市	88 惠州市	16 通辽市	52 衢州市	88 邵阳市	124 临沧市	160 玉树藏族自治州
17 南昌市	53 徐州市	89 清远市	17 鄂尔多斯市	53 丽水市	89 张家界市	125 楚雄彝族自治州	161 海西蒙古族藏族自治州
18 济南市	54 苏州市	90 东莞市	18 呼伦贝尔市	54 舟山市	90 怀化市	126 红河哈尼族彝族自治州	162 石嘴山市
19 青岛市	55 南通市	91 中山市	19 巴彦淖尔市	55 马鞍山市	91 娄底市	127 文山壮族苗族自治州	163 吴忠市
20 郑州市	56 连云港市	92 潮州市	20 乌兰察布盟	56 铜陵市	92 汕尾市	128 西双版纳傣族自治州	164 固原市
21 武汉市	57 淮安市	93 揭阳市	21 兴安盟	57 安庆市	93 韶关市	129 大理白族自治州	165 中卫市
22 长沙市	58 盐城市	94 聊城市	22 锡林郭勒盟	58 黄山市	94 梅州市	130 德宏傣族景颇族自治州	166 克拉玛依市
23 广州市	59 扬州市	95 柳州市	23 阿拉善盟	59 滁州市	95 汕尾市	131 怒江傈僳族自治州	167 吐鲁番市
24 深圳市	60 镇江市	96 钦州市	24 本溪市	60 池州市	96 河源市	132 迪庆藏族自治州	168 哈密市
25 南宁市	61 泰州市	97 海东市	25 丹东市	61 宣城市	97 阳江市	133 日喀则市	169 昌吉回族自治州
26 海口市	62 宿迁市	98 玉林市	26 锦州市	62 三明市	98 云浮市	134 昌都市	170 博尔塔拉蒙古自治州
27 重庆市	63 洛阳市	99 梧州市	27 营口市	63 漳州市	99 梧州市	135 林芝市	171 巴音郭楞蒙古自治州
28 成都市	64 平顶山市	100 北海市	28 阜新市	64 南平市	100 北海市	136 山南市	172 阿克苏地区
29 贵阳市	65 安阳市	101 防城港市	29 辽阳市	65 宁德市	101 防城港市	137 那曲地区	173 克孜勒苏柯尔克孜自治州
30 昆明市	66 新乡市	102 百色市	30 铁岭市	66 景德镇市	102 百色市	138 阿里地区	174 喀什地区
31 拉萨市	67 南阳市	103 河池市	31 朝阳市	67 萍乡市	103 河池市	139 铜川市	175 和田地区
32 西安市	68 商丘市	104 崇左市	32 葫芦岛市	68 九江市	104 崇左市	140 延安市	176 伊犁哈萨克自治州
33 兰州市	69 信阳市	105 三亚市	33 四平市	69 新余市	105 三亚市	141 汉中市	177 塔城地区
34 西宁市	70 淮北市	106 儋州市	34 辽源市	70 鹰潭市	106 榆林市	142 榆林市	178 阿勒泰地区
35 银川市	71 阜阳市	107 乐山市	35 通化市	71 吉安市	107 儋州市	143 安康市	
36 乌鲁木齐市	72 宿州市	108 南充市	36 白山市	72 鹤壁市	108 攀枝花市	144 商洛市	

注：市辖区户籍人口以2017年公安户籍人口数据为准。

附录3　个人所得税2018年以来文件汇编

附录3-1　中华人民共和国个人所得税法

（1980年9月10日第五届全国人民代表大会第三次会议通过根据1993年10月31日第八届全国人民代表大会常务委员会第四次会议《关于修改〈中华人民共和国个人所得税法〉的决定》第一次修正；根据1999年8月30日第九届全国人民代表大会常务委员会第十一次会议《关于修改〈中华人民共和国个人所得税法〉的决定》第二次修正；根据2005年10月27日第十届全国人民代表大会常务委员会第十八次会议《关于修改〈中华人民共和国个人所得税法〉的决定》第三次修正；根据2007年6月29日第十届全国人民代表大会常务委员会第二十八次会议《关于修改〈中华人民共和国个人所得税法〉的决定》第四次修正；根据2007年12月29日第十届全国人民代表大会常务委员会第三十一次会议《关于修改〈中华人民共和国个人所得税法〉的决定》第五次修正；根据2011年6月30日第十一届全国人民代表大会常务委员会第二十一次会议《关于修改〈中华人民共和国个人所得税法〉的决定》第六次修正；根据2018年8月31日第十三届全国人民代表大会常务委员会第五次会议《关于修改〈中华人民共和国个人所得税法〉的决定》第七次修正）

第一条　在中国境内有住所，或者无住所而一个纳税年度内在中国境内居住累计满一百八十三天的个人，为居民个人。居民个人从中国境内和境外取得的所得，依照本法规定缴纳个人所得税。

在中国境内无住所又不居住，或者无住所而一个纳税年度内在中国境内居住累计不满一百八十三天的个人，为非居民个人。非居民个人从中国境内取得的所得，依照本法规定缴纳个人所得税。

纳税年度，自公历一月一日起至十二月三十一日止。

第二条　下列各项个人所得，应当缴纳个人所得税：

（一）工资、薪金所得；

（二）劳务报酬所得；

（三）稿酬所得；

（四）特许权使用费所得；

（五）经营所得；

（六）利息、股息、红利所得；

（七）财产租赁所得；

（八）财产转让所得；

（九）偶然所得。

居民个人取得前款第一项至第四项所得（以下称综合所得），按纳税年度合并计算个人所得税；非居民个人取得前款第一项至第四项所得，按月或者按次分项计算个人所得税。纳税人取得前款第五项至第九项所得，依照本法规定分别计算个人所得税。

第三条 个人所得税的税率：

（一）综合所得，适用3%～45%的超额累进税率（税率表附后）；

（二）经营所得，适用5%～35%的超额累进税率（税率表附后）；

（三）利息、股息、红利所得，财产租赁所得，财产转让所得和偶然所得，适用比例税率，税率为20%。

第四条 下列各项个人所得，免征个人所得税：

（一）省级人民政府、国务院部委和中国人民解放军军以上单位，以及外国组织、国际组织颁发的科学、教育、技术、文化、卫生、体育、环境保护等方面的奖金；

（二）国债和国家发行的金融债券利息；

（三）按照国家统一规定发给的补贴、津贴；

（四）福利费、抚恤金、救济金；

（五）保险赔款；

（六）军人的转业费、复员费、退役金；

（七）按照国家统一规定发给干部、职工的安家费、退职费、基本养老金或者退休费、离休费、离休生活补助费；

（八）依照有关法律规定应予免税的各国驻华使馆、领事馆的外交代表、领事官员和其他人员的所得；

（九）中国政府参加的国际公约、签订的协议中规定免税的所得；

（十）国务院规定的其他免税所得。

前款第十项免税规定，由国务院报全国人民代表大会常务委员会备案。

第五条 有下列情形之一的，可以减征个人所得税，具体幅度和期限，由省、自治区、直辖市人民政府规定，并报同级人民代表大会常务委员会备案：

（一）残疾、孤老人员和烈属的所得；

（二）因自然灾害遭受重大损失的。

国务院可以规定其他减税情形，报全国人民代表大会常务委员会备案。

第六条 应纳税所得额的计算：

（一）居民个人的综合所得，以每一纳税年度的收入额减除费用6万元以及专项扣除、专项附加扣除和依法确定的其他扣除后的余额，为应纳税所得额。

（二）非居民个人的工资、薪金所得，以每月收入额减除费用5千元后的余额为应纳税所得额；劳务报酬所得、稿酬所得、特许权使用费所得，以每次收入额为应纳税所得额。

（三）经营所得，以每一纳税年度的收入总额减除成本、费用以及损失后的余额，为应纳税所得额。

（四）财产租赁所得，每次收入不超过4千元的，减除费用800元；4千元以上的，减除20%的费用，其余额为应纳税所得额。

（五）财产转让所得，以转让财产的收入额减除财产原值和合理费用后的余额，为应纳税所得额。

（六）利息、股息、红利所得和偶然所得，以每次收入额为应纳税所得额。

劳务报酬所得、稿酬所得、特许权使用费所得以收入减除20%的费用后的余额为收入额。稿酬所得的收入额减按70%计算。

个人将其所得对教育、扶贫、济困等公益慈善事业进行捐赠，捐赠额未超过纳税人申报的应纳税所得额30%的部分，可以从其应纳税所得额中扣除；国务院规定对公益慈善事业捐赠实行全额税前扣除的，从其规定。

本条第一款第一项规定的专项扣除，包括居民个人按照国家规定的范围和标准缴纳的基本养老保险、基本医疗保险、失业保险等社会保险费和住房公积金等；专项附加扣除，包括子女教育、继续教育、大病医疗、住房贷款利息或者住房租金、赡养老人等支出，具体范围、标准和实施步骤由国务院确定，并报全国人民代表大会常务委员会备案。

第七条 居民个人从中国境外取得的所得，可以从其应纳税额中抵免已在境外缴纳的个人所得税税额，但抵免额不得超过该纳税人境外所得依照本法规定计算的应纳税额。

第八条 有下列情形之一的，税务机关有权按照合理方法进行纳税调整：

（一）个人与其关联方之间的业务往来不符合独立交易原则而减少本人或者其关联方应纳税额，且无正当理由；

（二）居民个人控制的，或者居民个人和居民企业共同控制的设立在实际税负明显偏低的国家（地区）的企业，无合理经营需要，对应当归属于居民个人的利润不作分配或者减少分配；

（三）个人实施其他不具有合理商业目的的安排而获取不当税收利益。

税务机关依照前款规定做出纳税调整，需要补征税款的，应当补征税款，并依法加收利息。

第九条 个人所得税以所得人为纳税人，以支付所得的单位或者个人为扣缴义务人。

纳税人有中国公民身份号码的，以中国公民身份号码为纳税人识别号；纳税人没有中国公民身份号码的，由税务机关赋予其纳税人识别号。扣缴义务人扣缴税款时，纳税人应当向扣缴义务人提供纳税人识别号。

第十条 有下列情形之一的，纳税人应当依法办理纳税申报：

（一）取得综合所得需要办理汇算清缴；

（二）取得应税所得没有扣缴义务人；

（三）取得应税所得，扣缴义务人未扣缴税款；

（四）取得境外所得；

（五）因移居境外注销中国户籍；

（六）非居民个人在中国境内从两处以上取得工资、薪金所得；

（七）国务院规定的其他情形。

扣缴义务人应当按照国家规定办理全员全额扣缴申报，并向纳税人提供其个人所得和已扣缴税款等信息。

第十一条 居民个人取得综合所得，按年计算个人所得税；有扣缴义务人的，由扣缴义务人按月或者按次预扣预缴税款；需要办理汇算清缴的，应当在取得所得的次年三月一日至六月三十日内办理汇算清缴。预扣预缴办法由国务院税务主管部门制定。

居民个人向扣缴义务人提供专项附加扣除信息的，扣缴义务人按月预扣预缴税款时应当按照规定予以扣除，不得拒绝。

非居民个人取得工资、薪金所得，劳务报酬所得，稿酬所得和特许权使用费所得，有扣缴义务人的，由扣缴义务人按月或者按次代扣代缴税款，不办理汇算清缴。

第十二条 纳税人取得经营所得，按年计算个人所得税，由纳税人在月度或者季度终了后十五日内向税务机关报送纳税申报表，并预缴税款；在取得所得的次年三月三十一日前办理汇算清缴。

纳税人取得利息、股息、红利所得，财产租赁所得，财产转让所得和偶然所得，按月或者按次计算个人所得税，有扣缴义务人的，由扣缴义务人按月或者按次代扣代缴税款。

第十三条 纳税人取得应税所得没有扣缴义务人的，应当在取得所得的次月十五日内向税务机关报送纳税申报表，并缴纳税款。

纳税人取得应税所得，扣缴义务人未扣缴税款的，纳税人应当在取得所得的次年六月三十日前，缴纳税款；税务机关通知限期缴纳的，纳税人应当按照期限缴纳税款。

居民个人从中国境外取得所得的，应当在取得所得的次年三月一日至六月三十日内申报纳税。

非居民个人在中国境内从两处以上取得工资、薪金所得的，应当在取得所得的次月十五日内申报纳税。

纳税人因移居境外注销中国户籍的，应当在注销中国户籍前办理税款清算。

第十四条 扣缴义务人每月或者每次预扣、代扣的税款，应当在次月十五日内缴入国库，并向税务机关报送扣缴个人所得税申报表。

纳税人办理汇算清缴退税或者扣缴义务人为纳税人办理汇算清缴退税的，税务机关审核后，按照国库管理的有关规定办理退税。

第十五条 公安、人民银行、金融监督管理等相关部门应当协助税务机关确认纳税人的身份、金融账户信息。教育、卫生、医疗保障、民政、人力资源社会保障、住房城乡建设、公安、人民银行、金融监督管理等相关部门应当向税务机关提供纳税人子女教育、继续教育、大病医疗、住房贷款利息、住房租金、赡养老人等专项附加扣除信息。

个人转让不动产的，税务机关应当根据不动产登记等相关信息核验应缴的个人所得税，登记机构办理转移登记时，应当查验与该不动产转让相关的个人所得税的完税凭证。个人转让股权办理变更登记的，市场主体登记机关应当查验与该股权交易相关的个人所得税的完税凭证。

有关部门依法将纳税人、扣缴义务人遵守本法的情况纳入信用信息系统，并实施联合激励或者惩戒。

第十六条 各项所得的计算，以人民币为单位。所得为人民币以外的货币的，按照人民币汇率中间价折合成人民币缴纳税款。

第十七条 对扣缴义务人按照所扣缴的税款，付给2%的手续费。

第十八条 对储蓄存款利息所得开征、减征、停征个人所得税及其具体办法，由国务院规定，并报全国人民代表大会常务委员会备案。

第十九条 纳税人、扣缴义务人和税务机关及其工作人员违反本法规定的，依照《中华人民共和国税收征收管理法》和有关法律法规的规定追究法律责任。

第二十条 个人所得税的征收管理，依照本法和《中华人民共和国税收征收管理法》的规定执行。

第二十一条 国务院根据本法制定实施条例。

第二十二条 本法自公布之日起施行。

附录3-2 中华人民共和国个人所得税法实施条例

中华人民共和国国务院令 第707号

现公布修订后的《中华人民共和国个人所得税法实施条例》,自2019年1月1日起施行。

总理 李克强
2018年12月18日

中华人民共和国个人所得税法实施条例

(1994年1月28日中华人民共和国国务院令第142号发布 根据2005年12月19日《国务院关于修改〈中华人民共和国个人所得税法实施条例〉的决定》第一次修订;根据2008年2月18日《国务院关于修改〈中华人民共和国个人所得税法实施条例〉的决定》第二次修订;根据2011年7月19日《国务院关于修改〈中华人民共和国个人所得税法实施条例〉的决定》第三次修订;2018年12月18日中华人民共和国国务院令第707号第四次修订)

第一条 根据《中华人民共和国个人所得税法》(以下简称个人所得税法),制定本条例。

第二条 个人所得税法所称在中国境内有住所,是指因户籍、家庭、经济利益关系而在中国境内习惯性居住;所称从中国境内和境外取得的所得,分别是指来源于中国境内的所得和来源于中国境外的所得。

第三条 除国务院财政、税务主管部门另有规定外,下列所得,不论支付地点是否在中国境内,均为来源于中国境内的所得:

(一)因任职、受雇、履约等在中国境内提供劳务取得的所得;

(二)将财产出租给承租人在中国境内使用而取得的所得;

(三)许可各种特许权在中国境内使用而取得的所得;

(四)转让中国境内的不动产等财产或者在中国境内转让其他财产取得的所得;

(五)从中国境内企业、事业单位、其他组织以及居民个人取得的利息、股息、红利所得。

第四条 在中国境内无住所的个人,在中国境内居住累计满183天的年度连续不满六年的,经向主管税务机关备案,其来源于中国境外且由境外单位或者个人支付的所得,免予缴纳个人所得税;在中国境内居住累计满183天的任一年度中有一次离境超过30天的,其在中国境内居住累计满183天的年度的连续年限重新起算。

第五条 在中国境内无住所的个人,在一个纳税年度内在中国境内居住累计不超过90天的,其来源于中国境内的所得,由境外雇主支付并且不由该雇主在中国境内的机构、场所负担的部分,免予缴纳个人所得税。

第六条 个人所得税法规定的各项个人所得的范围:

(一)工资、薪金所得,是指个人因任职或者受雇取得的工资、薪金、奖金、年终加薪、劳动分红、津贴、补贴以及与任职或者受雇有关的其他所得。

（二）劳务报酬所得，是指个人从事劳务取得的所得，包括从事设计、装潢、安装、制图、化验、测试、医疗、法律、会计、咨询、讲学、翻译、审稿、书画、雕刻、影视、录音、录像、演出、表演、广告、展览、技术服务、介绍服务、经纪服务、代办服务以及其他劳务取得的所得。

（三）稿酬所得，是指个人因其作品以图书、报刊等形式出版、发表而取得的所得。

（四）特许权使用费所得，是指个人提供专利权、商标权、著作权、非专利技术以及其他特许权的使用权取得的所得；提供著作权的使用权取得的所得，不包括稿酬所得。

（五）经营所得，是指：

1. 个体工商户从事生产、经营活动取得的所得，个人独资企业投资人、合伙企业的个人合伙人来源于境内注册的个人独资企业、合伙企业生产、经营的所得；

2. 个人依法从事办学、医疗、咨询以及其他有偿服务活动取得的所得；

3. 个人对企业、事业单位承包经营、承租经营以及转包、转租取得的所得；

4. 个人从事其他生产、经营活动取得的所得。

（六）利息、股息、红利所得，是指个人拥有债权、股权等而取得的利息、股息、红利所得。

（七）财产租赁所得，是指个人出租不动产、机器设备、车船以及其他财产取得的所得。

（八）财产转让所得，是指个人转让有价证券、股权、合伙企业中的财产份额、不动产、机器设备、车船以及其他财产取得的所得。

（九）偶然所得，是指个人得奖、中奖、中彩以及其他偶然性质的所得。

个人取得的所得，难以界定应纳税所得项目的，由国务院税务主管部门确定。

第七条 对股票转让所得征收个人所得税的办法，由国务院另行规定，并报全国人民代表大会常务委员会备案。

第八条 个人所得的形式，包括现金、实物、有价证券和其他形式的经济利益；所得为实物的，应当按照取得的凭证上所注明的价格计算应纳税所得额，无凭证的实物或者凭证上所注明的价格明显偏低的，参照市场价格核定应纳税所得额；所得为有价证券的，根据票面价格和市场价格核定应纳税所得额；所得为其他形式的经济利益的，参照市场价格核定应纳税所得额。

第九条 个人所得税法第四条第一款第二项所称国债利息，是指个人持有中华人民共和国财政部发行的债券而取得的利息；所称国家发行的金融债券利息，是指个人持有经国务院批准发行的金融债券而取得的利息。

第十条 个人所得税法第四条第一款第三项所称按照国家统一规定发给的补贴、津贴，是指按照国务院规定发给的政府特殊津贴、院士津贴，以及国务院规定免予缴纳个人所得税的其他补贴、津贴。

第十一条 个人所得税法第四条第一款第四项所称福利费，是指根据国家有关规定，从企业、事业单位、国家机关、社会组织提留的福利费或者工会经费中支付给个人的生活补助费；所称救济金，是指各级人民政府民政部门支付给个人的生活困难补助费。

第十二条 个人所得税法第四条第一款第八项所称依照有关法律规定应予免税的各国驻华使馆、领事馆的外交代表、领事官员和其他人员的所得，是指依照《中华人民共和国外交特权与豁免条例》和《中华人民共和国领事特权与豁免条例》规定免税的所得。

第十三条 个人所得税法第六条第一款第一项所称依法确定的其他扣除，包括个人缴付符合国家规定的企业年金、职业年金，个人购买符合国家规定的商业健康保险、税收递延型商业养老保险的支出，以及国务院规定可以扣除的其他项目。

专项扣除、专项附加扣除和依法确定的其他扣除，以居民个人一个纳税年度的应纳税所得额为限额；一个纳税年度扣除不完的，不结转以后年度扣除。

第十四条 个人所得税法第六条第一款第二项、第四项、第六项所称每次，分别按照下列方法确定：

（一）劳务报酬所得、稿酬所得、特许权使用费所得，属于一次性收入的，以取得该项收入为一次；属于同一项目连续性收入的，以一个月内取得的收入为一次。

（二）财产租赁所得，以一个月内取得的收入为一次。

（三）利息、股息、红利所得，以支付利息、股息、红利时取得的收入为一次。

（四）偶然所得，以每次取得该项收入为一次。

第十五条 个人所得税法第六条第一款第三项所称成本、费用，是指生产、经营活动中发生的各项直接支出和分配计入成本的间接费用以及销售费用、管理费用、财务费用；所称损失，是指生产、经营活动中发生的固定资产和存货的盘亏、毁损、报废损失，转让财产损失，坏账损失，自然灾害等不可抗力因素造成的损失以及其他损失。

取得经营所得的个人，没有综合所得的，计算其每一纳税年度的应纳税所得额时，应当减除费用6万元、专项扣除、专项附加扣除以及依法确定的其他扣除。专项附加扣除在办理汇算清缴时减除。

从事生产、经营活动，未提供完整、准确的纳税资料，不能正确计算应纳税所得额的，由主管税务机关核定应纳税所得额或者应纳税额。

第十六条 个人所得税法第六条第一款第五项规定的财产原值，按照下列方法确定：

（一）有价证券，为买入价以及买入时按照规定交纳的有关费用；

（二）建筑物，为建造费或者购进价格以及其他有关费用；

（三）土地使用权，为取得土地使用权所支付的金额、开发土地的费用以及其他有关费用；

（四）机器设备、车船，为购进价格、运输费、安装费以及其他有关费用。

其他财产，参照前款规定的方法确定财产原值。

纳税人未提供完整、准确的财产原值凭证，不能按照本条第一款规定的方法确定财产原值的，由主管税务机关核定财产原值。

个人所得税法第六条第一款第五项所称合理费用，是指卖出财产时按照规定支付的有关税费。

第十七条 财产转让所得，按照一次转让财产的收入额减除财产原值和合理费用后的余额计算纳税。

第十八条 两个以上的个人共同取得同一项目收入的，应当对每个人取得的收入分别按照个人所得税法的规定计算纳税。

第十九条 个人所得税法第六条第三款所称个人将其所得对教育、扶贫、济困等公益慈善事业进行捐赠，是指个人将其所得通过中国境内的公益性社会组织、国家机关向教育、扶贫、济困等公益慈善事业的捐赠；所称应纳税所得额，是指计算扣除捐赠额之前的应纳税所得额。

第二十条 居民个人从中国境内和境外取得的综合所得、经营所得，应当分别合并计算应纳税额；从中国境内和境外取得的其他所得，应当分别单独计算应纳税额。

第二十一条 个人所得税法第七条所称已在境外缴纳的个人所得税税额，是指居民个人来源于中国境外的所得，依照该所得来源国家（地区）的法律应当缴纳并且实际已经缴纳的所得税税额。

个人所得税法第七条所称纳税人境外所得依照本法规定计算的应纳税额，是居民个人抵免已在境外缴纳的综合所得、经营所得以及其他所得的所得税税额的限额（以下简称抵免限额）。

除国务院财政、税务主管部门另有规定外，来源于中国境外一个国家（地区）的综合所得抵免限额、经营所得抵免限额以及其他所得抵免限额之和，为来源于该国家（地区）所得的抵免限额。

居民个人在中国境外一个国家（地区）实际已经缴纳的个人所得税税额，低于依照前款规定计算出的来源于该国家（地区）所得的抵免限额的，应当在中国缴纳差额部分的税款；超过来源于该国家（地区）所得的抵免限额的，其超过部分不得在本纳税年度的应纳税额中抵免，但是可以在以后纳税年度来源于该国家（地区）所得的抵免限额的余额中补扣。补扣期限最长不得超过五年。

第二十二条 居民个人申请抵免已在境外缴纳的个人所得税税额，应当提供境外税务机关出具的税款所属年度的有关纳税凭证。

第二十三条 个人所得税法第八条第二款规定的利息，应当按照税款所属纳税申报期最后一日中国人民银行公布的与补税期间同期的人民币贷款基准利率计算，自税款纳税申报期满次日起至补缴税款期限届满之日止按日加收。纳税人在补缴税款期限届满前补缴税款的，利息加收至补缴税款之日。

第二十四条 扣缴义务人向个人支付应税款项时，应当依照个人所得税法规定预扣或者代扣税款，按时缴库，并专项记载备查。

前款所称支付，包括现金支付、汇拨支付、转账支付和以有价证券、实物以及其他形式的支付。

第二十五条 取得综合所得需要办理汇算清缴的情形包括：

（一）从两处以上取得综合所得，且综合所得年收入额减除专项扣除的余额超过6万元；

（二）取得劳务报酬所得、稿酬所得、特许权使用费所得中一项或者多项所得，且综合所得年收入额减除专项扣除的余额超过6万元；

（三）纳税年度内预缴税额低于应纳税额；

（四）纳税人申请退税。

纳税人申请退税，应当提供其在中国境内开设的银行账户，并在汇算清缴地就地办理税款退库。

汇算清缴的具体办法由国务院税务主管部门制定。

第二十六条 个人所得税法第十条第二款所称全员全额扣缴申报，是指扣缴义务人在代扣税款的次月十五日内，向主管税务机关报送其支付所得的所有个人的有关信息、支付所得数额、扣除事项和数额、扣缴税款的具体数额和总额以及其他相关涉税信息资料。

第二十七条 纳税人办理纳税申报的地点以及其他有关事项的具体办法，由国务院税务主管部门制定。

第二十八条 居民个人取得工资、薪金所得时，可以向扣缴义务人提供专项附加扣除有关信息，由扣缴义务人扣缴税款时减除专项附加扣除。纳税人同时从两处以上取得工资、薪金所得，并由扣缴义务人减除专项附加扣除的，对同一专项附加扣除项目，在一个纳税年度内只能选择从一处取得的所得中减除。

居民个人取得劳务报酬所得、稿酬所得、特许权使用费所得，应当在汇算清缴时向税务机关提供有关信息，减除专项附加扣除。

第二十九条 纳税人可以委托扣缴义务人或者其他单位和个人办理汇算清缴。

第三十条 扣缴义务人应当按照纳税人提供的信息计算办理扣缴申报，不得擅自更改纳税人提供的信息。

纳税人发现扣缴义务人提供或者扣缴申报的个人信息、所得、扣缴税款等与实际情况不符的，有权要求扣缴义务人修改。扣缴义务人拒绝修改的，纳税人应当报告税务机关，税务机关应当及时处理。

纳税人、扣缴义务人应当按照规定保存与专项附加扣除相关的资料。税务机关可以对纳税人提供的专项附加扣除信息进行抽查，具体办法由国务院税务主管部门另行规定。税务机关发现纳税人提供虚假信息的，应当责令改正并通知扣缴义务人；情节严重的，有关部门应当依法予以处理，纳入信用信息系统并实施联合惩戒。

第三十一条 纳税人申请退税时提供的汇算清缴信息有错误的，税务机关应当告知其更正；纳税人更正的，税务机关应当及时办理退税。

扣缴义务人未将扣缴的税款解缴入库的，不影响纳税人按照规定申请退税，税务机关应当凭纳税人提供的有关资料办理退税。

第三十二条 所得为人民币以外货币的，按照办理纳税申报或者扣缴申报的上一月最后一日人民币汇率中间价，折合成人民币计算应纳税所得额。年度终了后办理汇算清缴的，对已经按月、按季或者按次预缴税款的人民币以外货币所得，不再重新折算；对应当补缴税款的所得部分，按照上一纳税年度最后一日人民币汇率中间价，折合成人民币计算应纳税所得额。

第三十三条 税务机关按照个人所得税法第十七条的规定付给扣缴义务人手续费，应当填开退还书；扣缴义务人凭退还书，按照国库管理有关规定办理退库手续。

第三十四条 个人所得税纳税申报表、扣缴个人所得税报告表和个人所得税完税凭证式样，由国务院税务主管部门统一制定。

第三十五条 军队人员个人所得税征收事宜，按照有关规定执行。

第三十六条 本条例自 2019 年 1 月 1 日起施行。

个人所得税税率表一（综合所得适用）

级数	全年应纳税所得额	税率（%）
1	不超过 36000 元的	3
2	超过 36000 元至 144000 元的部分	10
3	超过 144000 元至 300000 元的部分	20
4	超过 300000 元至 420000 元的部分	25
5	超过 420000 元至 660000 元的部分	30
6	超过 660000 元至 960000 元的部分	35
7	超过 960000 元的部分	45

注 1：本表所称全年应纳税所得额是指依照本法第六条的规定，居民个人取得综合所得以每一纳税年度收入额减除费用六万元以及专项扣除、专项附加扣除和依法确定的其他扣除后的余额。

注 2：非居民个人取得工资、薪金所得，劳务报酬所得，稿酬所得和特许权使用费所得，依照本表按月换算后计算应纳税额。

个人所得税税率表二（经营所得适用）

级数	全年应纳税所得税	税率（%）
1	不超过 30000 元的	5
2	超过 30000 元至 90000 元的部分	10
3	超过 90000 元至 300000 元的部分	20
4	超过 300000 元至 500000 元的部分	30
5	超过 500000 元的部分	35

注：本表所称全年应纳税所得额是指依照本法第六条的规定，以每一纳税年度的收入总额减除成本、费用以及损失后的余额。

附录3-3 国务院关于印发《个人所得税专项附加扣除暂行办法》的通知

国发〔2018〕41号

各省、自治区、直辖市人民政府,国务院各部委、各直属机构:

现将《个人所得税专项附加扣除暂行办法》印发给你们,请认真贯彻执行。

国务院
2018年12月13日

个人所得税专项附加扣除暂行办法

第一章 总 则

第一条 根据《中华人民共和国个人所得税法》(以下简称个人所得税法)规定,制定本办法。

第二条 本办法所称个人所得税专项附加扣除,是指个人所得税法规定的子女教育、继续教育、大病医疗、住房贷款利息或者住房租金、赡养老人等6项专项附加扣除。

第三条 个人所得税专项附加扣除遵循公平合理、利于民生、简便易行的原则。

第四条 根据教育、医疗、住房、养老等民生支出变化情况,适时调整专项附加扣除范围和标准。

第二章 子女教育

第五条 纳税人的子女接受全日制学历教育的相关支出,按照每个子女每月1000元的标准定额扣除。

学历教育包括义务教育(小学、初中教育)、高中阶段教育(普通高中、中等职业、技工教育)、高等教育(大学专科、大学本科、硕士研究生、博士研究生教育)。

年满3岁至小学入学前处于学前教育阶段的子女,按本条第一款规定执行。

第六条 父母可以选择由其中一方按扣除标准的100%扣除,也可以选择由双方分别按扣除标准的50%扣除,具体扣除方式在一个纳税年度内不能变更。

第七条 纳税人子女在中国境外接受教育的,纳税人应当留存境外学校录取通知书、留学签证等相关教育的证明资料备查。

第三章 继续教育

第八条 纳税人在中国境内接受学历(学位)继续教育的支出,在学历(学位)教育期间按照每月400元定额扣除。同一学历(学位)继续教育的扣除期限不能超过48个月。纳税人接受技能人员职业资格继续教育、专业技术人员职业资格继续教育的支出,在取得相关证书的当年,按照3600元定额扣除。

第九条 个人接受本科及以下学历（学位）继续教育，符合本办法规定扣除条件的，可以选择由其父母扣除，也可以选择由本人扣除。

第十条 纳税人接受技能人员职业资格继续教育、专业技术人员职业资格继续教育的，应当留存相关证书等资料备查。

第四章　大病医疗

第十一条 在一个纳税年度内，纳税人发生的与基本医保相关的医药费用支出，扣除医保报销后个人负担（指医保目录范围内的自付部分）累计超过15000元的部分，由纳税人在办理年度汇算清缴时，在80000元限额内据实扣除。

第十二条 纳税人发生的医药费用支出可以选择由本人或者其配偶扣除；未成年子女发生的医药费用支出可以选择由其父母一方扣除。

纳税人及其配偶、未成年子女发生的医药费用支出，按本办法第十一条规定分别计算扣除额。

第十三条 纳税人应当留存医药服务收费及医保报销相关票据原件（或者复印件）等资料备查。医疗保障部门应当向患者提供在医疗保障信息系统记录的本人年度医药费用信息查询服务。

第五章　住房贷款利息

第十四条 纳税人本人或者配偶单独或者共同使用商业银行或者住房公积金个人住房贷款为本人或者其配偶购买中国境内住房，发生的首套住房贷款利息支出，在实际发生贷款利息的年度，按照每月1000元的标准定额扣除，扣除期限最长不超过240个月。纳税人只能享受一次首套住房贷款的利息扣除。

本办法所称首套住房贷款是指购买住房享受首套住房贷款利率的住房贷款。

第十五条 经夫妻双方约定，可以选择由其中一方扣除，具体扣除方式在一个纳税年度内不能变更。

夫妻双方婚前分别购买住房发生的首套住房贷款，其贷款利息支出，婚后可以选择其中一套购买的住房，由购买方按扣除标准的100%扣除，也可以由夫妻双方对各自购买的住房分别按扣除标准的50%扣除，具体扣除方式在一个纳税年度内不能变更。

第十六条 纳税人应当留存住房贷款合同、贷款还款支出凭证备查。

第六章　住房租金

第十七条 纳税人在主要工作城市没有自有住房而发生的住房租金支出，可以按照以下标准定额扣除：

（一）直辖市、省会（首府）城市、计划单列市以及国务院确定的其他城市，扣除标准为每月1500元；

（二）除第一项所列城市以外，市辖区户籍人口超过100万的城市，扣除标准为每月1100元；市辖区户籍人口不超过100万的城市，扣除标准为每月800元。

纳税人的配偶在纳税人的主要工作城市有自有住房的，视同纳税人在主要工作城市有自有住房。

市辖区户籍人口，以国家统计局公布的数据为准。

第十八条 本办法所称主要工作城市是指纳税人任职受雇的直辖市、计划单列市、副省级城市、地级市（地区、州、盟）全部行政区域范围；纳税人无任职受雇单位的，为受理其综合所得汇算清缴的税务机关所在城市。

夫妻双方主要工作城市相同的，只能由一方扣除住房租金支出。

第十九条 住房租金支出由签订租赁住房合同的承租人扣除。

第二十条 纳税人及其配偶在一个纳税年度内不能同时分别享受住房贷款利息和住房租金专项附加扣除。

第二十一条 纳税人应当留存住房租赁合同、协议等有关资料备查。

第七章 赡养老人

第二十二条 纳税人赡养一位及以上被赡养人的赡养支出，统一按照以下标准定额扣除：

（一）纳税人为独生子女的，按照每月2000元的标准定额扣除；

（二）纳税人为非独生子女的，由其与兄弟姐妹分摊每月2000元的扣除额度，每人分摊的额度不能超过每月1000元。可以由赡养人均摊或者约定分摊，也可以由被赡养人指定分摊。约定或者指定分摊的须签订书面分摊协议，指定分摊优先于约定分摊。具体分摊方式和额度在一个纳税年度内不能变更。

第二十三条 本办法所称被赡养人是指年满60岁的父母，以及子女均已去世的年满60岁的祖父母、外祖父母。

第八章 保障措施

第二十四条 纳税人向收款单位索取发票、财政票据、支出凭证，收款单位不能拒绝提供。

第二十五条 纳税人首次享受专项附加扣除，应当将专项附加扣除相关信息提交扣缴义务人或者税务机关，扣缴义务人应当及时将相关信息报送税务机关，纳税人对所提交信息的真实性、准确性、完整性负责。专项附加扣除信息发生变化的，纳税人应当及时向扣缴义务人或税务机关提供相关信息。

前款所称专项附加扣除相关信息，包括纳税人本人、配偶、子女、被赡养人等个人身份信息，以及国务院税务主管部门规定的其他与专项附加扣除相关的信息。

本办法规定纳税人需要留存备查的相关资料应当留存五年。

第二十六条 有关部门和单位有责任和义务向税务部门提供或者协助核实以下与专项附加扣除有关的信息：

（一）公安部门有关户籍人口基本信息、户成员关系信息、出入境证件信息、相关出国人员信息、户籍人口死亡标识等信息；

（二）卫生健康部门有关出生医学证明信息、独生子女信息；

（三）民政部门、外交部门、法院有关婚姻状况信息；

（四）教育部门有关学生学籍信息（包括学历继续教育学生学籍、考籍信息）、在相关部门备案的境外教育机构资质信息；

（五）人力资源社会保障等部门有关技工院校学生学籍信息、技能人员职业资格继续教育信息、专业技术人员职业资格继续教育信息；

（六）住房城乡建设部门有关房屋（含公租房）租赁信息、住房公积金管理机构有关住房公积金贷款还款支出信息；

（七）自然资源部门有关不动产登记信息；

（八）人民银行、金融监督管理部门有关住房商业贷款还款支出信息；

（九）医疗保障部门有关在医疗保障信息系统记录的个人负担的医药费用信息；

（十）国务院税务主管部门确定需要提供的其他涉税信息。

上述数据信息的格式、标准、共享方式，由国务院税务主管部门及各省、自治区、直辖市和计划单列市税务局商有关部门确定。

有关部门和单位拥有专项附加扣除涉税信息，但未按规定要求向税务部门提供的，拥有涉税信息的部门或者单位的主要负责人及相关人员承担相应责任。

第二十七条 扣缴义务人发现纳税人提供的信息与实际情况不符的，可以要求纳税人修改。纳税人拒绝修改的，扣缴义务人应当报告税务机关，税务机关应当及时处理。

第二十八条 税务机关核查专项附加扣除情况时，纳税人任职受雇单位所在地、经常居住地、户籍所在地的公安派出所、居民委员会或者村民委员会等有关单位和个人应当协助核查。

第九章 附 则

第二十九条 本办法所称父母，是指生父母、继父母、养父母。本办法所称子女，是指婚生子女、非婚生子女、继子女、养子女。父母之外的其他人担任未成年人的监护人的，比照本办法规定执行。

第三十条 个人所得税专项附加扣除额一个纳税年度扣除不完的，不能结转以后年度扣除。

第三十一条 个人所得税专项附加扣除具体操作办法，由国务院税务主管部门另行制定。

第三十二条 本办法自 2019 年 1 月 1 日起施行。

附录 3-4 个体工商户税收定期定额征收管理办法

（2006 年 8 月 30 日国家税务总局令第 16 号公布，根据 2018 年 6 月 15 日《国家税务总局关于修改部分税务部门规章的决定》修正）

第一条 为规范和加强个体工商户税收定期定额征收（以下简称定期定额征收）管理，公平税负，保护个体工商户合法权益，促进个体经济的健康发展，根据《中华人民共和国税收征收管理法》及其实施细则，制定本办法。

第二条 本办法所称个体工商户税收定期定额征收，是指税务机关依照法律、行政法规及本办法的规定，对个体工商户在一定经营地点、一定经营时期、一定经营范围内的应纳税经营额（包括经营数量）或所得额（以下简称定额）进行核定，并以此为计税依据，确定其应纳税额的一种征收方式。

第三条 本办法适用于经主管税务机关认定和县以上税务机关（含县级，下同）批准的生产、经营规模小，达不到《个体工商户建账管理暂行办法》规定设置账簿标准的个体工商户（以下简称定期定额户）的税收征收管理。

第四条 主管税务机关应当将定期定额户进行分类，在年度内按行业、区域选择一定数量并具有代表性的定期定额户，对其经营、所得情况进行典型调查，做出调查分析，填制有关表格。

典型调查户数应当占该行业、区域总户数的 5% 以上。具体比例由省税务机关确定。

第五条 定额执行期的具体期限由省税务机关确定，但最长不得超过一年。

定额执行期是指税务机关核定后执行的第一个纳税期至最后一个纳税期。

第六条 税务机关应当根据定期定额户的经营规模、经营区域、经营内容、行业特点、管理水平等因素核定定额，可以采用下列一种或两种以上的方法核定：

（一）按照耗用的原材料、燃料、动力等推算或者测算核定；
（二）按照成本加合理的费用和利润的方法核定；
（三）按照盘点库存情况推算或者测算核定；
（四）按照发票和相关凭据核定；
（五）按照银行经营账户资金往来情况测算核定；
（六）参照同类行业或类似行业中同规模、同区域纳税人的生产、经营情况核定；
（七）按照其他合理方法核定。

税务机关应当运用现代信息技术手段核定定额，增强核定工作的规范性和合理性。

第七条 税务机关核定定额程序：

（一）自行申报。定期定额户要按照税务机关规定的申报期限、申报内容向主管税务机关申报，填写有关申报文书。申报内容应包括经营行业、营业面积、雇用人数和每月经营额、所得额以及税务机关需要的其他申报项目。

本项所称经营额、所得额为预估数。

（二）核定定额。主管税务机关根据定期定额户自行申报情况，参考典型调查结果，采取本办法第六条规定的核定方法核定定额，并计算应纳税额。

（三）定额公示。主管税务机关应当将核定定额的初步结果进行公示，公示期限为五个工作日。

公示地点、范围、形式应当按照便于定期定额户及社会各界了解、监督的原则，由主管税务机关确定。

（四）上级核准。主管税务机关根据公示意见结果修改定额，并将核定情况报经县以上税务机关审核批准后，填制《核定定额通知书》。

（五）下达定额。将《核定定额通知书》送达定期定额户执行。

（六）公布定额。主管税务机关将最终确定的定额和应纳税额情况在原公示范围内进行公布。

第八条 定期定额户应当建立收支凭证粘贴簿、进销货登记簿，完整保存有关纳税资料，并接受税务机关的检查。

第九条 依照法律、行政法规的规定，定期定额户负有纳税申报义务。

实行简易申报的定期定额户，应当在税务机关规定的期限内按照法律、行政法规规定缴清应纳税款，当期（指纳税期，下同）可以不办理申报手续。

第十条 采用数据电文申报、邮寄申报、简易申报等方式的，经税务机关认可后方可执行。经确定的纳税申报方式在定额执行期内不予更改。

第十一条 定期定额户可以委托经税务机关认定的银行或其他金融机构办理税款划缴。

凡委托银行或其他金融机构办理税款划缴的定期定额户，应当向税务机关书面报告开户银行及账号。其账户内存款应当足以按期缴纳当期税款。其存款余额低于当期应纳税款，致使当期税款不能按期入库的，税务机关按逾期缴纳税款处理；对实行简易申报的，按逾期办理纳税申报和逾期缴纳税款处理。

第十二条 定期定额户发生下列情形，应当向税务机关办理相关纳税事宜：

（一）定额与发票开具金额或税控收款机记录数据比对后，超过定额的经营额、所得额所应缴纳的税款；

（二）在税务机关核定定额的经营地点以外从事经营活动所应缴纳的税款。

第十三条 税务机关可以根据保证国家税款及时足额入库、方便纳税人、降低税收成本的原则，采用简化的税款征收方式，具体方式由省税务机关确定。

第十四条 县以上税务机关可以根据当地实际情况，依法委托有关单位代征税款。税务机关与代征单位必须签订委托代征协议，明确双方的权利、义务和应当承担的责任，并向代征单位颁发委托代征证书。

第十五条 定期定额户经营地点偏远、缴纳税款数额较小，或者税务机关征收税款有困难的，税务机关可以按照法律、行政法规的规定简并征期。但简并征期最长不得超过一个定额执行期。

简并征期的税款征收时间为最后一个纳税期。

第十六条 通过银行或其他金融机构划缴税款的，其完税凭证可以到税务机关领取，或到税务机关委托的银行或其他金融机构领取；税务机关也可以根据当地实际情况采取邮寄送达，或委托有关单位送达。

第十七条 定期定额户在定额执行期结束后，应当以该期每月实际发生的经营额、所得额向税务机关申报，申报额超过定额的，按申报额缴纳税款；申报额低于定额的，按定额缴纳税款。具体申报期限由省税务机关确定。

定期定额户当期发生的经营额、所得额超过定额一定幅度的，应当在法律、行政法规规定的申报期限内向税务机关进行申报并缴清税款。具体幅度由省税务机关确定。

第十八条 定期定额户的经营额、所得额连续纳税期超过或低于税务机关核定的定额，应当提请税务机关重新核定定额，税务机关应当根据本办法规定的核定方法和程序重新核定定额。具体期限由省税务机关确定。

第十九条 经税务机关检查发现定期定额户在以前定额执行期发生的经营额、所得额超过定额，或者当期发生的经营额、所得额超过定额一定幅度而未向税务机关进行纳税申报及结清应纳税款的，税务机关应当追缴税款、加收滞纳金，并按照法律、行政法规规定予以处理。其经营额、所得额连续纳税期超过定额，税务机关应当按照本办法第十八条的规定重新核定其定额。

第二十条 定期定额户发生停业的，应当在停业前向税务机关书面提出停业报告；提前恢复经营的，应当在恢复经营前向税务机关书面提出复业报告；需延长停业时间的，应当在停业期满前向税务机关提出书面的延长停业报告。

第二十一条 税务机关停止定期定额户实行定期定额征收方式，应当书面通知定期定额户。

第二十二条 定期定额户对税务机关核定的定额有争议的，可以在接到《核定定额通知书》之日起30日内向主管税务机关提出重新核定定额申请，并提供足以说明其生产、经营真实情况的证据，主管税务机关应当自接到申请之日起30日内书面答复。

定期定额户也可以按照法律、行政法规的规定直接向上一级税务机关申请行政复议；对行政复议决定不服的，可以依法向人民法院提起行政诉讼。

定期定额户在未接到重新核定定额通知、行政复议决定书或人民法院判决书前，仍按原定额缴纳税款。

第二十三条 税务机关应当严格执行核定定额程序，遵守回避制度。税务人员个人不得擅自确定或更改定额。

税务人员徇私舞弊或者玩忽职守，致使国家税收遭受重大损失，构成犯罪的，依法追究刑事责任；尚不构成犯罪的，依法给予行政处分。

第二十四条 对违反本办法规定的行为，按照《中华人民共和国税收征收管理法》及其实施细则有关规定处理。

第二十五条 个人独资企业的税款征收管理比照本办法执行。

第二十六条 各省、自治区、直辖市税务局根据本办法制定具体实施办法，并报国家税务总局备案。

第二十七条 本办法自2007年1月1日起施行。1997年6月19日国家税务总局发布的《个体工商户定期定额管理暂行办法》同时废止。

附录3-5　个体工商户建账管理暂行办法

（2006年12月15日国家税务总局令第17号公布，根据2018年6月15日《国家税务总局关于修改部分税务部门规章的决定》修正）

第一条 为了规范和加强个体工商户税收征收管理，促进个体工商户加强经济核算，根据《中华人民共和国税收征收管理法》（以下简称税收征管法）及其实施细则和《国务院关于批转国家税务总局加强个体私营经济税收征管强化查账征收工作意见的通知》，制定本办法。

第二条 凡从事生产、经营并有固定生产、经营场所的个体工商户，都应当按照法律、行政法规和本办法的规定设置、使用和保管账簿及凭证，并根据合法、有效凭证记账核算。

税务机关应同时采取有效措施，巩固已有建账成果，积极引导个体工商户建立健全账簿，正确进行核算，如实申报纳税。

第三条 符合下列情形之一的个体工商户，应当设置复式账：

（一）注册资金在20万元以上的。

（二）销售增值税应税劳务的纳税人或营业税纳税人月销售（营业）额在40000元以上；从事货物生产的增值税纳税人月销售额在60000元以上；从事货物批发或零售的增值税纳税人月销售额在80000元以上的。

（三）省税务机关确定应设置复式账的其他情形。

第四条 符合下列情形之一的个体工商户，应当设置简易账，并积极创造条件设置复式账：

（一）注册资金在10万元以上20万元以下的。

（二）销售增值税应税劳务的纳税人或营业税纳税人月销售（营业）额在15000元至40000元；从事货物生产的增值税纳税人月销售额在30000元至60000元；从事货物批发或零售的增值税纳税人月销售额在40000元至80000元的。

（三）省税务机关确定应当设置简易账的其他情形。

第五条 上述所称纳税人月销售额或月营业额，是指个体工商户上一个纳税年度月平均销售额或营业额；新办的个体工商户为业户预估的当年度经营期月平均销售额或营业额。

第六条 达不到上述建账标准的个体工商户，经县以上税务机关批准，可按照税收征管法的规定，建立收支凭证粘贴簿、进货销货登记簿或者使用税控装置。

第七条 达到建账标准的个体工商户，应当根据自身生产、经营情况和本办法规定的设置账簿条件，对照选择设置复式账或简易账，并报主管税务机关备案。账簿方式一经确定，在一个纳税年度内不得进行变更。

第八条 达到建账标准的个体工商户，应当自领取营业执照或者发生纳税义务之日起15日内,按照法律、行政法规和本办法的有关规定设置账簿并办理账务,不得伪造、变造或者擅自损毁账簿、记账凭证、完税凭证和其他有关资料。

第九条 设置复式账的个体工商户应按《个体工商户会计制度(试行)》的规定设置总分类账、明细分类账、日记账等,进行财务会计核算,如实记载财务收支情况。成本、费用列支和其他财务核算规定按照《个体工商户个人所得税计税办法(试行)》执行。

设置简易账的个体工商户应当设置经营收入账、经营费用账、商品(材料)购进账、库存商品(材料)盘点表和利润表,以收支方式记录、反映生产、经营情况并进行简易会计核算。

第十条 复式账簿中现金日记账,银行存款日记账和总分类账必须使用订本式,其他账簿可以根据业务的实际发生情况选用活页账簿。简易账簿均应采用订本式。

账簿和凭证应当按照发生的时间顺序填写,装订或者粘贴。

建账户对各种账簿、记账凭证、报表、完税凭证和其他有关涉税资料应当保存10年。

第十一条 设置复式账的个体工商户在办理纳税申报时,应当按照规定向当地主管税务机关报送财务会计报表和有关纳税资料。月度会计报表应当于月份终了后10日内报出,年度会计报表应当在年度终了后30日内报出。

第十二条 个体工商户可以聘请经批准从事会计代理记账业务的专业机构或者具备资质的财会人员代为建账和办理账务。

第十三条 按照税务机关规定的要求使用税控收款机的个体工商户,其税控收款机输出的完整的书面记录,可以视同经营收入账。

第十四条 税务机关对建账户采用查账征收方式征收税款。建账初期,也可以采用查账征收与定期定额征收相结合的方式征收税款。

第十五条 依照本办法规定应当设置账簿的个体工商户,具有税收征管法第三十五条第一款第二项至第六项情形之一的,税务机关有权根据税收征管法实施细则第四十七条规定的方法核定其应纳税额。

第十六条 依照本办法规定应当设置账簿的个体工商户违反有关法律、行政法规和本办法关于账簿设置、使用和保管规定的,由税务机关按照税收征管法的有关规定进行处理。

第十七条 个体工商户建账工作中所涉及的有关账簿、凭证、表格,按照有关规定办理。

第十八条 本办法所称"以上"均含本数。

第十九条 各省、自治区、直辖市和计划单列市税务局可根据本办法制定具体实施办法,并报国家税务总局备案。

第二十条 本办法自2007年1月1日起施行。1997年6月19日国家税务总局发布的《个体工商户建账管理暂行办法》同时废止。

附录3-6 个体工商户个人所得税计税办法

(2014年12月27日国家税务总局令第35号公布,根据2018年6月15日《国家税务总局关于修改部分税务部门规章的决定》修正)

第一章 总　　则

第一条 为了规范和加强个体工商户个人所得税征收管理,根据个人所得税法等有关税收法律、法规和政策规定，制定本办法。

第二条 实行查账征收的个体工商户应当按照本办法的规定，计算并申报缴纳个人所得税。

第三条 本办法所称个体工商户包括：

（一）依法取得个体工商户营业执照，从事生产经营的个体工商户；

（二）经政府有关部门批准，从事办学、医疗、咨询等有偿服务活动的个人；

（三）其他从事个体生产、经营的个人。

第四条 个体工商户以业主为个人所得税纳税义务人。

第五条 个体工商户应纳税所得额的计算，以权责发生制为原则，属于当期的收入和费用，不论款项是否收付，均作为当期的收入和费用；不属于当期的收入和费用，即使款项已经在当期收付，均不作为当期收入和费用。本办法和财政部、国家税务总局另有规定的除外。

第六条 在计算应纳税所得额时，个体工商户会计处理办法与本办法和财政部、国家税务总局相关规定不一致的，应当依照本办法和财政部、国家税务总局的相关规定计算。

第二章 计税基本规定

第七条 个体工商户的生产、经营所得，以每一纳税年度的收入总额，减除成本、费用、税金、损失、其他支出以及允许弥补的以前年度亏损后的余额，为应纳税所得额。

第八条 个体工商户从事生产经营以及与生产经营有关的活动（以下简称生产经营）取得的货币形式和非货币形式的各项收入，为收入总额。包括：销售货物收入、提供劳务收入、转让财产收入、利息收入、租金收入、接受捐赠收入、其他收入。

前款所称其他收入包括个体工商户资产溢余收入、逾期一年以上的未退包装物押金收入、确实无法偿付的应付款项、已作坏账损失处理后又收回的应收款项、债务重组收入、补贴收入、违约金收入、汇兑收益等。

第九条 成本是指个体工商户在生产经营活动中发生的销售成本、销货成本、业务支出以及其他耗费。

第十条 费用是指个体工商户在生产经营活动中发生的销售费用、管理费用和财务费用，已经计入成本的有关费用除外。

第十一条 税金是指个体工商户在生产经营活动中发生的除个人所得税和允许抵扣的增值税以外的各项税金及其附加。

第十二条 损失是指个体工商户在生产经营活动中发生的固定资产和存货的盘亏、毁损、报废损失，转让财产损失，坏账损失，自然灾害等不可抗力因素造成的损失以及其他损失。

个体工商户发生的损失，减除责任人赔偿和保险赔款后的余额，参照财政部、国家税务总局有关企业资产损失税前扣除的规定扣除。

个体工商户已经作为损失处理的资产，在以后纳税年度又全部收回或者部分收回时，应当计入收回当期的收入。

第十三条 其他支出是指除成本、费用、税金、损失外，个体工商户在生产经营活动中发生的与生产经营活动有关的、合理的支出。

第十四条 个体工商户发生的支出应当区分收益性支出和资本性支出。收益性支出在发生当期直接扣除；资本性支出应当分期扣除或者计入有关资产成本，不得在发生当期直接扣除。

前款所称支出，是指与取得收入直接相关的支出。

除税收法律法规另有规定外，个体工商户实际发生的成本、费用、税金、损失和其他支出，不得重复扣除。

第十五条 个体工商户下列支出不得扣除：
（一）个人所得税税款；
（二）税收滞纳金；
（三）罚金、罚款和被没收财物的损失；
（四）不符合扣除规定的捐赠支出；
（五）赞助支出；
（六）用于个人和家庭的支出；
（七）与取得生产经营收入无关的其他支出；
（八）国家税务总局规定不准扣除的支出。

第十六条 个体工商户生产经营活动中，应当分别核算生产经营费用和个人、家庭费用。对于生产经营与个人、家庭生活混用难以分清的费用，其40%视为与生产经营有关费用，准予扣除。

第十七条 个体工商户纳税年度发生的亏损，准予向以后年度结转，用以后年度的生产经营所得弥补，但结转年限最长不得超过五年。

第十八条 个体工商户使用或者销售存货，按照规定计算的存货成本，准予在计算应纳税所得额时扣除。

第十九条 个体工商户转让资产，该项资产的净值，准予在计算应纳税所得额时扣除。

第二十条 本办法所称亏损，是指个体工商户依照本办法规定计算的应纳税所得额小于零的数额。

第三章 扣除项目及标准

第二十一条 个体工商户实际支付给从业人员的、合理的工资薪金支出，准予扣除。
个体工商户业主的费用扣除标准，依照相关法律、法规和政策规定执行。
个体工商户业主的工资薪金支出不得税前扣除。

第二十二条 个体工商户按照国务院有关主管部门或者省级人民政府规定的范围和标准为其业主和从业人员缴纳的基本养老保险费、基本医疗保险费、失业保险费、生育保险费、工伤保险费和住房公积金，准予扣除。
个体工商户为从业人员缴纳的补充养老保险费、补充医疗保险费，分别在不超过从业人员工资总额5%标准内的部分据实扣除；超过部分，不得扣除。
个体工商户业主本人缴纳的补充养老保险费、补充医疗保险费，以当地（地级市）上年度社会平均工资的3倍为计算基数，分别在不超过该计算基数5%标准内的部分据实扣除；超过部分，不得扣除。

第二十三条 除个体工商户依照国家有关规定为特殊工种从业人员支付的人身安全保险费和财政部、国家税务总局规定可以扣除的其他商业保险费外，个体工商户业主本人或者为从业人员支付的商业保险费，不得扣除。

第二十四条 个体工商户在生产经营活动中发生的合理的不需要资本化的借款费用，准予扣除。
个体工商户为购置、建造固定资产、无形资产和经过12个月以上的建造才能达到预定可销售状态的存货发生借款的，在有关资产购置、建造期间发生的合理的借款费用，应当作为资本性支出计入有关资产的成本，并依照本办法的规定扣除。

第二十五条 个体工商户在生产经营活动中发生的下列利息支出，准予扣除：

（一）向金融企业借款的利息支出；
（二）向非金融企业和个人借款的利息支出，不超过按照金融企业同期同类贷款利率计算的数额的部分。

第二十六条　个体工商户在货币交易中，以及纳税年度终了时将人民币以外的货币性资产、负债按照期末即期人民币汇率中间价折算为人民币时产生的汇兑损失，除已经计入有关资产成本部分外，准予扣除。

第二十七条　个体工商户向当地工会组织拨缴的工会经费、实际发生的职工福利费支出、职工教育经费支出分别在工资薪金总额的2%、14%、2.5%的标准内据实扣除。

工资薪金总额是指允许在当期税前扣除的工资薪金支出数额。

职工教育经费的实际发生数额超出规定比例当期不能扣除的数额，准予在以后纳税年度结转扣除。

个体工商户业主本人向当地工会组织缴纳的工会经费、实际发生的职工福利费支出、职工教育经费支出，以当地（地级市）上年度社会平均工资的3倍为计算基数，在本条第一款规定比例内据实扣除。

第二十八条　个体工商户发生的与生产经营活动有关的业务招待费，按照实际发生额的60%扣除，但最高不得超过当年销售（营业）收入的5‰。

业主自申请营业执照之日起至开始生产经营之日止所发生的业务招待费，按照实际发生额的60%计入个体工商户的开办费。

第二十九条　个体工商户每一纳税年度发生的与其生产经营活动直接相关的广告费和业务宣传费不超过当年销售（营业）收入15%的部分，可以据实扣除；超过部分，准予在以后纳税年度结转扣除。

第三十条　个体工商户代其从业人员或者他人负担的税款，不得税前扣除。

第三十一条　个体工商户按照规定缴纳的摊位费、行政性收费、协会会费等，按实际发生数额扣除。

第三十二条　个体工商户根据生产经营活动的需要租入固定资产支付的租赁费，按照以下方法扣除：

（一）以经营租赁方式租入固定资产发生的租赁费支出，按照租赁期限均匀扣除；
（二）以融资租赁方式租入固定资产发生的租赁费支出，按照规定构成融资租入固定资产价值的部分应当提取折旧费用，分期扣除。

第三十三条　个体工商户参加财产保险，按照规定缴纳的保险费，准予扣除。

第三十四条　个体工商户发生的合理的劳动保护支出，准予扣除。

第三十五条　个体工商户自申请营业执照之日起至开始生产经营之日止所发生符合本办法规定的费用，除为取得固定资产、无形资产的支出，以及应计入资产价值的汇兑损益、利息支出外，作为开办费，个体工商户可以选择在开始生产经营的当年一次性扣除，也可自生产经营月份起在不短于3年期限内摊销扣除，但一经选定，不得改变。

开始生产经营之日为个体工商户取得第一笔销售（营业）收入的日期。

第三十六条　个体工商户通过公益性社会团体或者县级以上人民政府及其部门，用于《中华人民共和国公益事业捐赠法》规定的公益事业的捐赠，捐赠额不超过其应纳税所得额30%的部分可以据实扣除。

财政部、国家税务总局规定可以全额在税前扣除的捐赠支出项目，按有关规定执行。

个体工商户直接对受益人的捐赠不得扣除。

公益性社会团体的认定，按照财政部、国家税务总局、民政部有关规定执行。

第三十七条 本办法所称赞助支出，是指个体工商户发生的与生产经营活动无关的各种非广告性质支出。

第三十八条 个体工商户研究开发新产品、新技术、新工艺所发生的开发费用，以及研究开发新产品、新技术而购置单台价值在10万元以下的测试仪器和试验性装置的购置费准予直接扣除；单台价值在10万元以上（含10万元）的测试仪器和试验性装置，按固定资产管理，不得在当期直接扣除。

第四章 附 则

第三十九条 个体工商户资产的税务处理，参照企业所得税相关法律、法规和政策规定执行。

第四十条 个体工商户有两处或两处以上经营机构的，选择并固定向其中一处经营机构所在地主管税务机关申报缴纳个人所得税。

第四十一条 个体工商户终止生产经营的，应当在注销工商登记或者向政府有关部门办理注销前向主管税务机关结清有关纳税事宜。

第四十二条 各省、自治区、直辖市和计划单列市税务局可以结合本地实际，制定具体实施办法。

第四十三条 本办法自2015年1月1日起施行。国家税务总局1997年3月26日发布的《国家税务总局关于印发〈个体工商户个人所得税计税办法（试行）〉的通知》（国税发〔1997〕43号）同时废止。

附录3-7 关于开展个人税收递延型商业养老保险试点的通知

（财税〔2018〕22号）

上海市、江苏省、福建省、厦门市财政厅（局）、地方税务局、人力资源社会保障厅（局）、银监局、证监局、保监局：

为贯彻落实党的十九大精神，推进多层次养老保险体系建设，对养老保险第三支柱进行有益探索，现就开展个人税收递延型商业养老保险试点有关问题通知如下：

一、关于试点政策

（一）试点地区及时间。

自2018年5月1日起，在上海市、福建省（含厦门市）和苏州工业园区实施个人税收递延型商业养老保险试点。试点期限暂定一年。

（二）试点政策内容。

对试点地区个人通过个人商业养老资金账户购买符合规定的商业养老保险产品的支出，允许在一定标准内税前扣除；计入个人商业养老资金账户的投资收益，暂不征收个人所得税；个人领取商业养老金时再征收个人所得税。具体规定如下：

1. 个人缴费税前扣除标准。取得工资薪金、连续性劳务报酬所得的个人，其缴纳的保费准予在申报扣除当月计算应纳税所得额时予以限额据实扣除，扣除限额按照当月工资薪金、连续性劳务报酬收入的 6% 和 1000 元孰低办法确定。取得个体工商户生产经营所得、对企事业单位的承包承租经营所得的个体工商户业主、个人独资企业投资者、合伙企业自然人合伙人和承包承租经营者，其缴纳的保费准予在申报扣除当年计算应纳税所得额时予以限额据实扣除，扣除限额按照不超过当年应税收入的 6% 和 12000 元孰低办法确定。

2. 账户资金收益暂不征税。计入个人商业养老资金账户的投资收益，在缴费期间暂不征收个人所得税。

3. 个人领取商业养老金征税。个人达到国家规定的退休年龄时，可按月或按年领取商业养老金，领取期限原则上为终身或不少于 15 年。个人身故、发生保险合同约定的全残或罹患重大疾病的，可以一次性领取商业养老金。

对个人达到规定条件时领取的商业养老金收入，其中 25% 部分予以免税，其余 75% 部分按照 10% 的比例税率计算缴纳个人所得税，税款计入"其他所得"项目。（条款废止，详见《关于个人取得有关收入适用个人所得税应税所得项目的公告》（财政部、国家税务总局公告 2019 年第 74 号）

（三）试点政策适用对象。

适用试点税收政策的纳税人，是指在试点地区取得工资薪金、连续性劳务报酬所得的个人，以及取得个体工商户生产经营所得、对企事业单位的承包承租经营所得的个体工商户业主、个人独资企业投资者、合伙企业自然人合伙人和承包承租经营者，其工资薪金、连续性劳务报酬的个人所得税扣缴单位，或者个体工商户、承包承租单位、个人独资企业、合伙企业的实际经营地均位于试点地区内。

取得连续性劳务报酬所得，是指纳税人连续 6 个月以上（含 6 个月）为同一单位提供劳务而取得的所得。

（四）试点期间个人商业养老资金账户和信息平台。

1. 个人商业养老资金账户是由纳税人指定的、用于归集税收递延型商业养老保险缴费、收益以及资金领取等的商业银行个人专用账户。该账户封闭运行，与居民身份证件绑定，具有唯一性。

2. 试点期间使用中国保险信息技术管理有限责任公司建立的信息平台（以下简称"中保信平台"）。个人商业养老资金账户在中保信平台进行登记，校验其唯一性。个人商业养老资金账户变更银行须经中保信平台校验后，进行账户结转，每年允许结转一次。中保信平台与税务系统、商业保险机构和商业银行对接，提供账户管理、信息查询、税务稽核、外部监管等基础性服务。

（五）试点期间商业养老保险产品及管理。

个人商业养老保险产品按稳健型产品为主、风险型产品为辅的原则选择，采取名录方式确定。试点期间的产品是指由保险公司开发，符合"收益稳健、长期锁定、终身领取、精算平衡"原则，满足参保人对养老账户资金安全性、收益性和长期性管理要求的商业养老保险产品。具体商业养老保险产品指引由中国银行保险监督管理委员会提出，商财政部、人社部、税务总局后发布。

（六）试点期间税收征管。

1. 关于缴费税前扣除。个人购买符合规定的商业养老保险产品、享受递延纳税优惠时，以中保信平台出具的税延养老扣除凭证为扣税凭据。取得工资、薪金所得和连续性劳务报酬所得的个人，应及时将相关凭证提供给扣缴单位。扣缴单位应按照本通知有关要求，认真落实个人税收递延型商业养老保险试点政策，为纳税人办理税前扣除有关事项。

个人在试点地区范围内从两处或者两处以上取得所得的,只能选择在其中一处享受试点政策。

2. 关于领取商业养老金时的税款征收。个人按规定领取商业养老金时,由保险公司代扣代缴其应缴的个人所得税。

二、试点期间其他相关准备工作

试点期间,中国银行保险监督管理委员会、证监会做好相关准备工作,完善养老账户管理制度,制定银行、公募基金类产品指引等相关规定,指导相关金融机构产品开发。做好中国证券登记结算有限责任公司信息平台(以下简称"中登公司平台")与商业银行、税务等信息系统的对接准备工作。同时,由人社部、财政部牵头,联合税务总局、中国银行保险监督管理委员会、证监会等单位,共同研究建立第三支柱制度和管理服务信息平台。

试点结束后,根据试点情况,结合养老保险第三支柱制度建设的有关情况,有序扩大参与的金融机构和产品范围,将公募基金等产品纳入个人商业养老账户投资范围,相应将中登公司平台作为信息平台,与中保信平台同步运行。第三支柱制度和管理服务信息平台建成以后,中登公司平台、中保信平台与第三支柱制度和管理服务信息平台对接,实现养老保险第三支柱宏观监管。

三、部门协作

(一)信息平台应向税务机关提供个人税收递延型商业养老保险有关信息,并配合税务机关做好相关税收征管工作。

(二)保险公司在销售个人税收递延型商业养老保险产品时,应为购买商业养老保险产品的个人开具发票和保单凭证,载明产品名称及缴费金额等信息。保险公司与信息平台实时对接,保证信息真实准确。

(三)试点地区财政、人社、税务、金融监管等相关部门应各司其职,密切配合,认真组织落实本通知,并及时总结、动态评估试点经验。对实施过程中遇到的困难和问题,及时向财政部、人社部、税务总局和金融监管部门反映。

财政部　国家税务总局　人力资源社会保障部
中国银行保险监督管理委员会　证监会
2018 年 4 月 2 日

附录 3-8　关于创业投资企业和天使投资个人有关税收政策的通知

(财税〔2018〕55 号)

各省、自治区、直辖市、计划单列市财政厅(局)、国家税务局、地方税务局,新疆生产建设兵团财政局:

为进一步支持创业投资发展,现就创业投资企业和天使投资个人有关税收政策问题通知如下:

一、税收政策内容

(一)公司制创业投资企业采取股权投资方式直接投资于种子期、初创期科技型企业(以下简称初创科技型企业)满 2 年(24 个月,下同)的,可以按照投资额的 70% 在股权持有满 2 年的当年抵扣该公司制创业投资企业的应纳税所得额；当年不足抵扣的，可以在以后纳税年度结转抵扣。

（二）有限合伙制创业投资企业（以下简称合伙创投企业）采取股权投资方式直接投资于初创科技型企业满2年的，该合伙创投企业的合伙人分别按以下方式处理：

1. 法人合伙人可以按照对初创科技型企业投资额的70%抵扣法人合伙人从合伙创投企业分得的所得；当年不足抵扣的，可以在以后纳税年度结转抵扣。

2. 个人合伙人可以按照对初创科技型企业投资额的70%抵扣个人合伙人从合伙创投企业分得的经营所得；当年不足抵扣的，可以在以后纳税年度结转抵扣。

（三）天使投资个人采取股权投资方式直接投资于初创科技型企业满2年的，可以按照投资额的70%抵扣转让该初创科技型企业股权取得的应纳税所得额；当期不足抵扣的，可以在以后取得转让该初创科技型企业股权的应纳税所得额时结转抵扣。

天使投资个人投资多个初创科技型企业的，对其中办理注销清算的初创科技型企业，天使投资个人对其投资额的70%尚未抵扣完的，可自注销清算之日起36个月内抵扣天使投资个人转让其他初创科技型企业股权取得的应纳税所得额。

二、相关政策条件

（一）本通知所称初创科技型企业，应同时符合以下条件：

1. 在中国境内（不包括港、澳、台地区）注册成立、实行查账征收的居民企业；

2. 接受投资时，从业人数不超过200人，其中具有大学本科以上学历的从业人数不低于30%；资产总额和年销售收入均不超过3000万元；

3. 接受投资时设立时间不超过5年（60个月）；

4. 接受投资时以及接受投资后2年内未在境内外证券交易所上市；

5. 接受投资当年及下一纳税年度，研发费用总额占成本费用支出的比例不低于20%。

（二）享受本通知规定税收政策的创业投资企业，应同时符合以下条件：

1. 在中国境内（不含港、澳、台地区）注册成立、实行查账征收的居民企业或合伙创投企业，且不属于被投资初创科技型企业的发起人；

2. 符合《创业投资企业管理暂行办法》（发展改革委等10部门令第39号）规定或者《私募投资基金监督管理暂行办法》（证监会令第105号）关于创业投资基金的特别规定，按照上述规定完成备案且规范运作；

3. 投资后2年内，创业投资企业及其关联方持有被投资初创科技型企业的股权比例合计应低于50%。

（三）享受本通知规定的税收政策的天使投资个人，应同时符合以下条件：

1. 不属于被投资初创科技型企业的发起人、雇员或其亲属（包括配偶、父母、子女、祖父母、外祖父母、孙子女、外孙子女、兄弟姐妹，下同），且与被投资初创科技型企业不存在劳务派遣等关系；

2. 投资后2年内，本人及其亲属持有被投资初创科技型企业股权比例合计应低于50%。

（四）享受本通知规定的税收政策的投资，仅限于通过向被投资初创科技型企业直接支付现金方式取得的股权投资，不包括受让其他股东的存量股权。

三、管理事项及管理要求

（一）本通知所称研发费用口径，按照《财政部、国家税务总局、科技部关于完善研究开发费用税前加计扣除政策的通知》（财税〔2015〕119号）等规定执行。

（二）本通知所称从业人数，包括与企业建立劳动关系的职工人员及企业接受的劳务派遣人员。从业人数和资产总额指标,按照企业接受投资前连续 12 个月的平均数计算,不足 12 个月的,按实际月数平均计算。

本通知所称销售收入,包括主营业务收入与其他业务收入;年销售收入指标,按照企业接受投资前连续 12 个月的累计数计算,不足 12 个月的,按实际月数累计计算。

本通知所称成本费用,包括主营业务成本、其他业务成本、销售费用、管理费用、财务费用。

(三) 本通知所称投资额,按照创业投资企业或天使投资个人对初创科技型企业的实缴投资额确定。

合伙创投企业的合伙人对初创科技型企业的投资额,按照合伙创投企业对初创科技型企业的实缴投资额和合伙协议约定的合伙人占合伙创投企业的出资比例计算确定。合伙人从合伙创投企业分得的所得,按照《财政部、国家税务总局关于合伙企业合伙人所得税问题的通知》(财税〔2008〕159 号)规定计算。

(四) 天使投资个人、公司制创业投资企业、合伙创投企业、合伙创投企业法人合伙人、被投资初创科技型企业应按规定办理优惠手续。

(五) 初创科技型企业接受天使投资个人投资满 2 年,在上海证券交易所、深圳证券交易所上市的,天使投资个人转让该企业股票时,按照现行限售股有关规定执行,其尚未抵扣的投资额,在税款清算时一并计算抵扣。

(六) 享受本通知规定的税收政策的纳税人,其主管税务机关对被投资企业是否符合初创科技型企业条件有异议的,可以转请被投资企业主管税务机关提供相关材料。对纳税人提供虚假资料,违规享受税收政策的,应按税收征管法相关规定处理,并将其列入失信纳税人名单,按规定实施联合惩戒措施。

四、执行时间

本通知规定的天使投资个人所得税政策自 2018 年 7 月 1 日起执行,其他各项政策自 2018 年 1 月 1 日起执行。执行日期前 2 年内发生的投资,在执行日期后投资满 2 年,且符合本通知规定的其他条件的,可以适用本通知规定的税收政策。

《财政部、国家税务总局关于创业投资企业和天使投资个人有关税收试点政策的通知》(财税〔2017〕38 号)自 2018 年 7 月 1 日起废止,符合试点政策条件的投资额可按本通知的规定继续抵扣。

财政部　国家税务总局

2018 年 5 月 14 日

附录 3-9　关于科技人员取得职务科技成果转化现金奖励有关个人所得税政策的通知

(财税〔2018〕58 号)

各省、自治区、直辖市、计划单列市财政厅(局)、地方税务局、科技厅(委、局),新疆生产建设兵团财政局、科技局:

为进一步支持国家大众创业、万众创新战略的实施,促进科技成果转化,现将科技人员取得职务科技成果转化现金奖励有关个人所得税政策通知如下：

一、依法批准设立的非营利性研究开发机构和高等学校（以下简称非营利性科研机构和高校）根据《中华人民共和国促进科技成果转化法》规定，从职务科技成果转化收入中给予科技人员的现金奖励，可减按50%计入科技人员当月"工资、薪金所得"，依法缴纳个人所得税。

二、非营利性科研机构和高校包括国家设立的科研机构和高校、民办非营利性科研机构和高校。

三、国家设立的科研机构和高校是指利用财政性资金设立的、取得《事业单位法人证书》的科研机构和公办高校，包括中央和地方所属科研机构和高校。

四、民办非营利性科研机构和高校，是指同时满足以下条件的科研机构和高校：

（一）根据《民办非企业单位登记管理暂行条例》在民政部门登记，并取得《民办非企业单位登记证书》。

（二）对于民办非营利性科研机构，其《民办非企业单位登记证书》记载的业务范围应属于"科学研究与技术开发、成果转让、科技咨询与服务、科技成果评估"范围。对业务范围存在争议的，由税务机关转请县级（含）以上科技行政主管部门确认。

对于民办非营利性高校，应取得教育主管部门颁发的《民办学校办学许可证》，《民办学校办学许可证》记载学校类型为"高等学校"。

（三）经认定取得企业所得税非营利组织免税资格。

五、科技人员享受本通知规定税收优惠政策，须同时符合以下条件：

（一）科技人员是指非营利性科研机构和高校中对完成或转化职务科技成果做出重要贡献的人员。非营利性科研机构和高校应按规定公示有关科技人员名单及相关信息（国防专利转化除外），具体公示办法由科技部会同财政部、税务总局制定。

（二）科技成果是指专利技术（含国防专利）、计算机软件著作权、集成电路布图设计专有权、植物新品种权、生物医药新品种，以及科技部、财政部、税务总局确定的其他技术成果。

（三）科技成果转化是指非营利性科研机构和高校向他人转让科技成果或者许可他人使用科技成果。现金奖励是指非营利性科研机构和高校在取得科技成果转化收入三年（36个月）内奖励给科技人员的现金。

（四）非营利性科研机构和高校转化科技成果，应当签订技术合同，并根据《技术合同认定登记管理办法》，在技术合同登记机构进行审核登记，并取得技术合同认定登记证明。

非营利性科研机构和高校应健全科技成果转化的资金核算，不得将正常工资、奖金等收入列入科技人员职务科技成果转化现金奖励享受税收优惠。

六、非营利性科研机构和高校向科技人员发放现金奖励时，应按个人所得税法规定代扣代缴个人所得税，并按规定向税务机关履行备案手续。

七、本通知自2018年7月1日起施行。本通知施行前非营利性科研机构和高校取得的科技成果转化收入，自施行后36个月内给科技人员发放现金奖励，符合本通知规定的其他条件的，适用本通知。

财政部　国家税务总局　科技部
2018年5月29日

附录 3−10　关于 2018 年第四季度个人所得税减除费用和税率适用问题的通知

(财税〔2018〕98 号)

各省、自治区、直辖市、计划单列市财政厅（局），国家税务总局各省、自治区、直辖市、计划单列市税务局，新疆生产建设兵团财政局：

根据第十三届全国人大常委会第五次会议审议通过的《全国人民代表大会常务委员会关于修改〈中华人民共和国个人所得税法〉的决定》，现就 2018 年第四季度纳税人适用个人所得税减除费用和税率有关问题通知如下：

一、关于工资、薪金所得适用减除费用和税率问题

对纳税人在 2018 年 10 月 1 日（含）后实际取得的工资、薪金所得，减除费用统一按照 5000 元/月执行，并按照本通知所附个人所得税税率表一计算应纳税额。对纳税人在 2018 年 9 月 30 日（含）前实际取得的工资、薪金所得，减除费用按照税法修改前规定执行。

二、关于个体工商户业主、个人独资企业和合伙企业自然人投资者、企事业单位承包承租经营者的生产经营所得计税方法问题

（一）对个体工商户业主、个人独资企业和合伙企业自然人投资者、企事业单位承包承租经营者 2018 年第四季度取得的生产经营所得，减除费用按照 5000 元/月执行，前三季度减除费用按照 3500 元/月执行。

（二）对个体工商户业主、个人独资企业和合伙企业自然人投资者、企事业单位承包承租经营者 2018 年取得的生产经营所得，用全年应纳税所得额分别计算应纳前三季度税额和应纳第四季度税额，其中应纳前三季度税额按照税法修改前规定的税率和前三季度实际经营月份的权重计算，应纳第四季度税额按照本通知所附个人所得税税率表二（以下称税法修改后规定的税率）和第四季度实际经营月份的权重计算。具体计算方法：

1. 月（季）度预缴税款的计算。

本期应缴税额 = 累计应纳税额 − 累计已缴税额

累计应纳税额 = 应纳 10 月 1 日以前税额 + 应纳 10 月 1 日以后税额

应纳 10 月 1 日以前税额 = （累计应纳税所得额 × 税法修改前规定的税率 − 税法修改前规定的速算扣除数） × 10 月 1 日以前实际经营月份数 ÷ 累计实际经营月份数

应纳 10 月 1 日以后税额 = （累计应纳税所得额 × 税法修改后规定的税率 − 税法修改后规定的速算扣除数） × 10 月 1 日以后实际经营月份数 ÷ 累计实际经营月份数

2. 年度汇算清缴税款的计算。

汇缴应补退税额 = 全年应纳税额 − 累计已缴税额

全年应纳税额 = 应纳前三季度税额 + 应纳第四季度税额

应纳前三季度税额 = （全年应纳税所得额 × 税法修改前规定的税率 − 税法修改前规定的速算扣除数） × 前三季度实际经营月份数 ÷ 全年实际经营月份数

应纳第四季度税额 = （全年应纳税所得额 × 税法修改后规定的税率 − 税法修改后规定的速算扣除数） × 第四季度实际经营月份数 ÷ 全年实际经营月份数

三、《财政部、国家税务总局关于调整个体工商户业主 个人独资企业和合伙企业自然人投资者个人所得税费用扣除标准的通知》（财税〔2011〕62号）自2018年10月1日起废止。

附件（略）：
1. 个人所得税税率表一（工资薪金所得适用）
2. 个人所得税税率表二（个体工商户的生产、经营所得和对企事业单位的承包经营、承租经营所得适用）

财政部　国家税务总局
2018年9月7日

附录3-11　财政部、国家税务总局、国家发展改革委、商务部关于扩大境外投资者以分配利润直接投资暂不征收预提所得税政策适用范围的通知

（财税〔2018〕102号）

各省、自治区、直辖市、计划单列市财政厅（局）、发展改革委、商务主管部门，国家税务总局各省、自治区、直辖市、计划单列市税务局，新疆生产建设兵团财政局、发展改革委、商务局：

为贯彻落实党中央、国务院决策部署，进一步鼓励境外投资者在华投资，现就境外投资者以分配利润直接投资暂不征收预提所得税政策问题通知如下：

一、对境外投资者从中国境内居民企业分配的利润，用于境内直接投资暂不征收预提所得税政策的适用范围，由外商投资鼓励类项目扩大至所有非禁止外商投资的项目和领域。

二、境外投资者暂不征收预提所得税须同时满足以下条件：

（一）境外投资者以分得利润进行的直接投资，包括境外投资者以分得利润进行的增资、新建、股权收购等权益性投资行为，但不包括新增、转增、收购上市公司股份（符合条件的战略投资除外）。具体是指：

1. 新增或转增中国境内居民企业实收资本或者资本公积；
2. 在中国境内投资新建居民企业；
3. 从非关联方收购中国境内居民企业股权；
4. 财政部、税务总局规定的其他方式。

境外投资者采取上述投资行为所投资的企业统称为被投资企业。

（二）境外投资者分得的利润属于中国境内居民企业向投资者实际分配已经实现的留存收益而形成的股息、红利等权益性投资收益。

（三）境外投资者用于直接投资的利润以现金形式支付的，相关款项从利润分配企业的账户直接转入被投资企业或股权转让方账户，在直接投资前不得在境内外其他账户周转；境外投资者用于直接投资的利润以实物、有价证券等非现金形式支付的，相关资产所有权直接从利润分配企业转入被投资企业或股权转让方，在直接投资前不得由其他企业、个人代为持有或临时持有。

三、境外投资者符合本通知第二条规定条件的，应按照税收管理要求进行申报并如实向利润分配企业提供其符合政策条件的资料。利润分配企业经适当审核后认为境外投资者符合本通

知规定的，可暂不按照企业所得税法第三十七条规定扣缴预提所得税，并向其主管税务机关履行备案手续。

四、税务部门依法加强后续管理。境外投资者已享受本通知规定的暂不征收预提所得税政策，经税务部门后续管理核实不符合规定条件的，除属于利润分配企业责任外，视为境外投资者未按照规定申报缴纳企业所得税，依法追究延迟纳税责任，税款延迟缴纳期限自相关利润支付之日起计算。

五、境外投资者按照本通知规定可以享受暂不征收预提所得税政策但未实际享受的，可在实际缴纳相关税款之日起三年内申请追补享受该政策，退还已缴纳的税款。

六、境外投资者通过股权转让、回购、清算等方式实际收回享受暂不征收预提所得税政策待遇的直接投资，在实际收取相应款项后7日内，按规定程序向税务部门申报补缴递延的税款。

七、境外投资者享受本通知规定的暂不征收预提所得税政策待遇后，被投资企业发生重组符合特殊性重组条件，并实际按照特殊性重组进行税务处理的，可继续享受暂不征收预提所得税政策待遇，不按本通知第六条规定补缴递延的税款。

八、本通知所称"境外投资者"，是指适用《企业所得税法》第三条第三款规定的非居民企业；本通知所称"中国境内居民企业"，是指依法在中国境内成立的居民企业。

九、本通知自2018年1月1日起执行。《财政部、国家税务总局、国家发展改革委、商务部关于境外投资者以分配利润直接投资暂不征收预提所得税政策问题的通知》（财税〔2017〕88号）同时废止。境外投资者在2018年1月1日（含当日）以后取得的股息、红利等权益性投资收益可适用本通知，已缴税款按本通知第五条规定执行。

财政部　国家税务总局　国家发展改革委　商务部
2018年9月29日

附录3-12　关于第七届世界军人运动会税收政策的通知

（财税〔2018〕119号）

各省、自治区、直辖市、计划单列市财政厅（局），国家税务总局各省、自治区、直辖市、计划单列市税务局，海关总署广东分署、各直属海关，新疆生产建设兵团财政局：

为支持举办2019年武汉第七届世界军人运动会（以下简称武汉军运会），现就有关税收政策通知如下：

一、对武汉军运会执行委员会（以下简称执委会）实行以下税收政策

（一）对执委会取得的电视转播权销售分成收入、国际军事体育理事会（以下简称国际军体会）世界赞助计划分成收入（货物和资金），免征应缴纳的增值税。

（二）对执委会市场开发计划取得的国内外赞助收入、转让无形资产（如标志）特许权收入和销售门票收入，免征应缴纳的增值税。

（三）对执委会取得的与中国集邮总公司合作发行纪念邮票收入、与中国人民银行合作发行纪念币收入，免征应缴纳的增值税。

（四）对执委会取得的来源于广播、因特网、电视等媒体收入，免征应缴纳的增值税。

（五）对执委会赛后出让资产取得的收入，免征应缴纳的增值税、土地增值税。

（六）对执委会为举办武汉军运会进口的国际军体会或国际单项体育组织指定的，国内不能生产或性能不能满足需要的直接用于武汉军运会比赛的消耗品，免征关税、进口环节增值税和消费税。享受免税政策的进口比赛用消耗品的范围、数量清单，由执委会汇总后报财政部商有关部门审核确定。

（七）对执委会进口的其他特需物资，包括：国际军体会或国际单项体育组织指定的、我国国内不能生产或性能不能满足需要的体育竞赛器材、医疗检测设备、安全保障设备、交通通讯设备、技术设备，在武汉军运会期间按暂准进口货物规定办理，武汉军运会结束后复运出境的予以核销；留在境内或做变卖处理的，按有关规定办理正式进口手续，并照章缴纳关税、进口环节增值税和消费税。

二、对武汉军运会参与者实行以下税收政策

（一）对参赛运动员因武汉军运会比赛获得的奖金和其他奖赏收入，按现行税收法律法规的有关规定征免应缴纳的个人所得税。

（二）对企事业单位、社会团体和其他组织以及个人通过公益性社会团体或者县级以上人民政府及其部门捐赠武汉军运会的资金、物资支出，在计算企业和个人应纳税所得额时按现行税收法律法规的有关规定予以税前扣除。

（三）对财产所有人将财产（物品）捐赠给执委会所书立的产权转移书据免征应缴纳的印花税。

本通知自发布之日起执行。

财政部　国家税务总局　海关总署
2018 年 11 月 5 日

附录 3-13　财政部、国家税务总局关于易地扶贫搬迁税收优惠政策的通知

（财税〔2018〕135 号）

各省、自治区、直辖市、计划单列市财政厅（局），国家税务总局各省、自治区、直辖市、计划单列市税务局，新疆生产建设兵团财政局：

为贯彻落实《中共中央 国务院关于打赢脱贫攻坚战三年行动的指导意见》，助推易地扶贫搬迁工作，现将易地扶贫搬迁有关税收优惠政策通知如下：

一、关于易地扶贫搬迁贫困人口税收政策

（一）对易地扶贫搬迁贫困人口按规定取得的住房建设补助资金、拆旧复垦奖励资金等与易地扶贫搬迁相关的货币化补偿和易地扶贫搬迁安置住房（以下简称安置住房），免征个人所得税。

（二）对易地扶贫搬迁贫困人口按规定取得的安置住房，免征契税。

二、关于易地扶贫搬迁安置住房税收政策

（一）对易地扶贫搬迁项目实施主体（以下简称项目实施主体）取得用于建设安置住房的土地，免征契税、印花税。

（二）对安置住房建设和分配过程中应由项目实施主体、项目单位缴纳的印花税，予以

免征。

（三）对安置住房用地，免征城镇土地使用税。

（四）在商品住房等开发项目中配套建设安置住房的，按安置住房建筑面积占总建筑面积的比例，计算应予免征的安置住房用地相关的契税、城镇土地使用税，以及项目实施主体、项目单位相关的印花税。

（五）对项目实施主体购买商品住房或者回购保障性住房作为安置住房房源的，免征契税、印花税。

三、其他相关事项

（一）易地扶贫搬迁项目、项目实施主体、易地扶贫搬迁贫困人口、相关安置住房等信息由易地扶贫搬迁工作主管部门确定。县级易地扶贫搬迁工作主管部门应当将上述信息及时提供给同级税务部门。

（二）本通知执行期限为2018年1月1日至2020年12月31日。自执行之日起的已征税款，除以贴花方式缴纳的印花税外，依申请予以退税。

财政部　国家税务总局
2018年11月29日

附录3-14　关于个人转让全国中小企业股份转让系统挂牌公司股票有关个人所得税政策的通知

（财税〔2018〕137号）

各省、自治区、直辖市、计划单列市财政厅（局），国家税务总局各省、自治区、直辖市、计划单列市税务局，新疆生产建设兵团财政局，全国中小企业股份转让系统有限责任公司，中国证券登记结算有限责任公司：

为促进全国中小企业股份转让系统（以下简称新三板）长期稳定发展，现就个人转让新三板挂牌公司股票有关个人所得税政策通知如下：

一、自2018年11月1日（含）起，对个人转让新三板挂牌公司非原始股取得的所得，暂免征收个人所得税。

本通知所称非原始股是指个人在新三板挂牌公司挂牌后取得的股票，以及由上述股票孳生的送、转股。

二、对个人转让新三板挂牌公司原始股取得的所得，按照"财产转让所得"，适用20%的比例税率征收个人所得税。

本通知所称原始股是指个人在新三板挂牌公司挂牌前取得的股票，以及在该公司挂牌前和挂牌后由上述股票孳生的送、转股。

三、2019年9月1日之前，个人转让新三板挂牌公司原始股的个人所得税，征收管理办法按照现行股权转让所得有关规定执行，以股票受让方为扣缴义务人，由被投资企业所在地税务机关负责征收管理。

自2019年9月1日（含）起，个人转让新三板挂牌公司原始股的个人所得税，以股票托管的证券机构为扣缴义务人，由股票托管的证券机构所在地主管税务机关负责征收管理。具体征收管理办法参照《财政部、国家税务总局、证监会关于个人转让上市公司限售股所得征收个人所得税有关问题的通知》(财税〔2009〕167号)和《财政部、国家税务总局、证监会关于个人转让上市公司限售股所得征收个人所得税有关问题的补充通知》(财税〔2010〕70号)有关规定执行。

四、2018年11月1日之前,个人转让新三板挂牌公司非原始股,尚未进行税收处理的,可比照本通知第一条规定执行,已经进行相关税收处理的,不再进行税收调整。

五、中国证券登记结算公司应当在登记结算系统内明确区分新三板原始股和非原始股。中国证券登记结算公司、证券公司及其分支机构应当积极配合财政、税务部门做好相关工作。

财政部　国家税务总局　证监会
2018年11月30日

附录3-15　财政部、国家税务总局、证监会关于继续执行内地与香港基金互认有关个人所得税政策的通知

(财税〔2018〕154号)

各省、自治区、直辖市、计划单列市财政厅(局),新疆生产建设兵团财政局,国家税务总局各省、自治区、直辖市、计划单列市税务局,上海、深圳证券交易所,中国证券登记结算公司:

现就内地与香港基金互认有关个人所得税政策明确如下:

对内地个人投资者通过基金互认买卖香港基金份额取得的转让差价所得,自2018年12月18日起至2019年12月4日止,继续暂免征收个人所得税。

财政部　国家税务总局　证监会
2018年12月17日

附录3-16　关于个人所得税法修改后有关优惠政策衔接问题的通知

(财税〔2018〕164号)

各省、自治区、直辖市、计划单列市财政厅(局),国家税务总局各省、自治区、直辖市、计划单列市税务局,新疆生产建设兵团财政局:

为贯彻落实修改后的《中华人民共和国个人所得税法》,现将个人所得税优惠政策衔接有关事项通知如下:

一、关于全年一次性奖金、中央企业负责人年度绩效薪金延期兑现收入和任期奖励的政策

(一)居民个人取得全年一次性奖金,符合《国家税务总局关于调整个人取得全年一次性奖金等计算征收个人所得税方法问题的通知》(国税发〔2005〕9号)规定的,在2021年12月31日前,不并入当年综合所得,以全年一次性奖金收入除以12个月得到的数额,按照本通知所附按月换算后的综合所得税率表(以下简称月度税率表),确定适用税率和速算扣除数,单独计算

纳税。计算公式为：

应纳税额＝全年一次性奖金收入×适用税率－速算扣除数

居民个人取得全年一次性奖金，也可以选择并入当年综合所得计算纳税。

自2022年1月1日起，居民个人取得全年一次性奖金，应并入当年综合所得计算缴纳个人所得税。

（二）中央企业负责人取得年度绩效薪金延期兑现收入和任期奖励，符合《国家税务总局关于中央企业负责人年度绩效薪金延期兑现收入和任期奖励征收个人所得税问题的通知》（国税发〔2007〕118号）规定的，在2021年12月31日前，参照本通知第一条第（一）项执行；2022年1月1日之后的政策另行明确。

二、关于上市公司股权激励的政策

（一）居民个人取得股票期权、股票增值权、限制性股票、股权奖励等股权激励（以下简称股权激励），符合《财政部、国家税务总局关于个人股票期权所得征收个人所得税问题的通知》（财税〔2005〕35号）、《财政部、国家税务总局关于股票增值权所得和限制性股票所得征收个人所得税有关问题的通知》（财税〔2009〕5号）、《财政部、国家税务总局关于将国家自主创新示范区有关税收试点政策推广到全国范围实施的通知》（财税〔2015〕116号）第四条、《财政部、国家税务总局关于完善股权激励和技术入股有关所得税政策的通知》（财税〔2016〕101号）第四条第（一）项规定的相关条件的，在2021年12月31日前，不并入当年综合所得，全额单独适用综合所得税率表，计算纳税。计算公式为：

应纳税额＝股权激励收入×适用税率－速算扣除数

（二）居民个人一个纳税年度内取得两次以上（含两次）股权激励的，应合并按本通知第二条第（一）项规定计算纳税。

（三）2022年1月1日之后的股权激励政策另行明确。

三、关于保险营销员、证券经纪人佣金收入的政策

保险营销员、证券经纪人取得的佣金收入，属于劳务报酬所得，以不含增值税的收入减除20%的费用后的余额为收入额，收入额减去展业成本以及附加税费后，并入当年综合所得，计算缴纳个人所得税。保险营销员、证券经纪人展业成本按照收入额的25%计算。

扣缴义务人向保险营销员、证券经纪人支付佣金收入时，应按照《个人所得税扣缴申报管理办法（试行）》（国家税务总局公告2018年第61号）规定的累计预扣法计算预扣税款。

四、关于个人领取企业年金、职业年金的政策

个人达到国家规定的退休年龄，领取的企业年金、职业年金，符合《财政部、人力资源社会保障部、国家税务总局关于企业年金 职业年金个人所得税有关问题的通知》（财税〔2013〕103号）规定的，不并入综合所得，全额单独计算应纳税款。其中按月领取的，适用月度税率表计算纳税；按季领取的，平均分摊计入各月，按每月领取额适用月度税率表计算纳税；按年领取的，适用综合所得税率表计算纳税。

个人因出境定居而一次性领取的年金个人账户资金，或个人死亡后，其指定的受益人或法定继承人一次性领取的年金个人账户余额，适用综合所得税率表计算纳税。对个人除上述特殊原因外一次性领取年金个人账户资金或余额的，适用月度税率表计算纳税。

五、关于解除劳动关系、提前退休、内部退养的一次性补偿收入的政策

（一）个人与用人单位解除劳动关系取得一次性补偿收入（包括用人单位发放的经济补偿金、生活补助费和其他补助费），在当地上年职工平均工资3倍数额以内的部分，免征个人所得税；超过3倍数额的部分，不并入当年综合所得，单独适用综合所得税率表，计算纳税。

(二) 个人办理提前退休手续而取得的一次性补贴收入,应按照办理提前退休手续至法定离退休年龄之间实际年度数平均分摊,确定适用税率和速算扣除数,单独适用综合所得税率表,计算纳税。计算公式:

应纳税额 = ｛〔(一次性补贴收入÷办理提前退休手续至法定退休年龄的实际年度数) - 费用扣除标准〕×适用税率 - 速算扣除数｝×办理提前退休手续至法定退休年龄的实际年度数

(三) 个人办理内部退养手续而取得的一次性补贴收入,按照《国家税务总局关于个人所得税有关政策问题的通知》(国税发〔1999〕58号) 规定计算纳税。

六、关于单位低价向职工售房的政策

单位按低于购置或建造成本价格出售住房给职工,职工因此而少支出的差价部分,符合《财政部、国家税务总局关于单位低价向职工售房有关个人所得税问题的通知》(财税〔2007〕13号) 第二条规定的,不并入当年综合所得,以差价收入除以12个月得到的数额,按照月度税率表确定适用税率和速算扣除数,单独计算纳税。计算公式为:

应纳税额 = 职工实际支付的购房价款低于该房屋的购置或建造成本价格的差额×适用税率 - 速算扣除数

七、关于外籍个人有关津补贴的政策

(一) 2019年1月1日至2021年12月31日期间,外籍个人符合居民个人条件的,可以选择享受个人所得税专项附加扣除,也可以选择按照《财政部、国家税务总局关于个人所得税若干政策问题的通知》(财税〔1994〕20号)、《国家税务总局关于外籍个人取得有关补贴征免个人所得税执行问题的通知》(国税发〔1997〕54号) 和《财政部、国家税务总局关于外籍个人取得港澳地区住房等补贴征免个人所得税的通知》(财税〔2004〕29号) 规定,享受住房补贴、语言训练费、子女教育费等津补贴免税优惠政策,但不得同时享受。外籍个人一经选择,在一个纳税年度内不得变更。

(二) 自2022年1月1日起,外籍个人不再享受住房补贴、语言训练费、子女教育费津补贴免税优惠政策,应按规定享受专项附加扣除。

八、除上述衔接事项外,其他个人所得税优惠政策继续按照原文件规定执行。

九、本通知自2019年1月1日起执行。下列文件或文件条款同时废止:

(一)《财政部、国家税务总局关于个人与用人单位解除劳动关系取得的一次性补偿收入征免个人所得税问题的通知》(财税〔2001〕157号) 第一条;

(二)《财政部、国家税务总局关于个人股票期权所得征收个人所得税问题的通知》(财税〔2005〕35号) 第四条第(一)项;

(三)《财政部、国家税务总局关于单位低价向职工售房有关个人所得税问题的通知》(财税〔2007〕13号) 第三条;

(四)《财政部、人力资源社会保障部、国家税务总局关于企业年金职业年金个人所得税有关问题的通知》(财税〔2013〕103号) 第三条第1项和第3项;

(五)《国家税务总局关于个人认购股票等有价证券而从雇主取得折扣或补贴收入有关征收个人所得税问题的通知》(国税发〔1998〕9号);

(六)《国家税务总局关于保险企业营销员(非雇员)取得的收入计征个人所得税问题的通知》(国税发〔1998〕13号);

(七)《国家税务总局关于个人因解除劳动合同取得经济补偿金征收个人所得税问题的通知》(国税发〔1999〕178号);

(八)《国家税务总局关于国有企业职工因解除劳动合同取得一次性补偿收入征免个人所得

税问题的通知》(国税发〔2000〕77号);

(九)《国家税务总局关于调整个人取得全年一次性奖金等计算征收个人所得税方法问题的通知》(国税发〔2005〕9号)第二条;

(十)《国家税务总局关于保险营销员取得佣金收入征免个人所得税问题的通知》(国税函〔2006〕454号);

(十一)《国家税务总局关于个人股票期权所得缴纳个人所得税有关问题的补充通知》(国税函〔2006〕902号)第七条、第八条;

(十二)《国家税务总局关于中央企业负责人年度绩效薪金延期兑现收入和任期奖励征收个人所得税问题的通知》(国税发〔2007〕118号)第一条;

(十三)《国家税务总局关于个人提前退休取得补贴收入个人所得税问题的公告》(国家税务总局公告2011年第6号)第二条;

(十四)《国家税务总局关于证券经纪人佣金收入征收个人所得税问题的公告》(国家税务总局公告2012年第45号)。

附件(略):按月换算后的综合所得税率表

财政部　国家税务总局
2018年12月27日

附录3-17　财政部、国家税务总局关于继续有效的个人所得税优惠政策目录的公告

(财政部、国家税务总局公告2018年第177号)

为贯彻落实修改后的《中华人民共和国个人所得税法》,现将继续有效的个人所得税优惠政策涉及的文件目录予以公布。

特此公告。

附件:继续有效的个人所得税优惠政策涉及的文件目录

财政部　国家税务总局
2018年12月29日

附件

继续有效的个人所得税优惠政策涉及的文件目录

序号	制定机关	优惠政策文件名称	文号
1	财政部	财政部关于外国来华工作人员缴纳个人所得税问题的通知	(80)财税字第189号
2	财政部、税务总局	财政部、国家税务总局关于个人所得税若干政策问题的通知	财税字〔1994〕020号
3	财政部、税务总局	财政部、国家税务总局关于西藏自治区贯彻施行《中华人民共和国个人所得税法》有关问题的批复	财税字〔1994〕021号
4	税务总局	国家税务总局关于印发《征收个人所得税若干问题的规定》的通知	国税发〔1994〕089号

续表

序号	制定机关	优惠政策文件名称	文号
5	税务总局	国家税务总局关于社会福利有奖募捐发行收入税收问题的通知	国税发〔1994〕127号
6	税务总局	国家税务总局关于曾宪梓教育基金会教师奖免征个人所得税的函	国税函发〔1994〕376号
7	财政部、税务总局	财政部、国家税务总局关于发给见义勇为者的奖金免征个人所得税问题的通知	财税字〔1995〕25号
8	税务总局	国家税务总局关于个人取得青苗补偿费收入征免个人所得税的批复	国税函发〔1995〕079号
9	财政部、税务总局	财政部、国家税务总局关于军队干部工资薪金收入征收个人所得税的通知	财税字〔1996〕14号
10	财政部、税务总局	财政部、国家税务总局关于西藏特殊津贴免征个人所得税的批复	财税字〔1996〕91号
11	财政部、税务总局	财政部、国家税务总局关于国际青少年消除贫困奖免征个人所得税的通知	财税字〔1997〕51号
12	税务总局	国家税务总局关于股份制企业转增股本和派发红股免征个人所得税的通知	国税发〔1997〕198号
13	财政部、税务总局	财政部、国家税务总局关于个人取得体育彩票中奖所得征免个人所得税问题的通知	财税字〔1998〕12号
14	财政部、税务总局	财政部、国家税务总局关于证券投资基金税收问题的通知	财税字〔1998〕55号
15	财政部、税务总局	财政部、国家税务总局关于个人转让股票所得继续暂免征收个人所得税的通知	财税字〔1998〕61号
16	税务总局	国家税务总局关于原城市信用社在转制为城市合作银行过程中个人股增值所得应纳个人所得税的批复	国税函〔1998〕289号
17	税务总局	国家税务总局关于"长江学者奖励计划"有关个人收入免征个人所得税的通知	国税函〔1998〕632号
18	财政部、税务总局	财政部、国家税务总局关于促进科技成果转化有关税收政策的通知	财税字〔1999〕45号
19	税务总局	国家税务总局关于个人所得税有关政策问题的通知	国税发〔1999〕58号
20	税务总局	国家税务总局关于促进科技成果转化有关个人所得税问题的通知	国税发〔1999〕125号
21	财政部、税务总局	财政部、国家税务总局关于住房公积金 医疗保险金 基本养老保险金 失业保险基金个人帐户存款利息所得免征个人所得税的通知	财税字〔1999〕267号
22	税务总局	国家税务总局关于"特聘教授奖金"免征个人所得税的通知	国税函〔1999〕525号
23	税务总局	国家税务总局关于企业改组改制过程中个人取得的量化资产征收个人所得税问题的通知	国税发〔2000〕60号
24	财政部、税务总局	财政部、国家税务总局关于随军家属就业有关税收政策的通知	财税〔2000〕84号

续表

序号	制定机关	优惠政策文件名称	文号
25	财政部、税务总局	财政部、国家税务总局关于调整住房租赁市场税收政策的通知	财税〔2000〕125号
26	税务总局	国家税务总局关于律师事务所从业人员取得收入征收个人所得税有关业务问题的通知	国税发〔2000〕149号
27	税务总局	国家税务总局关于"长江小小科学家"奖金免征个人所得税的通知	国税函〔2000〕688号
28	税务总局	国家税务总局关于《关于个人独资企业和合伙企业投资者征收个人所得税的规定》执行口径的通知	国税函〔2001〕84号
29	财政部、税务总局	财政部、国家税务总局关于个人与用人单位解除劳动关系取得的一次性补偿收入征免个人所得税问题的通知	财税〔2001〕157号
30	财政部、税务总局	财政部、国家税务总局关于开放式证券投资基金有关税收问题的通知	财税〔2002〕128号
31	财政部、税务总局	财政部、国家税务总局关于自主择业的军队转业干部有关税收政策问题的通知	财税〔2003〕26号
32	税务总局	国家税务总局关于个人取得"母亲河(波司登)奖"奖金所得免征个人所得税问题的批复	国税函〔2003〕961号
33	财政部、税务总局	财政部、国家税务总局关于外籍个人取得港澳地区住房等补贴征免个人所得税的通知	财税〔2004〕29号
34	财政部、税务总局	财政部、国家税务总局关于农村税费改革试点地区有关个人所得税问题的通知	财税〔2004〕30号
35	财政部、税务总局	财政部、国家税务总局关于教育税收政策的通知	财税〔2004〕39号
36	税务总局	国家税务总局关于国际组织驻华机构 外国政府驻华使领馆和驻华新闻机构雇员个人所得税征收方式的通知	国税函〔2004〕808号
37	财政部、税务总局	财政部、国家税务总局关于城镇房屋拆迁有关税收政策的通知	财税〔2005〕45号
38	财政部、税务总局	财政部、国家税务总局关于股权分置试点改革有关税收政策问题的通知	财税〔2005〕103号
39	财政部、税务总局	财政部、国家税务总局关于基本养老保险费基本医疗保险费失业保险费住房公积金有关个人所得税政策的通知	财税〔2006〕10号
40	税务总局	国家税务总局关于陈嘉庚科学奖获奖个人取得的奖金收入免征个人所得税的通知	国税函〔2006〕561号
41	财政部、税务总局	财政部、国家税务总局关于单位低价向职工售房有关个人所得税问题的通知	财税〔2007〕13号
42	财政部、税务总局	财政部、国家税务总局关于个人取得有奖发票奖金征免个人所得税问题的通知	财税〔2007〕34号
43	财政部、税务总局	财政部、国家税务总局关于《建立亚洲开发银行协定》有关个人所得税问题的补充通知	财税〔2007〕93号
44	财政部、税务总局	财政部、国家税务总局关于高级专家延长离休退休期间取得工资薪金所得有关个人所得税问题的通知	财税〔2008〕7号
45	财政部、税务总局	财政部、国家税务总局关于生育津贴和生育医疗费有关个人所得税政策的通知	财税〔2008〕8号

续表

序号	制定机关	优惠政策文件名称	文号
46	财政部、税务总局	财政部、国家税务总局关于廉租住房经济适用住房和住房租赁有关税收政策的通知	财税〔2008〕24号
47	财政部、税务总局	财政部、国家税务总局关于认真落实抗震救灾及灾后重建税收政策问题的通知	财税〔2008〕62号
48	财政部、税务总局	财政部、国家税务总局关于储蓄存款利息所得有关个人所得税政策的通知	财税〔2008〕132号
49	财政部、税务总局	财政部、国家税务总局关于证券市场个人投资者证券交易结算资金利息所得有关个人所得税政策的通知	财税〔2008〕140号
50	财政部、税务总局	财政部、国家税务总局关于个人无偿受赠房屋有关个人所得税问题的通知	财税〔2009〕78号
51	税务总局	国家税务总局关于明确个人所得税若干政策执行问题的通知	国税发〔2009〕121号
52	税务总局	国家税务总局关于刘东生青年科学家奖和刘东生地球科学奖学金获奖者奖金免征个人所得税的通知	国税函〔2010〕74号
53	税务总局	国家税务总局关于全国职工职业技能大赛奖金免征个人所得税的通知	国税函〔2010〕78号
54	财政部、税务总局	财政部、国家税务总局关于个人独资企业和合伙企业投资者取得种植业 养殖业 饲养业 捕捞业所得有关个人所得税问题的批复	财税〔2010〕96号
55	税务总局	国家税务总局关于中华宝钢环境优秀奖奖金免征个人所得税问题的通知	国税函〔2010〕130号
56	财政部、税务总局	财政部、国家税务总局关于企业促销展业赠送礼品有关个人所得税问题的通知	财税〔2011〕50号
57	税务总局	国家税务总局关于2011年度李四光地质科学奖奖金免征个人所得税的公告	国家税务总局公告2011年第68号
58	财政部、税务总局	财政部、国家税务总局关于退役士兵退役金和经济补助免征个人所得税问题的通知	财税〔2011〕109号
59	税务总局	国家税务总局关于第五届黄汲清青年地质科学技术奖奖金免征个人所得税问题的公告	国家税务总局公告2012年第4号
60	税务总局	国家税务总局关于明天小小科学家奖金免征个人所得税问题的公告	国家税务总局公告2012年第28号
61	财政部、税务总局	财政部、国家税务总局关于工伤职工取得的工伤保险待遇有关个人所得税政策的通知	财税〔2012〕40号
62	财政部、税务总局	财政部、国家税务总局关于地方政府债券利息免征所得税问题的通知	财税〔2013〕5号
63	财政部、税务总局	财政部、国家税务总局关于棚户区改造有关税收政策的通知	财税〔2013〕101号
64	财政部、人力资源社会保障部、税务总局	财政部、人力资源社会保障部、国家税务总局关于企业年金职业年金个人所得税有关问题的通知	财税〔2013〕103号
65	财政部、税务总局	财政部、国家税务总局关于广东横琴新区个人所得税优惠政策的通知	财税〔2014〕23号

续表

序号	制定机关	优惠政策文件名称	文号
66	财政部、税务总局	财政部、国家税务总局关于福建平潭综合实验区个人所得税优惠政策的通知	财税〔2014〕24号
67	财政部、税务总局	财政部、国家税务总局关于深圳前海深港现代服务业合作区个人所得税优惠政策的通知	财税〔2014〕25号
68	财政部、税务总局、证监会	财政部、国家税务总局、证监会关于沪港股票市场交易互联互通机制试点有关税收政策的通知	财税〔2014〕81号
69	财政部、海关总署、税务总局	财政部、海关总署、国家税务总局关于支持鲁甸地震灾后恢复重建有关税收政策问题的通知	财税〔2015〕27号
70	财政部、税务总局	财政部、国家税务总局关于个人非货币性资产投资有关个人所得税政策的通知	财税〔2015〕41号
71	财政部、税务总局、证监会	财政部、国家税务总局、证监会关于上市公司股息红利差别化个人所得税政策有关问题的通知	财税〔2015〕101号
72	财政部、税务总局	财政部、国家税务总局关于将国家自主创新示范区有关税收试点政策推广到全国范围实施的通知	财税〔2015〕116号
73	财政部、税务总局、证监会	财政部、国家税务总局、证监会关于内地与香港基金互认有关税收政策的通知	财税〔2015〕125号
74	财政部、税务总局	财政部、国家税务总局关于行政和解金有关税收政策问题的通知	财税〔2016〕100号
75	财政部、税务总局	财政部、国家税务总局关于完善股权激励和技术入股有关所得税政策的通知	财税〔2016〕101号
76	财政部、税务总局、证监会	财政部、国家税务总局、证监会关于深港股票市场交易互联互通机制试点有关税收政策的通知	财税〔2016〕127号
77	财政部、税务总局、民政部	财政部、国家税务总局、民政部关于继续实施扶持自主就业退役士兵创业就业有关税收政策的通知	财税〔2017〕46号
78	财政部、税务总局、人力资源社会保障部	财政部、国家税务总局、人力资源社会保障部关于继续实施支持和促进重点群体创业就业有关税收政策的通知	财税〔2017〕49号
79	财政部、税务总局、海关总署	财政部、国家税务总局、海关总署关于北京2022年冬奥会和冬残奥会税收政策的通知	财税〔2017〕60号
80	财政部、税务总局、证监会	财政部、国家税务总局、证监会关于沪港股票市场交易互联互通机制试点有关税收政策的通知	财税〔2017〕78号
81	财政部、税务总局、证监会	财政部、国家税务总局、证监会关于支持原油等货物期货市场对外开放税收政策的通知	财税〔2018〕21号
82	财政部、税务总局、人力资源社会保障部、中国银行保险监督管理委员会、证监会	财政部、国家税务总局 人力资源社会保障部 中国银行保险监督管理委员会 证监会关于开展个人税收递延型商业养老保险试点的通知	财税〔2018〕22号
83	财政部、税务总局	财政部、国家税务总局关于创业投资企业和天使投资个人有关税收政策的通知	财税〔2018〕55号
84	财政部、税务总局、科技部	财政部、国家税务总局、科技部关于科技人员取得职务科技成果转化现金奖励有关个人所得税政策的通知	财税〔2018〕58号

续表

序号	制定机关	优惠政策文件名称	文号
85	财政部、税务总局	财政部、国家税务总局关于易地扶贫搬迁税收优惠政策的通知	财税〔2018〕135号
86	财政部、税务总局、证监会	财政部、国家税务总局、证监会关于个人转让全国中小企业股份转让系统挂牌公司股票有关个人所得税政策的通知	财税〔2018〕137号
87	财政部、税务总局、证监会	财政部、国家税务总局、证监会关于继续执行内地与香港基金互认有关个人所得税政策的通知	财税〔2018〕154号
88	财政部、税务总局	财政部、国家税务总局关于个人所得税法修改后有关优惠政策衔接问题的通知	财税〔2018〕164号

注：上述文件中个人所得税优惠政策继续有效，已废止或者失效的部分条款除外。

附录3-18　国家税务总局关于开展个人税收递延型商业养老保险试点有关征管问题的公告

（国家税务总局公告2018年第21号）

为贯彻落实《财政部、国家税务总局 人力资源社会保障部 中国银行保险监督管理委员会 证监会关于开展个人税收递延型商业养老保险试点的通知》（财税〔2018〕22号，以下简称《通知》），现就个人税收递延型商业养老保险（以下简称"税延养老保险"）试点政策有关征管问题公告如下：

一、缴费税前扣除环节

按照《通知》规定，试点地区内可享受税延养老保险税前扣除优惠政策的个人，凭中国保险信息技术管理有限责任公司相关信息平台出具的《个人税收递延型商业养老保险扣除凭证》（以下简称"税延养老扣除凭证"），办理税前扣除。

（一）取得工资薪金所得、连续性劳务报酬所得的个人

取得工资薪金所得、连续性劳务报酬所得的个人，其购买符合规定商业养老保险产品的支出享受税前扣除优惠时，应及时将税延养老扣除凭证提供给扣缴单位。扣缴单位应当按照《通知》规定，在个人申报扣除当月计算扣除限额并办理税前扣除。扣缴单位在填报《扣缴个人所得税报告表》或《特定行业个人所得税年度申报表》时，应当将当期可扣除金额填至"税前扣除项目"或"年税前扣除项目"栏"其他"列中（需注明税延养老保险），并同时填报《个人税收递延型商业养老保险税前扣除情况明细表》（见附件）。

个人因未及时提供税延养老扣除凭证而造成往期未扣除的，扣缴单位可追补至应扣除月份扣除，并按《通知》规定重新计算应扣缴税款，在收到扣除凭证的当月办理抵扣或申请退税。个人缴费金额发生变化、未续保或退保的，应当及时告知扣缴义务人重新计算或终止税延养老保险税前扣除。除个人提供资料不全、信息不实等情形外，扣缴单位不得拒绝为纳税人办理税前扣除。

（二）取得个体工商户的生产经营所得、对企事业单位的承包承租经营所得的个人

取得个体工商户的生产经营所得、对企事业单位的承包承租经营所得的个体工商户业主、

个人独资企业投资者、合伙企业自然人合伙人和承包承租经营者，其购买的符合规定的养老保险产品支出，在年度申报时，凭税延养老扣除凭证，在《通知》规定的扣除限额内据实扣除，并填报至《个人所得税生产经营所得纳税申报表（B表）》的"允许扣除的其他费用"行（需注明税延养老保险），同时填报《个人税收递延型商业养老保险税前扣除情况明细表》。

计算扣除限额时，个体工商户业主、个人独资企业投资者和承包承租经营者应税收入按照个体工商户、个人独资企业、承包承租的收入总额确定；合伙企业自然人合伙人应税收入按合伙企业收入总额乘以合伙人分配比例确定。

实行核定征收的，应当向主管税务机关报送《个人税收递延型商业养老保险税前扣除情况明细表》和税延养老扣除凭证，主管税务机关按程序相应调减其应纳税所得额或应纳税额。纳税人缴费金额发生变化、未续保或退保的，应当及时告知主管税务机关，重新核定应纳税所得额或应纳税额。

二、领取商业养老金征税环节

个人达到规定条件领取商业养老金时，保险公司按照《通知》规定代扣代缴"其他所得"项目（需注明税延养老保险）个人所得税，并在个人购买税延养老保险的机构所在地办理全员全额扣缴申报。

三、施行时间

本公告自2018年5月1日起施行。

特此公告。

附件（略）：个人税收递延型商业养老保险税前扣除情况明细表

国家税务总局
2018年4月28日

附录3－19　国家税务总局关于科技人员取得职务科技成果转化现金奖励有关个人所得税征管问题的公告

（国家税务总局公告2018年第30号）

为贯彻落实《财政部、国家税务总局、科技部关于科技人员取得职务科技成果转化现金奖励有关个人所得税政策的通知》（财税〔2018〕58号，以下简称《通知》），现就有关征管问题公告如下：

一、《通知》第五条第（三）项所称"三年（36个月）内"，是指自非营利性科研机构和高校实际取得科技成果转化收入之日起36个月内。非营利性科研机构和高校分次取得科技成果转化收入的，以每次实际取得日期为准。

二、非营利性科研机构和高校向科技人员发放职务科技成果转化现金奖励（以下简称"现金奖励"），应于发放之日的次月15日内，向主管税务机关报送《科技人员取得职务科技成果转化现金奖励个人所得税备案表》（见附件）。单位资质材料（《事业单位法人证书》《民办学校办学许可证》《民办非企业单位登记证书》等）、科技成果转化技术合同、科技人员现金奖励公示材料、现金奖励公示结果文件等相关资料自行留存备查。

三、非营利性科研机构和高校向科技人员发放现金奖励，在填报《扣缴个人所得税报告表》

时,应将当期现金奖励收入金额与当月工资、薪金合并,全额计入"收入额"列,同时将现金奖励的50%填至《扣缴个人所得税报告表》"免税所得"列,并在备注栏注明"科技人员现金奖励免税部分"字样,据此以"收入额"减除"免税所得"以及相关扣除后的余额计算缴纳个人所得税。

四、本公告自2018年7月1日起施行。

特此公告。

附件(略):科技人员取得职务科技成果转化现金奖励个人所得税备案表

国家税务总局
2018年6月11日

附录3-20 国家税务总局关于创业投资企业和天使投资个人税收政策有关问题的公告

(国家税务总局公告2018年第43号)

为贯彻落实《财政部、国家税务总局关于创业投资企业和天使投资个人有关税收政策的通知》(财税〔2018〕55号,以下简称《通知》),现就创业投资企业和天使投资个人税收政策有关问题公告如下:

一、相关政策执行口径

(一)《通知》第一条所称满2年是指公司制创业投资企业(以下简称"公司制创投企业")、有限合伙制创业投资企业(以下简称"合伙创投企业")和天使投资个人投资于种子期、初创期科技型企业(以下简称"初创科技型企业")的实缴投资满2年,投资时间从初创科技型企业接受投资并完成工商变更登记的日期算起。

(二)《通知》第二条第(一)项所称研发费用总额占成本费用支出的比例,是指企业接受投资当年及下一纳税年度的研发费用总额合计占同期成本费用总额合计的比例。

(三)《通知》第三条第(三)项所称出资比例,按投资满2年当年年末各合伙人对合伙创投企业的实缴出资额占所有合伙人全部实缴出资额的比例计算。

(四)《通知》所称从业人数及资产总额指标,按照初创科技型企业接受投资前连续12个月的平均数计算,不足12个月的,按实际月数平均计算。具体计算公式如下:

月平均数=(月初数+月末数)÷2

接受投资前连续12个月平均数=接受投资前连续12个月平均数之和÷12

(五)法人合伙人投资于多个符合条件的合伙创投企业,可合并计算其可抵扣的投资额和分得的所得。当年不足抵扣的,可结转以后纳税年度继续抵扣;当年抵扣后有结余的,应按照企业所得税法的规定计算缴纳企业所得税。

所称符合条件的合伙创投企业既包括符合《通知》规定条件的合伙创投企业,也包括符合《国家税务总局关于有限合伙制创业投资企业法人合伙人企业所得税有关问题的公告》(国家税务总局公告2015年第81号)规定条件的合伙创投企业。

二、办理程序和资料

(一)企业所得税

1. 公司制创投企业和合伙创投企业法人合伙人在年度申报享受优惠时，按照《国家税务总局关于发布修订后的〈企业所得税优惠政策事项办理办法〉的公告》（国家税务总局公告2018年第23号）的规定办理有关手续。

2. 合伙创投企业的法人合伙人符合享受优惠条件的，合伙创投企业应在投资初创科技型企业满2年的年度以及分配所得的年度终了后及时向法人合伙人提供《合伙创投企业法人合伙人所得分配情况明细表》（附件1）。

（二）个人所得税

1. 合伙创投企业个人合伙人

（1）合伙创投企业的个人合伙人符合享受优惠条件的，合伙创投企业应在投资初创科技型企业满2年的年度终了后3个月内，向合伙创投企业主管税务机关办理备案手续，备案时应报送《合伙创投企业个人所得税投资抵扣备案表》（附件2），同时将有关资料留存备查（备查资料同公司制创投企业）。合伙企业多次投资同一初创科技型企业的，应按年度分别备案。

（2）合伙创投企业应在投资初创科技型企业满2年后的每个年度终了后3个月内，向合伙创投企业主管税务机关报送《合伙创投企业个人所得税投资抵扣情况表》（附件3）。

（3）个人合伙人在个人所得税年度申报时，应将当年允许抵扣的投资额填至《个人所得税生产经营所得纳税申报表（B表）》"允许扣除的其他费用"栏，并同时标明"投资抵扣"字样。

2. 天使投资个人

（1）投资抵扣备案

天使投资个人应在投资初创科技型企业满24个月的次月15日内，与初创科技型企业共同向初创科技型企业主管税务机关办理备案手续。备案时应报送《天使投资个人所得税投资抵扣备案表》（附件4）。被投资企业符合初创科技型企业条件的有关资料留存企业备查，备查资料包括初创科技型企业接受现金投资时的投资合同（协议）、章程、实际出资的相关证明材料，以及被投资企业符合初创科技型企业条件的有关资料。多次投资同一初创科技型企业的，应分次备案。

（2）投资抵扣申报

①天使投资个人转让未上市的初创科技型企业股权，按照《通知》规定享受投资抵扣税收优惠时，应于股权转让次月15日内，向主管税务机关报送《天使投资个人所得税投资抵扣情况表》（附件5）。同时，天使投资个人还应一并提供投资初创科技型企业后税务机关受理的《天使投资个人所得税投资抵扣备案表》。

其中，天使投资个人转让初创科技型企业股权需同时抵扣前36个月内投资其他注销清算初创科技型企业尚未抵扣完毕的投资额的，申报时应一并提供注销清算企业主管税务机关受理并注明注销清算等情况的《天使投资个人所得税投资抵扣备案表》，以及前期享受投资抵扣政策后税务机关受理的《天使投资个人所得税投资抵扣情况表》。

接受投资的初创科技型企业，应在天使投资个人转让股权纳税申报时，向扣缴义务人提供相关信息。

②天使投资个人投资初创科技型企业满足投资抵扣税收优惠条件后，初创科技型企业在上海证券交易所、深圳证券交易所上市的，天使投资个人在转让初创科技型企业股票时，有尚未抵扣完毕的投资额的，应向证券机构所在地主管税务机关办理限售股转让税款清算，抵扣尚未抵扣完毕的投资额。清算时，应提供投资初创科技型企业后税务机关受理的《天使投资个人所得税投资抵扣备案表》和《天使投资个人所得税投资抵扣情况表》。

（3）被投资企业发生个人股东变动或者个人股东所持股权变动的，应在次月15日内向主管税务机关报送含有股东变动信息的《个人所得税基础信息表（A表）》。对天使投资个人，应在备注栏标明"天使投资个人"字样。

（4）天使投资个人转让股权时，扣缴义务人、天使投资个人应将当年允许抵扣的投资额填至《扣缴个人所得税报告表》或《个人所得税自行纳税申报表（A表）》"税前扣除项目"的"其他"栏，并同时标明"投资抵扣"字样。

（5）天使投资个人投资的初创科技型企业注销清算的，应及时持《天使投资个人所得税投资抵扣备案表》到主管税务机关办理情况登记。

三、其他事项

（一）税务机关在公司制创投企业、合伙创投企业合伙人享受优惠政策后续管理中，对初创科技型企业是否符合规定条件有异议的，可以转请初创科技型企业主管税务机关提供相关资料，主管税务机关应积极配合。

（二）创业投资企业、合伙创投企业合伙人、天使投资个人、初创科技型企业提供虚假情况、故意隐瞒已投资抵扣情况或采取其他手段骗取投资抵扣，不缴或者少缴应纳税款的，按税收征管法有关规定处理。

四、施行时间

本公告天使投资个人所得税有关规定自2018年7月1日起施行，其他所得税规定自2018年1月1日起施行。施行日期前2年内发生的投资，适用《通知》规定的税收政策的，按本公告规定执行。

《国家税务总局关于创业投资企业和天使投资个人税收试点政策有关问题的公告》（国家税务总局公告2017年第20号）自2018年7月1日起废止，符合试点政策条件的投资额可按本公告规定继续办理抵扣。

特此公告。

附件（略）：
1. 合伙创投企业法人合伙人所得分配情况明细表
2. 合伙创投企业个人所得税投资抵扣备案表
3. 合伙创投企业个人所得税投资抵扣情况表
4. 天使投资个人所得税投资抵扣备案表
5. 天使投资个人所得税投资抵扣情况表

国家税务总局
2018年7月30日

附录3-21 国家税务总局关于严格按照5000元费用减除标准执行税收政策的公告

（国家税务总局公告2018年第51号）

近期，有纳税人反映，部分扣缴单位在10月份发放工资薪金时没有按照5000元/月费用减除标准扣除计税。为保障纳税人合法权益，让纳税人全面及时享受个人所得税改革红利，现就有关事项公告如下：

一、根据修改后的个人所得税法和有关规定，纳税人在今年10月1日（含）后实际取得的工资薪金所得，应当适用 5000 元/月的费用减除标准。对于符合上述情形的，扣缴义务人要严格按照 5000 元/月费用减除标准代扣代缴税款，确保纳税人不打折扣地享受税改红利。

二、对于纳税人 2018 年 10 月 1 日（含）后实际取得的工资薪金所得，如果扣缴义务人办理申报时将"税款所属月份"误选为"2018 年 9 月"，导致未享受 5000 元/月的减除费用，纳税人、扣缴义务人可以依法向税务机关申请退还多缴的税款。

三、对于扣缴单位在今年 10 月 1 日（含）后发放工资薪金时，没有按照 5000 元费用减除标准扣除的，纳税人可向税务机关投诉，税务机关应当及时核实，并向扣缴单位做好宣传辅导，尽快给予解决，切实保障纳税人合法权益。

投诉电话：12366

特此公告。

国家税务总局
2018 年 11 月 2 日

附录 3-22　国家税务总局关于将个人所得税《税收完税证明》（文书式）调整为《纳税记录》有关事项的公告

（国家税务总局公告 2018 年第 55 号）

为配合个人所得税制度改革，进一步落实国务院减证便民要求，优化纳税服务，国家税务总局决定将个人所得税《税收完税证明》（文书式）调整为《纳税记录》。现将有关事项公告如下：

一、从 2019 年 1 月 1 日起，纳税人申请开具税款所属期为 2019 年 1 月 1 日（含）以后的个人所得税缴（退）税情况证明的，税务机关不再开具《税收完税证明》（文书式），调整为开具《纳税记录》（具体内容及式样见附件）；纳税人申请开具税款所属期为 2018 年 12 月 31 日（含）以前个人所得税缴（退）税情况证明的，税务机关继续开具《税收完税证明》（文书式）。

二、纳税人 2019 年 1 月 1 日以后取得应税所得并由扣缴义务人向税务机关办理了全员全额扣缴申报，或根据税法规定自行向税务机关办理纳税申报的，不论是否实际缴纳税款，均可以申请开具《纳税记录》。

三、纳税人可以通过电子税务局、手机 APP 申请开具本人的个人所得税《纳税记录》，也可到办税服务厅申请开具。

四、纳税人可以委托他人持下列证件和资料到办税服务厅代为开具个人所得税《纳税记录》：

（一）委托人及受托人有效身份证件原件；

（二）委托人书面授权资料。

五、纳税人对个人所得税《纳税记录》存在异议的，可以向该项记录中列明的税务机关申请核实。

六、税务机关提供个人所得税《纳税记录》的验证服务，支持通过电子税务局、手机 APP 等方式进行验证。具体验证方法见个人所得税《纳税记录》中的相关说明。

七、本公告自 2019 年 1 月 1 日起施行。

特此公告。

附件：个人所得税纳税记录

附件

个人所得税纳税记录

```
(××××) ××××  记录 00000000

          中华人民共和国
          个人所得税纳税记录
            (原《税收完税证明》)

                                      查询验证码
                                      ××××-××××-××××-××××

记录期间：
纳税人名称：              纳税人识别号：
身份证件类型：            身份证件号码：

                                              金额单位：元

| 申报日期 | 实缴(退)金额 | 入(退)库日期 | …… | …… | …… |

金额合计

说明：
1.本记录涉及纳税人敏感信息，请妥善保存；
2.您可通过以下方式对本记录进行验证：
  (1) 通过手机 App 扫描右上角二维码进行验证；
  (2) 通过自然人税收管理系统输入右上角查询验证码进行验证。
3.不同打印设备造成的色差不影响其效力。

本凭证不作纳税人记账、抵扣凭证

开具机关(盖章)：
开具时间：

                           当前第1页，共1页
```

国家税务总局
2018 年 12 月 5 日

附录 3-23　国家税务总局关于全面实施新个人所得税法若干征管衔接问题的公告

（国家税务总局公告 2018 年第 56 号）

为贯彻落实新修改的《中华人民共和国个人所得税法》（以下简称"新个人所得税法"），现就全面实施新个人所得税法后扣缴义务人对居民个人工资、薪金所得，劳务报酬所得，稿酬所得，特许权使用费所得预扣预缴个人所得税的计算方法，对非居民个人上述四项所得扣缴个人所得税的计算方法，公告如下：

一、居民个人预扣预缴方法

扣缴义务人向居民个人支付工资、薪金所得，劳务报酬所得，稿酬所得，特许权使用费所得时，按以下方法预扣预缴个人所得税，并向主管税务机关报送《个人所得税扣缴申报表》（见附件1）。年度预扣预缴税额与年度应纳税额不一致的，由居民个人于次年3月1日至6月30日向主管税务机关办理综合所得年度汇算清缴，税款多退少补。

（一）扣缴义务人向居民个人支付工资、薪金所得时，应当按照累计预扣法计算预扣税款，并按月办理全员全额扣缴申报。具体计算公式如下：

本期应预扣预缴税额 =（累计预扣预缴应纳税所得额 × 预扣率 − 速算扣除数）− 累计减免税额 − 累计已预扣预缴税额

累计预扣预缴应纳税所得额 = 累计收入 − 累计免税收入 − 累计减除费用 − 累计专项扣除 − 累计专项附加扣除 − 累计依法确定的其他扣除

其中：累计减除费用，按照5000元/月乘以纳税人当年截至本月在本单位的任职受雇月份数计算。

上述公式中，计算居民个人工资、薪金所得预扣预缴税额的预扣率、速算扣除数，按《个人所得税预扣率表一》（见附件2）执行。

（二）扣缴义务人向居民个人支付劳务报酬所得、稿酬所得、特许权使用费所得，按次或者按月预扣预缴个人所得税。具体预扣预缴方法如下：

劳务报酬所得、稿酬所得、特许权使用费所得以收入减除费用后的余额为收入额。其中，稿酬所得的收入额减按70%计算。

减除费用：劳务报酬所得、稿酬所得、特许权使用费所得每次收入不超过4千元的，减除费用按800元计算；每次收入4千元以上的，减除费用按20%计算。

应纳税所得额：劳务报酬所得、稿酬所得、特许权使用费所得，以每次收入额为预扣预缴应纳税所得额。劳务报酬所得适用20%~40%的超额累进预扣率（见附件2《个人所得税预扣率表二》），稿酬所得、特许权使用费所得适用20%的比例预扣率。

劳务报酬所得应预扣预缴税额 = 预扣预缴应纳税所得额 × 预扣率 − 速算扣除数

稿酬所得、特许权使用费所得应预扣预缴税额 = 预扣预缴应纳税所得额 × 20%

二、非居民个人扣缴方法

扣缴义务人向非居民个人支付工资、薪金所得，劳务报酬所得，稿酬所得和特许权使用费所得时，应当按以下方法按月或者按次代扣代缴个人所得税：

非居民个人的工资、薪金所得,以每月收入额减除费用五千元后的余额为应纳税所得额;劳务报酬所得、稿酬所得、特许权使用费所得,以每次收入额为应纳税所得额,适用按月换算后的非居民个人月度税率表(见附件2《个人所得税税率表三》)计算应纳税额。其中,劳务报酬所得、稿酬所得、特许权使用费所得以收入减除20%的费用后的余额为收入额。稿酬所得的收入额减按70%计算。

非居民个人工资、薪金所得,劳务报酬所得,稿酬所得,特许权使用费所得应纳税额=应纳税所得额×税率-速算扣除数

本公告自2019年1月1日起施行。

特此公告。

附件(略):《个人所得税扣缴申报表》及填表说明

国家税务总局
2018年12月19日

附录3-24 国家税务总局关于自然人纳税人识别号有关事项的公告

(国家税务总局公告2018年第59号)

根据新修改的《中华人民共和国个人所得税法》,为便利纳税人办理涉税业务,现就自然人纳税人识别号有关事项公告如下:

一、自然人纳税人识别号,是自然人纳税人办理各类涉税事项的唯一代码标识。

二、有中国公民身份号码的,以其中国公民身份号码作为纳税人识别号;没有中国公民身份号码的,由税务机关赋予其纳税人识别号。

三、纳税人首次办理涉税事项时,应当向税务机关或者扣缴义务人出示有效身份证件,并报送相关基础信息。

四、税务机关应当在赋予自然人纳税人识别号后告知或者通过扣缴义务人告知纳税人其纳税人识别号,并为自然人纳税人查询本人纳税人识别号提供便利。

五、自然人纳税人办理纳税申报、税款缴纳、申请退税、开具完税凭证、纳税查询等涉税事项时应当向税务机关或扣缴义务人提供纳税人识别号。

六、本公告所称"有效身份证件",是指:

(一)纳税人为中国公民且持有有效《中华人民共和国居民身份证》(以下简称"居民身份证")的,为居民身份证。

(二)纳税人为华侨且没有居民身份证的,为有效的《中华人民共和国护照》和华侨身份证明。

(三)纳税人为港澳居民的,为有效的《港澳居民来往内地通行证》或《中华人民共和国港澳居民居住证》。

(四)纳税人为台湾居民的,为有效的《台湾居民来往大陆通行证》或《中华人民共和国台湾居民居住证》。

(五)纳税人为持有有效《中华人民共和国外国人永久居留身份证》(以下简称永久居留

证)的外籍个人的,为永久居留证和外国护照;未持有永久居留证但持有有效《中华人民共和国外国人工作许可证》(以下简称工作许可证)的,为工作许可证和外国护照;其他外籍个人,为有效的外国护照。

本公告自 2019 年 1 月 1 日起施行。

特此公告。

国家税务总局
2018 年 12 月 17 日

附录 3-25 国家税务总局关于发布《个人所得税专项附加扣除操作办法(试行)》的公告

(国家税务总局公告 2018 年第 60 号)

为贯彻落实新修改的《中华人民共和国个人所得税法》和《国务院关于印发个人所得税专项附加扣除暂行办法的通知》(国发〔2018〕41 号),国家税务总局制定了《个人所得税专项附加扣除操作办法(试行)》。现予以发布,自 2019 年 1 月 1 日起施行。

特此公告。

附件:个人所得税专项附加扣除信息表及填表说明

国家税务总局
2018 年 12 月 21 日

附件

填报日期：　年　月　日　　　　　　　　　　扣除年度：
纳税人姓名：　　　　　　　　　　　　　　　纳税人识别号：□□□□□□□□□□□□□□□□□□

纳税人信息	手机号码		电子邮箱	
	联系地址		配偶情况	□有配偶　□无配偶
纳税人配偶信息	姓名		身份证件类型		身份证件号码	□□□□□□□□□□□□□□□□□□

一、子女教育

较上次报送信息是否发生变化：□首次报送（请填写全部信息）　□无变化（不需重新填写）　□有变化（请填写发生变化项目的信息）

子女一	姓名		身份证件类型		身份证件号码	
	出生日期		当前受教育阶段	□学前教育阶段　□义务教育　□高中阶段教育　□高等教育		
	当前受教育阶段起始时间	年 月	当前受教育阶段结束时间	年 月	子女教育终止时间 *不再受教育时填写	年 月
	就读国家（或地区）		就读学校		本人扣除比例	□100%（全额扣除）　□50%（平均扣除）
子女二	姓名		身份证件类型		身份证件号码	
	出生日期		当前受教育阶段	□学前教育阶段　□义务教育　□高中阶段教育　□高等教育		
	当前受教育阶段起始时间	年 月	当前受教育阶段结束时间	年 月	子女教育终止时间 *不再受教育时填写	年 月
	就读国家（或地区）		就读学校		本人扣除比例	□100%（全额扣除）　□50%（平均扣除）

二、继续教育

较上次报送信息是否发生变化：□首次报送（请填写全部信息）　□无变化（不需重新填写）　□有变化（请填写发生变化项目的信息）

学历（学位）继续教育	当前继续教育起始时间	年 月	当前继续教育结束时间	年 月	学历（学位）继续教育阶段	□专科　□本科　□硕士研究生　□博士研究生　□其他
职业资格继续教育	职业资格继续教育类型	□技能人员　□专业技术人员		证书名称		
	证书编号		发证机关		发证（批准）日期	

三、住房贷款利息

较上次报送信息是否发生变化：□首次报送（请填写全部信息）　□无变化（不需重新填写）　□有变化（请填写发生变化项目的信息）

房屋信息	住房坐落地址	＿＿省（区、市）＿＿市＿＿县（区）＿＿街道（乡、镇）		
	产权证号/不动产登记号/商品房买卖合同号/预售合同号			
房贷信息	本人是否借款人	□是　□否	是否婚前各自首套贷款，且婚后分别扣除50%	□是　□否
	公积金贷款1贷款合同编号			
	贷款期限（月）		首次还款日期	
	商业贷款1贷款合同编号		贷款银行	
	贷款期限（月）		首次还款日期	

四、住房租金

较上次报送信息是否发生变化：□首次报送（请填写全部信息）　□无变化（不需重新填写）　□有变化（请填写发生变化项目的信息）

房屋信息	住房坐落地址	＿＿省（区、市）＿＿市＿＿县（区）＿＿街道（乡、镇）		
租赁情况	出租方（个人）姓名		身份证件类型		身份证件号码	□□□□□□□□□□□□□□□□□□
	出租方（单位）名称		纳税人识别号（统一社会信用代码）			
	主要工作城市（*填写市一级）		住房租赁合同编号（非必填）			
	租赁期起		租赁期止			

五、赡养老人

较上次报送信息是否发生变化：□首次报送（请填写全部信息）　□无变化（不需重新填写）　□有变化（请填写发生变化项目的信息）

	纳税人身份	□独生子女　□非独生子女		
被赡养人一	姓名		身份证件类型		身份证件号码	
	出生日期		与纳税人关系	□父亲　□母亲　□其他		
被赡养人二	姓名		身份证件类型		身份证件号码	
	出生日期		与纳税人关系	□父亲　□母亲　□其他		
共同赡养人信息	姓名		身份证件类型		身份证件号码	
	姓名		身份证件类型		身份证件号码	
	姓名		身份证件类型		身份证件号码	
	分摊方式 *独生子女不需填写	□平均分摊　□赡养人约定分摊　□被赡养人指定分摊	本年度月扣除金额	

六、大病医疗（仅限综合所得年度汇算清缴申报时填写）

较上次报送信息是否发生变化：□首次报送（请填写全部信息）　□无变化（不需重新填写）　□有变化（请填写发生变化项目的信息）

患者一	姓名		身份证件类型		身份证件号码	
	医药费用总金额		个人负担金额		与纳税人关系	□本人　□配偶　□未成年子女
患者二	姓名		身份证件类型		身份证件号码	
	医药费用总金额		个人负担金额		与纳税人关系	□本人　□配偶　□未成年子女

需要在任职受雇单位预扣预缴工资、薪金所得个人所得税时享受专项附加扣除的，填写本栏

重要提示：当您填写本栏，表示您已同意该任职受雇单位使用本表信息为您办理专项附加扣除

扣缴义务人名称		扣缴义务人纳税人识别号（统一社会信用代码）	□□□□□□□□□□□□□□□□□□

本人承诺：我已仔细阅读了填表说明，并根据《中华人民共和国个人所得税法》及其实施条例、《个人所得税专项附加扣除暂行办法》《个人所得税专项附加扣除操作办法（试行）》等相关法律法规定填写本表。本人已就所填的扣除信息进行了核对，并对所填内容的真实性、准确性、完整性负责。

纳税人签字：　　　　年　月　日

扣缴义务人签章：	代理机构签章：	受理人：
经办人签字：	代理机构统一社会信用代码：	受理税务机关（章）：
	经办人签字	
接收日期：　年　月　日	经办人身份证件号码：	受理日期：　年　月　日

国家税务总局监制

个人所得税专项附加扣除操作办法（试行）

第一章 总 则

第一条 为了规范个人所得税专项附加扣除行为，切实维护纳税人合法权益，根据新修改的《中华人民共和国个人所得税法》及其实施条例、《中华人民共和国税收征收管理法》及其实施细则、《国务院关于印发个人所得税专项附加扣除暂行办法的通知》（国发〔2018〕41号）的规定，制定本办法。

第二条 纳税人享受子女教育、继续教育、大病医疗、住房贷款利息或者住房租金、赡养老人专项附加扣除的，依照本办法规定办理。

第二章 享受扣除及办理时间

第三条 纳税人享受符合规定的专项附加扣除的计算时间分别为：

（一）子女教育。学前教育阶段，为子女年满3周岁当月至小学入学前一月。学历教育，为子女接受全日制学历教育入学的当月至全日制学历教育结束的当月。

（二）继续教育。学历（学位）继续教育，为在中国境内接受学历（学位）继续教育入学的当月至学历（学位）继续教育结束的当月，同一学历（学位）继续教育的扣除期限最长不得超过48个月。技能人员职业资格继续教育、专业技术人员职业资格继续教育，为取得相关证书的当年。

（三）大病医疗。为医疗保障信息系统记录的医药费用实际支出的当年。

（四）住房贷款利息。为贷款合同约定开始还款的当月至贷款全部归还或贷款合同终止的当月，扣除期限最长不得超过240个月。

（五）住房租金。为租赁合同（协议）约定的房屋租赁期开始的当月至租赁期结束的当月。提前终止合同（协议）的，以实际租赁期限为准。

（六）赡养老人。为被赡养人年满60周岁的当月至赡养义务终止的年末。

前款第一项、第二项规定的学历教育和学历（学位）继续教育的期间，包含因病或其他非主观原因休学但学籍继续保留的休学期间，以及施教机构按规定组织实施的寒暑假等假期。

第四条 享受子女教育、继续教育、住房贷款利息或者住房租金、赡养老人专项附加扣除的纳税人，自符合条件开始，可以向支付工资、薪金所得的扣缴义务人提供上述专项附加扣除有关信息，由扣缴义务人在预扣预缴税款时，按其在本单位本年可享受的累计扣除额办理扣除；也可以在次年3月1日至6月30日内，向汇缴地主管税务机关办理汇算清缴申报时扣除。

纳税人同时从两处以上取得工资、薪金所得，并由扣缴义务人办理上述专项附加扣除的，对同一专项附加扣除项目，一个纳税年度内，纳税人只能选择从其中一处扣除。

享受大病医疗专项附加扣除的纳税人，由其在次年3月1日至6月30日内，自行向汇缴地主管税务机关办理汇算清缴申报时扣除。

第五条 扣缴义务人办理工资、薪金所得预扣预缴税款时，应当根据纳税人报送的《个人所得税专项附加扣除信息表》（以下简称《扣除信息表》，见附件）为纳税人办理专项附加扣除。

纳税人年度中间更换工作单位的，在原单位任职、受雇期间已享受的专项附加扣除金额，不得在新任职、受雇单位扣除。原扣缴义务人应当自纳税人离职不再发放工资薪金所得的当月起，停止为其办理专项附加扣除。

第六条 纳税人未取得工资、薪金所得，仅取得劳务报酬所得、稿酬所得、特许权使用费所得需要享受专项附加扣除的，应当在次年3月1日至6月30日内，自行向汇缴地主管税务机关报送《扣除信息表》，并在办理汇算清缴申报时扣除。

第七条 一个纳税年度内，纳税人在扣缴义务人预扣预缴税款环节未享受或未足额享受专项附加扣除的，可以在当年内向支付工资、薪金的扣缴义务人申请在剩余月份发放工资、薪金时补充扣除，也可以在次年3月1日至6月30日内，向汇缴地主管税务机关办理汇算清缴时申报扣除。

第三章 报送信息及留存备查资料

第八条 纳税人选择在扣缴义务人发放工资、薪金所得时享受专项附加扣除的，首次享受时应当填写并向扣缴义务人报送《扣除信息表》；纳税年度中间相关信息发生变化的，纳税人应当更新《扣除信息表》相应栏次，并及时报送给扣缴义务人。

更换工作单位的纳税人，需要由新任职、受雇扣缴义务人办理专项附加扣除的，应当在入职的当月，填写并向扣缴义务人报送《扣除信息表》。

第九条 纳税人次年需要由扣缴义务人继续办理专项附加扣除的，应当于每年12月份对次年享受专项附加扣除的内容进行确认，并报送至扣缴义务人。纳税人未及时确认的，扣缴义务人于次年1月起暂停扣除，待纳税人确认后再行办理专项附加扣除。

扣缴义务人应当将纳税人报送的专项附加扣除信息，在次月办理扣缴申报时一并报送至主管税务机关。

第十条 纳税人选择在汇算清缴申报时享受专项附加扣除的，应当填写并向汇缴地主管税务机关报送《扣除信息表》。

第十一条 纳税人将需要享受的专项附加扣除项目信息填报至《扣除信息表》相应栏次。填报要素完整的，扣缴义务人或者主管税务机关应当受理；填报要素不完整的，扣缴义务人或者主管税务机关应当及时告知纳税人补正或重新填报。纳税人未补正或重新填报的，暂不办理相关专项附加扣除，待纳税人补正或重新填报后再行办理。

第十二条 纳税人享受子女教育专项附加扣除，应当填报配偶及子女的姓名、身份证件类型及号码、子女当前受教育阶段及起止时间、子女就读学校以及本人与配偶之间扣除分配比例等信息。

纳税人需要留存备查资料包括：子女在境外接受教育的，应当留存境外学校录取通知书、留学签证等境外教育佐证资料。

第十三条 纳税人享受继续教育专项附加扣除，接受学历（学位）继续教育的，应当填报教育起止时间、教育阶段等信息；接受技能人员或者专业技术人员职业资格继续教育的，应当填报证书名称、证书编号、发证机关、发证（批准）时间等信息。

纳税人需要留存备查资料包括：纳税人接受技能人员职业资格继续教育、专业技术人员职业资格继续教育的，应当留存职业资格相关证书等资料。

第十四条 纳税人享受住房贷款利息专项附加扣除，应当填报住房权属信息、住房坐落地址、贷款方式、贷款银行、贷款合同编号、贷款期限、首次还款日期等信息；纳税人有配偶的，填写配偶姓名、身份证件类型及号码。

纳税人需要留存备查资料包括：住房贷款合同、贷款还款支出凭证等资料。

第十五条 纳税人享受住房租金专项附加扣除，应当填报主要工作城市、租赁住房坐落地址、出租人姓名及身份证件类型和号码或者出租方单位名称及纳税人识别号（社会统一信用代码）、租赁起止时间等信息；纳税人有配偶的，填写配偶姓名、身份证件类型及号码。

纳税人需要留存备查资料包括：住房租赁合同或协议等资料。

第十六条 纳税人享受赡养老人专项附加扣除，应当填报纳税人是否为独生子女、月扣除金额、被赡养人姓名及身份证件类型和号码、与纳税人关系；有共同赡养人的，需填报分摊方式、共同赡养人姓名及身份证件类型和号码等信息。

纳税人需要留存备查资料包括：约定或指定分摊的书面分摊协议等资料。

第十七条 纳税人享受大病医疗专项附加扣除，应当填报患者姓名、身份证件类型及号码、与纳税人关系、与基本医保相关的医药费用总金额、医保目录范围内个人负担的自付金额等信息。

纳税人需要留存备查资料包括：大病患者医药服务收费及医保报销相关票据原件或复印件，或者医疗保障部门出具的纳税年度医药费用清单等资料。

第十八条 纳税人应当对报送的专项附加扣除信息的真实性、准确性、完整性负责。

第四章 信息报送方式

第十九条 纳税人可以通过远程办税端、电子或者纸质报表等方式，向扣缴义务人或者主管税务机关报送个人专项附加扣除信息。

第二十条 纳税人选择纳税年度内由扣缴义务人办理专项附加扣除的，按下列规定办理：

（一）纳税人通过远程办税端选择扣缴义务人并报送专项附加扣除信息的，扣缴义务人根据接收的扣除信息办理扣除。

（二）纳税人通过填写电子或者纸质《扣除信息表》直接报送扣缴义务人的，扣缴义务人将相关信息导入或者录入扣缴端软件，并在次月办理扣缴申报时提交给主管税务机关。《扣除信息表》应当一式两份，纳税人和扣缴义务人签字（章）后分别留存备查。

第二十一条 纳税人选择年度终了后办理汇算清缴申报时享受专项附加扣除的，既可以通过远程办税端报送专项附加扣除信息，也可以将电子或者纸质《扣除信息表》（一式两份）报送给汇缴地主管税务机关。

报送电子《扣除信息表》的，主管税务机关受理打印，交由纳税人签字后，一份由纳税人留存备查，一份由税务机关留存；报送纸质《扣除信息表》的，纳税人签字确认、主管税务机关受理签章后，一份退还纳税人留存备查，一份由税务机关留存。

第二十二条 扣缴义务人和税务机关应当告知纳税人办理专项附加扣除的方式和渠道，鼓励并引导纳税人采用远程办税端报送信息。

第五章 后续管理

第二十三条 纳税人应当将《扣除信息表》及相关留存备查资料，自法定汇算清缴期结束后保存五年。

纳税人报送给扣缴义务人的《扣除信息表》，扣缴义务人应当自预扣预缴年度的次年起留存五年。

第二十四条 纳税人向扣缴义务人提供专项附加扣除信息的，扣缴义务人应当按照规定予以扣除，不得拒绝。扣缴义务人应当为纳税人报送的专项附加扣除信息保密。

第二十五条 扣缴义务人应当及时按照纳税人提供的信息计算办理扣缴申报，不得擅自更改纳税人提供的相关信息。

扣缴义务人发现纳税人提供的信息与实际情况不符，可以要求纳税人修改。纳税人拒绝修改的，扣缴义务人应当向主管税务机关报告，税务机关应当及时处理。

除纳税人另有要求外，扣缴义务人应当于年度终了后两个月内，向纳税人提供已办理的专项附加扣除项目及金额等信息。

第二十六条　税务机关定期对纳税人提供的专项附加扣除信息开展抽查。

第二十七条　税务机关核查时，纳税人无法提供留存备查资料，或者留存备查资料不能支持相关情况的，税务机关可以要求纳税人提供其他佐证；不能提供其他佐证材料，或者佐证材料仍不足以支持的，不得享受相关专项附加扣除。

第二十八条　税务机关核查专项附加扣除情况时，可以提请有关单位和个人协助核查，相关单位和个人应当协助。

第二十九条　纳税人有下列情形之一的，主管税务机关应当责令其改正；情形严重的，应当纳入有关信用信息系统，并按照国家有关规定实施联合惩戒；涉及违反税收征管法等法律法规的，税务机关依法进行处理：

（一）报送虚假专项附加扣除信息；

（二）重复享受专项附加扣除；

（三）超范围或标准享受专项附加扣除；

（四）拒不提供留存备查资料；

（五）税务总局规定的其他情形。

纳税人在任职、受雇单位报送虚假扣除信息的，税务机关责令改正的同时，通知扣缴义务人。

第三十条　本办法自2019年1月1日起施行。

附录3-26　国家税务总局关于发布《个人所得税扣缴申报管理办法（试行）》的公告

（国家税务总局公告2018年第61号）

为贯彻落实新修改的《中华人民共和国个人所得税法》及其实施条例，国家税务总局制定了《个人所得税扣缴申报管理办法（试行）》，现予以发布，自2019年1月1日起施行。

特此公告。

附件（略）：个人所得税税率表及预扣率表

国家税务总局

2018年12月21日

个人所得税扣缴申报管理办法（试行）

第一条　为规范个人所得税扣缴申报行为，维护纳税人和扣缴义务人合法权益，根据《中华人民共和国个人所得税法》及其实施条例、《中华人民共和国税收征收管理法》及其实施细则等法律法规的规定，制定本办法。

第二条 扣缴义务人,是指向个人支付所得的单位或者个人。扣缴义务人应当依法办理全员全额扣缴申报。

全员全额扣缴申报,是指扣缴义务人应当在代扣税款的次月十五日内,向主管税务机关报送其支付所得的所有个人的有关信息、支付所得数额、扣除事项和数额、扣缴税款的具体数额和总额以及其他相关涉税信息资料。

第三条 扣缴义务人每月或者每次预扣、代扣的税款,应当在次月十五日内缴入国库,并向税务机关报送《个人所得税扣缴申报表》。

第四条 实行个人所得税全员全额扣缴申报的应税所得包括:

(一)工资、薪金所得;
(二)劳务报酬所得;
(三)稿酬所得;
(四)特许权使用费所得;
(五)利息、股息、红利所得;
(六)财产租赁所得;
(七)财产转让所得;
(八)偶然所得。

第五条 扣缴义务人首次向纳税人支付所得时,应当按照纳税人提供的纳税人识别号等基础信息,填写《个人所得税基础信息表（A表）》,并于次月扣缴申报时向税务机关报送。

扣缴义务人对纳税人向其报告的相关基础信息变化情况,应当于次月扣缴申报时向税务机关报送。

第六条 扣缴义务人向居民个人支付工资、薪金所得时,应当按照累计预扣法计算预扣税款,并按月办理扣缴申报。

累计预扣法,是指扣缴义务人在一个纳税年度内预扣预缴税款时,以纳税人在本单位截至当前月份工资、薪金所得累计收入减除累计免税收入、累计减除费用、累计专项扣除、累计专项附加扣除和累计依法确定的其他扣除后的余额为累计预扣预缴应纳税所得额,适用个人所得税预扣率表一(见附件),计算累计应预扣预缴税额,再减除累计减免税额和累计已预扣预缴税额,其余额为本期应预扣预缴税额。余额为负值时,暂不退税。纳税年度终了后余额仍为负值时,由纳税人通过办理综合所得年度汇算清缴,税款多退少补。

具体计算公式如下:

本期应预扣预缴税额 =（累计预扣预缴应纳税所得额 × 预扣率 - 速算扣除数）- 累计减免税额 - 累计已预扣预缴税额

累计预扣预缴应纳税所得额 = 累计收入 - 累计免税收入 - 累计减除费用 - 累计专项扣除 - 累计专项附加扣除 - 累计依法确定的其他扣除

其中:累计减除费用,按照5000元/月乘以纳税人当年截至本月在本单位的任职受雇月份数计算。

第七条 居民个人向扣缴义务人提供有关信息并依法要求办理专项附加扣除的,扣缴义务人应当按照规定在工资、薪金所得按月预扣预缴税款时予以扣除,不得拒绝。

第八条 扣缴义务人向居民个人支付劳务报酬所得、稿酬所得、特许权使用费所得时,应当按照以下方法按次或者按月预扣预缴税款:

劳务报酬所得、稿酬所得、特许权使用费所得以收入减除费用后的余额为收入额;其中,稿酬所得的收入额减按70%计算。

减除费用:预扣预缴税款时,劳务报酬所得、稿酬所得、特许权使用费所得每次收入不超过4千元的,减除费用按800元计算;每次收入4千元以上的,减除费用按收入的20%计算。

应纳税所得额:劳务报酬所得、稿酬所得、特许权使用费所得,以每次收入额为预扣预缴应纳税所得额,计算应预扣预缴税额。劳务报酬所得适用个人所得税预扣率表二(见附件),稿酬所得、特许权使用费所得适用20%的比例预扣率。

居民个人办理年度综合所得汇算清缴时,应当依法计算劳务报酬所得、稿酬所得、特许权使用费所得的收入额,并入年度综合所得计算应纳税款,税款多退少补。

第九条 扣缴义务人向非居民个人支付工资、薪金所得,劳务报酬所得,稿酬所得和特许权使用费所得时,应当按照以下方法按月或者按次代扣代缴税款:

非居民个人的工资、薪金所得,以每月收入额减除费用五千元后的余额为应纳税所得额;劳务报酬所得、稿酬所得、特许权使用费所得,以每次收入额为应纳税所得额,适用个人所得税税率表三(见附件)计算应纳税额。劳务报酬所得、稿酬所得、特许权使用费所得以收入减除20%的费用后的余额为收入额;其中,稿酬所得的收入额减按70%计算。

非居民个人在一个纳税年度内税款扣缴方法保持不变,达到居民个人条件时,应当告知扣缴义务人基础信息变化情况,年度终了后按照居民个人有关规定办理汇算清缴。

第十条 扣缴义务人支付利息、股息、红利所得,财产租赁所得,财产转让所得或者偶然所得时,应当依法按次或者按月代扣代缴税款。

第十一条 劳务报酬所得、稿酬所得、特许权使用费所得,属于一次性收入的,以取得该项收入为一次;属于同一项目连续性收入的,以一个月内取得的收入为一次。

财产租赁所得,以一个月内取得的收入为一次。

利息、股息、红利所得,以支付利息、股息、红利时取得的收入为一次。

偶然所得,以每次取得该项收入为一次。

第十二条 纳税人需要享受税收协定待遇的,应当在取得应税所得时主动向扣缴义务人提出,并提交相关信息、资料,扣缴义务人代扣代缴税款时按照享受税收协定待遇有关办法办理。

第十三条 支付工资、薪金所得的扣缴义务人应当于年度终了后两个月内,向纳税人提供其个人所得和已扣缴税款等信息。纳税人年度中间需要提供上述信息的,扣缴义务人应当提供。

纳税人取得除工资、薪金所得以外的其他所得,扣缴义务人应当在扣缴税款后,及时向纳税人提供其个人所得和已扣缴税款等信息。

第十四条 扣缴义务人应当按照纳税人提供的信息计算税款、办理扣缴申报,不得擅自更改纳税人提供的信息。

扣缴义务人发现纳税人提供的信息与实际情况不符的,可以要求纳税人修改。纳税人拒绝修改的,扣缴义务人应当报告税务机关,税务机关应当及时处理。

纳税人发现扣缴义务人提供或者扣缴申报的个人信息、支付所得、扣缴税款等信息与实际情况不符的,有权要求扣缴义务人修改。扣缴义务人拒绝修改的,纳税人应当报告税务机关,税务机关应当及时处理。

第十五条 扣缴义务人对纳税人提供的《个人所得税专项附加扣除信息表》,应当按照规定妥善保存备查。

第十六条 扣缴义务人应当依法对纳税人报送的专项附加扣除等相关涉税信息和资料保密。

第十七条 对扣缴义务人按照规定扣缴的税款,按年付给百分之二的手续费。不包括税务机关、司法机关等查补或者责令补扣的税款。

扣缴义务人领取的扣缴手续费可用于提升办税能力、奖励办税人员。

第十八条 扣缴义务人依法履行代扣代缴义务，纳税人不得拒绝。纳税人拒绝的，扣缴义务人应当及时报告税务机关。

第十九条 扣缴义务人有未按照规定向税务机关报送资料和信息、未按照纳税人提供信息虚报虚扣专项附加扣除、应扣未扣税款、不缴或少缴已扣税款、借用或冒用他人身份等行为的，依照《中华人民共和国税收征收管理法》等相关法律、行政法规处理。

第二十条 本办法相关表证单书式样，由国家税务总局另行制定发布。

第二十一条 本办法自2019年1月1日起施行。《国家税务总局关于印发〈个人所得税全员全额扣缴申报管理暂行办法〉的通知》（国税发〔2005〕205号）同时废止。

附录3-27 国家税务总局关于个人所得税自行纳税申报有关问题的公告

（国家税务总局公告2018年第62号）

根据新修改的《中华人民共和国个人所得税法》及其实施条例，现就个人所得税自行纳税申报有关问题公告如下：

一、取得综合所得需要办理汇算清缴的纳税申报

取得综合所得且符合下列情形之一的纳税人，应当依法办理汇算清缴：

（一）从两处以上取得综合所得，且综合所得年收入额减除专项扣除后的余额超过6万元；

（二）取得劳务报酬所得、稿酬所得、特许权使用费所得中一项或者多项所得，且综合所得年收入额减除专项扣除的余额超过6万元；

（三）纳税年度内预缴税额低于应纳税额；

（四）纳税人申请退税。

需要办理汇算清缴的纳税人，应当在取得所得的次年3月1日至6月30日内，向任职、受雇单位所在地主管税务机关办理纳税申报，并报送《个人所得税年度自行纳税申报表》。纳税人有两处以上任职、受雇单位的，选择向其中一处任职、受雇单位所在地主管税务机关办理纳税申报；纳税人没有任职、受雇单位的，向户籍所在地或经常居住地主管税务机关办理纳税申报。

纳税人办理综合所得汇算清缴，应当准备与收入、专项扣除、专项附加扣除、依法确定的其他扣除、捐赠、享受税收优惠等相关的资料，并按规定留存备查或报送。

纳税人取得综合所得办理汇算清缴的具体办法，另行公告。

二、取得经营所得的纳税申报

个体工商户业主、个人独资企业投资者、合伙企业个人合伙人、承包承租经营者个人以及其他从事生产、经营活动的个人取得经营所得，包括以下情形：

（一）个体工商户从事生产、经营活动取得的所得，个人独资企业投资人、合伙企业的个人合伙人来源于境内注册的个人独资企业、合伙企业生产、经营的所得；

（二）个人依法从事办学、医疗、咨询以及其他有偿服务活动取得的所得；

（三）个人对企业、事业单位承包经营、承租经营以及转包、转租取得的所得；

（四）个人从事其他生产、经营活动取得的所得。

纳税人取得经营所得，按年计算个人所得税，由纳税人在月度或季度终了后15日内，向经

营管理所在地主管税务机关办理预缴纳税申报,并报送《个人所得税经营所得纳税申报表(A表)》。在取得所得的次年3月31日前,向经营管理所在地主管税务机关办理汇算清缴,并报送《个人所得税经营所得纳税申报表(B表)》;从两处以上取得经营所得的,选择向其中一处经营管理所在地主管税务机关办理年度汇总申报,并报送《个人所得税经营所得纳税申报表(C表)》。

三、取得应税所得,扣缴义务人未扣缴税款的纳税申报

纳税人取得应税所得,扣缴义务人未扣缴税款的,应当区别以下情形办理纳税申报:

(一)居民个人取得综合所得的,按照本公告第一条办理。

(二)非居民个人取得工资、薪金所得,劳务报酬所得,稿酬所得,特许权使用费所得的,应当在取得所得的次年6月30日前,向扣缴义务人所在地主管税务机关办理纳税申报,并报送《个人所得税自行纳税申报表(A表)》。有两个以上扣缴义务人均未扣缴税款的,选择向其中一处扣缴义务人所在地主管税务机关办理纳税申报。

非居民个人在次年6月30日前离境(临时离境除外)的,应当在离境前办理纳税申报。

(三)纳税人取得利息、股息、红利所得,财产租赁所得,财产转让所得和偶然所得的,应当在取得所得的次年6月30日前,按相关规定向主管税务机关办理纳税申报,并报送《个人所得税自行纳税申报表(A表)》。

税务机关通知限期缴纳的,纳税人应当按照期限缴纳税款。

四、取得境外所得的纳税申报

居民个人从中国境外取得所得的,应当在取得所得的次年3月1日至6月30日内,向中国境内任职、受雇单位所在地主管税务机关办理纳税申报;在中国境内没有任职、受雇单位的,向户籍所在地或中国境内经常居住地主管税务机关办理纳税申报;户籍所在地与中国境内经常居住地不一致的,选择其中一地主管税务机关办理纳税申报;在中国境内没有户籍的,向中国境内经常居住地主管税务机关办理纳税申报。

纳税人取得境外所得办理纳税申报的具体规定,另行公告。

五、因移居境外注销中国户籍的纳税申报

纳税人因移居境外注销中国户籍的,应当在申请注销中国户籍前,向户籍所在地主管税务机关办理纳税申报,进行税款清算。

(一)纳税人在注销户籍年度取得综合所得的,应当在注销户籍前,办理当年综合所得的汇算清缴,并报送《个人所得税年度自行纳税申报表》。尚未办理上一年度综合所得汇算清缴的,应当在办理注销户籍纳税申报时一并办理。

(二)纳税人在注销户籍年度取得经营所得的,应当在注销户籍前,办理当年经营所得的汇算清缴,并报送《个人所得税经营所得纳税申报表(B表)》。从两处以上取得经营所得的,还应当一并报送《个人所得税经营所得纳税申报表(C表)》。尚未办理上一年度经营所得汇算清缴的,应当在办理注销户籍纳税申报时一并办理。

(三)纳税人在注销户籍当年取得利息、股息、红利所得,财产租赁所得,财产转让所得和偶然所得的,应当在注销户籍前,申报当年上述所得的完税情况,并报送《个人所得税自行纳税申报表(A表)》。

(四)纳税人有未缴或者少缴税款的,应当在注销户籍前,结清欠缴或未缴的税款。纳税人存在分期缴税且未缴纳完毕的,应当在注销户籍前,结清尚未缴纳的税款。

(五)纳税人办理注销户籍纳税申报时,需要办理专项附加扣除、依法确定的其他扣除的,应当向税务机关报送《个人所得税专项附加扣除信息表》《商业健康保险税前扣除情况明细表》

《个人税收递延型商业养老保险税前扣除情况明细表》等。

六、非居民个人在中国境内从两处以上取得工资、薪金所得的纳税申报

非居民个人在中国境内从两处以上取得工资、薪金所得的，应当在取得所得的次月15日内，向其中一处任职、受雇单位所在地主管税务机关办理纳税申报，并报送《个人所得税自行纳税申报表（A表）》。

七、纳税申报方式

纳税人可以采用远程办税端、邮寄等方式申报，也可以直接到主管税务机关申报。

八、其他有关问题

（一）纳税人办理自行纳税申报时，应当一并报送税务机关要求报送的其他有关资料。首次申报或者个人基础信息发生变化的，还应报送《个人所得税基础信息表（B表）》。

本公告涉及的有关表证单书，由国家税务总局统一制定式样，另行公告。

（二）纳税人在办理纳税申报时需要享受税收协定待遇的，按照享受税收协定待遇有关办法办理。

九、施行时间

本公告自2019年1月1日起施行。

特此公告。

国家税务总局
2018年12月21日

附录 3-28　国家税务总局关于做好个人所得税改革过渡期政策贯彻落实的通知

（税总函〔2018〕484号）

国家税务总局各省、自治区、直辖市和计划单列市税务局，国家税务总局驻各地特派员办事处，局内各单位：

为贯彻落实全国人大新修订的《中华人民共和国个人所得税法》和9月6日国务院常务会议精神，确保2018年10月1日至2018年12月31日工资、薪金所得先行执行每月5000元的减除费用标准并适用新税率表，以及个体工商户的生产经营所得、对企事业单位的承包承租经营所得适用新税率表的新税法过渡期政策（以下简称"过渡期政策"）切实有效落地，现就有关要求通知如下：

一、提高认识，切实加强组织领导

本次个人所得税改革是一项利国惠民的重大改革举措，党中央、国务院高度重视，全社会广泛关注，纳税人热切期盼。新税法实施分为三个阶段：第一阶段，2018年10月1日之前为过渡期政策准备阶段；第二阶段，2018年10月1日至2018年12月31日为过渡期政策执行以及综合与分类相结合的个人所得税制（以下简称"新税制"）实施准备阶段；第三阶段，2019年1月1日起为新税制全面实施阶段。此次改革内容多、力度大，尤其是过渡期政策实施准备时间紧、任务重，各地税务机关要切实从讲政治、讲大局的高度，充分认识个人所得税改革的重大意义，强化组织领导，精心筹划部署，聚焦政策宣传、纳税服务、信息化建设三大核心任务，切实加强对

下指导和绩效考评,坚决贯彻落实好过渡期政策,确保纳税人充分享受改革红利。

二、夯实基础,稳妥做好系统切换

(一)做好信息系统升级切换。要提前做好软硬件环境部署,完成系统集成联调,及时完成过渡期政策系统版本的切换,组织面向扣缴义务人的软件应用培训,辅导扣缴义务人及时完成扣缴客户端升级。

(二)保障系统平稳运行。要持续完善系统运维制度机制,融合运维队伍,整合运维平台,增强运维能力,落实网络安全责任制,做好网络安全防护,确保系统安全、稳定运行。

三、优化服务,积极提升服务质效

(一)迅速组织开展辅导培训。要立即组织开展税务系统内部和面向纳税人、扣缴义务人的培训、辅导,使广大税务干部深入领会过渡期政策核心要义,熟练掌握政策规定,准确把握宣传口径,帮助纳税人、扣缴义务人理解好、运用好、执行好过渡期政策。

(二)做好涉税咨询受理与解答。各地要合理调配办税服务厅和12366纳税服务热线资源,畅通涉税咨询渠道,落实好首问责任制,快速回应纳税人关切的热点问题。

(三)切实维护纳税人合法权益。加强纳税人权益保护工作,提高纳税服务投诉办理效率,对纳税服务投诉即时办理、限时办结。

四、创新方式,精准有效开展宣传

各级税务机关要精心部署,认真组织开展过渡期政策和新税制的宣传活动,形成税务系统上下联动、同频共振的宣传合力。要抓住社会关切的重点和热点问题,有针对性地开展税收宣传,提高纳税人、扣缴义务人对政策变化点、相关背景、适用方法的知悉度。要创新运用公益广告、微信、动画、动漫等人民群众喜闻乐见的形式开展税收宣传,进一步增强税收宣传的感染力。

五、强化分析,及时做好效应跟踪

(一)密切跟踪社会反响。要密切跟踪政策实施效果,有效回应社会关切,及时上报并妥善解决过渡期政策落实中发现和社会反映的有关问题。

(二)积极开展效应分析。要认真做好过渡期政策落实相关数据统计、分析和整理工作,积极、有效开展过渡期政策效应分析,促进过渡期政策平稳落地。

国家税务总局
2018年9月7日

附录3-29 国家税务总局关于明确《税收完税证明》(文书式)开具管理有关事项的通知

(税总函〔2018〕628号)

国家税务总局各省、自治区、直辖市和计划单列市税务局:

为进一步规范税收票证管理,服务经济社会发展,依据《税收票证管理办法》(国家税务总局令第28号),税务总局决定自2019年1月1日起,对《税收完税证明》(文书式,下同)的开具进行调整。现将有关事项通知如下:

一、自2019年1月1日起,《税收完税证明》不再作为税收票证管理,不再套印"国家税务总局税收票证监制章",加盖的税务机关印章由"征税专用章"调整为"业务专用章"。具体式样见附件。

二、除本通知第三条规定外,纳税人就特定期间完税情况申请开具证明的,税务机关为其提供开具《税收完税证明》的服务。

三、个人所得税纳税人就税款所属期为2019年1月1日(含)以后缴(退)税情况申请开具证明的,税务机关依据《国家税务总局关于将个人所得税〈税收完税证明〉(文书式)调整为〈纳税记录〉有关事项的公告》(国家税务总局公告2018年第55号)为其开具个人所得税《纳税记录》,不再开具《税收完税证明》。

四、各地税务机关要做好调整后的《税收完税证明》网上开具工作。网上开具的式样与办税服务厅开具的一致,加印电子形式的业务专用章。

五、调整后的《税收完税证明》的开具内容、开具方式和管理办法由各省税务机关确定。

六、调整完善《税收完税证明》的开具管理,是税务总局进一步深化"放管服"改革,优化税收营商环境的一项重要决策。各地要高度重视,周密部署,充分运用原有文书式《税收完税证明》的信息系统和管理经验,抓紧系统升级、流程优化和宣传咨询等相关工作,确保2019年1月1日顺利实施。

七、本通知自2019年1月1日起执行。《国家税务总局办公厅关于推行网上开具税收完税证明工作的通知》(税总办发〔2017〕162号)相关规定与本通知不一致的,按本通知规定执行。

附件:调整后的《税收完税证明》(文书式)式样

国家税务总局
2018年12月5日

附件:调整后的《税收完税证明》(文书式)式样

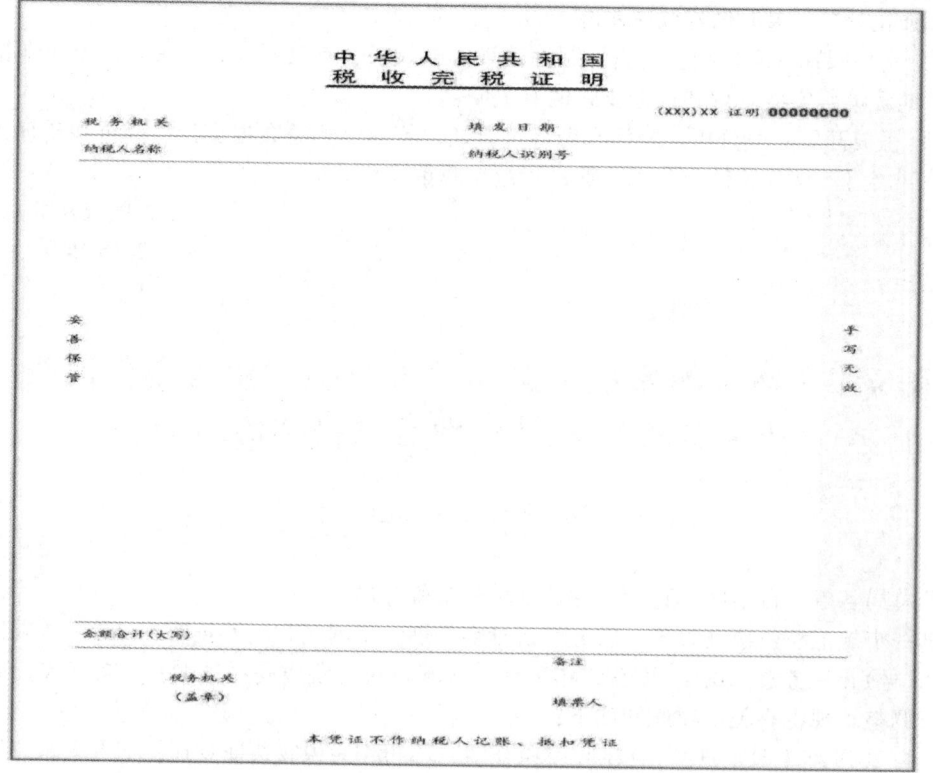

附录3-30 国家税务总局关于发挥涉税专业服务作用助力个人所得税改革有关事项的通知

(税总函〔2018〕687号)

国家税务总局各省、自治区、直辖市和计划单列市税务局,国家税务总局驻各地特派员办事处,局内各单位:

为落实党中央、国务院关于个人所得税改革的决策部署,充分发挥涉税专业服务作用,助力个人所得税改革实施,现将有关事项通知如下:

一、充分发挥涉税行业协会和机构的专业化作用

个人所得税新税制的实施,对税务机关纳税服务工作带来空前挑战。当前和今后一个阶段,面向纳税人、扣缴义务人的政策咨询、宣传辅导工作将异常繁重,办税服务厅办税流量将大幅度增长。涉税专业服务等社会力量在支持个人所得税改革中具有重要作用。税务机关应充分调动其力量,缓解税务机关纳税服务资源不足的问题,协力推进个人所得税改革顺利实施。

(一)税务机关要认真评估本地区12366咨询、办税服务厅服务资源与纳税人需求增长的匹配情况。对政策咨询、办税压力增加显著,税务机关承受力严重不足,需要借助涉税专业服务力量解决的,可以根据需要,邀请涉税专业服务机构的税务师、注册会计师、律师参加12366专家咨询坐席、办税服务厅导税咨询、自助办税和办税体验区咨询辅导,纳税人学堂专家辅导讲座。涉税专业服务机构可以志愿者身份,参加上述12366专家咨询、办税服务厅专家咨询、辅导、讲座活动。

(二)税务机关在制定对纳税人、扣缴义务人宣传辅导方案时,可邀请税务师协会、注册会计师协会、律师协会、代理记账协会等行业协会(以下称"涉税行业协会")、涉税专业服务机构参与研究。涉税行业协会、涉税专业服务机构从纳税人、扣缴义务人需求以及专业服务的角度,向税务机关提出意见建议。

二、鼓励涉税行业协会和机构组织参加个人所得税改革宣传辅导公益活动

组织开展个人所得税改革公益活动是涉税行业协会和涉税专业服务机构的社会责任。税务机关应当鼓励和引导涉税行业协会和涉税专业服务机构积极组织参与个人所得税改革宣传辅导公益活动。

(一)鼓励涉税行业协会和涉税专业服务机构的税务专家,通过微博、微信、微课堂等方式,免费开展个人所得税改革宣传,从专家专业角度回应社会关切热点问题,阐释改革积极意义,发挥正向引导作用,共同营造良好的舆论氛围。

(二)鼓励涉税行业协会组织志愿者服务队、"同心服务团""专家讲师团"等,开展个人所得税法"进校园、进社区、进园区"宣传辅导公益活动,向社会宣传个人所得税法相关知识。

(三)鼓励涉税行业协会和涉税专业服务机构组织开展个人所得税公益大讲堂活动,免费向纳税人、扣缴义务人宣传个人所得税法、个人所得税法实施条例、专项附加扣除等改革内容。

三、涉税专业服务机构应当规范开展市场化服务

涉税专业服务机构开展个人所得税改革实施涉及的相关市场化服务,可以在税务机关提供的基本纳税服务之外,满足纳税人、扣缴义务人的个性化和专业化需求,助力个人所得税改革顺

利实施。

（一）涉税专业服务机构可以根据个人所得税改革相关内容，为纳税人、扣缴义务人提供个人所得税政策咨询、办税咨询、纳税申报、汇算清缴代理、专业税务顾问等服务，协助纳税人、扣缴义务人办理专项附加扣除信息的填报、纳税申报表的填报、办理年度汇算清缴等事项。在提供服务中，应当引导纳税人树立诚信申报、诚信纳税的理念，共同维护社会诚信体系。

（二）涉税专业服务机构应当按照《涉税专业服务监管办法（试行）》相关规定，严守职业道德、规范执业行为，提高服务质量。不得借个人所得税改革实施之机乱收费、高收费。不得蒙蔽纳税人或扣缴义务人谋取不当经济利益，损害纳税人或扣缴义务人合法权益。不得以税务机关名义或利用参加志愿者活动、公益活动之机招揽生意。

四、加强服务与监管

税务机关应当按照《涉税专业服务监管办法（试行）》及相关规定，为涉税行业协会和涉税专业服务机构开展公益性活动，为涉税专业服务机构开展正常业务，提供便利化服务。

税务机关应当严肃查处"黑中介""中介黑"问题。对未纳入涉税专业服务监管但却从事个人所得税有偿服务、采取不正当方式招揽生意、损害纳税人或扣缴义务人合法权益的机构，应当限期将其纳入监管；对纳税人、扣缴义务人举报投诉借个人所得税改革实施之机蒙蔽纳税人谋取不当经济利益的涉税专业服务机构及从事涉税服务人员，应当按照《涉税专业服务监管办法（试行）》第十四条、第十五条规定，采取约谈、责令限期改正、暂停受理所代理的涉税业务、纳入涉税服务失信名录等监管措施予以处理，并对相关涉税专业服务机构和从事涉税服务人员扣减信用积分、降低信用等级、进行执业负面记录。

税务机关应当通过加强服务和监管，促进涉税专业服务机构规范执业，严防损害纳税人、扣缴义务人合法权益，确保涉税专业服务发挥正向作用，助力个人所得税改革顺利实施。

国家税务总局
2018 年 12 月 29 日

附录 3-31　财政部、国家税务总局、证监会关于创新企业境内发行存托凭证试点阶段有关税收政策的公告

（财政部、国家税务总局、证监会公告 2019 年第 52 号）

为支持实施创新驱动发展战略，现将创新企业境内发行存托凭证（以下称创新企业 CDR）试点阶段涉及的有关税收政策公告如下：

一、个人所得税政策

1. 自试点开始之日起，对个人投资者转让创新企业 CDR 取得的差价所得，三年（36 个月，下同）内暂免征收个人所得税。

2. 自试点开始之日起，对个人投资者持有创新企业 CDR 取得的股息红利所得，三年内实施股息红利差别化个人所得税政策，具体参照《财政部、国家税务总局、证监会关于实施上市公司股息红利差别化个人所得税政策有关问题的通知》（财税〔2012〕85 号）、《财政部、国家税务总局、证监会关于上市公司股息红利差别化个人所得税政策有关问题的通知》（财税〔2015〕101 号）的相关规定执行，由创新企业在其境内的存托机构代扣代缴税款，并向存托机构所在地

税务机关办理全员全额明细申报。对于个人投资者取得的股息红利在境外已缴纳的税款,可按照个人所得税法以及双边税收协定(安排)的相关规定予以抵免。

二、企业所得税政策

1. 对企业投资者转让创新企业 CDR 取得的差价所得和持有创新企业 CDR 取得的股息红利所得,按转让股票差价所得和持有股票的股息红利所得政策规定征免企业所得税。

2. 对公募证券投资基金(封闭式证券投资基金、开放式证券投资基金)转让创新企业 CDR 取得的差价所得和持有创新企业 CDR 取得的股息红利所得,按公募证券投资基金税收政策规定暂不征收企业所得税。

3. 对合格境外机构投资者(QFII)、人民币合格境外机构投资者(RQFII)转让创新企业 CDR 取得的差价所得和持有创新企业 CDR 取得的股息红利所得,视同转让或持有据以发行创新企业 CDR 的基础股票取得的权益性资产转让所得和股息红利所得征免企业所得税。

三、增值税政策

1. 对个人投资者转让创新企业 CDR 取得的差价收入,暂免征收增值税。

2. 对单位投资者转让创新企业 CDR 取得的差价收入,按金融商品转让政策规定征免增值税。

3. 自试点开始之日起,对公募证券投资基金(封闭式证券投资基金、开放式证券投资基金)管理人运营基金过程中转让创新企业 CDR 取得的差价收入,三年内暂免征收增值税。

4. 对合格境外机构投资者(QFII)、人民币合格境外机构投资者(RQFII)委托境内公司转让创新企业 CDR 取得的差价收入,暂免征收增值税。

四、印花税政策

自试点开始之日起三年内,在上海证券交易所、深圳证券交易所转让创新企业 CDR,按照实际成交金额,由出让方按1‰的税率缴纳证券交易印花税。

五、其他相关事项

1. 本公告所称创新企业 CDR,是指符合《国务院办公厅转发证监会关于开展创新企业境内发行股票或存托凭证试点若干意见的通知》(国办发〔2018〕21号)规定的试点企业,以境外股票为基础证券,由存托人签发并在中国境内发行,代表境外基础证券权益的证券。

2. 本公告所称试点开始之日,是指首只创新企业 CDR 取得国务院证券监督管理机构的发行批文之日。

特此公告。

财政部　国家税务总局　证监会
2019年4月3日

附录3-32　关于创业投资企业个人合伙人所得税政策问题的通知

(财税〔2019〕8号)

各省、自治区、直辖市、计划单列市财政厅(局)、发展改革委、证券监督管理机构,国家税务总局各省、自治区、直辖市、计划单列市税务局,新疆生产建设兵团财政局、发展改革委:

为进一步支持创业投资企业（含创投基金，以下统称创投企业）发展，现将有关个人所得税政策问题通知如下：

一、创投企业可以选择按单一投资基金核算或者按创投企业年度所得整体核算两种方式之一，对其个人合伙人来源于创投企业的所得计算个人所得税应纳税额。

本通知所称创投企业，是指符合《创业投资企业管理暂行办法》（发展改革委等10部门令第39号）或者《私募投资基金监督管理暂行办法》（证监会令第105号）关于创业投资企业（基金）的有关规定，并按照上述规定完成备案且规范运作的合伙制创业投资企业（基金）。

二、创投企业选择按单一投资基金核算的，其个人合伙人从该基金应分得的股权转让所得和股息红利所得，按照20%税率计算缴纳个人所得税。

创投企业选择按年度所得整体核算的，其个人合伙人应从创投企业取得的所得，按照"经营所得"项目、5%～35%的超额累进税率计算缴纳个人所得税。

三、单一投资基金核算，是指单一投资基金（包括不以基金名义设立的创投企业）在一个纳税年度内从不同创业投资项目取得的股权转让所得和股息红利所得按下述方法分别核算纳税：

（一）股权转让所得。单个投资项目的股权转让所得，按年度股权转让收入扣除对应股权原值和转让环节合理费用后的余额计算，股权原值和转让环节合理费用的确定方法，参照股权转让所得个人所得税有关政策规定执行；单一投资基金的股权转让所得，按一个纳税年度内不同投资项目的所得和损失相互抵减后的余额计算，余额大于或等于零的，即确认为该基金的年度股权转让所得；余额小于零的，该基金年度股权转让所得按零计算且不能跨年结转。

个人合伙人按照其应从基金年度股权转让所得中分得的份额计算其应纳税额，并由创投企业在次年3月31日前代扣代缴个人所得税。如符合《财政部、国家税务总局关于创业投资企业和天使投资个人有关税收政策的通知》（财税〔2018〕55号）规定条件的，创投企业个人合伙人可以按照被转让项目对应投资额的70%抵扣其应从基金年度股权转让所得中分得的份额后再计算其应纳税额，当期不足抵扣的，不得向以后年度结转。

（二）股息红利所得。单一投资基金的股息红利所得，以其来源于所投资项目分配的股息、红利收入以及其他固定收益类证券等收入的全额计算。

个人合伙人按照其应从基金股息红利所得中分得的份额计算其应纳税额，并由创投企业按次代扣代缴个人所得税。

（三）除前述可以扣除的成本、费用之外，单一投资基金发生的包括投资基金管理人的管理费和业绩报酬在内的其他支出，不得在核算时扣除。

本条规定的单一投资基金核算方法仅适用于计算创投企业个人合伙人的应纳税额。

四、创投企业年度所得整体核算，是指将创投企业以每一纳税年度的收入总额减除成本、费用以及损失后，计算应分配给个人合伙人的所得。如符合《财政部、国家税务总局关于创业投资企业和天使投资个人有关税收政策的通知》（财税〔2018〕55号）规定条件的，创投企业个人合伙人可以按照被转让项目对应投资额的70%抵扣其可以从创投企业应分得的经营所得后再计算其应纳税额。年度核算亏损的，准予按有关规定向以后年度结转。

按照"经营所得"项目计税的个人合伙人，没有综合所得的，可依法减除基本减除费用、专项扣除、专项附加扣除以及国务院确定的其他扣除。从多处取得经营所得的，应汇总计算个人所得税，只减除一次上述费用和扣除。

五、创投企业选择按单一投资基金核算或按创投企业年度所得整体核算后，3年内不能变更。

六、创投企业选择按单一投资基金核算的，应当在按照本通知第一条规定完成备案的30日内，向主管税务机关进行核算方式备案；未按规定备案的，视同选择按创投企业年度所得整体核算。2019年1月1日前已经完成备案的创投企业，选择按单一投资基金核算的，应当在2019年3月1日前向主管税务机关进行核算方式备案。创投企业选择一种核算方式满3年需要调整的，应当在满3年的次年1月31日前，重新向主管税务机关备案。

七、税务部门依法开展税收征管和后续管理工作，可转请发展改革部门、证券监督管理部门对创投企业及其所投项目是否符合有关规定进行核查，发展改革部门、证券监督管理部门应当予以配合。

八、本通知执行期限为2019年1月1日起至2023年12月31日止。

财政部　国家税务总局　发展改革委　证监会
2019年1月10日

附录3-33　关于实施小微企业普惠性税收减免政策的通知

（财税〔2019〕13号）

各省、自治区、直辖市、计划单列市财政厅（局），新疆生产建设兵团财政局，国家税务总局各省、自治区、直辖市和计划单列市税务局：

为贯彻落实党中央、国务院决策部署，进一步支持小微企业发展，现就实施小微企业普惠性税收减免政策有关事项通知如下：

一、对月销售额10万元以下（含本数）的增值税小规模纳税人，免征增值税。

二、对小型微利企业年应纳税所得额不超过100万元的部分，减按25%计入应纳税所得额，按20%的税率缴纳企业所得税；对年应纳税所得额超过100万元但不超过300万元的部分，减按50%计入应纳税所得额，按20%的税率缴纳企业所得税。

上述小型微利企业是指从事国家非限制和禁止行业，且同时符合年度应纳税所得额不超过300万元、从业人数不超过300人、资产总额不超过5000万元等三个条件的企业。

从业人数，包括与企业建立劳动关系的职工人数和企业接受的劳务派遣用工人数。所称从业人数和资产总额指标，应按企业全年的季度平均值确定。具体计算公式如下：

季度平均值 =（季初值 + 季末值）÷2

全年季度平均值 = 全年各季度平均值之和 ÷4

年度中间开业或者终止经营活动的，以其实际经营期作为一个纳税年度确定上述相关指标。

三、由省、自治区、直辖市人民政府根据本地区实际情况，以及宏观调控需要确定，对增值税小规模纳税人可以在50%的税额幅度内减征资源税、城市维护建设税、房产税、城镇土地使用税、印花税（不含证券交易印花税）、耕地占用税和教育费附加、地方教育附加。

四、增值税小规模纳税人已依法享受资源税、城市维护建设税、房产税、城镇土地使用税、印花税、耕地占用税、教育费附加、地方教育附加其他优惠政策的，可叠加享受本通知第三条规定的优惠政策。

五、《财政部、国家税务总局关于创业投资企业和天使投资个人有关税收政策的通知》（财税〔2018〕55号）第二条第（一）项关于初创科技型企业条件中的"从业人数不超过200人"调整为"从业人数不超过300人"，"资产总额和年销售收入均不超过3000万元"调整为"资产总额和年销售收入均不超过5000万元"。

2019年1月1日至2021年12月31日期间发生的投资，投资满2年且符合本通知规定和财税〔2018〕55号文件规定的其他条件的，可以适用财税〔2018〕55号文件规定的税收政策。

2019年1月1日前2年内发生的投资，自2019年1月1日起投资满2年且符合本通知规定和财税〔2018〕55号文件规定的其他条件的，可以适用财税〔2018〕55号文件规定的税收政策。

六、本通知执行期限为2019年1月1日至2021年12月31日。《财政部、国家税务总局关于延续小微企业增值税政策的通知》（财税〔2017〕76号）、《财政部、国家税务总局关于进一步扩大小型微利企业所得税优惠政策范围的通知》（财税〔2018〕77号）同时废止。

七、各级财税部门要切实提高政治站位，深入贯彻落实党中央、国务院减税降费的决策部署，充分认识小微企业普惠性税收减免的重要意义，切实承担起抓落实的主体责任，将其作为一项重大任务，加强组织领导，精心筹划部署，不折不扣落实到位。要加大力度、创新方式，强化宣传辅导，优化纳税服务，增进办税便利，确保纳税人和缴费人实打实享受到减税降费的政策红利。要密切跟踪政策执行情况，加强调查研究，对政策执行中各方反映的突出问题和意见建议，要及时向财政部和税务总局反馈。

财政部　国家税务总局
2019年1月17日

附录3-34　关于进一步扶持自主就业退役士兵创业就业有关税收政策的通知

（财税〔2019〕21号）

各省、自治区、直辖市、计划单列市财政厅（局）、退役军人事务厅（局），国家税务总局各省、自治区、直辖市、计划单列市税务局，新疆生产建设兵团财政局：

为进一步扶持自主就业退役士兵创业就业，现将有关税收政策通知如下：

一、自主就业退役士兵从事个体经营的，自办理个体工商户登记当月起，在3年（36个月，下同）内按每户每年12000元为限额依次扣减其当年实际应缴纳的增值税、城市维护建设税、教育费附加、地方教育附加和个人所得税。限额标准最高可上浮20%，各省、自治区、直辖市人民政府可根据本地区实际情况在此幅度内确定具体限额标准。

纳税人年度应缴纳税款小于上述扣减限额的，减免税额以其实际缴纳的税款为限；大于上述扣减限额的，以上述扣减限额为限。纳税人的实际经营期不足1年的，应当按月换算其减免税限额。换算公式为：减免税限额＝年度减免税限额÷12×实际经营月数。城市维护建设税、教育费附加、地方教育附加的计税依据是享受本项税收优惠政策前的增值税应纳税额。

二、企业招用自主就业退役士兵，与其签订1年以上期限劳动合同并依法缴纳社会保险费的，自签订劳动合同并缴纳社会保险当月起，在3年内按实际招用人数予以定额依次扣减增值税、城市维护建设税、教育费附加、地方教育附加和企业所得税优惠。定额标准为每人每年6000元，最高可上浮50%，各省、自治区、直辖市人民政府可根据本地区实际情况在此幅度内确定具体定额标准。

企业按招用人数和签订的劳动合同时间核算企业减免税总额，在核算减免税总额内每月依次扣减增值税、城市维护建设税、教育费附加和地方教育附加。企业实际应缴纳的增值税、城市维护建设税、教育费附加和地方教育附加小于核算减免税总额的,以实际应缴纳的增值税、城市维护建设税、教育费附加和地方教育附加为限;实际应缴纳的增值税、城市维护建设税、教育费附加和地方教育附加大于核算减免税总额的,以核算减免税总额为限。

纳税年度终了,如果企业实际减免的增值税、城市维护建设税、教育费附加和地方教育附加小于核算减免税总额,企业在企业所得税汇算清缴时以差额部分扣减企业所得税。当年扣减不完的,不再结转以后年度扣减。

自主就业退役士兵在企业工作不满1年的,应当按月换算减免税限额。计算公式为:企业核算减免税总额 = Σ 每名自主就业退役士兵本年度在本单位工作月份 ÷ 12 × 具体定额标准。

城市维护建设税、教育费附加、地方教育附加的计税依据是享受本项税收优惠政策前的增值税应纳税额。

三、本通知所称自主就业退役士兵是指依照《退役士兵安置条例》(国务院 中央军委令第608号)的规定退出现役并按自主就业方式安置的退役士兵。

本通知所称企业是指属于增值税纳税人或企业所得税纳税人的企业等单位。

四、自主就业退役士兵从事个体经营的,在享受税收优惠政策进行纳税申报时,注明其退役军人身份,并将《中国人民解放军义务兵退出现役证》《中国人民解放军士官退出现役证》或《中国人民武装警察部队义务兵退出现役证》《中国人民武装警察部队士官退出现役证》留存备查。

企业招用自主就业退役士兵享受税收优惠政策的,将以下资料留存备查:1. 招用自主就业退役士兵的《中国人民解放军义务兵退出现役证》《中国人民解放军士官退出现役证》或《中国人民武装警察部队义务兵退出现役证》《中国人民武装警察部队士官退出现役证》;2. 企业与招用自主就业退役士兵签订的劳动合同(副本),为职工缴纳的社会保险费记录;3. 自主就业退役士兵本年度在企业工作时间表(见附件)。

五、企业招用自主就业退役士兵既可以适用本通知规定的税收优惠政策,又可以适用其他扶持就业专项税收优惠政策的,企业可以选择适用最优惠的政策,但不得重复享受。

六、本通知规定的税收政策执行期限为2019年1月1日至2021年12月31日。纳税人在2021年12月31日享受本通知规定税收优惠政策未满3年的,可继续享受至3年期满为止。《财政部、国家税务总局、民政部关于继续实施扶持自主就业退役士兵创业就业有关税收政策的通知》(财税〔2017〕46号)自2019年1月1日起停止执行。

退役士兵以前年度已享受退役士兵创业就业税收优惠政策满3年的,不得再享受本通知规定的税收优惠政策;以前年度享受退役士兵创业就业税收优惠政策未满3年且符合本通知规定条件的,可按本通知规定享受优惠至3年期满。

各地财政、税务、退役军人事务部门要加强领导、周密部署,把扶持自主就业退役士兵创业就业工作作为一项重要任务,主动做好政策宣传和解释工作,加强部间的协调配合,确保政策落实到位。同时,要密切关注税收政策的执行情况,对发现的问题及时逐级向财政部、税务总局、退役军人部反映。

附件(略):自主就业退役士兵本年度在企业工作时间表(样表)

财政部　国家税务总局　退役军人部
2019年2月2日

附录3-35 关于进一步支持和促进重点群体创业就业有关税收政策的通知

(财税〔2019〕22号)

各省、自治区、直辖市、计划单列市财政厅(局)、人力资源社会保障厅(局)、扶贫办,国家税务总局各省、自治区、直辖市、计划单列市税务局,新疆生产建设兵团财政局、人力资源社会保障局、扶贫办:

为进一步支持和促进重点群体创业就业,现将有关税收政策通知如下:

一、建档立卡贫困人口、持《就业创业证》(注明"自主创业税收政策"或"毕业年度内自主创业税收政策")或《就业失业登记证》(注明"自主创业税收政策")的人员,从事个体经营的,自办理个体工商户登记当月起,在3年(36个月,下同)内按每户每年12000元为限额依次扣减其当年实际应缴纳的增值税、城市维护建设税、教育费附加、地方教育附加和个人所得税。限额标准最高可上浮20%,各省、自治区、直辖市人民政府可根据本地区实际情况在此幅度内确定具体限额标准。

纳税人年度应缴纳税款小于上述扣减限额的,减免税额以其实际缴纳的税款为限;大于上述扣减限额的,以上述扣减限额为限。

上述人员具体包括:1.纳入全国扶贫开发信息系统的建档立卡贫困人口;2.在人力资源社会保障部门公共就业服务机构登记失业半年以上的人员;3.零就业家庭、享受城市居民最低生活保障家庭劳动年龄内的登记失业人员;4.毕业年度内高校毕业生。高校毕业生是指实施高等学历教育的普通高等学校、成人高等学校应届毕业的学生;毕业年度是指毕业所在自然年,即1月1日至12月31日。

二、企业招用建档立卡贫困人口,以及在人力资源社会保障部门公共就业服务机构登记失业半年以上且持《就业创业证》或《就业失业登记证》(注明"企业吸纳税收政策")的人员,与其签订1年以上期限劳动合同并依法缴纳社会保险费的,自签订劳动合同并缴纳社会保险当月起,在3年内按实际招用人数予以定额依次扣减增值税、城市维护建设税、教育费附加、地方教育附加和企业所得税优惠。定额标准为每人每年6000元,最高可上浮30%,各省、自治区、直辖市人民政府可根据本地区实际情况在此幅度内确定具体定额标准。城市维护建设税、教育费附加、地方教育附加的计税依据是享受本项税收优惠政策前的增值税应纳税额。

按上述标准计算的税收扣减额应在企业当年实际应缴纳的增值税、城市维护建设税、教育费附加、地方教育附加和企业所得税税额中扣减,当年扣减不完的,不得结转下年使用。

本通知所称企业是指属于增值税纳税人或企业所得税纳税人的企业等单位。

三、国务院扶贫办在每年1月15日前将建档立卡贫困人口名单及相关信息提供给人力资源社会保障部、税务总局,税务总局将相关信息转发给各省、自治区、直辖市税务部门。人力资源社会保障部门依托全国扶贫开发信息系统核实建档立卡贫困人口身份信息。

四、企业招用就业人员既可以适用本通知规定的税收优惠政策,又可以适用其他扶持就业专项税收优惠政策的,企业可以选择适用最优惠的政策,但不得重复享受。

五、本通知规定的税收政策执行期限为2019年1月1日至2021年12月31日。纳税人在2021年12月31日享受本通知规定税收优惠政策未满3年的,可继续享受至3年期满为止。《财政部、国家税务总局、人力资源社会保障部关于继续实施支持和促进重点群体创业就业有关税收政策的通知》（财税〔2017〕49号）自2019年1月1日起停止执行。

本通知所述人员，以前年度已享受重点群体创业就业税收优惠政策满3年的，不得再享受本通知规定的税收优惠政策；以前年度享受重点群体创业就业税收优惠政策未满3年且符合本通知规定条件的，可按本通知规定享受优惠至3年期满。

各地财政、税务、人力资源社会保障部门、扶贫办要加强领导、周密部署，把大力支持和促进重点群体创业就业工作作为一项重要任务，主动做好政策宣传和解释工作，加强部门间的协调配合，确保政策落实到位。同时，要密切关注税收政策的执行情况，对发现的问题及时逐级向财政部、国家税务总局、人力资源社会保障部、国务院扶贫办反映。

财政部　国家税务总局
人力资源社会保障部　国务院扶贫办
2019年2月2日

附录3-36　财政部、国家税务总局关于粤港澳大湾区个人所得税优惠政策的通知

（财税〔2019〕31号）

广东省、深圳市财政厅（局），国家税务总局广东省、深圳市税务局：

为支持粤港澳大湾区建设，现就大湾区有关个人所得税优惠政策通知如下：

一、广东省、深圳市按内地与香港个人所得税税负差额，对在大湾区工作的境外（含港澳台，下同）高端人才和紧缺人才给予补贴，该补贴免征个人所得税。

二、在大湾区工作的境外高端人才和紧缺人才的认定和补贴办法，按照广东省、深圳市的有关规定执行。

三、本通知适用范围包括广东省广州市、深圳市、珠海市、佛山市、惠州市、东莞市、中山市、江门市和肇庆市等大湾区珠三角九市。

四、本通知自2019年1月1日起至2023年12月31日止执行。《财政部、国家税务总局关于广东横琴新区个人所得税优惠政策的通知》（财税〔2014〕23号）、《财政部、国家税务总局关于深圳前海深港现代服务业合作区个人所得税优惠政策的通知》（财税〔2014〕25号）自2019年1月1日起废止。

财政部　国家税务总局
2019年3月14日

附录3-37　财政部、国家税务总局关于在中国境内无住所的个人居住时间判定标准的公告

（财政部、国家税务总局公告2019年第34号）

为贯彻落实修改后的《中华人民共和国个人所得税法》和《中华人民共和国个人所得税法

实施条例》，现将在中国境内无住所的个人（以下称无住所个人）居住时间的判定标准公告如下：

一、无住所个人一个纳税年度在中国境内累计居住满183天的，如果此前六年在中国境内每年累计居住天数都满183天而且没有任何一年单次离境超过30天，该纳税年度来源于中国境内、境外所得应当缴纳个人所得税；如果此前六年的任一年在中国境内累计居住天数不满183天或者单次离境超过30天，该纳税年度来源于中国境外且由境外单位或者个人支付的所得，免予缴纳个人所得税。

前款所称此前六年，是指该纳税年度的前一年至前六年的连续六个年度，此前六年的起始年度自2019年（含）以后年度开始计算。

二、无住所个人一个纳税年度内在中国境内累计居住天数，按照个人在中国境内累计停留的天数计算。在中国境内停留的当天满24小时的，计入中国境内居住天数，在中国境内停留的当天不足24小时的，不计入中国境内居住天数。

三、本公告自2019年1月1日起施行。

特此公告。

财政部　国家税务总局
2019年3月14日

附录3-38　财政部、国家税务总局关于非居民个人和无住所居民个人有关个人所得税政策的公告

（财政部、国家税务总局公告2019年第35号）

为贯彻落实修改后的《中华人民共和国个人所得税法》（以下称税法）和《中华人民共和国个人所得税法实施条例》（以下称实施条例），现将非居民个人和无住所居民个人（以下统称无住所个人）有关个人所得税政策公告如下：

一、关于所得来源地

（一）关于工资薪金所得来源地的规定。

个人取得归属于中国境内（以下称境内）工作期间的工资薪金所得为来源于境内的工资薪金所得。境内工作期间按照个人在境内工作天数计算，包括其在境内的实际工作日以及境内工作期间在境内、境外享受的公休假、个人休假、接受培训的天数。在境内、境外单位同时担任职务或者仅在境外单位任职的个人，在境内停留的当天不足24小时的，按照半天计算境内工作天数。

无住所个人在境内、境外单位同时担任职务或者仅在境外单位任职，且当期同时在境内、境外工作的，按照工资薪金所属境内、境外工作天数占当期公历天数的比例计算确定来源于境内、境外工资薪金所得的收入额。境外工作天数按照当期公历天数减去当期境内工作天数计算。

（二）关于数月奖金以及股权激励所得来源地的规定。

无住所个人取得的数月奖金或者股权激励所得按照本条第（一）项规定确定所得来源地的，无住所个人在境内履职或者执行职务时收到的数月奖金或者股权激励所得，归属于境外工作期

间的部分,为来源于境外的工资薪金所得;无住所个人停止在境内履约或者执行职务离境后收到的数月奖金或者股权激励所得,对属于境内工作期间的部分,为来源于境内的工资薪金所得。具体计算方法为:数月奖金或者股权激励乘以数月奖金或者股权激励所属工作期间境内工作天数与所属工作期间公历天数之比。

无住所个人一个月内取得的境内外数月奖金或者股权激励包含归属于不同期间的多笔所得的,应当先分别按照本公告规定计算不同归属期间来源于境内的所得,然后再加总计算当月来源于境内的数月奖金或者股权激励收入额。

本公告所称数月奖金是指一次取得归属于数月的奖金、年终加薪、分红等工资薪金所得,不包括每月固定发放的奖金及一次性发放的数月工资。本公告所称股权激励包括股票期权、股权期权、限制性股票、股票增值权、股权奖励以及其他因认购股票等有价证券而从雇主取得的折扣或者补贴。

(三)关于董事、监事及高层管理人员取得报酬所得来源地的规定。

对于担任境内居民企业的董事、监事及高层管理职务的个人(以下统称高管人员),无论是否在境内履行职务,取得由境内居民企业支付或者负担的董事费、监事费、工资薪金或者其他类似报酬(以下统称高管人员报酬,包含数月奖金和股权激励),属于来源于境内的所得。

本公告所称高层管理职务包括企业正、副(总)经理、各职能总师、总监及其他类似公司管理层的职务。

(四)关于稿酬所得来源地的规定。

由境内企业、事业单位、其他组织支付或者负担的稿酬所得,为来源于境内的所得。

二、关于无住所个人工资薪金所得收入额计算

无住所个人取得工资薪金所得,按以下规定计算在境内应纳税的工资薪金所得的收入额(以下称工资薪金收入额)。

(一)无住所个人为非居民个人的情形。

非居民个人取得工资薪金所得,除本条第(三)项规定以外,当月工资薪金收入额分别按照以下两种情形计算:

1. 非居民个人境内居住时间累计不超过90天的情形。

在一个纳税年度内,在境内累计居住不超过90天的非居民个人,仅就归属于境内工作期间并由境内雇主支付或者负担的工资薪金所得计算缴纳个人所得税。当月工资薪金收入额的计算公式如下(公式一):

$$当月工资薪金收入额 = 当月境内外工资薪金总额 \times \frac{当月境内支付工资薪金数额}{当月境内外工资薪金总额} \times \frac{当月工资薪金所属工作期间境内工作天数}{当月工资薪金所属工作期间公历天数}$$

本公告所称境内雇主包括雇用员工的境内单位和个人以及境外单位或者个人在境内的机构、场所。凡境内雇主采取核定征收所得税或者无营业收入未征收所得税的,无住所个人为其工作取得工资薪金所得,不论是否在该境内雇主会计账簿中记载,均视为由该境内雇主支付或者负担。本公告所称工资薪金所属工作期间的公历天数,是指无住所个人取得工资薪金所属工作期间按公历计算的天数。

本公告所列公式中当月境内外工资薪金包含归属于不同期间的多笔工资薪金的,应当先分别按照本公告规定计算不同归属期间工资薪金收入额,然后再加总计算当月工资薪金收入额。

2. 非居民个人境内居住时间累计超过90天不满183天的情形。

在一个纳税年度内，在境内累计居住超过 90 天但不满 183 天的非居民个人，取得归属于境内工作期间的工资薪金所得，均应当计算缴纳个人所得税；其取得归属于境外工作期间的工资薪金所得，不征收个人所得税。当月工资薪金收入额的计算公式如下（公式二）：

$$当月工资薪金收入额 = 当月境内外工资薪金总额 \times \frac{当月工资薪金所属工作期间境内工作天数}{当月工资薪金所属工作期间公历天数}$$

（二）无住所个人为居民个人的情形。

在一个纳税年度内，在境内累计居住满 183 天的无住所居民个人取得工资薪金所得，当月工资薪金收入额按照以下规定计算：

1. 无住所居民个人在境内居住累计满 183 天的年度连续不满六年的情形。

在境内居住累计满 183 天的年度连续不满六年的无住所居民个人，符合实施条例第四条优惠条件的，其取得的全部工资薪金所得，除归属于境外工作期间且由境外单位或者个人支付的工资薪金所得部分外，均应计算缴纳个人所得税。工资薪金所得收入额的计算公式如下（公式三）：

$$当月工资薪金收入额 = 当月境内外工资薪金总额 \times \left[1 - \frac{当月境外支付工资薪金数额}{当月境内外工资薪金总额} \times \frac{当月工资薪金所属工作期间境外工作天数}{当月工资薪金所属工作期间公历天数} \right]$$

2. 无住所居民个人在境内居住累计满 183 天的年度连续满六年的情形。

在境内居住累计满 183 天的年度连续满六年后，不符合实施条例第四条优惠条件的无住所居民个人，其从境内、境外取得的全部工资薪金所得均应计算缴纳个人所得税。

（三）无住所个人为高管人员的情形。

无住所居民个人为高管人员的，工资薪金收入额按照本条第（二）项规定计算纳税。非居民个人为高管人员的，按照以下规定处理：

1. 高管人员在境内居住时间累计不超过 90 天的情形。

在一个纳税年度内，在境内累计居住不超过 90 天的高管人员，其取得由境内雇主支付或者负担的工资薪金所得应当计算缴纳个人所得税；不是由境内雇主支付或者负担的工资薪金所得，不缴纳个人所得税。当月工资薪金收入额为当月境内支付或者负担的工资薪金收入额。

2. 高管人员在境内居住时间累计超过 90 天不满 183 天的情形。

在一个纳税年度内，在境内居住累计超过 90 天但不满 183 天的高管人员，其取得的工资薪金所得，除归属于境外工作期间且不是由境内雇主支付或者负担的部分外，应当计算缴纳个人所得税。当月工资薪金收入额计算适用本公告公式三。

三、关于无住所个人税款计算

（一）关于无住所居民个人税款计算的规定。

无住所居民个人取得综合所得，年度终了后，应按年计算个人所得税；有扣缴义务人的，由扣缴义务人按月或者按次预扣预缴税款；需要办理汇算清缴的，按照规定办理汇算清缴，年度综合所得应纳税额计算公式如下（公式四）：

年度综合所得应纳税额 =（年度工资薪金收入额 + 年度劳务报酬收入额 + 年度稿酬收入额 + 年度特许权使用费收入额 − 减除费用 − 专项扣除 − 专项附加扣除 − 依法确定的其他扣除）× 适用税率 − 速算扣除数

无住所居民个人为外籍个人的，2022 年 1 月 1 日前计算工资薪金收入额时，已经按规定减除住房补贴、子女教育费、语言训练费等八项津补贴的，不能同时享受专项附加扣除。

年度工资薪金、劳务报酬、稿酬、特许权使用费收入额分别按年度内每月工资薪金以及每次劳务报酬、稿酬、特许权使用费收入额合计数额计算。

（二）关于非居民个人税款计算的规定。

1. 非居民个人当月取得工资薪金所得，以按照本公告第二条规定计算的当月收入额，减去税法规定的减除费用后的余额，为应纳税所得额，适用本公告所附按月换算后的综合所得税率表（以下称月度税率表）计算应纳税额。

2. 非居民个人一个月内取得数月奖金，单独按照本公告第二条规定计算当月收入额，不与当月其他工资薪金合并，按6个月分摊计税，不减除费用，适用月度税率表计算应纳税额，在一个公历年度内，对每一个非居民个人，该计税办法只允许适用一次。计算公式如下（公式五）：

当月数月奖金应纳税额 = [（数月奖金收入额÷6）×适用税率－速算扣除数]×6

3. 非居民个人一个月内取得股权激励所得，单独按照本公告第二条规定计算当月收入额，不与当月其他工资薪金合并，按6个月分摊计税（一个公历年度内的股权激励所得应合并计算），不减除费用，适应月度税率表计算应纳税额，计算公式如下（公式六）：

当月股权激励所得应纳税额 = [（本公历年度内股权激励所得合计额÷6）×适用税率－速算扣除数]×6－本公历年度内股权激励所得已纳税额

4. 非居民个人取得来源于境内的劳务报酬所得、稿酬所得、特许权使用费所得，以税法规定的每次收入额为应纳税所得额，适用月度税率表计算应纳税额。

四、关于无住所个人适用税收协定

按照我国政府签订的避免双重征税协定、内地与香港、澳门签订的避免双重征税安排（以下称税收协定）居民条款规定为缔约对方税收居民的个人（以下称对方税收居民个人），可以按照税收协定及财政部、税务总局有关规定享受税收协定待遇，也可以选择不享受税收协定待遇计算纳税。除税收协定及财政部、税务总局另有规定外，无住所个人适用税收协定的，按照以下规定执行：

（一）关于无住所个人适用受雇所得条款的规定。

1. 无住所个人享受境外受雇所得协定待遇。

本公告所称境外受雇所得协定待遇，是指按照税收协定受雇所得条款规定，对方税收居民个人在境外从事受雇活动取得的受雇所得，可不缴纳个人所得税。

无住所个人为对方税收居民个人，其取得的工资薪金所得可享受境外受雇所得协定待遇的，可不缴纳个人所得税。工资薪金收入额计算适用本公告公式二。

无住所居民个人为对方税收居民个人的，可在预扣预缴和汇算清缴时按前款规定享受协定待遇；非居民个人为对方税收居民个人的，可在取得所得时按前款规定享受协定待遇。

2. 无住所个人享受境内受雇所得协定待遇。

本公告所称境内受雇所得协定待遇，是指按照税收协定受雇所得条款规定，在税收协定规定的期间内境内停留天数不超过183天的对方税收居民个人，在境内从事受雇活动取得受雇所得，不是由境内居民雇主支付或者代其支付的，也不是由雇主在境内常设机构负担的，可不缴纳个人所得税。

无住所个人为对方税收居民个人，其取得的工资薪金所得可享受境内受雇所得协定待遇的，可不缴纳个人所得税。工资薪金收入额计算适用本公告公式一。

无住所居民个人为对方税收居民个人的，可在预扣预缴和汇算清缴时按前款规定享受协定待遇；非居民个人为对方税收居民个人的，可在取得所得时按前款规定享受协定待遇。

（二）关于无住所个人适用独立个人劳务或者营业利润条款的规定。

本公告所称独立个人劳务或者营业利润协定待遇，是指按照税收协定独立个人劳务或者营业利润条款规定，对方税收居民个人取得的独立个人劳务所得或者营业利润符合税收协定规定条件的，可不缴纳个人所得税。

无住所居民个人为对方税收居民个人，其取得的劳务报酬所得、稿酬所得可享受独立个人劳务或者营业利润协定待遇的，在预扣预缴和汇算清缴时，可不缴纳个人所得税。

非居民个人为对方税收居民个人，其取得的劳务报酬所得、稿酬所得可享受独立个人劳务或者营业利润协定待遇的，在取得所得时可不缴纳个人所得税。

（三）关于无住所个人适用董事费条款的规定。

对方税收居民个人为高管人员，该个人适用的税收协定未纳入董事费条款，或者虽然纳入董事费条款但该个人不适用董事费条款，且该个人取得的高管人员报酬可享受税收协定受雇所得、独立个人劳务或者营业利润条款规定待遇的，该个人取得的高管人员报酬可不适用本公告第二条第（三）项规定，分别按照本条第（一）项、第（二）项规定执行。

对方税收居民个人为高管人员，该个人取得的高管人员报酬按照税收协定董事费条款规定可以在境内征收个人所得税的，应按照有关工资薪金所得或者劳务报酬所得规定缴纳个人所得税。

（四）关于无住所个人适用特许权使用费或者技术服务费条款的规定。

本公告所称特许权使用费或者技术服务费协定待遇，是指按照税收协定特许权使用费或者技术服务费条款规定，对方税收居民个人取得符合规定的特许权使用费或者技术服务费，可按照税收协定规定的计税所得额和征税比例计算纳税。

无住所居民个人为对方税收居民个人，其取得的特许权使用费所得、稿酬所得或者劳务报酬所得可享受特许权使用费或者技术服务费协定待遇的，可不纳入综合所得，在取得当月按照税收协定规定的计税所得额和征税比例计算应纳税额，并预扣预缴税款。年度汇算清缴时，该个人取得的已享受特许权使用费或者技术服务费协定待遇的所得不纳入年度综合所得，单独按照税收协定规定的计税所得额和征税比例计算年度应纳税额及补退税额。

非居民个人为对方税收居民个人，其取得的特许权使用费所得、稿酬所得或者劳务报酬所得可享受特许权使用费或者技术服务费协定待遇的，可按照税收协定规定的计税所得额和征税比例计算应纳税额。

五、关于无住所个人相关征管规定

（一）关于无住所个人预计境内居住时间的规定。

无住所个人在一个纳税年度内首次申报时，应当根据合同约定等情况预计一个纳税年度内境内居住天数以及在税收协定规定的期间内境内停留天数，按照预计情况计算缴纳税款。实际情况与预计情况不符的，分别按照以下规定处理：

1. 无住所个人预先判定为非居民个人，因延长居住天数达到居民个人条件的，一个纳税年度内税款扣缴方法保持不变，年度终了后按照居民个人有关规定办理汇算清缴，但该个人在当年离境且预计年度内不再入境的，可以选择在离境之前办理汇算清缴。

2. 无住所个人预先判定为居民个人，因缩短居住天数不能达到居民个人条件的，在不能达到居民个人条件之日起至年度终了15天内，应当向主管税务机关报告，按照非居民个人重新计算应纳税额，申报补缴税款，不加收税收滞纳金。需要退税的，按照规定办理。

3. 无住所个人预计一个纳税年度境内居住天数累计不超过90天，但实际累计居住天数超过90天的，或者对方税收居民个人预计在税收协定规定的期间内境内停留天数不超过183天，但实际停留天数超过183天的，待达到90天或者183天的月度终了后15天内，应当向主管税务机关报告，就以前月份工资薪金所得重新计算应纳税款，并补缴税款，不加收税收滞纳金。

（二）关于无住所个人境内雇主报告境外关联方支付工资薪金所得的规定。

无住所个人在境内任职、受雇取得来源于境内的工资薪金所得，凡境内雇主与境外单位或者个人存在关联关系，将本应由境内雇主支付的工资薪金所得，部分或者全部由境外关联方支付的，无住所个人可以自行申报缴纳税款，也可以委托境内雇主代为缴纳税款。无住所个人未委托境内雇主代为缴纳税款的，境内雇主应当在相关所得支付当月终了后15天内向主管税务机关报告相关信息，包括境内雇主与境外关联方对无住所个人的工作安排、境外支付情况以及无住所个人的联系方式等信息。

六、本公告自2019年1月1日起施行，非居民个人2019年1月1日后取得所得，按原有规定多缴纳税款的，可以依法申请办理退税。下列文件或者文件条款于2019年1月1日废止：

（一）《财政部、国家税务总局关于对临时来华人员按实际居住日期计算征免个人所得税若干问题的通知》（(88)财税外字第059号）；

（二）《国家税务总局关于在境内无住所的个人取得工资薪金所得纳税义务问题的通知》（国税发〔1994〕148号）；

（三）《财政部、国家税务总局关于在华无住所的个人如何计算在华居住满五年问题的通知》（财税字〔1995〕98号）；

（四）《国家税务总局关于在中国境内无住所的个人计算缴纳个人所得税若干具体问题的通知》（国税函发〔1995〕125号）第一条、第二条、第三条、第四条；

（五）《国家税务总局关于在中国境内无住所的个人缴纳所得税涉及税收协定若干问题的通知》（国税发〔1995〕155号）；

（六）《国家税务总局关于在中国境内无住所的个人取得奖金征税问题的通知》（国税发〔1996〕183号）；

（七）《国家税务总局关于三井物产（株）大连事务所外籍雇员取得数月奖金确定纳税义务问题的批复》（国税函〔1997〕546号）；

（八）《国家税务总局关于外商投资企业和外国企业对境外企业支付其雇员的工资薪金代扣代缴个人所得税问题的通知》（国税发〔1999〕241号）；

（九）《国家税务总局关于在中国境内无住所个人取得不在华履行职务的月份奖金确定纳税义务问题的通知》（国税函〔1999〕245号）；

（十）《国家税务总局关于在中国境内无住所个人以有价证券形式取得工资薪金所得确定纳税义务有关问题的通知》（国税函〔2000〕190号）；

（十一）《国家税务总局关于在境内无住所的个人执行税收协定和个人所得税法若干问题的通知》（国税发〔2004〕97号）；

（十二）《国家税务总局关于调整个人取得全年一次性奖金等计算征收个人所得税方法问题的通知》（国税发〔2005〕9号）第六条；

（十三）《国家税务总局关于在境内无住所个人计算工资薪金所得缴纳个人所得税有关问题的批复》（国税函〔2005〕1041号）；

（十四）《国家税务总局关于在中国境内担任董事或高层管理职务无住所个人计算个人所得税适用公式的批复》（国税函〔2007〕946号）。

特此公告。

附件：按月换算后的综合所得税率表

财政部　国家税务总局
2019年3月14日

按月换算后的综合所得税率表

级数	全月应纳税所得额	税率	速算扣除数
1	不超过3000元的	3%	0
2	超过3000元至12000元的部分	10%	210
3	超过12000元至25000元的部分	20%	1410
4	超过25000元至35000元的部分	25%	2660
5	超过35000元至55000元的部分	30%	4410
6	超过55000元至80000元的部分	35%	7160
7	超过80000元的部分	45%	15160

附录3-39　财政部、国家税务总局关于铁路债券利息收入所得税政策的公告

（财政部、国家税务总局公告2019年第57号）

为支持国家铁路建设，现就投资者取得中国铁路总公司发行的铁路债券利息收入有关所得税政策公告如下：

一、对企业投资者持有2019~2023年发行的铁路债券取得的利息收入，减半征收企业所得税。

二、对个人投资者持有2019~2023年发行的铁路债券取得的利息收入，减按50%计入应纳税所得额计算征收个人所得税。税款由兑付机构在向个人投资者兑付利息时代扣代缴。

三、铁路债券是指以中国铁路总公司为发行和偿还主体的债券，包括中国铁路建设债券、中期票据、短期融资券等债务融资工具。

特此公告。

财政部　国家税务总局
2019年4月16日

附录3-40　关于公共租赁住房税收优惠政策的公告

（财政部、国家税务总局公告2019年第61号）

为继续支持公共租赁住房（以下称公租房）建设和运营，现将有关税收优惠政策公告如下：

一、对公租房建设期间用地及公租房建成后占地，免征城镇土地使用税。在其他住房项目中配套建设公租房，按公租房建筑面积占总建筑面积的比例免征建设、管理公租房涉及的城镇土地使用税。

二、对公租房经营管理单位免征建设、管理公租房涉及的印花税。在其他住房项目中配套建设公租房，按公租房建筑面积占总建筑面积的比例免征建设、管理公租房涉及的印花税。

三、对公租房经营管理单位购买住房作为公租房,免征契税、印花税;对公租房租赁双方免征签订租赁协议涉及的印花税。

四、对企事业单位、社会团体以及其他组织转让旧房作为公租房房源,且增值额未超过扣除项目金额20%的,免征土地增值税。

五、企事业单位、社会团体以及其他组织捐赠住房作为公租房,符合税收法律法规规定的,对其公益性捐赠支出在年度利润总额12%以内的部分,准予在计算应纳税所得额时扣除,超过年度利润总额12%的部分,准予结转以后三年内在计算应纳税所得额时扣除。

个人捐赠住房作为公租房,符合税收法律法规规定的,对其公益性捐赠支出未超过其申报的应纳税所得额30%的部分,准予从其应纳税所得额中扣除。

六、对符合地方政府规定条件的城镇住房保障家庭从地方政府领取的住房租赁补贴,免征个人所得税。

七、对公租房免征房产税。对经营公租房所取得的租金收入,免征增值税。公租房经营管理单位应单独核算公租房租金收入,未单独核算的,不得享受免征增值税、房产税优惠政策。

八、享受上述税收优惠政策的公租房是指纳入省、自治区、直辖市、计划单列市人民政府及新疆生产建设兵团批准的公租房发展规划和年度计划,或者市、县人民政府批准建设(筹集),并按照《关于加快发展公共租赁住房的指导意见》(建保〔2010〕87号)和市、县人民政府制定的具体管理办法进行管理的公租房。

九、纳税人享受本公告规定的优惠政策,应按规定进行免税申报,并将不动产权属证明、载有房产原值的相关材料、纳入公租房及用地管理的相关材料、配套建设管理公租房相关材料、购买住房作为公租房相关材料、公租房租赁协议等留存备查。

十、本公告执行期限为2019年1月1日至2020年12月31日。

财政部　国家税务总局
2019年4月15日

附录3-41　关于个人取得有关收入适用个人所得税应税所得项目的公告

(财政部、国家税务总局公告2019年第74号)

为贯彻落实修改后的《中华人民共和国个人所得税法》,做好政策衔接工作,现将个人取得的有关收入适用个人所得税应税所得项目的事项公告如下:

一、个人为单位或他人提供担保获得收入,按照"偶然所得"项目计算缴纳个人所得税。

二、房屋产权所有人将房屋产权无偿赠与他人的,受赠人因无偿受赠房屋取得的受赠收入,按照"偶然所得"项目计算缴纳个人所得税。按照《财政部、国家税务总局关于个人无偿受赠房屋有关个人所得税问题的通知》(财税〔2009〕78号)第一条规定,符合以下情形的,对当事双方不征收个人所得税:

(一)房屋产权所有人将房屋产权无偿赠与配偶、父母、子女、祖父母、外祖父母、孙子女、外孙子女、兄弟姐妹;

(二)房屋产权所有人将房屋产权无偿赠与对其承担直接抚养或者赡养义务的抚养人或者赡

养人；

（三）房屋产权所有人死亡，依法取得房屋产权的法定继承人、遗嘱继承人或者受遗赠人。

前款所称受赠收入的应纳税所得额按照《财政部、国家税务总局关于个人无偿受赠房屋有关个人所得税问题的通知》（财税〔2009〕78号）第四条规定计算。

三、企业在业务宣传、广告等活动中，随机向本单位以外的个人赠送礼品（包括网络红包，下同），以及企业在年会、座谈会、庆典以及其他活动中向本单位以外的个人赠送礼品，个人取得的礼品收入，按照"偶然所得"项目计算缴纳个人所得税，但企业赠送的具有价格折扣或折让性质的消费券、代金券、抵用券、优惠券等礼品除外。

前款所称礼品收入的应纳税所得额按照《财政部、国家税务总局关于企业促销展业赠送礼品有关个人所得税问题的通知》（财税〔2011〕50号）第三条规定计算。

四、个人按照《财政部、国家税务总局、人力资源社会保障部、中国银行保险监督管理委员会、证监会关于开展个人税收递延型商业养老保险试点的通知》（财税〔2018〕22号）的规定，领取的税收递延型商业养老保险的养老金收入，其中25%部分予以免税，其余75%部分按照10%的比例税率计算缴纳个人所得税，税款计入"工资、薪金所得"项目，由保险机构代扣代缴后，在个人购买税延养老保险的机构所在地办理全员全额扣缴申报。

五、本公告自2019年1月1日起执行，下列文件或文件条款同时废止：

（一）《财政部、国家税务总局关于银行部门以超过国家利率支付给储户的揽储奖金征收个人所得税问题的批复》（财税字〔1995〕64号）；

（二）《国家税务总局对中国科学院院士荣誉奖金征收个人所得税问题的复函》（国税函〔1995〕351号）；

（三）《国家税务总局关于未分配的投资者收益和个人人寿保险收入征收个人所得税问题的批复》（国税函〔1998〕546号）第二条；

（四）《国家税务总局关于个人所得税有关政策问题的通知》（国税发〔1999〕58号）第三条；

（五）《国家税务总局关于股民从证券公司取得的回扣收入征收个人所得税问题的批复》（国税函〔1999〕627号）；

（六）《财政部、国家税务总局关于个人所得税有关问题的批复》（财税〔2005〕94号）第二条；

（七）《国家税务总局关于个人取得解除商品房买卖合同违约金征收个人所得税问题的批复》（国税函〔2006〕865号）；

（八）《财政部、国家税务总局关于个人无偿受赠房屋有关个人所得税问题的通知》（财税〔2009〕78号）第三条；

（九）《财政部、国家税务总局关于企业促销展业赠送礼品有关个人所得税问题的通知》（财税〔2011〕50号）第二条第1项、第2项；

（十）《财政部、国家税务总局、人力资源社会保障部、中国银行保险监督管理委员会、证监会关于开展个人税收递延型商业养老保险试点的通知》（财税〔2018〕22号）第一条第（二）项第3点第二段；

（十一）《国家税务总局关于开展个人税收递延型商业养老保险试点有关征管问题的公告》（国家税务总局公告2018年第21号）第二条。

特此公告。

财政部　国家税务总局
2019年6月13日

附录3-42 财政部、国家税务总局、证监会关于继续实施全国中小企业股份转让系统挂牌公司股息红利差别化个人所得税政策的公告

（财政部公告2019年第78号）

现就继续实施全国中小企业股份转让系统挂牌公司（以下简称挂牌公司）股息红利差别化个人所得税政策公告如下：

一、个人持有挂牌公司的股票，持股期限超过1年的，对股息红利所得暂免征收个人所得税。

个人持有挂牌公司的股票，持股期限在1个月以内（含1个月）的，其股息红利所得全额计入应纳税所得额；持股期限在1个月以上至1年（含1年）的，其股息红利所得暂减按50%计入应纳税所得额；上述所得统一适用20%的税率计征个人所得税。

本公告所称挂牌公司是指股票在全国中小企业股份转让系统公开转让的非上市公众公司；持股期限是指个人取得挂牌公司股票之日至转让交割该股票之日前一日的持有时间。

二、挂牌公司派发股息红利时，对截至股权登记日个人持股1年以内（含1年）且尚未转让的，挂牌公司暂不扣缴个人所得税；待个人转让股票时，证券登记结算公司根据其持股期限计算应纳税额，由证券公司等股票托管机构从个人资金账户中扣收并划付证券登记结算公司，证券登记结算公司应于次月5个工作日内划付挂牌公司，挂牌公司在收到税款当月的法定申报期内向主管税务机关申报缴纳，并应办理全员全额扣缴申报。

个人应在资金账户留足资金，依法履行纳税义务。证券公司等股票托管机构应依法划扣税款，对个人资金账户暂无资金或资金不足的，证券公司等股票托管机构应当及时通知个人补足资金，并划扣税款。

三、个人转让股票时，按照先进先出的原则计算持股期限，即证券账户中先取得的股票视为先转让。

应纳税所得额以个人投资者证券账户为单位计算，持股数量以每日日终结算后个人投资者证券账户的持有记录为准，证券账户取得或转让的股票数为每日日终结算后的净增（减）股票数。

四、对证券投资基金从挂牌公司取得的股息红利所得，按照本公告规定计征个人所得税。

五、本公告所称个人持有挂牌公司的股票包括：

（一）在全国中小企业股份转让系统挂牌前取得的股票；

（二）通过全国中小企业股份转让系统转让取得的股票；

（三）因司法扣划取得的股票；

（四）因依法继承或家庭财产分割取得的股票；

（五）通过收购取得的股票；

（六）权证行权取得的股票；

（七）使用附认股权、可转换成股份条款的公司债券认购或者转换的股票；

（八）取得发行的股票、配股、股票股利及公积金转增股本；

（九）挂牌公司合并，个人持有的被合并公司股票转换的合并后公司股票；

（十）挂牌公司分立，个人持有的被分立公司股票转换的分立后公司股票；

（十一）其他从全国中小企业股份转让系统取得的股票。

六、本公告所称转让股票包括下列情形：

（一）通过全国中小企业股份转让系统转让股票；

（二）持有的股票被司法扣划；

（三）因依法继承、捐赠或家庭财产分割让渡股票所有权；

（四）用股票接受要约收购；

（五）行使现金选择权将股票转让给提供现金选择权的第三方；

（六）用股票认购或申购交易型开放式指数基金（ETF）份额；

（七）其他具有转让实质的情形。

七、对个人和证券投资基金从全国中小企业股份转让系统挂牌的原STAQ、NET系统挂牌公司（以下简称两网公司）以及全国中小企业股份转让系统挂牌的退市公司取得的股息红利所得，按照本公告规定计征个人所得税，但退市公司的限售股按照《财政部、国家税务总局、证监会关于实施上市公司股息红利差别化个人所得税政策有关问题的通知》（财税〔2012〕85号）第四条规定执行。

八、本公告所称年（月）是指自然年（月），即持股一年是指从上一年某月某日至本年同月同日的前一日连续持股，持股一个月是指从上月某日至本月同日的前一日连续持股。

九、财政、税务、证监等部门要加强协调、通力合作，切实做好政策实施的各项工作。

挂牌公司、两网公司、退市公司，证券登记结算公司以及证券公司等股票托管机构应积极配合税务机关做好股息红利个人所得税征收管理工作。

十、本公告自2019年7月1日起至2024年6月30日止执行，挂牌公司、两网公司、退市公司派发股息红利，股权登记日在2019年7月1日至2024年6月30日的，股息红利所得按照本公告的规定执行。本公告实施之日个人投资者证券账户已持有的挂牌公司、两网公司、退市公司股票，其持股时间自取得之日起计算。

十一、《财政部、国家税务总局、证监会关于实施全国中小企业股份转让系统挂牌公司股息红利差别化个人所得税政策有关问题的通知》（财税〔2014〕48号）以及《财政部、国家税务总局、证监会关于上市公司股息红利差别化个人所得税政策有关问题的通知》（财税〔2015〕101号）第四条废止。

特此公告。

财政部　国家税务总局　证监会

2019年7月12日

附录3-43　国家税务总局关于修订个人所得税申报表的公告

（国家税务总局公告2019年第7号）

根据《中华人民共和国个人所得税法》及其实施条例等相关税收法律法规规定，为保障综合与分类相结合的个人所得税制顺利实施，现将修订后的个人所得税有关申报表予以发布，自2019年1月1日起施行。

《国家税务总局关于发布个人所得税申报表的公告》（国家税务总局公告 2013 年第 21 号）附件 1 至附件 5、《国家税务总局关于发布生产经营所得及减免税事项有关个人所得税申报表的公告》（国家税务总局公告 2015 年第 28 号）附件 1 至附件 3、《国家税务总局关于全面实施新个人所得税法若干征管衔接问题的公告》（国家税务总局公告 2018 年第 56 号）附件 1 同时废止。

特此公告。

附件（略）：
1. 个人所得税基础信息表（A 表）（B 表）
2. 个人所得税扣缴申报表
3. 个人所得税自行纳税申报表（A 表）
4. 个人所得税年度自行纳税申报表
5. 个人所得税经营所得纳税申报表（A 表）（B 表）（C 表）
6. 合伙制创业投资企业单一投资基金核算方式备案表
7. 单一投资基金核算的合伙制创业投资企业个人所得税扣缴申报表

国家税务总局
2019 年 1 月 31 日

附录 3 – 44　关于实施支持和促进重点群体创业就业有关税收政策具体操作问题的公告

（国家税务总局公告 2019 年第 10 号）

为贯彻落实《财政部、国家税务总局、人力资源社会保障部、国务院扶贫办关于进一步支持和促进重点群体创业就业有关税收政策的通知》（财税〔2019〕22 号）精神，现就具体操作问题公告如下：

一、重点群体个体经营税收政策

（一）申请

1. 建档立卡贫困人口从事个体经营的，向主管税务机关申报纳税时享受优惠。

2. 登记失业半年以上的人员，零就业家庭、享受城市居民最低生活保障家庭劳动年龄的登记失业人员，以及毕业年度内高校毕业生，可持《就业创业证》（或《就业失业登记证》，下同）、个体工商户登记执照（未完成"两证整合"的还须持《税务登记证》）向创业地县以上（含县级，下同）人力资源社会保障部门提出申请。县以上人力资源社会保障部门应当按照财税〔2019〕22 号文件的规定，核实其是否享受过重点群体创业就业税收优惠政策。对符合财税〔2019〕22 号文件规定条件的人员在《就业创业证》上注明"自主创业税收政策"或"毕业年度内自主创业税收政策"。

（二）税款减免顺序及额度

重点群体从事个体经营的，按照财税〔2019〕22 号文件第一条的规定，在年度减免税限额内，依次扣减增值税、城市维护建设税、教育费附加、地方教育附加和个人所得税。城市维护建设税、教育费附加、地方教育附加的计税依据是享受本项税收优惠政策前的增值税应纳税额。

纳税人的实际经营期不足1年的,应当以实际月数换算其减免税限额。换算公式为:减免税限额=年度减免税限额÷12×实际经营月数。

纳税人实际应缴纳的增值税、城市维护建设税、教育费附加、地方教育附加和个人所得税小于减免税限额的,以实际应缴纳的增值税、城市维护建设税、教育费附加、地方教育附加和个人所得税税额为限;实际应缴纳的增值税、城市维护建设税、教育费附加、地方教育附加和个人所得税大于减免税限额的,以减免税限额为限。

(三)税收减免管理

登记失业半年以上的人员,零就业家庭、城市低保家庭的登记失业人员,以及毕业年度内高校毕业生享受本项税收优惠的,由其留存《就业创业证》(注明"自主创业税收政策"或"毕业年度内自主创业税收政策")备查,建档立卡贫困人口无须留存资料备查。

二、企业招用重点群体税收政策

(一)申请

享受招用重点群体就业税收优惠政策的企业,持下列材料向县以上人力资源社会保障部门递交申请:

1. 招用人员持有的《就业创业证》(建档立卡贫困人口不需提供)。

2. 企业与招用重点群体签订的劳动合同(副本),企业依法为重点群体缴纳的社会保险记录。通过内部信息共享、数据比对等方式审核的地方,可不再要求企业提供缴纳社会保险记录。

县以上人力资源社会保障部门接到企业报送的材料后,重点核实以下情况:

1. 招用人员是否属于享受税收优惠政策的人员范围,以前是否已享受过重点群体创业就业税收优惠政策。

2. 企业是否与招用人员签订了1年以上期限劳动合同,并依法为招用人员缴纳社会保险。

核实后,对持有《就业创业证》的重点群体,在其《就业创业证》上注明"企业吸纳税收政策";对符合条件的企业核发《企业吸纳重点群体就业认定证明》。

招用人员发生变化的,应向人力资源社会保障部门办理变更申请。

本公告所称企业是指属于增值税纳税人或企业所得税纳税人的企业等单位。

(二)税款减免顺序及额度

1. 纳税人按本单位招用重点群体的人数及其实际工作月数核算本单位减免税总额,在减免税总额内每月依次扣减增值税、城市维护建设税、教育费附加和地方教育附加。城市维护建设税、教育费附加、地方教育附加的计税依据是享受本项税收优惠政策前的增值税应纳税额。

纳税人实际应缴纳的增值税、城市维护建设税、教育费附加和地方教育附加小于核算的减免税总额的,以实际应缴纳的增值税、城市维护建设税、教育费附加、地方教育附加为限;实际应缴纳的增值税、城市维护建设税、教育费附加和地方教育附加大于核算的减免税总额的,以核算的减免税总额为限。纳税年度终了,如果纳税人实际减免的增值税、城市维护建设税、教育费附加和地方教育附加小于核算的减免税总额,纳税人在企业所得税汇算清缴时,以差额部分扣减企业所得税。当年扣减不完的,不再结转以后年度扣减。

享受优惠政策当年,重点群体人员工作不满1年的,应当以实际月数换算其减免税总额。

减免税总额=Σ每名重点群体人员本年度在本企业工作月数÷12×具体定额标准

2. 第2年及以后年度当年新招用人员、原招用人员及其工作时间按上述程序和办法执行。计算每名重点群体人员享受税收优惠政策的期限最长不超过36个月。

(三)税收减免管理

企业招用重点群体享受本项优惠的,由企业留存以下材料备查:

1. 享受税收优惠政策的登记失业半年以上的人员，零就业家庭、城市低保家庭的登记失业人员，以及毕业年度内高校毕业生的《就业创业证》（注明"企业吸纳税收政策"）。
2. 县以上人力资源社会保障部门核发的《企业吸纳重点群体就业认定证明》。
3. 《重点群体人员本年度实际工作时间表》（见附件）。

三、凭《就业创业证》享受上述优惠政策的人员，按以下规定申领《就业创业证》

（一）失业人员在常住地公共就业服务机构进行失业登记，申领《就业创业证》。对其中的零就业家庭、城市低保家庭的登记失业人员，公共就业服务机构应在其《就业创业证》上予以注明。

（二）毕业年度内高校毕业生在校期间凭学生证向公共就业服务机构申领《就业创业证》，或委托所在高校就业指导中心向公共就业服务机构代为申领《就业创业证》；毕业年度内高校毕业生离校后可凭毕业证直接向公共就业服务机构按规定申领《就业创业证》。

四、税收优惠政策管理

（一）严格各项凭证的审核发放。任何单位或个人不得伪造、涂改、转让、出租相关凭证，违者将依法予以惩处；对出借、转让《就业创业证》的人员，主管人力资源社会保障部门要收回其《就业创业证》并记录在案；对采取上述手段已经获取减免税的企业和个人，主管税务机关要追缴其已减免的税款，并依法予以处理。

（二）《就业创业证》采用实名制，限持证者本人使用。创业人员从事个体经营的，《就业创业证》由本人保管；被用人单位招用的，享受税收优惠政策期间，证件由用人单位保管。《就业创业证》由人力资源社会保障部统一样式，各省、自治区、直辖市人力资源社会保障部门负责印制，作为审核劳动者就业失业状况和享受政策情况的有效凭证。

（三）《企业吸纳重点群体就业认定证明》由人力资源社会保障部统一样式，各省、自治区、直辖市人力资源社会保障部门统一印制，统一编号备案，相关信息由当地人力资源社会保障部门按需提供给税务部门。

（四）县以上人力资源社会保障、税务部门及扶贫办要建立劳动者就业信息交换和协查制度。人力资源社会保障部建立全国《就业创业证》查询系统（http://jyjc.mohrss.gov.cn），供各级人力资源社会保障、财政、税务部门查询《就业创业证》信息。国务院扶贫办建立全国统一的全国扶贫开发信息系统，供各级扶贫办、人力资源社会保障、财政、税务部门查询建档立卡贫困人口身份等相关信息。

（五）各级税务机关对《就业创业证》或建档立卡贫困人口身份有疑问的，可提请同级人力资源社会保障部门、扶贫办予以协查，同级人力资源社会保障部门、扶贫办应根据具体情况规定合理的工作时限，并在时限内将协查结果通报提请协查的税务机关。

五、本公告自2019年1月1日起施行。《国家税务总局、财政部、人力资源社会保障部、教育部、民政部关于继续实施支持和促进重点群体创业就业有关税收政策具体操作问题的公告》（国家税务总局公告2017年第27号）同时废止。

特此公告。

附件（略）：重点群体人员本年度实际工作时间表（样表）

国家税务总局　人力资源社会保障部　国务院扶贫办　教育部
2019年2月26日

附录 3-45　国家税务总局关于调整《中国税收居民身份证明》有关事项的公告

（国家税务总局公告 2019 年第 17 号）

根据《中华人民共和国个人所得税法》及其实施条例等相关法律法规，为配合个人所得税改革，国家税务总局决定调整《中国税收居民身份证明》（以下简称《税收居民证明》，见附件1）开具部分事项。现就有关事项公告如下：

一、申请人应向主管其所得税的县税务局（以下称主管税务机关）申请开具《税收居民证明》。中国居民企业的境内、境外分支机构应由其中国总机构向总机构主管税务机关申请。合伙企业应当以其中国居民合伙人作为申请人，向中国居民合伙人主管税务机关申请。

二、申请人申请开具《税收居民证明》应向主管税务机关提交以下资料：

（一）《中国税收居民身份证明》申请表（见附件2）；

（二）与拟享受税收协定待遇收入有关的合同、协议、董事会或者股东会决议、相关支付凭证等证明资料；

（三）申请人为个人且在中国境内有住所的，提供因户籍、家庭、经济利益关系而在中国境内习惯性居住的证明材料，包括申请人身份信息、住所情况说明等资料；

（四）申请人为个人且在中国境内无住所，而一个纳税年度内在中国境内居住累计满183天的，提供在中国境内实际居住时间的证明材料，包括出入境信息等资料；

（五）境内、境外分支机构通过其总机构提出申请时，还需提供总分机构的登记注册情况；

（六）合伙企业的中国居民合伙人作为申请人提出申请时，还需提供合伙企业登记注册情况。

上述填报或提供的资料应提交中文文本，相关资料原件为外文文本的，应当同时提供中文译本。申请人向主管税务机关提交上述资料的复印件时，应在复印件上加盖申请人印章或签字，主管税务机关核验原件后留存复印件。

三、本公告自2019年5月1日起施行。《国家税务总局关于开具〈中国税收居民身份证明〉有关事项的公告》（国家税务总局公告2016年第40号发布，国家税务总局公告2018年第31号修改）第二条、第四条和附件1、附件2同时废止。

特此公告。

附件（略）：1. 中国税收居民身份证明
2.《中国税收居民身份证明》申请表

国家税务总局
2019 年 4 月 1 日

附录 3-46　国家发展改革委办公厅、国家税务总局办公厅关于加强个人所得税纳税信用建设的通知

（发改办财金规〔2019〕860 号）

各省、自治区、直辖市、新疆生产建设兵团社会信用体系建设牵头部门，国家税务总局各省、自

治区、直辖市和计划单列市税务局，社会信用体系建设部际联席会议成员单位办公厅（室）：

为贯彻落实《中华人民共和国个人所得税法》及其实施条例、《国务院关于印发个人所得税专项附加扣除暂行办法的通知》（国发〔2018〕41号）、《国务院关于印发社会信用体系建设规划纲要（2014-2020年）的通知》（国发〔2014〕21号）、《国务院关于建立完善守信联合激励和失信联合惩戒制度加快推进社会诚信建设的指导意见》（国发〔2016〕33号）、《国务院办公厅关于加快推进社会信用体系建设构建以信用为基础的新型监管机制的指导意见》（国办发〔2019〕35号），强化个人所得税纳税信用协同共治，促进纳税人依法诚信纳税，现就加强个人所得税纳税信用建设有关事项通知如下。

一、总体要求

2019年1月1日起全面施行的《中华人民共和国个人所得税法》及其实施条例，是党中央、国务院着眼于优化税收制度、推动经济发展、惠及百姓民生做出的一项重大决策部署。各地区、各部门要以习近平新时代中国特色社会主义思想为指导，全面贯彻党的十九大和十九届二中、三中全会精神，按照党中央、国务院关于社会信用体系建设的总体要求和部署，以培育诚信意识、践行社会主义核心价值观为根本，建立健全个人所得税纳税信用记录，完善守信激励与失信惩戒机制，加强个人信息安全和权益维护，有效引导纳税人诚信纳税，公平享受减税红利，推动税务领域信用体系建设迈上新台阶。开展个人所得税纳税信用建设，要坚持依法推进原则，严格依照法律法规建立健全个人所得税纳税信用机制；要坚持业务协同原则，充分发挥各业务主管部门在个人所得税纳税信用建设中的组织引导和示范推动作用，形成个人所得税纳税信用建设合力；要坚持权益保护原则，注重纳税人信息安全和隐私保护，健全信用修复机制，维护纳税人合法权益。

二、建立个人所得税纳税信用管理机制

（一）全面实施个人所得税申报信用承诺制。税务部门在个人所得税自行纳税申报表、个人所得税专项附加扣除信息表等表单中设立格式规范、标准统一的信用承诺书，纳税人需对填报信息的真实性、准确性、完整性做出守信承诺。信用承诺的履行情况纳入个人信用记录，提醒和引导纳税人重视自身纳税信用，并视情况予以失信惩戒。

（二）建立健全个人所得税纳税信用记录。税务总局以自然人纳税人识别号为唯一标识，以个人所得税纳税申报记录、专项附加扣除信息报送记录、违反信用承诺和违法违规行为记录为重点，研究制定自然人纳税信用管理的制度办法，全面建立自然人纳税信用信息采集、记录、查询、应用、修复、安全管理和权益维护机制，依法依规采集和评价自然人纳税信用信息，形成全国自然人纳税信用信息库，并与全国信用信息共享平台建立数据共享机制。

（三）建立自然人失信行为认定机制。对于违反《中华人民共和国税收征管法》《中华人民共和国个人所得税法》以及其他法律法规和规范性文件，违背诚实信用原则，存在偷税、骗税、骗抵、冒用他人身份信息、恶意举报、虚假申诉等失信行为的当事人，税务部门将其列入重点关注对象，依法依规采取行政性约束和惩戒措施；对于情节严重、达到重大税收违法失信案件标准的，税务部门将其列为严重失信当事人，依法对外公示，并与全国信用信息共享平台共享。

三、完善守信联合激励和失信联合惩戒机制

（一）对个人所得税守信纳税人提供更多便利和机会。探索将个人所得税守信情况纳入自然人诚信积分体系管理机制。对个人所得税纳税信用记录持续优良的纳税人，相关部门应提供更多服务便利，依法实施绿色通道、容缺受理等激励措施；鼓励行政管理部门在颁发荣誉证书、嘉奖和表彰时将其作为参考因素予以考虑。

（二）对个人所得税严重失信当事人实施联合惩戒。税务部门与有关部门合作，建立个人所得税严重失信当事人联合惩戒机制,对经税务部门依法认定,在个人所得税自行申报、专项附加扣除和享受优惠等过程中存在严重违法失信行为的纳税人和扣缴义务人,向全国信用信息共享平台推送相关信息并建立信用信息数据动态更新机制,依法依规实施联合惩戒。

四、加强信息安全和权益维护

(一)强化信息安全和隐私保护。税务部门依法保护自然人纳税信用信息,积极引导社会各方依法依规使用自然人纳税信用信息。各地区、各部门要按最小授权原则设定自然人纳税信用信息管理人员权限。加大对信用信息系统、信用服务机构数据库的监管力度,保护纳税人合法权益和个人隐私,确保国家信息安全。

(二)建立异议解决和失信修复机制。对个人所得税纳税信用记录存在异议的,纳税人可向税务机关提出异议申请,税务机关应及时回复并反馈结果。自然人在规定期限内纠正失信行为、消除不良影响的,可以通过主动做出信用承诺、参与信用知识学习、税收公益活动或信用体系建设公益活动等方式开展信用修复,对完成信用修复的自然人,税务部门按照规定修复其纳税信用。对因政策理解偏差或办税系统操作失误导致轻微失信,且能够按照规定履行涉税义务的自然人,税务部门将简化修复程序,及时对其纳税信用进行修复。

五、强化组织实施

(一)加强组织领导和统筹协调。各地区、各部门要统筹实施个人所得税纳税信用管理工作,完善配套制度建设,建立联动机制,实现跨部门信用信息共享,构建税收共治管理、信用协同监管格局。要建立工作考核推进机制,对本地区、本部门个人所得税纳税信用建设工作要定期进行督促、指导和检查。

(二)加强纳税人诚信教育。各地区、各部门要充分利用报纸、广播、电视、网络等渠道,做好个人所得税改革的政策解读和舆论引导,加大依法诚信纳税的宣传力度;依托街道、社区、居委会,引导社会力量广泛参与,褒扬诚信、惩戒失信,提升全社会诚信意识,形成崇尚诚信、践行诚信的良好风尚。

国家发展改革委办公厅
国家税务总局办公厅
2019 年 8 月 20 日

附录 3-47 关于个人所得税综合所得汇算清缴涉及有关政策问题的公告

(财政部、国家税务总局公告 2019 年第 94 号)

为贯彻落实修改后的《中华人民共和国个人所得税法》,进一步减轻纳税人的税收负担,现就个人所得税综合所得汇算清缴涉及有关政策问题公告如下:

一、2019 年 1 月 1 日至 2020 年 12 月 31 日居民个人取得的综合所得,年度综合所得收入不超过 12 万元且需要汇算清缴补税的,或者年度汇算清缴补税金额不超过 400 元的,居民个人可免于办理个人所得税综合所得汇算清缴。居民个人取得综合所得时存在扣缴义务人未依法预扣预缴税款的情形除外。

二、残疾、孤老人员和烈属取得综合所得办理汇算清缴时,汇算清缴地与预扣预缴地规定不一致的,用预扣预缴地规定计算的减免税额与用汇算清缴地规定计算的减免税额相比较,按照孰高值确定减免税额。

三、居民个人填报专项附加扣除信息存在明显错误,经税务机关通知,居民个人拒不更正或者不说明情况的,税务机关可暂停纳税人享受专项附加扣除。居民个人按规定更正相关信息或者说明情况后,经税务机关确认,居民个人可继续享受专项附加扣除,以前月份未享受扣除的,可按规定追补扣除。

四、本公告第一条适用于2019年度和2020年度的综合所得年度汇算清缴。其他事项适用于2019年度及以后年度的综合所得年度汇算清缴。

特此公告。

财政部　国家税务总局
2019年12月7日

附录 3-48　关于继续执行沪港、深港股票市场交易互联互通机制和内地与香港基金互认有关个人所得税政策的公告

(财政部公告2019年第93号)

现就继续执行沪港股票市场交易互联互通机制(以下称沪港通)、深港股票市场交易互联互通机制(以下简称深港通)以及内地与香港基金互认(以下简称基金互认)有关个人所得税政策公告如下:

对内地个人投资者通过沪港通、深港通投资香港联交所上市股票取得的转让差价所得和通过基金互认买卖香港基金份额取得的转让差价所得,自2019年12月5日起至2022年12月31日止,继续暂免征收个人所得税。

特此公告。

财政部　国家税务总局　证监会
2019年12月4日

附录 3-49　财政部、国家税务总局关于远洋船员个人所得税政策的公告

(财政部、国家税务总局公告2019年第97号)

现就远洋船员个人所得税政策公告如下:

一、一个纳税年度内在船航行时间累计满183天的远洋船员,其取得的工资薪金收入减按50%计入应纳税所得额,依法缴纳个人所得税。

二、本公告所称的远洋船员是指在海事管理部门依法登记注册的国际航行船舶船员和在渔业管理部门依法登记注册的远洋渔业船员。

三、在船航行时间是指远洋船员在国际航行或作业船舶和远洋渔业船舶上的工作天数。一

个纳税年度内的在船航行时间为一个纳税年度内在船航行时间的累计天数。

四、远洋船员可选择在当年预扣预缴税款或者次年个人所得税汇算清缴时享受上述优惠政策。

五、海事管理部门、渔业管理部门同税务部门建立信息共享机制,定期交换远洋船员身份认定、在船航行时间等有关涉税信息。

六、本公告自 2019 年 1 月 1 日起至 2023 年 12 月 31 日止执行。

特此公告。

财政部　国家税务总局

2019 年 12 月 29 日

附录 3-50　国家税务总局关于办理 2019 年度个人所得税综合所得汇算清缴事项的公告

(国家税务总局公告 2019 年第 44 号)

为切实维护纳税人合法权益,进一步落实好专项附加扣除政策,合理有序建立个人所得税综合所得汇算清缴制度,根据个人所得税法及其实施条例(以下简称"税法")和税收征收管理法及其实施细则有关规定,现就办理 2019 年度个人所得税综合所得汇算清缴(以下简称"年度汇算")有关事项公告如下:

一、2019 年度汇算的内容

依据税法规定,2019 年度终了后,居民个人(以下称"纳税人")需要汇总 2019 年 1 月 1 日至 12 月 31 日取得的工资薪金、劳务报酬、稿酬、特许权使用费等四项所得(以下称"综合所得")的收入额,减除费用 6 万元以及专项扣除、专项附加扣除、依法确定的其他扣除和符合条件的公益慈善事业捐赠(以下简称"捐赠")后,适用综合所得个人所得税税率并减去速算扣除数(税率表见附件),计算本年度最终应纳税额,再减去 2019 年度已预缴税额,得出本年度应退或应补税额,向税务机关申报并办理退税或补税。具体计算公式如下:

2019 年度汇算应退或应补税额 = [(综合所得收入额 - 60000 元 - "三险一金"等专项扣除 - 子女教育等专项附加扣除 - 依法确定的其他扣除 - 捐赠)× 适用税率 - 速算扣除数] - 2019 年已预缴税额

依据税法规定,2019 年度汇算仅计算并结清本年度综合所得的应退或应补税款,不涉及以前或往后年度,也不涉及财产租赁等分类所得,以及纳税人按规定选择不并入综合所得计算纳税的全年一次性奖金等所得。

二、无须办理年度汇算的纳税人

经国务院批准,依据《财政部、国家税务总局关于个人所得税综合所得汇算清缴涉及有关政策问题的公告》(2019 年第 94 号)有关规定,纳税人在 2019 年度已依法预缴个人所得税且符合下列情形之一的,无须办理年度汇算:

(一)纳税人年度汇算需补税但年度综合所得收入不超过 12 万元的;

(二)纳税人年度汇算需补税金额不超过 400 元的;

(三)纳税人已预缴税额与年度应纳税额一致或者不申请年度汇算退税的。

三、需要办理年度汇算的纳税人

依据税法规定，符合下列情形之一的，纳税人需要办理年度汇算：

（一）2019年度已预缴税额大于年度应纳税额且申请退税的。包括2019年度综合所得收入额不超过6万元但已预缴个人所得税；年度中间劳务报酬、稿酬、特许权使用费适用的预扣率高于综合所得年适用税率；预缴税款时，未申报扣除或未足额扣除减除费用、专项扣除、专项附加扣除、依法确定的其他扣除或捐赠，以及未申报享受或未足额享受综合所得税收优惠等情形。

（二）2019年度综合所得收入超过12万元且需要补税金额超过400元的。包括取得两处及以上综合所得，合并后适用税率提高导致已预缴税额小于年度应纳税额等情形。

四、可享受的税前扣除

下列未申报扣除或未足额扣除的税前扣除项目，纳税人可在年度汇算期间办理扣除或补充扣除：

（一）纳税人及其配偶、未成年子女在2019年度发生的，符合条件的大病医疗支出；

（二）纳税人在2019年度未申报享受或未足额享受的子女教育、继续教育、住房贷款利息或住房租金、赡养老人专项附加扣除，以及减除费用、专项扣除、依法确定的其他扣除；

（三）纳税人在2019年度发生的符合条件的捐赠支出。

五、办理时间

纳税人办理2019年度汇算的时间为2020年3月1日至6月30日。在中国境内无住所的纳税人在2020年3月1日前离境的，可以在离境前办理年度汇算。

六、办理方式

纳税人可自主选择下列办理方式：

（一）自行办理年度汇算。

（二）通过取得工资薪金或连续性取得劳务报酬所得的扣缴义务人代为办理。纳税人向扣缴义务人提出代办要求的，扣缴义务人应当代为办理，或者培训、辅导纳税人通过网上税务局（包括手机个人所得税APP）完成年度汇算申报和退（补）税。由扣缴义务人代为办理的，纳税人应在2020年4月30日前与扣缴义务人进行书面确认，补充提供其2019年度在本单位以外取得的综合所得收入、相关扣除、享受税收优惠等信息资料，并对所提交信息的真实性、准确性、完整性负责。

（三）委托涉税专业服务机构或其他单位及个人（以下称"受托人"）办理，受托人需与纳税人签订授权书。

扣缴义务人或受托人为纳税人办理年度汇算后，应当及时将办理情况告知纳税人。纳税人发现申报信息存在错误的，可以要求扣缴义务人或受托人办理更正申报，也可自行办理更正申报。

七、办理渠道

为便利纳税人，税务机关为纳税人提供高效、快捷的网络办税渠道。纳税人可优先通过网上税务局（包括手机个人所得税APP）办理年度汇算，税务机关将按规定为纳税人提供申报表预填服务；不方便通过上述方式办理的，也可以通过邮寄方式或到办税服务厅办理。

选择邮寄申报的，纳税人需将申报表寄送至任职受雇单位（没有任职受雇单位的，为户籍或者经常居住地）所在省、自治区、直辖市、计划单列市税务局公告指定的税务机关。

八、申报信息及资料留存

纳税人办理年度汇算时，除向税务机关报送年度汇算申报表外，如需修改本人相关基础信息，新增享受扣除或者税收优惠的，还应按规定一并填报相关信息。填报的信息，纳税人需仔细核对，确保真实、准确、完整。

纳税人以及代办年度汇算的扣缴义务人，需将年度汇算申报表以及与纳税人综合所得收入、扣除、已缴税额或税收优惠等相关资料，自年度汇算期结束之日起留存 5 年。

九、接受年度汇算申报的税务机关

按照方便就近原则，纳税人自行办理或受托人为纳税人代为办理 2019 年度汇算的，向纳税人任职受雇单位所在地的主管税务机关申报；有两处及以上任职受雇单位的，可自主选择向其中一处单位所在地的主管税务机关申报。纳税人没有任职受雇单位的，向其户籍所在地或者经常居住地的主管税务机关申报。

扣缴义务人在年度汇算期内为纳税人办理年度汇算的，向扣缴义务人的主管税务机关申报。

十、年度汇算的退税、补税

纳税人申请年度汇算退税，应当提供其在中国境内开设的符合条件的银行账户。税务机关按规定审核后，按照国库管理有关规定，在本公告第九条确定的接受年度汇算申报的税务机关所在地（即汇算清缴地）就地办理税款退库。纳税人未提供本人有效银行账户，或者提供的信息资料有误的，税务机关将通知纳税人更正，纳税人按要求更正后依法办理退税。

为方便纳税人获取退税，纳税人 2019 年度综合所得收入额不超过 6 万元且已预缴个人所得税的，税务机关在网上税务局（包括手机个人所得税 APP）提供便捷退税功能，纳税人可以在 2020 年 3 月 1 日至 5 月 31 日期间，通过简易申报表办理年度汇算退税。

纳税人办理年度汇算补税的，可以通过网上银行、办税服务厅 POS 机刷卡、银行柜台、非银行支付机构等方式缴纳。

十一、年度汇算服务

税务机关推出系列优化服务措施，加强年度汇算的政策解读和操作辅导力度，分类编制办税指引，通俗解释政策口径、专业术语和操作流程，多渠道、多形式开展提示提醒服务，并通过手机个人所得税 APP、网页端、12366 纳税服务热线等渠道提供涉税咨询，帮助纳税人解决办理年度汇算中的疑难问题，积极回应纳税人诉求。

为合理有序引导纳税人办理年度汇算，避免出现扎堆拥堵，主管税务机关将分批分期通知提醒纳税人在确定的时间段内办理。纳税人如需提前或延后办理的，可与税务机关预约或通过网上税务局（包括手机个人所得税 APP）在法定年度汇算期内办理。对于因年长、行动不便等独立完成年度汇算存在特殊困难的，纳税人提出申请，税务机关可提供个性化年度汇算服务。

特此公告。

附件：个人所得税税率表（综合所得适用）

国家税务总局
2019 年 12 月 31 日

附件

个人所得税税率表
（综合所得适用）

级数	全年应纳税所得额	税率（%）	速算扣除数
1	不超过 36000 元的	3	0
2	超过 36000 元至 144000 元的部分	10	2520
3	超过 144000 元至 300000 元的部分	20	16920
4	超过 300000 元至 420000 元的部分	25	31920
5	超过 420000 元至 660000 元的部分	30	52920
6	超过 660000 元至 960000 元的部分	35	85920
7	超过 960000 元的部分	45	181920

附录 3-51　国家税务总局关于修订部分个人所得税申报表的公告

（国家税务总局公告 2019 年第 46 号）

为保障个人所得税综合所得汇算清缴顺利实施，根据个人所得税法及其实施条例等相关税收法律、法规规定，现将部分修订后的个人所得税申报表及其填表说明予以发布，并就有关事项公告如下：

一、为便于纳税人理解，省（区、市）税务局可以根据当地情况，补充、修改申报表提示、说明信息。

二、本公告自 2020 年 1 月 1 日起施行。其中，纳税人在办理 2019 年度个人所得税综合所得汇算清缴填写免税收入时，暂不附报《个人所得税减免税事项报告表》。《国家税务总局关于发布个人所得税申报表的公告》（2013 年第 21 号）、《国家税务总局关于发布生产经营所得及减免税事项有关个人所得税申报表的公告》（2015 年第 28 号）、《国家税务总局关于修订个人所得税申报表的公告》（2019 年第 7 号）附件 4 以及附件 5 中的《个人所得税经营所得纳税申报表（A表）》同时废止。

特此公告。

附件（略）：
1. 个人所得税年度自行纳税申报表（A 表）（简易版）（问答版）
2. 个人所得税年度自行纳税申报表（B 表）及境外所得个人所得税抵免明细表
3. 个人所得税经营所得纳税申报表（A 表）
4. 个人所得税减免税事项报告表
5. 代扣代缴手续费申请表

国家税务总局
2019 年 12 月 31 日

附录 3-52　财政部、国家税务总局关于公益慈善事业捐赠个人所得税政策的公告

（财政部、国家税务总局公告 2019 年第 99 号）

为贯彻落实《中华人民共和国个人所得税法》及其实施条例有关规定，现将公益慈善事业捐赠有关个人所得税政策公告如下：

一、个人通过中华人民共和国境内公益性社会组织、县级以上人民政府及其部门等国家机关，向教育、扶贫、济困等公益慈善事业的捐赠（以下简称公益捐赠），发生的公益捐赠支出，可以按照个人所得税法有关规定在计算应纳税所得额时扣除。

前款所称境内公益性社会组织，包括依法设立或登记并按规定条件和程序取得公益性捐赠税前扣除资格的慈善组织、其他社会组织和群众团体。

二、个人发生的公益捐赠支出金额，按照以下规定确定：

（一）捐赠货币性资产的，按照实际捐赠金额确定；

（二）捐赠股权、房产的，按照个人持有股权、房产的财产原值确定；

（三）捐赠除股权、房产以外的其他非货币性资产的，按照非货币性资产的市场价格确定。

三、居民个人按照以下规定扣除公益捐赠支出：

（一）居民个人发生的公益捐赠支出可以在财产租赁所得、财产转让所得、利息股息红利所得、偶然所得（以下统称分类所得）、综合所得或者经营所得中扣除。在当期一个所得项目扣除不完的公益捐赠支出，可以按规定在其他所得项目中继续扣除；

（二）居民个人发生的公益捐赠支出，在综合所得、经营所得中扣除的，扣除限额分别为当年综合所得、当年经营所得应纳税所得额的30%；在分类所得中扣除的，扣除限额为当月分类所得应纳税所得额的30%；

（三）居民个人根据各项所得的收入、公益捐赠支出、适用税率等情况，自行决定在综合所得、分类所得、经营所得中扣除的公益捐赠支出的顺序。

四、居民个人在综合所得中扣除公益捐赠支出的，应按照以下规定处理：

（一）居民个人取得工资薪金所得的，可以选择在预扣预缴时扣除，也可以选择在年度汇算清缴时扣除。

居民个人选择在预扣预缴时扣除的，应按照累计预扣法计算扣除限额，其捐赠当月的扣除限额为截止当月累计应纳税所得额的30%（全额扣除的从其规定，下同）。个人从两处以上取得工资薪金所得，选择其中一处扣除，选择后当年不得变更。

（二）居民个人取得劳务报酬所得、稿酬所得、特许权使用费所得的，预扣预缴时不扣除公益捐赠支出，统一在汇算清缴时扣除。

（三）居民个人取得全年一次性奖金、股权激励等所得，且按规定采取不并入综合所得而单独计税方式处理的，公益捐赠支出扣除比照本公告分类所得的扣除规定处理。

五、居民个人发生的公益捐赠支出，可在捐赠当月取得的分类所得中扣除。当月分类所得应扣除未扣除的公益捐赠支出，可以按照以下规定追补扣除：

（一）扣缴义务人已经代扣但尚未解缴税款的，居民个人可以向扣缴义务人提出追补扣除申请，退还已扣税款。

（二）扣缴义务人已经代扣且解缴税款的，居民个人可以在公益捐赠之日起90日内提请扣缴义务人向征收税款的税务机关办理更正申报追补扣除，税务机关和扣缴义务人应当予以办理。

（三）居民个人自行申报纳税的，可以在公益捐赠之日起90日内向主管税务机关办理更正申报追补扣除。

居民个人捐赠当月有多项多次分类所得的，应先在其中一项一次分类所得中扣除。已经在分类所得中扣除的公益捐赠支出，不再调整到其他所得中扣除。

六、在经营所得中扣除公益捐赠支出，应按以下规定处理：

（一）个体工商户发生的公益捐赠支出，在其经营所得中扣除。

（二）个人独资企业、合伙企业发生的公益捐赠支出，其个人投资者应当按照捐赠年度合伙企业的分配比例（个人独资企业分配比例为百分之百），计算归属于每一个人投资者的公益捐赠支出，个人投资者应将其归属的个人独资企业、合伙企业公益捐赠支出和本人需要在经营所得扣除的其他公益捐赠支出合并，在其经营所得中扣除。

（三）在经营所得中扣除公益捐赠支出的，可以选择在预缴税款时扣除，也可以选择在汇算清缴时扣除。

（四）经营所得采取核定征收方式的，不扣除公益捐赠支出。

七、非居民个人发生的公益捐赠支出，未超过其在公益捐赠支出发生的当月应纳税所得额30%的部分，可以从其应纳税所得额中扣除。扣除不完的公益捐赠支出，可以在经营所得中继续扣除。

非居民个人按规定可以在应纳税所得额中扣除公益捐赠支出而未实际扣除的，可按照本公告第五条规定追补扣除。

八、国务院规定对公益捐赠全额税前扣除的，按照规定执行。个人同时发生按30%扣除和全额扣除的公益捐赠支出，自行选择扣除次序。

九、公益性社会组织、国家机关在接受个人捐赠时，应当按照规定开具捐赠票据；个人索取捐赠票据的，应予以开具。

个人发生公益捐赠时不能及时取得捐赠票据的，可以暂时凭公益捐赠银行支付凭证扣除，并向扣缴义务人提供公益捐赠银行支付凭证复印件。个人应在捐赠之日起90日内向扣缴义务人补充提供捐赠票据，如果个人未按规定提供捐赠票据的，扣缴义务人应在30日内向主管税务机关报告。

机关、企事业单位统一组织员工开展公益捐赠的，纳税人可以凭汇总开具的捐赠票据和员工明细单扣除。

十、个人通过扣缴义务人享受公益捐赠扣除政策，应当告知扣缴义务人符合条件可扣除的公益捐赠支出金额，并提供捐赠票据的复印件，其中捐赠股权、房产的还应出示财产原值证明。扣缴义务人应当按照规定在预扣预缴、代扣代缴税款时予扣除，并将公益捐赠扣除金额告知纳税人。

个人自行办理或扣缴义务人为个人办理公益捐赠扣除的，应当在申报时一并报送《个人所得税公益慈善事业捐赠扣除明细表》（见附件）。个人应留存捐赠票据，留存期限为五年。

十一、本公告自2019年1月1日起施行。个人自2019年1月1日至本公告发布之日期间发生的公益捐赠支出，按照本公告规定可以在分类所得中扣除但未扣除的，可以在2020年1月31日前通过扣缴义务人向征收税款的税务机关提出追补扣除申请，税务机关应当按规定予以办理。

特此公告。

附件：个人所得税公益慈善事业捐赠扣除明细表

财政部　国家税务总局
2019年12月30日

附录3-53　财政部、国家税务总局关于境外所得有关个人所得税政策的公告

（财政部　国家税务总局公告2020年第3号）

为贯彻落实《中华人民共和国个人所得税法》和《中华人民共和国个人所得税法实施条例》（以下称个人所得税法及其实施条例），现将境外所得有关个人所得税政策公告如下：

一、下列所得，为来源于中国境外的所得：

（一）因任职、受雇、履约等在中国境外提供劳务取得的所得；

（二）中国境外企业以及其他组织支付且负担的稿酬所得；

（三）许可各种特许权在中国境外使用而取得的所得；

（四）在中国境外从事生产、经营活动而取得的与生产、经营活动相关的所得；

（五）从中国境外企业、其他组织以及非居民个人取得的利息、股息、红利所得；

（六）将财产出租给承租人在中国境外使用而取得的所得；

（七）转让中国境外的不动产、转让对中国境外企业以及其他组织投资形成的股票、股权以及其他权益性资产（以下称权益性资产）或者在中国境外转让其他财产取得的所得。但转让对中国境外企业以及其他组织投资形成的权益性资产，该权益性资产被转让前三年（连续36个公历月份）内的任一时间，被投资企业或其他组织的资产公允价值50%以上直接或间接来自位于中国境内的不动产的，取得的所得为来源于中国境内的所得；

（八）中国境外企业、其他组织以及非居民个人支付且负担的偶然所得；

（九）财政部、国家税务总局另有规定的，按照相关规定执行。

二、居民个人应当依照个人所得税法及其实施条例规定，按照以下方法计算当期境内和境外所得应纳税额：

（一）居民个人来源于中国境外的综合所得，应当与境内综合所得合并计算应纳税额；

（二）居民个人来源于中国境外的经营所得，应当与境内经营所得合并计算应纳税额。居民个人来源于境外的经营所得，按照个人所得税法及其实施条例的有关规定计算的亏损，不得抵减其境内或他国（地区）的应纳税所得额，但可以用来源于同一国家（地区）以后年度的经营所得按中国税法规定弥补；

（三）居民个人来源于中国境外的利息、股息、红利所得，财产租赁所得，财产转让所得和偶然所得（以下称其他分类所得），不与境内所得合并，应当分别单独计算应纳税额。

三、居民个人在一个纳税年度内来源于中国境外的所得，依照所得来源国家（地区）税收法律规定在中国境外已缴纳的所得税税额允许在抵免限额内从其该纳税年度应纳税额中抵免。

居民个人来源于一国（地区）的综合所得、经营所得以及其他分类所得项目的应纳税额为其抵免限额，按照下列公式计算：

（一）来源于一国（地区）综合所得的抵免限额＝中国境内和境外综合所得依照本公告第二条规定计算的综合所得应纳税额×来源于该国（地区）的综合所得收入额÷中国境内和境外综合所得收入额合计

（二）来源于一国（地区）经营所得的抵免限额＝中国境内和境外经营所得依照本公告第二条规定计算的经营所得应纳税额×来源于该国（地区）的经营所得应纳税所得额÷中国境内和境外经营所得应纳税所得额合计

（三）来源于一国（地区）其他分类所得的抵免限额＝该国（地区）的其他分类所得依照本公告第二条规定计算的应纳税额

（四）来源于一国（地区）所得的抵免限额＝来源于该国（地区）综合所得抵免限额＋来源于该国（地区）经营所得抵免限额＋来源于该国（地区）其他分类所得抵免限额

四、可抵免的境外所得税税额，是指居民个人取得境外所得，依照该所得来源国（地区）税收法律应当缴纳且实际已经缴纳的所得税性质的税额。可抵免的境外所得税额不包括以下情形：

（一）按照境外所得税法律属于错缴或错征的境外所得税税额；

（二）按照我国政府签订的避免双重征税协定以及内地与香港、澳门签订的避免双重征税安排（以下统称税收协定）规定不应征收的境外所得税税额；

（三）因少缴或迟缴境外所得税而追加的利息、滞纳金或罚款；

（四）境外所得税纳税人或者其利害关系人从境外征税主体得到实际返还或补偿的境外所得税税款；

（五）按照我国个人所得税法及其实施条例规定，已经免税的境外所得负担的境外所得税税款。

五、居民个人从与我国签订税收协定的国家（地区）取得的所得，按照该国（地区）税收法律享受免税或减税待遇，且该免税或减税的数额按照税收协定饶让条款规定应视同已缴税额在中国的应纳税额中抵免的，该免税或减税数额可作为居民个人实际缴纳的境外所得税税额按规定申报税收抵免。

六、居民个人一个纳税年度内来源于一国（地区）的所得实际已经缴纳的所得税税额，低于依照本公告第三条规定计算出的来源于该国（地区）该纳税年度所得的抵免限额的，应以实际缴纳税额作为抵免额进行抵免；超过来源于该国（地区）该纳税年度所得的抵免限额的，应在限额内进行抵免，超过部分可以在以后五个纳税年度内结转抵免。

七、居民个人从中国境外取得所得的，应当在取得所得的次年3月1日至6月30日内申报纳税。

八、居民个人取得境外所得，应当向中国境内任职、受雇单位所在地主管税务机关办理纳税申报；在中国境内没有任职、受雇单位的，向户籍所在地或中国境内经常居住地主管税务机关办理纳税申报；户籍所在地与中国境内经常居住地不一致的，选择其中一地主管税务机关办理纳税申报；在中国境内没有户籍的，向中国境内经常居住地主管税务机关办理纳税申报。

九、居民个人取得境外所得的境外纳税年度与公历年度不一致的，取得境外所得的境外纳税年度最后一日所在的公历年度，为境外所得对应的我国纳税年度。

十、居民个人申报境外所得税收抵免时，除另有规定外，应当提供境外征税主体出具的税款所属年度的完税证明、税收缴款书或者纳税记录等纳税凭证，未提供符合要求的纳税凭证，不予抵免。

居民个人已申报境外所得、未进行税收抵免，在以后纳税年度取得纳税凭证并申报境外所得税收抵免的，可以追溯至该境外所得所属纳税年度进行抵免，但追溯年度不得超过五年。自取得该项境外所得的五个年度内，境外征税主体出具的税款所属纳税年度纳税凭证载明的实际缴纳税额发生变化的，按实际缴纳税额重新计算并办理补退税，不加收税收滞纳金，不退还利息。

纳税人确实无法提供纳税凭证的，可同时凭境外所得纳税申报表（或者境外征税主体确认的缴税通知书）以及对应的银行缴款凭证办理境外所得抵免事宜。

十一、居民个人被境内企业、单位、其他组织（以下称派出单位）派往境外工作，取得的工资薪金所得或者劳务报酬所得，由派出单位或者其他境内单位支付或负担的，派出单位或者其他境内单位应按照个人所得税法及其实施条例规定预扣预缴税款。

居民个人被派出单位派往境外工作，取得的工资薪金所得或者劳务报酬所得，由境外单位支付或负担的，如果境外单位为境外任职、受雇的中方机构（以下称中方机构）的，可以由境外任职、受雇的中方机构预扣税款，并委托派出单位向主管税务机关申报纳税。中方机构未预扣税款的或者境外单位不是中方机构的，派出单位应当于次年2月28日前向其主管税务机关报送外派人员情况，包括：外派人员的姓名、身份证件类型及身份证件号码、职务、派往国家和地区、境外工作单位名称和地址、派遣期限、境内外收入及缴税情况等。

中方机构包括中国境内企业、事业单位、其他经济组织以及国家机关所属的境外分支机构、子公司、使（领）馆、代表处等。

十二、居民个人取得来源于境外的所得或者实际已经在境外缴纳的所得税税额为人民币以外货币，应当按照《中华人民共和国个人所得税法实施条例》第三十二条折合计算。

十三、纳税人和扣缴义务人未按本公告规定申报缴纳、扣缴境外所得个人所得税以及报送资料的，按照《中华人民共和国税收征收管理法》和个人所得税法及其实施条例等有关规定处理,并按规定纳入个人纳税信用管理。

十四、本公告适用于2019年度及以后年度税收处理事宜。以前年度尚未抵免完毕的税额,可按本公告第六条规定处理。下列文件或文件条款同时废止:

1.《财政部、国家税务总局关于个人股票期权所得征收个人所得税问题的通知》(财税〔2005〕35号)第三条;

2.《国家税务总局关于境外所得征收个人所得税若干问题的通知》(国税发〔1994〕44号);

3.《国家税务总局关于企业和个人的外币收入如何折合成人民币计算缴纳税款问题的通知》(国税发〔1995〕173号)。

特此公告。

财政部　国家税务总局
2020年1月17日

附录3-54　财政部、国家税务总局关于支持新型冠状病毒感染的肺炎疫情防控有关捐赠税收政策的公告

(财政部　国家税务总局公告2020年第9号)

为支持新型冠状病毒感染的肺炎疫情防控工作,现就有关捐赠税收政策公告如下:

一、企业和个人通过公益性社会组织或者县级以上人民政府及其部门等国家机关,捐赠用于应对新型冠状病毒感染的肺炎疫情的现金和物品,允许在计算应纳税所得额时全额扣除。

二、企业和个人直接向承担疫情防治任务的医院捐赠用于应对新型冠状病毒感染的肺炎疫情的物品,允许在计算应纳税所得额时全额扣除。

捐赠人凭承担疫情防治任务的医院开具的捐赠接收函办理税前扣除事宜。

三、单位和个体工商户将自产、委托加工或购买的货物,通过公益性社会组织和县级以上人民政府及其部门等国家机关,或者直接向承担疫情防治任务的医院,无偿捐赠用于应对新型冠状病毒感染的肺炎疫情的,免征增值税、消费税、城市维护建设税、教育费附加、地方教育附加。

四、国家机关、公益性社会组织和承担疫情防治任务的医院接受的捐赠,应专项用于应对新型冠状病毒感染的肺炎疫情工作,不得挪作他用。

五、本公告自2020年1月1日起施行,截止日期视疫情情况另行公告。

财政部　国家税务总局
2020年2月6日

附录3-55　财政部、国家税务总局关于支持新型冠状病毒感染的肺炎疫情防控有关个人所得税政策的公告

(财政部　国家税务总局公告2020年第10号)

为支持新型冠状病毒感染的肺炎疫情防控工作,现就有关个人所得税政策公告如下:

一、对参加疫情防治工作的医务人员和防疫工作者按照政府规定标准取得的临时性工作补助和奖金,免征个人所得税。政府规定标准包括各级政府规定的补助和奖金标准。

对省级及省级以上人民政府规定的对参与疫情防控人员的临时性工作补助和奖金,比照执行。

二、单位发给个人用于预防新型冠状病毒感染的肺炎的药品、医疗用品和防护用品等实物(不包括现金),不计入工资、薪金收入,免征个人所得税。

三、本公告自2020年1月1日起施行,截止日期视疫情情况另行公告。

财政部　国家税务总局
2020年2月6日